AF558113

Christoph Quarch

Zu sein, zu leben, das ist genug

Warum wir Hölderlin brauchen

legenda Q

Inhalt

I. Die Stimme des Gottes. Hölderlins Berufung

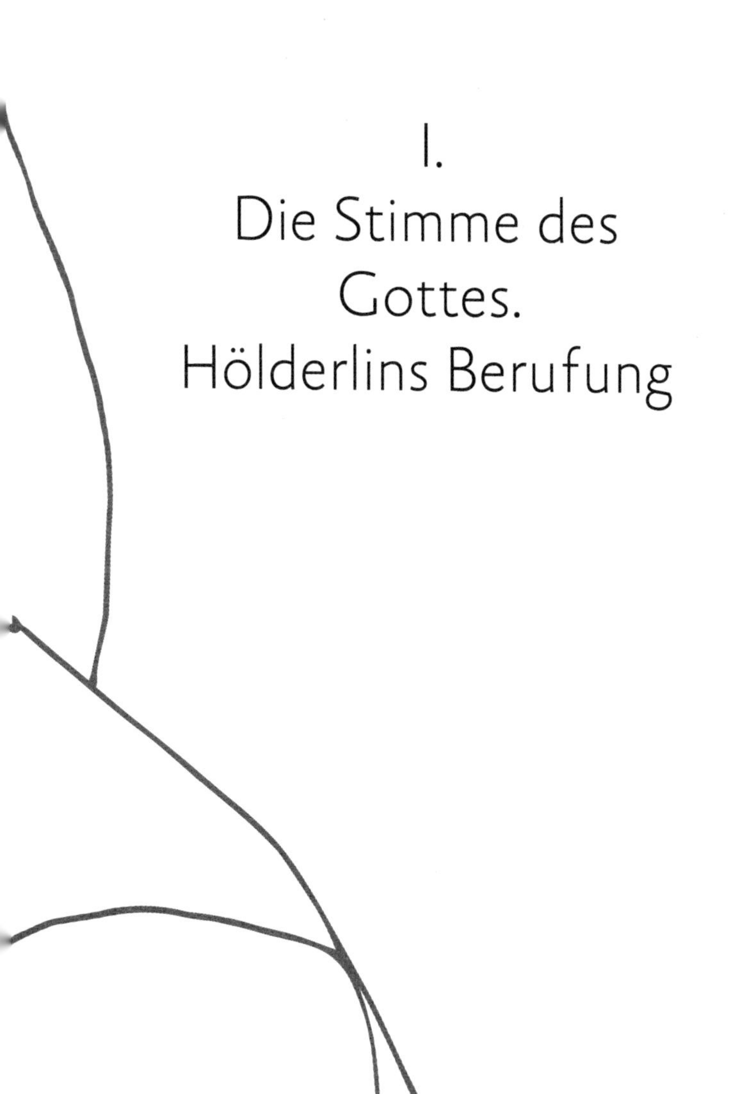

Ach! wir kennen uns wenig,
Denn es waltet ein Gott in uns.
(aus: Menschenbeifall)

Uns selber zu verstehen! Das ist's, was uns emporbringt. Lassen wir uns irremachen an uns selbst, an unserem θειον, oder wie Du's nennen willst, dann ist auch alle Kunst und alle Müh' umsonst.
(An Neuffer, August 1798)

Wer ist Friedrich Hölderlin? Viele schon haben sich an einer Antwort versucht. Manche, indem sie sein Leben minutiös rekonstruierten; andere, indem sie seine Werke sorgfältig interpretierten; wieder andere, indem sie sein Schaffen in den Zusammenhang der geistigen Strömungen seiner Zeit brachten. Alle diese Bemühungen haben eine Flut von Erkenntnissen und Einsichten über Hölderlin zutage gefördert. Und doch umweht den Dichter immer noch die Aura des Geheimnisvollen. Irgendetwas an ihm scheint sich beharrlich allen Deutungsversuchen zu entziehen. Irgendwie will es nicht recht gelingen, sich einen Reim auf diese Gestalt zu machen, deren Dichtung Tausende zutiefst berührt und ergriffen hat und die trotz ihrer oft enigmatischen Sprache noch heute ihre Leser begeistert. Was ist es mit dem Dichter, der als hoffnungsvoller Stiftszögling in Tübingen begann, seine Poesie an dem von ihm verehrten Schiller schulte, mit Hegel und Schelling den deutschen Idealismus aus der Taufe hob, in seinem einzigen Roman *Hyperion* seine Liebesbeziehung mit der Frankfurter Bankiersgattin Susette Gontard verewigte, mit seinen späten Hymnen und Elegien zum Wegbereiter der modernen Lyrik wurde ... und der zuletzt in geistiger Umnachtung die zweite Hälfte seines Lebens im Turm zu Tübingen fristete?

Tatsächlich sind im Falle Hölderlins das Leben und das Werk des Dichters nicht zu trennen. Die Dichtung ist ihm von Anfang an eine Lebensform, die gleichsam aus seinem Innersten aufkeimt und wächst. Sie ist ebenso Ausdruck der Seele Hölderlins wie sein gelebtes Leben. Will man Werk und Leben Hölderlins verstehen, ist man deshalb gut beraten, sich der Seele des Dichters zuzuwenden – was aber nur gelingt, wenn wir den Mut aufbringen, uns selbst ihm mit der Seele, nicht mit dem Verstand, zuzuwenden: in seine Worte hineinzufühlen, Resonanzen zu entdecken und das Wesentliche seiner Dichtung ebenso wie seines Lebens zu erspüren. Dafür ist es unabdingbar, den Winken zu folgen, die er uns gibt. Wer Friedrich Hölderlin ist, verstehen wir nur, wenn wir ernst nehmen, wie er sich selbst gesehen hat.

Hölderlin sah sich als Sprachrohr eines Göttlichen, das in ihm und durch ihn wirkte. Nicht sah er sich selbst als Urheber der Werke, die er schrieb; so wenig wie des Lebens, das er führte. Er wusste, dass ein Gott in ihm waltete, und wenn es überhaupt möglich ist, diesen Gott zu benennen, dann sah er sich als Stimme oder Sprachrohr des Apollon – jenes alten Griechengottes, dessen vornehmste Aufgabe es war, die Dichter und Sänger zu inspirieren, um durch sie das Sein dieser Welt als etwas Heiliges zur Sprache zu bringen; um durch die Rückbindung an die göttliche Tiefendimension der Wirklichkeit eine Ordnung zu gründen, die es den Menschen erlaubt, in Frieden, Freiheit und Schönheit lebendig zu sein – in Liebe zum Leben zu erblühen.

Hölderlin sah sich als Sänger der Götter. Er wusste um seinen ›spirituellen Auftrag‹, dem er immer treu blieb – bis zur Selbstzerstörung. Denn, wie er selbst bezeugt, zuletzt war er dem Andrang des Heiligen nicht mehr gewachsen: die Leier des Gottes zerbrach und der Dichter fiel in den ›göttlichen Wahnsinn‹, von dem er als junger Student in Platons Dialog *Phaidros* erfahren hatte – also bei dem für ihn wohl prägendsten Autor, dem er am Ende der Vorrede zur vorletzten Fassung des *Hyperion* die Worte zugerufen hatte: *Heiliger Plato, vergib! man hat schwer an dir gesündigt.*

So löst sich zuletzt das Mysterium der geistigen Umnachtung, in der Hölderlin seine zweite Lebenshälfte zubrachte: Das Gefäß seines Ichs war unter dem übermächtigen Zustrom der Begeisterung durchs Göttliche zerbrochen. Diese geistige Dimension des Lebens ernst zu nehmen, ist eine wichtige Lektion, die wir heute von Hölderlin lernen können.

Im Arme der Götter. Die Kindheit

Im Arme der Götter wuchs ich groß.

Was für ein Satz! Für sich alleine ist er ein Gedicht! Sieben Worte, in denen ein ganzes Leben verdichtet ist. Man muss sie sich auf der Zunge zergehen lassen. Sie schwingen nach. Wer sie einmal wirklich in sich aufnahm, wird sie nie mehr los.

Im Arme der Götter wuchs ich groß.

Wie kann ein Mensch so etwas schreiben? Was hat er erfahren? Was ist ihm begegnet? Mit welchen Augen hat er in die Welt geblickt? Was hat seine Seele so gestimmt, dass es ihm möglich wurde, einen solchen Satz zu formulieren?

Im Arme der Götter wuchs ich groß.

Wir leben zu Beginn des 21. Jahrhunderts – einer rationalen, säkularen Zeit, in der es nicht geläufig ist, dass man von Göttern spricht; auch nicht davon, dass man als Mensch *groß* wachsen könnte. Unsere Gegenwart ist geprägt von Wissenschaft und Technik. Ihren Rhythmus prägt die Wirtschaft. Junge Menschen wachsen heute mit Maschinen *auf* – aber nicht im Arm der Götter *groß*. Hölderlins Worte sprechen offenbar aus einer Welt, die längst vergangen ist. Aber trotzdem gehen sie uns etwas an. Ja, sie gehen uns nicht *irgendetwas* an, sondern sie betreffen uns in etwas Wesentlichem – etwas, das nur selten Nahrung findet; etwas, das sich nach Ansprache sehnt.

Im Arme der Götter wuchs ich groß.

Was ist es, das durch diese Worte angesprochen und berührt ist? Etwas Zartes, etwas Stilles, das im lärmenden Getriebe dieser digitalisierten, technisierten und ökonomisierten Welt dauernd übertönt oder verleugnet wird. Etwas höchst Lebendiges, das bei aller tosenden Geschäftigkeit unbeirrt an einer echten Sehnsucht festhält: groß zu wachsen, zu gedeihen, zu erblühen, zu reifen, Frucht zu tragen, dann zu welken und zuletzt im Einklang und im Frieden mit der Welt zu sterben – groß zu sein als Mensch, der liebt und leidet, lacht und weint, singt und seufzt, vor allem aber ganz lebendig ist. Dieses Etwas kannten unsere Vorfahren als *Seele*. Sie ist es, die durch die Worte angesprochen und geweckt wird: aus einer dumpfen Trance, die uns Menschen heute oft benebelt und die uns den Irrsinn dieser Tage dulden lässt.

Im Arme der Götter wuchs ich groß.

Wer spricht diese Worte? Wer ruft hier aus welcher Zeit in unsere Welt hinein, um uns an all das zu erinnern, was wir längst vergessen haben? Es ist Friedrich Hölderlin, geboren am 20. März 1770 in Lauffen am Neckar. Er schrieb diese Zeile irgendwann um 1800, war also um die dreißig, als er wehmütig und sehnsuchtsvoll auf die Jahre seiner Kindheit blickte – einer Kindheit, die vom frühen Tod des Vaters überschattet und von Ortswechseln und Unruhe geprägt war, die sich aber gleichwohl tief in seine Seele eingeschrieben hatte: als die Zeit, da er sich *im Arme der Götter* aufgehoben fühlte. Das Gedicht, das er mit diesen Worten abschließt, hat er selber nie veröffentlicht. In den Ausgaben seiner Werke findet man es unter einem Titel, der die erste Zeile dieser Dichtung ist: *Da ich ein Knabe war.*

Diese Worte geben einen Hinweis darauf, wer es ist, der sich durch jene Schlussworte gemeint weiß: Es ist das Kind, das in der Tiefe einer Menschenseele waltet – das spielende, das unschuldige Kind, das Kind mit einem reinen Herzen, das noch ganz das ist, was es zu sein bestimmt ist: ein *Echo des Himmels,* ein *heiliges Herz,* wie Hölderlin es gerne nannte. Ein solches reines, echtes und deshalb heiliges Herz schlägt in unser aller Brust. Und es weiß sich angesprochen, weil die Worte Hölderlins nichts anderes sind als eben dieses Echo, das aus seinem Herzen über 200 Jahre hinweg in unsere Welt tönt. Können wir es hören?

Da ich ein Knabe war
Rettet' ein Gott mich oft
Vom Geschrei und der Rute der Menschen,
Da spielt ich sicher und gut
Mit den Blumen des Hains,
Und die Lüftchen des Himmels
Spielten mit mir.

So beginnt ein Gedicht, das der Erinnerung gewidmet ist: an die lang vergangene Zeit der Kindheit – eine Zeit, deren heiterer Himmel schon bald durch dunkle Wolken überschattet wurde. Denn der junge Hölderlin litt unter dem Erziehungswesen seiner Zeit. Er begegnete ihm zunächst in Nürtingen, wo er die Lateinschule besuchte. 1784 absolvierte er mit Erfolg das württembergische Landesexamen. Seine Mutter drängte darauf, dass er, der Tradition ihrer Familie folgend, Pfarrer werden solle – ein Plan, dem er sich zeit seines Lebens tapfer widersetzen würde. Anfangs war das noch nicht abzusehen. Also schickte sie ihn nach Denkendorf, wo er in einem Internat zum Theologen ausgebildet werden sollte. Wie es ihm dort ergangen ist, hat er später in seinem Roman *Hyperion* verraten:

Ach! wär ich nie in eure Schulen gegangen. Die Wissenschaft, der ich in den Schacht hinunter folgte, von der ich, jugendlich töricht, die Bestätigung meiner reinen Freude erwartete, die hat mir alles verdorben.

Nach zwei Jahren wechselt er zur Klosterschule nach Maulbronn. Dort setzt sich die Zeit der Leiden für ihn fort. Immanuel Nast, einem Freund aus jenen Tagen, schrieb der damals gerade 16-Jährige:

Ich will dir sagen, ich habe einen Ansatz von meinen Knabenjahren – von meinem damaligen Herzen – und der ist mir noch der liebste – das war so eine wächserne Weichheit, und darin ist der Grund, dass ich in gewissen Launen ob allem weinen kann – aber eben dieser Teil meines Herzens wurde am ärgsten misshandelt, solang ich im Kloster bin ...

Geschrei und Rute waren Hölderlin aus seiner Schulzeit also wohl vertraut. Gleichwohl hat er sich wunderbarerweise sein so arg gebeuteltes und strapaziertes knabenhaftes Herz bewahrt, worin der Himmel – der doch immer da war und der immer zu ihm sprach – ein vollkommen reines Echo fand; so dass Hölderlin sich aufgehoben wusste *im Arme der Götter*.

Woher kam ihm dieses Wissen? Wo vernahm er den Gesang des Himmels, der in seinem Herz und seiner Dichtung widerhallt? Das Gedicht *Da ich ein Knabe war* spricht uns auf diese Frage eine Antwort zu:

Da spielt ich sicher und gut
Mit den Blumen des Hains,
Und die Lüftchen des Himmels
Spielten mit mir.

Es ist die Sprache der belebten Welt, die im knabenhaften Herzen Hölderlins ihr Echo findet. Es ist das leise Wehen des Windes, das sein Herz berührt, das Spiel der Blumen, das ihn vor *Geschrei und Rute* rettet, weil es ihm die Rückbindung an das erlaubt, was in ihm Sehnsucht nach dem wirklichen, lebendigen und echten Leben wachhält. Im Roman *Hyperion* lässt er seinen Titelhelden rufen:

Ich bin bei euch so recht vernünftig geworden, habe gründlich mich unterscheiden gelernt von dem, was mich umgibt, bin nun vereinzelt in der schönen Welt, bin so ausgeworfen aus dem Garten der Natur, wo ich wuchs und blühte, und vertrockne an der Mittagssonne.

Das war die schmerzliche Erfahrung, die er in der Schulzeit selbst durchlitten hatte: Man schulte seinen Intellekt, zog ihn auf für eine Welt der Nützlichkeit und Brauchbarkeit, machte ihn zu einem rationalen Menschen, so wie man es eben damals tat – und wie man es auch heute tut, nur noch viel entschiedener und kompromissloser. Hölderlin jedoch bewahrte sich gleichwohl sein kindliches Gemüt, weil er damit begnadet war, stets und immer wieder für das *Spiel der Blumen* und die *Lüftchen des Himmels* empfänglich zu sein. Diese Gabe war es, die ihn zum Dichter machte. Die Empfänglichkeit für das, was er als Zuspruch der Götter gewahrte, war es, was ihn durch seine Kindheit rettete. Denn, wie er in späten Jahren sagte:

Nah ist und schwer zu fassen der Gott.
Wo aber Gefahr ist,
Wächst das Rettende auch.

Nah war ihm der Gott, nahe waren ihm die Götter. Nah war ihm die Natur. Nah war ihm die Erde, nah war ihm der Himmel, der in seinem Herzen das ihn rettende Echo fand. So hat er es selbst erlebt. Und so hat er es immer neu besungen. Aber können wir ihn darin noch verstehen? Ist es nicht eine vielleicht ganz nette, dabei aber doch verbrauchte und leere Metapher, wenn Hölderlin wieder und wieder Gott und Götter bemüht? Macht er sich damit nicht für eine Zeit unmöglich, deren klügste Köpfe sich anschicken, den Menschen digital zum *Homo Deus* aufzurüsten und den von Friedrich Nietzsche diagnostizierten Tod Gottes endgültig zu exekutieren? Was soll uns die Rede von den Göttern? Selbst wenn Hölderlin mit ihrer Hilfe seine schweren Jugendjahre bewältigen konnte, heißt das doch nicht, dass wir heute irgendetwas damit anfangen könnten – oder gar sollten.

So erhebt sich die Stimme des nüchternen Verstandes. Und sie schickt sich an, das stille Staunen der Seele zu übertönen; wie es so oft geschieht in der Betriebsamkeit unserer modernen Welt. Doch für dieses Mal wollen wir uns diesem Diktat des Intellektes widersetzen und ein Experiment wagen: uns angehen und anreden zu lassen von den Worten Hölderlins; uns einzulassen auf seine Sprache; hinzuhören und zu lauschen, wie der Dichter von den Göttern spricht, die ihn gerettet haben und in deren Armen er nach eigenem Bekunden groß geworden ist.

Und wie du das Herz
Der Pflanzen erfreust,
Wenn sie entgegen dir
Die zarten Arme strecken,

So hast du mein Herz erfreut,
Vater Helios! und, wie Endymion,
War ich dein Liebling,
Heilige Luna!

O all ihr treuen
Freundlichen Götter!
Daß ihr wüßtet,
Wie euch meine Seele geliebt!

Können wir uns darauf einlassen? Ahnen wir die Dimension des Lebens, die in diesen Worten zu uns flüstert? Es geht um etwas Einfaches und dabei Wesentliches. Es geht um diese Tiefenschicht des Lebens, die wir *Seele* nennen. Sie ist bei Hölderlin allgegenwärtig: in der Tiefe unseres Herzens und in der Tiefe der belebten Welt. Sie erscheint dabei als etwas Pflanzliches, das in der Erde verwurzelt ist und dem die Sehnsucht innewohnt, sich dem

Himmel *entgegenzustrecken*, um *groß zu wachsen*. Sie nährt sich von der Wärme und dem Licht der Sonne, die von Hölderlin *Vater Helios* genannt wird: einer Energie, die alles Leben wachsen und erblühen lässt und die immer da ist, dauernd zu uns spricht, obgleich sie unsere vom Flimmern der Monitore und dem Scheinwerferlicht der Medien geblendete Welt meist vergessen hat. Ebenso ahnt die Seele das sanfte Liebesspiel des Mondlichts – der *heiligen Luna* –, das sie in mancher Nacht verzückt und zart berührt. All das ist nicht neu. All das ist völlig alltäglich, nichts Besonderes, nichts Spektakuläres, kein Event. All das ist das einfache und echte Leben der Natur. All das ist das stille Lied des Seins – eines lebendigen, beseelten Seins, das sich freundlich der Menschenseele zuwendet und zuspricht, sofern sie sich ihm öffnet, hingibt, anvertraut. Dieses stille Lied des lebendigen und seelenvollen Seins der Welt tönt aus der Dichtung Hölderlins: rein und ungetrübt, unschuldig und wahr. Und es vermag noch immer das reine, wahre, unschuldige und echte Zentrum der Seele anzusprechen: *Echo des Himmels, heiliges Herz.*

Und wenn ein Menschenherz von diesem Lied des Seins beseelt ist, kann es nicht umhin, als liebendes Echo widerzuhallen. Davon spricht der Dichter, wenn er sagt:

O all ihr treuen
Freundlichen Götter!
Daß ihr wüßtet,
Wie euch meine Seele geliebt!

Hier bekundet er nicht nur die Liebe seines Herzens, sondern auch den Dank. Liebe und Dank prägen die Stimmung, den Ton oder die Färbung der Dichtung Hölderlins. Sie ist von Liebe durchdrungen. Aber nicht von einer abstrakten, vergeistigten, spirituellen Liebe, sondern von einer Liebe, die konkret ist und sich dankbar an das Du wendet, dem sie gilt: dem lebendigen Sein der Welt, das Hölderlin oft *Natur* nennt, aber auch gern als *Götter* anspricht. In unseren Ohren klingt das fremdartig. Sind die *Götter* nicht schon lange tot und aus der Welt gewichen? Nein, sie sind es nicht. Sie sind noch da, nur haben wir für diese *Götter* keine Sprache mehr. Hölderlin weiß das. So bezeugt es sein Gedicht:

Zwar damals rief ich noch nicht
Euch mit Namen, auch ihr
Nanntet mich nie, wie die Menschen sich nennen,
Als kennten sie sich.

Doch kannt' ich euch besser,
Als ich je die Menschen gekannt,
Ich verstand die Stille des Aethers,
Der Menschen Worte verstand ich nie.

Mich erzog der Wohllaut
Des säuselnden Hains
Und lieben lernt' ich
Unter den Blumen.

Es kommt nicht auf die Namen an, die man dem gibt, was einen in der Tiefe seiner Seele anrührt. Namen, so gibt Hölderlin uns zu bedenken, sind sogar gefährlich, weil sie leicht dazu verführen, das Benannte zu verschleiern: so zu tun, *als kennten sie* das, was sie benennen. Das aber verhindert, dass die Seele sich von dem berühren lässt, was der Intellekt mit einem Namensschild versieht. Wirkliches Verstehen braucht weder Namen noch Konzepte. Wenn wir etwas nicht nur mit dem Verstand, sondern mit der Seele verstehen wollen, dann ist es eher hinderlich, für alles, was uns widerfährt, Namen, Konzepte oder Antworten zu finden. Dann kommt es vielmehr darauf an, sich berühren zu lassen – so sehr berühren zu lassen, dass es nur noch eine Antwort gibt: *zu lieben.*

Es ist diese wirkliche, existenzielle Berührung, was Hölderlin *Gott* nennt. Es sind diese Berührungen, die er die *Götter* nennt. Sie sind für ihn die pure Wirklichkeit, denn ihre Wirkung auf die Seele ist von größter Wirksamkeit: Sie lässt die Seele in die Liebe fallen.

O all ihr treuen
Freundlichen Götter!
Daß ihr wüßtet,
Wie euch meine Seele geliebt!

Diese Liebe wendet sich an das, was sie entflammt hat, als ihr *Du*: Du, der Gott – Ihr, die *freundlichen Götter*. Dieses *Ihr* und dieses *Du* sind der Seele eine unabweisbare Wirklichkeit. Sie sprechen zu ihr, sie nehmen sie in Anspruch. Sie sind das, was sie unbedingt anspricht – und zwar so sehr, dass die Seele als *Echo* Antwort geben muss, indem sie liebevoll nennt, was sie begeistert und beseelt hat: *die Götter*. Aber diese Götter sind nicht irgendwo in einer fernen Welt. Diese Götter fordern nichts vom Menschen. Sie geben keine Gebote und verheißen keine Erlösung. All das haben die Götter, von denen Hölderlin spricht, nicht nötig. Sie begnügen sich damit zu *sein*. Sie sind einfach da. Durch ihr bloßes Sein beseelen und begeistern sie den Menschen, lassen seine Seele wachsen, reifen, blühen, fruchten, welken, friedlich sterben.

Diese Götter sind das in seinem unbedingten Anspruch an die menschliche Seele empfundene heilige und lebendige Sein dieser Welt. Sie sind Lebendigkeit in Hochpotenz, verdichtet zur Gestalt konkreter Erfahrung – und als solche dann von einem Dichter zu benennen: *Vater Helios*, *heilige Luna* – Namen für Sonne und Mond, die alltäglichsten und vergessensten Begleiter unseres Menschenlebens; Repräsentanten der von uns so geschundenen großen Natur. Ganz so wie Himmel und Erde, Lüftchen und Blumen. Das alles scheint banal und alltäglich, dem modernen, rationalen Menschen langweilig und uninteressant. Doch sie sind dem unschuldigen Kind – dem heiligen Herz der Seele – die treuesten Gefährten und die nie versiegende Quelle der Begeisterung; oder könnten es zumindest sein, wenn wir sie nur zu gewahren wüssten: hörten, was sie unaufhörlich schweigend uns zu sagen wissen; sähen, welche Schönheit sie uns unaufhörlich schenken; fühlten, wie sie uns mit ihrer ganzen unaufdringlichen Liebe umschmeicheln. All das schwingt in jenen Worten mit, die Hölderlin hervorgehoben an das Ende seiner Dichtung stellte:

Im Arme der Götter wuchs ich groß.

Nun erkennen wir, dass dies weit mehr ist als eine Kindheitserfahrung. Es ist eine Seelenerfahrung; es ist die Bekundung eines Gewahrens der Welt, deren offene, empfängliche und kindliche Wahrnehmung dem Menschen eine tiefe Wahrheit seines Lebens offenbart: Wir sind nicht allein. *Rute und Geschrei* einer medialen, ökonomisierten, digitalisierten und technisierten Welt sind nicht das einzige, was uns vernehmbar ist. Immer ist da auch die andere, zwar oft vergessene, gleichwohl aber in der Tiefe unseres Seins beheimatete Dimension der Seele. Aus und zu ihr spricht die Dichtung Hölderlins. Immer noch. Vielleicht sogar eindringlicher denn je. Denn die Menschheit des 21. Jahrhunderts braucht das, wovon Hölderlin spricht, gerade jetzt, da sie sich anschickt, sich dem lebendigen Sein der Welt vollends zu entfremden: die Natur zu vernichten und durch eine virtuelle, tote Schattenwelt zu simulieren. Technik ist die neue *Rute* des Menschen, Ökonomie sein neues Markt*geschrei*. Davor müssen unsere Seelen mehr denn je gerettet werden, wenn wir denn unsere Lebendigkeit bewahren wollen. Die gute Nachricht Hölderlins ist: Das Rettende ist immer nah – der Gott, der Geist, der einfach ist, der um uns ist, der mit jedem

Windhauch, jedem Regentropfen oder Sonnenstrahl die Seele grüßt; der lebendig ist und der die Seele nährt und energetisiert, so dass sie sich zu ihrer ganzen Schönheit frei entfalten kann – so dass vielleicht auch Sie, von Hölderlin berührt, einst sagen können:

Im Arme der Götter wuchs ich groß.

Als schritte Apollon. Die Jugend

Wer sind die Götter, die der Dichter ruft? In wessen Armen wuchs er groß? Die Götter mit Namen zu nennen, scheut sich Hölderlin. Und wenn er sie dann doch einmal benennt, dann schmückt er sie mit Namen, die den alten Mythen der Griechen und Römer entnommen sind: *Helios* und *Luna*. Hätte er sie nicht auch anders nennen können? Das wohl nicht. Es ist alles andere als ein Zufall, dass Hölderlin sich ausschließlich mit den Göttern Griechenlands befasst hat (auch da, wo er sie mit ihren lateinischen Namen nennt). Und das nicht nur, weil er schon als Schüler von einer tiefen Leidenschaft für alles Griechische beseelt war; sondern vor allem, weil er in den Texten Platons, Heraklits und Homers, die er begeistert in der Schule und bei seinem Studium las, einen Geist entdeckte, mit dem er sich aufs Innigste verbunden wusste. Spätestens als er im Jahre 1788 nach Tübingen kam, um im dortigen Stift seine theologische Ausbildung zu beenden, war er mit allem Griechischen durch eine starke Resonanz vertraut – so als sei sein Herz auf genau den Ton gestimmt, den er in den Schriften derer, die er liebte, allenthalben fand.

Hölderlin war tief berührt von dem, was er in seiner Dichtung als den *Genius Griechenlands* besang. Er fühlte, dass dieser Genius auch in ihm mächtig war. Davon zeugt ein Gedicht, das er um 1790 schrieb und das gemeinhin als sein erstes, ausdrückliches Bekenntnis zum Griechentum gedeutet wird. Es trägt den Titel *Hymne an den Genius Griechenlands*.

Jubel! Jubel
Dir auf der Wolke!
Erstgeborner
Der hohen Natur!
Aus Kronos' Halle
Schwebst du herab,
Zu neuen, geheiligten Schöpfungen
Hold und majestätisch herab.

Ha! bei der Unsterblichen,
Die dich gebar,
Dir gleichet keiner
Unter den Brüdern,
Den Völkerbeherrschern,
Den Angebeteten allen!

Worum geht es hier? Hölderlin gibt zu verstehen, dass der Genius Griechenlands sehr anders ist als der Geist, der die großen Religionen und Imperien der alten Welt hervorbrachte – sei's in Rom oder Ägypten, Persien und Babylon. Denn der Genius Griechenlands ist viel natürlicher, naturverbundener als deren Geister. Er ist ein Gewächs der *hohen Natur*, eine Manifestation des lebendigen Seins und nicht des Herrschaftswillens derer, die es darauf anlegen, das Mächtige anzubeten oder lieber noch sich selbst als Mächtige anbeten zu lassen. Das ist es, was den Geist der Griechen von dem Geist der anderen antiken Völker unterscheidet: Er ist ganz dem Sein der Welt geweiht und nicht dem Regiment eines Allmächtigen, eines Weltenschöpfers oder Weltenrichters. Weltentrückte Mystik und Askese kennt er genauso wenig wie Glaubensbekenntnisse oder moralische Gebote. Der Genius Griechenlands ist immer mitten in der Welt, mitten drin im analogen Leben – immer ganz mit Leib und Seele, Haut und Haar rückgebunden an das physische Walten der Natur. Auch diktiert er dem Menschen keine Gebote und Gesetze, sondern er entfacht im Menschenherz die Liebe.

Von Freude glühten,
Von zaubrischer Liebe deine Schläfe,
Die goldgelockten Schläfe.

Lange säumtest du unter den Göttern
Und dachtest der kommenden Wunder.

Vorüber schwebten wie silbern Gewölk
Am liebenden Auge dir
Die Geschlechter alle!
Die seligen Geschlechter.

Im Angesichte der Götter
Beschloß dein Mund,
Auf Liebe dein Reich zu gründen.
Da staunten die Himmlischen alle.
Zu brüderlicher Umarmung,
Neigte sein königlich Haupt
Der Donnerer nieder zu dir.
Du gründest auf Liebe dein Reich.

Der Genius der Griechen offenbart sich Hölderlin als Geist der Liebe – als ein Geist, der sich dem Leben der Natur mit *zaubrischer Liebe* zuneigt, dem das Göttliche sich zeigt in der Gestalt der vielen Göttinnen und Götter, deren jeder eine oder einer der Lebendigkeit der Welt eine liebenswerte Gestalt und ein liebreizendes Gesicht verleiht. Was dem Nicht-Begeisterten bestenfalls als *silbernes Gewölk* erscheint, ist dem Genius der Griechen ein Antlitz des Göttlichen, des Seins der Welt: ein Gesicht, das sich dem Menschen freundlich zuwendet; auch da, wo es das Antlitz des mächtigen *Donnerers* Zeus ist, des Vaters der Götter und Herrschers der

Menschen. Selbst das Machtvollste erscheint dem Geist der Griechen so, dass es ihn in Liebe schwelgen lässt. *Auf Liebe ist sein Reich gegründet.*

Aber wie? Durch dasjenige, was im Menschenherz die Liebe weckt: Schönheit, Liebreiz, Attraktivität. Damit ist gesagt, wie sich die Götter Griechenlands am liebsten offenbarten: Sie sind schön. So hatte Hölderlin es bei Platon gelesen, den er in seinen Schüler- und Studentenjahren verschlungen hatte. Seither war er vertraut mit der Philosophie, in der sich der Genius Griechenlands am vernehmlichsten ausgesprochen hatte. Ein Text vor allem hatte es ihm angetan: das *Symposium*, der Dialog, in dem Platon von der Heiligkeit des Eros – der Liebe – spricht. Dort fand Hölderlin den Genius Griechenlands, der sein Reich auf Liebe gründen konnte, weil er in allem die Schönheit des lebendigen Seins einer Welt erkannte, die die Griechen deshalb *kósmos* nannten: *schöne Ordnung.* Weil er sich der Schönheit der Natur ergab und sich der schönen Lebendigkeit des *kósmos* zuwandte, anstatt sich dem Willen strenger Herrschergötter zu unterwerfen, schuf sich der Genius Griechenlands eine Welt, worin die Menschen wachsen, blühen und gedeihen konnten. So wie es das Leben vorgesehen hat – und wie es die Seele eines jeden Wesens inständig begehrt.

Das muss Hölderlin verstanden haben, als er Platon, Sophokles, Homer und all die anderen Helden seiner Jugendzeit studierte. Hier fand er die *Bestätigung der reinen Freude* seiner Knabenjahre. Und er begriff, dass der Genius der Griechen ihn schon in frühen Jahren begeistert und dazu veranlasst hatte, es ihm gleichzutun und auch sein eigenes Leben auf die Liebe zu gründen. Jeder Windhauch, jede Blume hatte seither die Liebe seines Herzens genährt. So war er in den Armen seiner Götter groß gewachsen: dieser schönen, liebreizenden Götter, die so wenig gemein haben mit dem strengen, jenseitigen Schöpfergott des Judentums, des Christentums und des Islams; weil sie in der diesseitigen, endlichen, sterblichen, aber dabei eben auch lebendigen Natur so gegenwärtig sind, dass man ihnen überall begegnet, wo man offenen Auges und Herzens durch die Welt spaziert.

Aber was hat das mit uns zu tun? Wieder meldet sich die Stimme des modernen Intellektes, der sich auflehnt, wenn er hört, dass Hölderlin sein Leben auf die Liebe gründete. Was, so fragt er sich, geht uns der Genius der alten Griechen an? Deren Blüte war vor Tausenden von Jahren. Was soll uns ihr religiöses Weltgewahren, wenn wir heute denkende Maschinen bauen und menschliche Leiber perfektionieren können? Was sollen wir mit den alten

Göttern anfangen, wenn wir drauf und dran sind, als *Homo Deus* an ihre Stelle zu treten?

Gerne flüchtet sich unser Verstand in nüchterne Gedanken und beruft sich auf gesunden Realismus oder Pragmatismus. Doch im Gegenüber Hölderlins verliert er schleichend seine Autorität. Statt seiner keimen Fragen aus den Abgründen der Seele auf: Könnte es nicht sein, dass das Unheil unserer Gegenwart gerade darin gründet, dass wir uns dem Genius Griechenlands entfremdet haben und uns anschicken, die lebendige Natur zu zerstören und die Vielfalt des Lebens zu vernichten? Gilt nicht für unsere Welt, was etwa zeitgleich zu Hölderlin der Dichter Novalis notierte: »Wo keine Götter sind, walten Gespenster«? Manchmal will es scheinen, dass wir wirklich von Gespenstern beherrscht werden – lebens- und menschenfeindlichen Dämonen, deren Namen lauten: Ökonomismus, Reduktionismus, Dataismus, Transhumanismus. Dämonen bannt man, wenn man ihren Namen ausspricht. Götternamen aber sollte man mit Vorsicht verwenden.

Eben dies tut Hölderlin. Wir sprachen schon davon: Er nennt die Götter der Hellenen nur selten mit Namen. Beispiele dafür sind uns bereits begegnet: *Helios*, *Luna* oder *Kronos*. Meistens aber hält er sich bedeckt und spricht allein vom *Gott* oder *den Göttern*. Oder von der *heiligen Natur*, die hinter allen Göttern thront und deren Lebendigkeit es letztlich ist, die sich in mannigfacher Weise in den vielen Göttern wie im Spektrum eines bunten Regenbogens offenbart. So ist es im alten Griechenland gewesen: All die Götter, die wir aus den Mythen kennen – Zeus und Hera, Artemis, Apollon, Demeter, Dionysos, Hermes, Athene und wie sie alle heißen –, waren je eigentümliche, hoch verdichtete Aspekte der Lebendigkeit der Welt, die, so oft sie in den Dunstkreis der Menschen traten, deren Herz mit Liebe und Begeisterung für eben diese Lebendigkeit der Welt erfüllten und ihnen das sichere Gefühl gaben, in einer sinnvollen, bejahenswerten und deshalb *heiligen* Welt zu leben.

Dennoch hat Hölderlin sich gescheut, die alten Götter namentlich zu nennen. Aber warum? Warum hat er nicht dafür geworben, sich den alten Göttern zuzuwenden? Wollte er denn nicht zurück zum Genius der Griechen? Nein, das war nicht seine Absicht. Er wusste, dass die Zeit der alten Götter abgelaufen ist – dass sie nicht mehr zu erwecken sind. In der späten Elegie *Germanien* ruft er sie mit trauernden, doch klaren Worten an:

Und rückwärts soll die Seele mir nicht fliehn
Zu euch, Vergangene! die zu lieb mir sind.
Denn euer schönes Angesicht zu sehn,

Als wär's, wie sonst, ich fürcht es, tödlich ist's,
Und kaum erlaubt, Gestorbene zu wecken.

Zu den alten Göttern der Griechen führt demnach kein Weg zurück. Hölderlin hat das gespürt und auch gewusst. Mit den Tübinger Studienfreunden Hegel und Schelling notierte er 1797 in einem gemeinsamen Papier, das später als *Ältestes Systemprogramm des deutschen Idealismus* Einzug in die Philosophiegeschichtsbücher fand:

Wir müssen eine neue Mythologie haben.

Was Hölderlin und seine Freunde damit sagen wollten, war Folgendes: Um das heilige Sein dieser Welt zu erschließen, braucht es eine *neue* Sprache, eine *neue* Religion, eine *neue*, unverbrauchte Wahrnehmung der Wirklichkeit: eine Religion und eine Sprache, die kein Mensch ersinnen kann, da sie – wie einst in Griechenland – aus einem unverfügbaren Geist geboren wird, mit dem das lebendige Sein der Welt sich neuerlich dem Menschen zuwendet. So heißt es am Ende des *Ältesten Systemprogramms*:

Ein höherer Geist, vom Himmel gesandt, muß diese neue Religion unter uns stiften, sie wird das letzte, größte Werk der Menschheit sein.

Diese Worte klingen dem Intellekt bedrohlich und in hohem Maße esoterisch. Und doch spricht sich in ihnen eine bedeutungsvolle Einsicht aus: dass uns heute ein Denken und eine Sprache fehlen, die es erlaubten, uns mit Leib und Seele an das Sein der Welt als etwas Göttliches und Heiliges, etwas Maßgebliches und Richtungsweisendes zurückzubinden, um neuerlich in einem sinnvollen *kósmos* zu wurzeln. Es fehlt unserer Zeit an Dichtung und Mythologie. Es fehlt ihr an Begeisterung: dem, was – wenn wir Hölderlin folgen – allgegenwärtig war, als der Genius Griechenlands im Herzen der antiken Menschen sein Echo fand und so eine Kultur erschuf, von deren Widerhall wir noch heute zehren.

Wie aber kann die Seele des modernen Menschen eine Sprache finden, um dem Zuspruch, der vom Sein der Welt an sie ergeht, Wahres zu entgegnen? Wie kann sie die Antwort auf den Anspruch geben, den sie ahnend fühlt? Hören wir auf den Rat, den Hölderlin in seinem Gedicht *An die jungen Dichter* gibt:

Seid nur fromm, wie der Grieche war!
Liebt die Götter und denkt freundlich der Sterblichen!
Hasst den Rausch, wie den Frost! Lehrt und beschreibet nicht!

Wenn der Meister euch ängstigt,
Fragt die große Natur um Rat.

Fromm sein wie die Griechen? Langsam ahnen wir, was das bedeutet: Es bedeutet, sich immer wieder dem Leben zuzuwenden, die Na*tur um Rat zu fragen.* Nicht, um sich philhellenisch in der Lust an einer glanzvollen Vergangenheit zu gefallen oder bildungsbürgerlich in Platon oder Sophokles zu schwelgen. Nein, es heißt sich liebend, offen und bedingungslos dem Leben zuzuwenden und die heilige Lebendigkeit des Seins zu fühlen. Eben das war es, was Hölderlin *im Arme der Götter groß wachsen* ließ. Eben das war es, was ihn ein Leben lang beseelte und begeisterte.

Dass es nicht darum gehen könne, den Genius Griechenlands zu neuem Leben zu erwecken, sondern darum, einen neuen Genius zu entfachen, der nach Maßgabe der alten Griechen eine neue Religion begründet, die nicht einem machtvollen und wollenden Gott, sondern dem heiligen Sein der Lebendigkeit huldigt, wusste Hölderlin genau. Dass das nach den Wirren der französischen Revolution zerrüttete Europa eine andere Mythologie benötigen würde als das, was Jakobiner oder Ökonomen predigten, war seine tiefste Überzeugung. Ebenso ahnte er, dass dieses Europa nur dann neuerlich erblühen werde, wenn die neue Rückbindung ans Sein derjenigen des Genius Griechenlands ähnlich sein würde; dass sie nur gelingen würde, wenn der neue Geist Europas fest im Boden jener alten Welt verwurzelt ist.

Das galt auch für ihn, den jungen Dichter, der am Ende seiner Tübinger Studienzeit immer deutlicher empfand, dass er dazu berufen ist, den neuen alten Genius Europas in die Welt zu tragen, seiner Ankunft im Medium der Dichtung einen Weg zu bahnen. Das, so hat etwas in ihm schon früh geahnt, würde aber nur dann gelingen, wenn er selbst im Geist des Griechentums verwurzelt bliebe.

Oder war es der Geist des Lebens selbst, der sich ihm zuwandte und darauf drang, durch seinen Mund aufs Neue in der Welt vernehmbar zu sein? War es einer der alten Götter, der ihn ansprach und begeisterte? Sah er sich von einem Gott in Dienst genommen, wenn er es als seine Berufung erkannte, dem Europa seiner Zeit vom heiligen lebendigen Sein der Welt zu künden? Diese Fragen werden selten gestellt, klingen sie doch in modernen Ohren reichlich abgedreht. Trotzdem nehmen wir sie ernst, denn sie werden uns ins geistige Zentrum der Dichtung Hölderlins führen. Jedenfalls fällt auf, dass ein einziger der griechischen Götter von ihm – gerade in den 1790er Jahren – auffällig oft beim Namen genannt wird: der Gott Apollon.

Was ist es, das
An die alten seligen Küsten
Mich fesselt, daß ich mehr noch
Sie liebe, als mein Vaterland?
Denn wie in himmlischer
Gefangenschaft gebückt, dem Tag nach sprechend
Dort bin ich, wo, wie Steine sagen, Apollo ging,
In Königsgestalt,
Und zu unschuldigen Jünglingen sich
Herabließ [...].

Apollon ist es, dem sich Hölderlin verbunden weiß: ihm, dem Gott der Dichtkunst, der sich »unschuldigen Jünglingen« zuneigte, um sie mit Gesang zu begeistern; ihm, dem königlichen Wächter über das rechte Maß des Lebens; ihm, dem Stifter aller Ordnungen und Harmonien. Diesem Gott war Hölderlin besonders zugetan. Vielleicht mehr, als es ihm bewusst war. Seine Freunde aber, die mit ihm im Stift zu Tübingen verkehrten, hatten ihn durchschaut. Und ihr Zeugnis lässt ahnen, wessen Geistes Kind der Dichter Friedrich Hölderlin in Wahrheit war – und ist. Aus der Tübinger Zeit berichtet sein späterer Biograph Christoph Theodor Schwab:

Die Freundschaft mit Hölderlin gewann durch seine körperliche Schönheit etwas Idealisches: seine Studiengenossen haben erzählt, wenn er vor Tische auf- und abgegangen, sei es gewesen, als schritte Apollon durch den Saal.

Das einzige aus seinen Jugendjahren auf uns gekommene Bildnis Hölderlins lässt ahnen, dass der junge Mann tatsächlich etwas von Apollon an sich hatte. Er sah wirklich gut aus. Und so sei die These gewagt: Hölderlin glich nicht nur äußerlich Apollon, nein, er war ein Bote dieses Gottes. Das heißt: Er war von eben jenem Geist beseelt, den man im alten Griechenland unter dem Namen des Apollon verehrte. Dazu passt nichts besser als sein gut bezeugtes Vorhaben, Europa einen neuen Mythos schenken zu wollen: einen Mythos, der eine neue europäische Ordnung begründet, indem er die Menschen ans lebendige Sein der Welt rückbindet, um von ihm begeistert, energetisiert und mit Liebe erfüllt zu werden; und um eine neue Welt zu schaffen, die getragen ist von einer Ordnung, die nicht länger die Natur schändet und in der sich der Mensch nicht länger in äußerster Hybris als *maître et possesseur* (René Descartes) oder gar als *Homo Deus* aufspielt; einen *kósmos*, der es erlaubt, in Freiheit Mensch zu sein: lebendig, blühend, schön.

So gesehen ist es wohl kein Wunder, dass er 1798 für Schillers *Musenalmanach* ein Gedicht schrieb, das mehr oder weniger ausdrücklich dem Apollon geweiht ist. Tatsächlich ist es das einzige seiner Gedichte, in dem er eine Gottheit direkt anspricht. Und wenn er darin auch den Namen des Apollon auszusprechen scheut, liegt doch auf der Hand, welchem *entzückenden Götterjüngling* die *jungen Locken* gehören, die hier besungen werden.

Dem Sonnengott:

Wo bist du? trunken dämmert die Seele mir
Von aller deiner Wonne; denn eben ists,
Daß ich gesehn, wie, müde seiner
Fahrt, der entzückende Götterjüngling

Die jungen Locken badet' im Goldgewölk;
Und jetzt noch blickt mein Auge von selbst nach ihm;
Doch fern ist er zu frommen Völkern,
Die ihn noch ehren, hinweggegangen.

Dich lieb' ich, Erde! trauerst du doch mit mir!
Und unsre Trauer wandelt, wie Kinderschmerz,
In Schlummer sich, und wie die Winde
Flattern und flüstern im Saitenspiele,

Bis ihm des Meisters Finger den schönern Ton
Entlockt, so spielen Nebel und Träum' um uns,
Bis der Geliebte wiederkömmt und
Leben und Geist sich in uns entzündet.

Diese Ode ist für unseren Zusammenhang wichtig, weil Hölderlin in ihr unverblümt von seiner besonderen Nähe zu Apollon spricht: zu dem *Meister*, der sich zurückgezogen hat zu fernen, *frommen Völkern* (die im Mythos als *Hyperboreer* bekannt sind), der jedoch *wiederzukommen* verheißt, um *Leben und Geist* in unseren Herzen zu *entzünden.*

Zu ihm, dem *entzückenden Götterjüngling,* hat Hölderlin, der Menschenjüngling, eine besondere Beziehung. Ihm gleicht er nicht nur von außen. Auch seine Seele scheint mit ihm verbunden. Immer wieder kommt er auf den Gott zu sprechen – manchmal klar und deutlich, manchmal eher verklausuliert. Ja, es scheint zuweilen, als spreche der Gott selbst aus ihm: als sei Apollon der Inspirator und eigentliche Urheber der Dichtung Hölderlins. Vielleicht ist die verborgene Gegenwart dieses *Götterjünglings* der heimliche Grund für ihre jugendliche Frische noch nach 200 Jahren.

Du musst erleuchten. Die Reife

Wer ist Friedrich Hölderlin? Er selbst hat sich wieder und wieder diese Frage gestellt. Er musste sie sich stellen, und je älter er wurde, desto schmerzlicher brannte sie in seiner Seele. Schmerzlicher wurde sie, weil er zunehmend darunter litt, einen Ausbildungsweg begonnen zu haben, an dessen Ende er einen Beruf ausüben sollte, den er nicht ausüben konnte. Dass er für das Pfarramt nicht gemacht sein würde, wusste er genau. Er spürte in sich die Berufung zum Dichter. Doch die Welt, in die hinein er wuchs, hatte für Dichter wenig Platz – und wenig Sinn. Wollte er ein Dichter sein, so musste er auf irgendeine Weise unabhängig werden: von der Kirche, von der Mutter, von den Zwängen mühseligen Gelderwerbs. Was sollte er tun? Was sollte er werden? Welchen Weg konnte er gehen, um zu werden, was zu sein er ahnte: der Dichter einer neuen Welt.

Gedanken wie diese plagten ihn, als seine Zeit in Tübingen zur Neige ging. Das war im Herbst des Jahres 1793. Im September wurde er aus dem Stift entlassen, am 6. Dezember absolvierte er in Stuttgart sein theologisches Examen. Und dann? Dann ging er den einzigen ihm gangbaren Weg: Er wurde Hofmeister, Hauslehrer für die Söhne Wohlhabender oder Adliger. Ein solche Stelle hatte ihm sein Freund und Mentor Schiller erfolgreich vermittelt – im Hause seiner Freundin Charlotte von Kalb, in Waltershausen in der thüringischen Rhön. Dort fing er am 28. Dezember 1793 an – nicht nur mit der Arbeit eines Hofmeisters, sondern auch mit einem leidlich selbständigen Leben fern seiner schwäbischen Heimat.

Aber war das wirklich Friedrich Hölderlin: ein Privatlehrer in gutem Hause? Nein, das war er nicht. Er war Dichter, und es tat ihm sicher wohl, dass Schiller sich nicht scheute, in diesen Jahren nach Ende des Studiums einige Gedichte seines jungen Freundes zu veröffentlichen. Auch dürfte es ihn beflügelt haben, sich seit Sommer 1792 einem neuen, großen literarischen Projekt zu widmen: einem *griechischen Roman*, wie er in einem Brief vom Juli 1793 an seinen Freund Ludwig Neuffer schrieb. Davon versprach der junge Dichter sich, wie er in diesem Schreiben beiläufig bemerkt, *in dem Geschlechte, wo doch die Herzen schöner sind, ein Herz gewinnen* zu können. Er ahnte nicht, wie sehr ihm das gelingen würde.

Hyperion ist der Titel dieses Werkes, das Hölderlin von 1792 bis 1799 umtrieb. Noch in Tübingen hatte er daran zu schreiben begonnen, in Waltershausen setzte er die Arbeit fort, eine erste Fassung konnte im November 1794 in der von Schiller herausgegebenen Zeitschrift *Neue Thalia* erscheinen. Kurz danach verwarf er jedoch alles schon Geschriebene und wagte einen Neuanfang. Das hing wohl damit zusammen, dass er sich im Spätherbst 1794 gemeinsam mit seinem zehnjährigen Zögling Fritz von Kalb für einen längeren Studienaufenthalt nach Jena begeben hatte, wo er nicht nur Schiller nahe war, sondern auch Gelegenheit hatte, Vorlesungen bei dem damals nach Kant bedeutendsten deutschsprachigen Philosophen zu hören: Johann Gottlieb Fichte. Auch pflegte er Umgang mit den jungen wilden Intellektuellen, die sich in Jena um die Gebrüder Friedrich und August-Wilhelm Schlegel scharten und später als Frühromantiker in die Geschichtsbücher eingehen sollten.

Hölderlin war in diesen Jahren auf der Suche nach sich selbst. Davon zeugen die erhaltenen Entwürfe zum *Hyperion*, davon zeugt seine unstete Vita. Im Januar 1795 gibt er die Stelle bei Charlotte von Kalb auf, kehrt daraufhin noch einmal zurück nach Jena und reist schließlich von dort Hals über Kopf in seine schwäbische Heimat nach Nürtingen, nur um sich nach einem unglücklichen Sommer im Dezember desselben Jahres ein zweites Mal als Hauslehrer zu versuchen: dieses Mal in Frankfurt, im Hause des Bankiers Jakob Gontard. Dieser Schritt tat ihm gut. Anfangs wenigstens. Denn in Frankfurt konnte er den ersten Band seines *Hyperion* vollenden. Er war bei sich angekommen, hatte sich selbst gefunden – oder besser: er hatte sich finden lassen; und zwar von Susette Gontard, der Gattin seines Arbeitgebers, der er mit der finalen Fassung des Romans ein unsterbliches Denkmal setzte: als *Diotima*, die Protagonistin und Geliebte seines Titelhelden. Der Name ist eine vielsagende Anspielung auf die gleichnamige Dialogfigur Platons, die in dessen *Symposium* als eine Priesterin vorgestellt wird, die einst den Sokrates in die Mysterien der Liebe – des Eros – eingeweiht habe.

Wer war nun Friedrich Hölderlin? Nachdem er sich in der Begegnung mit Susette bzw. Diotima hatte finden lassen, fällt die Antwort nicht mehr schwer: Hölderlin ist sein Hyperion. Schon nach der Lektüre einer früheren Fassung hatte sein Freund Neuffer ihm geschrieben: »Lieber Hölderlin! Es war mir, als wenn ich Dich vor mir hätte. Ich fand Dich ganz in Deinem Werke ...«. Auch Susette erkannte Hölderlin darin. Sie hatte die in der *Thalia* erschienenen Auszüge gelesen. Sie liebte den Protagonisten des Romans, noch bevor er ihr als neuer Hofmeister leibhaftig vor Augen trat. Und er erwiderte die Liebe: die Liebe zweier Menschen, die sich nicht gesucht und doch gefunden hatten; die Liebe zweier Menschen, die beiden einen Raum öffnete, in dem sich offenbaren konnte, wer sie waren und was bis dahin unentfaltet in ihnen geschlummert hatte; die Liebe zweier Menschen, die ihnen größtes Glück und auch den größten Schmerz bereiten sollte.

Nachdem im Herbst 1799 schließlich auch der zweite Teil des Romans erschienen und das Projekt *Hyperion* damit abgeschlossen war, ließ Hölderlin seiner Susette ein Exemplar mit einer kurzen aber unvergesslichen Widmung zukommen: *Wem sonst als dir?* Auch ein Entwurf zu seinem Begleitbrief hat sich erhalten:

> *Hier unsern Hyperion, Liebe! Ein wenig Freude wird diese Frucht unserer seelenvollen Tage Dir doch geben. [...] Liebste! alles, was von ihr und uns, vom Leben unseres Lebens hie und da gesagt ist, nimm es wie einen Dank, der öfters um so wahrer ist, je ungeschickter er sich ausdrückt. Hätte ich mich zu Deinen Füßen nach und nach zum Künstler bilden können, in Ruhe und Freiheit, ja ich glaube, ich wär es schnell geworden, wonach in allem Leide mein Herz sich in Träumen und am hellen Tage, und oft mit schweigender Verzweiflung sehnt.*

Er hatte *unseren Hyperion* geschrieben. Und ihr gewidmet. Er, der Geliebte, ihr, der Geliebten. Er, der einstige Erzieher ihrer Kinder, ihr, der Gattin des Mannes, der ihn ein Jahr zuvor aus dem Haus gejagt hatte. *Unseren Hyperion* – die Frucht ihrer langen Gespräche in jener Zeit zwischen dem 28. Dezember 1795 und jenem verhängnisvollen Tag Ende September 1798, an dem ihr Gatte mit den Worten »Sitzt denn der Mann beständig bei meiner Frau!« ins Zimmer stürzte und den Hofmeister zur Rede stellte; der Tag, an dem der so Gescholtene den Raum verließ, das Haus verließ – und sie verließ. *Unseren Hyperion*: das Denkmal ihrer verzweifelten und doch so tapferen Liebe. Wenn diese Liebe auch in dieser Welt nicht leben durfte: In diesem Buch blieb sie der Welt erhalten; auch wenn beide nicht mehr sind.

Was ist das für ein Buch? *Hyperion* ist ein aus zwei Bänden bestehender Briefroman, in dem der Titelheld Hyperion, ein Grieche des 18. Jahrhunderts, seinem deutschen Freund Bellarmin die Geschichte seines Lebens erzählt. Am Ende des ersten Bandes, im letzten Brief des zweiten Buches, erzählt Hyperion von einem Gespräch mit seiner Geliebten – eben der jungen Griechin Diotima –, in dessen Verlauf er sich im Spiegel der Geliebten gleichsam selbst erkannte: *wonach in allem Leide* sein *Herz sich in Träumen und am hellen Tage, und oft mit schweigender Verzweiflung gesehnt hatte*:

> *Hyperion! – hier ergriff sie meine Hand mit Feuer, und ihre Stimme erhub mit Größe sich – Hyperion! mich deucht, du bist zu höhern Dingen geboren. Verkenne dich nicht! […] Du mußt, wie der Lichtstrahl, herab, wie der allerfrischende Regen, mußt du nieder ins Land der Sterblichkeit, du mußt erleuchten, wie Apoll, erschüttern, beleben, wie Jupiter, sonst bist du deines Himmels nicht wert.*

Da haben wir es wieder: *Erleuchten wie Apoll, erschüttern und beleben wie Jupiter*. Das ist, wozu Diotima ihren Hyperion berufen weiß. Das ist, was Hölderlin an sich verstand, seit er sich von Susette verstanden wusste: ein *Lichtstrahl vom Himmel* sollte und wollte er sein: ein Lichtbringer, eine Sonne, das alles erleuchtende Gestirn – das, was der Titelheld seines Romans in seinem griechischen Namen verrät: Ὑπερίων (*Hyperíōn*) = der Sohn der Höhe, der Oberste; dem Mythos zufolge der Vater des Sonnengottes Helios, aber auch gebräuchlich als Beiname des Zeus-Sohnes Apollon.

Aber warum und in welcher Eigenschaft sieht Hölderlin sich und seinen Hyperion als Sachwalter des alten Griechengotts Apollon? Man wäre leicht versucht anzunehmen, weil Apollon im alten Griechenland als Gott der Dichtkunst gefeiert und verehrt wurde, so dass Hölderlin auf seine gefestigte und durch Susette bekräftigte Identität als Dichter anspielen wollte, als er Diotima sagen ließ: *Du musst erleuchten wie Apoll.* Aber das griffe zu kurz. Wichtiger denn als Gott der Dichtung war Apollon den Hellenen als der Stifter und Garant der guten Ordnung. Platon verehrte Apollon als den Gott der Harmonie, der Stimmigkeit – den Sachwalter der kosmischen Ordnung allen Seins und Werdens. Auf ihn in dieser Eigenschaft beruft er sich in denjenigen seiner Schriften, die der Politik und der Gesetzgebung gewidmet sind, um die dem Apollon heilige Balance und Gerechtigkeit zum Maß aller Politik zu installieren. Auch Solon und Kleisthenes, die Gründerväter der attischen Demokratie, hatten sich bei ihren politischen Reformen auf das apollinische Prinzip der Harmonie berufen, weil sie ahnten, mit einer demokratischen Ordnung am ehesten verwirklichen zu können, was Platon als den apollinischen Sinn der Politik erkannte: »Frieden und einen Geist der Freundschaft« zu erzeugen.

Das also ist es, was Diotima ihrem Hyperion ans Herz legt: Als Stifter einer neuen, guten, apollinisch-harmonischen Ordnung soll er sich hervortun und auf den Trümmern der Vergangenheit ein neues Griechenland errichten. Das war keine bloße Spinnerei, denn der Roman spielt zu einer Zeit, in der ein neues, freies Griechenland als mögliche Option im Raume stand: kurz vor Beginn der griechischen Befreiungskriege des späten 18. Jahrhunderts.

Der Wunsch nach Freiheit ist deshalb nicht zufällig eines der Schlüsselthemen des *Hyperion*. Von ihm handelt der letzte Brief des ersten Buches, in dem Hyperion von einem Ausflug nach Athen erzählt, den er mit Diotima und einigen Freunden unternommen hatte. Dort hält er eine begeisterte Rede zu Ehren der alten griechischen Kultur, deren wichtigste geistige Säulen er bedenkt. So seien der Freiheitssinn, die Philosophie und überhaupt die ganze Blüte des alten Griechentums bzw. der Athener darin begründet,

> *dass ihre Kunst und ihre Religion die echten Kinder ewiger Schönheit – vollendeter Menschennatur – sind, und nur hervorgehn konnten aus vollendeter Menschennatur.*

Genau darin hat Hyperion an diesem Tag in Athen seine Berufung erkannt: die *Menschennatur* zu vollenden, zu bilden, zur vollen Blüte zu entfalten. Das nämlich ist die Aufgabe eines Mannes, der berufen ist, *zu erleuchten wie Apollon*. Das verrät die Reaktion Hyperions auf diese Worte der Diotima:

> *Es werde von Grund aus anders! Aus der Wurzel der Menschheit sprosse die neue Welt! Eine neue Gottheit walte über ihnen, eine neue Zukunft kläre vor ihnen sich auf. In der Werkstatt, in den Häusern, in den Versammlungen, in den Tempeln, überall werd es anders!*

Wenn zutrifft, dass die Romanfigur Hyperion ein treues Spiegelbild ihres Autors ist, dann können wir nun sagen: Hölderlin weiß sich zur Transformation berufen. Oder besser noch: zur Disruption, wie man heute gerne sagt: *Alles* muss anders werden, eine neue Weltordnung ist das Gebot der Stunde, ein neues Narrativ – oder, in den bereits zitieren Worten aus dem *Ältesten Systemprogramm des Deutschen Idealismus*:

> *Wir müssen eine neue Mythologie haben. […] Ein höherer Geist, vom Himmel gesandt, muß diese neue Religion unter uns stiften, sie wird das letzte, größte Werk der Menschheit sein.*

Inzwischen ahnen wir, wer dieser *höhere, vom Himmel gesandte Geist* ist, der im Sinne Hölderlins die *neue Religion unter uns stiften* wird: Es ist der

Geist Apollons, des Sachwalters und Garanten stimmiger Ordnungen, die das menschliche Leben erblühen lassen, so wie es einst unter dem Einfluss der ihm gewidmeten Religion in Griechenland geschehen war; der Geist des Gottes, der den ihm geweihten Dichter nicht nur *erleuchtet*, sondern mit einer Sprache versieht, die den göttlichen, alles belebenden Geist des lebendigen Seins dieser Welt zu Wort kommen lässt; und zwar so machtvoll, dass die ihn vernehmenden Menschen von ihm *begeistert* sind.

Diener und Dichter des Apollon: In diesem nunmehr gefundenen Selbstverständnis schwingt eine grundlegend wichtige Erkenntnis Hölderlins, die für seine Suche nach sich selbst von größter Relevanz war: Eine echte Veränderung, eine wahrhafte Revolution wird nur möglich sein, wo das lebendige Sein der Welt im inspirierten Wort des Dichters die Menschen so erschüttert und ergreift, dass sie sich zu blühender Schönheit, Freiheit und Reife entfalten werden – so wie einst die Griechen unter dem Einfluss des Apoll; und so, wie es am Ende des 18. Jahrhunderts neuerlich möglich schien, da doch die alte Ordnung Europas, das Ancien Régime, in Trümmern lag.

Wir dürfen nicht vergessen, dass es die Dekade der Revolution war, in der Hölderlin den *Hyperion* verfasste: Seit dem Sommer 1789 war Europa in seinen Grundfesten erschüttert. Und natürlich waren auch Hölderlin und seine Freunde im Tübinger Stift von einem revolutionären Taumel erfasst worden, als die Kunde vom Sturm auf die Bastille nach Deutschland drang. Es heißt, die Stiftszöglinge hätten seinerzeit einen Freiheitsbaum aufgerichtet und Hölderlin sei Mitglied eines revolutionären Clubs gewesen.

Bezeugt ist aber auch, dass unter Deutschlands jungen Intellektuellen die Begeisterung für die Revolution bald erlahmte. Mit Schrecken sah man, wie die viel berufene Freiheit auf der Place de la Concorde in Paris unter der Guillotine verblutete. Das war nicht die Freiheit, die man sich erträumt hatte. Eher schien sich zu bewahrheiten, was der führende deutschsprachige Revolutionär, Georg Forster, angesichts des Terrors der Jakobiner prophezeite: »Die Tyrannei der Vernunft, vielleicht die eifrigste von allen, steht der Welt noch bevor. Feuer und Wasser sind nichts gegen das Übel, welches die Vernunft ohne Gefühl stiften wird.«

Diese Worte waren Wasser auf die Mühlen Hölderlins und seiner Philosophenfreunde Hegel und Schelling. Nicht zufällig votierten sie im *Ältesten Systemprogramm* gerade nicht für eine neue, rationale Philosophie, sondern für eine *neue Mythologie* – eine poetische und sinnliche Mythologie:

Ehe wir die Ideen ästhetisch, d. h. mythologisch machen, haben sie für das Volk kein Interesse; und umgekehrt, ehe die Mythologie vernünftig ist, muß sich der Philosoph ihrer schämen. So müssen endlich Aufgeklärte und Unaufgeklärte sich die Hand reichen, die Mythologie muß philosophisch werden und das Volk vernünftig, und die Philosophie muß mythologisch werden, um die Philosophen sinnlich zu machen.

Die Philosophen *sinnlich* zu machen: Eben das vermag wohl niemand besser zu leisten als ein apollinisch inspirierter Dichter. Dafür nämlich braucht es dasjenige, was Hyperion in seiner Athener-Rede *Geistesschönheit* oder *Herzensschönheit* nennt:

Aus bloßem Verstand ist nie Verständiges, aus bloßer Vernunft ist nie Vernünftiges gekommen. Verstand ist ohne Geistesschönheit, wie ein dienstbarer Geselle, der den Zaun aus grobem Holze zimmert, wie ihm vorgezeichnet ist, und die gezimmerten Pfähle an einander nagelt, für den Garten, den der Meister bauen will. Des Verstandes ganzes Geschäft ist Notwerk. Vor dem Unsinn, vor dem Unrecht schützt er uns, indem er ordnet; aber sicher zu sein vor Unsinn und vor Unrecht ist doch nicht die höchste Stufe menschlicher Vortrefflichkeit.

Nicht Rationalität, sondern Schönheit ist, was die Menschheit braucht, wenn sie auf neuen Wegen wandeln soll. Diese Schönheit in die Welt zu tragen, sie zur Sprache zu bringen und zu Wort kommen zu lassen: Darin sieht Hölderlin seit seiner Begegnung mit Susette Gontard seine Berufung als Dichter. Für ihn ist klar, dass diese Berufung alles andere als romantisch und verträumt ist, sondern äußerst zeitgemäß und höchst politisch. Sie ist sein Beitrag zur großen Revolution – sein Beitrag, von dem er wusste, dass er für ihr Gelingen am Ende entscheidend sein würde. Denn es braucht einen geistigen Impuls, um die besten Kräfte der Menschen zu entfesseln, so dass sie eine wirklich neue, lebendige und freie Welt errichten werden. Nur eine apollinisch inspirierte Dichtung würde die Menschen dafür begeistern, sich eine Ordnung zu geben, in der sich – wie einst in Griechenland – ihre Seele entfalten und zu voller Schönheit erblühen kann.

Weder Philosophie noch Ideologie oder Politik werden eine gesellschaftliche Transformation erwirken. Das ist heute genauso wahr wie zu der Zeit, als Hölderlin seinem Hyperion einige Worte in den Mund legte, die sich wie sein politisch-revolutionäres Vermächtnis lesen. Der Kontext ist ein Gespräch, in dem Hyperions Freund Alabanda für seine revolutionären Ideen wirbt. Hyperion hält ihm entgegen:

Du räumst dem Staate denn doch zu viel Gewalt ein. Er darf nicht fordern, was er nicht erzwingen kann. Was aber die Liebe gibt und der Geist, das läßt sich nicht erzwingen. Das laß er unangetastet, oder man nehme sein Gesetz und schlag es an den Pranger! [...] Die rauhe Hülse um den Kern des Lebens und nichts weiter ist der Staat. Er ist die Mauer um den Garten menschlicher Früchte und Blumen. Aber was hilft die Mauer um den Garten, wo der Boden dürre liegt? Da hilft der Regen vom Himmel allein.

O Regen vom Himmel! o Begeisterung! Du wirst den Frühling der Völker uns wiederbringen. Dich kann der Staat nicht hergebieten. Aber er störe dich nicht, so wirst du kommen ...

Nicht politische Programme, sondern Begeisterung ist, was echten Wandel möglich macht: als alles belebender *Regen vom Himmel.* Von einem *allerfrischenden Regen*, gleich dem Hyperion *nieder ins Land der Sterblichkeit* müsse, hatte auch Diotima gesprochen, als sie ihrem Liebsten entdeckte, sein Auftrag sei es, zu *erleuchten wie Apoll.* Vom Himmel gesandte Begeisterung, die wie ein Regen das dürre und darbende Land einer vom Leben entfremdeten Welt belebt: Das ist der Beruf des Dichters. Er muss begeistern mit dem Geiste Apollons und der Schönheit einer Dichtung, die vom heiligen Sein dieser Welt kündet. Allein diese Begeisterung würde eine echte Revolution der Herzen und Seelen erwirken, in deren Folge menschliches Leben und menschliche Kultur zu voller Lebendigkeit erblühen können. Das Feuer dieser Begeisterung zu entfachen: Darin erkannte Hölderlin seine Berufung. Der liebende Blick Susettes hatte sie in ihm erkannt. So lässt er die Diotima am Ende des Ersten Bandes des *Hyperion* dem Geliebten sagen:

> *Du wirst Erzieher unsers Volks, du wirst ein großer Mensch sein, hoff ich. Und wenn ich dann dich so umfasse, da werd ich träumen, als wär ich ein Teil des herrlichen Manns, [...] o! ich werd ein stolzes Mädchen werden, Hyperion!*

Aus seinen Briefen wissen wir, dass Hölderlin in diesen Jahren tatsächlich darauf hoffte, im Zuge eines revolutionären Umsturzes zum Nationaldichter einer Württembergischen Republik zu werden. So hoffte er, zur großen Transformation beitragen zu können. Vielleicht war diese Vision noch nicht einmal unrealistisch, denn Hölderlin unterhielt vor allem über seinen Homburger Freund Isaac von Sinclair Kontakte zu einem Kreis, der einen Sturz des Württembergischen Königs plante. Doch wie so oft in seinem Leben kam es ganz anders. Und so ist es mehr als nur der Seufzer eines unglücklich Liebenden, wenn Hölderlin 1799 in einem Gedicht mit dem Titel *Die Liebenden* schreibt:

Ach! wir kennen uns wenig,
Denn es waltet ein Gott in uns.

Daraus spricht die Einsicht Hölderlins, dass er mitnichten Herr im eigenen Haus ist: dass in ihm eine Gottheit mächtig ist, von der wir ahnen, wer sie ist: Apollon, der Gott der Dichter, der Stifter der guten Ordnung, der Sachwalter der Schönheit.

Unter Gottes Gewittern. Die Blüte

In den ersten Tagen des Jahres 1796 hatte Hölderlin seine Stelle als Hofmeister bzw. Hauslehrer im Hause des Bankiers Jakob Gontard angetreten. Er sollte dort zweieinhalb Jahre bleiben – zweieinhalb Jahre, die ihm größtes Glück und größtes Leid bereiteten; zweieinhalb Jahre, in denen er den ersten Band seines *Hyperion* vollenden und seine innere Bestimmung finden würde: *Du musst erleuchten wie Apoll!* So hatte es Diotima ihrem Geliebten aufgetragen. Und so ähnlich dürfte er es aus dem Munde von Susette Gontard vernommen haben; und wenn nicht aus ihrem Munde, so doch aus ihrem ganzen Wesen, unter dessen günstigem Einfluss er, seiner eigenen Wahrnehmung nach, zu dem erblühte, der zu sein er sich berufen wusste: zur Stimme des Gottes, zum Sprachrohr Apollons: zum Wegbereiter einer neuer Welt und Stifter einer neuen Religion – einer anderen Religion, die den Menschen neuerlich ans lebendige Sein dieser Welt rückbinden würde.

Die ersten Monate in Frankfurt sind ihm eine Zeit der Freude. Seinem Freund Neuffer schreibt er nach den ersten vierzehn Tagen im Hause Gontard, am 15. Januar 1796:

Die Bedingungen, unter denen ich mein Verhältnis einging, sind vorteilhaft genug. Ich kann mit durchgängiger Ungebundenheit leben, brauche meinem Zögling, der schon mein ganzes Herz gewonnen hat, durch seine reine freie Unbefangenheit, nur den Vormittag zu widmen und bekomme jährlich 400 fl, bei dem, daß ich alles frei habe.

Und so geht es weiter: Im folgenden März notiert er:

Mir geht es so gut wie möglich. Ich lebe sorgenlos, und so leben ja die seligen Götter.

Den Grund für seine Fröhlichkeit verrät er Neuffer aber erst im Juni 1796:

Ich bin in einer neuen Welt. Ich konnte wohl sonst glauben, ich wisse, was schön und gut sei, aber seit ichs sehe, möchte ich lachen über all mein Wissen. Lieber Freund! Es gibt ein Wesen auf der Welt, wo mein Geist Jahrtausende verweilen kann und wird [...]. Lieblichkeit und Hoheit, und Ruh und Leben, und Geist und Gemüt und Gestalt ist ein seliges Eins in diesem Wesen. Du kannst mir glauben, auf mein Wort, daß selten so etwas geahndet und schwerlich wieder gefunden wird in dieser Welt.

Hölderlin war verliebt. Hatte einst die Priesterin Diotima den Sokrates in die Mysterien des Eros eingeweiht, so erschien ihm Susette Gontard nun als seine Priesterin und Muse, die sein Herz entflammte, ihn begeisterte und vor allem ermutigte, seiner Berufung zu folgen und Dichter zu sein.

So erlebte es Hölderlin – und so verdichtete er es zu dem Gedicht *Diotima*, dessen ursprüngliche Fassung in den ersten Monaten des Jahres 1796 geschrieben und später von ihm mehrfach überarbeitet wurde:

Leuchtest du wie vormals nieder,
Goldner Tag! und sprossen mir
Des Gesanges Blumen wieder
Lebenatmend auf zu dir?
Wie so anders ists geworden!
Manches, was ich trauernd mied,
Stimmt in freundlichen Akkorden
Nun in meiner Freude Lied,
Und mit jedem Stundenschlage
Werd ich wunderbar gemahnt
An der Kindheit stille Tage,
Seit ich Sie, die Eine, fand.

Diotima! edles Leben!
Schwester, heilig mir verwandt!

Eh ich dir die Hand gegeben,
Hab ich ferne dich gekannt. [...]

Nun! ich habe dich gefunden!
Schöner, als ich ahndend sah,
Hoffend in den Feierstunden,
Holde Muse! bist du da;
Von den Himmlischen dort oben,
Wo hinauf die Freude flieht,
Wo, des Alterns überhoben,
Immerheitre Schöne blüht,
Scheinst du mir herabgestiegen,
Götterbotin! weiltest du
Nun in gütigem Genügen
Bei dem Sänger immerzu.

Schiller, dem Hölderlin dieses Gedicht geschickt hatte, lehnte eine Veröffentlichung in seinem *Musen-Almanach* ab. Man kann das verstehen. Es ist – wie Schiller bemängelte – tatsächlich zu wortreich und pathetisch. Trotzdem ist es hier zitiert, um den Unterschied zur späteren Dichtung Hölderlins zu dokumentieren; und um erkennbar zu machen, in welchem Maße er unter dem Einfluss Susettes seine eigene, echte Sprache fand – eine apollinische Sprache, die kraftvoll vom Göttlichen zu künden weiß. Denn wie anders klingt das

Gedicht *Götter wandelten einst* ..., das Hölderlin drei Jahre später schrieb und ebenso davon Zeugnis gibt, dass bzw. wie er unter dem Einfluss seiner Diotima zum apollinischen Dichter wurde.

Götter wandelten einst bei Menschen, die herrlichen Musen
Und der Jüngling, Apoll, heilend, begeisternd wie du.
Und du bist mir, wie sie, als hätte der Seligen Einer
Mich ins Leben gesandt, geh ich, es wandelt das Bild
Meiner Heldin mit mir, wo ich duld und bilde, mit Liebe
Bis in den Tod, denn dies lernt ich und hab ich von ihr.

Er Apollon, sie die Muse – zwei Menschen, die sich begegnen und einander erkennen; und die in der Begegnung aneinander wachsen, reifen und blühen, um so das Göttliche in sich zu entfalten und den Göttern gleich auf Erden zu wandeln. Aus der gleichen Zeit stammt das Gedicht *Menschenbeifall*, das wie kein zweites diese Erfahrung Hölderlins verdichtet:

Ist nicht heilig mein Herz, schöneren Lebens voll,
Seit ich liebe? warum achtetet ihr mich mehr,
Da ich stolzer und wilder,
Wortereicher und leerer war?

Ach! der Menge gefällt, was auf den Marktplatz taugt,
Und es ehret der Knecht nur den Gewaltsamen;
An das Göttliche glauben
Die allein, die es selber sind

… *die allein, die es selber sind*: die Liebenden, deren *heilige Herzen* von *schönerem Leben* erfüllt sind; denen Achtung zuteil wird, deren Dichtung nun gelingt, weil sie nicht mehr *stolz und wild, wortereicher und leerer* sind, sondern wirklich etwas zu sagen haben: das Göttliche. So etwa muss Hölderlin sich in seiner Liebe zu Susette erlebt haben. Er wusste sich verstanden und erkannt – und er spürte, dass seiner Sprache die Kraft wuchs, zu *erleuchten wie Apoll.*

Die glücklichste Zeit mit Susette dürften der Sommer und Herbst des Jahres 1796 gewesen sein. Das Vorrücken französischer Truppen veranlasste Jakob Gontard dazu, seine Familie inklusive Hofmeister aus Frankfurt zu entfernen. Geplant war ein Aufenthalt bei den Eltern Susettes in Norddeutschland, doch die kleine Reisegesellschaft kam nur bis Bad Driburg in Westfalen, wo man bis Oktober blieb. In dieser Zeit waren Hölderlin und Susette weitgehend ungestört und allein: »the summer of '96 – those were the best days of their life«. Oder in Hölderlins Worten *An die Parzen*:

Nur Einen Sommer gönnt, ihr Gewaltigen!
Und einen Herbst zu reifem Gesange mir,
Daß williger mein Herz, vom süßen
Spiele gesättiget, dann mir sterbe.

Die Seele, der im Leben ihr göttlich Recht
Nicht ward, sie ruht auch drunten im Orkus nicht;
Doch ist mir einst das Heilge, das am
Herzen mir liegt, das Gedicht, gelungen,

Willkommen dann, o Stille der Schattenwelt!
Zufrieden bin ich, wenn auch mein Saitenspiel
Mich nicht hinab geleitet; Einmal
Lebt ich, wie Götter, und mehr bedarfs nicht.

Einmal lebt ich wie Götter, und mehr bedarfs nicht. Spricht er hier aus Erfahrung? War seiner Seele in diesem einen Sommer und Herbst ihr *göttlich Recht* geworden? War ihm der *reife Gesang*, das *heilige Gedicht* gelungen, so dass sein Herz, vom *süßen Spiel gesättigt*, willig war zu sterben? Ob er es so erlebt hatte, können wir nicht sagen. Fest steht, dass er in dieser Zeit den ersten Band seines *Hyperion* vollendete – einen wahrhaft *reifen Gesang*, der ihn, nach heutigem Ermessen, durchaus hätte *zufrieden* sein lassen dürfen.

Doch er war es nicht. Er spürte, dass er noch lange nicht am Ziel war: dass auch Susette beziehungsweise Diotima ihm nicht zu geben vermochte, was er brauchte, um seinem Beruf zu folgen und wie Apoll die Welt zu erleuchten. Wohl hatte sie ihm Kraft und Mut gegeben, dem Ruf seiner Seele zu folgen. Wohl hatte ihre Liebe sein Herz geheiligt und empfänglich gemacht für den göttlichen Geist, den zur Sprache zu bringen sein dringendstes Anliegen war. Susette hatte dieses Herz durch ihre Liebe so weit und fest gemacht, dass es stark genug sein würde, zu halten und zu fassen, was ihm zugesprochen werden würde – vom heiligen Sein dieser Welt, vom Gott.

Um das Jahr 1800 herum schrieb Hölderlin den Entwurf zu einem von ihm selbst nicht veröffentlichten Gedicht, in dem er eindrücklich zur Sprache brachte, worin er seine Aufgabe als Dichter sah. Es trägt den Titel *Wie wenn am Feiertage...* Auf diese Hymne werden wir wiederholt zurückkommen. Hier deshalb nur einige Auszüge, die für unseren Zusammenhang bedeutsam sind – allerdings auch schwer verständlich, weil Hölderlin erst im siebten Vers der zweiten Strophe verrät, wer das Subjekt ist, mit dem der *Landmann* des Gedichtbeginns verglichen wird: der bzw. die Dichter.

Wie wenn am Feiertage, das Feld zu sehn,
Ein Landmann geht, des Morgens, wenn
Aus heißer Nacht die kühlenden Blitze fielen

Die ganze Zeit und fern noch tönet der Donner,
In sein Gestade wieder tritt der Strom,
Und frisch der Boden grünt
Und von des Himmels erfreuendem Regen
Der Weinstock trauft und glänzend
In stiller Sonne stehn die Bäume des Haines:

So stehn sie unter günstiger Witterung,
Sie die kein Meister allein, die wunderbar
Allgegenwärtig erzieht in leichtem Umfangen
Die mächtige, die göttlichschöne Natur.
Drum wenn zu schlafen sie scheint zu Zeiten des Jahrs
Am Himmel oder unter den Pflanzen oder den Völkern
So trauert der Dichter Angesicht auch,
Sie scheinen allein zu sein, doch ahnen sie immer.
Denn ahnend ruhet sie selbst auch.

Erkennbar ist bis hier, dass Hölderlin in seiner Hymne vom Beruf des Dichters spricht – von den Dichtern, deren Lehrer nicht etwa ein menschlicher *Meister* ist, sondern *die göttlichschöne Natur*, das lebendige Sein dieser Welt, von deren Heiligkeit und Schönheit zu zeugen ihre Aufgabe ist. Nur scheint das heilige Sein dieser Welt verborgen, verstummt, in Schlaf gefallen zu sein – den Dichtern nicht vernehmbar, die sich deshalb einsam fühlen und *trauern*, obgleich sie doch *ahnen*, dass die *göttlichschöne Natur* durch sie zur Sprache kommen will. Nur: Wie soll das geschehen?

An der Seite Susettes glaubte Hölderlin, in ihr die Muse gefunden zu haben, die mit der Schönheit ihrer Seele das begeisternde Feuer des Eros in seinem Herzen entfachte. Was wohl auch stimmte. Nun aber weiß er, dass die mit Susette geteilte Liebe lediglich die Voraussetzung dafür schuf, dem Beruf des Dichters nachkommen zu können. Denn dafür braucht es mehr als nur ein liebessattes Herz – dafür braucht er ein in Liebe gereiftes, festes, unschuldiges und reines Herz. Ohne ein solches könnte der Dichter nicht, dem *Landmann* gleich, in einer Gewitternacht ins Offene treten:

Doch uns gebührt es, unter Gottes Gewittern,
Ihr Dichter! mit entblößtem Haupte zu stehen,
Des Vaters Strahl, ihn selbst, mit eigner Hand
Zu fassen und dem Volk ins Lied
Gehüllt die himmlische Gabe zu reichen.
Denn sind nur reinen Herzens,
Wie Kinder, wir, sind schuldlos unsere Hände,

Des Vaters Strahl, der reine, versengt es nicht
Und tieferschüttert, die Leiden des Stärkeren
Mitleidend, bleibt in den hochherstürzenden Stürmen
Des Gottes, wenn er nahet, das Herz doch fest. [...]

Welch ein Bild! Mit *eigener Hand* ergreift der Dichter das Unfassbare, Ungreifbare – das Heilige, das Göttliche, des *Vaters Strahl*: den Blitz. Und in einer nachgerade magisch-schamanischen Operation bringt er ihn zur Sprache, verdichtet ihn zur fassbaren und begreifbaren Gestalt der Dichtung, lässt es zu Wort kommen, indem er die *himmlische Gabe ins Lied gehüllt* dem *Volke* reicht. So – und nur so – kann Erleuchtung sich vollziehen: echte Erleuchtung, die nicht menschliche Ideen, sondern das Sein selbst erstrahlen lässt. Nur so kann echte Begeisterung geschehen, die sich nicht an den eigenen Ideen berauscht, sondern vom göttlichen Geist ergreifen lässt. Nur so kann eine neue, wahre Religion gestiftet werden, die nicht der menschlichen Machtsteigerung dient, sondern sich rückbindet an die *göttlichschöne Natur*, das lebendige Sein dieser Welt. So – und nur so – konnte Hölderlin sich als Dichter in der Tradition des alten Griechentums sehen: als ein Dichter, der genauso wie Homer, Pindar, Sappho oder Hesiod wusste, dass er nicht aus eigener Kraft spricht oder gar sein eignes Ich zum Gegenstand der Kunst aufbläht, sondern bloß ein Medium ist – ein Instrument und Diener jenes Göttlichschönen, das durch ihn zur Sprache kommen muss.

Das ist kein leichtes Geschäft. Im Gegenteil: Es ist gefährlich bis ins Äußerste. *Des Vaters Strahl, ihn selbst, mit eigner Hand zu fassen* ist nichts, was man gerade mal so macht, wenn man ein paar Reime schmiedet. Dem Andrang, der Anrede, dem Anspruch der *göttlichschönen Natur* bzw. des lebendigen Seins dieser Welt wird nur standhalten, wer sich *unschuldige Hände* und ein *reines Herz* bewahrt hat – oder wessen Herz im Schmelzofen der unschuldigen Liebe rein und fest geworden ist: ein *heiliges Herz, schöneren Lebens voll*, dessen Reinheit und Unschuld ihm die Kraft verleihen, als *Echo des Himmels* den *hochherstürzenden Stürmen des Gottes* standzuhalten.

Diese Festigkeit des Herzens war in Hölderlins Selbstwahrnehmung die Frucht seiner unschuldigen Liebe, die er mit Susette teilte. Ob diese Liebe wirklich unschuldig war – und was das bedeutet – wird immer ihr Geheimnis bleiben. Fest steht, dass Hölderlin sie als dasjenige erfuhr, was ihm den Mut und auch die Kraft verlieh, dem nachzugehen, worin er seine Berufung erkannte: zu *erleuchten wie Apollon* und eine Transformation vorzubereiten, die anders als die politische Revolution die Menschen wirklich befreien und eine wirklich neue Zeit der kulturellen Blüte und Lebendigkeit entfesseln würde, so wie sie viele Menschen heute immer noch ersehnen.

In einem Brief an seine Mutter vom Januar 1799 schrieb Hölderlin, das Dichten sei für ihn *das unschuldigste aller Geschäfte.* Nun können wir ahnen, was er damit meinte: nicht, dass Dichtung ein harmloses Kinderspiel ist, sondern im Gegenteil ein Tun, das so gefährlich ist, dass nur ein solcher Dichter ihm gewachsen ist, der sich die Unschuld seines Herzens bewahrte und von der Glut seiner unschuldigen Liebe kathartisch reinigen ließ – doch nicht allein vom Feuer der heiteren und heilenden, beseligenden und begeisternden Liebe des Eros, das Diotima-Susette in ihm entfacht hatte, sondern auch von den versengenden Schmerzen und Leiden, die er mit ihr erdulden musste, nachdem Jakob Gontard ihre Trennung erzwungen hatte.

Dass Hölderlin trotz dieser Katastrophe seines Lebens die Spur des Heiligen erblicken konnte, zeugt davon, wie groß und weit, wie fest und unschuldig sein Herz unter dem Einfluss seiner Geliebten tatsächlich gewachsen war. Als er im Juni 1800 aus Bad Homburg – wohin er nach der Flucht aus dem Hause Gontard zunächst gezogen war und von wo aus er sich knapp zwei Jahre lang immer noch zu kurzen und heimlichen Treffen mit Susette verabredete – in seine schwäbische Heimat zurückkehrte, ergänzte er sein früheres Gedicht *Die Heimat* um einige Strophen, deren letzte lauten:

Der Liebe Leid, dies heilet so bald mir nicht,
Dies singt kein Wiegensang, den tröstend
Sterbliche singen, mir aus dem Busen.

Denn sie, die uns das himmlische Feuer leihn,
Die Götter schenken heiliges Leid uns auch,
Drum bleibe dies. Ein Sohn der Erde
Schein' ich; zu lieben gemacht, zu leiden.

Wer ist Friedrich Hölderlin? Nun wissen wir es: Er ist *ein Sohn der Erde – zu lieben gemacht, zu leiden.* Und eben deshalb ein Dichter, dessen Herz durch Leid und Liebe so gefestigt und gereift war, dass er sich befugt wusste, unter Gottes Gewittern zu bestehen und vom Göttlichschönen der Natur zu künden: zu *erleuchten wie Apoll.*

Zu viel des Lichts. Der Wahnsinn

Ich muß Dir schreiben Lieber! Mein Herz hält das Schweigen gegen Dich länger nicht aus, nur noch einmal laß meine Empfindungen sprechen vor Dir, dann will ich, wenn Du es besser findest, gerne, gerne, still sein. Wie ist nun, seit Du fort bist, um und in mir alles so öde und leer, es ist als hätte mein Leben alle Bedeutung verloren, nur im Schmerz fühl ich es noch …

Nur wenige Tage sind seit der Trennung Hölderlins von Susette vergangen, da schreibt sie ihm diese Zeilen. Sie lassen ahnen, welch tiefe Wunde sein Weggang ihrer Seele geschlagen hatte. Und das wird nicht besser dadurch, dass die Getrennten ihre Liebschaft im Verborgenen fortsetzen. Hölderlin bleibt unweit der Geliebten in Bad Homburg. Es gibt heimliche Treffen, von denen einige Briefe Susettes zeugen. Sie sind erhalten geblieben, denn man fand man sie Jahre später in der Schreibmappe des längst Verwirrten.

Susettes Briefe können niemanden kalt lassen. Nicht nur, weil sie kostbare Zeugnisse jener Monate zwischen September 1798 und Juni 1800 sind, in denen Hölderlin sich in Bad Homburg aufhielt, sondern vor allem, weil sie seltene Einblicke in ein liebendes und leidendes Herz gewähren. Liest man sie, kann man nur staunen, über welche sprachliche Ausdruckskraft die Briefeschreiberin verfügte – ein Vermögen, das man heute, im digitalen Zeitalter, oft vergeblich sucht. Ein knappes halbes Jahr nach der Trennung schreibt sie Hölderlin:

Wann es sein muß, daß wir dem Schicksal zum Opfer werden, dann versprich mir Dich frei von mir zu machen und ganz zu leben, wie es Dich noch glücklich macht, Du nach Deiner Erkenntnis Deine Pflichten für diese Welt am besten erfüllen kannst, und laß mein Bild kein Hindernis sein; nur dieses Versprechen kann mir Ruhe, und Zufriedenheit mit mir selbst geben … So lieben wie ich Dich, wird Dich nichts mehr, so lieben wie Du mich, wirst Du nichts mehr (verzeihe mir diesen eigennützigen Wunsch), aber verstocke Dein Herz nicht, tue ihm keine Gewalt; was ich nicht haben kann, darf ich nicht neidisch vernichten wollen […]. Die Natur, die Dir alle edeln Kräfte, hohen Geist, und tiefes Gefühl gab, hat Dich bestimmt ein edler vortrefflicher glücklicher Mann zu werden, und es in allen Deinen Handlungen zu beweisen. Doch, noch leuchtet uns die Hoffnung für unsere geliebte Liebe, laß uns sie pflegen und erhalten so lange wir nur können.

Das ist groß gedacht und groß gefühlt – ein treues Spiegel- und zugleich Vorbild der Diotima aus Hölderlins *Hyperion*. Zumal aus diesen Worten eine Ahnung darum spricht, dass beide Liebenden am Ende tatsächlich *dem Schicksal zum Opfer* fallen sollten – und dass die *Hoffnung*, die Susette in ihrem Herzen trug, sich nicht erfüllen sollte. Und Hölderlin? Ein Briefentwurf vom Sommer 1799 gibt uns Einblicke in seine Seelenlage:

> *Eine Natur, wie Deine, wo so alles in innigem unzerstörbarem lebendigem Bunde vereint ist, diese ist die Perle der Zeit, und wer sie erkannt hat, und wie ihr himmlisch angeboren eigen Glück dann auch ihr tiefes Unglück ist, der ist auch ewig glücklich und ewig unglücklich.*

Glück und Schmerz, Liebe und Leid: Sie sind aufs Innigste verbunden – unauflöslich. Erst das Leiden gibt dem Leben Tiefe, erst der Schmerz verleiht der Freude Größe. Diese Erkenntnis prägt das Fühlen und Denken Hölderlins in diesen Tagen. Und wieder findet er dafür im Schatzhaus seines Wissens um die Welt der alten Griechen eine Referenz, durch die er sich selbst verstehen und mit deren Hilfe er den Kummer über den Verlust seiner Geliebten dichterisch verwinden kann: die Tragödie, oder besser, das tragische Weltgefühl des alten Hellas. Es ist kein Zufall, dass er während seiner Homburger Zeit an einem Trauerspiel schreibt: *Der Tod des Empedokles*. Und ebenso ist es nur konsequent, dass er im Herbst 1799 damit beginnt, die vielleicht tragischste aller griechischen Tragödien zu übersetzen: die *Bachantinnen* des Euripides. Auch mit den Dramen des Sophokles beschäftigt er sich intensiv, wenngleich er erst fünf Jahre später seine Übersetzungen des *Ödipus* und der *Antigone* vorlegen wird. Seine Hochachtung vor dem antiken Dichter spricht aus dem in dieser Zeit entstandenen Gedicht *Sophokles*:

Viele versuchten umsonst das Freudigste freudig zu sagen,
Hier spricht endlich es mir, hier in der Trauer sich aus.

Dies ist nicht nur ein Bekenntnis zur Kunstform der Tragödie, sondern vor allem zur grundlegenden Tragik allen lebendigen Lebens, die er in dem bereits zitierten Gedicht *Die Heimat* bekundet hatte:

Denn sie, die uns das himmlische Feuer leihn,
Die Götter schenken heiliges Leid uns auch,
Drum bleibe dies. Ein Sohn der Erde
Schein' ich; zu lieben gemacht, zu leiden.

Damit ist eine tiefe Einsicht ausgesprochen, die Hölderlin zu dieser Zeit bewegte: Als *Sohn der Erde*, d. h. als ein endliches und sterbliches Wesen, ist der Mensch nur da ganz Mensch, wo er liebt. Das war es, was er in der Begegnung mit Susette Gontard erfahren hatte. Zur Lebendigkeit erblüht der Mensch nur dann, wenn sein Herz von Liebe – vom himmlischen Feuer des Eros – ergriffen und erleuchtet ist. Doch reif und groß, das ist seine neue Einsicht, wird die Liebe erst, wo sie durchwirkt von *Trauer* ist. Leiden *und* Freude sind gleichermaßen die Ingredienzien, aus denen wahrhafte Lebendigkeit gemischt ist. Eines gibt dem anderen Tiefe, eines macht das andere groß. Wirklich menschlich, frei und schön, so hatten Hölderlin und Susette es an- und miteinander erfahren, ist eine Menschenseele, sofern sie beide Göttergaben dankbar annimmt: Glück und Schmerz, Lieb' und Leid, Erleuchtung und Vernichtung.

Wer ist Friedrich Hölderlin? Vor dem Hintergrund von Leid und Trennung fand er eine neue Antwort auf die Frage seines Wesens: *ein Sohn der Erde* ist er, *zu lieben gemacht, zu leiden.* Natürlich ist er auch ein Dichter, aber nun weiß er besser, was das bedeutet: ein Mensch zu sein, dessen *Herz in den hochherstürzenden Stürmen des Gottes* doch festbleibt, obschon er *die Leiden des Stärkeren mitleidend* über sich ergehen lässt. Diese Worte hatten wir bereits vernommen. Doch hatten wir noch nicht danach gefragt, wer dieser leidende Gott ist, in dessen *hochherstürzenden Stürmen* das *reine Herz* des Dichters als ein *schuldloses* Echo des Himmels sich bewähren muss.

Man wäre versucht, auch hier an Apollon zu denken – den Gott, dem Hölderlin sich inniglich verbunden wusste. Aber das wäre falsch. Es handelt sich vielmehr um einen Halbbruder und Antipoden des Apollon: um Dionysos, den Gott des Rausches und des Chaos, der beseligt und vernichtet; und dem die Tragödie als Kultfeier geheiligt war. Dieser Gott, das hatte Hölderlin im Zuge der leidvollen, ja tragischen Trennung von Susette erfahren, ist für die Entfaltung eines Menschenlebens zu wahrer Größe und Lebendigkeit ebenso unentbehrlich wie Apollon. Und diesem Gott muss auch der apollinische Dichter huldigen, dessen Beruf es doch ist, eine neue Ordnung zu stiften, die es dem Menschen erlaubt, in Schönheit zu erblühen. So lassen sich die Zeilen deuten, die in *Wie wenn am Feiertage…* das Wesen des Dichtens als ein dionysisches Geschehen deuten, ohne das die sinnstiftende und erleuchtende Kraft des Apollon (der hier in Gestalt des *gemeinsamen Geis-*

tes Erwähnung findet) nicht wirksam werden könnte:

Des gemeinsamen Geistes Gedanken sind,
Still endend in der Seele des Dichters,

Daß schnellbetroffen sie [d. h. die Seele des Dichters],
Unendlichem
Bekannt seit langer Zeit, von Erinnerung
Erbebt, und ihr [der Seele des Dichters], von heilgem
Strahl entzündet,
Die Frucht in Liebe geboren, der Götter und Menschen
Werk
Der Gesang, damit er beiden [d. h. Göttern und
Menschen] zeuge, glückt.

Damit ist das Wesen der Dichtung verdichtet: Dichtung ist der *in Liebe geborene*, vom *gemeinsamen Geist* inspirierte bzw. begeisterte *Gesang*, durch den im Menschenwort das heilige Sein der Welt bekundet und *erinnert* wird. Und diese Entflammung und Bekundung – dieses *Glücken* des Gesangs – bedarf gerade der *hochherziehenden*, vernichtenden und leidvollen Stürme des Dionysos, auf die Hölderlin nachdrücklich hinweist, indem er sogleich den Mythos der Geburt des Gottes in *Erinnerung* ruft:

So fiel, wie Dichter sagen, da sie sichtbar
Den Gott zu sehen begehrte, sein Blitz auf Semeles
Haus
Und die göttlichgetroffne gebar,
Die Frucht des Gewitters, den heiligen Bacchus
[= Dionysos].

Und daher trinken himmlisches Feuer jetzt
Die Erdensöhne ohne Gefahr.
Doch uns gebührt es, unter Gottes Gewittern,
Ihr Dichter! mit entblößtem Haupte zu stehen, …

Apollinische Ordnung und dionysisches Chaos, Schönheit und Vernichtung – sie gehören zusammen, in ihrem Zusammenspiel entfaltet sich das Potenzial der Menschenseele. Erstarrte Ordnungen und Strukturen müssen leidvoll zerbrechen, wenn das heilige Sein dieser Welt neu und vernehmlich zur Sprache gebracht und die menschliche Kultur an die *göttlichschöne* Natur zurückgebunden werden soll. Die schöpferische und lebenspendende Begeisterung der Seele gründet in einem offenen und unbestimmten Chaos. Auch davon kündet Hölderlin in derselben Hymne:

… aus heiligem Chaos gezeugt,
Fühlt neu die Begeisterung sich,
Die Allerschaffende, wieder.

Haben wir noch Hölderlins Worte aus dem *Hyperion* im Ohr?

> *Es werde von Grund aus anders! Aus der Wurzel der Menschheit sprosse die neue Welt! Eine neue Gottheit walte über ihnen, eine neue Zukunft kläre vor ihnen sich auf. In der Werkstatt, in den Häusern, in den Versammlungen, in den Tempeln, überall werd es anders!*

Nach der Trennung von Susette weiß er, dass solche Transformation und Disruption nur aus dem wachsen können, was er hier das *heilige Chaos* nennt; und dass sich das menschliche Leben zur vollen Blüte seiner Schönheit nur entfalten kann, wenn es bei all seiner Liebe doch auch in diesem dunklen Urgrund wurzelt. Wahrhafte Lebendigkeit gibt es nur, wo der Mensch das Leben im Ganzen liebt: mit allen Licht- und Schattenseiten, mit seiner apollinischen Ordnung ebenso wie seinem dionysischen Chaos. Lebendigkeit umfasst beides: *Denn sie, die uns das himmlische Feuer leihen, die Götter schenken heiliges Leid uns auch.* Oder, wie Diotima im *Hyperion* sagt:

> *Zu sein, zu leben, das ist genug, das ist die Ehre der Götter.*

Halten wir inne: Mit genau diesem Satz ist Hölderlin bei sich angekommen. Nun ist er reif, *wie*

Apollon zu erleuchten und das Sein dieser Welt dichtend zur Sprache zu bringen: *des Vaters Strahl, ihn selbst, mit eigner Hand zu fassen und dem Volk ins Lied gehüllt die himmlische Gabe zu reichen.* Er weiß sich diesem Auftrag nun gewachsen, denn er weiß um die Reinheit seines liebenden Herzens und die Unschuld seiner Hände. Ebenso aber weiß er um die äußerste Gefährlichkeit seiner Berufung, von der so eindringlich das Bild spricht, mit dem er das Wesen der Dichtung umreißt: Mit *entblößtem Haupte* steht er unter *Gottes Gewittern*, in stiller Demut und dankbarer Empfänglichkeit für die *Gedanken* des *gemeinsamen Geistes* der lebendigen Welt. Sie zu Wort kommen zu lassen und mit ihnen die Menschheit zu begeistern, erkennt er als seine Berufung, um der 1789 im dionysischen Taumel zerbrochenen Welt Europas eine neue, schöne, lebendige, apollinische Ordnung zu geben. *Was bleibet aber, stiften die Dichter*, wird er 1803 in seiner späten Ode *Andenken* schreiben.

Hölderlin wusste, was es bedeutet, ein Dichter zu sein. Er wusste um die Tragik des Lebens und die Gefährlichkeit seines Berufes. Das verrät ein Wort aus seinem *Tod des Empedokles*, an dem er in den Monaten nach der Trennung von Susette Gontard intensiv arbeitete. Sie lauten:

... Es muß
Bei Zeiten weg, durch wen der Geist geredet.

Diese Worte zeugen nicht nur von einem klaren Bewusstsein für das dionysische Grundprinzip des Lebens, wonach alle endliche Form zerbrechen muss, damit der unendliche Geist der Welt sich in immer neuen Variationen offenbaren kann. Nein, sie lesen sich wie ein Menetekel Hölderlins, mit der er sein eigenes Schicksal voraussieht. *Er musste weg.* Er zerbrach. Der Andrang des *gemeinsamen Geistes* wurde zu groß. Er konnte ihn nicht mehr fassen. Das Gefäß seines Herzens brach in Stücke. Das war das Schicksal seiner späten Jahre: Er, der im *Arme der Götter* groß gewachsen und seinen Studienfreunden ein Apollon war, der wie Apollon erleuchten wollte und die Wucht des göttlichen Geistes nicht scheute – er stürzte ins Dunkel eines sonderbaren Wahnsinns, den wir nur verstehen können, wenn wir die Fluchtkurve seines Lebens bedenken. Hölderlin war nicht im herkömmlichen Sinne verrückt. Es ist müßig darüber zu streiten, welche psychiatrische Indikation er in der zweiten Hälfte seines Lebens aufwies. Weder mit Psychiatrie noch mit Psychologie kommt man der sonderbaren Krankheit bei, von deren Symptomen uns seine Zeitgenossen genau unterrichtet haben.

Denn er war weder psychisch noch physisch krank. Seine Krankheit war spiritueller Art. Zu anderen Zeiten und in anderen Kulturen hätte man sie eine ›schamanische Krankheit‹ genannt: ihm *ward mehr von den Göttern, als er verdauen konnte.*

Diese letzten Worte sind ein Zitat. Es entstammt einem Brief, den Hölderlin seinem Freund Casimir Ulrich Böhlendorff am 4. Dezember 1801 schrieb – unmittelbar vor dem Aufbruch zu seiner großen, letzten Wanderung nach Bordeaux. Dorthin zog es ihn, weil er eine neue Hofmeisterstelle antreten sollte: im Hause des Konsuls Daniel Meyer, die er angenommen hatte, nachdem er im Juni 1800 Bad Homburg verlassen und die erste Hälfte des Jahres 1801 als Lehrer bei der Familie Gonzenbach in Hauptwil in der Schweiz zugebracht hatte. Auch dort wurde er nicht glücklich, und so entschied er sich nach einem kurzen, poetisch aber sehr ertragreichen Intermezzo in seiner schwäbischen Heimat, mitten im Winter zu Fuß den langen und gefahrvollen Weg quer durch Frankreich zu wagen. Erst schien alles gut zu gehen, aber fünf Monate später, im Mai 1802, bricht er überstürzt von Bordeaux auf und kehrt hastig zurück in die Heimat. Was war geschehen?

Genau wissen wir es nicht, aber vermutlich hatte Hölderlin davon Nachricht erhalten, dass Susette Gontard an den Röteln erkrankt war und mit dem Tode rang. Am 10. Mai 1802 jedenfalls erhält er den Pass für die Rückreise und knapp vier Wochen später, am 7. Juni, überquert er die Grenze in Kehl am Rhein. Kurz darauf erscheint er verwirrt und zerrüttet in Stuttgart und berichtet von Raub und Überfall. Seine Geliebte aber sieht er nicht mehr. Sie stirbt am 22. Juni 1802 im Alter von nur 33 Jahren. Hölderlin erfuhr davon in einem Brief seines Freundes Isaac von Sinclair vom 30. Juni 1802:

> *»Lieber Hölderlin! So schrecklich mir die Nachricht ist, die ich dir zu geben habe, so kann ich doch nicht das dem Zufall überlassen, wogegen die Hilfe der Freundschaft zu gering ist. Auch bin ich nicht dazu gemacht, seit mich ein ähnliches Schicksal betroffen hat, das ich nicht erwartete, und das mich im tiefsten Herzen kränkt: Der edle Gegenstand deiner Liebe ist nicht mehr ...«*

Man kann allenfalls ahnen, wie es ihm beim Lesen dieses Briefes ergangen sein muss: Etwas in ihm fiel in Stücke. Ein ›gebrochenes Herz‹ wäre wohl zu wenig gesagt – wüssten wir nicht, was ihm das Herz bedeutete: ein *Echo des Himmels*, das Gefäß, mit dem der Dichter *des Vaters Strahl* fassen und zur Sprache bringen konnte; mit dem er dem Anspruch des heiligen Seins dieser Welt Antwort geben konnte. Das Herz war Hölderlin das empfängliche Organ für das, wovon zu künden er sich berufen wusste. Dieses Herz war in der Liebe zu Susette gereift und stark geworden. So jedenfalls hatte er es erlebt. Solange sie lebte, blieb es fest. Doch mit der Nachricht ihres Todes dürfte es damit vorbei gewesen sein. Hölderlin konnte dem Andrang des Göttlichen nun nicht mehr standhalten. Ihm *ward mehr von den Göttern, als er verdauen konnte* – um seine Worte nochmals zu gebrauchen.

Vieles spricht dafür, dass er wusste, welches Schicksal mit dem Tod Susettes über ihn hereingebrochen war. Auch wenn er den unmittelbaren Zusammenhang vielleicht nicht klar erkannte, ist doch bemerkenswert, welche Selbstdiagnose seiner geistigen Verfassung er seinem Freud Böhlendorff in einem zweiten Brief vorlegte, der auf den November 1802 datiert ist, also ein halbes Jahr nach der Rückkehr aus Frankreich:

> *Das gewaltige Element, das Feuer des Himmels und die Stille der Menschen, ihr Leben in der Natur, und ihre Eingeschränktheit und Zufriedenheit, hat mich beständig ergriffen, und wie man Helden nachspricht, kann ich wohl sagen, daß mich Apollo geschlagen.*

Gewiss, von Susettes Tod ist hier nicht die Rede, wohl aber davon, *Apollon* habe ihn *geschlagen*: eben der göttliche *Geist*, von dem er wusste, dass er durch ihn geredet hatte und dass er der Urheber des Blitzstrahls ist, den er *ins Lied gehüllt dem Volk zu reichen* sich berufen wusste. Warum aber ergreifen ihn *das gewaltige Element, das Feuer des Himmels und die Stille der Menschen* nun auf eine so gewaltsame Weise, dass er sich dadurch von einem Gott *geschlagen* fühlt? Wieso bekommt er, der in den Monaten zuvor zur vollen Reife seines Dichtertums erblüht war, *die Stille der Menschen* und *ihr Leben in der Natur* nun nicht mehr zu fassen? Die naheliegendste Erklärung ist: weil sein festes Herz zerbrach, als er erst ahnte und dann wusste, dass Susette Gontard dem Tod geweiht war.

Das heilige Sein dieser Welt, die göttlichschöne Natur mit all ihren *freundlichen und guten Göttern*, die des Knaben Seele so geliebt hatte: Das alles war ja noch da. Das alles sprach ja noch immer zu ihm. Das alles sah und erkannte er. Aber er sah und erkannte darin *zu viel*. Zu viel, um es poetisch zu verdauen. Es scheint, er sah sich dabei als ein Schicksalsgenosse des alten König Ödipus, und es dürfte wieder kein Zufall sein, dass es gerade die ihm gewidmete Tragödie des Sophokles war, die er in den ersten Jahren der Zerrüttung zwischen 1802 und

1806 nach seiner Rückkehr nach Bad Homburg übersetzte. Jedenfalls könnte man mit Martin Heidegger auf den Gedanken kommen, von Hölderlin selbst gelte das Wort, das sich in seinem späten Gedicht mit dem Titel *In lieblicher Bläue blühet …* (1808) findet:

Der König Oedipus hat ein
Auge zu viel vielleicht.

Ja, es scheint, er sah *zu viel* von dem, was niemand sonst zu sehen vermochte. Er war fassungslos geworden, bekam es nicht mehr zu fassen, hatte die Fassung verloren. In den Augen derer, die nichts von dem ahnten, was er sah, war er wahnsinnig: verrückt, entrückt. Es mag wohl sein, dass er noch eine gute Weile leidlich damit klarkam – so gut, dass man nicht ohne Grund angenommen hat, Hölderlin sei während der vier Jahre, die er zwischen 1802 und 1806 als Bibliothekar des Landgrafen in Bad Homburg zubrachte, keineswegs geisteskrank gewesen, sondern erst infolge der psychiatrischen Behandlung im Autenriethschen Sanatorium zu Tübingen dem Wahnsinn verfallen. Dorthin hatten ihn gegen seinen Willen und Widerstand ausgerechnet seine Mutter und sein vormaliger Freund und Gönner Sinclair bringen lassen – an einen Ort, an dem er auf eine Weise traktiert wurde, die wohl einen jeden bis dahin leidlich Gesunden in den Wahnsinn getrieben hätte. Wir werden nie erfahren, was wirklich vorgefallen ist.

Fest steht, dass Hölderlin nach einem halben Jahr im Autenriethschen Sanatorium nicht mehr der Mensch war, als den ihn seine Freunde und Verwandten kannten. Nach 1807 wohnt er zur Pflege bei dem liebenswerten Schreinermeister Zimmer, nach dessen Tod er liebevoll von der Tochter des Hauses gepflegt wird. Nun ist er der wahnsinnige Dichter, der noch ganze 36 Jahre lang bis zu seinem Tod am 7. Juni 1843 im Hölderlinturm wohnen wird. Erstaunlich dabei ist: Er hört nicht auf, Gedichte zu schreiben. Und wer sie unbefangen liest, käme wohl kaum auf den Gedanken, dass sie der Feder eines Wahnsinnigen entflossen sind. Ein Beispiel: *Aussicht*

Oft scheint die Innerheit der Welt umwölkt,
verschlossen,
Des Menschen Sinn von Zweifeln voll, verdrossen,
Die prächtige Natur erheitert seine Tage
Und ferne steht des Zweifels dunkle Frage.

Schreibt so ein Geisteskranker? Wohl kaum. Und auch wenn es viele Zeugnisse aus der Zeit im

Turm gibt, die sein Verhalten als reichlich psychopathisch schildern, scheint eine unvoreingenommene Betrachtung seiner spätesten Gedichte zu bestätigen, was Hölderlins Selbstzeugnis aus seinem Brief an Böhlendorff wahrscheinlich macht: Sein Leiden war anderer Art. Vielleicht kann man es so beschreiben: Nicht nur sein Herz als Fassung und Gefäß des ihn angehenden göttlichen Geistes war zerbrochen, sondern sein gesamtes Ich. Hölderlin, so will es scheinen, lebte in einem Zustand, den manche spirituellen Schulen leichtfertig als Ziel in Aussicht stellen: Er hatte sein Ich verloren. Es fällt jedenfalls auf, dass seine späte Dichtung kein poetisches Subjekt mehr kennt. Zeit-, ort- und schwerelos tönt aus ihr das Sein der Welt. Er schreibt Gedichte über Sommer, Frühling, Herbst und Winter – und lässt darin die Jahreszeiten zu Wort kommen, ohne sein eigenes Selbst auch nur im Ansatz seiner Dichtung kenntlich zu machen. Dazu passt, dass er die spätesten Gedichte mit dem Phantasienamen *Scardanelli* unterzeichnete. Auch datierte er sie ohne erkennbaren Plan teils zurück in frühere Zeiten, teil voraus in kommende Jahre. Es ist, als sei ihm mit seinem Ich überhaupt jegliche Struktur von Raum und Zeit abhandengekommen – ein ichloses Echo des Himmels, das in einem späten Gedicht von sich sagt:

Ich bin nichts mehr, ich lebe nicht mehr gerne!

So also stand es zuletzt um den Dichter, der sich als Knabe im *Arme der Götter* wusste. Sein Ich war unter den *hochherziehenden Stürmen* des Gottes zerbrochen, doch seine Seele hatte *einmal wie Götter* gelebt. So fürchtete er nicht, sie werde *drunten im Orkus* nicht zur Ruhe kommen, sondern blickte zuversichtlich dem Ende entgegen. Das legt ein Gedicht nahe, das Hölderlin im Jahre 1812 seinem treuen Wirt und Pfleger Zimmer widmete:

Die Linien des Lebens sind verschieden,
Wie Wege sind, und wie der Berge Grenzen.
Was hier wir sind, kann dort ein Gott ergänzen
Mit Harmonien und ewigem Lohn und Frieden.

Friedrich Hölderlin starb als 73-Jähriger am 7. Juni 1843 in Tübingen.

II.
Ewiges, glühendes Leben.
Hölderlins Botschaft

Es werde von Grund aus anders! Aus der Wurzel der Menschheit sprosse die neue Welt! Eine neue Gottheit walte über ihnen, eine neue Zukunft kläre vor ihnen sich auf.
(aus: Hyperion)

Worum ging es Hölderlin? Was hat er der Welt zu sagen? Was zu dichten weiß er sich berufen – als Sprachrohr und Stimme eines Höheren und Größeren, von dem er sich in Dienst genommen sah und das er die *heilige Natur*, das *Göttlichschöne*, *Allebendige* oder die *seligstillen Götter* nannte? Welche *neue Religion* gedenkt er zu stiften? Von welcher *neuen Gottheit* soll sie zeugen? Wovon spricht die *neue Mythologie*, die er im *Ältesten Systemprogramm des deutschen Idealismus* forderte? Diese Fragen drängen sich auf, wenn man verstanden hat, wie Hölderlin sich selbst deutete. Trotzdem haben seine Interpreten sie meistens nicht gestellt. Wohl aus gutem Grund, denn alles, was mit Religion zu tun hat, steht unter dem Generalverdacht, unseriös und unwissenschaftlich zu sein. Doch so kommt man Hölderlin nicht bei. Es liegt auf der Hand, dass es ihm um irgendetwas ›Religiöses‹ geht – um eine Religion freilich, die nichts mit dem zu tun hat, was gemeinhin unter diesem Namen bekannt ist: mit Dogmen und moralischen Geboten, Glaubensbekenntnissen und Kirchen, Tempeln oder Synagogen. Nicht um religiöse Institutionen geht es Hölderlin, sondern um das, was das Wort *religio* nahelegt: die Rückbindung an das, *was ist* – eine Rückbindung, die es erlaubt, das Sein dieser wahrnehmbaren, physischen und analogen Welt als etwas Sinnvolles und deshalb »Heiliges« zu gewahren, etwas Schönes und Lebendiges, dem zuzugehören bedeutet, auf unverwechselbare Weise selbst zur Schönheit reifen, in Freiheit erblühen und das Menschsein gänzlich entfalten zu können. Das ist Hölderlins Anliegen: Worte zu finden für das heilige Sein dieser Welt, es in Worten zu verdichten, in Sprache zu übersetzen, damit es die Menschen seiner Zeit so innig berühren kann, dass der Geist der lebendigen Natur in sie fährt und sie so begeistert, dass sie endlich selbst lebendig sind.

Wie die Rückbindung ans Sein dieser Welt möglich ist: davon erzählt er im *Hyperion*. Der Roman ist das Zeugnis dieser neuen Religion, die dem Menschen in Aussicht stellt, worum ein ganzes Jahrhundert vergeblich bis zur Selbstzerstörung rang: Freiheit. Nicht politische oder ökonomische, sondern eine existenzielle Freiheit, die den Menschen mit der Natur versöhnt, dem Göttlichen in ihr begegnet, ihre Schönheit in Liebe erfährt und die sich deshalb weder durch den Tod noch die

Endlichkeit der eigenen Existenz eingeschränkt weiß. Im *Hyperion* reift Hölderlin zum Sänger der ältesten und doch stets neuen Gottheit: des lebendigen Seins. Hier wird er *erleuchten wie Apoll.*

Die exzentrische Bahn. Freiheit

Freiheit! Ahnen wir noch den Glanz, der einst von diesem Wort ausging? Spüren wir noch das elektrisierende Knistern, das einst die Seele ergriff, wenn sie von Freiheit sagen hörte? Es war das späte 18. Jahrhundert, worin sich die mächtige Epiphanie der Freiheit zutrug. »Der Mensch ist frei geboren, doch überall liegt er in Ketten!« So hatte Jean Jacques Rousseau es seinen Zeitgenossen zugerufen, und so hatten es die französischen Revolutionäre vernommen, da sie sich anschickten, die Ketten des Ancien Régime zu sprengen. Im Juli 1789 ging die Freiheit auf die Barrikaden. Das Licht ihrer Fackel leuchtete von Paris aus bis in die letzten Winkel Europas; zum Beispiel nach Tübingen, wo Hölderlin und seine Freunde begeistert und gebannt verfolgten, wie die große Revolution verlaufen würde.

Doch die Begeisterung verkehrte sich schon bald in Nüchternheit. Denn was als leuchtende Fackel begonnen hatte, verursachte einen verheerenden Flächenbrand. Die eben noch als himmlischer Geist gefeierte Freiheit verblutete auf den Schlachtfeldern Europas und unter den Guillotinen der Jakobiner. Die Freiheit – wo war sie? Wer war sie? War sie doch nur ein Traumgespinst, eine Fantasie, ein flüchtiges Phantom? 1813, mitten in den napoleonischen Kriegen, sangen noch die preußischen Landsknechte das Lied des Max von Schenkendorf: »Freiheit, die ich meine, die mein Herz erfüllt, komm mit deinem Scheine, süßes Engelsbild! Magst du dich nie zeigen der bedrängten Welt? Führest deinen Reigen nur am Sternenzelt?«

Nur am Sternenzelt? Am »gestirnten Himmel über uns«? Unerreichbar dem Menschen? ›Jein‹, tönte in den allgemeinen Aufruhr die Stimme Immanuel Kants. Freiheit, so lehrte der Königsberger, ist eine transzendentale Idee der Vernunft. Es ist wohl wahr: Sie ist nicht von dieser Welt. Nicht von der Welt der Erscheinungen, nicht von der messbaren Welt der Physik und Chemie, die ganz der »Legislation der Naturgesetze« unterliege und daher ein Hort der Unfreiheit sei. Nein, die Freiheit weile nur im Reich des Geistes. Sie ist das Privileg des Menschen: weil er nicht nur *homo phaenomenon* ist und wie alle anderen Wesen den Zwängen seines Leibes und seiner Sinne frönen muss, sondern weil er als *homo noumenon* an der grenzenlosen Freiheit des Geistes teilhat. Wenn Freiheit schon nicht in der *empirischen* Welt vorgefunden werden oder gar wissenschaftlich nachgewiesen werden kann, lehrte Kant, so ist sie doch in der *geistigen* Welt wirklich – wirkungsvoll und wirksam, denn aus ihr allein speise sich das selbstbestimmte und moralische Handeln des Menschen: seine Fähigkeit zur Autonomie – sich kraft seiner praktischen Vernunft selbst das Gesetz des eigenen Handelns zu geben und es kraft seines Willen getreulich zu exekutieren.

Weil die Freiheit des Menschen als geistigem Wesen widerspruchslos zu denken ist, so hatte Kant in seiner *Kritik der reinen Vernunft* dargestellt, dürfen wir mit Fug und Recht unsere moralische Welt auf sie bauen; weil wir ohne die Idee der Freiheit uns selbst gar nicht zu denken vermöchten, dürfen wir uns als die freien Autoren unseres Lebens betrachten. Weil Freiheit ein Postulat der reinen, praktischen Vernunft ist, dürfen wir unsere Würde darauf gründen, aus freien Stücken gut zu sein. Weil der Mensch vernünftig *wollen* kann, kann er seine Freiheit darin finden, das Vernünftige zu wollen und das Unvernünftige, Triebhafte, Leibliche und Physische des *homo phaenomenon* in sich zu beherrschen.

Allein, die Freiheit die Kant meinte, hatte ihren Preis. Sie war teuer erkauft durch eine schmerzliche Wunde. Kant hatte sie nicht selbst geschlagen, sondern sie gleichsam geerbt von einem der Väter des neuzeitlichen Geistes – von René Descartes. Er war es, der in den Wirren des Dreißigjährigen

Krieges bei seiner verzweifelten Suche nach Gewissheit und Verlässlichkeit den tiefen Schnitt vollzogen hatte, der sich fortan durch das menschliche Dasein zog und mit dem der neuzeitliche Mensch sich von der bunten, mannigfaltigen, lebendigen Welt abschied; den Schnitt, mit dem er sich seines eigenen Leibes und seiner eigenen Sinne entfremdete, indem er zunächst den Intellekt zum eigentlichen Wesen des Menschen erklärte und ihn sogleich als *res cogitans* (denkende Sache) seinem eigenen Leib und allen anderen Dingen der Natur als je einer *res extensa* (ausgedehnte Sache) überordnete. Der subjektive Geist verstand sich nun im Gegenüber einer objektiven Welt und meinte, diese als *maître et possesseur de la nature* – als »Herr und Meister über die Natur« – beherrschen zu dürfen, wie Descartes in seinem *Discours de la Méthode* von 1637 forderte. Seither triumphiert der freie Geist über die unfreie Natur. Die Natur wird nunmehr zum minderwertigen Gegenüber des wertvollen Geistes. Fortan findet der neuzeitliche Mensch seine Freude daran, die Freiheit seines Geistes *gegen* die Natur zu behaupten: als *Homo Faber gegen* die Natur, die ihn umgibt; und als moralisch autonomes Wesen *gegen* die Natur in sich.

Aber nicht nur gegen die Natur behauptet sich die neuzeitliche Freiheit, sondern auch gegen die *anderen*: Etwa zeitgleich zu Descartes exekutierte sein Freund und Weggefährte Thomas Hobbes einen mindestens ebenso verhängnisvollen Schnitt, als er in seinem *Leviathan* von 1651 den Gedanken vortrug, der Naturzustand des Menschen sei »ein Krieg aller gegen alle«, in dem der einzelne gezwungen und legitimiert sei, sich im Gegenüber zu den anderen zu behaupten. Nunmehr sah das neuzeitliche Subjekt sich befugt, nicht nur die Natur zu beherrschen, sondern dabei zugleich egoistisch seine eigenen Ziele zu verfolgen. Ein Jahrhundert später wurde dieses neue Menschenbild zum Fundament der modernen Volkswirtschaftslehre, deren wichtigster Wegbereiter Adam Smith in seinem Hauptwerk *The Wealth of Nations* (1776) die Theorie entwickelte, der Wohlstand eines Gemeinwesens werde wachsen, sobald man den Menschen erlaube, auf einem freien Markt in Freiheit ihren eigenen Vorteil zu verfolgen. Damit war dem *Homo Faber* des Descartes als Zwillingsbruder der *Homo Oeconomicus* des Liberalismus zur Seite gestellt.

Freiheit zur Beherrschung der eigenen Gefühle, Gedanken und Affekte; Freiheit zur Nutzung und Ausbeutung der Natur; Freiheit zum Verfolgen der eigenen Interessen: Heute sehen wir, wohin dies alles führt. Gewiss, wir haben Descartes und Hobbes, Smith und Kant vieles zu verdanken: Weder unsere moralischen Vorstellungen noch unsere Ökonomie, weder unsere Wissenschaft noch unsere Technik wären ohne das von ihnen begründete neuzeitliche Menschenbild auf den Weg gekommen. Doch ernten wir neben den süßen heute auch dessen bitteren Früchte: eine geschundene Natur, eine erschöpfte Gesellschaft, eine vergiftete Welt. Der Riss, der den Menschen als stolzes moralisches Subjekt vereinzelt und seinen Geist von der Natur (in ihm und außerhalb seiner) trennt, ist nicht verheilt. Die Wunde, die er schlug, hat sich entzündet. Und deshalb tun wir gut daran, uns nach Heilung umzuschauen. Wobei wir nicht bei Null anfangen müssen. Denn wir sind nicht die ersten, die unter dieser Wunde leiden. Schon zu Kants Zeiten schmerzte sie die Feinfühligsten unter den Geistern. Goethe und Schiller zum Beispiel, vor allem aber eine neue Generation von »jungen Wilden«: einerseits die sogenannten Frühromantiker um die Brüder Schlegel in Jena; andererseits die drei Schwaben im Tübinger Stift: Georg Wilhelm Friedrich Hegel, Josef Schelling und Friedrich Hölderlin, die in ihren Philosophien bzw. in ihrer Dichtung eine andere Idee der Freiheit verfolgten.

Ursprünglich waren auch die drei Stiftszöglinge vom revolutionären Geist der Zeit ergriffen. Doch den blutigen Terror eines Robespierre lehnten sie ab. Auf diesem Wege, dessen waren sie sich sicher, werde Freiheit eine bloße Utopie bleiben: eine unerfüllte Verheißung, missbraucht, um auf ihr eine neue Diktatur zu gründen. Und selbst wenn es gelingen sollte, politische Freiheitsrechte zu erkämpfen, würden sie den Menschen doch nicht wirklich befreien, solange er nicht den freien Geist in sich entfaltet, den Kant zum Subjekt jeder echten Freiheit erklärt hatte und von dem ihr anderer philosophischer Impulsgeber – Johann Gottlieb Fichte – meinte, es liege an ihm, sich willentlich eine eigene Welt zu schaffen. Dass der politische Weg in den Augen der drei Tübinger seine Attraktivität verloren hatte, verrät das von ihnen gemeinsam verfasste *Älteste Systemprogramm des Deutschen Idealismus*. Darin heißt es:

> *Jeder Staat muß freie Menschen als mechanisches Räderwerk behandeln; und das soll er nicht; also soll er aufhören.*

Ebenso wenig versprachen sie sich vom Projekt der Befreiung des Menschen durch den freien Markt. Darin folgten sie Schiller, der im zweiten seiner zwischen 1792 und 1794 geschriebenen *Briefe über die ästhetische Erziehung des Menschen* bemerkt hatte:

Jetzt aber herrscht das Bedürfniß und beugt die gesunkene Menschheit unter sein tyrannisches Joch. Der Nutzen ist das große Ideal der Zeit, dem alle Kräfte frohnen und alle Talente huldigen sollen. Auf dieser groben Wage hat das geistige Verdienst der Kunst kein Gewicht, und aller Aufmunterung beraubt, verschwindet sie von dem lärmenden Markt des Jahrhunderts.

Weder Politik noch der »lärmende Markt des Jahrhunderts« schienen Hölderlin und seinen Freunden die probaten Mittel, wenn es darum ging, Freiheit zu verwirklichen – echte Freiheit, die den Menschen allererst in die Lage versetzen würde, mit politischen Freiheitsrechten und der Freiheit des Marktes auf wahrhaft freie Weise umzugehen. Die moralische Freiheit Kants erschien Hölderlin dabei ebenso wenig ausreichend wie das sich selbst setzende, freie Ich Fichtes. Was sollte das für eine Freiheit sein, die sich zwar widerspruchsfrei denken und als Vernunftidee postulieren lässt, dabei aber aus der Welt des Leibes und der Sinne schwindet? Was soll das für eine Freiheit sein, die sich allein darin frei fühlt, sich und andere zu beherrschen: das eigene Ich und den eigenen Willen, die eigenen Interessen und Bedürfnisse, die eigene Subjektivität und Rationalität *gegen* die Natur und *gegen* andere Menschen zu behaupten.

Echte Freiheit, meinte er, wird sich dem Menschen nur erschließen, wenn es ihm gelingt, die Kluft zwischen Ich und Welt zu schließen und den Graben zwischen freiem Geist und unfreier Natur zu überbrücken: Echte Freiheit dürfe den Menschen nicht aufteilen in *Ich* und *Nicht-Ich* (Fichte) *homo noumenon* und *homo phaenomenon* (Kant), *res cogitans* und *res extensa* (Descartes). Sie könne nicht allein im rationalen *Willen* des Menschen gründen, sondern müsse in seinem *Sein* verwurzelt sein: spürbar, fühlbar, sinnlich erfahrbar. Wirkliche Freiheit, so Hölderlin, ist *absolut*: frei von der Bindung an ein Gegenüber, gegen das sie sich behauptet; ganz bei sich, selbstgenügsam. Erst dort würde der Mensch wirklich frei sein, wo die Natur ihn mit geistvollen Augen anblickt und sein Geist sich in der Natur entdeckt; wo er sich mit ihr *vereinigt* und er sie nicht länger als das ihm Fremde, Andere verkennt.

Aber wie ist diese absolute Freiheit möglich? Wie lässt sich die neuzeitliche Kluft von Subjekt und Objekt überwinden? Wie lässt sich die Entfremdung des Geistes von der Natur rückgängig machen? Was muss geschehen, damit das Ich nicht mehr danach lechzt, das Nicht-Ich zu beherrschen? Wie kann der neuzeitliche *Wille zur Macht* (um Nietzsches Formulierung zu verwenden) durch ein freies Ja zum Sein ersetzt werden? Hölderlins Antwort lautet: durch ein neues Gewahren der Natur, durch ein Verstehen der Schönheit, durch die Liebe des Herzens. Wie das in einem Menschenleben möglich ist und wie die absolute Freiheit sich in einem Menschen inkarnieren kann: davon handelt der Roman *Hyperion*.

In der Vorrede zu einem der ersten Entwürfe (*Fragment von Hyperion*) schreibt er 1794, auf dem Weg zur Freiheit müsse der Mensch eine *exzentrische Bahn* zurücklegen zwischen Geburt und Tod. Mit dieser Formulierung greift er einen Topos der damaligen Astronomie auf, mit dem die elliptische Kreisbewegung eines Kometen beschrieben wurde. Eine solche vom Zentrum hinaus zur Peripherie und dann wieder zurück zur Mitte führende Kurve sei auch der Lebensweg des Menschen: eine befreiende Bahn der Menschwerdung im eigentlichen Sinne – eine Bahn von kindlich-unschuldiger Unbewusstheit zum erwachsenen Bewusstsein der Verschmelzung von Natur und Geist:

> *Es gibt zwei Ideale unseres Daseins: einen Zustand der höchsten Einfalt, wo unsere Bedürfnisse mit sich selbst, und mit unsern Kräften, und mit allem, womit wir in Verbindung stehen, durch die bloße Organisation der Natur, ohne unser Zutun, gegenseitig zusammenstim-*

men, und einen Zustand der höchsten Bildung, wo dasselbe stattfinden würde bei unendlich vervielfältigten und verstärkten Bedürfnissen und Kräften, durch die Organisation, die wir uns selbst zu geben imstande sind.

Die exzentrische Bahn, die der Mensch im allgemeinen und einzelnen, von einem Punkt (der mehr oder weniger reinen Einfalt) zum andern (der mehr oder weniger vollendeten Bildung) durchläuft, scheint sich, nach ihren wesentlichen Richtungen, immer gleich zu sein.

Immer gleich von einem *einfältigen*, gleichsam vorbewussten, natürlichen, *ereigneten* Zustand des Eins-Seins mit der Natur zu einem geistdurchwirkten, in Freiheit *angeeigneten* Zustand der Konvergenz von Natur und Geist: von dem Zustand der kindlichen Unschuld im *Arme der Götter* – in dem der Mensch vom *Wohllaut des säuselnden Hains* erzogen wird, die *Lüftchen des Himmels* mit ihm *spielen* und er *unter den Blumen zu lieben lernt* – hin zu jenem Höhepunkt des Lebens, an dem er vor dem Hintergrund aller leidvollen Erfahrungen, die die exzentrische Bahn seines Lebens bereitgehalten hatte, die Rückkehr in den *Arm der Götter* vollzogen hat und in aller Freiheit und Bewusstheit sagen kann:

Eines zu sein mit Allem, das ist Leben der Gottheit, das ist der Himmel des Menschen. Eines zu sein mit Allem, was lebt, in seliger Selbstvergessenheit wiederzukehren ins All der Natur, das ist der Gipfel der Gedanken und Freuden, das ist die heilige Bergeshöhe, der Ort der ewigen Ruhe, wo der Mittag seine Schwüle und der Donner seine Stimme verliert und das kochende Meer der Woge des Kornfelds gleicht.

Der Weg von der vorbewussten, kindlichen Verbundenheit mit dem lebendigen Sein dieser Welt hin zur bewussten, erfahrenen Hingabe an das lebendige Sein dieser Welt: das ist die Bahn zur existenziellen und absoluten Befreiung des Menschen. Und das ist der Spannungsbogen des *Hyperion.* Hölderlins eigenen Worten zufolge ist das Thema des Romans

der große Übergang aus der Jugend in das Wesen des Mannes, vom Affekte zur Vernunft, aus dem Reiche der Phantasie ins Reich der Wahrheit und Freiheit,

wie er seinem Freund Neuffer im Oktober 1794 schrieb. Das *Reich der Wahrheit und Freiheit* – das ist das Entscheidende für den damals 25-Jährigen – ist nun aber nicht länger wie bei Kant das Reich des Geistes oder wie bei Fichte das Reich des Willens, sondern das lebendige Sein dieser Welt, in dem sich Geist und Natur nicht widersprechen. Das nicht nur kognitiv zu erkennen, sondern demgemäß zu leben, ist es, was dem Menschen mit der exzentrischen Bahn seines Lebens in Aussicht gestellt ist – und worin er seine wahre Freiheit finden wird:

> *Jenen ewigen Widerstreit zwischen unserem Selbst und der Welt zu endigen, den Frieden alles Friedens, der höher ist, denn alle Vernunft, den wiederzubringen, uns mit der Natur zu vereinigen zu einem unendlichen Ganzen, das ist das Ziel all unseres Strebens, wir mögen uns darüber verstehen oder nicht.* (Vorwort zur vorletzten Fassung des *Hyperion*)

Dieser *Frieden alles Friedens* ist Hölderlins Formel für die existenzielle Freiheit. Sie ist zugleich eine absolute Freiheit, weil sie völlig selbstgenügsam ist: kein Geist, der sich als Herr und Meister gegen die Natur positionieren müsste; kein Subjekt, das sich auf dem lärmenden Markt des Jahrhunderts gegen andere behaupten müsste. Diese absolute Freiheit ist die Freiheit völliger Genügsamkeit. Sie gründet im bedingungslosen Ja zum Leben, das sie sprechen kann, weil sie die Schönheit in allem erkannt hat und lieben gelernt. Sie spricht aus den Worten des *Hyperion*, mit denen sich die sterbende Diotima von ihrem Geliebten verabschiedet. Mit ihnen schließt sich die exzentrische Bahn eines Menschenlebens in dem, was Diotima dort *Götterfreiheit* nennt – und die sie in nur einem Satz von ihr vollumfänglich bekundet:

> *Zu sein, zu leben, das ist genug, das ist die Ehre der Götter ...*

Mehr bedarf es nicht: zu sein, zu leben – das ist genug. Nicht erfüllt sich das Menschsein darin, zu erhalten, was man will. Nicht, dass wir unseren Willen bekommen, ist entscheidend, sondern dass wir unserem Sein genügen. Dort allein ist die Freiheit des Menschen, in der sich sein Wesen erfüllt. Und dorthin zu gelangen, ist das *Ziel all unseres Strebens, wir mögen uns darüber verstehen oder nicht.* Dorthin zu gelangen heißt, das Potenzial des Menschseins zu voller Blüte und Schönheit zu entfalten. Diese Freiheit ist wirkliche Lebendigkeit. Sie unter die Menschen zu tragen, von ihr zu künden und um ihretwillen eine neue Ordnung des Lebens zu stiften – das ist der Auftrag, von dem Hölderlin wusste, dass es seiner ist; und den er meinte, als er Diotima ihren Hyperion wissen ließ: *Du musst erleuchten wie Apoll.*

Eins zu sein mit allem. Natur

Freiheit ist immer schon da. Sie ist der Anfang und das Ende. Sie ist eine Qualität des Seins, die der Menschen nicht erst mühsam durch Willen und Vernunft erringen muss. Sie ist da, inmitten dieser Welt, inmitten der Natur – die eben nicht ein Reich des Zwanges und der Unfreiheit ist, von dem der Mensch sich befreien müsse, wie die neuzeitliche Philosophie irrtümlicher- und – wie wir inzwischen wissen – verhängnisvollerweise lehrt. Vielmehr ist die Natur ursprünglich ein Reich der Freiheit – und alle Unfreiheit des Menschen gründet nur darin, dass er sich von ihr abgewandt hat. So lässt Hölderlin im *Hyperion* einmal dessen Freund Alabanda sagen:

> *Was wär auch diese Welt, wenn sie nicht wär ein Einklang freier Wesen? wenn nicht aus eignem frohem Triebe die Lebendigen von Anbeginn in ihr zusammenwirkten in ein vollstimmig Leben, wie hölzern wäre sie, wie kalt? welch herzlos Machwerk wäre sie?*

Worauf Hyperion erwidert:

> *So wär es hier im höchsten Sinne wahr, dass ohne Freiheit alles tot ist.*

Ohne Freiheit wäre alles tot. Das heißt nicht, dass eine tote Menschheit aufgerufen wäre, mittels ihrer Technik, Politik und Wirtschaft endlich Freiheit zu verwirklichen. Nein, es heißt, dass eine durch ihre Technik, Politik und Wirtschaft von der lebendigen Welt entfremdete Menschheit aufgerufen ist, zu sich zu kommen und die Freiheit, die dem Sein im Ganzen innewohnt, liebend anzunehmen. Denn die Welt IST *ein Einklang freier Wesen. Alle Wesen dieser Welt* wirken wesentlich zusammen in *einem vollstimmigen Leben.* Unser Problem ist, dass wir dafür blind sind. Deshalb muss die Welt erleuchtet werden. Deshalb muss der Dichter von ihr künden: von ihr, der *göttlichschönen Natur* und ihren *allebendigen Göttern* – und von der in Gestalt Diotimas manifestierten *Götterfreiheit*, die nur dem zuteilwird, der sich ihr gänzlich anheimgibt.

Diese *Götterfreiheit* ist der Sinn des Menschseins. Sie ist, wo die Lebensbahn sich schließt: wo das Leben ganz zu sich kommt und Lebendigkeit erblüht; wo es ganz Geist und ganz Natur ist und der Mensch seine Zugehörigkeit zum Ganzen erkennt.

Heilige Natur! du bist dieselbe in und außer mir. Es muß so schwer nicht sein, was außer mir ist, zu vereinen mit dem Göttlichen in mir.

Von dieser Vereinigung handelt der *Hyperion*. Er beschreibt die Bahn des sinnerfüllten Lebens vom Anfang bis zum Ende – von der Freiheit eines Kindes, das *im Arme der Götter groß wächst*, hin zur absoluten Freiheit einer reifen Seele. Der Anfang sieht so aus:

> *Und wenn ich oft dalag unter den Blumen und am zärtlichen Frühlingslichte mich sonnte, und hinaufsah ins heitre Blau, das die warme Erde umfing, wenn ich unter den Ulmen und Weiden, im Schoße des Berges saß, nach einem erquickenden Regen, wenn die Zweige noch bebten von den Berührungen des Himmels, und über dem tröpfelnden Walde sich goldne Wolken bewegten, oder wenn der Abendstern voll friedlichen Geistes heraufkam mit den alten Jünglingen, den übrigen Helden des Himmels, und ich so sah, wie das Leben in ihnen in ewiger müheloser Ordnung durch den Aether sich fortbewegte, und die Ruhe der Welt mich umgab und erfreute, daß ich aufmerkte und lauschte, ohne zu wissen, wie mir geschah – hast du mich lieb, guter Vater im Himmel! fragt ich dann leise, und fühlte seine Antwort so sicher und selig am Herzen.*

Das ist die Freiheit der kindlichen Unschuld. Hyperion erinnert sich:

Da ich noch ein stilles Kind war und von dem allem, was uns umgibt, nichts wußte, war ich da nicht mehr, als jetzt, nach all den Mühen des Herzens und all dem Sinnen und Ringen? Ja! ein göttlich Wesen ist das Kind, solang es nicht in die Chamäleonsfarbe der Menschen getaucht ist. Es ist ganz, was es ist, und darum ist es so schön. Der Zwang des Gesetzes und des Schicksals betastet es nicht; im Kind ist Freiheit allein. In ihm ist Frieden; es ist noch mit sich selber nicht zerfallen. Reichtum ist in ihm; es kennt sein Herz, die Dürftigkeit des Lebens nicht. Es ist unsterblich, denn es weiß vom Tode nichts.

Das ist der Naturzustand des Menschen: Nicht »Krieg aller gegen alle«, sondern Schönheit, Freiheit, Frieden. Es ist der Naturzustand, der anhält, solange der Mensch sich nicht von der Natur entfremdet – und an den er jederzeit und immer wieder anknüpfen kann, auch wenn er ihm am Ende der Kindheit unwiderruflich verloren geht. Es ist der Zustand, von dem Hyperion im zweiten Brief eindringlich Kunde gibt:

Aber du scheinst noch, Sonne des Himmels! Du grünst noch, heilige Erde! Noch rauschen die Ströme ins Meer, und schattige Bäume säuseln im Mittag. Der Wonnegesang des Frühlings singt meine sterblichen Gedanken in Schlaf. Die Fülle der allebendigen Welt ernährt und sättiget mit Trunkenheit mein darbend Wesen. O selige Natur! Ich weiß nicht, wie mir geschiehet, wenn ich mein Auge erhebe vor deiner Schöne, aber alle Lust des Himmels ist in den Tränen, die ich weine vor dir, der Geliebte vor der Geliebten.

Die *selige Natur* mit ihrer grenzenlosen *Schöne* (= Schönheit) und Freiheit ist jederzeit gegenwärtig. Sie ist ja nichts anderes als das lebendige Sein dieser *allebendigen Welt*, in das einzutauchen, an das rückgebunden zu sein, dem Menschen absolute Freiheit schenkt. Von ihr spricht Hyperion.

Mein ganzes Wesen verstummt und lauscht, wenn die zarte Welle der Luft mir um die Brust spielt. Verloren ins weite Blau, blick ich oft hinauf an den Aether und hinein ins heilige Meer, und mir ist, als öffnet' ein verwandter Geist mir die Arme, als löste der Schmerz der Einsamkeit sich auf ins Leben der Gottheit.

Diese Erfahrung gipfelt in dem Ausruf, der die höchste Seligkeit seines Naturerlebens in Worte gießt:

Eines zu sein mit Allem, das ist Leben der Gottheit, das ist der Himmel des Menschen. Eines zu sein mit Allem, was lebt, in seliger Selbstvergessenheit wiederzukehren ins All der Natur, das ist der Gipfel der Gedanken und Freuden ....

Das Leben der Gottheit – der Gottheit, die allgegenwärtig ist und in der Natur ebenso waltet, wie im Herz des Menschen: das lebendige Sein dieser Welt, das nun in seiner unbedingten Heiligkeit erkannt wird – als sinnvoll, bejahbar, beglückend, befreiend; als Grund und Quelle entfalteter Lebendigkeit, in der der Mensch so bei sich ist, dass er sich göttlich fühlt, weil er von dieser Gottheit ganz erfüllt ist. Dieser Zustand ist *heilig*, weil sich in ihm die Wunde schließt, die der neuzeitliche Mensch sich schlug, als er sein Ich vom Nicht-Ich, seinen Geist von der Natur, die *res cogitans* von der *res extensa* schied. In ihm dankt die selbstgewisse Vernunft ebenso ab wie der herrschende Wille mit seiner Moral und Tugend:

Eines zu sein mit Allem, was lebt! Mit diesem Worte legt die Tugend den zürnenden Harnisch, der Geist des Menschen den Zepter weg, und alle Gedanken schwinden vor dem Bilde der ewigeinigen Welt ...

In diesem Zustand ereignet sich eine echte Epiphanie des lebendigen Seins dieser Welt in seiner vollen Schönheit, mit der sie den Menschen durchdringt und seine Lebendigkeit entfaltet; und dies nicht in der überlegenen Selbstgewissheit des denkenden Subjektes über alles Naturhafte, sondern in der bedingungslosen Hingabe des Menschen an das, was er immer schon war, ist und sein wird: lebendige Natur, natürliches Leben.

> *O selige Natur! Ich weiß nicht, wie mir geschiehet, wenn ich mein Auge erhebe vor deiner Schöne, aber alle Lust des Himmels ist in den Tränen, die ich weine vor dir, der Geliebte vor der Geliebten.*

Hier spricht die absolute Freiheit – die Freiheit, die sich selbst genügt; die Freiheit, die zugleich Freiheit des Geistes *und* Freiheit der Natur ist; die Freiheit, in der die geistvolle Natur und der naturhafte Geist in der liebenden Seele des Menschen sich ihrer selbst bewusst sind. Diese innige Verbundenheit mit der Natur ist der Kern der neuen Religion, die Hölderlin im *Hyperion* skizziert – die Blüte der Lebendigkeit, in der der Mensch ganz zu sich selbst gekommen ist, sofern er sie sich selbst, auf seine einmalige Art durch Glück und Leid, durch Liebe und Schmerz erworben hat.

Am Ende des Romans ist Hyperion dort angelangt. In seinem letzten Brief berichtet er von seiner Rückkehr in den Schoß der Natur, nachdem er über die Spanne seines Lebens von Leiden und Liebe reichlich zu kosten bekam:

> *Und wenn ich oft des Morgens, wie die Kranken zum Heilquell, auf den Gipfel des Gebirgs stieg, durch die schlafenden Blumen, aber vom süßen Schlummer gesättiget, neben mir die lieben Vögel aus dem Busche flogen, im Zwielicht taumelnd und begierig nach dem Tag, und die regere Luft nun schon die Gebete der Täler, die Stimmen der Herde und die Töne der Morgenglocken herauftrug, und jetzt das hohe Licht, das göttlichheitre den gewohnten Pfad daherkam, die Erde bezaubernd mit unsterblichem Leben, daß ihr Herz erwarmt' und all ihre Kinder wieder sich fühlten – o wie der Mond, der noch am Himmel blieb, die Lust des Tags zu teilen, so stand ich Einsamer dann auch über den Ebnen und weinte Liebestränen zu den Ufern hinab und den glänzenden Gewässern und konnte lange das Auge nicht wenden.*

Diese Rückkehr ins große Leben der Natur weckt in Hyperion sogleich die Erinnerung an seine Kindheit, da er noch nicht von der Natur entfremdet war und deren damals einfältige und unbewusste Innigkeit er sich nun mühsam wieder angeeignet und durch Lieb' und Leid errungen hat:

So gab ich mehr und mehr der seligen Natur mich hin und fast zu endlos. Wär ich so gerne doch zum Kinde geworden, um ihr näher zu sein, hätt ich so gern doch weniger gewußt und wäre geworden, wie der reine Lichtstrahl, um ihr näher zu sein! o einen Augenblick in ihrem Frieden, ihrer Schöne mich zu fühlen, wie viel mehr galt es vor mir, als Jahre voll Gedanken, als alle Versuche der allesversuchenden Menschen!

Damit ist der Kreis geschlossen. Ein Zurück zur unschuldigen Einbindung des Kindes in das große Ganze der Natur gibt es nicht mehr. Aber die Rückbindung des Erwachsenen an dieses lebendige Sein der Welt als etwas Heiligem – die befreiende *religio* – hat Hyperion zuletzt dann doch vollzogen.

Eines sollte dabei klar sein: Es geht bei der *religio* des *Hyperion*, bei Hölderlins neuer Religion – nicht um mystische Selbstauflösung in spiritueller Jenseitigkeit, sondern um die liebende Hingabe an diese physische, lebendige Welt. Hölderlin ist kein Mystiker, der die Kluft zwischen Geist und Natur durch spirituelle Praxis einseitig zugunsten des Geistes auflöst. Ebenso wenig ist er ein Materialist, der alles Geistige in geistlose Materie überführt; sondern er ist ein Realist im höchsten Sinne: einer, der die Sinnhaftigkeit inmitten dieser Welt erkennt und sich deshalb das lebendige Sein dieser Welt als *heili-*

ge oder *selige Natur* erschließt; dies aber nur, solange er sie nicht zum Objekt seines subjektiven Willens oder Denkens macht. Dann nämlich ist es vorbei mit jener innigen *Rückbindung* ans Sein dieser Welt.

> *Auf dieser Höhe steh ich oft, mein Bellarmin! Aber ein Moment des Besinnens wirft mich herab. Ich denke nach und finde mich, wie ich zuvor war, allein, mit allen Schmerzen der Sterblichkeit, und meines Herzens Asyl, die ewigeinige Welt, ist hin; die Natur verschließt die Arme, und ich stehe, wie ein Fremdling, vor ihr, und verstehe sie nicht.*

Das Denken des Subjekts ist es, das zur Entfremdung von der Welt führt. Ausgerechnet das *Ego cogito* (›Ich denke‹), auf das Descartes das neuzeitliche Menschenbild gegründet und das der Heraufkunft von *Homo Oeconomicus* und *Homo Faber* den Weg bereitet hatte, ist die Ursache der Unfreiheit des neuzeitlichen Menschen – und seines rastlosen Hungers nach einer Freiheit, die sich ihm auf den von ihm vorzugsweise beschrittenen Wegen nie erschließen wird. Und so benennt Hyperion in aller Klarheit, was der Grund jener Entfremdung ist, die die kindliche Unschuld des Menschen zerstört und im großen Stil unsere neuzeitliche Welt an den Rande des Abgrundes führt:

Aber das können die Menschen nicht leiden. Das Göttliche [= das unschuldige Kind] muß werden, wie ihrer einer, muß erfahren, daß sie auch da sind, und eh es die Natur aus seinem Paradiese treibt, so schmeicheln und schleppen die Menschen es heraus, auf das Feld des Fluchs, daß es, wie sie, im Schweiße des Angesichts sich abarbeite.

Genau das hatte auch Hyperion erfahren:

Ach! wär ich nie in eure Schulen gegangen. Die Wissenschaft, der ich in den Schacht hinunter folgte, von der ich, jugendlich töricht, die Bestätigung meiner reinen Freude erwartete, die hat mir alles verdorben.

Ich bin bei euch so recht vernünftig geworden, habe gründlich mich unterscheiden gelernt von dem, was mich umgibt, bin nun vereinzelt in der schönen Welt, bin so ausgeworfen aus dem Garten der Natur, wo ich wuchs und blühte, und vertrockne an der Mittagssonne.

Diese Klage zeugt vom Schmerz des Verlustes der ursprünglichen innigen Verbundenheit von Seele und Welt. Die Entfremdung beginnt mit der Entfaltung der Rationalität – mit ihrer Fähigkeit zum Ur-teil, durch das sich das Subjekt über das

Objekt stellt und so von ihm sich ab-teilt, unterscheidet. Sofern das Subjekt sich vom Objekt *unterscheiden* lernt, erfährt es den Schmerz der Ich-Werdung und Individuation.

Ist dieser Schritt aber erst vollzogen, keimt ineins mit ihm die Sehnsucht nach der Rückkehr; unbewusst und kaum gewahrt zunächst – oft verstummt sie sogar ganz. So aber nicht bei Hyperion. Bei ihm flammt sie bereits in jungen Jahren auf:

> *Wie es mich umhertrieb an den Bergen und am Meeresufer! ach wie ich oft da saß mit klopfendem Herzen […] und den kühnen fröhlichen Schiffen nachsah, wenn sie hinunterschwanden am Horizont! Dort hinunter! dacht ich, dort wanderst du auch einmal hinunter.*

Angeheizt wird diese Sehnsucht durch die Begegnung des Knaben mit dem Pilger Adamas – einem alten Weisen, der in *der Tiefe von Asien ein Volk von seltner Trefflichkeit* suchen will. Er ist es, der den jungen Hyperion mit der Welt des alten Hellas und ihren leuchtenden Göttern bekannt macht. Er ist es, der im Herzen Hyperions den Wunsch pflanzt, die alte Zeit zurückzugewinnen: die Zeit, da die Götter unter den Menschen weilten und die Harmonie von Mensch und Natur besiegelten. So schreibt Hyperion:

> *Gib mir meinen Adamas wieder, und komm mit allen, die mir angehören, daß die alte schöne Welt sich unter uns erneure, daß wir uns versammeln und vereinen in den Armen unserer Gottheit, der Natur.*

So gedenkt der nunmehr alt gewordene Hyperion des Lehrers seiner Jugend und ruft sich zugleich seine eigene Berufung ins Bewusstsein: zu *erleuchten wie Apoll* und die Rückbindung an *unsere Gottheit, die Natur* zu stiften. Dieser Berufung zu folgen bedeutet jedoch zunächst, die ursprüngliche vorbewusste Bindung aufzugeben, um sie sich im Zuge des Lebens auf einmalige und persönliche Weise neu anzueignen. Deshalb fordert die exzentrische Bahn des Menschseins, dass wir aus der Heimat aufbrechen und uns den Ansprüchen des Lebens stellen: der Sehnsucht des Herzens und dem Ruf zu blühender und freier Lebendigkeit Folge leisten.

So treibt die Sehnsucht den jungen Hyperion aus dem Garten seiner Jugend hinaus in die Ferne, genauer: nach Smyrna. Dort begegnet er seinem späteren Freund Alabanda – einem Freigeist und Revolutionär, der von der Befreiung Griechenlands von der Türkenherrschaft träumt und seinen neuen Freund für sein politisches Projekt begeistert. Wäre es nicht großartig, so träumt er mit Hyperion, wenn wir Griechenland *befreien* und das alte Hellas zu neuem Leben erwecken könnten? Die Ahnung, seiner ihm noch nicht bewussten Berufung auf diese Weise nachgehen zu können, macht Hyperion zum willigen Gefolgsmann Alabandas. Doch bald kommt es zwischen beiden zu einer Auseinandersetzung. Hyperion glaubt nicht daran, auf politischem Wege die Freiheit erzwingen zu können. Wir vernahmen schon die Worte, mit denen er auf Alabandas Pläne antwortet:

> *Beim Himmel! der weiß nicht, was er sündigt, der den Staat zur Sittenschule machen will. Immerhin hat das den Staat zur Hölle gemacht, daß ihn der Mensch zu seinem Himmel machen wollte.*

Nicht politische Revolutionen und Ideologien, nicht ökonomische Programme und Maßnahmen können jene allfällige Disruption einer Gesellschaft wirken, derer es bedarf, um eine neue, freie Welt zu stiften; nein, dafür braucht es etwas anderes.

> *Die rauhe Hülse um den Kern des Lebens und nichts weiter ist der Staat. Er ist die Mauer um den Garten menschlicher Früchte und Blumen. Aber was hilft die Mauer um den Garten, wo der Boden dürre liegt? Da hilft der Regen vom Himmel allein. O Regen vom Himmel! o Begeisterung!*

Politische und ökonomische Ordnungen ziehen nur eine *Mauer* um den *Garten menschlicher Früchte und Blumen*. Echte Freiheit aber wächst nur aus Begeisterung – Begeisterung durch den lebendigen Geist der Natur, der jederzeit zu uns spricht und an den wir uns jederzeit rückbinden könnten, wenn wir denn bereit wären, unserem *Willen zur Macht* zu entsagen und uns dem Leben wirklich hinzugeben. Nur die vom Geist der Lebendigkeit gewirkte *Begeisterung* spendet Kraft zu echter Transformation:

> *O Begeisterung! Du wirst den Frühling der Völker uns wiederbringen. Dich kann der Staat nicht hergebieten. Aber er störe dich nicht, so wirst du kommen mit deinen allmächtigen Wonnen, in goldne Wolken wirst du uns hüllen [...]. Dann, dann erst sind wir, dann ist das Element der Geister gefunden!*

So redet ein Begeisterter. So redete einer, der von einer tiefen Sehnsucht nach dem wahren Leben getrieben ist: nach der Freiheit, die nur dem zuteilwird, der die *religio* der heiligen Natur kennt, die Rückbindung ans lebendige Sein. Doch die Begeisterung Hyperions ist nicht die des Alabanda.

> *Komm! rief ich, und faßt Alabanda beim Gewande, komm, wer hält es länger aus im Kerker, der uns um-*

nachtet? – Wohin, mein Schwärmer, erwidert' Alabanda trocken, und ein Schatte von Spott schien über sein Gesicht zu gleiten. Ich war, wie aus den Wolken gefallen. Geh! sagt ich, du bist ein kleiner Mensch!

Die revolutionäre Begeisterung Hyperions für ein neues Griechenland erhält durch diese Erfahrung einen tüchtigen Dämpfer. Er verlässt Alabanda und bricht auf zu einer Reise – einer, die ihn seinem Ziel näherbringen wird. Sie wird ihm neuerlich die Augen öffnen für die göttlichschöne, lebendige Natur. Er schifft sich ein nach Kalaurea:

Es war ein heiterer blauer Apriltag, an dem ich hinüberschiffte. Das Meer war ungewöhnlich schön und rein, und leicht die Luft, wie in höheren Regionen. Man ließ im schwebenden Schiffe die Erde hinter sich liegen, wie eine köstliche Speise, wenn der heilige Wein gereicht wird. Dem Einflusse des Meers und der Luft widerstrebt der finstere Sinn umsonst. Ich gab mich hin, fragte nichts nach mir und andern, suchte nichts, sann auf nichts, ließ vom Boote mich halb in Schlummer wiegen, und bildete mir ein, ich liege in Charons Nachen.

Schließlich endet die Fahrt und Hyperion geht an Land. Nun beschreibt der Dichter, wie die Seele seines Helden durch den Einfluss der Natur eingestimmt und vorbereitet wird auf die Begegnung, die der exzentrischen Bahn seines Lebens eine neue, entscheidende Richtung geben wird:

> *Es war so sichtbar, wie alles Lebendige mehr, denn tägliche Speise, begehrt, wie auch der Vogel sein Fest hat und das Tier. Es war entzückend anzusehn! Wie, wenn die Mutter schmeichelnd frägt, wo um sie her ihr Liebstes sei, und alle Kinder in den Schoß ihr stürzen, und das Kleinste noch die Arme aus der Wiege streckt, so flog und sprang und strebte jedes Leben in die göttliche Luft hinaus, und Käfer und Schwalben und Tauben und Störche tummelten sich in frohlockender Verwirrung unter einander in den Tiefen und Höhn, und was die Erde festhielt, dem ward zum Fluge der Schritt, über die Gräben brauste das Roß und über die Zäune das Reh, und aus dem Meergrund kamen die Fische herauf und hüpften über die Fläche. Allen drang die mütterliche Luft ans Herz, und hob sie und zog sie zu sich. […] Und all dies war die Sprache* eines *Wohlseins, alles* eine *Antwort auf die Liebkosungen der entzückenden Lüfte.*

Hier sind wir Zeugen eines physischen und zugleich geistigen Erwachens. In trüber Stimmung bricht Hyperion von Smyrna auf. Die Überfahrt verbringt er in dösigem Dämmern. Doch dann geht er an Land und lässt sich berühren von dem, was ihn angeht: das Wehen milder Lüfte, das Spiel des Lebens. Natur und Geist in unterschiedsloser, spielerischer Schönheit. Alles spricht zu ihm. Alles heischt in ihm nach Antwort. Hyperion ist zurück im Gespräch – im Gespräch mit der Welt, das seine Seele öffnet und empfänglich macht für das, was ihm das Sein der Welt zu sagen hat: für den Blitz, den Anspruch und Zuspruch des lebendigen Seins, des göttlichen Lebens, der sich ihm auf Kalaurea machtvoll offenbaren wird: inmitten der Natur, den Sinnen wahrnehmbar, in Fleisch und Blut, vollständig analog und diesseitig:

> *Ich ging in einem Walde, am rieselnden Wasser hinauf, wo es über Felsen heruntertröpfelte, wo es harmlos über die Kieseln glitt, und mählich verengte sich und ward zum Bogengange das Tal, und einsam spielte das Mittagslicht im schweigenden Dunkel – Hier ...*

An dieser Stelle hält Hyperions Erzählung inne, um dem, was nun geschieht, das nötige Gewicht zu verleihen:

> *– ich möchte sprechen können, mein Bellarmin! möchte gerne mit Ruhe dir schreiben! Sprechen? o ich bin ein Laie in der Freude, ich will sprechen! Wohnt doch*

die Stille im Lande der Seligen, und über den Sternen vergißt das Herz seine Not und seine Sprache.

Doch wäre Hölderlin nicht Hölderlin, hätte er nicht doch noch Worte gefunden für das, was dem Hyperion im Mittagslicht des Sonnengotts begegnet:

So lagst du hingegossen, süßes Leben, so blicktest du auf, erhubst dich, standst nun da, in schlanker Fülle, göttlich ruhig, und das himmlische Gesicht noch voll des heitern Entzückens, worin ich dich störte!

Das *süße Leben*, dem Hyperion begegnet, hat einen Namen: Diotima. Und sie wird für ihn zur Botin einer neuen Gottheit namens Schönheit.

Der neuen Göttin neues Reich. Schönheit

Die Begegnung Hyperions mit Diotima führt uns ins Zentrum der neuen Religion, die Hölderlin zu stiften gedenkt. In ihr ereignet sich die Rückbindung an das lebendige Sein dieser Welt – die *religio*, in deren Folge die Seele in Freiheit und Lebendigkeit erblüht. In ihr vollzieht sich die Epiphanie der Gottheit, der die neue Religion gewidmet ist: der Schönheit. Ihr eignet die Kraft zur Transformation. Sie vermag den Menschen zu befreien und zu heilen. Denn unter ihrem Einfluss kann und wird er seine Seele zu ihrer eigenen, einmaligen, individuellen Schönheit entfalten.

Friede der Schönheit! göttlicher Friede! wer einmal an dir das tobende Leben und den zweifelnden Geist besänftigt, wie kann dem anderes helfen?

So hat es Hölderlin erlebt, immer wieder, bis zuletzt: in seiner Hingabe an die *göttlichschöne* Natur, wie er sie nannte:

O selige Natur! Ich weiß nicht, wie mir geschiehet, wenn ich mein Auge erhebe vor deiner Schöne, aber alle Lust des Himmels ist in den Tränen, die ich weine vor dir, der Geliebte vor der Geliebten.

Die Schönheit der Natur zur Sprache zu bringen wird Hölderlin Zeit seines Lebens nicht müde. Selbst noch seine spätesten Gedichte zeugen davon. Doch was ist es, das die Natur für ihn zum Inbegriff der Schönheit macht? Es ist ihre begeisternde Kraft. Aber worin gründet das Vermögen der Natur, die Menschenseele zu begeistern? Im Geist der Lebendigkeit, der in ihr waltet und der in ihr sinnenfällig wird: der sich in ihr bekundet, indem er den Menschen anspricht und anrührt wie die Luft – nein, besser, in Gestalt der Luft, die sie umspielt. So jedenfalls erlebt es Hyperion nach seiner Ankunft auf der Insel Kalaurea:

> *Und die Menschen gingen aus ihren Türen heraus, und fühlten wunderbar das geistige Wehen, wie es leise die zarten Haare über der Stirne bewegte, wie es den Lichtstrahl kühlte, und lösten freundlich ihre Gewänder, um es aufzunehmen an ihre Brust, atmeten süßer, berührten zärtlicher das leichte klare schmeichelnde Meer, in dem sie lebten und webten.*
>
> *O Schwester des Geistes, der feurigmächtig in uns waltet und lebt, heilige Luft! wie schön ists, daß du, wohin ich wandre, mich geleitest, Allgegenwärtige, Unsterbliche!*

Die Luft, der Atem der Natur, berührt den empfänglichen und wachen Menschen, spricht ihn an, begeistert ihn, so dass er Antwort geben muss auf das, was sie ihm sagt.

> *Und all dies war die Sprache* eines *Wohlseins, alles* eine *Antwort auf die Liebkosungen der entzückenden Lüfte.*

Die Natur spricht zum Menschen. Sie sagt ihm etwas. Sie ist so gesehen geistreich und begeisternd. Wer sich der lebendigen Welt nicht rational zuwendet und auch nichts von ihr will, sondern sich ihr offenen Herzens hingibt, wird erkennen, dass er nicht von ihr geschieden ist: dass sie nicht das geistlose Objekt eines geistreichen Subjekts ist, sondern in ihr Geist und Natur ungeschieden sind – und auch der Mensch ihr Teil und nicht ihr Gegenüber ist. Wer sie als das erfährt, was sie ist – natürlicher Geist und geistvolle Natur –, der gewahrt ihre Schönheit. Denn Schönheit ist nichts anderes als die sinnlich wahrnehmbare Konvergenz von Geist und Natur.

So jedenfalls hatte Hölderlin es von seinem Freund und Mentor Friedrich Schiller gelernt, dessen Deutung der Schönheit er übernahm und weiterführte: »Schönheit ist Natur in der Kunstmäßigkeit«, hatte Schiller 1793 in seiner Briefsammlung *Kallias. Oder über die Schönheit* geschrieben. Damit wollte er sagen, nur das erscheine dem Menschen als schön, was zugleich völlig ungezwungen-natürlich *und* geistig-geordnet erscheine: was weder eine Spur dessen trägt, was Kant die »Legislation der Natur«, noch dessen, was Kant die »Legislation der Vernunft« nannte – weder etwas vom Zwang der Naturgesetze verrate, noch vom zwingenden Willen der moralischen Vernunft. Veranschaulicht hatte Schiller das in seinem ebenfalls im Jahre 1793 in der *Neuen Thalia* erschienenen Aufsatz mit dem Titel *Über Anmut und Würde*. Anmut und Würde sind demnach besondere Erscheinungsformen der Schönheit, in der sich Geist und Natur in einem freien Spiel vereinigt haben: Wo *Anmut* uns im weiblichen Wesen bezaubert, da sei es nicht das ansprechende Äußere ihres Körpers, das uns beglückt, sondern der in *natürlicher* Bewegung und Mimik zutage tretende freie *Geist* einer Person. Und Würde zeige sich da, wo ein Mann das Begehren seines Leibes bezwingt oder den Drang seiner Gefühle zurückweise, denn darin beweise er seine *geistige* Freiheit über die *bloße Natur* in ihm und um ihn. »Anmut«, so Schiller, »liegt also in der Freiheit der willkürlichen Bewegungen; Würde in der Beherrschung der unwillkürlichen.«

So weit war Schiller gekommen in seinem Bemühen, die Wunde des modernen Subjekts durch das Therapeutikum der Schönheit zu heilen: Schönheit in Anmut, Schönheit in Würde, Schönheit als sinnliche Erscheinung einer freien und ungezwungenen Lebendigkeit. Weshalb er in seinen *Briefen über die ästhetische Erziehung des Menschen* von 1794 behaupten konnte, dass »es die Schönheit ist, durch welche man zur Freiheit wandert«. Das sah Hölderlin genauso. Bei dieser Wanderung folgte er ihm – obgleich ihm Schillers Schönheitsverständnis nicht weit genug ging. Weder die anmutige Dominanz der Natur über den Willen, noch die würdevolle Dominanz des Willens über die Natur sind sein Ideal der Schönheit – weder weibliche Natürlichkeit noch männlicher Ernst –, sondern die Verbindung von Natürlichkeit und Ernst bzw. von Anmut und Würde in einem Menschen: die Erscheinung, die von der absoluten Freiheit zeugt, die aus der Verschmelzung von Geist und Natur hervorgeht: vom *Einssein, mit allem was lebt.*

Dieses Ideal der menschlichen Schönheit inmitten der *göttlichschönen Natur* heißt im Hyperion *Diotima.* An ihr ist nicht nur die *Götterfreiheit* eines Menschen sichtbar, in dem Natur und Geist vollständig in Einklang sind, sondern der zudem im absoluten Einklang mit der Natur lebt. In der Begegnung mit ihr ist die Epiphanie des Göttlichen in dieser Welt vollkommen:

> *Ich hab es* einmal *gesehn, das Einzige, das meine Seele suchte, und die Vollendung, die wir über die Sterne hinauf entfernen, die wir hinausschieben bis ans Ende der Zeit, die hab ich gegenwärtig gefühlt. Es war da, das Höchste, in diesem Kreise der Menschennatur und der Dinge war es da!*
>
> *Ich frage nicht mehr, wo es sei; es war in der Welt, es kann wiederkehren in ihr, es ist jetzt nur verborgner in ihr. Ich frage nicht mehr, was es sei; ich hab es gesehn, ich hab es kennen gelernt.*
>
> *O ihr, die ihr das Höchste und Beste sucht, in der Tiefe des Wissens, im Getümmel des Handelns, im Dunkel der Vergangenheit, im Labyrinthe der Zukunft, in den Gräbern oder über den Sternen! wißt ihr seinen Namen? den Namen des, das* eins *ist und* alles?
>
> *Sein Name ist Schönheit.*
>
> *Wußtet ihr, was ihr wolltet? Noch weiß ich es nicht, doch ahn ich es, der neuen Gottheit neues Reich, und eil ihm zu und ergreife die andern und führe sie mit mir, wie der Strom die Ströme in den Ozean.*

Nicht die naturhafte Anmut, worin sich ein freier Geist verrät, weckt hier das Entzücken; auch nicht die ernsthafte Würde, in der sich ein kraftvoller Geist bekundet. Nein, es ist die vollkommen innige Einheit von Geist und Natur, die den Begeisterten in Diotimas Schönheit anspricht. Sie gleicht den Blumen und Pflanzen, mit denen die Geliebte sich so gern umgibt.

Unter den Blumen war ihr Herz zu Hause, als wär es eine von ihnen. Sie nannte sie alle mit Namen, schuf ihnen aus Liebe neue, schönere, und wußte genau die fröhlichste Lebenszeit von jeder. Wie eine Schwester, wenn aus jeder Ecke ein Geliebtes ihr entgegenkömmt, und jedes gerne zuerst gegrüßt sein möchte, so war das stille Wesen mit Aug und Hand beschäftigt, selig zerstreut, wenn auf der Wiese wir gingen, oder im Walde. Und das war so ganz nicht angenommen, angebildet, das war so mit ihr aufgewachsen.

Diotima ist schön. Sie ist ganz im Einklang mit der sie umgebenden Natur. Denn sie ist geistvolle Natur und natürlicher Geist. Und gerade deshalb wird in ihr die innige Vertrautheit allen lebendigen Seins sinnenfällig.

Es ist doch ewig gewiß und zeigt sich überall: je unschuldiger, schöner eine Seele, desto vertrauter mit den andern glücklichen Leben, die man seelenlos nennt.

Deswegen ist sie die vollgültige Manifestation der Schönheit: der Göttin, *deren neuem Reich* Hölderlin *zueilen* und dabei die anderen *ergreifen* und *mitführen* möchte, *wie der Strom die Ströme in den Ozean* – als schwäbischer Nationaldichter vielleicht ....

Das Wunderbare dabei ist: Diese Göttin ist von dieser Welt: *In diesem Kreise der Menschennatur und der Dinge war es da!* Die Rückbindung an sie erfolgt nicht in Askese oder mystischer Entrückung, sondern mit Augen, Ohren und Sinnen. Sie erfolgt inmitten der Natur, deren geistreiche Sinnhaftigkeit den Menschen so in Anspruch nimmt und so berührt, dass er nicht umhin kann, in ihr das Göttliche zu gewahren als »das, was uns unbedingt angeht« – um es mit einem Wort des Religionsphilosophen Paul Tillich zu sagen.

Schönheit ist hier mithin nicht länger ein ästhetisches Ereignis, worin sich der selbstbewusste Geist des Subjekts seiner eigenen Freiheit freudig versichert, sondern sie ist das Widerfahrnis, in dessen Sog das Subjekt die vermeintliche Souveränität seines Geistes verliert, um sich in höherer Einheit von Geist und Natur als freie und liebende Seele wiederzufinden. So ist es Diotimas Schönheit, die Hyperion teilhaben lässt an dem, *das Eins ist und Alles,* dessen Name Schönheit ist – und von dem wir Hyperion sagen hörten: *Eins zu sein mit allem was lebt, das ist das Leben der Gottheit, das ist der Himmel des Menschen.* Wer solcherart von Schönheit ergriffen ist, vernimmt aus allem den Anspruch des lebendigen Seins dieser Welt. Aus allem grüßt ihn ein verwandter Geist. Von allen Seiten weiß er sich von Sinn umgeben. Berührbar und offen steht seine Seele, schuldlos und empfänglich dem Zuspruch des beseelten Seins:

> *Ach! es war alles geheiliget, verschönert durch ihre Gegenwart. Wohin ich sah, was ich berührte, ihr Fußteppich, ihr Polster, ihr Tischchen, alles war in geheimem Bunde mit ihr.*

Und so ereignet sich die heilsame Transformation des Menschen in Folge der Rückbindung – *religio* – an die *neue Gottheit* Schönheit, die zu stiften Hölderlin sich berufen wusste. Hyperion bringt sie auf die knappe Formel:

> *Das Schönste ist auch das Heiligste.*

Doch die neue Religion der Schönheit ist in Wahrheit gar nicht neu. Ebenso wenig wie die *neue Göttin* Schönheit. Diese Religion fand Hölderlin in den Zeugnissen der alten Griechen. Und so ist es nicht überraschend, dass er sein vielleicht feurigstes Votum für die neue Religion der Schönheit in jener Passage des *Hyperion* vorträgt, die wie keine andere vom Glanz des alten Hellas handelt: die Rede, die Hyperion aus Anlass seines Ausflugs nach Athen hält:

> *Laßt von der Wiege an den Menschen ungestört! treibt aus der engvereinten Knospe seines Wesens, treibt aus dem Hüttchen seiner Kindheit ihn nicht heraus! [...] laßt den Menschen spät erst wissen, daß es Menschen, daß es irgend etwas außer ihm gibt, denn so nur wird er Mensch. Der Mensch ist aber ein Gott, so bald er Mensch ist. Und ist er ein Gott, so ist er schön.*

Man könnte es auch so sagen: *Im Arme der Götter* soll der Mensch *groß wachsen*, denn nur wo *er unter den Blumen zu lieben lernt* und im Einklang mit dem lebendigen Sein dieser Welt aufwächst, da werden Natur und Geist in ihm in vollkommenem Einklang sein. Nur wo er sich nicht zu *unterscheiden* und als Subjekt gegen die Natur und gegen seine Mitmenschen zu positionieren lernt, wird er seine

Freiheit und Lebendigkeit entdecken. Nur wo er ganz geistdurchwirkte Natur und ganz naturhafter Geist ist, wird sich sein Menschsein frei und voll entfalten – so, dass er zum Gott reift.

Und ist er ein Gott, so ist er schön.

In diesem Satz ist Hölderlins Botschaft, seine neue Religion der Schönheit konzentriert. *Ist er ein Gott, so ist er schön.* Und das bedeutet ebenso: Ist der Mensch schön, so ist er ein Gott. Religion ist hier gedacht als Anähnlichung an das Göttliche. So hatte es schon Platon in seinem Dialoge *Theaitetos* gelehrt, und so kehrt es in der Athener-Rede des *Hyperion* zurück: Religion ist die Rückbindung des Menschen an das lebendige Sein, die Konvergenz von Geist und Natur, in deren Folge der Mensch selbst zur vollgültigen Manifestation der Göttin Schönheit wird. Hat sich diese Rückbindung ereignet, dann erblühen Mensch und Kultur – dann entsteht eine neue Welt, eine neue Ordnung der Freiheit und Lebendigkeit. Damit sind wir angelangt bei der Essenz der Botschaft Hölderlins. Hier ist sie:

Das erste Kind der menschlichen, der göttlichen Schönheit ist die Kunst. In ihr verjüngt und wiederholt der göttliche Mensch sich selbst. Er will sich selber fühlen, darum stellt er seine Schönheit gegenüber sich. So gab der Mensch sich seine Götter. Denn im Anfang war der Mensch und seine Götter eins, *da, sich selber unbekannt, die ewige Schönheit war. [...]*

Der Schönheit zweite Tochter ist Religion. Religion ist Liebe der Schönheit. Der Weise liebt sie selbst, die Unendliche, die Allumfassende; das Volk liebt ihre Kinder, die Götter, die in mannigfaltigen Gestalten ihm erscheinen. [...].

Schönheit gebiert *Kunst* und *Religion*: Sie sind die Antworten, die der Mensch auf den Anspruch und Zuspruch der *göttlichschönen* Natur gibt. In *Kunst* und *Religion* verdichtet sich das in seiner unbedingten Sinnhaftigkeit erfahrene lebendige Sein dieser Welt zu den Gestalten der Götter. Von ihnen erzählen die Mythen, die die Dichter *dem Volk* als *himmlische Gabe* reichen, wie es in *Wie wenn am Feiertage...* hieß. Alle Kunst ist so gesehen Dichtung: Verdichtung des lebendigen Seins dieser Welt zu schönen Gestalten; Bekundung der Schönheit in Gestalt von Göttern, sodass die Menschen sich zu ihnen verhalten können. Durch Kunst und Religion wird das unfassbare und unbegreifliche Sein dieser Welt begreifbar und fasslich – was dann wiederum die Voraussetzung für ein blühendes, von *Leben und Geist* durchwirktes Gemeinwesen ist. Neben Kunst und Religion aber gibt es noch eine dritte Tochter der göttlichen Schönheit: die Philosophie. Ihr oblag es bei den Griechen, so Hyperion, das *Ideal der Schönheit* zu versprachlichen:

> *Das große Wort, das εν διαφερον εαυτω (das Eine in sich selber unterschiedne) des Heraklit, das konnte nur ein Grieche finden, denn es ist das Wesen der Schönheit.*

Schönheit, so kommt es hier heraus, ist vollkommene Harmonie: die Einheit der Vielheit – einer Vielheit, die nicht nur in sich unterschiedlich, sondern womöglich auch in sich widersprüchlich ist. In der Tat hatte im 6. Jahrhundert v. Chr. der Philosoph Heraklit von dieser spannungsvollen Harmonie des Kosmos gesprochen. Und in der Tat war die spannungsvolle Harmonie des Kosmos die grundlegende Idee der für die antike griechische Kultur so prägenden apollinischen Religion, die vom hellenischen Zentralheiligtum in Delphi ausstrahlte. Dieser Kosmos, diese harmonische Ordnung, so lehrte auch noch Platon, ist das größte, schönste und beste Lebewesen: ein Gott, an dem

Maß zu nehmen der sicherste Garant für das Gelingen des menschlichen Lebens ist – im Persönlichen wie im Politischen.

Das also ist in Hölderlins Verständnis die Philosophie im Hintergrund der neuen Religion der Schönheit: die Einsicht in die harmonisch geordnete Sinnhaftigkeit des Seins dieser Welt, die sich in allem Schönen sinnenfällig bekundet – und die im Mythos der Griechen in Gestalt des Gottes Apollon verdichtet war. Doch diese Philosophie erschließt sich nicht auf dem Wege von Logik und Ratio. Für sie braucht es Poesie und Mythos:

> *Aus bloßem Verstande kömmt keine Philosophie, denn Philosophie ist mehr, denn nur die beschränkte Erkenntnis des Vorhandnen. […] Leuchtet aber das göttliche* εν διαφερον εαυτω, *das Ideal der Schönheit der strebenden Vernunft, so fordert sie nicht blind, und weiß, warum, wozu sie fordert.*

Philosophie, die ihren Namen verdient, wächst nur aus *Geistes-* oder *Herzensschönheit.* Davon war Hölderlin zutiefst überzeugt. Denn nur wer offenen und unschuldigen Herzens das Geistige der Natur und die Natürlichkeit des Geistes erspürt und erfühlt, vermag zuletzt auch *das Tiefste* zu denken. Nur Geistes- und Herzensschönheit vermögen die entzündete Wunde des neuzeitlichen Menschen zu schließen, weil sie die Liebe zum Schönen in seinem Herzen wecken. Die Liebe ist die Frucht der neuen Religion. Die Liebe zum Schönen ist es, die der *neuen Göttin neues Reich* zu einem Ort der Freiheit und Lebendigkeit erblühen lässt. Ihr hat Hölderlin mit einem Gedicht gehuldigt, das während seiner glücklichen Tage mit Susette Gontard entstand. Es heißt: *Sokrates und Alcibiades*.

»Warum huldigest du, heiliger Sokrates,
Diesem Jünglinge stets? kennest du Größers nicht?
Warum siehet mit Liebe,
Wie auf Götter, dein Aug' auf ihn?«

Wer das Tiefste gedacht, liebt das Lebendigste,
Hohe Jugend versteht, wer in die Welt geblickt,
Und es neigen die Weisen
Oft am Ende zu Schönem sich.

Eine Sonne ist der Mensch. Liebe

Hyperions Begegnung mit Diotima ist nicht allein die Epiphanie der neuen Göttin, die er *Schönheit* nennt. Sie ist auch das Ereignis der Liebe. Die Schönheit Diotimas geht ihn unbedingt an. Ein Sog geht von ihr aus, dem er sich nicht erwehren kann. Und je mächtiger er von diesem Sog ergriffen ist, desto schöner erscheint ihm die Geliebte. Hingerissen und begeistert ist er von ihr. So erfährt Hyperion an Leib und Seele in der Gegenwart Diotimas, was einst Sokrates – Platons *Symposium* zufolge – aus dem Mund der Priesterin Diotima vernommen hat: Eros, die göttliche Gestalt der leidenschaftlichen, begeisterten und hingebungsvollen Liebe, ist ein Bote der Götter. Sein Werk ist es, die Menschen mit den Göttern und die Götter mit den Menschen zu verbinden. So wie er selbst geflügelt ist, beflügelt Eros die von ihm begeisterte Menschenseele und hebt sie empor zu den Göttern: reißt sie hin zur Anähnlichung an das göttlichschöne Sein der Welt, lässt sie wachsen, reifen und erblühen.

Eros, so hatte Hölderlin es nicht nur im *Symposium*, sondern auch in Platons *Phaidros* gelesen, ist der »heilige Wahnsinn« – die *theía manía* –, unter dessen Einwirkung der Mensch sich zur vollen Blüte der Lebendigkeit entfaltet: der ihn befähigt, neues Leben zu zeugen, schöpferisch zu sein, poetisch-kreativ. Denn der reife Eros, lehrte Diotima den Sokrates, erkennt die Schönheit dieser Welt in allem und antwortet dem Sein der Welt deshalb mit einem unbedingten Ja. »Und an diesem Punkt des Lebens ist, wenn denn irgendwo, das Menschenleben wirklich ganz lebendig: wenn er das Schöne selbst in allem zu erblicken weiß«, lässt Platon seine Diotima sagen.

Für Hölderlin waren diese Worte mehr als bloße Theorie. In der Liebe zu und von Susette hatte er ihre Bedeutung verstanden und ihre Wahrheit erprobt. Er wusste also, wovon er sprach, als er seinen Romanhelden in eine Art von Liebesrausch versetzte: vom heiligen Wahnsinn des Eros, der sich an der leibhaftigen Gestalt einer schönen Frau entfacht und ein Menschenherz begeistert; vom Eros, der das Herz des Menschen rückbindet ans Sein der Welt, das nun in seiner Heiligkeit erkannt wird und darin selbst geheiligt ist: *Ist nicht heilig mein Herz, schöneren Lebens voll, seit ich liebe?*

Die Antwort Hölderlins auf diese Frage hat er im *Hyperion* in aller wünschenswerten Klarheit ausgesprochen:

> *Ja! eine Sonne ist der Mensch, allsehend, allverklärend, wenn er liebt, und liebt er nicht, so ist er eine dunkle Wohnung, wo ein rauchend Lämpchen brennt.*

Der »heilige Wahnsinn« des Eros, die Liebe des von ihm geheiligten, heiligen Herzens: Sie lassen den Menschen zu einer Sonne werden, deren Licht die Welt erleuchtet. Deshalb wusste Hölderlin sich der Erfüllung seiner eigenen Berufung nahe, als die Liebe von und zu Susette von ihm Besitz ergriffen hatte: Sie ließ ihn eine Sonne sein. Nun konnte er *erleuchten wie Apoll*, nun war er imstande, eine Sprache zu sprechen, die das Zeug hatte, die Welt zum Guten zu verändern: eine Sprache der Liebe. Von ihr sagt Hölderlin am Ende des Gedichts *Die Liebe*:

... Sprache der Liebenden
Sei die Sprache des Landes,
Ihre Seele der Laut des Volks!

Wie diese *Sprache der Liebenden* klingt, verrät uns Hölderlin in einer reizenden Passage des *Hyperion*. Gerade erst sind sich die Liebenden begegnet – und schon haben Hyperion und Diotima ein Kommunikationsproblem:

Wir sprachen sehr wenig zusammen. Man schämt sich seiner Sprache. Zum Tone möchte man werden und sich vereinen in Einen Himmelsgesang. Wovon auch sollten wir sprechen? Wir sahn nur uns. Von uns zu sprechen, scheuten wir uns.

Die Sprache der Liebe meidet das Ich. Ihr geht es nicht um das wollende Subjekt des neuzeitlichen Menschen. Ihr geht es nicht um Selbstbehauptung oder Selbstbekundung. Sie ist frei von jeder Egozentrik. Ja, sie reißt die Grenze zwischen objektiver Welt und subjektivem Ego vollends ein. Die *Sprache der Liebenden* ist im vollen Einklang mit dem Sein der Welt. Sie bekundet seine Schönheit, lässt das Heilige und Göttliche zu Wort kommen, weil sie es durch die Unschuld und Reinheit des liebenden Herzens gewahrt. Diese Sprache zelebriert das *Hen kai Pan* – das Ein und Alles –, von dem Hölderlin im Zweiten Brief des *Hyperion* emphatisch kündet:

> *Eines zu sein mit Allem, was lebt, in seliger Selbstvergessenheit wiederzukehren ins All der Natur, das ist der Gipfel der Gedanken und Freuden.*

Und die Sprache, die aus diesem *Eines sein mit Allem* spricht, zeugt zugleich von dem, was sie bewegt und nährt. Sie ist Antwort auf das Sein der Welt, dem zu antworten die Verantwortung eines Dichters ist, der *wie Apoll erleuchten* muss und sich frei von jeder Egozentrik in aller Unschuld seines Herzens darauf reduziert, die heilige Lebendigkeit des Seins zu nennen:

Vom Leben der Erde sprachen wir endlich. So feurig und kindlich ist ihr noch keine Hymne gesungen worden. Es tat uns wohl, den Überfluß unsers Herzens der guten Mutter in den Schoß zu streuen. Wir fühlten uns dadurch erleichtert, wie die Bäume, wenn ihnen der Sommerwind die fruchtbaren Äste schüttelt, und ihre süßen Äpfel in das Gras gießt.

Die unter Einwirkung der Liebe zur Schönheit erblühte Seele trägt nun Frucht. Und diese Frucht ist die *Sprache der Liebenden*:

Wir nannten die Erde eine der Blumen des Himmels, und den Himmel nannten wir den unendlichen Garten des Lebens. Wie die Rosen sich mit goldnen Stäubchen erfreuen, sagten wir, so erfreue das heldenmütige Sonnenlicht mit seinen Strahlen die Erde; sie sei ein herrlich lebend Wesen, sagten wir, gleich göttlich, wenn ihr zürnend Feuer oder mildes klares Wasser aus dem Herzen quille, immer glücklich, wenn sie von Tautropfen sich nähre, oder von Gewitterwolken, die sie sich zum Genusse bereite mit Hülfe des Himmels, die immer treuer liebende Hälfte des Sonnengotts, ursprünglich vielleicht inniger mit ihm vereint, dann aber durch ein allwaltend Schicksal geschieden von ihm, damit sie ihn suche, sich nähere, sich entferne und unter Lust und Trauer zur höchsten Schönheit reife. – So sprachen wir.

Ich gebe dir den Inhalt, den Geist davon. Aber was ist er ohne das Leben?

Diese Sprache ist frei von jeder Subjektivität. Sie ist reine Poesie und eignet sich gerade deshalb zu einem neuen Mythos, zu einer *Sprache des Volks*, die eine echte Transformation zu wirken vermöchte und eine neue, freie Welt begründen würde: *eine beseeltere, vollentblühende Welt*, wie es am Ende des Gedichtes *Die Liebe* heißt.

Die Sprache der Liebenden nennt das Sein der Welt und nicht das Ich der Sprechenden. Deshalb atmet sie den Geist der absoluten Freiheit: der *Götterfreiheit*, die auf nichts anderem beruht als auf dem unbedingten Ja, mit dem das Herz des Liebenden der Welt begegnet. Dieses Ja ist einverstanden mit der lebendigen Natur in allen ihren Erscheinungsformen, weil es sich der Sinnhaftigkeit des Seins bewusst ist. Frei vom Willen ruht es im Sein der Welt – so wie Hölderlin seinem Selbstzeugnis nach als Knabe *im Arme der Götter* wuchs. Doch er ist kein Kind mehr, sondern hat sich mit Hyperion auf die exzentrische Bahn seines Lebens gewagt, die mit dem Ereignis der Liebe die entscheidende Wendung nimmt. So wie Hölderlin im *Arme der Götter* zu lieben lernte, so erfährt Hyperion im Arme der Geliebten nun das Göttliche. Und so wie

Hölderlin *unter den Blumen zu lieben lernte*, lehrt die Liebe der Diotima unseren Hyperion, dass er selbst ganz wie die Blumen ein Kind des Himmels und der Erde ist.

So schließt sich in der Liebe zum lebendigen Sein dieser Welt die schmerzliche Kluft zwischen Geist und Natur. Die Wunde heilt. Ein freies und lebendiges, ein wahrhaft menschliches und deshalb göttliches Menschsein ist nun möglich: ein Menschsein, bei dem sich kein Subjekt machtvoll gegen die Natur oder gegen andere Menschen behaupten muss; ein Menschsein, das frei ist vom *Willen zur Macht* und deshalb nicht zum *Homo Faber* oder *Homo Oeconomicus* verkümmert. Das ist die Essenz der Botschaft Hölderlins: In der Liebe wird der Mensch zum Menschen.

In der Liebe erfüllt sich das Menschsein. In der Liebe erblüht die menschliche Seele zu ihrer vollen Schönheit. In der Liebe kehrt der Mensch heim in die Natur. Sie ist die Antwort auf die Frage nach der absoluten Freiheit, der Stein der Weisen, den die Philosophen des Deutschen Idealismus so sehnlich suchten. Für Hölderlin ist klar: Allein in ihr – und nicht auf dem langen Weg durch die Weltgeschichte (Hegel) oder die Evolution (Schelling) – kommt das Leben zu sich selbst. Liebe ist der Weisheit letzter Schluss und des Lebens höchste Krone. Seinen Hyperion lässt Hölderlin jubeln:

Was ist alles, was in Jahrtausenden die Menschen taten und dachten, gegen einen Augenblick der Liebe? Es ist aber auch das Gelungenste, Göttlichschönste in der Natur! dahin führen alle Stufen auf der Schwelle des Lebens. Daher kommen wir, dahin gehen wir!

Man versteht, dass Hölderlin seine ganze Hoffnung auf die Liebe setzte. Sie war für ihn die eigentliche disruptive Kraft des Menschseins. Solange Menschen lieben und die Sprache der Liebenden nicht verhallt, kann die Welt sich noch zum Guten wandeln und das Leben in Schönheit erblühen. Davon handelt Hölderlins um 1800 geschriebenes Gedicht *Die Liebe:*

Wenn ihr Freunde vergeßt, wenn ihr die Euern all,
O ihr Dankbaren, sie, euere Dichter schmäht,
Gott vergeb' es, doch ehret
Nur die Seele der Liebenden.

Denn o saget, wo lebt menschliches Leben sonst,
Da die knechtische jetzt alles, die Sorge, zwingt?
Darum wandelt der Gott auch
Sorglos über dem Haupt uns längst.

Menschliches Leben und menschliche Lebendigkeit, sagt der Dichter, sind in einer Welt, die dem Diktat der *Sorge* und des Nutzens unterjocht ist, nur noch da zu finden, wo die Liebe wohnt. Dort erscheint sie, wie ein Denk- oder ein Mahnmal: wie ein Frühlingsgruß im Winter, eine Verheißung der Wiederkehr des Lebens.

Doch, wie immer das Jahr kalt und gesanglos ist
Zur beschiedenen Zeit, aber aus weißem Feld
Grüne Halme doch sprossen,
Oft ein einsamer Vogel singt,

Wenn sich mählich der Wald dehnet, der Strom sich regt,
Schon die mildere Luft leise von Mittag weht
Zur erlesenen Stunde,
So ein Zeichen der schönern Zeit,

Die wir glauben, erwächst einziggenügsam noch,
Einzig edel und fromm über dem ehernen,
Wilden Boden die Liebe,
Gottes Tochter, von ihm allein.

Ein Hoffnungszeichen ist die Liebe – und eben deshalb verdient sie den wunderbaren Namen, den der Dichter ihr hier gibt: *Gottes Tochter, von ihm allein.* Und – wie sollte es anders sein bei einer

Gottheit, die nichts anderes ist als das lebendige Sein dieser Welt? – die Liebe gleicht dem lebendigen, zarten Trieb einer jungen *Pflanze*, der zu einem starken Baum wachsen wird – ja, zu einem *Wald*, zu einer neuen Welt, zu einer *beseelteren* und *vollentblühenden* Welt, einer schönen, freien Welt.

Sei gesegnet, o sei, himmlische Pflanze, mir
Mit Gesange gepflegt, wenn des ätherischen
Nektars Kräfte dich nähren,
Und der schöpfrische Strahl dich reift.

Wachs und werde zum Wald! eine beseeltere,
Vollentblühende Welt! Sprache der Liebenden
Sei die Sprache des Landes,
Ihre Seele der Laut des Volks!

Entstanden ist diese Ode nach der erzwungenen Trennung von Susette Gontard. Hölderlins Glaube an die transformative Kraft der Liebe ist darin gleichwohl ungebrochen. Und das, obwohl er zur gleichen Zeit ein anderes Gedicht vollendete, das wie kein zweites von den Leiden kündet, die ihm die Liebe bereitet hatte. Wir hatten schon den Schluss vernommen. Nun wenden wir uns seinem Anfang zu: *Die Heimat*

Froh kehrt der Schiffer heim an den stillen Strom,
Von Inseln fernher, wenn er geerntet hat;
So käm' auch ich zur Heimat, hätt ich
Güter so viele, wie Leid, geerntet.

Ihr teuern Ufer, die mich erzogen einst,
Stillt ihr der Liebe Leiden, versprecht ihr mir,
Ihr Wälder meiner Jugend, wenn ich
Komme, die Ruhe noch einmal wieder?

Und die Schlussstrophen lauten:

Ihr treugebliebnen! aber ich weiß, ich weiß,
Der Liebe Leid, dies heilet so bald mir nicht,
Dies singt kein Wiegensang, den tröstend
Sterbliche singen, mir aus dem Busen.

Denn sie, die uns das himmlische Feuer leihn,
Die Götter schenken heiliges Leid uns auch,
Drum bleibe dies. Ein Sohn der Erde
Schein' ich; zu lieben gemacht, zu leiden.

Das Thema dieser Ode ist die Heimkunft: der Weg zurück zum Ausgangspunkt auf der exzentrischen Bahn des Lebens. Und dieser Weg, das wusste Hölderlin, ist mit Leid und Schmerz gepflastert. Es ist der Weg der Tragik, den zu gehen unverzichtbar ist, weil nur, wer auch das *Leid geerntet*, wirklich – nämlich *trotzdem* (um an dieser Stelle Viktor Frankl zu bemühen) – *Ja zum Leben sagen* kann; und weil nur ein Ja, das auch die Tragik und das Leid des Lebens anerkennt, die Kluft von Ich und Welt zu überwinden in der Lage ist. Solange der Widerstand gegen Trennung, Leid, Schmerz und Tod sich rührt, ist ein Mensch nicht wirklich frei. Nur die leidgeprüfte Liebe hat die Größe und Weite, das wollende Ich und seine Sorge in das große Ganze des Lebens einzuschmelzen. Deshalb schenken *die Götter heiliges Leid uns auch*; weil es das heilige Leid ist, das den Willen des Subjektes bricht und damit seine Kerkermauern sprengt, mit denen es sich selbst vom Sein der Welt entfremdet hat.

Von leidvoller Rückkehr, Tragik, Leid und Sterben handelt der zweite Band des *Hyperion* – und von *der Götterfreiheit, die der Tod uns schenkt*, um hier ein Wort Diotimas vorwegzunehmen. Vor der Rückkehr aber steht der Aufbruch. Damit wären wir beim Plot des zweiten Bandes: Nach dem Ausflug nach Athen erreicht Hyperion eine Nachricht seines Freundes Alabanda, der ihn auffordert, mit ihm gemeinsam in den Befreiungskrieg zu ziehen.

> *Bist du noch der Alte, so komm! […] Dir war bis itzt die Welt zu schlecht, um ihr dich zu erkennen zu geben.*

Weil du nicht Knechtsdienste tun mochtest, tatest du nichts, und das Nichtstun machte dich grämlich und träumerisch. Du mochtest im Sumpfe nicht schwimmen. Komm nun, komm, und laß uns baden in offener See!

Der Brief verfehlt seine Wirkung nicht. Hyperion ist in seinem Stolz getroffen. Er sagt Alabanda zu. Und seine Liebe zu Diotima? Sie lodert wohl in ihm, doch hat sie noch nicht die Tiefe, nicht die Wurzeln, die sie bräuchte, um den Mann und Krieger in ihm von seinem Vorsatz abzuhalten. Hier zeigt sich Hölderlin als Kenner der Psychologie des Mannes. Es ist der Hunger nach Betätigung und nach Bewährung, der Hyperion trotz seiner Liebe der Diotima entreißt. Ihm »dürstet«, wie Nietzsche später seinen Zarathustra sagen lässt, »nach seinem Werk«. Also geht er, obwohl Diotima ihn abzuhalten sucht. Er geht – und wird sie nicht mehr wiedersehen.

Der Krieg enttäuscht Hyperion. Er hat so gar nichts von dem Heldenglanz der alten Welt, den er erträumte. Seine Leute marodieren, er selbst wird verwundet und Diotima entschwindet ihm. Zuletzt erreicht ihn noch ein Brief von ihr. Und dieser Brief enthält Diotimas Vermächtnis. Es ist das Zeugnis einer reifen Liebe – der Liebe einer Frau, die in den Abgrund blickt. Und die im Angesicht des Abgrunds zur größten Größe eines großen Menschen wächst. Diotimas Abschiedsbrief lässt eine Seele zur Sprache kommen, die wirklich heimgekehrt ist von der exzentrischen Bahn des Lebens: heimgekehrt zu sich selbst im Einklang mit dem Leben der Natur. Es ist dies der vielleicht ergreifendste Text, der je aus der Feder Hölderlins floss.

Ich habe genug daran, um freudig, als ein griechisch Mädchen zu sterben, ich hab es gefühlt, das Leben der Natur, das höher ist, denn alle Gedanken – wenn ich auch zur Pflanze würde, wäre denn der Schade so groß? – Ich werde sein. Wie sollt ich mich verlieren aus der Sphäre des Lebens, worin die ewige Liebe, die allen gemein ist, die Naturen alle zusammenhält? […] Nein! bei dem Geiste, der uns einiget, bei dem Gottesgeiste, der jedem eigen ist und allen gemein! nein! nein! im Bunde der Natur ist Treue kein Traum. Wir trennen uns nur, um inniger einig zu sein, göttlicher friedlich mit allem, mit uns. Wir sterben, um zu leben.

Das ist mehr als ein Schwanengesang. Es ist eine unumwundene Liebeserklärung an die lebendige Welt der Natur – ein Einwilligen in die Tragik aller Endlichkeit. Es ist der Ausdruck einer neuen Religion, die nicht auf ein sorgloses Fortleben des Ichs im Jenseits spekuliert, sondern sich in Liebe voll und ganz an das lebendige Sein dieser Welt rückgebunden und durch die Schönheit der Natur deren Heiligkeit verstanden hat. Es ist der Ausdruck einer Religion, die sich damit bescheidet, *einfach nur zu sein*, mitzuspielen im großen Spiel des Lebens; einer Religion, die ihre Erfüllung schon zu Lebzeiten darin findet, ganz und gar ein Mensch zu sein: *Einmal lebt ich wie Götter, und mehr bedarf es nicht.* Und die sich ansonsten daran hält, dass sie sich in der Liebe aufgehoben weiß im Großen und Ganzen des Seins: *Wir trennen uns nur, um inniger einig zu sein, göttlicher friedlich mit allem, mit uns.*

Zu sein, zu leben, das ist genug. Frieden

Die reife Liebe liebt sogar den Tod. So umfassend ist ihr unbedingtes, absolutes Ja. Denn sie weiß, dass ohne Tod kein Leben, dass der Tod ein *Sendbote des Lebens* ist. Wüsste sie es nicht, wäre sie nicht wirklich frei; wüsste sie es nicht, erschlösse sie der Seele nicht die *Götterfreiheit, die der Tod uns gibt*. Erst der Horizont des Todes und die Aussicht auf das Ende geben einer Liebe wirkliches Gewicht und stiften einem Leben dauerhaften Sinn. Ohne Tod keine Lebendigkeit. Darin liegt die Tragik des Lebens und einer reifen Liebe – und darin liegt ebenso die Schönheit einer großen Seele.

Das war keine Theorie, die Hölderlin im Überschwange des Gefühls erdacht hätte. Es war seine Erfahrung aus der Zeit der Trennung von Susette Gontard – als die Liebenden zwar noch gelegentlich einander sehen konnten, aber nicht mehr wirklich zueinanderfanden. Als sich diese Zeit im Winter 1799 ihrem Ende neigte, schrieb Hölderlin ihr im Begleitschreiben zum Widmungsexemplar seines *Hyperion*:

> *Es ist wohl der Tränen alle wert, die wir seit Jahren geweint, daß wir die Freude nicht haben sollten, die wir uns geben können, aber es ist himmelschreiend, wenn*

wir denken müssen, daß wir beide mit unsern besten Kräften vielleicht vergehen müssen, weil wir uns fehlen. Und sieh! das macht mich eben so stille manchmal, weil ich mich hüten muß vor solchen Gedanken. Deine Krankheit, Dein Brief – es trat mir wieder, so sehr ich sonst verblinden möchte, so klar vor die Augen, daß Du immer, immer leidest – und ich Knabe kann nur weinen darüber! –

Und dann, weiter unten:

Du hast immer gerungen, Friedliche! um Ruhe zu haben, hast mit Heldenkraft geduldet, und verschwiegen, was nicht zu ändern ist, hast Deines Herzens ewige Wahl in Dir verborgen und begraben, und darum dämmerts oft vor uns, und wir wissen nicht mehr, was wir sind und haben, kennen uns kaum noch selbst; dieser ewige Kampf und Widerspruch im Innern, der muß Dich freilich langsam töten, und wenn kein Gott ihn da besänftigen kann, so hab ich keine Wahl, als zu verkümmern über Dir und mir, oder nichts mehr zu achten als Dich und einen Weg mit Dir zu suchen, der den Kampf uns endet.

Diese Worte klingen nach Verzweiflung. Vor allem aber zeugen sie davon, dass Hölderlin schon ahnte, welch ein Schicksal über ihn und seine

Liebste kommen würde. Dass er und sie *mit ihren besten Kräften vielleicht vergehen müssen*, steht ihm klar vor Augen; ebenso die Krankheit und das dauerhafte Leiden der Geliebten, *dieser ewige Kampf und Widerspruch im Innern*, der sie *langsam töten* muss. Somit ist der Tod, das Ende, nun zum Horizont geworden, der die Tragik dieser Liebe schonungslos erkennbar macht, ineins damit aber auch stärkt und adelt und die Liebenden zur Seelengröße wachsen lässt. Davon zeugt der letzte erhaltene Brief, den Susette an Hölderlin schrieb, unmittelbar bevor dieser seine Zelte in Bad Homburg abbrach und sie danach nicht mehr wiedersah. Der Brief endet mit Worten, die erkennen lassen, wie sehr die reale Susette und die literarische Diotima inzwischen zu einem Wesen verschmolzen waren:

> *Laß uns mit Zuversicht unsern Weg gehen und uns in unserm Schmerz noch glücklich fühlen und wünschen daß er lange noch für uns bleiben möge, weil wir darin vollkommen edel fühlen und gestärkt. – Leb wohl! Leb wohl! der Segen sei mit Dir …*

So klingt das große, leidgeprüfte Ja der Liebenden. Nicht aus emotionalem Überschwang, sondern aus dem Bewusstsein um die Zugehörigkeit zum großen Ein und Alles der Natur, deren alles durchwaltende Lebendigkeit dem eigenen Tod den Schrecken nimmt. Jedenfalls dann, wenn der Seele zu Lebzeiten wenigsten einmal ihr *göttlich Recht* wurde und sie in der Liebe zu ihrer vollen Schönheit und Freiheit erblühen konnte – so, dass sie sagen kann: *Einmal lebt ich wie Götter.* Oder mit den Worten des *Hyperion*:

> *Ich hab es heilig bewahrt! wie ein Palladium, hab ich es in mir getragen, das Göttliche, das mir erschien! und wenn hinfort mich das Schicksal ergreift und von einem Abgrund in den andern mich wirft, und alle Kräfte ertränkt in mir und alle Gedanken, so soll dies Einzige doch mich selber überleben in mir, und leuchten in mir und herrschen, in ewiger, unzerstörbarer Klarheit!*

Liebe ist stärker als der Tod – weil sie den Tod als Teil des Lebens lieben kann; aber nur, wenn sie durch Leid und Schmerz, durch Trauer und durch Tragik gegangen ist und das ganze, aus Licht und Dunkel gewirkte Spektrum eines Lebens anzunehmen gelernt hat. Die von Hölderlin, dem Sänger des Apollon, neu gestiftete Religion braucht deshalb nicht, wie sonst fast alle Religionen, das um seinen Bestand fürchtende Subjekt auf ein Fortleben im Jenseits zu vertrösten. Sie predigt nicht ein erlöstes *Leben nach dem Tod*, sondern ein freies *Le-*

ben vor dem Tod, das so lebendig, schön und so von Sinn erfüllt ist, dass es einverstanden damit ist, am Ende seiner Tage in den Schoß der großen Mutter heimzukehren. Dieses Einverständnis ist die höchste Form der Freiheit und menschlichen Reife. Im schon zitierten Abschiedsbrief Diotimas hat Hölderlin es zu nur sieben Worten destilliert, die wie das Credo seiner neuen Religion anmuten:

Zu sein, zu leben, das ist genug.

Der ganze Absatz lautet wie folgt:

Ich werde sein; ich frage nicht, was ich werde. Zu sein, zu leben, das ist genug, das ist die Ehre der Götter; und darum ist sich alles gleich, was nur ein Leben ist, in der göttlichen Welt, und es gibt in ihr nicht Herren und Knechte. Es leben umeinander die Naturen, wie Liebende; sie haben alles gemein, Geist, Freude und ewige Jugend.

Da sie mit ihrer Liebe die Schönheit dieser Welt in Allem erkannt und das kosmische Grundprinzip des εν διαφερον εαυτω (das Eine in sich selbst Unterschiede) verstanden hat, weiß Diotima um ihr Eingebunden-Sein in das ewige, lebendige Sein der Welt, das nicht als reiner Geist gedacht, sondern als sinnlich wahrnehmbare, geistdurchwirkte Natur gefühlt und gespürt werden kann. Und das liebende Wissen um dieses Eingebunden-Sein verleiht ihr jene eigentümlich heitere Gelassenheit, die aus den Zeilen ihres Briefes klingt. Das Leben wird für sie zu einer göttlichen Musik, zu einem schönen Spiel der Freude.

Beständigkeit haben die Sterne gewählt, in stiller Lebensfülle wallen sie stets und kennen das Alter nicht. Wir stellen im Wechsel das Vollendete dar; in wandelnde Melodien teilen wir die großen Akkorde der Freude. Wie Harfenspieler um die Thronen der Ältesten, leben wir, selbst göttlich, um die stillen Götter der Welt, mit dem flüchtigen Lebensliede mildern wir den seligen Ernst des Sonnengotts und der andern.

Ein flüchtiges Lebenslied – das ist der Mensch. Doch gerade deshalb ist er nicht geringzuschätzen. Denn sein Lebenslied ist Teil der großen, kosmischen Musik, von der die alten Griechen wussten, dass Apollon (der selig ernste Sonnengott) sie gemeinsam mit den Musen den Göttern zu Gehör bringt: ein mythisches Bild für die Zeit-Entrücktheit des schönen, wahrhaft lebendigen Lebens der Liebenden. Mag es auch nicht endlos dauern, reicht es doch in eine Sphäre, in der die Zeit belanglos wird. Und das ist dann wohl auch die Pointe des grandiosen Schlussbildes, mit dem Diotima ihr Abschiedsschreiben endet.

> *Sieh auf in die Welt! Ist sie nicht, wie ein wandelnder Triumphzug, wo die Natur den ewigen Sieg über alle Verderbnis feiert? und führt nicht zur Verherrlichung das Leben den Tod mit sich, in goldenen Ketten, wie der Feldherr einst die gefangenen Könige mit sich geführt? und wir, wir sind wie die Jungfrauen und die Jünglinge, die mit Tanz und Gesang, in wechselnden Gestalten und Tönen den majestätischen Zug geleiten.*

Zu seiner *Verherrlichung* führt das Leben den Tod mit sich, in *goldenen Ketten*! Ob Hölderlin wohl den 1784 von Goethe in seinem *Tiefurter Journal* veröffentlichten Essay *Die Natur* des Schweizer Theologen Georg Christoph Tobler kannte, in dem geschrieben stand: »Ihr [der Natur] Schauspiel ist immer neu, weil sie immer neue Zuschauer schafft. Leben ist ihre schönste Erfindung, und der Tod ist ihr Kunstgriff viel Leben zu haben«? Er hätte darin sein Motiv wiedererkannt: der Tod im Dienst des Lebens; der Tod als Teil des Lebens – und deshalb ebenso liebenswert, wie alles, was lebendig ist. Auch der Tod ist heilig. Ohne ihn wäre das Leben nicht lebendig.

Diese Botschaft unterscheidet die von Hölderlin gestiftete neue Religion von allem anderen, was diesen Namen trägt. Sie ist eine unbedingte Diesseits-Religion. Sie bescheidet sich mit dem, was ist und findet darin völlige Erfüllung. Sie ist eine Religion der Heiligung der Endlichkeit und Sterblichkeit. Ihre Gottheit ist die Schönheit und Lebendigkeit des Seins. Und ihr Tempel ist die lebendige Natur. Als Hölderlin sie skizzierte, ahnte er wohl nicht, wie aktuell und in jeder Hinsicht not-wendig diese Religion 220 Jahre später sein würde: in einer Welt der Umweltzerstörung und des Klimawandels, deren Entfremdung vom natürlichen und lebendigen Sein so weit fortgeschritten ist, dass sich ihre technischen Eliten anschicken, mit Hilfe von Computern und Robotern den Tod zu eliminieren – und damit einen Ungeist zu manifestieren, den zu geißeln Hölderlin sich nicht scheute. In Diotimas Abschiedsbrief finden sich auch diese Zeilen:

Die Armen, die nichts kennen, als ihr dürftig Machwerk, die der Not nur dienen und den Genius verschmähn, und dich nicht ehren, kindlich Leben der Natur! die mögen vor dem Tode sich fürchten. Ihr Joch ist ihre Welt geworden; Besseres, als ihren Knechtsdienst, kennen sie nicht; scheun die Götterfreiheit, die der Tod uns gibt?

Und eben diesen Knechten ruft sie ihre Weisheit zu:

> *Wie sollt ich scheiden aus dem Bunde, der die Wesen alle verknüpft? Der bricht so leicht nicht, wie die losen Bande dieser Zeit. Der ist nicht, wie ein Markttag, wo das Volk zusammenläuft und lärmt und auseinandergeht.*

Aber wie soll man noch etwas ahnen von dem *Bund des Lebens* und der *Götterfreiheit* in einer Zeit, die längst schon einem *Markttag* gleicht – wo *der Knecht nur den Gewaltsamen ehrt*? Diese Frage stellte sich auch Hölderlin. Und das umso mehr, als er nach der Trennung von Susette Gontard die wichtigste Quelle seiner Begeisterung und Leidenschaft verloren hatte. Wie er die Menschen seiner Zeit erlebte, verrät der vorletzte Brief des *Hyperion*, der ihm schon zu Lebzeiten von seinen Zeitgenossen krummgenommen wurde. Er berichtet davon, dass Hyperion nach dem Tod Diotimas außer Landes ging:

> *So kam ich unter die Deutschen. Ich forderte nicht viel und war gefaßt, noch weniger zu finden. [...] Barbaren von alters her, durch Fleiß und Wissenschaft und selbst durch Religion barbarischer geworden, tiefunfähig jedes göttlichen Gefühls, verdorben bis ins Mark zum*

Glück der heiligen Grazien, in jedem Grad der Übertreibung und der Ärmlichkeit beleidigend für jede gutgeartete Seele, dumpf und harmonielos, wie die Scherben eines weggeworfenen Gefäßes – das, mein Bellarmin! waren meine Tröster.

Man ahnt das Ausmaß der Enttäuschung des gekränkten Dichters über seine Zeitgenossen. Der Triumph der nüchternen Vernunft, der Zweckrationalität, der Denaturierung und Unmenschlichkeit schien ihm nicht mehr aufhaltbar. Die Entfremdung des Menschen von seiner Menschlichkeit hatte nach der großen Revolution das letzte Wort behalten:

Wüster immer, öder werden da die Menschen, die doch alle schöngeboren sind; der Knechtssinn wächst, mit ihm der grobe Mut, der Rausch wächst mit den Sorgen, und mit der Üppigkeit der Hunger und die Nahrungsangst; zum Fluche wird der Segen jedes Jahrs und alle Götter fliehen.

Und dennoch weigert er sich zu verzweifeln. Dennoch hält er fest an einer Hoffnung, die sein in Liebe und Leiden gereiftes Herz inmitten dieser Welt gewahrt. Von ihr spricht Hyperion am Anfang und am Ende; zum Beginn des zweiten Briefs und auch im letzten aller Briefe. Der zweite Brief beginnt mit einem traurigen Bekenntnis zur Enttäuschung seines Lebens:

Ich habe nichts, wovon ich sagen möchte, es sei mein eigen. Fern und tot sind meine Geliebten, und ich vernehme durch keine Stimme von ihnen nichts mehr. Mein Geschäft auf Erden ist aus. Ich bin voll Willens an die Arbeit gegangen, habe geblutet darüber, und die Welt um keinen Pfenning reicher gemacht.

Doch sogleich, im selben Brief ruft er sich tröstend zu:

Aber du scheinst noch, Sonne des Himmels! Du grünst noch, heilige Erde! Noch rauschen die Ströme ins Meer, und schattige Bäume säuseln im Mittag. Der Wonnegesang des Frühlings singt meine sterblichen Gedanken in Schlaf. Die Fülle der allebendigen Welt ernährt und sättiget mit Trunkenheit mein darbend Wesen.

Mein ganzes Wesen verstummt und lauscht, wenn die zarte Welle der Luft mir um die Brust spielt. Verloren ins weite Blau, blick ich oft hinauf an den Aether und hinein ins heilige Meer, und mir ist, als öffnet' ein verwandter Geist mir die Arme, als löste der Schmerz der Einsamkeit sich auf ins Leben der Gottheit ….

Die Natur spricht immer noch zu ihm. Und sein Herz ist immer noch empfänglich für ihren An- und Zuspruch. Noch immer hört Hyperion den Frühling singen. Noch immer lässt er sich von der Natur begeistern. Noch immer taucht er ein ins große *Leben der Gottheit* – so dass der Tod die Macht verliert:

> *... und aus dem Bunde der Wesen schwindet der Tod, und Unzertrennlichkeit und ewige Jugend beseliget, verschönert die Welt*

So bringen am Ende sein Schmerz, seine Trauer und seine Enttäuschung Hyperion ans Ziel der exzentrischen Lebensbahn. Gereift durch Leid und Tod ist er zuletzt dort angelangt, wo Diotima schon vor ihm war: beim großen Ja zur Tragik allen Lebens – bei der finalen Heimkunft in den Arm der Götter, die sie am Ende sagen ließ: *Zu sein, zu leben, das ist genug*. Ja, der Arm der Götter ist noch immer da. Die Natur spricht ungebrochen. Auch wenn Diotima fort ist.

Aber – ist sie wirklich fort? Ist sie, die geistvolle Natur, die freie Schönheit des göttergleichen Lebens, nicht immer und überall gegenwärtig – sie, die Göttlichschöne? Spricht sie nicht aus jedem Luftzug, jedem Baum und jeder Blume? So ist es. Und mit dieser Einsicht endet der *Hyperion*. Seinen letzten Brief beginnt Hyperion mit diesen Worten:

Ich wollte nun aus Deutschland wieder fort. Ich suchte unter diesem Volke nichts mehr, ich war genug gekränkt, von unerbittlichen Beleidigungen, wollte nicht, daß meine Seele vollends unter solchen Menschen sich verblute. Aber der himmlische Frühling hielt mich auf.

Der *Frühling hielt ihn auf*, weil er die Stimme der Natur erneut vernahm; weil das lebendige Sein der Welt so machtvoll zu ihm sprach, dass er erneut begriff, wie heilsam diese göttlichschöne Welt ist – und sie aufs Neue liebte:

Ihr Quellen der Erd! ihr Blumen! und ihr Wälder und ihr Adler und du brüderliches Licht! wie alt und neu ist unsere Liebe!

Und mit der Liebe zur Natur kehrt auch das Wissen um das *Ein und Alles* allen Lebens zu ihm zurück:

Wir lieben den Aether doch all und innigst im Innersten gleichen wir uns.

Mit dem Wissen um die innige Verbundenheit aller Wesen in dieser großen Symphonie des *Hen kai Pan* begegnet ihm zuletzt Diotima:

Die Menschen waren weggegangen, am häuslichen Tische von der Arbeit zu ruhn; allein war meine Liebe mit dem Frühling, und ein unbegreiflich Sehnen war in mir. Diotima, rief ich, wo bist du, o wo bist du? Und mir war, als hört ich Diotimas Stimme, die Stimme, die mich einst erheitert in den Tagen der Freude – Bei den Meinen, rief sie, bin ich, bei den Deinen, die der irre Menschengeist mißkennt! Ein sanfter Schrecken ergriff mich und mein Denken entschlummerte in mir.

Nun ist Hyperion dort angekommen, wo Diotima in ihrem Abschiedsbrief schon war: im Arm der Götter, zuhause im lebendigen Sein. Er ist bei ihr und sie mit ihm. Seinem liebenden Geist löst sich zuletzt das Rätsel des Todes und der Frieden des Seins kommt über ihn:

Auch wir sind nicht geschieden, Diotima, und die Tränen um dich verstehen es nicht. Lebendige Töne sind wir, stimmen zusammen in deinem Wohllaut, Natur! wer reißt den? wer mag die Liebenden scheiden? –

O Seele! Seele! Schönheit der Welt! du unzerstörbare! du entzückende! mit deiner ewigen Jugend! du bist; was ist denn der Tod und alles Wehe der Menschen? – Ach! viel der leeren Worte haben die Wunderlichen gemacht. Geschiehet doch alles aus Lust, und endet doch alles mit Frieden.

Wie der Zwist der Liebenden, sind die Dissonanzen der Welt. Versöhnung ist mitten im Streit und alles Getrennte findet sich wieder.

Es scheiden und kehren im Herzen die Adern und einiges, ewiges, glühendes Leben ist Alles.

So dacht ich. Nächstens mehr.

III.
Eine vollentblühende Welt.
Hölderlins Vision

... denn es ist die Zeit,
Daß aus der Menschen Munde sie, die
Schönere Seele, sich neuverkündet, [...]
Und er, der sprachlos waltet und unbekannt
Zukünftiges bereitet, der Gott, der Geist
Im Menschenwort, am schönen Tage
Kommenden Jahren, wie einst, sich ausspricht.
(aus: Ermunterung)

Friedrich Hölderlin war der Sänger des Heiligen. Dazu sah er sich berufen: Worte für den Geist zu finden, der im alten Griechenland in der Gestalt des Gottes Apollon verehrt wurde; diesem *Gott*, diesem *Geist* dabei zu helfen, sich *im Menschenwort, am schönen Tage*, einer künftigen, neuen Zeit aus- und zuzusprechen – so wie er sich im alten Hellas *einst* bekundet und dabei eine Welt geboren hatte, von deren geistiger Schönheit und Kraft die europäische Kultur sich noch heute nährt. Es war dies eine Welt, die es den Menschen möglich machte, sich in Freiheit und zur Blüte eines schönen Menschenlebens zu entfalten. Dass solches neuerlich geschehen möge, war die tiefste Sehnsucht Hölderlins, nachdem die Französische Revolution die alte Welt in Trümmer gelegt hatte und ein dionysischer Rausch der Zerstörung über Europa hinweggezogen war. Nun war es an der Zeit, eine neue, apollinische Ordnung zu begründen: eine Ordnung, die dem Leben dient, den Menschen befreit, die Kultur beflügelt – eine Ordnung, die verwurzelt ist in einer *neuen Religion*, die den Menschen darin unterstützt, das eigene und das gemeinschaftliche Leben zu seiner vollen Schönheit der Lebendigkeit zu entfalten, indem es das Leben rückbindet an das lebendige Sein der Welt. Das war Hölderlins Vision: eine Welt, die nicht länger vom *Homo Faber* oder *Homo Oeconomicus* beherrscht ist, die nicht getrieben ist vom *Willen zur Macht* eines Subjektes, das um seines eigenen Vorteils willen alles Natürliche vernichtet; eine Welt, in der die Menschen im Einklang mit dem lebendigen Sein der Natur leben, statt sich in den Allmachtsphantasien ihrer digitalen Technik zu verlieren. Hölderlins Vision galt einer Welt, worin der Mensch am Ende seiner Tage mit einem Lächeln auf den Lippen sagen kann: *Zu sein, zu leben, das ist genug.* Das ist eine Vision, derer wir im 21. Jahrhundert dringender bedürfen denn je. Deshalb brauchen wir Hölderlin. Seine Vision hat nichts an Gültigkeit verloren.

Wir brauchen eine neue *religio* – eine neue Rückbindung ans lebendige Sein dieser Welt, die uns die Heiligkeit der lebendigen Natur erkennen, ja, vor allem lieben lehrt. Wir brauchen eine Haltung gegenüber der Welt, die uns von der Egozentrik des neuzeitlichen Subjekts befreit und von unseren Fesseln befreit: unserer Angst vor dem Tod und unseren Herrschaftsgelüsten gegenüber Mensch und Natur. Wir brauchen ein neues Menschenbild, das uns begreifen lässt, dass wir nur im Einklang mit dem lebendigen Sein zur vollen Freiheit und Schönheit des Lebens erblühen können – und nicht auf dem Wege der gewaltsamen Durchsetzung unseres Willens. Wir brauchen eine Kultur, die der Schönheit huldigt und die Liebe im Herzen der Menschen entfacht: die Liebe zum Leben, zur Natur, zum Menschen – zu seinem Leiden und zu seinem Tod. Das alles brauchen wir. Wir brauchen Hölderlin und seine Dichtung, seine Vision von einer neuen Zeit.

Doch wie soll diese Vision Gehör finden? Wie soll diese Religion eine Menschheit erreichen, über deren Unempfänglichkeit und Ignoranz sich schon Hölderlin zu keinem Augenblick im Unklaren war? Wie sollte er Menschen begeistern, die von allen guten Geistern verlassen waren?

O du, so dacht ich, mit deinen Göttern, Natur! […] Wie lang ists, daß sie dich entbehren? o wie lang ists, daß ihre Menge dich schilt, gemein nennt dich und deine Götter, die Lebendigen, die Seligstillen!

Viel zu lang ist's, möchte man ihm heute antworten. Und man wäre wohl versucht, mit Hyperion zu seufzen: *Ich hab ihn ausgeträumt, von Menschendingen den Traum.* Aber das hieße, Hölderlin zu verraten – ihn und seine Vision. Das sollten wir nicht tun. Denn die Vision, die er, der Sänger des Apollon, unter die Menschen bringen wollte, weist den einzig gangbaren Weg, der uns angesichts der gravierenden Herausforderungen des 21. Jahrhunderts und der Gespensterherrschaft einer entgeisterten Welt bleibt: dass

er, der sprachlos waltet und unbekannt
Zukünftiges bereitet, der Gott, der Geist
Im Menschenwort, am schönen Tage
Kommenden Jahren, wie einst, sich ausspricht.

Tage wie Blumen. Die Hoffnung

Hölderlin hielt sich die Treue: sich, seiner Berufung, seinem Gott Apollon und seiner Susette, die nie den Glauben an ihn aufgegeben hatte. Dabei fiel es ihm nicht leicht, die Hoffnung zu bewahren. Zumal es nach der Trennung von ihr nur noch wenige Menschen gab, die ihm Zuversicht ins Herz gesprochen hätten. Also musste er sich selbst ermutigen. Davon zeugt ein Gedicht aus dem Jahre 1801, in dem er verdichtet hat, woran er glaubte und worauf er sein Vertrauen setzte. Es heißt *Ermunterung*. Der zweiten Fassung dieser Ode ist dieses Kapitel gewidmet.

Echo des Himmels! heiliges Herz! warum,
Warum verstummst du unter den Lebenden,
Schläfst, freies! von den Götterlosen
Ewig hinab in die Nacht verwiesen?

Vom *heiligen Herz* hörten wir bereits: *Ist nicht heilig mein Herz, schöneren Lebens voll, seit ich liebe*, fragte Hölderlin in *Menschenbeifall.* Heilig ist das Herz, wenn es von der Liebe geheiligt ist und der Dichter sich reinen Herzens dem Anspruch des Göttlichen aussetzen kann. Dann wird es zum Echo, das *ins Lied gehüllt* das Sein der Welt zur Sprache bringt, wie es in der Ode *Wie wenn am Feiertage...* heißt. Das heilige Herz, zu dem der Dichter spricht, ist der Resonanzkörper des Göttlichen. Doch es scheint verstummt, sprachlos. Ihm fehlen die Worte, die das Göttliche zur Sprache bringen könnten; angesteckt von einem *götterlosen* Menschentum, das sich von allem Göttlichen abgewandt und Dunkelheit auf Erden verbreitet hat – die *Nacht*, in die das *freie* und *heilige Herz* sich gestoßen weiß. In seinem um 1800 entstandenen Gedicht *Der Archipelagus* schreibt er:

Aber weh! es wandelt in Nacht, es wohnt, wie im Orkus,
Ohne Göttliches unser Geschlecht. Ans eigene Treiben
Sind sie geschmiedet allein, und sich in der tosenden
Werkstatt
Höret jeglicher nur und viel arbeiten die Wilden
Mit gewaltigem Arm, rastlos, doch immer und immer
Unfruchtbar, wie die Furien, bleibt die Mühe der
Armen.

Die Nacht wird Hölderlin zur tragenden Metapher für die götterlose Zeit der Gegenwart. Doch das heißt nicht, dass man sie beklagen müsste. Denn wo Nacht ist, ist auch Hoffnung. Auf die Nacht folgt irgendwann ein neuer Tag. In der Nacht zu leben, ist deshalb nicht schlimm, denn sie ist die Zeit der Sammlung, der Erneuerung – die

Zeit des Potenzials, das sich am neuen, künftigen Tag entfalten wird. Es gilt nur, die Nacht als eine solche Zeit des Werdens zu erkennen. Was aber schwerfällt, wenn die Nacht von einem Menschentum beherrscht wird, dem Hölderlin den Namen *die Götterlosen* verliehen hat. Was ist das für ein Menschentum? Es sind die Menschen, von denen der vorletzte Brief des *Hyperion* klagt:

> *Ich sage dir: es ist nichts Heiliges, was nicht entheiligt, nicht zum ärmlichen Behelf herabgewürdigt ist bei diesem Volk, und was selbst unter Wilden göttlichrein sich meist erhält, das treiben diese allberechnenden Barbaren, wie man so ein Handwerk treibt, und können es nicht anders, denn wo einmal ein menschlich Wesen abgerichtet ist, da dient es seinem Zweck, da sucht es seinen Nutzen, es schwärmt nicht mehr, bewahre Gott!*

Erkennen wir uns darin wieder? Wir, die Kinder des Ökonomismus, die sich längst daran gewöhnt haben, alles, was ihnen widerfährt, auf seinen *Nutzwert* hin zu berechnen und in allem unseren Vorteil zu suchen; wir, die wir *allberechnende* Maschinen erfunden haben, um noch effektiver, profitabler und funktionaler unsere endlosen Bedürfnisse zu befriedigen und Machtinteressen zu verfolgen. Wir, die wir auf beispiellose Weise die Natur vergiftet und die Atmosphäre erhitzt haben? Sind nicht wir die Götterlosen, denen Hyperion zuruft:

> *Oder ist nicht göttlich, was ihr höhnt und seellos nennt? Ist besser, denn euer Geschwätz, die Luft nicht, die ihr trinkt? der Sonne Strahlen, sind sie edler nicht, denn all ihr Klugen? der Erde Quellen und der Morgentau erfrischen euern Hain; könnt ihr auch das? Ach! töten könnt ihr, aber nicht lebendig machen, wenn es die Liebe nicht tut, die nicht von euch ist, die ihr nicht erfunden.*

Ja, sind es nicht *Homo Faber* und die Propagandisten des Transhumanismus, die sich mit Hilfe von Bio-Tech, Gentechnik, Robotik und Künstlicher Intelligenz zum unsterblichen *Homo Deus* machen wollen, denen Hyperion vorhält:

> *Ihr sorgt und sinnt, dem Schicksal zu entlaufen und begreift es nicht, wenn eure Kinderkunst nichts hilft; indessen wandelt harmlos droben das Gestirn. Ihr entwürdiget, ihr zerreißt, wo sie euch duldet, die geduldige Natur, doch lebt sie fort, in unendlicher Jugend. [...] O göttlich muß sie sein, weil ihr zerstören dürft, und dennoch sie nicht altert und trotz euch schön das Schöne bleibt!*

Und damit ist dann auch gesagt, woher in dieser dunklen Nacht der Götterlosigkeit die Hoffnung auf einen neuen Göttertag keimt: aus der *geduldigen*, lebendigen Natur. Sie besingt die zweite Strophe von *Ermunterung*:

Wacht denn, wie vormals, nimmer des Aethers Licht?
Und blüht die alte Mutter, die Erde nicht?
Und übt der Geist nicht da und dort, nicht
Lächelnd die Liebe das Recht noch immer?

Des Himmel (*Äthers*) Licht und der Erde *blühende* Natur: Sie sind dem Dichter die Garanten der ungebrochenen Präsenz des lebendigen Seins dieser Welt. Denn von ihnen ergeht noch immer der unbedingte Anspruch an das freie Herz des Menschen, der ihm das Göttliche, den Sinn verbürgt. Und auch in der Menschenwelt lässt sich die Spur des Heiligen erkennen: Noch gibt es Nischen der *Begeisterung* und *Liebe*, die das Andenken – ein wichtiges Wort für Hölderlin – an die göttlich-schöne Lebendigkeit bewahren.

Also gibt es auch in götterloser Nacht noch einiges, was dem Dichter Hoffnung macht. Und deshalb spricht er seinem Herz nun zu:

Nur du nicht mehr! doch mahnen die Himmlischen,
Und stillebildend weht, wie ein kahl Gefild,

Dennoch gelinget der Wunsch, Rechtglaubige zweifeln an Einer
Stunde nicht und der Lust bleibe geweihet der Tag.
Denn nicht wenig erfreut, was wir vom Himmel gewonnen,
Wenn ers weigert und doch gönnet den Kindern zuletzt.
Nur daß solcher Reden und auch der Schritt' und der Mühe
Wert der Gewinn und ganz wahr das Ergötzliche sei.

Es ist ein wahrhaft frommer Wunsch, den der Dichter sich und seinem Freund hier zuspricht: *Der Lust bleibe geweihet der Tag.* Denn es ist möglich, dass der Himmel sich doch noch öffnet und die Wanderung ins Freie sich als aller *Mühe wert* erweist. Es ist möglich, dass die beiden Wanderer zuletzt *ergötzt* sein werden: dass das Herz in ihrer Brust im Offenen sich öffnet und sich ihre *Zunge löst* – so, dass sie passende Worte finden, die vom leuchtenden Himmel künden und so eine *Blüte* beginnen. *Worte wie Blumen.* Von dieser Hoffnung kündet das letzte Drittel der ersten Strophe:

Darum hoff ich sogar, es werde, wenn das Gewünschte
Wir beginnen und erst unsere Zunge gelöst,
Und gefunden das Wort, und aufgegangen das Herz ist,

Und von trunkener Stirn höher Besinnen entspringt,
Mit der unsern zugleich des Himmels Blüte beginnen,
Und dem offenen Blick offen der Leuchtende sein.

Vom *Offenen* verspricht der Dichter sich trunkene Begeisterung und Inspiration: *die trunkene Stirn* des dionysischen Rausches. Dem *offenen Blick* und dem *aufgegangenen Herzen* des aus dem trüben städtischen Alltag aufgebrochenen Dichter wird sich, so hofft er, der *leuchtende Himmel* zeigen; der leuchtende Himmel, von dem es in *Heimkunft* hieß, dort wohne der *selige Gott* allein und *hell erscheine sein Antlitz*. Denn *der ätherische scheint Leben zu geben geneigt*: Lebendigkeit zu stiften und eine neue *Blüte* zu beginnen.

Darum eben ruft der Dichter seinen Freund zum Aufbruch in das *Offene* und Freie. Darum lassen sie die Stadt hinter sich und brechen auf in die Natur. Sie folgen ihrer Sehnsucht nach Lebendigkeit – nicht mehr und auch nicht weniger. So beginnt die zweite Strophe:

Denn nicht Mächtiges ists, zum Leben aber gehört es,
Was wir wollen, und scheint schicklich und freudig zugleich.

Es geht dem Dichter nicht um *Macht*, es geht ihm um etwas Alltägliches; etwas, das sich *schickt* und das *erfreut*. Es geht darum, von dem Künftigen und bislang nur Geahnten zu künden: dem sich öffnenden Himmel, aus dem heraus in neuer Pracht und Blüte sich das Göttliche dem Menschen offenbart – so, dass die Götter neuerlich bei den Menschen einkehren. Es geht darum, mit den Worten der Dichtung den Menschen ein Haus zu bauen, in dem die künftigen Götter einkehren können; ein Haus, in dem Menschen und Götter einander bei Tanz, Gesang und Mahl begegnen können; ein Haus der Sprache, in dem der Dichter die Götter und Menschen so bewirtet, dass sie *das Schönste kosten und schaun*: die *Fülle des Landes*, die Blüte des Lebens. Darum geht es in der nicht leicht verständlichen zweiten Strophe:

Nämlich droben zu weihn bei guter Rede den Boden,
Wo den Gästen das Haus baut der verständige Wirt;
Daß sie kosten und schaun das Schönste, die Fülle des Landes,
Daß, wie das Herz es wünscht, offen, dem Geiste gemäß
Mahl und Tanz und Gesang und Stuttgarts Freude gekrönt sei,
Deshalb wollen wir heut wünschend den Hügel hinauf.

Ins Offene zieht es den Dichter und den Freund, den *Hügel hinauf*, um dort *bei guter Rede den Boden* für ein Haus *zu weihen*, das den Raum öffnet für das *Brautfest der Menschen und Götter*, von dem in der Hymne *Der Rhein* die Rede war. Es zieht sie ins Offene als zu einem Ort, an dem *Worte wie Blumen entstehen* können: Worte, die vom lebendigen Sein der Welt künden, weil sie selbst lebendig sind; Worte, in denen die Götter einkehren und den Menschen begegnen werden.

Aus dem Jahre 1801 datiert ein weiteres Gedicht, aus dem ein Ruf ins Offene ergeht. Es handelt sich um die Hymne mit dem Titel *Germanien*. Auch in ihm geht es darum, die Wiederkehr der Götter einzuläuten, indem sie neu zur Sprache kommen: in der deutschen Sprache, die Hölderlin dafür besonders gut geeignet scheint. Das Gedicht beginnt spektakulär mit einem Anruf an die alten Götter Griechenlands:

Nicht sie, die Seligen, die erschienen sind,
Die Götterbilder in dem alten Lande,
Sie darf ich ja nicht rufen mehr, wenn aber
Ihr heimatlichen Wasser! jetzt mit euch
Des Herzens Liebe klagt, was will es anders
Das Heiligtrauernde? Denn voll Erwartung liegt
Das Land, und als in heißen Tagen
Herabgesenkt, umschattet heut
Ihr Sehnenden! uns ahnungsvoll ein Himmel.

Voll ist er von Verheißungen und scheint
Mir drohend auch, doch will ich bei ihm bleiben,
Und rückwärts soll die Seele mir nicht fliehn
Zu euch, Vergangene! die zu lieb mir sind.
Denn euer schönes Angesicht zu sehn,
Als wärs, wie sonst, ich fürcht' es, tödlich ists,
Und kaum erlaubt, Gestorbene zu wecken.

Die Hymne hebt an mit einem starken *Nicht*. *Nicht* mehr die alten Götterbilder darf und will der Dichter rufen – sie, die ihm *zu lieb sind* und von deren *schönem Antlitz* er (nicht zu Unrecht) fürchtet, geblendet zu werden. Und doch macht er kein Geheimnis darum, dass er nichts sehnlicher wünschte als dies; in der *bleiernen Zeit*, in der *drohend* und doch *verheißungsvoll* der Himmel auf den Menschen lastet. *Rückwärts soll die Seele mir nicht fliehn, zu euch, Vergangene!*, so seufzt er angesichts der Schwere seiner Gegenwart – und da er's tut, ruft er sie letztlich doch und lenkt die Aufmerksamkeit des Lesers virtuos auf die abwesend Anwesenden: die *Götterbilder* der Vergangenheit. Denn sie müssen im Bewusstsein sein, wenn es heute darum geht, neue Götter*bilder* zu entwerfen: neu das Göttliche zu nennen, neue Namen für die Götter zu finden – in einer anderen Sprache als der griechischen, nämlich in der Sprache Germaniens. Doch zunächst bleibt die zweite Strophe dem Andenken der *Seligen* gewidmet, *die erschienen sind im alten Lande*, die *ihre Zeiten hatten* und die nun *entflohen* sind.

> *Entflohene Götter! auch ihr, ihr gegenwärtigen, damals*
> *Wahrhaftiger, ihr hattet eure Zeiten!*
> *Nichts leugnen will ich hier und nichts erbitten.*
> *Denn wenn es aus ist und der Tag erloschen,*
> *Wohl triffts den Priester erst, doch liebend folgt*
> *Der Tempel und das Bild ihm auch und seine Sitte*
> *Zum dunkeln Land, und keines mag noch scheinen.*
> *Nur als von Grabesflammen, ziehet dann*
> *Ein goldner Rauch, die Sage, drob hinüber,*
> *Und dämmert jetzt uns Zweifelnden um das Haupt,*
> *Und keiner weiß, wie ihm geschieht.*

Die Götter Griechenlands – sie sind nicht mehr. Sie haben ihre Zeit gehabt. Und gleichwohl sind sie *gegenwärtig*: gegenwärtig in den Mythen, im *goldenen Rauch* der *Sage*, dank derer wir von ihnen wissen. Dieses Wissen nährt die Ahnung, dass das Göttliche, das sich *in dem alten Lande* in Gestalt der wohlbekannten *Götterbilder* einstmals offenbarte, wiederkehren wird. *Keiner weiß, wie ihm geschieht*, doch fühlen die Empfänglichen, dass etwas Wunderbares vorgeht – mitten in der Nacht einer bleiernen Zeit. Sie fühlen

Die Schatten derer, so gewesen sind,
Die Alten, so die Erde neubesuchen.

Nicht in den Gestalten der griechischen Götter ist mit der Rückkehr des Göttlichen zu rechnen. Derer *Schatten* scharren mit den Füßen, neuerlich die Erde zu besuchen. Eine neue Epiphanie des Göttlichen steht an: des einen Göttlichen, dass sich in Griechenland in den bekannten *Götterbildern* zeigte und für das nun in Germanien ganz neue Bilder geschaffen, Namen gefunden, Mythen und Dichtungen gedichtet werden müssen:

Denn die da kommen sollen, drängen uns,
Und länger säumt von Göttermenschen
Die heilige Schar nicht mehr im blauen Himmel.

Schon grünet ja, im Vorspiel rauherer Zeit
Für sie erzogen, das Feld, bereitet ist die Gabe
Zum Opfermahl, und Tal und Ströme sind
Weitoffen um prophetische Berge.

Weit offen steht der Raum, in dem das Sein der Welt vermittelt durch das Wort des Dichters neuerlich sich mitten in der Welt bekunden kann. Nun jedoch an einem Ort, der noch nicht vorbelastet ist durch frühere Erscheinungen der Götter; an einem Ort, an dem die Menschen eine Sprache sprechen, die noch nicht verbraucht und abgenutzt ist, und deshalb dem neu entdeckten Göttlichen ein Haus und Tempel sein kann. Dieser Ort, so sieht es Hölderlin in dieser Hymne visionär, ist Deutschland. Zu Germania, der *Jungfrau*, tritt der Adler des Zeus, der Götterbote, und verheißt ihr Folgendes:

Du bist es, auserwählt,
Alliebend und ein schweres Glück
Bist du zu tragen stark geworden,
Seit damals, da im Walde versteckt und blühendem
Mohn
Voll süßen Schlummers, trunkene, meiner du
Nicht achtetest, [...]
Und heimlich, da du träumtest, ließ ich
Am Mittag scheidend dir ein Freundeszeichen,
Die Blume des Mundes zurück und du redetest einsam.

Germania ist auserwählt, ein *schweres Glück zu tragen*. Warum? Weil sie voll *süßen Schlummers trunken* in den Wäldern döste und das Sein der Welt *nicht achtete*. Germania ist (was wir heute so nicht mehr sagen können) unschuldig, ihre Sprache ist noch nicht verbraucht, ist frisch genug, um als Gefäß das Göttliche zu fassen. *Die Blume* ihres *Mundes*

– die deutsche Sprache – ist noch nicht aufgegangen. Deshalb ist Germania auserwählt. Aber nicht nur deshalb. Vor allem auch, weil sie in ihrem Schlaf gereift ist; und zwar zu einer hohen Qualität des Menschseins, von dem Hölderlin in dem Gedicht *Heimat* sagte: *Ein Sohn der Erde schein ich: zu lieben gemacht, zu leiden.* Von Germania erfahren wir:

So ist von Lieben und Leiden
Und voll von Ahnungen dir
Und voll von Frieden der Busen.

Die unschuldige Jungfrau, deren *Busen* voller *Liebe* ist und voller *Leid*, voller *Ahnung* und auch voller *Frieden*: Sie ist berufen zur Künderin und Wegbereiterin der Wiederkehr der Götter. Ihre Hände sind rein genug, um das Sein der Welt in seiner Göttlichkeit zu fassen. Ihre Sprache ist unverbraucht genug, das *Ungesprochene* zu sprechen. Sie ist offen genug, das Heilige zu empfangen:

O trinke Morgenlüfte,
Bis daß du offen bist,
Und nenne, was vor Augen dir ist,
Nicht länger darf Geheimnis mehr
Das Ungesprochene bleiben,
Nachdem es lange verhüllt ist;

Denn Sterblichen geziemet die Scham,
Und so zu reden die meiste Zeit
Ist weise auch, von Göttern.

Es ist nichts Besonderes, zu dem Germania als Dichterin berufen ist: *Nenne, was vor Augen dir ist.* Es geht nicht um eine transzendente Welt, die sie zu nennen hätte. Es geht darum, diese Welt in ihrer Göttlichkeit zu Wort kommen zu lassen. Lange genug war sie *verhüllt* – was vielleicht richtig war, denn besser ist es, von dem Heiligen zu schweigen, als es dem Gerede der bleiernen Zeit zu überlassen. Nun aber ist die Zeit gekommen. Die heilig*e Schar* säumt nicht länger im Himmel. Nun

Muß zwischen Tag und Nacht
Einsmals ein Wahres erscheinen.
Dreifach umschreibe du es,
Doch ungesprochen auch, wie es da ist,
Unschuldige, muß es bleiben.

Das lebendige Sein dieser Welt kann nicht erschöpfend zur Sprache gebracht werden. Es kann lediglich *umschrieben* werden – dreimal umschrieben werden, in einer heiligen Dreifaltigkeit der Worte, wie es scheinen will. Und dann ergeht der abschließende Aufruf an Germania:

O nenne, Tochter du der heiligen Erd,
Einmal die Mutter. Es rauschen die Wasser am Fels
Und Wetter im Wald, und bei dem Namen derselben
Tönt auf aus alter Zeit Vergangengöttliches wieder.

Vor allem eines gilt es neu zu nennen: die *heilige Erde*, die *Mutter*, die Natur. Sie ist doch das allumfassende und allgebährende Leben, das in seiner Heiligkeit genannt sein will: das *Ein und Alles*, das *hen kai pan*, das εν διαφερον εαυτω, die Göttlichschöne, die in sich den liebenden Streit von Chaos und Ordnung austrägt – und dessen Götterkinder Apollon und Dionysos die Blüte des menschlichen Lebens verbürgen. Diese unsere Welt, die lebendige Welt der Natur – die wir so sehr geschunden haben – muss in ihrer Heiligkeit zu Wort kommen, wenn die Menschheit nicht für alle Zeit umnachtet bleiben soll. Für sie müssen *Worte wie Blumen* entstehen. Dazu ist Germania berufen, deren *Busen voll ist von Lieben und Leiden*, voll von *Ahnungen* und voll von *Frieden.* Welche Sprache wird sie sprechen? Wir hörten schon von dieser Sprache:

Sprache der Liebenden
Sei die Sprache des Landes,
Ihre Seele der Laut des Volks!

Die Sprache der Liebe ist es – nur sie –, in der *am schönen Tage, kommenden Jahren, wie einst, der Gott, der Geist sich aussprechen* wird. Das ist die Vision des Dichters Friedrich Hölderlin. Und es ist zugleich die treffende Beschreibung seiner eigenen Berufung. Denn Germania ist irgendwie auch seine eigene Seele: die reine, unschuldige, liebende und leidende – die Empfängliche, die reichlich Morgenlüfte trank und nun weit offen steht; zu weit vielleicht. Daraus lässt sich ahnen, dass es ihm, dem oft Verkannten oder Überhörten, letztlich immer auch um seine Zeit und seine Zeitgenossen ging – und dass er sich nichts sehnlicher wünschte, als der Welt, in der er lebte, von den *unbedürftigen* Göttern zu künden, um so die rastlose Bedürftigkeit der Menschen nachhaltig zu stillen; und dass er darauf hoffte, *wehrlos Rat zu geben* und die Menschen *zu erleuchten wie Apoll*: der Gott, dessen Priester *er* war:

Doch in der Mitte der Zeit
Lebt ruhig mit geweihter
Jungfräulicher Erde der Äther,
Und gerne, zur Erinnerung, sind
Die unbedürftigen, sie
Gastfreundlich bei den unbedürftgen
Bei deinen Feiertagen,

Germania, wo du Priesterin bist
Und wehrlos Rat gibst rings
Den Königen und den Völkern.

Die Lebendigen, die Seligstillen. Die Götter

Im letzten Brief seines *Hyperion* macht Hölderlin nicht nur dem Herzen seines Helden Luft, sondern wohl auch seinem eigenen. Die Worte, die er darin findet, klingen ernüchtert und beinahe resigniert. Sie sind der Seufzer eines Herzens, das sich *von den Götterlosen ewig hinab in die Nacht verwiesen* fühlt. Und doch ist es zugleich ein Bekenntnis zu den Göttern, denen er vertraut und auf die er seine Hoffnung setzt: dass *er, der sprachlos waltet und unbekannt Zukünftiges bereitet, der Gott, der Geist im Menschenwort, am schönen Tage kommenden Jahren, wie einst, sich ausspricht:*

> *O du, so dacht ich, mit deinen Göttern, Natur! ich hab ihn ausgeträumt, von Menschendingen den Traum und sage, nur du lebst, und was die Friedenslosen erzwungen, erdacht, es schmilzt, wie Perlen von Wachs, hinweg von deinen Flammen! Wie lang ists, daß sie dich entbehren? o wie lang ists, daß ihre Menge dich schilt, gemein nennt dich und deine Götter, die Lebendigen, die Seligstillen!*

Diese Worte sind bedeutsam, weil sie viel von dem verstehen lassen, wer die Götter sind, die Hölderlin verehrte und in deren Armen er sich groß gewachsen wusste. Sie sind die *Lebendigen*, die *Seligstillen.* Und sie sind die *Götter der Natur.* Sie sind nicht jenseits der Natur, keine Allmächtigen, keine Schöpfer, keine Allwissenden. Das alles sind sie nicht. Sie sind Natur. Ihr Reich ist ausschließlich von dieser Welt. Sie sind das *Ein und Alles* der Natur, das den Menschen unbedingt, bedingungslos betrifft und angeht. Jeder Gott ist das als heilig – bejahenswert und sinnvoll – erfahrene lebendige Sein der Welt unter einem bestimmten Aspekt. Deshalb sind die Götter die *allebendigen, seligstillen* Götter *der Natur.* Sie drängen sich nicht auf. Sie sind immer da, allgegenwärtig, aber sie sind nur dann wirklich bzw. wirksam, wenn der liebende Anspruch, mit dem sie sich den Menschen zuneigen und zusprechen, von ihnen vernommen wird. Das ist nicht der Fall, wo die bleierne Zeit der Götterlosigkeit waltet und die Menschen sich damit bescheiden, wohlzufrieden daheim Gewinn und Verlust zu erwägen.

Die ewigen Götter sind voll Lebens allzeit, sagt Hölderlin in der Hymne *Der Rhein.* Sie sind voll Lebens, weil sie die Lebendigkeit des Lebens selbst manifestieren. Das lebendige Sein dieser Welt, die Natur, heißt es in *Wie wenn am Feiertage...,* ist *älter denn die Zeiten und über die Götter des*

Abends und Orients, d.h. des Westens und des Ostens. Die Lebendigkeit der Welt – oder die Weltenseele, wie Platon sie nannte – ist das eigentlich Göttliche: das *Ein und Alles, hen kai pan,* das εν διαφερον εαυτω, das sich in den unterschiedlichen Göttern je anders und je neu manifestiert. Die Götter sind Verdichtungen dieser einen, umfassenden Lebendigkeit, ihrer Facetten und Aspekte.

Sie sind immer da, so wie die Natur, doch sind sie nicht immer erkannt. Sie wirken immer auf uns, doch sind wir für sie meist nicht empfänglich. Sie wollen zu Wort kommen, doch fehlt uns die Sprache, sie zu nennen. Sie brauchen die Dichter, die den Mut und auch die Kraft haben, sie mit Namen zu versehen. Sie brauchen die Menschen, die sich an sie rückbinden. Wo dies nicht geschieht, herrscht götterlose Nacht. In der götterlosen Nacht findet die Rückbindung, wenn überhaupt, dann nur noch statt im Andenken und in der Erinnerung an die gewesenen Götter. Sie aufrecht zu erhalten ist ebenfalls Aufgabe der Dichter. Aber mehr noch, sie zu gegenwärtigen: sich dem Zuspruch der Natur – des lebendigen Seins dieser Welt – auszuliefern, sich von ihm in Anspruch nehmen zu lassen und ihm neue Götternamen zu verleihen.

Und was zuvor geschah, doch kaum gefühlt,
Ist offenbar erst jetzt,
Und die uns lächelnd den Acker gebauet,
In Knechtsgestalt, sie sind erkannt,
Die Allebendigen, die Kräfte der Götter.

Diese Zeilen aus *Brot und Wein* künden vom Beginn einer neuen Zeit – einer neuen Zeit, die durch eine neue Ankunft, eine neue Offenbarung der Götter markiert ist. Die göttliche Lebendigkeit der Welt nimmt den Menschen neuerlich in Anspruch. Sie berührt ihn zutiefst – und er antwortet ihr mit einer neuen Religion: mit seiner Hingabe ans Leben, seiner Liebe, seiner Leidenschaft und Begeisterung – und das, lange bevor er die Götter beim Namen nennt. Von der Dämmerung zu einem neuen Göttertag hörten wir bereits:

Denn so kehren die Himmlischen ein, tiefschütternd gelangt so
Aus den Schatten herab unter die Menschen ihr Tag.
Unempfunden kommen sie erst, es streben entgegen
Ihnen die Kinder, zu hell kommet, zu blendend das Glück,
Und es scheut sie der Mensch, kaum weiß zu sagen ein Halbgott
Wer mit Namen sie sind, die mit den Gaben ihm nahn.

Wer die Götter sind und wie sie heißen, ist am Anfang eines Göttertages nicht entscheidend. Entscheidend ist, dass der Mensch ergriffen ist vom Göttlichen:

Vater Äther! so riefs und flog von Zunge zu Zunge
Tausendfach, es ertrug keiner das Leben allein;
Ausgeteilet erfreut solch Gut und getauschet, mit
Fremden,
Wirds ein Jubel, es wächst schlafend des Wortes Gewalt
Vater! heiter! und hallt, so weit es gehet,

Das Wort, das den Gott beim Namen nennt, wächst *schlafend*. Zur Gestalt eines bestimmten Gottes verdichtet sich die Gottheit erst mit der Zeit. Erst wenn die *Sprache der Liebenden* reif geworden ist, vermag der Gott, der Geist in ihr sich auszusprechen. Erst wenn das geschehen ist, tritt ein Gott wahrhaftig in Erscheinung. Dann wird er zum Du, in dem die Menschen das unfassbare Göttliche zu fassen bekommen.

dann aber in Wahrheit
Kommen sie selbst und gewohnt werden die Menschen
des Glücks
Und des Tags und zu schaun die Offenbaren, das
Antlitz

Derer, welche schon längst Eines und Alles genannt
Tief die verschwiegene Brust mit freier Genüge gefüllet,
Und zuerst und allein alles Verlangen beglückt.

In Gestalt der Götter offenbart sich das lebendige Sein dieser Welt in seiner Heiligkeit – als das allumfassende Ein und Alles, das zu gewahren den Menschen Sinn *erfüllt* und ihn *beglückt.* Im Gegenüber zum Gott, den er benennen kann, erfüllt sich seine Lebendigkeit. Denn nun ist er rückgebunden an die allebendige Natur. Nun kann er die eigene Lebendigkeit entfalten. So wird der Mensch zum Menschen allererst in der Begegnung mit den Göttern. Indem der Mensch seine Götter nennt, wird er wahrhaft Mensch. Indem er sich nennend seinen Göttern zuwendet, erfüllt sich sein Wesen. Doch was ist das für ein Wesen? Worin erfüllt sich das Menschsein so sehr, dass es wahr und wesentlich ist? Auch auf diese Frage gibt uns Hölderlin die Antwort: Der Mensch *ist ein Gespräch* – ein Gespräch mit der Welt, in dem sich diese Welt in ihrer Heiligkeit enthüllt, indem der Mensch die Götter nennt. In einem Entwurf zu der nie vollendeten Hymne *Friedensfeier* lesen wir:

Viel hat erfahren der Mensch
Der Götter viele genannt

Seit ein Gespräch wir sind
Und hören können voneinander.

Der Mensch ist ein *Gespräch*, ein Gespräch mit dem lebendigen Sein der Welt, in dem er dessen Göttlichkeit gewahrt, indem er Götter nennt. So ereignet sich das wahre Menschsein in der Rückbindung ans Sein. Der Mensch ist Religion. Wirklich Mensch ist er nur da, wo er *im Arme der Götter* wächst: sich entfaltet zu der Größe schönen Menschseins. So ist es Hölderlin widerfahren. Er ist zur Größe gewachsen. Selbst da noch, wo er über sein Maß hinaus ins Unermessliche wuchs und das Gefäß seines Ichs in Stücke brach. Der Sänger Apollons blieb er bis zuletzt. Und deshalb brauchen wir ihn heute dringender denn je. Wir brauchen ihn, weil die bleierne Zeit immer schwerer auf uns lastet; weil die Nacht der Götterlosigkeit nicht enden will; weil der Mensch sich anschickt, selbst zum Gott zu werden und ineins damit die allebendige Natur fortwährend vergewaltigt, schändet und missbraucht. In einer solchen Finsternis bedürfen wir einer Ermunterung, wie Hölderlin sie uns gewährt. Ja, sein freies Herz war ein Echo des Himmels – eines, das die Götter nannte und uns darin Zuversicht und Mut zuspricht. So in den Schlussstrophen des Gedichtes, das er an *Die Götter* adressierte.

Ihr guten Götter! arm ist, wer euch nicht kennt,
Im rohen Busen ruhet der Zwist ihm nie,
Und Nacht ist ihm die Welt und keine
Freude gedeihet und kein Gesang ihm.

Nur ihr, mit eurer ewigen Jugend, nährt
In Herzen, die euch lieben, den Kindersinn,
Und laßt in Sorgen und in Irren
Nimmer den Genius sich vertrauern.

Und so schließen wir im Vertrauen auf die künftigen guten Götter mit dem Segen, den Hölderlin uns über die Zeiten zuspricht – als einen Reisesegen auf dem Weg zu einem neuen Göttertag:

Sind denn dir nicht verwandt alle Lebendigen [...]?
Drum, so wandle nur wehrlos
Fort durchs Leben, und fürchte nichts!
Was geschiehet, es sei alles gesegnet dir,
Sei zur Freude gewandt!

Lebensdaten von Friedrich Hölderlin

1770 **20. März:** Johann Christian Friedrich Hölderlin wird in Lauffen am Neckar geboren.

1772 Tod des Vaters; Geburt der Schwester Henrike

1774 Zweite Ehe der Mutter; Umzug nach Nürtingen

1779 Tod des Stiefvaters; Lateinschule in Nürtingen

1784 Aufnahme in die Klosterschule Denkendorf

1786 Eintritt in die höhere Klosterschule Maulbronn

1787 Verlobung mit Luise Nast (aufgelöst 1790)

1788 **21. Oktober:** Aufnahme ins Tübinger Stift

1789 **14. Juli:** Beginn der Französischen Revolution

1791 Erste Gedichtveröffentlichungen

1793 **6. Dezember:** Theologisches Examen
28. Dezember: Antritt der Stelle als Hauslehrer bei Charlotte von Kalb in Waltershausen/Rhön

1794 **November:** Aufenthalt in Jena; Begegnungen mit Schiller, Goethe, Fichte, Herder u. a.

1795 **16. Januar:** Kündigung der Hauslehrerstelle bei Charlotte von Kalb, weiterer Aufenthalt in Jena
Ende Mai: Rückkehr nach Nürtingen
28. Dezember: Ankunft in Frankfurt/M

1796 **Januar:** Antritt der Stelle als Hauslehrer im Hause des Bankiers Jakob Gontard
Juli bis Oktober: Aufenthalt mit Susette Gontard in Bad Driburg

1797	Der erste Band des *Hyperion* erscheint
1798	**September**: Flucht aus dem Hause Gontard; Übersiedlung nach Bad Homburg **November**: Teilnahme am Rastatter Kongress
1799	Der zweite Band des *Hyperion* erscheint
1800	**Anfang Juni**: Rückkehr nach Stuttgart
1801	**Januar**: Antritt der Stelle als Hauslehrer bei der Familie Gonzenbach in Hauptwil (St. Gallen) **April**: Rückkehr nach Nürtingen 10. **Dezember**: Aufbruch nach Bordeaux
1802	28. **Januar**: Antritt der Stelle als Hauslehrer im Hause des Konsuls Daniel Meyer in Bordeaux **Anfang Juni**: Rückkehr nach Nürtingen 22. **Juni**: Tod Susette Gontards
1804	**April**: Bibliothekar in Bad Homburg
1806	**September**: Erzwungene Einweisung ins Authenrietsche Sanatorium in Tübingen
1807	Umzug zu Schreinermeister Zimmer in den »Hölderlinturm«
1843	7. **Juni**: Friedrich Hölderlin stirbt im Alter von 73 Jahren.

Literaturhinweise

Zitiert wird Hölderlin nach der von Günter Mieth besorgten Werkausgabe:

Friedrich Hölderlin: Sämtliche Werke und Briefe, 2 Bd. Hanser Verlag, München 1970.

Dieses Buch ist die Frucht langjähriger Hölderlinstudien des Autors. Zahlreiche Lesefrüchte sind in es eingeflossen. An dieser Stelle werden nur die für den Autor wichtigsten Impulsgeber genannt.

Walter F. Otto: Der Dichter und die alten Götter, Klostermann Verlag, Frankfurt/M 1941.

Walter F. Otto: Mythos und Welt, Ernst Klett Verlag, Stuttgart 1963. Darin die Aufsätze: Hölderlin und die Griechen, Hölderlin, Hölderlin und das Göttliche.

Wolfgang de Boer: Hölderlins Deutung des Daseins, Athenäum Verlag, Frankfurt/M 1961.

Romano Guardini: Hölderlin. Weltbild und Frömmigkeit, Kösel Verlag, München 1955.

Pierre Bertraux: Friedrich Hölderlin, Suhrkamp Verlag, Frankfurt/M 1981.

Walter Benjamin: Zwei Gedichte von Friedrich Hölderlin; in: Ders., Illuminationen, Suhrkamp Verlag, Frankfurt/M 1977.

Martin Heidegger: Erläuterungen zu Hölderlins Dichtung, Klostermann Verlag, Frankfurt/M 1981.

Martin Heidegger: Hölderlins Hymnen »Germanien« und »Der Rhein«, Gesamtausgabe Bd. 39, Klostermann Verlag, Frankfurt/M 1980.

Hans-Georg Gadamer: Hölderlin und die Antike (1943), Hölderlin und das Zukünftige (1947); Die Gegenwärtigkeit Hölderlins (1983); Dichten und Denken im Spiegel von Hölderlins »Andenken« (1987); alle in: Ders.: Gesammelte Werke Bd. 9, J.C.B. Mohr, Tübingen 1993.

Manfred Frank: Der kommende Gott. Vorlesungen über die Neue Mythologie, Suhrkamp Verlag, Frankfurt/M 1982.

Eine weitere Inspirationsquelle sind die im Auftrag der Hölderlin-Gesellschaft herausgegebenen Hölderlin-Jahrbücher, die ich als langjähriges Mitglied der Gesellschaft dankenswerterweise regelmäßig erhalte.

Danksagung

Mitte der 1980er Jahre nahm ich als junger Student an einem Wochenend-Seminar über Hölderlin in der Evangelischen Akademie Hofgeismar teil. Dort begegnete ich Professor Wolfgang de Boer († 1996), der sich als exzellenter Hölderlin-Kenner erwies und sich anerbot, mich mit den Werken des Dichters vertraut zu machen. So kam es, dass ich mit ihm über mehrere Jahre bei so mancher guten Flasche Meursault den *Hyperion* und die späten Gedichte studierte und nach und nach in Hölderlins Denken eingeweiht wurde. Ohne diese Initiation wäre dieses Buch unmöglich gewesen, und deshalb gilt mein Dank allen voran Prof. Wolfgang de Boer.

Außerdem danke ich meiner Frau Christine Teufel, die mich mit Nachdruck zum Schreiben dieses Buches ermutigt und mir während der Arbeit daran wie so oft den Geist gelüftet hat. Auch meinen Kindern Immanuel und Martha gebührt als Probelesern des Buches mein Dank.

Christoph Quarch im Januar 2020.

Ich schenke deiner Hoffnung Flügel
Gebunden, 208 S., Nr. 395.656,
ISBN 978-3-7751-5656-1

Kurz & Gott – Lichtblicke
Mit Zeichnungen von E. Münch
Geb., 96 S., Nr. 64.118, ISBN 978-3-0006-4118-3

Sorge dich nicht, vertraue!
Gedanken, die tragen
Geb., 224 S., Nr. 396.128, ISBN 978-3-7751-6128-2

Vom Suchen und Finden des Glücks
60 Motive zu mehr Aufmerksamkeit im Alltag
Aufstellbox, Nr. 557.299.500, ISBN 425-0-4547-2995-8

Von frisch verliebt bis wohlvertraut
Lass uns Liebe lernen
Gebunden, 176 S., Nr. 395.548,
ISBN 978-3-7751-5548-9

Wertschätzungen
Gedanken, Gedichte und Gebete
Sammelband von sechs Büchern
Gebunden, 1008 S., Nr. 396.033,
ISBN 978-3-7751-6033-9

Wie weit ist es nach Bethlehem?
Adventliche Lichtblicke und Weihnachtliches Wundern
Gebunden, 184 S., Nr. 396.168,
ISBN 978-3-7751-6168-8

SACHBÜCHER VON HANS-JOACHIM ECKSTEIN

Beziehungsgewiss
Grundlagen des Glaubens. Gesamtausgabe
Gebunden, 688 S., Nr. 227.000.066,
ISBN 978-3-417-00066-5

Zur Wiederentdeckung der Hoffnung
Grundlagen des Glaubens 1
Gebunden, 144 S., Nr. 393.898,
ISBN 978-3-7751-3898-7

Glaube als Beziehung
Von der menschlichen Wirklichkeit Gottes
Grundlagen des Glaubens 2
Gebunden, 170 S., Nr. 394.458,
ISBN 978-3-7751-4458-2

Du bist geliebter, als du ahnst
Grundlagen des Glaubens 3
Gebunden, 208 S., Nr. 395.896,
ISBN 978-3-7751-5896-1

Wie will die Bibel verstanden werden?
Grundlagen des Glaubens 4
Gebunden, 192 S., Nr. 395.696,
ISBN 978-3-7751-5696-7

Der Othem der Natur dich an, der
Alleserheiternde, seelenvolle.

Es ist noch alles da. Das heilige Herz ist durchaus nicht *ewig hinab in die Nacht* verwiesen. Selbst wenn es sich wie ein lebloser und winterlicher Acker – wie ein *kahl Gefild* – fühlt, umweht es doch der *Atem der Natur* mit jedem Hauch der Luft, die wie kein anderes Element den Menschen angeht und ihm darin von den *Himmlischen*, den Göttern, kündet. Im *Hyperion* hat Hölderlin der Luft das schönste Lob gesungen:

O Schwester des Geistes, der feurigmächtig in uns waltet und lebt, heilige Luft! wie schön ists, daß du, wohin ich wandre, mich geleitest, Allgegenwärtige, Unsterbliche!

Und mit wunderbaren Worten hat er dort beschrieben, wie die Luft das Menschenherz bewegt:

Und die Menschen gingen aus ihren Türen heraus, und fühlten wunderbar das geistige Wehen, wie es leise die zarten Haare über der Stirne bewegte, wie es den Lichtstrahl kühlte, und lösten freundlich ihre Gewänder, um es aufzunehmen an ihre Brust, atmeten süßer, berührten zärtlicher das leichte klare schmeichelnde Meer, in dem sie lebten und webten.

So berührt, bewegt, der Himmlischen gemahnt, kann im Herz des Dichters nun die Hoffnung keimen:

O Hoffnung! bald, bald singen die Haine nicht
Des Lebens Lob allein, denn es ist die Zeit,
Daß aus der Menschen Munde sie, die
Schönere Seele, sich neuverkündet,

Selbst in götterloser Nacht, so hörten wir, sprechen das Licht des Himmels und die Blütenpracht der Erde noch vom Heiligen. Immer rührt der sanfte Wind den Menschen an. Immer *singt* die lebendige Natur des *Lebens Lob* und kündet darin vom lebendigen Sein dieser Welt als des wahrhaft Heiligen. Deshalb gibt es Grund zur Hoffnung, dass der Mensch neuerlich als Echo des Himmels seine Stimme erhebt und die *schönere Seele* der allebendigen Natur sich aus seinem Munde *neuverkündet*: in einer neuen Sprache, einer neuen Mythologie oder einem neuen Narrativ, wie wir das heute nennen würden. Dass solches geschieht, ist nicht unmöglich. Vor allem aber ist es wünschenswert. Denn wenn das lebendige Sein der Welt in seiner Heiligkeit neu verdichtet ist, dann wird das Leben auf Erden neu erblühen:

Dann liebender im Bunde mit Sterblichen
Das Element sich bildet, und dann erst reich,
Bei frommer Kinder Dank, der Erde
Brust, die unendliche, sich entfaltet

Und unsre Tage wieder, wie Blumen, sind,
Wo sie, des Himmels Sonne, sich ausgeteilt
Im stillen Wechsel sieht und wieder
Froh in den Frohen das Licht sich findet,

Das ist die Vision der neuen Zeit, auf die hinzuarbeiten und von der zu künden sich Hölderlin berufen wusste: die Vision einer blühenden Welt, in der sich das Potenzial des Lebens – *der Erde Brust* – voll *entfaltet* wie eine Blumenwiese, in der alles mit allem spielerisch verbunden ist und Mensch und Natur im Einklang schwingen. Die Seele derer, die in einer so erblühten Welt leben dürfen, wird auf den Grundakkord des *Dankes* gestimmt sein. Dankbarkeit ist in Hölderlins Verständnis die wichtigste religiöse Haltung: denn in ihr bindet der Mensch sich zurück ans heilige Sein dieser Welt. Und das wichtigste Gebet, das die von Hölderlin visionierte neue Religion kennt, ist die Bekundung des Dankes an das *sprachlos* und *unbekannt Waltende*. Das, wofür das Menschenherz den tiefsten Dank empfindet, wird die Gottheit dieser Religion sein: der

Gott, der Geist, der nun auf eine neue Weise *im Menschenwort* genannt wird und damit einer neuen Welt – einer schönen und blühenden Welt – den Raum der Zukunft öffnet: *Zukünftiges bereitet.*

Und er, der sprachlos waltet und unbekannt
Zukünftiges bereitet, der Gott, der Geist
Im Menschenwort, am schönen Tage
Kommenden Jahren, wie einst, sich ausspricht.

Die für sich sprachlose, unbekannte und namenlose Gottheit zu nennen, so dass sie sich im Menschenwort aussprechen kann: Das ist die Berufung des Dichters. Ihm obliegt es, das Unbegreifliche und Unfassbare – denken wir an den Blitz – in Worte zu fassen und es in einer neuen Mythologie mit Namen zu versehen: das sprachlose Sein dieser Welt zur Sprache zu bringen und zu heiligen, um der allfälligen *religio* des Menschen an die lebendige Natur die Richtung zu weisen. So war es *einst* in der griechischen Mythologie geschehen, die das heilige Sein dieser Welt in Gestalt der olympischen Götter verdichtet hatte: Apollon, Dionysos, Artemis, Athene .... So hatten *einst* die Dichter und Sänger der Griechen den geistigen Raum geöffnet, in dem das menschliche Leben wachsen und blühen konnte.

Und so wird und kann es wiedergeschehen, wenn die gegenwärtige Götternacht endet und die Welt erneut im apollinischen Lichtglanz des Göttlichen erscheint: am schönen Tage, dessen Schönheit darin besteht, für die kommenden Jahre eine lebendige, menschliche und freie Ordnung zu stiften.

Das ist Hölderlins Vision. Und das Großartige an ihr ist sein Wissen darum, dass sie sich jeder Machbarkeit entzieht. Nicht dichterisches Können wird das Göttliche zur Sprache bringen. Im Gegenteil. Das Subjekt des Dichters spielt bei dem, worum es wirklich geht, nicht die geringste Rolle. Niemand wird es sich als Verdienst anrechnen können, wenn je das Göttliche in unserer Welt auf neue Weise in Erscheinung tritt. Nein, nicht darum geht es, dass ein Mensch *am schönen Tage* für alle *kommenden Jahre* die neue Religion stiftet oder macht, sondern der Gott selbst, der Geist, ist es, der sich im *Menschenwort ausspricht*. Dem Menschen im Allgemeinen und dem Dichter im Besonderen obliegt nur, ihm ein Sprachrohr zu sein: ein Instrument in der Hand des Gottes, sein Medium, sein Gefäß, durch das er sich bekunden kann. Das aber wird nur gelingen, wenn dieses Medium *unschuldig* ist: wenn der Dichter keine eigene Agenda verfolgt und nicht von seinen eige-

nen Bedürfnissen und Befindlichkeiten redet. Es wird nur gelingen, wenn er das gefährliche Wagnis auf sich nimmt, sein reines, freies Herz zum Echo des Himmels zu machen, in dem das himmlische Sein dieser Welt unverstellt und unverschattet vernehmbar wird. Nur als demütiger und dankbarer Diener wird der Dichter seinen Beruf nicht verfehlen. Das weiß Hölderlin. Und ebenso weiß er, was es für ihn zu tun gibt – für ihn und für jedermann, der seine Vision wirklich werden lassen und dafür Sorge tragen möchte, dass unsere Tage *wieder wie die Blumen sind*: Es gilt, das Andenken an den vergangenen Göttertag zu pflegen. Es gilt, die götterlose Nacht als Chance zu begreifen. Es gilt, zu einem neuen Morgen aufzubrechen. Es gilt, die Götter neu zu nennen. Das sind die Themen der folgenden Kapitel.

Des Weingotts heilige Priester. Die Nacht

Im Winter 1800/1801 schreibt Hölderlin sein vielleicht bedeutendstes Gedicht. Es trägt den Titel *Brot und Wein*. Mit ihm nimmt er nicht nur eine neue Positionsbestimmung seines Dichterberufs vor, sondern umreißt auch in einem kühnen Wurf seine Vision einer Rückkehr der griechischen Götter in völlig neuem Gewande. Ihrer zu gedenken und ihrer Wiederkunft den Weg zu bereiten, das erscheint ihm nun die Aufgabe des *Dichters in dürftiger Zeit*, wie er sich selbst in jener großen Elegie bezeichnet. Sie umfasst neun Strophen – neun Strophen wie neun Musen. Neun ist die Zahl der Verkündigung des Göttlichen. Wenn die Stimme der Götter auf Erden vernehmbar sein soll, entfaltet sie sich in der Neunzahl. Hölderlin wusste das. Jede der neun Strophen gliedert sich in drei mal sechs Verse. Bemerkenswert ist diese Gliederung besonders in der ersten Strophe, die Leo von Seckendorff im *Musenalmanach* von 1807 gesondert unter dem Titel *Die Nacht* veröffentlichte und damit unter den Romantikern einen Begeisterungssturm auslöste. In dieser ersten Strophe umreißt Hölderlin die Topographie des menschlichen Seins, die drei Sphären, in denen das Leben sich entfaltet: Stadt, Garten und Wildnis:

Rings um ruhet die Stadt; still wird die erleuchtete
Gasse,
Und, mit Fackeln geschmückt, rauschen die Wagen
hinweg.
Satt gehn heim von Freuden des Tags zu ruhen die
Menschen,
Und Gewinn und Verlust wäget ein sinniges Haupt
Wohlzufrieden zu Haus; leer steht von Trauben und
Blumen,
Und von Werken der Hand ruht der geschäftige Markt.

Wir sind in der urbanen Welt, der Welt des *Marktes*, des *Rauschens* der *Wagen*, des künstlichen Lichtes. Keine *Blumen*, keine *Trauben*, keine Natur; wohl aber *satte* und *zufriedene* Menschen, die zur Abendstunde den *Gewinn und Verlust* des Tages bedenken. Sodann entrückt uns der Dichter mit einem markanten *aber* in eine andere Sphäre: in die Welt der Gärten am Rande der Stadt.

Aber das Saitenspiel tönt fern aus Gärten; vielleicht, daß
Dort ein Liebendes spielt oder ein einsamer Mann
Ferner Freunde gedenkt und der Jugendzeit; und die
Brunnen,
Immerquillend und frisch rauschen an duftendem Beet.
Still in dämmriger Luft ertönen geläutete Glocken,
Und der Stunden gedenk rufet ein Wächter die Zahl.

Nur der Klang der Glocken und das *Rufen der Zahl* reicht aus der Stadt in die Sphäre der Gärten herüber. Doch verdämmert die geregelte Zeit des urbanen Lebens in der feuchten Gartenluft. Auch hier *rauscht* es, aber nicht wie in der Stadt, wo der Rausch der Mobilität dominiert und das Rauschen der Wagen Beachtung findet. Hier rauschen die *Brunnen* am *duftenden Beet.* Hier ist Leben, hier sind Blumen, und hier verrauscht die Zeit in der Erinnerung: im Andenken an *ferne Freunde* und an die *Jugendzeit.* Hier herrscht nicht die Ordnung der Ökonomie, sondern der Garten ist die Sphäre des Spiels, der Musik und Poesie. Hier ist das *Saitenspiel* zuhause, die Dichtung. Ihr Ort ist die mittlere Zone zwischen der zivilisierten, geordneten Sphäre des urbanen Lebens und der ursprünglichen Wildnis, deren rauschendes Wehen der Dichter sogleich nennt. Mit einem *Jetzt* weitet er den Blick:

Jetzt auch kommet ein Wehn und regt die Gipfel des
Hains auf,
Sieh! und das Schattenbild unserer Erde, der Mond
Kommet geheim nun auch; die Schwärmerische, die
Nacht kommt,
Voll mit Sternen und wohl wenig bekümmert um uns,
Glänzt die Erstaunende dort, die Fremdlingin unter
den Menschen
Über Gebirgeshöhn traurig und prächtig herauf.

Über *Gebirgeshöhen* in der Ferne zieht die Nacht herauf: die *Schwärmerische*, Erstaunliche (= *Erstaunende*), die *Fremdlingin*. Befremdlich, unfassbar ist sie, wie die Wildnis. Nichts ahnen die wohlzufriedenen Städter von ihr, die in ihren vier Wänden verweilen. Den Dichtern in der Gartensphäre aber ist die Fremdlingin willkommen, denn sie lädt sie ein, die urbane Ordnung zu verlassen und sich dem nächtlichen Rausch anheimzugeben – einzutauchen und zu *schwärmen*. Ihr, der *Schwärmerischen*, *Hocherhabenen*, zu huldigen ist dem Dichter ein Anliegen. So beginnt die zweite Strophe:

Wunderbar ist die Gunst der Hocherhabnen und niemand
Weiß von wannen und was einem geschiehet von ihr.
So bewegt sie die Welt und die hoffende Seele der
Menschen,
Selbst kein Weiser versteht, was sie bereitet, …

In der Nacht verschwimmen die Konturen, in der Nacht sind alle Katzen grau. Nichts in ihr ist unterschieden. Und deshalb ist in ihr auch nichts entschieden. Alles ist möglich in ihr, man weiß nicht, was einem geschieht. Sie ist der Uterus, aus dem ein neuer Tag geboren wird, von dem aber noch niemand sagen kann, was er bringen wird. Gerade deshalb ist sie heilig:

Ja, es ziemet sich ihr Kränze zu weihn und Gesang,
Weil den Irrenden sie geheiliget ist und den Toten ...

Die Nacht ist heilig als der Uterus des Künftigen und als Gedächtnis des Gewesenen. Die Zeiten verschwimmen in ihr und aus rauschend-berauschenden Brunnen schöpft der nächtliche Dichter, um durch das *strömende Wort* seiner Dichtung den Menschen der Stadt etwas Bleibendes zu sagen:

Aber sie muß uns auch, daß in der zaudernden Weile,
Daß im Finstern für uns einiges Haltbare sei,
Uns die Vergessenheit und das Heiligtrunkene gönnen,
Gönnen das strömende Wort, das, wie die Liebenden,
sei,
Schlummerlos und vollern Pokal und kühneres Leben,
Heilig Gedächtnis auch, wachend zu bleiben bei Nacht.

Das Andenken an das Vergangene zu wahren und von ihm begeistert im Rausch der Nacht von einem neuen, *kühneren Leben* zu künden: Das ist das Geschäft des Dichters. Das Andenken schlägt um in die Vision:

Göttliches Feuer auch treibet, bei Tag und bei Nacht,
Aufzubrechen. So komm! daß wir das Offene schauen,
Daß ein Eigenes wir suchen, so weit es auch ist.

Und nun entrückt die Dichtung uns im Rausch der Nacht in eine ferne Welt. Ein *frohlockender Wahnsinn* ist's, der nun *in heiliger Nacht plötzlich die Sänger ergreift* und den Leser weit über Garten, Stadt und Gebirgeshöhen hinaus ins alte Griechenland entführt: nach Delphi,

wo das offene Meer rauscht
Am Parnaß und der Schnee delphische Felsen umglänzt.

Dorthin, wo die Griechen Apollon verehrten, den Stifter der Ordnungen und Garanten der großen Harmonie des Kosmos; wo in demselben Tempel auch dem Gott Dionysos gehuldigt wurde: dem Gott des Rausches, der Auflösung, des Neubeginns – dem Gott, den Hölderlin am Ende der dritten Strophe den *kommenden Gott* nennen wird. Zurecht, denn in der Tat wurde im alten Griechenland Dionysos immer als der Kommende verehrt. Er kam übers Meer oder aus der Wildnis, er kam in der Nacht und in der Umnachtung des Wahnsinns. So oder so kam er aus der Sphäre des Unverfügbaren, um in die urbane Welt einzubrechen und deren oft erstarrte oder lebensfeindliche Ordnungen zu zerstören. Deshalb sind ihm die Nacht und der Rausch heilig. Er ist's, der dem Dichter *Vergessenheit* und das *Heiligtrunkene gönnt*, ebenso wie das

strömende Wort – um so sein Kommen einzuleiten und die Menschenherzen für die Wiederkehr der Götter *aufzubrechen*.

Der frohlockende Wahnsinn des Dichters ergeht sich zunächst im Andenken an den vergangenen Tag: an den Göttertag, da die Griechen das lebendige Sein dieser Welt in ihren Göttern verehrten und heiligten – die Zeit der kulturellen Blüte, in der die vom göttlichen Geist der Natur Begeisterten gemeinsam eine prächtige Welt errichteten und sich so *ihr Eigenes* – ihre gemeinsame Kultur – erschufen. Davon kündet die vierte Strophe:

Vater Äther! so riefs und flog von Zunge zu Zunge
Tausendfach, es ertrug keiner das Leben allein;
Ausgeteilet erfreut solch Gut und getauschet, mit
Fremden,
Wirds ein Jubel, es wächst schlafend des Wortes Gewalt
Vater! heiter! und hallt, so weit es gehet, das uralt
Zeichen, von Eltern geerbt, treffend und schaffend
hinab.
Denn so kehren die Himmlischen ein, tiefschütternd
gelangt so
Aus den Schatten herab unter die Menschen ihr Tag.

Die Erinnerung des Dichters trägt ihn weiter und lässt ihn erkennen, was an jenem Göttertag ge-

schah. Zunächst nämlich gewahrt der vom Sein der Welt so innig berührte Mensch gar keine Götter:

Unempfunden kommen sie erst, es streben entgegen
Ihnen die Kinder, zu hell kommet, zu blendend das Glück,
Und es scheut sie der Mensch, kaum weiß zu sagen ein
Halbgott
Wer mit Namen sie sind, die mit den Gaben ihm nahn.

Erst mit der Zeit verdichtet sich das so machtvoll den Menschen berührende und ansprechende Sein dieser Welt zur Gestalt der Götter. Erst mit der Zeit ist der Mensch in der Lage, sie mit der Sprache zu fassen. Erst mit der Zeit antwortet der dichtende Mensch, indem er die Götter nennt. Davon handelt der Übergang von der fünften zur sechsten Strophe:

So ist der Mensch; wenn da ist das Gut, und es sorget
mit Gaben
Selber ein Gott für ihn, kennet und sieht er es nicht.
Tragen muß er, zuvor; nun aber nennt er sein Liebstes,
Nun, nun müssen dafür Worte, wie Blumen, entstehn.

Und nun denkt er zu ehren in Ernst die seligen Götter,
Wirklich und wahrhaft muß alles verkünden ihr Lob.

Und damit entsteht endlich am Ende eine Welt, eine Kultur, eine einmalige und unverwechselbare Lebensordnung:

Drum in der Gegenwart der Himmlischen würdig zu
stehen,
Richten in herrlichen Ordnungen Völker sich auf
Untereinander und baun die schönen Tempel und Städte
Fest und edel, sie gehn über Gestaden empor –

Das ist der Zenit des Göttertages. Damit ist das nächtliche Gedenken des Dichters dorthin entrückt, wo die Erinnerung umschlägt in die Vision. Denn mitten in die Verzückung über die gewesene, göttlich gegründete, freie, lebendige und deshalb menschenwürdige Welt der Griechen, bricht nun ein ernüchterndes *Aber*:

Aber wo sind sie? wo blühn die Bekannten, die Kronen
des Festes?
Thebe welkt und Athen; rauschen die Waffen nicht mehr
In Olympia, nicht die goldnen Wagen des Kampfspiels,
Und bekränzen sich denn nimmer die Schiffe Korinths?

Der Dichter gibt sich keiner Illusion hin: Die Welt der Griechen ist nicht mehr. Der Göttertag ist vergangen. Die Nacht ist über uns hereingebro-

chen: die Nacht der Götterlosigkeit. Doch die Nacht der Götterlosigkeit ist dem berauschten Dichter kein Grund zur Traurigkeit. Durch das Andenken an den vergangenen Tag gestärkt, fühlt er sich nun ermutigt, kühn den Blick nach vorn zu lenken und die Wiederkehr der Götter an einem neuen Göttertag zu prophezeien. Denn die alten Götter sind nicht tot, sie harren ihrer Wiederkehr. Davon spricht die Strophe sieben:

Aber Freund! wir kommen zu spät. Zwar leben die Götter
Aber über dem Haupt droben in anderer Welt.
Endlos wirken sie da und scheinens wenig zu achten,
Ob wir leben, so sehr schonen die Himmlischen uns.
Denn nicht immer vermag ein schwaches Gefäß sie zu
fassen,
Nur zu Zeiten erträgt göttliche Fülle der Mensch,
Traum von ihnen ist drauf das Leben. Aber das Irrsal
Hilft, wie Schlummer und stark machet die Not und
die Nacht …

Großartig ist der Gedanke: Nicht wir haben die Götter getötet – wie ein Nietzsche mutmaßte –, sondern die Götter selbst haben sich zurückgezogen; *so sehr schonen die Himmlischen uns.* Der Mensch kann nicht dauernd in ihrer Nähe leben. Wir brauchen nach dem strahlenden Tag die dämm-

rige Nacht, brauchen den Schlummer, ja sogar den Irrsinn, um uns zu erholen und um einem neuen Tag gewachsen zu sein – dem Tag der Wiederkehr, an dem das lebendige Sein dieser Welt neuerlich den Menschen machtvoll in Anspruch nimmt, strahlend über ihm aufgeht und zu neuen Antworten begeistert; so dass eine neue Zeit im Angesicht einer neuen Epiphanie die Götter neu benennt und neue Geschichten von ihnen erzählt; und so ihr Eigenes und Einmaliges findet, von dem der Dichter in der dritten Strophe rief: *So komm! daß wir das Offene schauen, daß ein Eigenes wir suchen!*

Im Rausch der Nacht, aus dem Brunnen des Andenkens an den griechischen Göttertag schöpfend, wagt der Dichter am Ende der siebten Strophe, seinen eigenen Auftrag neu zu bedenken: als Auftrag des nächtlichen Dichters an der Schwelle von wohlgeordneter Stadt und ursprünglicher Wildnis. Der Passus beginnt mit dem Eingeständnis der Ratlosigkeit:

... was zu tun indes und zu sagen,
Weiß ich nicht und wozu Dichter in dürftiger Zeit?

Doch dann gibt er sich die Antwort:

Aber sie sind, sagst du, wie des Weingotts heilige Priester,
Welche von Lande zu Land zogen in heiliger Nacht.

Der Weingott ist Dionysos, der kommende Gott. Und seine Priester sind diejenigen, die *in heiliger Nacht* durch die Lande zogen, um von der Ankunft des Gottes zu künden; und von der Rückkehr der *Himmlischen*, der Götter:

Darum denken wir auch dabei der Himmlischen, die sonst
Da gewesen und die kehren in richtiger Zeit,
Darum singen sie auch mit Ernst die Sänger den
Weingott
Und nicht eitel erdacht tönet dem Alten das Lob.

Die Nacht ist die Zeit der Erinnerung und des Andenkens an die gewesenen Götter. Deshalb, so versichert der Dichter in der achten Strophe, ist es rechtens, die Symbole zu würdigen, die die alten Götter vor ihrem Rückzug den Menschen überantworteten: Brot und Wein. Natürlich fällt auf, dass Hölderlin sich hier nicht scheut, neben dem griechischen auch den christlichen Mythos zuzulassen. Ja, in einer Art theologischem Salto Mortale wagt er es sogar, die Gestalt Christi – ein *stiller Genius* – als letzten der griechischen Götter in deren Mythos zu integrieren:

Nämlich, als vor einiger Zeit, uns dünket sie lange,
Aufwärts stiegen sie all, welche das Leben beglückt [= die Götter],

Als der Vater gewandt sein Angesicht von den Menschen,
Und das Trauern mit Recht über der Erde begann,
Als erschienen zuletzt ein stiller Genius, himmlisch
Tröstend, welcher des Tags Ende verkündet' und schwand,
Ließ zum Zeichen, daß einst er da gewesen und wieder
Käme, der himmlische Chor einige Gaben zurück,
Derer menschlich, wie sonst, wir uns zu freuen vermöchten [...]:
Brot ist der Erde Frucht, doch ists vom Lichte gesegnet,
Und vom donnernden Gott kommet die Freude des Weins.

Brot und Wein – sie sind wie Gedichte, die den Menschen in der götterlosen Nachtzeit an die Gegenwart des Göttlichen erinnern können. Ob als Andenken an Christus oder an die Götter Griechenlands: gleichviel, wenn sie nur die Hoffnung auf die Wiederkehr des Göttlichen in neuem Gewande und den Dank für den vergangenen Göttertag am Leben halten. Dank und Treue kennzeichnen die Frömmigkeit des *Dichters in dürftiger Zeit*. Ebenso die Einstimmung und Vorbereitung auf die Wiederkehr der Götter. Mag es auch ein *frohlockender Wahnsinn* sein, der das *strömende Wort* des *heiligtrunkenen Dichters* führt: Dieser Wahnsinn selbst ist gottgewirkt – ist der Ausweis des kommenden Gottes Dionysos, der als künftiger schon

da ist und deshalb die Morgenröte eines neuen Tages ist, von der die letzte Strophe sagt:

> *Selige Weise sehn's; ein Lächeln aus der gefangnen*
> *Seele leuchtet, dem Licht tauet ihr Auge noch auf.*

Dessen gewiss, dass ein neuer Tag anbrechen wird, verliert die Nacht ihre Schrecken – wird sie zum heiligen Uterus künftiger Welten und Kulturen. Alles ist möglich. Wenn einst in Griechenland das Sein dieser Welt so unbedingt die Menschen anging, dass sie allenthalben Götter sahen und verehrten – warum soll dies nicht auch künftig möglich sein? Warum soll der Gott, der Geist, nicht neuerlich zur Sprache kommen wollen? Warum soll die Nacht der technisch-ökonomischen Moderne nicht von einem neuen Göttertag vertrieben werden? Warum soll diese *dürftige Zeit* nicht die Zeit der Sammlung und der Reife eines disruptiven Neubeginns sein? Es gibt, wenn wir Hölderlins Vision trauen, keinen Grund zum Pessimismus oder zum Lamento über die heutige Götternacht. Im Gegenteil: es *ziemet sich ihr Kränze zu weihen und Gesang.* Weil die Götter ja nicht fort sind, sondern uns durch ihre Abwesenheit *schonen.* Es kommt nur darauf an, dass wir dankbar ihrer gedenken, denn *es blickt auch gern ein treuer*

Mann in die Nacht hin; und dass wir ins Offene des Gartens gehen und uns nicht damit bescheiden, wohlzufrieden zuhause Gewinn und Verlust zu erwägen.

Liebender Streit. Das Chaos

Hölderlin weiß sich im Dienste des Apollon. Er sieht sich berufen, dem Sein dieser Welt, das sich ihm kraftvoll zuspricht und dem seine ganze Liebe gilt, eine neue Sprache zu verleihen, auf deren Grund – wie einst – eine neue, voll *entblühende* Welt freier, schöner und froher Menschen gedeihen kann: ein neuer Göttertag heraufziehen wird. Noch aber herrscht dunkle Nacht, noch keimt die Saat der neuen Welt im dunklen Schoß des Seins, wo noch alles unentschieden, alles unbestimmt und möglich, aber nichts schon wirklich und bestimmt ist. Diesen dunklen Schoß nennt Hölderlin, als Kenner der antiken Welt, das *Chaos*. Von ihm spricht er mit ehrfurchtsvollen Worten in der dritten Strophe seiner Hymne *Wie wenn am Feiertage...*

Jetzt aber tagts! Ich harrt und sah es kommen,
Und was ich sah, das Heilige sei mein Wort.
Denn sie, sie selbst, die älter denn die Zeiten
Und über die Götter des Abends und Orients ist,
Die Natur ist jetzt mit Waffenklang erwacht,
Und hoch vom Äther bis zum Abgrund nieder
Nach festem Gesetze, wie einst, aus heiligem Chaos
gezeugt,

Fühlt neu die Begeisterung sich,
Die Allerschaffende, wieder.

Es ist dies eine mächtige Strophe, die von dem Wunder der Begeisterung des Dichters kündet und dabei das spätere Bild vorwegnimmt:

Doch uns gebührt es, unter Gottes Gewittern,
Ihr Dichter! mit entblößtem Haupte zu stehen,
Des Vaters Strahl, ihn selbst, mit eigner Hand
Zu fassen und dem Volk ins Lied
Gehüllt die himmlische Gabe zu reichen.

Die Begeisterung des Dichters, der er aus gutem Grund das Prädikat *die Allerschaffende* zugesellt, ist gezeugt aus *heiligem Chaos* – wie einst, als der Göttertag des alten Hellas aufgegangen war. Das Chaos gleicht darin den regenschweren dunklen Wolken, aus denen der Blitz hervorbricht, der den kühnen Dichter trifft, der sich zur Gewitternacht ins Offene gewagt und von ihm begeistert nun *dem Volk ins Lied Gehüllt die himmlische Gabe zu reichen* hat. Dieses ungeheuerliche Ereignis wird von Hölderlin verglichen mit der Geburt des Gottes Dionysos:

So fiel, wie Dichter sagen, da sie sichtbar
Den Gott zu sehen begehrte, sein Blitz auf Semeles Haus

Und die göttlichgetroffne gebar,
Die Frucht des Gewitters, den heiligen Bacchus.

Dionysos, der Sohn des Zeus und der thebanischen Königstochter Semele, war in der Vorstellung der Griechen ein schöpferischer Gott, dem allem voran das Chaos heilig war. Wohin der *kommende Gott* auch kam: stets brachte er das Chaos mit und stürzte jede etablierte, starre Ordnung durch den Rausch seiner Begeisterung in einen unbestimmten, aber fruchtbaren Zustand, den Hölderlin, mit den beiden Schlussworten seiner großen Hymne *Der Rhein* die *uralte Verwirrung* nennt:

Dir mag auf heißem Pfade unter Tannen oder
Im Dunkel des Eichwalds gehüllt
In Stahl, mein Sinclair! Gott erscheinen oder
In Wolken, du kennst ihn, da du kennest, jugendlich,
Des Guten Kraft, und nimmer ist dir
Verborgen das Lächeln des Herrschers
Bei Tage, wenn
Es fieberhaft und angekettet das
Lebendige scheinet oder auch
Bei Nacht, wenn alles gemischt
Ist ordnungslos und wiederkehrt
Uralte Verwirrung.

Auch diese Verse zeugen von dem schöpferischen Augenblick der Epiphanie des Göttlichen: *Dir mag .... Gott erscheinen.* Adressiert sind diese Worte an Hölderlins Freund Isaac von Sinclair, einen unruhigen, revolutionär gesonnenen Zeitgenossen, dessen rasenden Charakter Hölderlin am Anfang dieser Hymne mit dem ungestümen jungen Rhein vergleicht. Hier, an ihrem Ende, geht es darum, dass sich das Göttliche dem Menschen auf vielfältige Weise zuspricht: sei es in der nächtlichen Verwirrung, sei es in dem fieberhaften Ringen des Lebendigen um seinen Weg. So oder so ist es das Unentschiedene, chaotische, aus dem das Göttliche hervorstrahlt und als *Kraft des Guten* sinnenfällig wird. So oder so ist es ein Geschehen, in dem sich der Gott Dionysos bekundet.

Von dem fieberhaften Ringen des Lebendigen, *auf heißem Pfade unter Tannen oder im Dunkel des Eichwalds* künden die ersten Verse dieser Hymne:

Im dunkeln Efeu saß ich, an der Pforte
Des Waldes, eben, da der goldene Mittag,
Den Quell besuchend, herunterkam
Von Treppen des Alpengebirgs,
Das mir die göttlichgebaute,
Die Burg der Himmlischen heißt
Nach alter Meinung, wo aber

Geheim noch manches entschieden
Zu Menschen gelanget ....

Der Dichter nimmt uns mit zur Quelle, ins Gebirge, zu den *Bergeshöhen* der Wildnis – also in die Sphäre fern der städtischen Welt, wo die *Wohlzufriedenen* nach Feierabend *Gewinn und Verlust* erwägen. Dort, in der Wildnis, ist der Uterus der Erde, wo noch alles ungeschieden ist, von wo aus aber manches *entschieden zu Menschen gelanget.* Wir sind also am Ursprung, am Ort der Zeugung, am Ort des heiligen Chaos, wo die heilige Pflanze des Dionysos rankt: im *dunkeln Efeu.* Dort werden wir zum Zeugen des *fieberhaften* Ringens des *Lebendigen*:

Jetzt aber, drin im Gebirg,
Tief unter den silbernen Gipfeln
Und unter fröhlichem Grün,
Wo die Wälder schauernd zu ihm,
Und der Felsen Häupter übereinander
Hinabschaun, taglang, dort
Im kältesten Abgrund hört
Ich um Erlösung jammern
Den Jüngling, es hörten ihn, wie er tobt',
Und die Mutter Erd anklagt'
Und den Donnerer, der ihn gezeuget,

Erbarmend die Eltern, doch
Die Sterblichen flohn von dem Ort,
Denn furchtbar war, da lichtlos er
In den Fesseln sich wälzte,
Das Rasen des Halbgotts.

Die Stimme wars des edelsten der Ströme,
Des freigeborenen Rheins, …

Das Bild ist atemberaubend: Der gerade der Erde entsprungene Strom quält sich gleichsam in Geburtswehen, nicht wissend, wohin sein Leben ihn tragen wird: welches Bett ihm schon bereitet ist, in das er sich später, nach den wilden Anfangsjahren als reißender Bergfluss fügen wird, um als breiter Strom dem Land sein Gepräge zu geben und als Vater Rhein den Menschen einen Ort der Heimat zu gewähren. Anfangs aber wälzt er sich in unentschiedener Verwirrung. Noch herrscht das uralte, heilige Chaos des Quellgrundes, aus dem entspringen muss, was später eine Welt ermöglicht. Der Fluss nimmt darin das Motiv der exzentrischen Lebensbahn auf, wenn sie sich auch nicht zum Kreise schließt. Er beschreibt den Weg aus der uralten, dionysischen Verwirrung, dem unfassbaren, unbegreiflichen, heiligen Chaos hinaus in die geordnete, fassbare, begreifliche Welt, die den

Menschen eine Heimat ist – bis er sich zuletzt ins Meer der unbegrenzten Möglichkeit ergießt und heimkehrt in den mütterlichen Schoß des mütterlichen Chaos. Davon spricht der Schluss der Hymne an den *Rhein*.

Dann feiern das Brautfest Menschen und Götter,
Es feiern die Lebenden all,
Und ausgeglichen
Ist eine Weile das Schicksal.
Und die Flüchtlinge suchen die Herberg,
Und süßen Schlummer die Tapfern,
Die Liebenden aber
Sind, was sie waren, sie sind
Zu Hause, wo die Blume sich freuet
Unschädlicher Glut und die finsteren Bäume
Der Geist umsäuselt, aber die Unversöhnten
Sind umgewandelt und eilen
Die Hände sich ehe zu reichen,
Bevor das freundliche Licht
Hinuntergeht und die Nacht kommt.

Aus dionysischem Chaos erwächst der begeisternde Strom, der die Menschen nährt, an dessen Ufern sie siedeln und das Leben erblüht. Das ist das Thema dieser Hymne, mit der Hölderlin dem Chaos ähnlich huldigt wie in *Brot und Wein* der Nacht.

Dieses Thema findet sich auf ähnliche, doch weniger dynamisch-wilde Weise auch in den beiden zeitgleich zu *Brot und Wein* im Winter 1800/1801 entstandenen Elegien *Heimkunft* und *Stuttgart*. Auch *Heimkunft* entführt uns in die chaotische Sphäre der Wildnis: in die Alpen.

Drin in den Alpen ists noch helle Nacht und die Wolke,
Freudiges dichtend, sie deckt drinnen das gähnende Tal.
Dahin, dorthin toset und stürzt die scherzende Bergluft,
Schroff durch Tannen herab glänzet und schwindet ein Strahl.
Langsam eilt und kämpft das freudigschauernde Chaos,
Jung an Gestalt, doch stark, feiert es liebenden Streit
Unter den Felsen, es gärt und wankt in den ewigen Schranken,
Denn bacchantischer zieht drinnen der Morgen herauf.

Bacchantisch – dionysisch – zieht hier der Morgen herauf. Jung an Gestalt feiert in *heller Nacht* das *freudigschauernde Chaos* seinen *liebenden Streit*. Jugend, Kraft und Frische atmet diese Szene. Wieder sind wir am Quell, am Ursprung. Wieder gärt es und wankt. Wieder wird Neues geboren:

Denn es wächst unendlicher dort das Jahr und die heilgen
Stunden, die Tage, sie sind kühner geordnet, gemischt.

Im *freudigschauernden* Chaos herrscht eine andere Zeit, eine andere Ordnung und Logik. Nicht nur ist hier Widersprüchliches im *liebenden Streit* ineinander verwoben, auch die Tage sind *kühner geordnet.* Doch dann werden sie zur Ordnung gerufen – durch den *Gewittervogel*, mit dem wohl der Adler und damit der heilige Vogel des Gottes Zeus gemeint ist. Er trägt Sorge dafür, dass das bacchantische Chaos in der Sphäre der Wildnis verbleibt und die Menschen an der Schwelle zu ihr siedeln können – nahe dem Ursprung, nahe der *Werkstatt*, *furchtlos* und *Hohem* vertrauend:

Dennoch merket die Zeit der Gewittervogel und zwischen
Bergen, hoch in der Luft weilt er und rufet den Tag.
Jetzt auch wachet und schaut in der Tiefe drinnen das Dörflein
Furchtlos, Hohem vertraut, unter den Gipfeln hinauf.
Wachstum ahnend, denn schon, wie Blitze, fallen die alten
Wasserquellen, der Grund unter den Stürzenden dampft,
Echo tönet umher, und die unermeßliche Werkstatt
Reget bei Tag und Nacht, Gaben versendend, den Arm.

Ähnlich wie bei der Eingangsszene der Hymne *Der Rhein* führt uns die erste Strophe von *Heimkunft* in die Sphäre des ursprünglichen Chaos, der Wild-

nis, der unentschiedenen Möglichkeit. Hierhin muss sich vorwagen, wer Neues zu schaffen gewillt ist. Hierauf muss sich einlassen, wer eine neue Ordnung gründen möchte. Hierauf muss – in aller Unschuld und reinen Herzens – vertrauen, wer sich zum Dichter berufen weiß. Nur dann wird er von dem zu künden vermögen, was über allem Chaos waltet und sich durch es hindurch aussprechen will: vom Gott, vom Geist. Ihm gilt die zweite Strophe dieser Elegie:

Ruhig glänzen indes die silbernen Höhen darüber,
Voll mit Rosen ist schon droben der leuchtende Schnee.
Und noch höher hinauf wohnt über dem Lichte der reine
Selige Gott vom Spiel heiliger Strahlen erfreut.

Wer ist dieser *selige Gott*? Vermutlich Apollon, der Stifter der Ordnung und Sachwalter des rechten Maßes der Harmonie: der Sonnengott und Bruder des nächtlichen Dionysos. Beider Wechselspiel tut Not, damit das Menschenleben voll erblühen kann: in den Städten und Häusern der urbanen Welt. Seinem Andenken ist der Dichter verpflichtet. So wird er – ähnlich wie der Rheinstrom – zum Mittler zwischen dionysischem Chaos und ziviler Ordnung: so dass *wieder ein Leben* beginnt und *gegenwärtiger Geist kömmt*:

Stille wohnt er allein und hell erscheinet sein Antlitz,
Der ätherische scheint Leben zu geben geneigt,
Freude zu schaffen, mit uns, wie oft, wenn, kundig des Maßes,
Kundig der Atmenden auch zögernd und schonend der Gott
Wohlgediegenes Glück den Städten und Häusern und milde
Regen, zu öffnen das Land, brütende Wolken, und euch,
Trauteste Lüfte dann, euch, sanfte Frühlinge, sendet,
Und mit langsamer Hand Traurige wieder erfreut,
Wenn er die Zeiten erneut, der Schöpferische, die stillen
Herzen der alternden Menschen erfrischt und ergreift,
Und hinab in die Tiefe wirkt, und öffnet und aufhellt,
Wie ers liebet, und jetzt wieder ein Leben beginnt,
Anmut blühet, wie einst, und gegenwärtiger Geist kömmt,
Und ein freudiger Mut wieder die Fittige schwellt.

Dies alles bedenkt der Dichter während seiner Überfahrt – so erfährt man aus der dritten Strophe, die uns in die reale Welt zurückbringt und zu erkennen gibt, wo Hölderlin zu dieser Elegie inspiriert wurde: in einem Boot auf dem Bodensee, bei seiner Heimreise aus Hauptwil im April 1801:

indessen wiegte der See mich,
Und der Ruderer saß ruhig und lobte die Fahrt.

Das ist nicht unerheblich: weil es nicht nur den Titel des Gedichtes *Heimkunft* erklärt, sondern auch sein eigentliches Thema erkennbar macht: das Entstehen einer Heimat, eines Raumes, in dem Menschen leben und erblühen können; der sich herausbildet aus den chaotisch-revolutionären, *hochherziehenden Stürmen* der Zeit bzw. des Dionysos, des kommenden Gottes. Es geht um die Geburt einer neuen, von Apoll gewirkten, guten Ordnung des Lebens nach dem Niedergang des Alten: einer wirklich neuen, disruptiv neuen Ordnung, die nicht einfach das Alte fortsetzt, sondern in der *unermesslichen Werkstatt* des *freudigschauernden Chaos* reifte, um nun lebenspendend unter die Menschen zu treten und einen blühenden Kulturraum zu öffnen: eine Heimat. Eine Heimat wie diejenige, die den Dichter nach seiner Rückkehr aus den wilden Alpen im Schwabenland erwartet:

Warm ist das Ufer hier und freundlich offene Tale,
Schön von Pfaden erhellt, grünen und schimmern
mich an.
Gärten stehen gesellt und die glänzende Knospe
beginnt schon,
Und des Vogels Gesang ladet den Wanderer ein.
Alles scheinet vertraut, der vorübereilende Gruß auch

Scheint von Freunden, es scheint jegliche Miene
verwandt.

Freilich wohl! das Geburtsland ists, der Boden der
Heimat,
Was du suchest, es ist nahe, begegnet dir schon.

Es schließt sich auch hier die exzentrische Lebensbahn. Der Dichter hatte die Heimat verlassen, das Weite gesucht und den Ursprung erkundet:

die vielversprechende Ferne,
Dort, wo die Wunder sind, dort, wo das göttliche Wild
Hoch in die Ebnen herab der Rhein die verwegene
Bahn bricht,
Und aus Felsen hervor ziehet das jauchzende Tal …

Dort, in der nächtlich-chaotischen Wiege des Lebens, ist ihm der göttliche Geist begegnet, von dem den Heimgebliebenen zu künden er sich berufen weiß. So endet die fünfte Strophe mit folgendem Bekenntnis:

Vieles hab ich gehört vom großen Vater und habe
Lange geschwiegen von ihm, welcher die wandernde
Zeit
Droben in Höhen erfrischt, und waltet über Gebirgen,

Der gewähret uns bald himmlische Gaben und ruft
Hellern Gesang und schickt viel gute Geister.

Einer dieser Geister ist er selbst, der Dichter. Er weiß noch nicht, welchen Namen er dem Göttlichen geben soll, das am Ursprung mächtig zu ihm sprach. Doch er weiß, dass er seinem Andenken verpflichtet ist und seiner Wiederkehr unter die Menschen den Weg bereiten muss: der eigentlichen Heimkunft, von der dieses Gedicht spricht. Denn erst wenn der Gott heim unter die Menschen kehrt, wird ihr Vaterland für sie zu einer Heimat. Und so fragt Hölderlin am Ende dieser Elegie:

Wenn wir segnen das Mahl, wen darf ich nennen, und
wenn wir
Ruhn vom Leben des Tags, saget, wie bring ich den
Dank?
Nenn ich den Hohen dabei? Unschickliches liebet ein
Gott nicht,
Ihn zu fassen, ist fast unsere Freude zu klein.
Schweigen müssen wir oft; es fehlen heilige Namen,
Herzen schlagen und doch bleibet die Rede zurück?

Dies ist die Sorge des *Dichters in dürftiger Zeit*: dass ihm die *heiligen Namen* fehlen, mit denen der

Gott, der Geist, im Menschenwort sich aussprechen könnte; eine Sorge, von der die letzten Zeilen des Gedichtes sagen: *Sorgen, wie diese, muß, gern oder nicht, in der Seele Tragen ein Sänger und oft.* Doch zerstreut er selbst die Sorge, da er sich mit Worten tröstet, die uns zurückbringen in den abendlichen Garten am Rande der Stadt, wo von *fern ein Saitenspiel ertönte*, das dem Andenken *ferner Freunde gewidmet* war:

Aber ein Saitenspiel leiht jeder Stunde die Töne,
Und erfreuet vielleicht Himmlische, welche sich nahn.

So endet die Heimkunft, die am fieberhaft wilden Ursprung begann, zuletzt in Frieden und Freude. Ganz so, wie es der Anfang der Elegie *Stuttgart* besingt, mit der wir diesen, dem Chaos gewidmeten Abschnitt, enden lassen:

Wieder ein Glück ist erlebt. Die gefährliche Dürre
geneset,
Und die Schärfe des Lichts senget die Blüte nicht mehr.
Offen steht jetzt wieder ein Saal, und gesund ist der
Garten,
Und von Regen erfrischt rauschet das glänzende Tal,
Hoch von Gewächsen, es schwellen die Bäch und alle
gebundnen

Fittige wagen sich wieder ins Reich des Gesangs.
Voll ist die Luft von Fröhlichen jetzt und die Stadt und
der Hain ist
Rings von zufriedenen Kindern des Himmels erfüllt.

Komm ins Offene, Freund. Die Sprache

Wir hörten von der *hocherhabenen Nacht*, wir hörten vom *freudigtrunkenen Chaos*, wir hörten vom *bacchantischen* Rausch der ursprünglichen Wildnis. Und wir hörten von der Heimkunft des Dichters in die Welt der Menschen, die zu erleuchten sein Auftrag ist. Ihm zu genügen, bedeutet, das Sein dieser Welt als Heiliges, Göttliches zu bezeugen: Worte zu finden, in denen der Gott, der Geist sich aussprechen kann. Dafür muss Altes zerbrechen. Das uralte Chaos muss sich öffnen, dunkle Nacht sich auf die Menschheit legen. Die alten Götter Griechenlands haben den Rückzug angetreten, um verjüngt, erneuert in die Menschenwelt zurückzukehren, eine neue Ordnung zu begründen, eine neue Kultur zu begeistern, einen neuen Göttertag heraufziehen zu lassen. Inmitten dieses wahrhaft kosmischen Geschehens steht der Dichter unter den *hochherziehenden Stürmen* der Gottheit: angeweht, angeredet, angesprochen vom Sein dieser Welt, ohne dass es sich konkret ihm offenbarte. Es waltet im Chaos, dem Dunkel der Nacht. Es braut sich einer Wolke gleich machtvoll über ihm zusammen, bis es sich im Blitz entlädt, den er in Worte fassen wird, um so aufs Neue Götter zu benennen und den Raum für eine neue Welt zu öffnen – so wie

einst, als sie im alten Griechenland allgegenwärtig waren und ein Menschentum erblühen ließen.

Von dem Dichter fordert dieser Auftrag größten Mut. Er muss aufbrechen aus der vertrauten, heimatlichen Welt. Er muss sich *ins Offene* wagen – dorthin, wo das Sein der Welt sich ihm in seiner Heiligkeit enthüllen kann. Das verrät uns Hölderlin in *Brot und Wein*, wenn er am Anfang seiner dritten Strophe sagt:

> *Göttliches Feuer auch treibet, bei Tag und bei Nacht,*
> *Aufzubrechen. So komm! daß wir das Offene schauen,*
> *Daß ein Eigenes wir suchen, so weit es auch ist.*

Hinaus ins Freie muss der Dichter – in die *Götterfreiheit*, die die Liebe und der Tod ihm schenken, wie wir aus dem Mund Diotimas erfahren haben –, um sich dort vom Sein der Welt begeistern und erschüttern zu lassen. Wenn dies geschieht, dann wird das Lied ihm glücken:

> *die Frucht in Liebe geboren, der Götter und Menschen*
> *Werk*
> *Der Gesang, damit er beiden zeuge,*

wie es in *Wie wenn am Feiertage...* heißt. Und wenn der Dichter im Offenen den Anspruch der

Götter vernimmt, dann müssen dafür, wie uns Hölderlin in *Brot und Wein* versichert, *Worte wie Blumen entstehen.* Doch am Anfang alles dessen steht der Aufbruch. Ihm hat Hölderlin im Jahre 1800 ein unvollendetes, seinem damaligen Auftraggeber Christian Landauer zugeeignetes Gedicht mit dem Titel *Der Gang aufs Land* gewidmet.

Komm! ins Offene, Freund! zwar glänzt ein Weniges heute
Nur herunter und eng schließet der Himmel uns ein.
Weder die Berge sind noch aufgegangen des Waldes
Gipfel nach Wunsch und leer ruht von Gesange die Luft.
Trüb ists heut, es schlummern die Gäng und die Gassen und fast will
Mir es scheinen, es sei, als in der bleiernen Zeit.

Die Anfangsworte sind Programm: *Komm, ins Offene, Freund!* Es geht um Aufbruch – um Aufbruch aus der Enge der *Gänge und Gassen* des täglichen städtischen Lebens. Es geht um Aufbruch aus der dumpfen und trüben Enge eines Daseins, dem es am *Gesang* ermangelt: das verstummt ist und in der kein Dichterwort vom Glanz des Göttlichen vernehmbar ist. Drückende Schwere lastet über allem. Es ist die *bleierne Zeit.* Mit diesen Worten endet das erste Drittel der ersten Strophe. Dann folgt eine Ermunterung:

Der Autor

Dr. Christoph Quarch (*1964) ist Philosoph, Autor und Denkbegleiter. Er berät Unternehmen, unterrichtet an verschiedenen Hochschulen und veranstaltet gemeinsam mit ZEIT-Reisen philosophische Reisen. Mit seiner SWR-Radiokolumne »Der Frühstücksquarch« sowie mit seinen Podcasts, Artikeln und Büchern erreicht er ein breites Publikum im gesamten deutschsprachigen Raum. Im Jahr 2019 initiierte und gründete er die neue Platonische Akademie (akademie_3) zur Entwicklung eines geistigen Paradigmas für das digitale Zeitalter. Zahlreichen Unternehmen im In- und Ausland steht er als philosophischer Gesprächspartner und Autor zur Seite. In seinen vielen Veröffentlichungen schöpft er aus den Quellen der europäischen Philosophie, um tragfähige Antworten auf die Herausforderungen des Lebens im 21. Jahrhundert zu finden.

Christoph Quarch studierte Philosophie, Ev. Theologie und Religionswissenschaft an den Universitäten Heidelberg und Tübingen, wo er 1996 mit einer Arbeit über »Platons Metaphysik der Lebendigkeit« im Fachbereich Philosophie promovierte.

www.christophquarch.de

Impressum

Zu sein, zu leben, das ist genug
Warum wir Hölderlin brauchen

Dr. Christoph Quarch *www.christophquarch.de*

Buchgestaltung
Björn Pollmeyer *www.coscreen.net*

Illustration
Martha Quarch

Gedruckt in der Europäischen Union, Finidr, CZ

Ein Imprint der Kraterleuchten GmbH,
Gartenstraße 3, 54550 Daun

2. Auflage 2020

ISBN 978-3-948206-03-1
www.legenda-Q.de

Regionalia

Praktische Hinweise

Register

Deining

Willkommen in der Oberpfalz

Die Oberpfalz im Nordosten Bayerns gilt noch heute als eine Art Geheimtipp für Individualtouristen. Das Gebiet zwischen Franken und Böhmen gehört zu den wenigen noch nicht überlaufenen deutschen Ferienlandschaften. Und dabei ist die Oberpfalz durch Autobahnen hervorragend erschlossen.

Wohin Sie auch fahren: Lassen Sie sich überraschen von dem überaus reizvollen Wechsel der oberpfälzischen Landschaft. Da ist der weitläufige Oberpfälzer Wald entlang der böhmischen Grenze mit aussichtsreichen Höhen bis zu fast 1000 Metern und dem einsamen Stiftland mit seinen über 4000 Teichen. Da ist der an das Fichtelgebirge grenzende Steinwald mit wunderlich-bizarren Granitfelsformationen. Da ist die von geradezu wilden Dolomitfelspartien, zahlreichen Höhlen und leuchtenden Mischwäldern geprägte Oberpfälzer Alb mit ihren tief eingeschnittenen Flusstälern. Da ist der liebliche Vorwald in Donaunähe rund um den Luftkurort Falkenstein mit seinem geschützten Klima. Und im Oberen Bayerischen Wald, der seit 1972 durch eine Gebietsreform ebenfalls zur Oberpfalz zählt, erwarten Sie noch der Kaitersberg-Höhenzug mit dem 1133 m hohen Riedelstein sowie der Lamer Winkel mit dem 1293 m hohen Osser. Kein Wunder also, dass die Oberpfalz auch ein ideales Wanderland ist.

Als einzige Großstadt zeigt sich Regensburg am nördlichsten Punkt der Donau, reich an Bauwerken aus vielen Jahrhunderten. Tagelang können Sie diese mittelalterliche Stadt durchstreifen, um immer wieder neue Entdeckungen zu machen. Amberg, Weiden, Neumarkt, Schwandorf, Cham, Tirschenreuth und Neustadt a. d. Waldnaab sind die nächst größeren Städte; doch nur

Amberg, das alte oberpfälzische Kulturzentrum, erreicht knapp 45 000 Einwohner. Sonst überwiegen die vielen kleinen historischen Städtchen und Marktflecken, die ihr mittelalterliches Antlitz weitgehend bewahren konnten. Unberührtes Mittelalter finden Sie besonders in Berching im Tal der Sulz, einem Nebenfluss der Altmühl: Das von einem unversehrten Mauergürtel umgebene Städtchen können Sie wie in uralten Zeiten nur durch eines der vier Tore betreten. Aber auch Nabburg an der Naab hat sein altes Ortsbild mit zwei mächtigen Stadttoren erhalten.

Beliebte Ausflugziele sind immer wieder die zahlreichen Burgen und Burgruinen, die einst als Bollwerke die Grenzen schützten. Rund 100 mehr oder weniger gut erhaltene Burganlagen erheben sich in der Oberpfalz, die man nicht ohne Grund als bayerisches Burgenland bezeichnet.

Längst ist die Oberpfalz kein „touristisches Entwicklungsland“ mehr. Vom Urlaub auf dem Bauernhof über Campingplätze und Ferienhäuser bzw. -wohnungen bis zu gediegenen Landgasthöfen und exquisiten Wellness-Hotels reicht die Palette des vielfältigen Angebots – und das zu vernünftigen Preisen.

Ein modernes Freibad oder Hallenbad wird sicher auch in Ihrer Nähe zu finden sein. Vielerorts können Sie angeln, paddeln, golfen, minigolfen, reiten und Tennis spielen. Selbst Kurse in Segelfliegen werden veranstaltet. Bei Schwandorf entstand im ehemaligen Braunkohlerevier eine attraktive Seenlandschaft mit vielen Freizeitangeboten. Für den Wintersport empfehlen sich die Gebiete Oberpfälzer Wald, Steinwald und Oberer Bayerischer Wald. In Hirschau ermöglicht der „Monte Kaolino“ sommerliche Skifreuden auch bei 30 Grad im Schatten. Wanderer schätzen die beiden zertifizierten Qualitätswege „Goldsteig“ und „Jurasteig“, die quer durch die Region führen.

Abwechslung bieten auch die vielen Volksfeste und Heimatspiele. In Bad Kötzting trifft man sich beim „Kötztinger Pfingstritt“, in Furth im Wald beim „Drachenstich“, in Waldmünchen beim nächtlichen Freilichtspiel „Trenck der Pandur“ und in Neumarkt können Sie beim „Juravolksfest“ gleich elf Tage lang mit von der Partie sein. Doch das ist nur eine kleine Auswahl aus dem großen oberpfälzischen Festkalender.

Lohnend ist auch ein Ausflug nach Tschechien, nachdem Ende 2007 die Grenzkontrollen aufgehoben wurden. Viele Reiseunternehmen veranstalten Tagesfahrten nach Eger, Karlsbad, Marienbad, Franzensbad und Prag.

Land und Leute

Kleine Geografie

Die Oberpfalz wird immer wieder mit der Rheinpfalz verwechselt, und das nicht ohne Grund: Beide Pfalzen gehörten 300 Jahre lang (bis 1628) politisch zusammen. Zur Unterscheidung nannte man das vom Rhein aus höher gelegene Gebiet mit der Hauptstadt Amberg „der Pfalz Land in Baiern“ und „unsere Pfalz gen Amberg“, bis sich 1513 die urkundliche Bezeichnung „Obere Pfalz“ durchsetzte, aus der 1837 der amtliche Begriff „Oberpfalz“ mit der neuen Hauptstadt Regensburg wurde.

Von den sieben bayerischen Regierungsbezirken hat die Oberpfalz nach Niederbayern die geringste Bevölkerungsdichte: Etwa 1,1 Mio. Einwohner leben auf einer Fläche von rund 9700 qkm. Niederbayern bildet die Grenze im Süden, Oberbayern im Südwesten, Mittelfranken im Westen, Oberfranken im Nordwesten und Tschechien im Osten. Das abwechslungsreiche Gebiet erstreckt sich vom Vorwald im Südosten über die Oberpfälzer Alb im Westen, den Steinwald im Norden, den Oberpfälzer Wald im Osten bis zum Oberen Bayerischen Wald im Südosten.

Der Vorwald wird von der Donau und dem Bogen des Regentals eingeschlossen. Der östliche Teil mit dem Büscherl (740 m) bei Wiesenfelden, seiner höchsten Erhebung, gehört schon zu Niederbayern. Die durchschnittliche Höhenlage beträgt 500 bis 700 m. Mittelpunkt des Vorwalds ist der Luftkurort Falkenstein mit seinem großen Naturfelsenpark. Beliebte Ausflugsziele sind das Naturschutzgebiet „Hölle“ mit einer vom Höllbach durchbrausten Felsenschlucht und der Wildpark der Fürsten von Thurn und Taxis.

Die Oberpfälzer Alb (auch Oberpfälzer Jura genannt) zeigt Merkmale der aus dem Urmeer entstandenen Juralandschaft. In der Erdgeschichte bezeichnet man mit Jura einen Abschnitt des Mesozoikums (Erdmittelalter). Diese Zeit liegt rund 160 Mio. Jahre zurück und ist durch starke Hebungen und Senkungen des Bodens geprägt, wobei weite Teile des Festlandes überflutet waren. Damals bildete sich in Mitteleuropa der langgestreckte Höhenzug des Juragebirges, zu dessen Ausläufern die Oberpfälzer Alb gehört. Der Jura ist reich an Spuren früherer Tier- und

Pflanzenwelt. Er gliedert sich in den Unteren oder Schwarzen Jura (Lias) aus dunklerem Ton und Mergel, in den Mittleren oder Braunen Jura (Dogger) aus Eisensandstein, Ton und Kalk sowie in den Oberen oder Weißen Jura (Malm) aus Kalk, Mergel und Dolomit. Höchste Erhebungen sind der Poppberg (657 m) nördlich von Lauterhofen und der Ossinger (651 m) bei Königstein. Da die Niederschläge im Kalk rasch versickern, leidet das Albhochland unter chronischem Wassermangel, so dass das kostbare Nass durch aufwendige Pumpsysteme zu den höher gelegenen Ortschaften geleitet werden muss. Reizvoll sind die tief eingeschnittenen Flusstäler von Schwarzer Laber, Lauterach, Vils und Unterer Naab. Karsterscheinungen haben durch eintretendes Regenwasser Erdlöcher, Spalten und Klüfte entstehen lassen, aus denen sich im Laufe der Jahrmillionen reiche Höhlen bildeten. Besonders eindrucksvoll sind die Maximiliansgrotte mit ihren fünf Stockwerken bei Krottensee und die König-Otto-Höhle bei Velburg.

Der Steinwald schiebt sich mit seinen ausgedehnten Wäldern und mächtig aufgetürmten Granitfelsbasteien zwischen den Oberpfälzer Wald und das Fichtelgebirge. Aus dem tief eingeschnittenen Fichtelnaabtal wölbt er sich zur Platte (946 m) empor, die einen Aussichtsturm trägt. Von hier führt östlich ein schöner Wanderweg zur jüngst restaurierten Burgruine Weißenstein (863 m), die mit ihrem Bergfried aussichtsreich auf einem imposanten Granitfelsen thront. Charakteristisch sind die vielen bizarren Felsformationen mit volkstümlichen Namen wie „Hohes Saubad“, „Katzentrögel“, „Riesenschüssel“, „Zipfeltanne“, „Drachenfelsen“, „Knockfelsen“, „Räuberfelsen“ und „Hacklstein“. Geologisch eindrucksvoll sind auch die Basaltkegel im südlichen Steinwald wie der Rauhe Kulm, Armesberg, Waldecker Schlossberg und Parkstein.

Der Oberpfälzer Wald erstreckt sich als Teil des Bayerisch-Böhmischen Grenzgebirges in einer Länge von rund 90 km entlang der deutsch-tschechischen Landesgrenze. Die langgestreckten Höhenzüge sind besonders in Grenznähe zu dicht bewaldet und oft von Felsblockanhäufungen durchsetzt. Höchste Erhebungen sind das Gibacht-Bergmassiv mit dem Kreuzfelsen (938 m) und der Entenbühl (901 m). Das Grundgebirge bestand vor Millionen Jahren aus einem gewaltigen Gneisrücken, aus dem im Laufe der Zeit Granit als Tiefgestein herauswitterte. Während sich das höher gelegene Bergland auch heute noch überwiegend aus Gneis und teils Glimmerschiefer aufbaut, wurde das Gneisgestein im

Westen und Nordwesten durch Verwitterung abgetragen. Der beständigere Granit blieb stehen und beherrschte mit aussichtsreichen Bergkuppen die Landschaft. Reich ist der Bestand an Mineralien wie Spat, Quarz, Glimmer und Kaolin. Zu den geologischen Sehenswürdigkeiten zählt der imposante Rosenquarzfelsen von Pleystein ebenso wie der eigenartige Quarzgang des Großen Pfahls, der sich 150 km lang vom Hirschberg (571 m) bei Fuhrn über die Burg Thierlstein bei Cham durch den anschließenden Bayerischen Wald zieht.

Der Obere Bayerische Wald mit dem größten Teil des ehemaligen Landkreises Kötzting gehörte früher zu Niederbayern und kam erst durch die Gebietsreform 1972 zum Landkreis Cham und damit an die Oberpfalz. An der Landesgrenze ragen der Doppelgipfel des Großen (1293 m) und Kleinen (1266 m) Osser und der hohe Kamm des einsamen Zwercheck (1333 m) auf. Ein beherrschender Gebirgszug ist der Kaitersberg, der sich als zerklüfteter Bergrücken zwischen Kötzting und dem Ecker Sattel erstreckt. Höchste Berge sind der Riedelstein (1133 m) und der Mittagstein (1044 m). Aber auch der Gebirgszug des Hohen Bogen mit seinen Charakterbergen Schwarzriegel (1079 m) und Burgstall (976 m) ist ein lohnendes Wandergebiet.

Flüsse und Seen

Die Donau, mit 2850 km der zweitlängste Fluss Europas, fließt durch Regensburg, aber nur ein kurzes Stück durch die Oberpfalz.

Die Naab ist der Hauptfluss der Oberpfalz. Ihr Name ist indogermanisch und kommt von nehb = Nässe oder Nebel. Als *Waldnaab* entspringt sie unmittelbar an der böhmischen Grenze in der Nähe vom Entenbühl in einer Höhe von 820 m. Ihre Quelle wurde 1951 durch den Oberpfälzer Waldverein gefasst. In vielen Windungen durchfließt sie die Waldnaab-Wondreb-Senke und bildet zwischen Falkenberg und Windischeschenbach ein großartiges, unter Naturschutz stehendes Felsental. Kurz vor Windischeschenbach vereinigt sie sich mit der am Ochsenkopf im Fichtelgebirge entspringenden *Fichtelnaab* und südlich von Weiden bei Unterwildenau mit der von der Platte bei Poppberg am Südwestrand des Fichtelgebirges kommenden *Haidenaab,* um nun ihren endgültigen Namen „Naab" zu tragen. Aus dem Oberpfälzer Wald

Die Waldnaab durchfließt ein romantisches Felsental

stoßen *Floß, Luhe, Pfreimd* und *Schwarzach* hinzu, auf westlicher Seite *Fensterbach* und *Vils*. Ab Burglengenfeld durchfließt die Naab ein tief eingeschnittenes Tal, umrahmt von bizarren Felsriffen, bis sie sich als zentrale Sammelrinne der Oberpfalz nach 195 km bei Mariaort nahe Regensburg in die Donau ergießt.

Die Wondreb führt ein besonderes Eigenleben: Sie entspringt in 700 m Höhe bei Mähring, fließt in einem Bogen über das Pfarrdorf Wondreb teils fast parallel zur Waldnaab in das Talbecken von Mitterteich, wendet sich aber von dort plötzlich nordöstlich nach Waldsassen, passiert bei Hundsbach die böhmische Grenze, um dann als Odrava der Eger/Elbe zuzufließen. So bildet die Waldnaab-Wondreb-Senke eine Wasserscheide zwischen der Nordsee (Elbe) und dem Schwarzen Meer (Donau).

Der Regen (indogermanisch reg = feucht) entsteht aus vielen Rinnsalen als *Großer Regen* jenseits der Grenze bei Böhmisch Eisenstein, nimmt in Zwiesel im Bayerischen Wald den aus dem Rachelgebiet kommenden *Kleinen Regen* auf, heißt nun *Schwarzer Regen*, um sich bei Bad Kötzting mit dem aus dem Gebiet des Kleinen Arbersees kommenden *Weißen Regen* zu vereinigen. Erst jetzt trägt er seinen endgültigen Namen „Regen“. Er durchfließt das Talbecken von Cham und wendet sich von Roding erst westlich und dann bei der Burgruine Stockenfels scharf südlich. Durch eine Bodenhebung im Tertiär wurde das ursprüngliche Flussbett der Bodenwöhrer Bucht zugeschüttet, so dass sich der Fluss ein neues Durchbruchstal schaffen musste. Er gibt dem alten Markt Regenstauf seinen Namen und mündet nach 190 km in einem breiten Tal in Regensburg in die Donau.

Die Schwarze Laber hat ihre gefasste Quelle in dem kleinen Ort Laaber bei Pilsach, durchfließt in vielen Schleifen die Oberpfälzer Alb, bildet ab Beratzhausen ein unter Landschaftsschutz stehendes Tal mit imposanten Kalkfelsen und mündet nach 80 km in Sinzing bei Regensburg in die Donau. Die *Weiße Laber* entspringt bei der Ortschaft Voggenthal, windet sich über Deining und Holnstein durch ein idyllisches Tal, um bei Dietfurt in die Altmühl (jetzt Main-Donau-Kanal) zu münden, nachdem sie vorher noch die *Wissinger Laber* aufnimmt. Bleibt noch die *Große Laber*: Sie kommt aus Niederbayern, durchfließt südöstlich von Regensburg ein kleines Stück Oberpfalz und endet bei Straubing in der Donau, nachdem sie kurz zuvor durch die *Kleine Laber* verstärkt wird.

Die Altmühl entspringt auf der Frankenhöhe bei Burgbernheim und durchfließt gemächlich fränkisches, oberpfälzisches und niederbayerisches Gebiet. In Kelheim mündet sie nach 163 km in die Donau, zuletzt ausgebaut als Main-Donau-Kanal.

Der Main-Donau-Kanal, 171 km lang und Kernstück des Rhein-Main-Donau-Kanals von der Nordsee bis zum Schwarzen Meer, wurde 1992 vollendet. Er verbindet unter Einbeziehung von Regnitz und Altmühl die Städte Bamberg, Nürnberg und Kelheim, wo er in die Donau mündet. Die 55 m breite Wasserstraße mit 16 Schleusen berührt nur in Berching und Dietfurt die Oberpfalz, da die kanalisierte untere Altmühl zu Niederbayern gehört. Während der Main-Donau-Kanal bei Berching nach Westen abbiegt, verläuft nördlich über Neumarkt bis in die Nürnberger Region der *Ludwig-Donau-Main-Kanal.* Er wurde 1846 eröffnet, jedoch bald wegen der konkurrierenden Eisenbahn wieder stillgelegt. Heute ist er ein beliebtes Ausflugsziel mit Fahrradwegen auf den einstigen Treidelpfaden.

Stauseen wurden schon im Mittelalter durch Flüsse geschaffen. Sie dienten der Wasserversorgung in Trockenzeiten und regelten die Wasserverhältnisse für Eisenhämmer und Mühlen. Zahlreiche Weiher wurden einst von Mönchen für die Fischzucht angelegt. So nennt sich das Stiftland um Tirschenreuth „Land der tausend Teiche" – tatsächlich sind es aber über viertausend! Mancherorts befinden sich verlandete Weihergebiete wie beim Großen Rußweiher nahe Eschenbach.

Auch in neuerer Zeit wurden wieder Stauseen angelegt, wie der *Liebensteinspeicher* bei Plößberg, der *Silbersee* bei Treffelstein, der *Perlsee* bei Waldmünchen, der *Drachensee* bei Furth im Wald und der *Eixendorfer Stausee* zwischen Rötz und Neunburg vorm Wald. Imposant sind die Pumpspeicheranlagen im Pfreimdtal mit *Kainzmühl-* und *Trausnitzspeicher* für die Stromgewinnung. Im ehemaligen Wackersdorfer Braunkohlerevier bei Schwandorf entstand mit *Steinberger See, Murner See* und *Brückelsee* eine attraktive Wasserlandschaft für viele Freizeitaktivitäten.

Pflanzen und Tiere

Die Pflanzenwelt wird durch Klima und Bodenbeschaffenheit bestimmt. Einst war fast die gesamte Fläche des Oberpfälzer Waldes mit Wald bedeckt: Während der Eiszeit lag die Waldgrenze bei 500 m. In der Nacheiszeit dominierten Kiefer und Birke, gefolgt von Hasel, Eiche und Rotbuche. In höheren Gebirgslagen setzten sich Fichte und Tanne durch.

Mit Beginn der Rodungstätigkeit im Mittelalter wurde der ursprüngliche Wald in starkem Maße verdrängt und besonders das tiefer liegende, klimatisch günstigere Gebiet in Ackerland verwandelt, das sich aber wegen der meist sandigen Böden als wenig ertragreich erwies. Die Hänge der Oberpfälzer Alb wurden vielfach ebenso entwaldet und als Schafweiden genutzt, so dass die oft kahlen Flächen heute von Gräsern, Stauden und Wacholderbüschen belebt sind.

In den höheren Regionen des Oberpfälzer Waldes ist der charakteristische Buchen-Fichten-Tannenwald verbreitet. Hier finden sich auch *Heidelbeeren, Preiselbeeren, Rippenfarn, nordisches Hain-Reitgras, Bärlapp, Arnica montana, Siebenstern, Hexenkraut, Hasenlattich* und *Goldnessel.*

In den tiefer gelegenen Gebieten bis 500 m verdrängte auf nährstoffarmen Böden die *Kiefer* größtenteils alle übrigen Baumarten, jedoch arbeitet die moderne Forstkultivierung auch hier wieder auf gesunde gemischte Baumbestände hin. An warmen und trockenen Stellen der Oberpfälzer Alb breitet sich eine reizvolle Heideflora aus mit *Heidekraut, Ginster, Keulenbärlapp, Gold-* und *Silberdistel,* aber auch eine artenreiche Karstflora mit *Akelei, Berganemone, Frauenschuh* und *Küchenschelle.*

Ein Dorado für Botaniker ist das unter Naturschutz stehende Waldnaabtal: *Kletterdistel, Schwalbenwurz* und *Buschnelke* sind hier ebenso beheimatet wie *Türkenbund, Bunter Sturmhut* und *Quirlblättrige Weißwurz.* Ein besonderes Juwel ist auch das 80 ha große Naturschutzgebiet Prackendorfer und Kulzer Moos bei Thanstein.

Die vielen Weiher begünstigen eine reiche Wasser- und Sumpfflora. Hier zeigen sich Charakterpflanzen wie *Sumpfniere, Seesimse, Wasserfenchel* und *Sumpfcalla,* aber auch *Gelbe* und *Weiße Teichrose* erfreuen das Auge des Wanderers.

Die Tierwelt findet besonders in den Wald- und Weihergebieten gute Lebensbedingungen. Orts- und Flurnamen wie Bärnau, Bärnwinkel und Bärnhöh erinnern daran, dass früher auch Bären in freier Wildbahn anzutreffen waren. Aber mit ihnen sind auch Wolf, Luchs und Wildkatze längst verschwunden.

Heute ist an jagbaren Tieren das *Rehwild* in großer Zahl vertreten. Der *Hirsch* hat seine Standquartiere noch in den Wäldern um Königstein, im Hirschwald südlich von Amberg sowie im großen Thurn und Taxisschen Wildpark bei Donaustauf. Niederwild wie *Hase, Fuchs* und *Dachs* ist weit verbreitet.

Besonders vierfältig ist die Vogelwelt. Rund 250 verschiedene Arten nisten in den Wald- und Sumpfregionen: *Dohlen, Drosseln, Finken, Elstern, Lerchen* und *Schwalben* ebenso wie *Nachtigallen, Grasmücken, Rohrsänger, Meisen* und *Würger;* auch der *Kuckuck* lässt seinen Ruf erschallen. Der kleine bunte *Eisvogel* ist noch an vielen naturnahen Gewässern zu beobachten.

Von den Raubvögeln sind *Habicht, Mäusebussard, Sperber* und *Turmfalke* vertreten. In den Weihergebieten brüten viele Sumpf- und Wasservögel wie *Silberreiher* und *Rohrdommel.* In den weiten Flusstälern der Naab und des unteren Regen nistet der *Storch;* viele Türme tragen ein Wagenrad, das alljährlich von einer Storchenfamilie zum Nest ausgebaut wird. Die unter Naturschutz stehende Regentalaue zwischen Cham und Roding zählt zu den bedeutendsten Nistplätzen für *Wiesenbrüter* in Bayern.

Storchennest auf dem Rathaus von Weiden

Im Mittelalter wurden von den Klöstern zahlreiche Weiher für die Eiserzeugung und Fischzucht angelegt. Die vom Kloster Waldsassen genutzten Fischweiher reichten vom Waldnaabgebiet bis in die Gegend um Schwandorf. Vorherrschend ist die *Karpfenzucht,* daneben werden heute auch *Schleie, Hechte* und *Zander* ausgesetzt.

In den Flüssen tummeln sich neben *Hecht* und *Zander* auch *Eitel, Braxen, Äschen, Rotaugen, Döbel* und *Aale.* Im Unterlauf von Regen und Naab findet sich hin und wieder auch der *Waller* oder *Wels,* eine Raubfischart, die eine stattliche Größe von bis zu 2 m erreichen kann.

Geschichte in Stichpunkten

um 10 000 v. Chr.	In der Altsteinzeit waren Kalksteinhöhlen im unteren Altmühl- und Naabtal bewohnt
um 4000 v. Chr.	Zahlreiche Funde in der ganzen Oberpfalz belegen jungsteinzeitliche Siedelstellen
bis 750 v. Chr.	Spätbronzezeitliche Hügelgräberfelder großen Ausmaßes in vielen Teilen der Oberpfalz
um 450 v. Chr.	Keltische Kultur überschichtet eingesessene Bevölkerungsteile; daran erinnern noch heute an verschiedenen Orten sichtbare Ringwälle sowie keltische Fluss- und Bergnamen
von 20 v. Chr. – 400 n. Chr.	Der Raum südlich der Donau wird römisch (Provinzen Rätien und Noricum); Anlage von Kastellen an der Donau; unter dem römischen Kaiser Marc Aurel entsteht 179 n. Chr. das Legionslager Castra Regina, dessen Spuren in der Altstadt von Regensburg noch sichtbar sind
um 576	Erste Nennung des Namens „baiovarii" (bei Venantius Fortunatus); damals scheint sich der Stamm im Gebiet zwischen Lech, Alpenfront und Donau gebildet zu haben. Markomannische Abkunft und Einwanderung aus Böhmen sind nicht belegt; Stammesherzogtum der Agilolfinger

um 800	Der letzte Agilolfingerherzog Tassilo III. erliegt 788 der Gewalt Karls des Großen; Baiern wird fränkischer Verwaltung unterstellt; die durch die westliche Oberpfalz verlaufende karolingische „Handelsgrenze“ ist nicht gleichbedeutend mit der politischen Grenze, da sich auch östlich davon baierisch-karolingische Siedlungen befinden, z. B. der Königshof Ammenberg, das spätere Amberg; die in der östlichen Oberpfalz ansässigen Wenden (Slawen) gehen in der baierisch-fränkischen Ausbausiedlung auf
um 1000	Weite Teile der nördlichen und mittleren Oberpfalz kommen unter die Verwaltung der Schweinfurter Grafen, die einige Gebiete an das neu gegründete Bistum Bamberg abtreten
12. Jh.	Die Grafen von Sulzbach gewinnen als Hochstiftsvögte Macht und Ansehen; im Osten steigen die Vohburger-Diepoldinger zu Herren der neuen Marken Cham und Nabburg auf; von hier aus Erschließung des nördlichen Teils des „Nordgaues“ mit Gründung von Waldsassen (1131) und Ausbau der *„regio egere“* (Egerland)
1180	Stauferkaiser Friedrich I. Barbarossa belehnt den Wittelsbacher Otto I. mit dem Herzogtum Bayern
1245	Regensburg wird freie Reichsstadt
1255	Erste Teilung Bayerns: Ludwig der Strenge erhält die 1214 von den Wittelsbachern übernommene Rheinpfalz (Kurpfalz) und Oberbayern, das damals weit über die Donau in die heutige Oberpfalz hineinreichte, und sein Bruder Heinrich Niederbayern
1322	Verpfändung der Reichsstadt Eger an König Johann von Böhmen durch Kaiser Ludwig IV. den Bayern
1329	Hausvertrag von Pavia: Kaiser Ludwig IV. der Bayer überträgt seinen drei Neffen die Rheinpfalz und den größten Teil der Oberpfalz (Nordgau). Bis 1628 wird die Oberpfalz von Heidelberg verwaltet, womit laufende Religionswechsel verbunden sind. Amberg wird Residenz der pfälzischen Statthalter und damit Hauptstadt der Oberpfalz
1353	Kaiser Karl IV. macht Sulzbach nach Erwerb weiter Gebiete der nördlichen Oberpfalz zur Hauptstadt „Neuböhmens“ (bis 1373)

1387	Durch den Zusammenschluss von 66 oberpfälzischen Hammerwerken zu einer Hammervereinigung erhält Amberg eine Schlüsselposition im süddeutschen Eisenhandel
1420–1434	Bedrängnis durch Hussiteneinfälle; eine hussitische Beutegruppe wird 1433 bei Hiltersried in der Nähe von Rötz vernichtend geschlagen
1503–1505	Durch den Landshuter Erbfolgekrieg spaltet sich die Oberpfalz in den Pfalz-Neuburgischen Süden mit Burglengenfeld und Schwandorf, die Kurpfälzische Mitte mit Amberg, die Landgrafschaft Leuchtenberg, den Sulzbacher Norden mit Weiden und Vohenstrauß sowie die böhmische Grafschaft Störnstein mit Neustadt a. d. Waldnaab und Schönsee
1618–1648	Durch den Dreißigjährigen Krieg wird die Oberpfalz verwüstet und die Bevölkerung stark dezimiert
1628	Kurfürst Maximilian von Bayern löst die 300-jährige kurpfälzische Herrschaft ab. Die Oberpfalz wird in der Folgezeit niederbayerisch. Die Lobkowitzische Grafschaft gelangt erst 1807 an Bayern
1701–1714	Während des Spanischen Erbfolgekrieges erheben sich 1705 die Oberpfälzer Bauern vergeblich gegen Zwangsrekrutierungen
1740–1748	Im Österreichischen Erbfolgekrieg wird die Oberpfalz von den Pandurenhorden der Kaiserin Maria Theresia überrannt
1748	Die Fürsten von Thurn und Taxis werden Prinzipalkommissäre beim Reichstag und somit ständige Vertreter des Kaisers
1803	Durch die Säkularisation gelangen die Klöster und das Hochstift Regensburg in den Besitz des bayerischen Staates
1805	Napoleon erhebt Bayern zum Königreich
1806	Auf Schloss Wörth wird die Rheinbundakte unterzeichnet
1810	Regensburg löst Amberg ab und wird Hauptstadt des Regenkreises
1837	Unter König Ludwig I. wird Regensburg die Hauptstadt der Oberpfalz

1846	Eröffnung des Ludwig-Donau-Main-Kanals
1859	Die erste Eisenbahn fährt durch die Oberpfalz und fördert die Industrialisierung
1870/71	Im Deutsch-Französischen Krieg tritt Bayern dem Königreich Preußen bzw. dem späteren Deutschen Reich unter Kaiser Wilhelm I. bei
1918	Nach dem Ende des Ersten Weltkriegs setzt der Revolutionär Kurt Eisner König Ludwig III. ab und ruft die Republik aus; damit endet die Herrschaft der Wittelsbacher; Gründung der benachbarten Tschechoslowakei, bisher Teil der Donaumonarchie Österreich-Ungarn
1919	Bayern erklärt sich zum Freistaat
1934	Bayern verliert sämtliche Hoheitsrechte an das Deutsche Reich
1945	Mit dem Ende des Zweiten Weltkriegs strömen Millionen von Heimatvertriebenen nach Bayern; die Pfalz links des Rheins wird abgetrennt; in der Oberpfalz finden viele Schlesier und Ostpreußen, besonders aber Sudetendeutsche und Egerländer eine neue Heimat
1946	Wiedererrichtung des Freistaates Bayern
1972	Die Gebietsreform bringt Umgliederungen im kommunalen Bereich und Korrekturen der oberpfälzischen Regierungsbezirksgrenzen; so gelangen Teile Niederbayerns mit Kötzting und Lam an den oberpfälzischen Landkreis Cham; das bis dahin oberpfälzische untere Altmühltal mit Riedenburg wird dem niederbayerischen Landkreis Kelheim eingegliedert, und Beilngries kommt nach Oberbayern
1990	Durch die Wiedervereinigung Deutschlands können nun auch Bürger aus der ehemaligen DDR ungehindert die Region besuchen
1993	In der Tschechoslowakei bilden sich die selbstständigen Staaten Tschechische Republik (mit Böhmen und Mähren) und Slowakische Republik
2007	Aufhebung der Grenzkontrollen zur Tschechischen Republik

Kunstgeschichtlicher Streifzug

Die Oberpfalz war im Mittelalter in viele herrschaftliche Territorien zersplittert. So wurde auch das künstlerische Schaffen aus den verschiedensten Gegenden beeinflusst: aus Böhmen und Nürnberg, Eichstätt und Bamberg, Regensburg und München. Klöster und Kirchen waren oft Stiftungen der Adelsgeschlechter.

Die über die ganze Oberpfalz verstreuten Kunstschätze finden sich oft in den verstecktesten Winkeln und öffnen sich nicht so ohne weiteres dem flüchtigen Besucher. Regensburg bildet eine Ausnahme: Diese Stadt, gewachsen in zwei Jahrtausenden und auch im Zweiten Weltkrieg fast unversehrt geblieben, bewahrt Kunstdenkmäler aller Stilepochen auf engstem Raum. Hier sind sogar noch aus der Römerzeit Reste der 179 unter Kaiser Marc Aurel errichteten Kastellbefestigung Castra Regina mit der Porta Praetoria erhalten.

Romanik (10.–13. Jh.)

Kennzeichnend für die Architektur ist die Wiederaufnahme antik-römischer Baumotive mit Rundbögen und Säulen. Von dieser Epoche zeugen noch viele von Klöstern geschaffene Kirchenbauten. Vor allem Regensburg bewahrt hervorragende Monumente frühromanischen Baustils wie die Stephanskirche (Alter Dom), die Allerheiligenkapelle im Domkreuzgang, den Hauptbau der Alten Kapelle, die Vorhalle von St. Emmeram, die Klosterkirche von Prüfening und das Stift Niedermünster, das in den unter dem Kirchenpflaster zugänglich gemachten Ausgrabungen bis in die frühchristliche Zeit zurückgeht. Auch die berühmte Steinerne Brücke ist frühromanischen Ursprungs. Romanische Kirchen finden sich außerhalb von Regensburg u. a. in Altenstadt an der Waldnaab, Kastl, Perschen, Venedig bei Nabburg, Walderbach, Ammerthal, Illschwang und Plankstetten. Als typisches Beispiel einer romanischen Dorfkirche gilt die kleine Kirche St. Leonhard in Penk bei Pielenhofen. Bezeichnend sind die teilweise doppelgeschossigen Burg- und Dorfkapellen wie Breitenstein, Schönkirch, Altentreswitz, Hof bei Oberviechtach, Hof am Regen, Siegenstein, Schönfeld, Donaustauf, Kreuzhof und Etterzhausen.

Die Plastik dieser Zeit findet besonders in Statuen und Grabmälern ihren Ausdruck; in Regensburg beeindruckt das um 1180 entstandene Nordportal der Schottenkirche St. Jakob mit seinem reichen Figurenschmuck. Romanische Wandmalereien sind in

Wasserspeier an der Südseite des Doms zu Regensburg

der Friedhofskapelle von Perschen, in der evangelischen Kirche von Wilchenreuth, in der ehemaligen Klosterkirche von Walderbach und in Karthaus-Prüll erhalten.

Gotik (13.–15. Jh.)

In der Gotik geht die bisher meist von den Klöstern ausgeübte Bautätigkeit oft auf das erstarkende Bürgertum über. Charakteristische Merkmale sind Spitzbogen und Kreuzrippe, am Außenbau Strebebogen und Strebepfeiler. Die Wände werden durch farbige Glasfenster aufgelockert. Neben Sakralbauten entstehen Profanbauten wie Rathäuser, Zunftgebäude, Bürgerhäuser und Wehranlagen.

Die gotische Bauweise entwickelte sich in der Oberpfalz im späten 13. Jh. In Regensburg entstanden der mächtige Dom, an dem mehrere Generationen tätig waren, die Ulrichskirche, Minoritenkirche, Dominikanerkirche und der Kreuzgang von St. Emmeram, aber auch das Alte Rathaus mit reich verziertem Erker und stattliche Patrizierhäuser mit mächtigen Wehrtürmen. Gotischen Ursprungs sind die St.-Georgs-Kirche und die St.-Martins-Kirche in Amberg, die Klosterkirchen von Gnadenberg und Seligenporten, die Pfarrkirchen von Ast, Chammünster, Eschenbach, Hahnbach, Kastl bei Kemnath, Kemnath, Nabburg, Neumarkt, Neunburg vorm Wald und Sulzbach sowie die Rathäuser in Amberg, Neumarkt und Sulzbach.

Die gotische Plastik wird durch das 1283 errichtete Hochgrab des seligen Erminold, des ersten Abtes von Prüfening, besonders eindrucksvoll dokumentiert. In diese Epoche gehören auch die schönen Flügelaltäre von Tirschenreuth und Velburg, das Standbild des Kaisers Karl IV. in Sulzbach-Rosenberg sowie die Stifterfigur der Klosterkirche Kastl.

Renaissance (15.–16. Jh.)

Die von Italien ausgehende Renaissance (= Wiedergeburt) verkörpert die künstlerische Formensprache der Antike. Sie zeigt sich als weltliche Kunst des Adels und der Bürger bei Schlössern, Rathäusern und Bürgerhäusern.

Barock (17.–18. Jh.)

In der Zeit des Barock entstanden nach den Zerstörungen des Dreißigjährigen Krieges in der Oberpfalz viele neue Kirchen unter reichlicher Verwendung von Marmor, Stuck und Ornamentik. Den Spätbarock in der 2. Hälfte des 18. Jh. bezeichnet man auch als Rokoko (von französisch rocaille = Muschel). Bedeutende Vertreter des bayerischen Barock waren die Brüder Cosmas Damian und Egid Quirin Asam. Barocke Beispiele sind die Mariahilfkirche in Amberg, die Wallfahrtskirche Mariahilf in Freystadt, das Kirchlein St. Jakob in Marchaney, die ehemalige Klosterkirche von Michelfeld, die Wallfahrtskirche Kappl bei Münchenreuth, die Kirchen St. Felix und St. Quirin bei Neustadt an der Waldnaab, die Pfarrkirchen von Pemfling und Pfreimd, die Klosterkirchen von Speinshart, Reichenbach, Frauenzell, Pielenhofen, Ensdorf und Waldsassen.

Akanthusaltar in der Schlosskapelle St. Katharina in Reuth

Eine besondere Eigenart des Barock in der Oberpfalz ist der Akanthusaltar. Akanthus ist ein Schmuckmotiv, das der gleichnamigen distelartigen

Mittelmeerpflanze ähnelt. Typische Akanthusaltäre finden sich in den Kirchen von Eslarn, Reuth/Erbendorf, Rohrbach, St. Quirin, Thumsenreuth, Vilshofen und Waldau. Häufig sind auch andere Kirchenteile mit Akanthusformen geziert, wie z. B. die Kanzel in Reuth oder die Stuhlwangen der Pfarrkirche in Velburg. In manchen Kirchen wie in Leuchtenberg, Winklarn und Eslarn sieht man noch barocke Zunftstangen, die einst von den Zünften bei Prozessionen mitgeführt wurden und mit Handwerksmotiven geschmückt sind. Als barockes Denkmal findet sich oft an Brücken und Straßen die steinerne Figur des Heiligen Johann Nepomuk, der an die jahrhundertelange enge Verbindung zwischen Böhmen und Oberpfalz erinnert.

Die oberpfälzische Hinterglasmalerei war im 18. Jh. als Zeichen bäuerlicher Volkskunst weit verbreitet, gefördert durch die Nähe von Glashütten: Die Rückseite einer Glastafel wurde als farbiger Malgrund benutzt und oft nach dem Motiv eines Heiligenbildes gestaltet. Beispiele hierfür finden sich in den Stadtmuseen von Neustadt an der Waldnaab und Oberviechtach.

Zur Volkskunst gehören auch die vielen Votivbilder, rührender Ausdruck inniger Gläubigkeit, u. a. in den Kirchen von St. Quirin bei Neustadt an der Waldnaab, Wondreb und Moosbach.

Klassizismus (Ende 18.–Mitte 19. Jh.)

Der Klassizismus strebte die Nachbildung antiker Kunstformen an und orientierte sich besonders am griechisch-römischen Altertum. Markante Beispiele sind die beiden Touristenattraktionen Walhalla bei Donaustauf und Befreiungshalle bei Kelheim, die beide auf Anregung von König Ludwig I. entstanden.

Edelsitze und Burgen

Es gibt kaum einen oberpfälzischen Ort, an dem sich nicht ein Edelsitz befand. Vom schmucklosen Gebäude über das Hammerhaus bis zum Landschloss reichen die vielen Bauten. Erwähnenswert sind neben den vielen Herrensitzen der größeren Orte u. a. Fronberg, Münchshofen, Pirkensee, Köfering, Alteglofsheim, Eggmühl, Sünching, Wiesent, Ramspau, Heimhof, Theuern, Neidstein, Dießfurt und Thumsenreuth.

Von den Resten ehem. Burgen sind am eindrucksvollsten Falkenberg, Flossenbürg, Leuchtenberg, Wernberg, Trausnitz, Obermurach, Schwarzenburg, Kürnburg, Falkenstein, Wörth, Donaustauf, Burglengenfeld, Kallmünz, Prunn, Parsberg und Wolfstein.

Bevölkerung und Brauchtum

Die Oberpfälzer gehören zum altbayerischen Stamm, der sich von der Oberpfalz über Nieder- und Oberbayern bis nach Österreich erstreckt.

„Unsa Sprach is halt a wöi's Land und wöi d'Leit: Grodo', owa herzli. An kräfinga Asspruch ham amal unsa Leit gern. Und des schad't a nix, na woißt em glei, wöist dro bist", meinte schon die bekannte oberpfälzische Mundartdichterin Maria Schwägerl (1895–1960) aus Nabburg, und das gilt auch noch heute.

Der oberpfälzische Dialekt ist zwar mit der altbayerischen Mundart verwandt, aber es gibt doch viele Unterschiede. So sagt man in der Oberpfalz zu Mädchen „Moidl", in Niederbayern „Deandl", und aus dem niederbayerischen „Breot" (Brot) wird das oberpfälzische „Braout".

Der Doppelvokal „ou" für „u" in geschlossener Silbe findet sich besonders häufig wie in „Hout" (Hut), „Bou" (Bub) oder „gout" (gut) und ist durch den Fluss- und Ortsnamen „Loua" (Luhe) schon seit dem Jahr 905 urkundlich überliefert.

Diese eigene oberpfälzische Mundart wurde im Laufe der Jahrhunderte durch die historisch-politische Entwicklung der Oberpfalz geprägt und fällt überwiegend mit den ehemaligen Nordgaugrenzen zusammen, wobei auch fränkische Einflüsse festzustellen sind.

Siedlungsformen sind häufig Einöden, Weiler, Marktflecken und Kleinstädte. Großstädte fehlen ganz – abgesehen von Regensburg mit 140 000 Einwohnern. Zweitgrößte Stadt ist Amberg mit knapp 45 000, gefolgt von Weiden mit knapp 43 000 Einwohnern.

Oberpfälzer Bauernhäuser stehen noch in vielen dörflichen Gemeinden. Typisch ist das gemauerte Steinhaus, teils verputzt und teils in Riegelbauwerk, einer oberpfälzischen Form des Fachwerks. Im Stiftland findet sich das Egerländer, im Westen das fränkische Fachwerk. Dominierender Haustyp im Grenzgebirge war früher das in Blockbauweise aus behauenen Rundhölzern errichtete Böhmerwaldhaus, ein Wohnstallhaus mit verschaltetem Obergeschoss, kleinen Fenstern und flachem Satteldach. Heute zeigen sich die Bauernhäuser meistens als Viereckhöfe mit abgeschlossenem Hofraum. In der Oberpfälzer Alb gibt es noch viele Bauernhäuser mit Kalkplattendächern.

Alteingesessene Oberpfälzer sind mit dem Althergebrachten eng verbunden. Mögen sich auch manche Äußerlichkeiten geändert haben, so üben sie oft noch die gleichen Sitten und Gebräuche aus wie schon die Groß- und Urgroßeltern.

Volksmusikgruppen pflegen in vielen Orten mit Zither, Zupfgeige, Akkordeon, Gitarre und Hackbrett das heimische Liedgut. Schnadahüpfl und Tanzgsangl verraten dabei Humor und Wendigkeit. Zahlreiche Blaskapellen spielen noch die alten Volkstänze, wobei sich besonders der auch gesungene „Zwiefache" mit mehrmaligem Wechsel zwischen geradem und ungeradem Takt (treten und walzen) noch großer Beliebtheit erfreut. In vielen Wirtshäusern gibt es Musikantentreffen zur Pflege der heimischen Volksmusik. Wirte mit dem Prädikat „Musikantenfreundliches Wirtshaus" bieten bei Auftritten manchmal sogar eine kostenlose Brotzeit.

Neujahr ist ein besonderer Tag. In vielen Dörfern ziehen Musikanten von Haus zu Haus, die das „Neujahr anblasen" und Glückwünsche darbringen.

Dreikönigstag (6. Januar) ist in Bayern ein gesetzlicher Feiertag. Die Kinder (meist Ministranten) ziehen singend als „Heilige Drei Könige" verkleidet durch den Ort und sammeln Spenden für einen guten Zweck. Mit Kreide werden die Türen mit den von der Jahreszahl eingerahmten Buchstaben C+M+B versehen – den Anfangsbuchstaben der Heiligen Drei Könige Caspar, Melchior und Balthasar bzw. der lateinischen Segensbitte „Christus mansionem benedicat" (Christus segne dieses Haus).

Mariä Lichtmess am 2. Februar beendet die Weihnachtszeit. In der Kirche lässt man die Kerzen weihen, damit kein Unglück passiert.

Fosnet sagt der Oberpfälzer zur Fastnacht. Vielerorts gibt es ein bewegtes Faschingstreiben mit buntem Faschingszug und rauschenden Festen. Die anschließende vierzigtägige Fastenzeit wurde früher streng eingehalten: Es fanden keine Feiern und Hochzeiten statt, und als Fastenspeise dienten Kartoffel- und Mehlspeisen, mitunter durch Fisch angereichert.

Palmsonntag ist eine Woche vor Ostern. In vielen Pfarreien gibt es feierliche Palmprozessionen. Kinder tragen bunt bebänderte Palmbuschen (Weidenkätzchen) zur Weihe in die Kirche.

Karfreitag galt als besonders strenger Fastentag, an dem nichts Warmes gekocht wurde. Im 17. und 18. Jh. wurden in vielen Orten Karfreitagsprozessionen abgehalten.

Ostersonntag feiert man in der Kirche das Fest der Auferstehung, die lange Fastenzeit ist zu Ende, die Herrschaft des Winters ist gebrochen, und wie überall freut man sich auf den Osterspaziergang durch Wald und Feld.

Maibaum im Chamer Land

Maifeiertag ist am 1. Mai nach der Walpurgisnacht. In vielen Orten wird der oft 30 m hohe, reich geschmückte Maibaum aufgestellt, eine Arbeit, die Geschicklichkeit und Muskelkraft erfordert – für die Zuschauer eine „Pfundsgaudi" und der Start zum fröhlichen Maitanz.

Pfingsten ziehen Gruppen von Haus zu Haus, der Pfingstl bittet dabei um Schmalz, Eier oder Geld und sagt dafür einen lustigen Pfingstl-Spruch auf. In der Gegend um Bad Kötzting ist der Pfingstl in Stroh oder Laub gemummt. Am Pfingstmontag findet dort der historische „Kötztinger Pfingstritt" statt.

Fronleichnam heißt in der Oberpfalz auch „Kranzltag", benannt nach den Kränzen der Frauen und Kinder bei der Fronleichnamsprozession, die heute noch in vielen Orten abgehalten wird.

Sommersonnwende ist am Vorabend von Johanni (24. Juni). Die Jugend bereitet das Johannisfeuer oder „Zimmetsfeuer" vor. Nach altem Brauch und Glauben an die Segens- und Abwehrkraft des Feuers wird der Holzstoß auf einem möglichst hohen, aussichtsreichen Berg errichtet, und ein Sprung über das fast ausgebrannte Feuer bringt Gesundheit für das ganze Jahr.

Mariä Himmelfahrt ist am 15. August. Mit dem volkstümlichen Marienfest ist seit dem 9./10. Jh. eine Kräuterweihe verbunden. Noch heute werden an diesem Tag in vielen Kirchen Kräuterbüschel geweiht, die dann wieder mit nach Hause genommen werden.

Kirchweihfeste gibt es nach der Ernte überall. Fast jedes Dorf feiert seine Kirta oder Kirwa (Kirchweih), die oft mehrere Tage dauert. „A richtige Kirwa dauert Sunnta, Monda und Irda, 's kann si a schicka bis zum Mika …", sagt man in der Oberpfalz. Am Samstag wird der Kirtabaum im Wirtshausgarten aufgestellt und gut bewacht, damit er nicht von den Burschen des Nachbardorfes geraubt wird.

Katharinenfest ist am 25. November nach Beendigung des Bauernjahres, benannt nach der hl. Katharina aus dem 4. Jh., die auch zu den 14 Nothelfern gehört. Beim traditionellen Kathreintanz werden alte Tanzweisen wie Polka, Rheinländer und Zwiefacher gespielt.

Totenbretter findet man nur noch selten im Oberpfälzer Wald, häufiger im Oberen Bayerischen Wald in der Gegend um Bad

Kötzting. Ursprünglich dienten sie bis 1961, als die Pflicht zur Totenaufbewahrung im Leichenhaus eingeführt wurde, zur Heimaufbahrung der Verstorbenen. Nach der Beerdigung wurde das mit einer Inschrift versehene Totenbrett an Stätten, wo der Verstorbene gelebt und geschaffen hatte, zur Erinnerung aufgestellt, vereinzelt oder in langen Reihen an Feldkapellen, Wegkreuzungen und Baumgruppen. Außer Namen und Jahreszahl ist oft noch ein kurzer Spruch vermerkt. Heute lassen Heimatvereine hier und da neue Totenbretter zur Erinnerung an verstorbene Mitglieder aufstellen, so dass ein altes Volksdenkmal erhalten bleibt.

Oberpfälzer Festkalender

Amberg	Krüglmarkt im April; Altstadtfest Mitte Juni; Bergfest auf dem Mariahilfberg Anfang Juli; Pfingstdult; Herbstdult
Auerbach	Maffeispiele im Juli; Bergwerks-Weihnacht im Dezember
Berching	Rossmarkt im Februar; Pfingstvolksfest; Berchinale (Lichterfest) im Juni
Breitenbrunn	Schäferfest im Juli; Tillyfest Anfang September
Cham	Volksfest Ende Juli/Anfang August (11 Tage)
Dietfurt	Chinesenfasching am Donnerstag vor dem Faschingswochenende; Brunnenfest Mitte Juli; Siebentäler-Volksfest Ende Juli
Ensdorf	Eggenbergfest Mitte September
Erbendorf	St. Annafest im August; Andörfer Kirwa im September
Falkenstein	Burghofspiele Ende Juni bis Ende Juli
Freudenberg	Johannisbergfest im Juni; Jakobifest im Juli
Freystadt	Volksfest im Mai; Stadttorfest im Juli; Bergfest am Mönninger Berg im August
Fuchsmühl	Hacklsteinfest Ende Juli
Furth im Wald	Leonhardiritt am Ostermontag; Drachenstich mit Festzug im August

Gebenbach	Mausbergfest zur Kirchweih Anfang September
Grafenwöhr	Deutsch-Amerikanisches Volksfest am 1. Augustwochenende
Hahnbach	Frohnbergfest Mitte August
Hemau	Heimatfest Anfang September; Spitzlmarkt am Tag vor Allerheiligen
Hohenburg	Allersburger Wiesenkirchweih Ende September
Hohenwarth	Leonhardifahrt am 1. Sonntag im Juli
Kallmünz	Michaelikirchweih Ende September
Kötzting, Bad	Kötztinger Pfingstritt am Pfingstmontag
Leuchtenberg	Burgfestspiele Juni bis August
Miltach	Martiniritt im November
Neumarkt	Altstadtfest im Juni; Schlossspiele im Hof des Pfalzgrafenschlosses im Juli; Juravolksfest mit Festzug im August
Neunburg v. Wald	Vom Hussenkrieg – Freilichtspiel im Burghof im Juli/August
Neukirchen b. Hl. Blut	Leonhardiritt von Rittsteig über die Landesgrenze nach Uhliste, Samstag nach Fronleichnam
Neustadt am Kulm	Kulmfest im Juni; Kirchweihfest im November
Nittenau	Maibaumfest im Ortsteil Bergham
Oberviechtach	Festspiel Doktor Eisenbarth ab Fronleichnam
Parsberg	Burgfestspiele im Juli
Pfreimd	Eixlbergfest am Pfingsmontag; Volksfest Mitte August
Pielenhofen	Inselfest im August
Pleystein	Kreuzbergfest im Mai und September
Regensburg	Mai- und Herbstdult; Altstadtfest am letzten Juni-Wochenende; Christkindlmarkt in der Adventszeit auf dem Neupfarrplatz; Weihnachtsmarkt auf Schloss Thurn und Taxis
Rimbach	Burgfestspiele Lichtenegg im Juli
Rötz	Historisches Freilichtspiel im Juli/August; Bergfest auf dem Schwarzwihrberg im August

Schmidmühlen	Kreuzbergfest nach Pfingsten; Marktfest im August
Schnaittenbach	Buchbergfest im August
Schönsee	Seefest im Juli mit Feuerwerk; Freilichtspiele am Eulenberg
Schwarzenfeld	Miesbergkirchweih Sonntag nach Pfingsten; Schwarzfelder Musiksommer im Juli/August; Dionys-Kirchweih Mitte Oktober
Stadlern	Wallfahrtsfest mit Jahrmarkt Mitte August
Sulzbach-Rosenberg	Frühlingsfest im Mai; Altstadtfest im Juni; Knorr-von-Rosenholz-Festspiele im Juli; Bergfest im Juli auf dem Annaberg; Sulzbacher Woizkirwa im August; Rosenberger Kirchweih im September
Tännesberg	Pferdewallfahrt St. Jodokritt am 4. Julisonntag
Tirschenreuth	Schützen- und Volksfest im Juli; Passionsspiele alle fünf Jahre
Vilseck	Bergfest in Axtheid-Berg Mitte September
Vohenstrauß	Festspiele auf Schloss Friedrichsburg Juni bis August
Waldmünchen	Nächtliches Freilichtspiel Trenck der Pandur im Juli/August
Weiden	Literaturtage im April; Bürgerfest im Juni; Max-Reger-Tage im August/September; Sommer-Serenaden Juni bis August
Wiesau-Kornthan	Karpfenkirchweih Mitte Oktober
Wurz bei Neustadt/W.	Sommerkonzerte im August mit klassischer Musik im Innenhof des barocken Pfarrhofs

Der Rossmarkt in Berching lockt alljährlich viele tausend Besucher

Essen und Trinken

„Erdäpfel in der Freih (Frühe), mittags in der Bräih (Brühe), abends zu jeder Zeit, Erdäpfel in alle Ewigkeit", lautet ein alter Spruch, und das nicht ohne Grund: Jahrhundertelang war die Kartoffel bei der Kargheit des Bodens wichtigstes Grundnahrungsmittel der Oberpfalz, die sogar als „Erdäpfelpfalz" tituliert wurde. Auch heute pflegen noch viele Landgasthöfe die heimische Küche mit schmackhaften Kartoffelvarianten.

Ganz vorne stehen die *Reiberknödel* aus rohen Kartoffeln. Dazu isst man gern *Schweinsbraten* oder *Bauerngeräuchertes* mit Sauerkraut. Beliebt sind auch *Reiberdatschi* (Kartoffelpuffer) aus rohen geriebenen Kartoffeln, in der Pfanne gebraten. *Fingernudeln, Bauchstecherl* und *Erdäpfelmaultaschen* gehören ebenso zu den Kartoffelspezialitäten wie die mit Majoran gewürzte *Kartoffelsuppe. Dampfnudeln* dagegen sind eine gedämpfte, *Rohrnudeln* eine gebackene Süßspeise aus Hefeteig.

Zu den Spezialitäten gehört auch die *Weißwurst*, eine ungeräucherte Wurst aus Kalbfleischbrät, die mit süßem Senf und Laugenbrezen gegessen wird und das „Zwölfuhrläuten" nicht erleben soll. Berühmt ist der *Leberkäs*, der weder Leber noch Käse enthält, sondern ein gebackenes Gemisch aus diversen Fleischsorten. Die fingerdicken *Regensburger Bratwürstl* munden am besten in der Historischen Wurstküche an der Steinernen Brücke: Man bestellt gleich „Sechse" mit Sauerkraut. Besonders an Sommertagen isst man gerne den Wurstsalat mit Zwiebelringen, Essig, Öl und Pfeffer.

Die vielen fließenden und stehenden Gewässer sind sehr fischreich. Begehrt sind Forelle blau oder geräuchert, Hecht und Zander vom Grill, Karpfen gebacken oder gesotten. Als Rarität gilt der *Waller* oder *Wels*, dessen grätenloses Fleisch in dicken Scheiben blau mit zerlassener Butter oder etwas dünner vom Grill serviert wird.

Zur Kirchweih gehören die in Schmalz herausgebackenen *„Kirwakeichln"* (Kirchweihküchlein). Besonders in der nördlichen Oberpfalz wird dazu ein spezieller „Kirwakouchn" angeboten, ein mit Grießbrei bestrichener Hefeteig, bestückt mit Rosinen, auch als „Schmierkuchen" bekannt. Dieser runde Blechkuchen wird auch mit Apfel-, Butter-, Mohn-, Nuss- oder Zwetschgenaufstrich verzehrt. Zum Kaffee an Allerheiligen gibt es „Allerheiligenspitzl", einen zopfförmigen Hefekuchen.

Unter den alkoholischen Getränken steht das Bier an erster Stelle. Neben den Großbrauereien haben manche Gasthöfe in den kleineren Orten noch ihre eigene Brauerei. Nach dem Bayerischen Reinheitsgebot von 1516 werden zur Bierherstellung nur Hopfen, Malz und Wasser verwendet. Hefe für die Gärung war damals noch nicht bekannt und wurde erst später zugesetzt. Man bestellt eine „Halbe" (1/2 Liter) oder gleich eine „Maß" (1 Liter) – mit kurzem „a" gesprochen. Es gibt helles und dunkles Fassbier (Lagerbier) mit etwa 4 % Alkohol und nach klösterlicher Tradition kräftige Fastenbiere wie Bockbier mit etwa 5 % und Doppelbock mit etwa 6 % Alkohol. Beliebt ist Weißbier, das aus Weizen obergierig gebraut und meist mit dem Hefesatz abgefüllt wird. Eine Besonderheit ist das so genannte Zoiglbier, ein untergäriges und ungefiltertes Bier, das sich immer größerer Beliebtheit erfreut (→ Seite 285).

An heißen Tagen erfrischt eine *Radlermaß* – eine Mischung aus Bier und Limonade. Aus dem König-Otto-Bad bei Wiesau stammen König-Otto-Sprudel und Koba-Limonade, und bekannt ist auch das Kondrauer Mineralwasser aus Waldsassen.

Mit dem Wein kann die Oberpfalz im Vergleich zur Rheinpfalz allerdings nicht konkurrieren, doch immerhin gibt es ein kleines Weinanbaugebiet an der Donau zwischen Bach und Kruckenberg sowie an den Winzerer Höhen bei Regensburg.

Oberpfälzer Personenchronik

Die Oberpfalz hat viele berühmte Männer und Frauen hervorgebracht. Vielleicht liegt es an der Kargheit des Bodens und der damit verbundenen Genügsamkeit, die so viele Oberpfälzer zu Streitern der Kunst und Politik werden ließ? Die folgende Chronik erhebt keinen Anspruch auf Vollständigkeit!

Landgrafen von Leuchtenberg, ein mächtiges, 1646 ausgestorbenes Adelsgeschlecht, das sich bis ins 11. Jh. zurückverfolgen lässt. Im 15. Jh. wurden sie als Reichsfürsten anerkannt.

Konrad der Pfaffe, geistlicher Dichter aus Regensburg, übertrug um 1150 das Rolandslied in die deutsche Sprache.

Bertold von Regensburg (* 1210, Regensburg; † 1272, Regensburg), Franziskanermönch und wortgewaltigster Volksprediger des Mittelalters.

Hademar III. von Laaber (* 1300, Laaber; † 1360, Regensburg), ein bedeutender Minnesänger.

Seyfried Schweppermann (* 1260, Hillohe; † 1337, Kastl), Feldhauptmann des deutschen Kaisers Ludwig der Bayer.

Roritzer, Regensburger Künstlerfamilie; Wenzel, Konrad, Matthäus und Wolfgang Roritzer wirkten 1411–1514 als Dombaumeister. Letzterer wurde als „Kaiseraufrührer“ hingerichtet.

Erasmus Grasser (* um 1450, Schmidmühlen; † um 1535, München), bedeutender Bildhauer der Spätgotik.

Johann Thurmair, genannt Aventinus (* 1477, Abensberg; † 1534, Regensburg), bayerischer Geschichtsschreiber und Humanist.

Albrecht Altdorfer (* 1480, Regensburg; † 1538, Regensburg), Maler und Gründer der „Donauschule“, ab 1526 Stadtbaumeister in Regensburg.

Dr. Heinrich Stromer (* 1482, Auerbach; † 1542, Leipzig) wurde als 26-Jähriger Universitätsrektor in Leipzig und gründete dort den Auerbachskeller, der durch Goethes Faust in die Literaturgeschichte einging und noch heute besteht.

Don Juan de Austria (* 1546, Regensburg; † 1578, Namur), Sohn Kaiser Karls V. und der Regensburger Bürgerstochter Barbara Blomberg, siegte in der Seeschlacht von Lepanto gegen die Osmanen.

Freiherr Franz Ferdinand von Rummel (* 1642, Weiden; † 1716, Wien), Fürstbischof von Wien und Erzieher Kaiser Josefs I.

Kurfürst Friedrich V. (* 1596, Deinschwang; † 1632, Mainz), bekannt als „Winterkönig“, wurde 1619 zum protestantischen König von Böhmen gewählt, aber schon 1620 durch die Schlacht am Weißen Berge bei Prag von den Habsburgern vertrieben.

Andreas Raselius (* 1562, Hahnbach; †1602, Heidelberg), Liederdichter, Komponist und Hofkapellmeister in Heidelberg.

Johann Andreas Eisenbarth (*1663, Oberviechtach; †1727, Hann.-Münden), „weiland hocherfahrener Landarzt und Hofoculiste“, wird in dem erst nach 1800 in Magdeburg entstandenen Spottlied „Ich bin der Doktor Eisenbarth“ zu Unrecht als Kurpfuscher bezeichnet.

Johann Michael Fischer (* 1692, Burglengenfeld; † 1766, München), ein berühmter Kirchenbaumeister des Barock.

Philipp Muttone (* 1699, Waldsassen; † 1775, Waldsassen) schuf als Laienbruder des Klosters Waldsassen in der nördlichen Oberpfalz viele Barockbauwerke.

Martin Speer (* 1702, Regensburg; † 1765, Regensburg), ein bekannter Regensburger Barockmaler.

Christoph Willibald Gluck (* 1714, Erasbach/Berching; † 1787, Wien), Hofkapellmeister in Wien und Paris, komponierte zahlreiche Musikdramen.

Graf Nikolaus von Luckner (* 1722, Cham; † 1794, Paris) wurde 1784 in den dänischen Grafenstand erhoben und 1791 zum Marschall von Frankreich ernannt. Rouget de Lisle widmete ihm die Marseillaise. Als Opfer der Französischen Revolution starb er unter der Guillotine. Berühmter Nachkomme war Graf Felix von Luckner (1881–1966), bekannt durch seine Kaperfahrten im Ersten Weltkrieg.

Franz Gleißner (* 1761, Neustadt a.d. Waldnaab; † 1818, München), Komponist der Zeit Mozarts mit Sinfonien, Singspielen, Kammer- und Kirchenmusik; Verfasser des ersten thematischen Verzeichnisses der Werke Mozarts und Erfinder des lithographischen Notendrucks.

Johann Andreas Schmeller (* 1785, Tirschenreuth; † 1852, München), bedeutender Sprachforscher und Schöpfer des „Bayerischen Wörterbuches".

Johann Nepomuk Ringseis (* 1785, Schwarzhofen; † 1880, München), Universitätsprofessor, Reformator des bayerischen Gesundheitswesens und Leibarzt König Ludwigs I.

Karoline Gerhardinger (* 1797, Stadtamhof; † 1879, Wien), Gründerin des Ordens der armen Schulschwestern.

Joseph Rudolf Schuegraf (* 1790, Cham; † 1861, Regensburg) erforschte als Historiker die ostbayerische Geschichte.

Konrad Max Kunz (* 1812, Schwandorf; † 1875, München), Chordirigent der Königlichen Staatsoper München und Komponist der Bayernhymne.

Franz Xaver Schönwerth (* 1810, Amberg; † 1886, München), Volkskundler, schuf mit seinem dreibändigen Werk „Sitten und Gebräuche der Oberpfalz" ein Abbild des Lebens im 19. Jh.

Gustav von Schlör (* 1820, Hellziechen/Vilseck; † 1883, München), Handelsminister und „Vater der bayerischen Eisenbahnen".

Franz Joseph Strauss (* 1822, Parkstein; † 1909, München), Waldhornist und Hofmusiker, Vater des Komponisten Richard Strauss (1864–1949).

Franz Xaver Witt (* 1834, Walderbach; † 1888, Landshut), Kirchenmusiker, Komponist und Gründer des Cäcilienvereins.

Adolf Oberländer (* 1845, Regensburg; † 1923, München), humoristisch-satirischer Zeichner („Fliegende Blätter").

Dr. Ernst Schweninger (* 1850, Freystadt; † 1924, München), Leibarzt Bismarcks.

Max Reger (* 1873, Brand; † 1916, Leipzig), Komponist, verbrachte entscheidende Jahre seines Lebens in Weiden, wo er seine weltbekannten Orgelwerke schuf.

Johann Flierl (* 1858, Buchhof/Fürnried; † 1947, Neuendettelsau), Missionar in Neuguinea.

Gottfried Kölwel (* 1889, Beratzhausen; † 1958, München), Dichter und Heimatschriftsteller („Das Jahr der Kindheit").

Georg Britting (* 1891, Regensburg; † 1964, München), Erzähler und Lyriker.

Dr. Michael Döberl (* 1861, Waldsassen; † 1928, München), Universitätsprofessor und bayerischer Historiker.

Hugo Obermaier (* 1877, Regensburg; † 1946, Freiburg/Schweiz), Universitätsprofessor und Urgeschichtsforscher (Altamira-Höhle).

Johannes Stark (* 1874, Schickenhof/Amberg; † 1957, Traunstein), Nobelpreisträger der Physik im Jahr 1919.

Anton Wurzer (* 1893, Altenstadt; † 1955, Amberg), Mundart- und Heimatdichter („Steinpfälzer Schelmenspiegel").

Alfons Goppel (* 1905, Regensburg-Reinhausen; † 1991, Johannesberg), bayerischer Ministerpräsident von 1962 bis 1978.

Hermann Höcherl (* 1912, Brennberg; † 1989, Regensburg), Bundesminister des Innern von 1961 bis 1965 und Bundesminister für Ernährung, Landwirtschaft und Forsten von 1965 bis 1969.

Margret Hölle (* 1927, Neumarkt/Oberpfalz), Lyrikerin und Erzählerin.

Goethe in der Oberpfalz

Am 3. September 1786 frühmorgens um 3.00 Uhr brach der damals 37-jährige Dichterfürst von Karlsbad aus unter dem falschen Namen Johann Philipp Möller und der Berufsbezeichnung „Maler" zu seiner berühmten Italienreise auf. Erste Station war Eger, dann ging es mit der Postkutsche weiter nach Waldsassen.

„In Bayern stößt einem sogleich das Stift Waldsassen entgegen – köstliche Besitztümer der geistliche Herren, die früher als andere Menschen klug waren. Es liegt in einer Teller-, um nicht zu sagen Kesseltiefe, in einem schönen Wiesengrunde, rings von fruchtbaren, sanften Anhöhen umgeben", schrieb er in sein Tagebuch. Über das „Tuchmacherstädtchen Tirschenreuth" kam er nach Weiden. „Ich war halb neun in Weyda", notierte er. Beim Gasthof „Goldener Anker" am Oberen Markt wurden die Pferde gewechselt.

In den Morgenstunden des 4. September passierte er Schwandorf, das er in seiner „Italienischen Reise“ als „Schwanendorf“ erwähnt. Gegen 10 Uhr erreichte er Regensburg. Nach eigenen Angaben legte er die gesamte Strecke von 24,5 Meilen in 31 Std. zurück. Die Wochenzeitschrift „Regensburger Diarium“ meldet, dass ein Herr Möller aus Leipzig im „Weißen Lamm“ abgestiegen ist, damals die beste Adresse in Regensburg mit Blick zur Donau und zur Steinernen Brücke. Noch heute verrät die Inschrift an der Stuckfassade des ehemaligen Gasthofs, das Haus sei „wirklich zu beneiden, hier wohnten Goethe, Mozart und Haydn“. Sein Tagebucheintrag: „Regensburg liegt gar schön, die Gegend musste eine Stadt hier her locken. Auch haben sich die geistlichen Herren wohl bedacht. Alles Feld um die Stadt gehört ihnen, in der Stadt steht Kirche gegen Kirche und Stift gegen Stift.“ Bei seinem Rundgang kaufte er einige Birnen, die er gleich im Gehen verspeiste. Von der Donau fertigte er eine Zeichnung an, die im Goethe-Nationalmuseum in Weimar zu sehen ist. Im Jesuitenstift besuchte er das von Schülern aufgeführte bürgerliche Trauerspiel „Die sogenannte Menschenliebe“, anderntags das Naturalienkabinett des Naturforschers Jakob Christian Schäffer. In der Antiquariatsbuchhandlung Montag und Weiß (Schwarze-Bären-Str. 1) wurde er von einem Mitarbeiter erkannt, der früher in Weimar tätig war, leugnete aber seine Identität. Da er fürchtete, doch noch enttarnt zu werden und zudem das sonnige Italien lockte, drängte es ihn zum Aufbruch. Noch am 5. September 1786 um 12.30 Uhr bestieg er wieder die Postkutsche und verließ Regensburg durch das Peterstor. Über Bad Abbach und Saal reiste er weiter gen Süden: „Gute Birnen hab‘ ich gespeist; aber ich sehne mich nach Trauben und Feigen.“

Im Alter war er dann erneut in der Region. Nachdem er 1822 im Hause des Chemiefabrikanten Fikentscher im fränkischen Marktredwitz zu Gast war (heute Neues Rathaus mit Goethezimmer), kam er schon ein Jahr später mit dem befreundeten Polizeirat Sebastian Grüner aus Eger nach Neualbenreuth, um den 30 m hohen Miniaturvulkan Eisenbühl zu erkunden. Auf dem benachbarten Rehberg ließ er sich nieder und untersuchte Gesteinsproben. Dabei „schlürfte er aus einer Pilgrimschale von Silber hineingegossenen Rheinwein“, wie die Chronik zu berichten weiß.

Wirtschaft gestern und heute

Der dünn besiedelte Oberpfälzer Wald entlang der böhmischen Grenze steht in kontrastreichem Gegensatz zur industriell regen mittleren Oberpfalz, deren Wirtschaft besonders zwischen dem 13. und 16. Jh. als „Ruhrgebiet des Mittelalters“ in hoher Blüte stand. Der Reichtum beruhte auf dem Bergbau mit seiner Eisenindustrie: Über 200 Eisenhämmer entlang der Flussläufe verarbeiteten damals heimische Erze. Bei Albenreuth, Pullenreuth und Eslarn grub man nach Gold, in Erbendorf nach Silber, bei Mähring nach Kupfer und in anderen Orten nach Blei. Roheisen, Zinnbleche, Werkzeuge und Waffen wurden in viele Länder exportiert. Durch den Zusammenschluss von 66 oberpfälzischen Hammerwerken 1387 entwickelte sich Amberg zu einem mächtigen industriellen Zentrum.

Ein Besenmacher im Oberpfälzer Freilandmuseum

Während des Dreißigjährigen Kriegs jedoch, der die Bevölkerung stark dezimierte, folgte dem wirtschaftlichen Wohlstand ein totaler Untergang. Die Oberpfälzer Eisenindustrie verlor ihr Monopol an neu entstandene Industriezentren im heutigen Mittel- und Westdeutschland. Da der karge Boden die verarmte Bevölkerung nicht ernähren konnte, wanderten viele Menschen ab, so dass die Oberpfalz noch heute relativ dünn besiedelt ist. Das einst blühende Land wurde zur „Steinpfalz“ degradiert.

Erst mit dem durch den Handelsminister Gustav von Schlör geförderten Bau der Eisenbahnen, durch die das Hinterland an die Industriezentren angeschlossen wurde, trat eine Besserung der wirtschaftlichen Situation ein: 1859 war die Strecke München–Regensburg–Schwandorf–Nürnberg fertig gestellt, 1863 erhielt Weiden die Verbindung nach Schwandorf und Bayreuth.

Von Nürnberg aus, damals Zentrum der bayerischen *Glasindustrie,* wurde die Ansiedlung von Glashütten betrieben. Reiche Waldbestände, ausreichend Wasserkraft und ergiebige Vorkommen von Schmelzsand förderten diese Entwicklung. Auch heute noch ist die oberpfälzische Glasindustrie von Bedeutung: In Waldsassen fertigt die Glashütte Lamberts als Marktführer mundgeblasenes Tafelglas (z. B. für die Frauenkirche in Dresden), Mitterteich besitzt seit 1883 eine Glashütte (jetzt Schott Rohrglas), Weiden ist Hauptsitz der Glasfirma Nachtmann nach Übernahme durch den österreichischen Riedel-Konzern, Schönsee nahe der tschechischen Grenze ist Standort der Irlbacher Blickpunkt Glas GmbH für Spezialgläser in höchster Präzision (z. B. für den Reichstag in Berlin) und in Amberg hat sich mit der Evelyn-Glashütte eine bedeutende Glasmanufaktur etabliert.

Durch die Kaolinvorkommen bei Hirschau, Schnaittenbach und Tirschenreuth entwickelte sich die *Porzellanindustrie.* Als erster Betrieb entstand 1838 eine Porzellanfabrik in Tirschenreuth; 1881 folgte in Weiden die Fabrik Gebrüder Bauscher, deren Hotelporzellan weltweit zu einem Begriff wurde. 1910 siedelte sich in Weiden die zuvor in Vohenstrauß gegründete Porzellanfabrik Seltmann an, die zusammen mit ihren Zweigfirmen in Krummennaab und Erbendorf ebenfalls weltbekanntest Porzellan erzeugt.

1863 wurde die Maximilianshütte (Maxhütte) in Sulzbach-Rosenberg gegründet. Sie musste 2002 als letztes bayerisches Großstahlwerk geschlossen werden.

Die erste deutsche Wiederaufbereitungsanlage für Kernbrennstoffe war in Wackersdorf bei Schwandorf geplant, früher Mittelpunkt der 1982 stillgelegten Braunkohleindustrie. Aufgrund erheblicher Widerstände wurde das bereits in Bau befindliche Projekt 1989 eingestellt. Auf dem Gelände haben sich inzwischen andere Industriebetriebe angesiedelt.

Flussspatvorkommen wurden früher in Gruben bei Nabburg, Schmidgaden, Schwarzenfeld und Wölsendorf genutzt. Heute erinnern nur noch Besucherbergwerke an die alte Tradition. Weithin bekannt war das Feldspat-Bergwerk bei Hagendorf, das seinen Betrieb ebenfalls eingestellt hat.

Wirtschaftliche Bedeutung hat noch die *Natursteinindustrie.* Granitbrüche gibt es in Flossenbürg, Kalkbrüche bei Regensburg und Burglengenfeld, und in anderen Steinbrüchen werden Basalt, Quarz, Syenit und Buntsandstein abgebaut.

An die frühere *Knopferzeugung* in Bärnau erinnert das Deutsche Knopfmuseum. Hier war der bedeutendste Standort in

Deutschland mit allen Knopfsorten vom Kunststoff bis zum Naturmaterial.

In der Gegend um Schönsee wird noch die traditionelle Kunst des *Spitzenklöppelns* ausgeübt: Unter geschickten Händen entstehen nach altüberlieferten Mustern kostbare Spitzen.

Zu den alteingesessenen Berufen, die noch hier und da ausgeübt werden, gehören auch *Körbeflechter* und *Holzschnitzer.* In Plößberg erinnert das Glasschmelzofen-Museum an die alte Tradition der Glasofenbauer. Aus dem Handwerk des Webers entwickelte sich die *Textilindustrie,* die mit einer Reihe bekannter Firmen in der Oberpfalz vertreten ist. Das 1910 gegründete Webwaren-Versandhaus Witt in Weiden hat den Namen dieser Stadt weithin bekannt gemacht.

Die *Landwirtschaft* hat es mit den meist leichten, sandigen Böden und dem ungünstigen Klima schon immer schwer gehabt. Abgesehen von nur wenigen Großgrundbesitzern überwiegt der kleine Ackerbau, der die bescheidene Ernte dem kargen Boden abringen muss.

Knapp 40 % der Gesamtwirtschaftsfläche ist Waldland, das überwiegend aus Kiefern und Fichten besteht. Dadurch haben sich zahlreiche *Holzverarbeitungsbetriebe* angesiedelt. Marktführer ist die Firma Pfleiderer in Neumarkt.

Die vielen Weiher und Teiche werden für die *Karpfenzucht* genutzt: Die Hälfte aller bayerischen Karpfen kommt aus der Oberpfalz. Einst waren es die Mönche der Klöster Waldsassen und Speinshart, die intensive Teichwirtschaft betrieben und ihre Kenntnisse an die Bauern weitergaben.

Besonders erfreulich: In der Oberpfalz geht es nach Jahrzehnten der Stagnation wirtschaftlich wieder aufwärts, nicht zuletzt durch Grenzöffnung und EU-Osterweiterung. Gab es früher in der Kreisstadt Cham die meisten Arbeitslosen in Bayern, sind es heute die wenigsten. Vielerorts werden Fachkräfte gesucht, auch im Großraum Regensburg. Hier ist das Ballungszentrum der Industrie mit Firmen wie BMW, Krones AG, Infineon und Continental. Das Unternehmen Osram Opto ist auf LEDs spezialisiert und betreibt in Regensburg eine hochmoderne optoelektronische Halbleiterfertigung. Außerdem ist Regensburg bayernweit der zweitgrößte, deutschlandweit der fünftgrößte Standort für *Biotechnologie* mit zahlreichen Betrieben, die mit den Forschungsstätten der Regensburger Universität eng zusammenarbeiten.

Unterwegs in der Oberpfalz

Mit einem Stern gekennzeichnete Orte (*) sind im Kapitel „Orte und Städte von A bis Z“ ausführlich dargestellt

Kallmünz

Route 1

Von Regensburg in den Vorwald

Regensburg – Donaustauf – Wörth – Falkenstein – Roding – Nittenau – Regenstauf – Regensburg

Der Vorwald, eine bewaldete Hügellandschaft zwischen Donau, Regenfluss, Roding und Wörth, zählt zu den Ausläufern des Bayerischen Waldes, gehört aber überwiegend zur Oberpfalz. Teile des Vorwaldes stehen unter Natur- oder Landschaftsschutz. Höchste Erhebung ist das schon auf niederbayerischem Gebiet gelegene Büscherl (740 m) bei Wiesenfelden, südöstlich von Falkenstein.

Regensburg*, verkehrsgünstig gelegene Stadt am nördlichsten Punkt der Donau und von der UNESCO zum Welterbe erklärt, ist ein guter Auftakt für eine Reise in die Oberpfalz. Sie verlassen die Stadt über die Nibelungenbrücke, durchqueren den Stadtteil *Weichs*, vorbei am Donau-Einkaufszentrum, und biegen von der B 15 Richtung Weiden rechts nach Donaustauf ab. Am linken Donauufer geht es nun stromabwärts, vorbei am unter Naturschutz stehenden *Fellinger Berg* (424 m) mit markanten Felspartien.

Donaustauf* wird von der mächtigen Ruine einer Burg aus dem 10. Jh. überragt. Hoch über dem Donautal thront die Walhalla, erbaut 1830–42 nach dem Vorbild des Parthenon-Tempels der Athener Akropolis.

Die Walhalla thront bei Donaustauf über dem Donautal

Sulzbach a. d. Donau am Fuß des Scheuchenberges (540 m) mit frühgotischer Kirche St. Martin und Resten der Kirchhofbefestigung ist ein guter Ausgangspunkt für Exkursionen in den 26 km² großen Thiergarten der *Fürsten von Thurn und Taxis* mit Rehen, Hirschen, Wildschweinen sowie Auer- und Birkhuhnbeständen. Der 1813 angelegte und 1912 erweiterte umzäunte Wildpark ist mit seinen vielen Wanderwegen öffentlich zugänglich. Höchste Erhebung ist die *Schopflohe* (670 m). Der Haupteingang liegt 1½ km nordöstlich beim Gasthof Hammermühle. Das fürstliche *Jagdschloss Thiergarten* wurde 1880 erbaut. In der Nähe befindet sich ein 18-Loch-Golfplatz.

➜ Abstecher

Durch das *Otterbachtal* geht es nordöstlich nach **Altenthann** mit barockem Pfarrhof und Heimatmuseum des Landkreises Regensburg. Ein Wanderweg führt in 1 Std. östlich über *Schönfeld* mit romanischer Ägidiuskirche um 1150 (einst Burgkapelle der Herren von Schönfeld) nach *Siegenstein* mit Burgruine und gut erhaltener ehemaliger Burgkapelle aus dem 13. Jh. Es folgt das hochgelegene Pfarrdorf **Brennberg**, vom 11. Jh. bis 1326 Sitz der Ritter von Brennberg, gekrönt von der Burgruine (652 m) mit Aussichtsturm.

Südwestlich liegt **Frauenzell**. Das ehemalige Benediktinerkloster, gegründet 1321 durch Reimar IV. von Brennberg, wurde 1803 aufgelöst. Die ehemalige Abteikirche, jetzt Pfarrkirche Mariae Himmelfahrt, entstand 1747–52 anstelle der gotischen Vorgängerin. Der Innenraum mit ovalem Langhaus und rundem Chor zeigt sich in prachtvollem Rokoko. Das große Deckenfresko mit dem Marienzyklus schuf 1752 Martin Speer. Bemerkenswert sind die wappengeschmückten Epitaphe im Kreuzgang. Im Klosterhof steht noch der wuchtige Turm der Vorgängerkirche aus dem 14. Jh.

In **Wiesent** stoßen Sie wieder auf die Hauptroute.

Von Sulzbach zwängt sich die Straße zwischen Donau und dem breiten *Scheuchenberg-Höhenrücken* nach **Bach a. d. Donau**. In der klimatisch günstigen Region gedeihen seit der Römerzeit neben den Winzerer Höhen bei Regensburg die einzigen Weinreben Altbayerns. Im historischen Weinpresshaus befindet sich das Baierweinmuseum. Interessant ist auch eine Besichtigung des historischen Schmucksteinbergwerks Silberschacht.

Über den benachbarten Weinort *Kruckenberg* kommen Sie nach **Wiesent**. Der 780 erstmals als „Wysunt“ genannte Ort besitzt ein stattliches Schloss von 1695 mit zwei Rundtürmen. Der östliche „Hudetz-Turm“ bewahrt die Hinterlassenschaft des Malers und Grafikers Karl Anton Hudetz. Die Pfarrkirche Mariä Himmelfahrt ist ein Neubau von 1971–73 unter Einbeziehung des gotischen Chorraumes mit barockem Hochaltar und des 1818 erneuerten Turmes; bemerkenswert sind die Renaissance-Grabmäler mit bildlichen Darstellungen.

★ Nepal-Himalaya-Pavillon in Wiesent

Eine besondere Attraktion ist der buddhistisch-hinduistische Nepal-Himalaya-Pavillon, viel bestaunt auf der Expo 2000 in Hannover und auf der Martiniplatte originalgetreu wieder errichtet mit Meditationsgarten und großem Seerosenteich.

Wörth an der Donau* beeindruckt durch das mächtige ehemalige fürstbischöfliche Schloss mit seinen acht Türmen, das schon Albrecht Altdorfer 1522 auf einem Gemälde verewigt hat.

Über *Rettenbach* mit Stausee des Höllbach-Kraftwerks erreichen Sie den anerkannten Luftkurort **Falkenstein*** am Fuß des Burgbergs mit urwaldartigem Naturfelsenpark. Die im 11. Jh. gegründete Burg beherbergt u. a. das Museum Jagd und Wild.

Durch das idyllische *Perlbachtal* (auch Mietnachtal genannt) kommen Sie vorbei an der Rokoko-Wallfahrtskirche *Marienstein* und der *Burgruine Sengersberg* der im 13. Jh. bekundeten Herren von Segensperch zur B 16 Regensburg–Roding. Sie passieren *Trasching* und erreichen bald das *Regental*. Über dem südlichen Ufer thront die 1270 erstmals genannte Burg *Regenpeilstein* mit noch mittelalterlichem quadratischem Bergfried. Die Anlage wurde 1897 zu einem Schloss umgebaut und befindet sich in Privatbesitz.

Roding* wurde bereits 844 als karolingischer Königshof erwähnt. Nahe der Regenbrücke steht das barocke Rathaus mit Glockenspiel und Pranger. Die 1960/64 erbaute moderne Stadtpfarrkirche besitzt noch einen barocken Turm von 1758.

Der barocke Turm der Stadtpfarrkirche überragt das idyllisch gelegene Roding

➜ Abstecher

Die B 85 führt über *Neubäu* am 30 ha großen Neubäuer See mit vielen Freizeiteinrichtungen und *Mappach* mit Heimat- und Bauernmuseum (Museumstr. 1) nach **Bruck**. Der im Sulzbachtal gelegene, 1345 zum Markt erhobene Ort war früher bayerischer Pflegamtssitz. Erhalten sind noch Reste der mittelalterlichen Marktbefestigung mit Halbrundtürmen. Die barocke Pfarrkirche St. Ägidius mit schönen Altären aus der Zeit um 1700 wurde auf den gotischen Mauern der Vorgängerin errichtet. Nordwestlich liegt der Ortsteil *Schöngras* mit einem Rokokokirchlein von 1758, südöstlich der *Einsiedler Forst* mit der schon 1358 beurkundeten Kapelle St. Magdalena.
Die B 85 verläuft weiter nach Bodenwöhr*, anerkannter Erholungsort am 8 km langen Hammersee.

Kloster Walderbach ist eine ehemalige Zisterzienserabtei

Die Hauptroute zweigt in *Altenkreith* von der B 85 ab in das untere Regental.

Walderbach beherbergte von 1143 bis 1803 ein Zisterzienserkloster. Die ehemalige Klosterkirche St. Nikolaus ist eine romanische dreischiffige Hallenkirche aus dem 12. Jh. mit originalen Gewölbemalereien und Rokoko-Chor um 1748. Der äußere Kirchenbau wurde im 18. Jh. barockisiert; der Zwiebelturm entstand erst 1779. Die barocken Klostergebäude beherbergen den prächtigen Festsaal (klassische Konzerte) mit Deckengemälde „Gastmahl des ägyptischen Joseph" von Otto Gebhard aus Prüfening (1768), die ehemalige Kapelle des Prälaten mit Deckenfresko „Hl. Maria Magdalena als Büßerin" von Cosmas Damian Asam (1718) und einen empfehlenswerten Hotel-Gasthof.

Reichenbach liegt flussabwärts am linken Ufer. Das einstige Benediktinerkloster (1118–1803) ist noch heute von Befestigungsanlagen umgeben. Seit 1891 dient es als Heil- und Pflegeanstalt der Barmherzigen Brüder. Angeschlossen ist eine Fachschule für

Heilerziehungspflege. Die zweitürmige romanische Pfeilerbasilika aus dem 12. Jh. wurde im 17. Jh. prachtvoll im Barockstil erneuert. Andreas Gebhard aus Regensburg schuf die Fresken mit Szenen aus der Klostergeschichte, die durch Begleittexte erläutert werden. Unter den vielen Grabmalen befindet sich auch die Grablege der Stifterfamilie Markgraf Diepold II. von 1304: Vier liegende Löwen tragen den Wappenstein. Originell sind die bronzenen Löwenköpfe als Türklopfer am Portal.

Nittenau* in einer Talmulde des Regen gilt als Dorado für Angler. Das Stadtmuseum zeigt einen präparierten, 2,13 m großen Waller (Wels).

Talwärts folgen links die Burgen *Hof* (restaurierte Anlage aus dem 12. Jh. mit Turm, Kapelle und Naturpark-Infostelle im Torhaus) und *Stefling* (10. Jh., gut erhalten; in Privatbesitz). Bald thront am jenseitigen Ufer über dem Regenknie die Burgruine *Stockenfels*, eine alte Ritterfeste aus dem 13. Jh. mit Wohnturm (erhalten) und Palas (Ruine), im Volksmund „Geisterburg" und „Bierpantscherwalhalla" genannt. Der Sage nach gilt sie als nächtlicher Verbannungsort Bier pantschender Brauer und jener Wirte, die das Bierglas nicht bis zum Rand füllen.

Marienthal mit bekannter Ausflugsgaststätte liegt am Fuße vom *Gailenberg* (558 m) mit den Aussichtspunkten Franzenshöhe und Wackelstein. Hier kann man den Wagen stehen lassen und mit einer Kahnfähre den Fluss überqueren („Fährmann hol über"), um die Burgruine Stockenfels zu besuchen.

Sie fahren jetzt durch den landschaftlich schönsten Teil des Regentals, umfangen von dicht bewaldeten Bergen. Am jenseitigen Ufer grüßt das mittelalterliche Schlösschen *Hirschling* mit Stufengiebel, Türmchen und Schlosskapelle. Es folgt **Heilinghausen**. Die ursprünglich gotische, barock veränderte Kirche St. Michael, eine ehemalige Wallfahrtsstätte für Augenleiden, bewahrt eine Steinfigur des hl. Christopherus aus der Zeit um 1500.

Über die Regenbrücke in *Kleinramspau* erreicht man **Ramspau** mit Kirche St. Laurentius von 1904 (Turm noch gotisch) und Barockschloss von 1743, das von vier Eckzwiebeltürmchen bekrönt wird; oberhalb im Wald verbirgt sich ein mittelalterlicher Burgrest. Nordwestlich liegt **Leonberg** (heute Stadtteil von *Maxhütte-Haidhof*, benannt nach dem ehem. Eisenwerk Maximilianshütte, 1853–1990) mit ursprünglich gotischer Pfarrkirche St. Leonhard, mittelalterlicher Burg (jetzt Wohnungen) und Neuem Schloss von 1885–90. Im benachbarten Stadtteil **Kappl** befinden sich die beiden Rokoko-Wallfahrtskirchen Unter- und Oberkappl.

→ Abstecher

Von *Kleinramspau* zweigt östlich eine Straße ab in den *Vorwald.* Vorbei an der *Burgruine Forstenberg* aus dem 14. Jh. mit Resten des fünfeckigen Bergfrieds kommen Sie nach **Karlstein.** Das vierflüglige Schloss aus dem 14. Jh. wurde mehrfach verändert und beherbergt im Südflügel die Schlosskapelle. Ein schöner Wanderweg führt in 2 Std. nordöstlich über Grafenwinn auf den *Jugenberg* (613 m). Über das hoch gelegene Pfarrdorf **Kürn** am aussichtsreichen *Hohen Stein* (584 m) mit Schloss des 12./19. Jh. geht es nach **Hauzenstein.** Der im Gambachtal gelegene Ort war Stammsitz der schon 1372 genannten Hauzendorfer. Das anstelle einer Burg erbaute Schloss mit Glockenturm und Schlosskapelle von 1835 umgibt ein Park.

Es folgt **Wenzenbach** im Wenzenbachtal, schon im 9. Jh. als „Menzinpah" gegründet. Die Pfarrkirche St. Peter aus dem 15. Jh. anstelle der romanischen Vorgängerin mit Langhaus aus dem 17. Jh. und neugotischer Ausstattung nach einem Umbau 1901 wurde 2003–06 durch einen modernen Neubau erweitert. Auffallend ist die Kreuzsäule an der Hauptstraße/Ecke Pestalozzistr. aus der ersten Hälfte des 15. Jh. auf der „Kopfstätt", einst Richtstätte der Herrschaft Schönberg. Daneben ein kleines Steinkreuz aus dem 16. Jh. mit den Wappen von Bayern und Pfalz-Neuburg, wahrscheinlich ein Grenzstein. Hoch über dem Tal liegt das ehemalige *Schloss Schönberg* aus dem frühen 18. Jh. mit älterem Mauerwerk; gegenüber die Schlosskapelle St. Josef.

Regenstauf* an der Einmündung der Regentalstraße in die B 15 Regensburg–Weiden liegt am Fuß des Schlossbergs mit Aussichtsturm. Durch die Erzählung „Das Eisenbahnunglück" von Thomas Mann, der dort 1908 unmittelbarer Zeitzeuge war, kam der alte Markt auch zu literarischen Ehren.

Regensburg* erreichen Sie entweder auf der B 15 über Zeitlarn, Sallern und *Reinhausen,* dem früheren Reginhusen mit der alten St. Nikolauskirche, oder reizvoller auf der Nebenstrecke rechts des Regen über *Regendorf* mit zweiflügligem Schloss des 16./19. Jh. (Schlosskapelle von 1679) und *Lappersdorf* mit der Pfarrkirche Mariae Himmelfahrt, die 1930 unter Einbeziehung des mittelalterlichen Turmes errichtet wurde und den barocken Hochalter Mariae Himmelfahrt bewahrt.

Route 2

Von Regensburg in die Südliche Oberpfälzer Alb

Regensburg – Beratzhausen – Parsberg – Velburg – Kastl – Hohenburg – Schmidmühlen – Kallmünz – Regensburg

Regensburg* verlassen Sie westlich über die 45 m hohe und 984 m lange Donau-Autobahnbrücke und zweigen gleich wieder ab.

Sinzing, schon 921 urkundlich genannt und heute Großgemeinde mit 24 Ortsteilen, liegt reizvoll an der Einmündung der Schwarzen Laber in die Donau. In der „Alten Kirche", um 1680 barockisiert, wurden bei der Renovierung 1987 gotische Fresken und Grundmauern von drei Vorgängerkirchen bis ins 8. Jh. freigelegt. Die neue Pfarrkirche Mariä Himmelfahrt entstand 1951/52 nach Plänen des Münchner Architekten Friedrich Haindl. Golfer schätzen die beiden 9- und 18-Loch-Plätze am Minoritenhof. Im Ortsteil *Riegling* mit spätromanischer Kirche St. Michael befindet sich das Walderlebniszentrum mit Kletterwald und Schönwerth-Märchenpfad.

Bruckdorf ist mit Sinzing auch durch einen Rad- und Wanderweg entlang der Schwarzen Laber verbunden. Das schon 1052 geweihte Kirchlein Hl. Kreuz steht inmitten eines Bauernhofs. Auch die beiden Kirchen in den Nachbarorten *Alling* und *Bergmatting* sind romanischen Ursprungs.

In *Niederviehhausen* erinnert der weithin sichtbare Bergfried an eine Burg aus dem 12. Jh., die im Dreißigjährigen Krieg zerstört wurde. Das ehemalige Schloss mit Zwiebelturm in *Viehhausen*, um 1654 durch die Freiherren von Rosenbusch auf älteren Mauern errichtet, diente lange Zeit als Klarissinnenkloster und beherbergt jetzt kirchliche Einrichtungen; die angebaute Kirche St. Leonhard von 1867 ist Nachfolgerin der Schlosskapelle.

Eilsbrunn ist mit der Traditionsgaststätte Röhrl ein beliebter Ausflugsort. Die ursprünglich aus dem 11. Jh. stammende Kirche St. Wolfgang bewahrt Grabmäler von Adeligen aus der Umgebung. Der *Alpine Steig* führt über eine imposante Felslandschaft mit Gipfelkreuz hoch über dem Tal der Schwarzen Laber nach **Schönhofen** (Ortsteil von Nittendorf) mit ursprünglich gotischer Johanneskirche und bewirtschaftetem Naturfreundehaus.

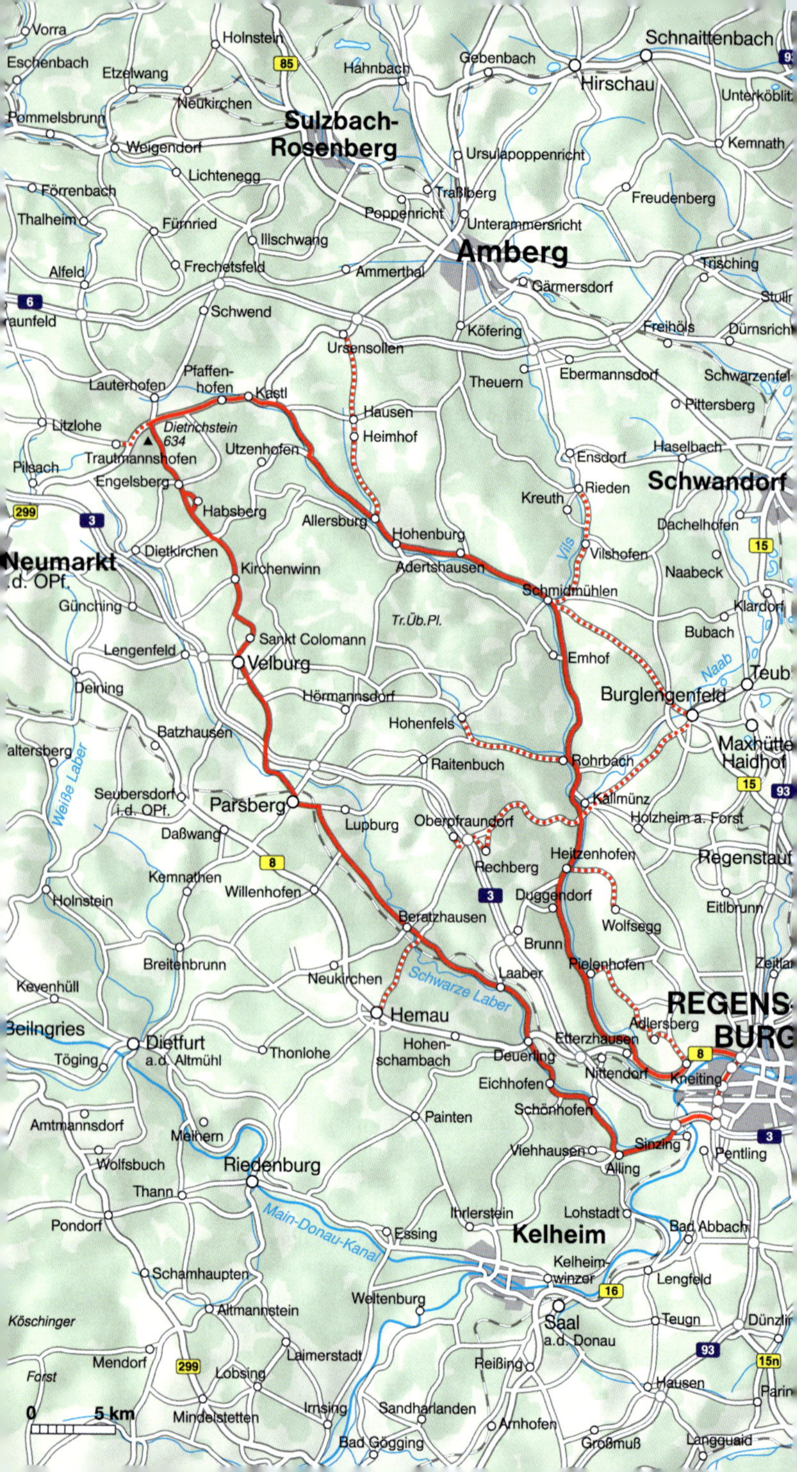

Sulzbach-
Rosenberg
Amberg
Schwandorf
Neumarkt
i.d. OPf.
Velburg
Parsberg
Burglengenfeld
REGENS-
BURG
Kelheim
Hemau
Dietfurt
a.d. Altmühl
Riedenburg
Hirschau
Schnaittenbach
Kastl
Dietrichstein
634
Schmidmühlen
Kallmünz
Beratzhausen
Laaber
Sinzing
Main-Donau-Kanal
Schwarze Laber
Weiße Laber
Naab
Vils
0
5 km

Bald folgt **Eichhofen** mit einem Hammerschloss aus dem 16. Jh. Traditionsreich ist auch der Brauereigasthof mit prämierter bayerischer Küche (Goldmedaille). Über den östlichen Talrand kauert sich in eine Felswand die *Burgruine Loch* mit rundem Bergfried, eine Höhlenburg aus dem 12. Jh., deren Wohnräume im Inneren des Felsens nach außen durch doppelte Ringmauern geschützt waren.

Über *Deuerling* mit Schloss und St. Martinskirche erreichen Sie **Laaber**. Der einst befestigte Markt im Tal der Schwarzen Laber wird von der Ruine einer 1118 urkundlich genannten Burg der Herren von Laaber überragt, von denen Hadamar III. (1300–1360) als Minnesänger wirkte. Von der seit dem 18. Jh. verfallenen Anlage sind noch Teile romanischen Quaderwerks mit Bering, Torbau, Bergfried, Palas und Kapelle erhalten. In der gotischen, um 1740 barockisierten Pfarrkirche St. Jakob befinden sich einige Epitaphe, darunter der links vom Hochaltar in die Wand eingelassene rotmarmorne Grabstein des Ritters Hadamar IV. († 1420), der den Sohn des Minnesängers in voller Rüstung zeigt. Auch aus der Luft lassen sich Ort und Umgebung erkunden: Das Airsport Ballonzentrum veranstaltet Ballonfahrten.

Nordöstlich liegt auf der Albhochfläche der Ort *Frauenberg,* eine seit dem Mittelalter bestehende Wallfahrt mit der Kirche Mariä Geburt, anstelle der Vorgängerin 1953/54 unter Beibehalt des alten Turms neu errichtet.

★ Confiserie Seidl

Pralinen, Trüffel und weitere Schokoladenkreationen der Seidl Confiserie mit Direktverkauf (Autobahnausfahrt Laaber; Ortsteil Hinterzhof, Reiserweg 2)

Beratzhausen ist ein anerkannter Erholungsort im Tal der Schwarzen Laber, Geburtsort des Dichters Gottfried Kölwel (1889–1958) und beliebter Treffpunkt von Bildhauern und Malern beim internationalen Kunstsymposium. Im Ortskern sind vor allem das Rathaus von 1786 und die um 1720 errichtete Mariensäule sehenswert. Die Pfarrkirche St. Peter und Paul, errichtet 1762–64 auf den Mauern der romanisch-gotischen Anlage, besitzt eine prächtige Rokokoausstattung. Die doppelgeschossige ehemalige Friedhofskapelle St. Sebastian am westlichen Ortsrand aus dem 15./18. Jh. beherbergt eine Holzfigur des hl. Sebastian aus dem 17. Jh. sowie zwei aus Renaissance-Steinepitaphien gefertigte Seitenaltäre. Auf einer steilen Felskuppe über dem Tal steht die barocke Wallfahrtskirche Maria Hilf von 1734, erneuert 1847. Nordwestlich auf dem Schlossberg (555 m) befindet sich die Ruine der Burg Ehrenfels, im 13. Jh. Sitz der Edlen von Ehrenfels, mit markantem Rundturm.

★ Einödhof Katharied

Solarbeheiztes Freibad in Beratzhausen, Katharieder Bauernhanddruck (u.a. Tischdecken aus Reinleinen) im Einödhof Katharied mit Ausstellungsraum (Nähe Autobahn). Gute Einkehr bietet der Gasthof Hammermühle in Beilnstein.

➜ Abstecher

Hemau liegt südwestlich von Beratzhausen auf einem Bergrücken des Tangrintels zwischen Schwarzer Laber und Altmühl an der alten Handelsstraße Regensburg–Nürnberg (B 8). Die 1138 urkundlich genannte Siedlung „Hempurc“ wurde schon 1305 als Oppidum (Stadt) bezeichnet und war früher von einer Ringmauer mit zwölf Türmen und zwei Toren umgeben. Das gotische Alte Rathaus von 1471, nach einem Brand 1779 umgestaltet, beherbergt jetzt das Spielzeugmuseum (Stadtplatz 4). Die Pfarrkirche St. Johann Baptist, erbaut 1719–21 unter Verwendung gotischer Chormauern, besitzt vier gotische Holzreliefs aus der Zeit um 1500 mit Szenen aus der Geschichte der beiden Johannes. Nordwestlich thront auf dem *Eichlberg* (582 m) die Wallfahrtskirche zur Hl. Dreifaltigkeit von 1697–1711 mit der alten Gnadenkapelle von 1693–95 an der Nordseite des Chores. Tradition haben das Heimatfest im September und der Spitzlmarkt am Tag vor Allerheiligen mit Lebkuchen- und Tortenspitzl

★ Radroute Obsterlebnisweg

Radroute Obsterlebnisweg Hemau – Beratzhausen – Dinau – Kallmünz (34 km) mit Informationstafeln

Parsberg* wird von der malerischen Burganlage mit der imposanten Doppelturmfassade überragt. Das dortige Freizeitzentrum Juramare verfügt über ein komfortables Wellen-Freibad und eine 100 m-Rutsche.

Parsberg erhebt sich mit seiner Burganlage über dem Tal der Schwarzen Laber

Velburg* erstreckt sich auf einem Plateau der Oberpfälzer Alb und entstand im 12. Jh. als Siedlung einer längst verfallenen Burg. Berühmt ist die weitläufige König-Otto-Höhle bei St. Coloman mit ihren vielen tausend Steingebilden. Gern besucht wird der traditionsreiche Brauerei-Gasthof Winkler im Ortsteil Lengenfeld.

Nordwestlich geht es auf Nebenstraßen über die Albhochfläche nach **Habsberg**. Weithin sichtbar ist die *Wallfahrtskirche Maria, Heil der Kranken* von 1760–69 auf dem Habsberg (621 m) anstelle einer mittelalterlichen Burg der Grafen von Kastl-Habsberg. Sie ist eine der schönsten Rokokokirchen der Region mit imposantem Deckenfresko von Johann Michael Wild aus Amberg. Daneben die *Gnadenkapelle* von 1682/1730 mit der hölzernen Gnadenmadonna. Unterhalb im Wald ein stimmungsvoller Friedhof mit kunstfertigen Schmiedeeisenkreuzen. Das „Haus am Habsberg" beherbergt seit 2007 ein Umweltzentrum mit vielfältigen Angeboten zur Naturerkundung.

Bald ragt westlich der **Dietrichstein** (634 m) empor. Hier stand früher die Burg des Feldhauptmanns Seyfried Schweppermann (um 1260–1357), der dem deutschen König und Kaiser Ludwig dem Bayer diente. Ihm konnte es Ludwig verdanken, dass sein Gegenkönig Friedrich der Schöne in der Schlacht bei Ampfing/Mühldorf 1322 geschlagen und gefangen genommen wurde. Friedrich wurde in der oberpfälzischen Burg Trausnitz festgesetzt, bis es 1325 zur Versöhnung kam. Nach der Schlacht stand für die abendliche Kaisertafel als kärgliches Mahl nur ein Korb mit Eiern zur Verfügung. Ludwig soll diese Eier mit den Worten verteilt haben: „Jedem ein Ei, dem braven Schweppermann zwei." Das Schweppermann-Grab befindet sich in der Klosterkirche von Kastl.

Nach wenigen Kilometern stoßen Sie auf die B 299 Neumarkt–Kastl.

→ Abstecher

Südöstlich Richtung Neumarkt liegt in Nähe der B 299 der kleine Ort **Trautmannshofen**. Weithin sichtbar ist die Wallfahrtskirche Mariä Namen, seit 1432 eine der ältesten Marienwallfahrten der Oberpfalz. Von der alten Kirche ist noch der gotische Chorturm erhalten. Angefügt wurde der 1691 geweihte, von den Gebrüdern Dientzenhofer errichtete barocke Neubau. Das Innere strahlt in glanzvollem Rokoko aus der Zeit um 1760 mit Rocaillestuck, Deckenfresken des Ambergers Johann Michael Wild und kunstvoller Kanzel. Rechts der Gnadenaltar mit dem verehrten Marienbild aus der Zeit um 1400. Zahlreich sind die seit dem 17. Jh. gesammelten Votivbilder.

Vorbei an *Lauterhofen* mit Quelle der Lauterach und Behinderten-Pflegeheim der Regens-Wagner-Stiftung im ehemaligen Schloss kommen Sie nach **Pfaffenhofen**. Neben der romanischen Kirche St. Martin mit spätgotischem Chor steht ein doppelgeschossiger Karner aus dem 13. Jh. mit mittelalterlichen Wandmalereien. Auf einem steilen Felsen thront die Ruine der Schweppermannsburg, Reste einer kleinen ursprünglich romanischen Burg mit Bergfried und Mauerteilen, früher Wohnstätte der beiden Söhne des kaiserlichen Feldhauptmanns Seyfried Schweppermann. Die Anlage wurde 1633 von Schweden zerstört, 1692 teilweise erneuert und verfiel im 19. Jh. zur Ruine.

Kastl mit der charakteristischen Klosterburg

Kastl* wird überragt von der weithin sichtbaren mittelalterlichen Klosterburg mit der romanischen ehemaligen Benediktinerklosterkirche St. Peter aus dem frühen 12. Jh., eine der berühmtesten Grabstätten des nordgauischen Adels.

Die Route führt nun südöstlich durch das von Wacholderhängen umsäumte Lauterachtal.

Allersburg am Einfluss des Hausener Baches in die Lauterach wurde schon 848 als „Alarespurg“ erwähnt und war Sitz eines hohenburgischen Ministerialengeschlechts. Auf einem Bergsporn liegt die von einer Wehrmauer mit Schießscharten umgebene ursprünglich gotische Pfarrkirche St. Michael. Sehenswert ist die erst jüngst entdeckte Stabkreuzplatte des 1283 gestorbenen Ritters Heinrich von Kutzenhofen im Inneren neben dem Haupteingang. An der Wehrmauer steht die runde frühere Friedhofskapelle St. Leonhard, die einst vermutlich als Karner diente.

→ Abstecher

Das abgeschiedene, landschaftlich reizvolle *Hausener Tal* mit felsigen Steilhängen wird vom Hausener Bach durchflossen. Mittelpunkt ist das Dorf **Hausen.** Die Pfarrkirche St. Georg wurde nach Abbruch der spätgotischen Vorgängerin 1914 bis auf den Turm erneuert. Die Ausstattung des 18. Jh. stammt aus der alten Kirche. Über dem Tal thront auf einem Felssporn die *Burg Heimhof* mit Palas und Ecktürmchen, ursprünglich aus dem 13. Jh., im 19. Jh. verfallen und 1922 wiederhergestellt (Privatbesitz). Nördlich folgt **Zant**. Auf dem Schlossberg mit Mauerresten einer Burg der um 1130 bezeugten Zantner überrascht das im Kern noch mittelalterliche Kirchlein St. Joseph durch die reiche Rokokoausstattung.

Weiter nördlich gelangt man über *Ursensollen* mit Barockpfarrkirche von 1712 nach **Atzlricht**. Das kleine Wallfahrtskirchlein Maria Schnee ist ein achteckiger Zentralbau von 1664 (erweitert 1723) mit quadratischem Turm und Zwiebelhaube. **Amberg** (→ Route 4) erreichen Sie auf der B 299.

Hohenburg zeigt sich als historischer Markt im Lauterachtal. Beeindruckend ist der langgestreckte Marktplatz mit spitzgiebeligen Ackerbürgerhäusern zu beiden Seiten, dem um 1560 im Renaissancestil errichteten denkmalgeschützten Rathaus, das 1720 den Volutengiebel erhielt und 1994 renoviert wurde, sowie dem

Stettkirchen: Wallfahrtskirche Mariä Heimsuchung mit der Ruine Hohenburg im Hintergrund

erkergeschmückten ehemaligen Pflegerhaus aus der Zeit um 1600, in dem früher der Amtmann des Bischofs von Regensburg residierte. Als besondere Attraktion gilt das jüngst aus einem Altbau entstandene Fledermaushaus mit Öffnungen für Große Hufeisennasen (www.fledermaushaus-hohenburg.de). Die Pfarrkirche St. Jakob mit romanischem Turm wurde 1663–64 neu erbaut, während die Friedhofskirche St. Salvator ihren einheitlichen gotischen Ursprung bewahrt hat. Auf dem Schlossberg (521 m), unzugänglich im Sperrgebiet des Truppenübungsplatzes, erinnern weithin sichtbar vier „Ruinenfinger“ an die einst mächtige Hohenburg aus der Zeit um 1000, rund 200 Jahre Stammsitz der einflussreichen Grafen und späteren Markgrafen von Hohenburg. Im Ortsteil *Stettkirchen* erhebt sich malerisch die Wallfahrtskirche Mariä Heimsuchung. Sie soll 976 von Kaiser Otto II. gestiftet worden sein. Der im 17. Jh. erweiterte Bau birgt einen prächtigen Hochaltar.

Über *Adertshausen* mit Pfarrkirche von 1889, die noch einen mittelalterlichen, von einer Renaissancehaube gekrönten Turm besitzt, geht es nach **Schmidmühlen***. Der anerkannte Erholungsort mit Oberem und Unterem Schloss liegt reizvoll am Zusammenfluss von Vils und Lauterach. Der 18-Loch-Golfplatz zählt zu den landschaftlich schönsten Plätzen der Region.

→ Abstecher

Nordöstlich im Vilstal liegt **Vilshofen**. Am Westuferhang gruppieren sich drei Heiligtümer, zu denen eine Auffahrtsallee mit Kreuzwegstationen emporführt: Die ursprünglich gotische, im 18. Jh. erweiterte Kapelle der Allerseelenbruderschaft mit Akanthusaltar, die Pfarrkirche St. Michael mit prächtigem Rokokoaltar und die Wieskapelle aus dem 18. Jh. mit Passionsfresken.

Flussaufwärts folgt der Marktflecken **Rieden** mit ehemaliger Burg und barocker Kirche Mariae Himmelfahrt aus der Zeit um 1700. Das mit Solarenergie beheizte Freibad lädt zum Badespaß ein, und im Ortsteil *Kreuth* befindet sich das Ostbayerische Pferdesport- und Turnierzentrum Gut Matheshof, Europas größtes Reitsportzentrum. Weiter geht es im Vilstal nach Amberg (→ Route 4).

Südöstlich lohnt sich ein Abstecher nach **Burglengenfeld***. Weithin sichtbar thront die imposante Burganlage derer von Lengenfeld über dem Naabtal, noch als Ruine beeindruckend mit wuchtigen Türmen und starken Mauern.

Burglengenfeld: Über der historischen Stadt thront die imposante Burganlage derer von Lengenfeld

Die Hauptroute verläuft nach **Emhof**. Das Dorf an den Ufern der Vils wurde schon 986 urkundlich genannt. In der Dorfkirche erinnert eine Ehrentafel an ein Gefecht im Spanischen Erbfolgekrieg am 28. März 1703, in dem die bayerische Armee die kaiserlichen Truppen besiegte.

Nächste Station ist **Dietldorf**. Der kleine Ort an der Vils, erstmals 982 genannt, wurde 1573 zu einer Hofmark erhoben. Das Hammerschloss im italienischen Stil mit Giebelwappen am Torbogen ließ Baron Friedrich Eberhard Tänzl von Tratzberg 1700–05 anstelle eines älteren Hammerschlosses errichten. Auf einer Anhöhe über dem Dorf steht die Pfarrkirche St. Pankratius von 1723/24 mit barockem Laternenturm; sie birgt interessante Grabsteine adliger Familien.

Rohrbach liegt an der Mündung des Forellenbachs in die Vils. Die romanische, um 1680 barockisierte Dreifaltigkeitskirche besitzt einen Choraltar mit typisch oberpfälzischem Akanthus-Schnitzrahmen. Das überwiegend spätgotische Hammerschloss mit Erker und turmartigem Anbau wurde 1996 renoviert. Am Talhang erhebt sich die romanische ehemalige Burgkapelle.

➜ Abstecher

Westlich liegt im Forellenbachtal, auch „Tal der sieben Mühlen“ genannt, am Rande des großen Truppenübungsplatzes der Markt **Hohenfels**. Auf dem Schlossberg 40 m über dem Tal die Burgruine mit ihrem runden Bergfried, im 12./13. Jh. Stammsitz der Herren von Hohenfels. Die barocke Pfarrkirche St. Ulrich von 1716–21 besitzt als Deckenfresko das Gemälde „Der hl. Ulrich in der Schlacht auf dem Lechfeld 955“ von Cosmas Damian Asam (1721), der damals in Ensdorf arbeitete. Unter der Kirche entspringt eine Karstquelle, aus der nach Vereinigung mit einer zweiten Quelle beim Rathaus der Forellenbach entsteht.

Über *Traidendorf* mit ehemaligem Hammerschloss von 1684, heute ein Tagungshotel, führt die Hauptroute nach **Kallmünz***. Der malerisch gelegene alte Markt am Einfluss der Vils in die Naab mit winkeligen Gassen und alter Steinbrücke von 1558 wird von der Ruine einer Wittelsbacherburg überragt. Südwestlich geht es auf die Albhochfläche nach *Rechberg* (alte Marienwallfahrt) und *Oberpfraundorf* (ursprünglich zweitürmige romanische Dorfkirche) an der Autobahnauffahrt.

Kallmünz liegt an der Naab, überragt von der Ruine einer Wittelsbacherburg

Flussabwärts folgt im Naabtal **Heitzenhofen**. Auf dem Areal des historischen Hammerschlosses mit Stufengiebel entstand das Hotel „Schloss-Residenz“. Die Barockkapelle wurde um 1715 errichtet.

➜ Abstecher

Über die Naabbrücke führt eine Straße zur 4 km entfernten **Burg Wolfsegg**, eine der besterhaltenen Wehranlagen der Oberpfalz. Errichtet in der ersten Hälfte des 14. Jh. und ausgebaut im frühen 15. Jh., konnte sie ihren mittelalterlichen Baubestand mit dem mächtigen Palas bewahren. Nach umfangreicher Restaurierung beherbergt sie jetzt die Dauerausstellung „Leben auf einer Oberpfälzer Burg". Die Sage erzählt von der umhergehenden „Weißen Frau", die sich in den Tropfsteinhöhlen unter der Burg aufhält, dem ruhelosen Geist der treulosen Freifrau Klara, die anno 1460 von ihrem Gatten gemeuchelt wurde.

Duggendorf wurde schon 1233 als „Teukendorf" erwähnt. Die Marienkirche, erbaut um 1720 anstelle der Vorgängerin aus dem 13. Jh., besitzt ein prächtiges barockes Deckenfresko.

Pielenhofen beeindruckt durch die zweitürmige ehemalige Kloster- und jetzige Pfarrkirche Unsere Liebe Frau aus dem 18. Jh. mit üppigen Stukkaturen, barockem Chorgestühl, kunstvollen Altären und Fresken in den Flachkuppeln. Gegründet 1237 als Zisterzienserinnenkloster und 1803 aufgehoben, beherbergt sie heute Salesianerinnen sowie ein Internat der Regensburger Domspatzen. Südöstlich liegt *Pettendorf* mit im 18. Jh. veränderter romanischer Kirche, etwas weiter *Adlersberg* mit ehemaliger Dominikanerinnen-Klosterkirche aus dem 13. Jh. und weithin bekannter Brauereigaststätte Prösslbräu.

Penk ist ein Dorf an der Naab mit nur wenigen Häusern. Das trutzige romanische Kirchlein St. Leonhard beherbergt Kunstwerke aus vielen Jahrhunderten. Das Langhaus soll schon vor dem Jahr 1000 entstanden sein. Um 1240 wurde der dicke quadratische Wehrturm mit Schießscharten angebaut. Vorbei an der frei zugänglichen *Räuberhöhle* mit 24 m Durchmesser und 7 m Höhe geht es nach **Etterzhausen**. Am Ufer der Naab steht die romanische Wolfgangkapelle aus dem 12. Jh. mit alten Wappengrabsteinen. Das barock erneuerte Schloss aus dem 13. Jh. war im 19. Jh. zeitweise im Besitz des Komponisten Felix Mendelssohn Bartholdy.

Mariaort liegt an der Mündung der Naab in die Donau. Am jenseitigen Ufer, durch eine Fähre erreichbar, die barocke Wallfahrtskirche Zu unserer lieben Frau von 1774–76 und die höher gelegene Kalvarienbergkirche von 1724.

Kneiting wurde im 12. Jh. erstmals genannt. Die Dorfkirche aus dem 17. Jh. besitzt einen spätgotischen Schnitzaltar. An der Friedhofsmauer befindet sich ein Kreuzigungsrelief von 1389. Im nördlichen Nachbarort *Kager* auf einer Anhöhe steht die kleine romanische Kirche St. Michael mit gotischer Kanzel.

Regensburg erreichen Sie wieder nach wenigen Kilometern, entweder über die Autobahnbrücke oder über den Stadtteil Weichs und die Nibelungenbrücke.

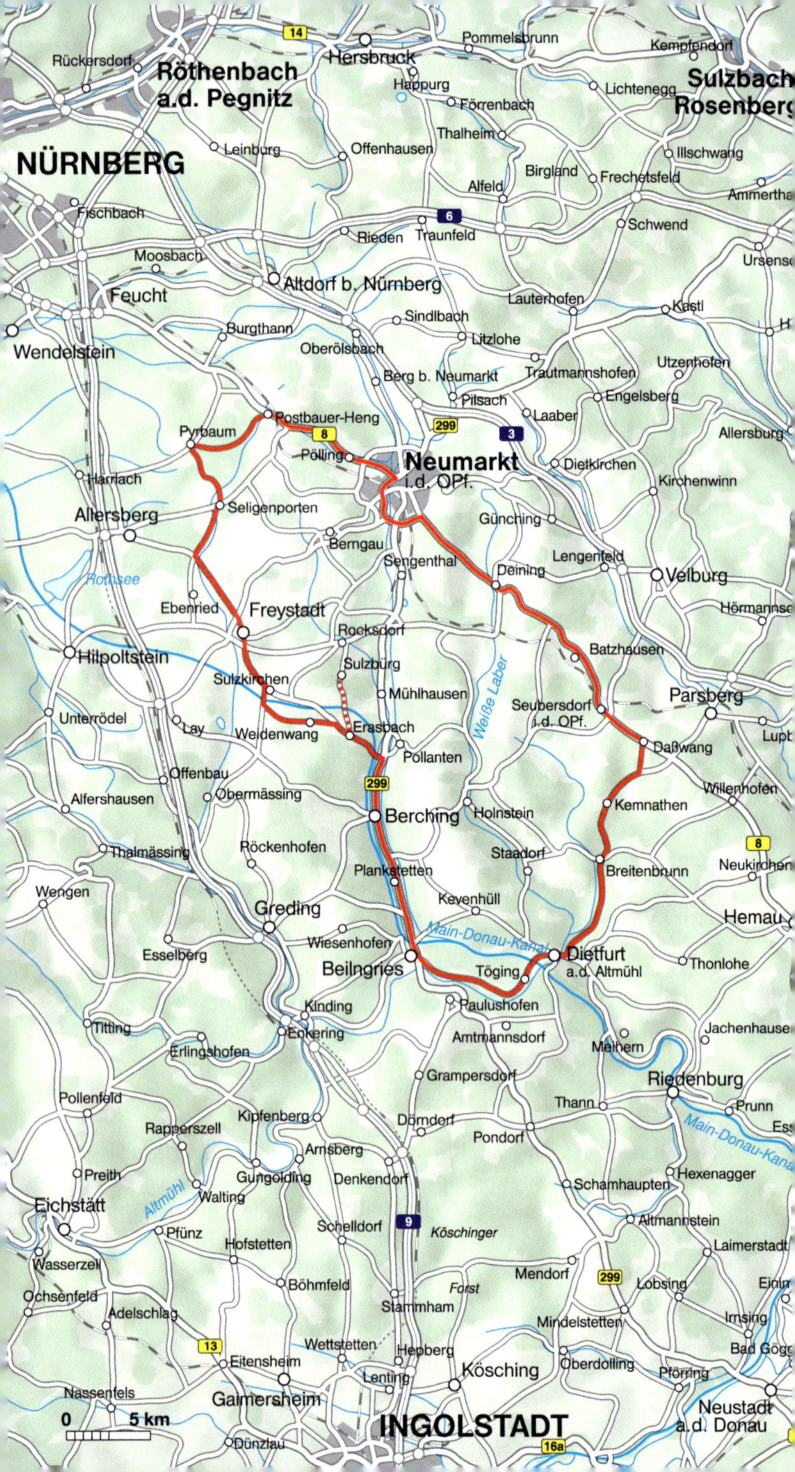

14
Rückersdorf
Hersbruck
Pommelsbrunn
Kempfendorf
Röthenbach
a.d. Pegnitz
Happurg
Lichtenegg
Sulzbach-
Rosenberg
Förrenbach
Thalheim
Leinburg
Offenhausen
Illschwang
NÜRNBERG
Birgland
Frechetsfeld
Alfeld
Ammertha
Fischbach
6
Schwend
Rieden
Traunfeld
Moosbach
Ursens
Altdorf b. Nürnberg
Feucht
Lauterhofen
Kastl
Sindlbach
Wendelstein
Burgthann
Litzlohe
Oberölsbach
Utzenhofen
Berg b. Neumarkt
Trautmannshofen
Engelsberg
Pilsach
Postbauer-Heng
Laaber
299
3
Pyrbaum
8
Allersburg
Pölling
Neumarkt
i.d. OPf.
Dietkirchen
Harrlach
Kirchenwinn
Seligenporten
Allersberg
Günching
Berngau
Lengenfeld
Sengenthal
Rothsee
Deining
Velburg
Ebenried
Freystadt
Hörmannsd
Rocksdorf
Batzhausen
Hilpoltstein
Sulzbürg
Parsberg
Sulzkirchen
Mühlhausen
Weiße Laber
Seubersdorf
i.d. OPf.
Unterrödel
Lay
Erasbach
Weidenwang
Daßwang
Lupb
Pollanten
Offenbau
299
Willenhofen
Obermässing
Alfershausen
Kemnathen
Berching
Holnstein
8
Thalmässing
Röckenhofen
Staadorf
Neukirchen
Plankstetten
Breitenbrunn
Wengen
Kevenhüll
Greding
Hemau
Main-Donau-Kanal
Wiesenhofen
Dietfurt
a.d. Altmühl
Esselberg
Thonlohe
Beilngries
Töging
Kinding
Paulushofen
Titting
Jachenhausen
Enkering
Amtmannsdorf
Erlingshofen
Meihern
Grampersdorf
Riedenburg
Pollenfeld
Thann
Prunn
Kipfenberg
Dörndorf
Rapperszell
Pondorf
Main-Donau-Kanal
Arnsberg
Preith
Hexenagger
Gungolding
Denkendorf
Schamhaupten
Walting
Eichstätt
Altmühl
9
Altmannstein
Schelldorf
Köschinger
Pfünz
Laimerstadt
Hofstetten
Wasserzell
Mendorf
299
Forst
Böhmfeld
Lobsing
Ochsenfeld
Stammham
Adelschlag
Mindelstetten
Irnsing
13
Wettstetten
Hepberg
Bad Gögg
Eitensheim
Oberdolling
Kösching
Pförring
Lenting
Nassenfels
Neustadt
a.d. Donau
Gaimersheim
0
5 km
INGOLSTADT
Dünzlau
16a

Route 3

Von Neumarkt in die Westliche Oberpfälzer Alb

Neumarkt – Deining – Breitenbrunn – Dietfurt – Beilngries – Berching – Freystadt – Neumarkt

Neumarkt*, einst pfalzgräfliche Residenzstadt, heute eine wirtschaftlich rege Kreisstadt, ist Auftakt dieser Route. Nach Zerstörungen im Zweiten Weltkrieg wurde es bald wieder im alten Stil aufgebaut. Auf waldiger Höhe thront die Burgruine Wolfstein mit ihrem beeindruckenden runden Bergfried.

Deining liegt mit seiner Pfarrkirche reizvoll im Tal der Weißen Laber

Die B 8 führt nach **Deining**. Urkundlich 1072 erstmals genannt, umfasst die Gemeinde heute 30 Ortsteile. Bekannt ist die Schlacht um Deining, als die Österreicher 1796 die Franzosen besiegten. Etwas außerhalb liegt der Bahnhof der 1873 eröffneten Bahnlinie Nürnberg–Regensburg, die das Tal der Weißen Laber auf einer 50 m hohen Brücke überquert. Die Pfarrkirche St. Willibald von 1733–49 birgt wappengeschmückte Grabsteine. Das zweigeschossige Schloss aus dem 17. Jh. mit kleinem Turm befindet sich in Privatbesitz; die ursprüngliche Burg wurde 1504 zerstört. Der Kreuzbergweg bietet einen herrlichen Panoramablick. Südlich liegt im Ortsteil *Waltersberg* die spätbarocke Kirche St. Leonhard von 1759 mit prächtiger Ausstattung, nördlich im idyllischen *Lengenbachtal* die Wallfahrtskirche Mariä Lengenbach von 1765.

Über *Batzhausen* mit Wallfahrtskirche Maria Hilf von 1755 geht es nach **Seubersdorf**. Der 1350 erstmals erwähnte Ort gehörte einst zur Herrschaft der benachbarten Adelburg, von der nur noch ein Mauergürtel sichtbar ist. Lange Zeit verlief durch das heutige Gemeindegebiet die Grenze zwischen Bayern-Wittelsbach und Kurpfalz. Südwestlich liegt der Petersberg mit dem Ortsteil *Waldkirchen* und der Wallfahrtskirche St. Peter und Paul, die schon um 850 von Emmeramer Mönchen aus Regensburg gegründet wurde. Lohnend ist der Naturwallfahrtsweg rund um den Petersberg mit mehreren Infotafeln.

Die Route zweigt in Daßwang südlich ab nach **Breitenbrunn**. Der Markt und anerkannte Erholungsort mit Freibad, Minigolfplatz und Wildrosengarten im Tal der Wissinger und Bachhaupter Laber wurde schon 876 erstmals erwähnt. Am Marktplatz mit dem Barbarabrunnen erhebt sich die barocke Pfarrkirche Mariae Himmelfahrt. Sie wurde 1720 an den frühgotischen Turm angefügt und hütet die kostbare Tilly-Monstranz von 1507, eine Nürnberger Goldschmiedearbeit, sowie wappenverzierte Grabdenkmale der Ritter von Wildenstein, die auf den benachbarten Bur-

Breitenbrunn: Auf felsiger Höhe steht die Wallfahrtskirche St. Sebastian

gen Breitenegg und Wildenstein lebten. Etwas außerhalb steht die Wallfahrtskirche St. Sebastian mit zwei Zwiebeltürmen, erbaut im 14. Jh. und im frühen 18. Jh. erweitert. Beeindruckend sind die bis zu 300 Jahre alten Votivkerzen im Inneren und die zahlreichen Hufeisen als Votivgaben an der Westtür. Auf der Bergkuppe gegenüber befindet sich die Ruine der *Burg Breitenegg* aus dem 13. Jh., die einstmals auch dem berühmten Feldherrn Graf von Tilly gehörte. Im Juli trifft man sich zum idyllischen Schäferfest, Anfang September zum historischen Tillyfest.

Dietfurt* ist ein historisches Städtchen und anerkannter Erholungsort am Zufluss der Weißen Laber in die zum Main-Donau-Kanal ausgebaute Altmühl mit großer Schleusenanlage. Vor dem Rathaus steht der originelle Chinesenbrunnen. Am „unsinnigen Donnerstag" feiert man den Chinesenfasching mit vielen tausend Besuchern, weil die Bürger im 18. Jh. den Steuereinnehmer nicht durchs Tor ließen, der dann der Obrigkeit verkündete, die Dietfurter verschanzten sich wie Chinesen hinter ihrer Mauer.

Über den südlich gelegenen Ortsteil *Töging* mit Schloss des 12.–16. Jh., geschmückt von gotischen Treppengiebeln, geht es nach **Kottingwörth**, heute Ortsteil von Beilngries. Die Pfarrkirche St. Vitus von 1760–63 steht mit ihren beiden Kuppeltürmen inmitten eines befestigten Friedhofs. Im Ostturm aus dem 13. Jh. ist noch der quadratische Chor der Vorgängerin erhalten, in dem gotische Fresken freigelegt wurden, die das Jüngste Gericht darstellen.

Beilngries liegt an der Mündung der Sulz in die Altmühl. Die ehemals Fürstbischöflich-Eichstättische Stadt mit Resten der Stadtmauer und neun erhaltenen Türmen kam 1879 an die Oberpfalz, jedoch 1972 durch die Gebietsreform an den oberbayerischen Landkreis Eichstätt. Gute Anlaufstelle ist das Haus des Gastes an der Hauptstraße in einem ehemals fürstbischöflichen Getreidespeicher aus dem 15. Jh. Gleich in der Nähe befindet sich das Rathaus von 1740–42, bis 1972 Sitz des damaligen Landratsamtes. Die Pfarrkirche St. Walburga, errichtet 1911–13 anstelle der barocken Vorgängerin, ist an den bunten Ziegeln ihrer beiden spitzen Turmhelme zu erkennen. Etwas weiter die Frauenkirche, ein Rokokobau von 1753 mit verehrter Marienstatue am Hochaltar. Das benachbarte ehemalige Franziskanerkloster beherbergt jetzt ein Spielzeugmuseum. Sehenswert ist auch das Brauereimuseum im Felsenkeller-Labyrinth eines ehemaligen Bierkellers. Hoch über der Stadt thront das Schloss Hirschberg, errichtet 1760–64 als fürstbischöfliches Rokoko-Jagdschloss anstelle der um 1200 entstandenen Burg Hirschberg.

Die Route verlässt das Altmühltal und führt auf der B 299 Richtung Neumarkt entlang am Main-Donau-Kanal nach **Plankstetten**, Ortsteil von Berching. Am Berghang zu Füßen des Kanals befindet sich das Benediktinerkloster, dessen romanische doppeltürmige Klosterkirche im 12. Jh. entstand. Nach Zerstörungen im Dreißigjährigen Krieg erfuhr sie eine umfassende Neugestaltung. Als Zeugnis des Rokoko schuf der Eichstätter Hofstuckateur Johann Jakob Berg 1760 die Stuckmarmorarchitektur der Hl. Kreuzkapelle mit der Beweinung Christi unter dem Kreuz.

★ Klosterschenke Weltenburg

Zur Einkehr empfiehlt sich die Klosterschenke mit Biergarten. Sie bietet durchgehend warme und kalte Küche mit Bio-Zutaten aus dem Klosterbetrieb sowie hausgemachte Kuchen und Torten. Übernachten kann man im Gästehaus.

Berching* ist anerkannter Erholungsort und noch heute vollständig von der Stadtmauer aus dem 15. Jh. mit 13 Türmen und vier Toren umgeben. Keine andere Stadt der Oberpfalz bietet ein so geschlossenes mittelalterliches Ambiente. Lohnend ist eine Schiffsfahrt auf dem Main-Donau-Kanal durch mehrere Schleusen oder eine Treidelpartie auf dem alten Ludwigskanal.

Die Route führt Richtung Neumarkt und Freystadt nach **Erasbach**, heute Ortsteil von Berching. Hier wurde 1714 der Opernreformator Christoph Willibald Gluck als Sohn eines Försters geboren. Beim Geburtshaus erinnert ein Obelisk an den Komponisten, der unter anderem die Oper „Orpheus und Eurydike“ (1762 uraufgeführt) schuf und 1787 in Wien starb. Die gotisch-barocke Kirche Mariä Heimsuchung, erweitert 1924/25, ist mit dem Friedhof von einer spätgotischen Befestigungsmauer umgeben.

Berching: Lohnend ist eine Schiffsfahrt auf dem Main-Donau-Kanal

Auch der benachbarte Ort **Weidenwang** besitzt ein imposantes Gluck-Denkmal (errichtet 1871), da man früher annahm, der berühmte Komponist sei hier geboren, weil das Pfarrbuch den Taufeintrag nachweist. Die barocke Pfarrkirche St. Willibald von 1762 mit gotischem Chorturm ist Ausgangspunkt des 5 km langen Gluck-Rundwanderweges zwischen Weidenwang und Erasbach mit Infotafeln.

→ Abstecher

Sulzbürg, nördlich gelegen inmitten eines Obstanbaugebiets, heute Ortsteil von *Mühlhausen*, war einst Residenz der Grafen von Wolfstein-Sulzbürg und besitzt drei sehenswerte Kirchen. Am ältesten ist die evangelische Marktkirche aus frühgotischer Zeit. Sie wurde im 17. Jh. baulich verändert und hütet zahlreiche Epitaphe. Auf dem Schlossberg die evangelische, 1723 vollendete Schlosskirche St. Michael anstelle ihrer Vorgängerin und die katholische Pfarrkirche Mater Dolorosa von 1756–58, eine ehemalige Kapuziner-Hospizkirche. Bis 1938 gab es in Sulzbürg auch eine Synagoge, schon 1371 hatte Albrecht von Wolfstein vertriebene Juden aus Neumarkt aufgenommen. Erhalten ist noch der jüdische Friedhof mit Grabsteinen von 1642–1932. Das Landl-Museum mit Sammlungen zur Ortsgeschichte erinnert auch an die protestantischen Glaubensflüchtlinge aus Österreich nach dem Dreißigjährigen Krieg, die ihre neue Heimat „Landl" nannten.

★ Zur Linde

Gasthof zur Linde in Sulzbürg, Marktplatz 8. Oberpfälzer Wirtshaus mit heimischer Küche.

Freystadt* ist ein altes historisches Städtchen im Schwarzachtal mit zwei Stadttoren. Vor der Stadt im Norden befindet sich die prunkvolle Wallfahrtskirche Mariahilf, ein mächtiger Zentralbau mit hoher Kuppel, errichtet von dem Barockbaumeister Giovanni Antonio Viscardi, von Hans Georg Asam und seinen Söhnen ausgeschmückt mit Fresken aus dem Marienleben.

Freystadt: Vor der Stadt erhebt sich die prunkvolle Wallfahrtskirche Mariahilf mit ihrer mächtigen Kuppel

Seligenporten gehört heute zur Gemeinde Pyrbaum. Gottfried von Sulzbürg und seine Ehefrau gründeten hier 1249 ein Zisterzienserinnenkloster und nannten es „felix porta" (selige Pforte). Die ehemalige Klosterkirche aus dem späten 13. Jh. beeindruckt durch ihre strenge, einfache Formgebung. Erhalten blieb das mittelalterliche Chorgestühl auf der Nonnenempore. Bemerkenswert ist die 21 m lange Gruft der Grafen von Wolfstein-Sulzbürg. Gute Einkehr bietet der Kloster-Gasthof.

Pyrbaum ist die westlichste Gemeinde der Oberpfalz an der Grenze zu Franken. Im historischen Ortskern mit hochgiebeligen Fachwerkhäusern steht das Rats- und Gerichtshaus von 1568. Erhalten sind noch drei Torhäuser der alten Ortsbefestigung. Die ursprünglich gotische, nach einem Brand 1926 wieder errichtete evangelische Pfarrkirche St. Georg konnte ihre wertvolle Innenausstattung bewahren. Bemerkenswert sind die wappengeschmückten Grabdenkmäler und Totenschilde der Grafen von Wolfstein zu Sulzbürg und Pyrbaum.

Postbauer-Heng entstand als Zusammenschluss der Orte Postbauer, Heng und Pavelsbach. Von 1271 bis 1805 gehörte das Gebiet des heutigen Marktes überwiegend zum Pflegamt Postbauer der Deutschordensherren aus Nürnberg. Das jüngst renovierte Deutschordensschloss von 1721 dient jetzt als Kulturstätte. Berühmt wurde der Raubritter Eppelein von Gailingen, der seinen Häschern zunächst durch einen tollkühnen Sprung mit dem Pferd über die Nürnberger Burgmauer entkam, 1381 in Postbauer aber doch noch gefasst und in Neumarkt hingerichtet wurde. Interessant ist auch das Dorfmuseum „Fleischmichlhaus" in Pavelsbach, vor dem Mitte September das alljährliche Kartoffelfest mit traditionellen Gerichten aus Kartoffeln stattfindet. Nordöstlich erhebt sich der *Dillberg* (595 m) mit Sendeanlage des Bayerischen Rundfunks.

Neumarkt* erreichen Sie wieder über die B 8 nach 10 km.

Postbauer-Heng: Das renovierte Deutschordensschloss von 1721 ist heute ein kulturelles Zentrum

Route 4

Von Amberg in die Nördliche Oberpfälzer Alb

Amberg – Sulzbach-Rosenberg – Königstein – Auerbach – Vilseck – Hirschau – Wernberg-Köblitz – Schwandorf – Amberg

Amberg*, eine wirtschaftlich und kulturell rege kreisfreie Stadt an der Vils, verfügt noch über einen gut erhaltenen historischen Kern mit Häuserfassaden aus vielen Epochen. Wehrhafte Tore, Türme und Mauern erinnern eindrucksvoll an jene Zeit, als Amberg über Jahrhunderte bis 1810 Hauptstadt der „Oberen Pfalz" war. Weithin sichtbar ist die Wallfahrtskirche auf dem Mariahilfberg.

Amberg: Im Wasser der Vils spiegelt sich der Doppelbogen des alten Wehrgangs zur „Stadtbrille"

12 km nordwestlich liegt **Sulzbach-Rosenberg***. Die Doppelstadt entstand 1934 durch den Zusammenschluss der ehemaligen Pfalzgrafen- und Herzogsresidenz Sulzbach mit dem benachbarten Eisenhüttenort Rosenberg.

Emtmannsberg
Haag
Speichersdorf
Kemnath
Fichtelnaab
Grötschenreuth
Friedenfels
Thumsenreuth
Creußen
Unterschwarzach
Waldeck
Neustadt a. Kulm
Erbendorf
2
85
Prebitz
Vorbach
Kastl
Krummennaab
Hessenreuth
22
Schnabelwaid
Schlammersdorf
Trabitz
Speinshart
Wildenreuth
Thurndorf
Pressath
Pegnitz
Kirchenthumbach
Eschenbach i.d. Opf.
Dießfurt
Neustadt a.d. Waldnaab
299
Parkstein
470
Haidenaab
Schwarzenbach
Grafenwöhr
Michelfeld
Auerbach i.d. Opf.
Tr.Üb.Pl.
Weiden i.d. Opf.
Pegnitz
Hütten
Ranna
Mantel
Kaltenbrunn
Schirm
Etzenricht
Krottensee
Thansüß
Weiherhammer
Königstein
Vilseck
Freihung
Schlicht
Oberwildenau
Eschenfelden
Weißenberg
Kohlberg
Neudorf
Edelsfeld
Schönlind
Kreuzberg
Großschönbrunn
Luhe
Hirschbach
93
Holnstein
Schnaittenbach
Süß
85
Gebenbach
Hahnbach
Hirschau
Neukirchen
Unterköblitz
Etzelwang
Kempfendorf
Kemnath
Weigendorf
Ursulapoppenricht
Pfreimd
Lichtenegg
Sulzbach-Rosenberg
Heldmannsberg
Traßlberg
Freudenberg
Poppenricht
Perschen
Unterammersricht
Fürnried
Illschwang
Birgland
Frechetsfeld
Trisching
Amberg
Ammerthal
6
Stulln
Schmidgaden
Schwend
Poppberg
Freihöls
Dürnsricht
Ursensollen
Ebermannsdorf
Theuern
Schwarzenfeld
Lauterhofen
Kastl
Pittersberg
Hausen
Wolfsbach
Trautmannshofen
Ensdorf
Haselbach
Fronberg
Krondorf
Utzenhofen
Engelsberg
Rieden
Schwandorf
Laaber
Mendorferbuch
Kreuth
Allersburg
15
Dietkirchen
Vilshofen
Vils
Adertshausen
Kirchenwinn
Klardorf
Günching
Schmidmühlen
3
Tr.Üb.Pl.
Bubach
93
Lengenfeld
Emhof
Velburg
Naab
Teublitz
Hörmannsdorf
Maxhütte-Haidhof
8
Hohenfels
Burglengenfeld
15
Batzhausen
Raitenbuch
Rohrbach
0
5 km
Parsberg
Kallmünz
Ponholz
Lupburg
Holzheim a. Forst

➔ Abstecher

Südwestlich erstreckt sich das stille *Sulzbacher Birgland*, eine waldreiche Alblandschaft mit wasserarmen Hochflächen, typischen Trockentälern und vielfältiger Karstflora. Die kleinen Orte haben ihren dörflichen Charakter noch weitgehend bewahrt. Trachtenvereine, Musikkapellen und zahlreiche Kirwafeste pflegen alte Traditionen.

Illschwang ist die erste Station. Der denkmalgeschützte Ort mit schönen Fachwerkhäusern wurde bereits 1086 urkundlich als „Ilswank" genannt und war viele Jahrhunderte eine Propstei des Benediktinerklosters Reichenbach am Regen. Auf einem Felsen steht die Simultankirche St. Veit aus dem 12. Jh. mit ihrem romanischen Turm; die Ausstattung stammt teils aus der 1803 säkularisierten Amberger Franziskanerkirche (Kanzel, Seitenaltäre). Heute ist Illschwang eine ausgedehnte Flächengemeinde mit 32 Ortsteilen.

★ Rund um den Hopfen

An eine alte Tradition erinnert der Hopfengarten an der Persenrichter Straße. Ein ehemaliger Hopfenstadel zeigt Gerätschaften über den Anbau. Beim Hopfenfest nach der Ernte gibt es Illschwanger Hopfenbier.

Als Einkehr empfiehlt sich der Landgasthof Weißes Ross (Am Kirchberg 1) mit regionalen Spezialitäten.

Fürnried folgt westlich. Das alte Fachwerkdorf wurde schon 1043 als „Furehenried" in einer Urkunde Kaiser Heinrichs III. erwähnt und ist heute Teil der Gemeinde Birgland mit 42 Ortsteilen. Die Kirche St. Willibald aus dem späten 18. Jh. besitzt noch ihren romanischen Turm. Ein großes Fest ist die Fürnrieder „Hiarschtkirwa", die letzte Kirchweih des Jahres, bei der auch der „Kirwabaam" von starken Burschen aufgestellt wird. Nördlich thront über dem Ortsteil *Lichtenegg* die gleichnamige *Burgruine* aus dem 10. Jh. mit renovierten Mauern und Panoramablick weit über das Birgland hinaus. Südlich erhebt sich der *Poppberg* (657 m) mit Ruine einer Burg der Grafen von Sulzbach aus dem 13. Jh. auf verkarsteter Dolomitkuppe. An seinem Fuße liegt das Dorf *Poppberg* mit schönen Fachwerkbauten, einst wichtige Station an der Handelsstraße Nürnberg–Amberg. Der jetzt fränkische Ort *Alfeld* im Westen mit der spätgotischen Pfarrkirche St. Bartholomäus gehörte früher zur Oberpfalz.

Königstein: Auf dem Breitenstein thront die romanische zweigeschossige Kapelle der einstigen Burg

Von Sulzbach-Rosenberg führt die Route der B 14 Richtung Nürnberg, zweigt aber bald ab nach **Neukirchen bei Sulzbach-Rosenberg**. In der evangelischen Pfarrkirche St. Peter und Paul aus dem 15. Jh. befinden sich wappenverzierte Grabdenkmäler der Burgherren von Rupprechtstein. Die katholische Pfarrkirche St. Peter und Paul wurde erst 1928 errichtet. Lohnendes Ausflugsziel ist die östlich gelegene *Osterhöhle* (Führungen an Wochenenden und Feiertagen). Segelflieger schätzen den Sportflugplatz Fichtelbrunn. Nordwestlich steht das gut erhaltene *Schloss Neidstein* von 1513. Es war über Jahrhunderte im Besitz der Freiherrn von Brand und steht heute für kulturelle Veranstaltungen zur Verfügung. Oberhalb erinnern Mauerreste an die 1504 zerstörte Burg Neidstein.

Etzelwang umgibt das felsige Tal des Etzelbaches. Die evangelische Pfarrkirche St. Nikolaus überrascht durch ihre reiche Innenausstattung, darunter ein wertvoller Rokoko-Altar von 1757. Grabdenkmäler erinnern an die Freiherrn von Brand aus dem benachbarten Neidstein. Erfrischung bietet das beheizte Freibad. Nördlich erhebt sich der aussichtsreiche *Rupprechtstein* (544 m) mit Resten einer Burg des 13. Jh. Nordwestlich erstreckt sich an der Grenze zu Franken das *Hirschbachtal* mit imposanten Felsformationen wie Mittelbergwand und „Luginsland"-Felsen. Bei Kletterern beliebt sind Norissteig und Höhenglücksteig. Vom Hauptort *Hirschbach* mit ehemaligem Hammerschloss und gotischer Schlosskapelle führt der 20 km lange Höhlenrundweg zu 34 Naturhöhlen der Umgebung.

★ Gasthof Goldener Hirsch

Historischer Gasthof Goldener Hirsch, Hirschbacher Dorfplatz 1. Schönes Fachwerkhaus mit heimischer Küche.

Über *Eschenfelden*, dessen barocke Dorfkirche noch einen gotischen Turm besitzt, geht es nach **Königstein***. Der anerkannte Erholungsort liegt am Fuße des Ossinger (651 m). Auf dem nahen Breitenstein (612 m) thront noch die romanische Kapelle der einstigen Burg, einzige zweigeschossige Doppelkapelle der Oberpfalz.

Krottensee ist ein 1 km langes Straßendorf, heute Ortsteil des fränkischen Marktes Neuhaus a. d. Pegnitz. Ein Denkmal erinnert an das Gefecht am 24. Mai 1703 zwischen kurbayerischen und fränkischen Truppen. Einige der vielen hundert Toten warf man in das schon damals bekannte „Windloch“, die 1833 entdeckte und 1852 erkundete *Maximiliansgrotte*. Diese nach dem Bayern-König benannte Grotte gehört mit ihren vielen Hallen, Seen und mächtigen Tropfsteingebilden zu den schönsten und größten Höhlen Deutschlands. Sie verfügt auf 6 Stockwerken bei 1200 m Gesamtlänge über 70 m Tiefe. Der *Eisberg* ist mit 6 m Höhe und 3 m Durchmesser Deutschlands größter Tropfstein. Die am Gasthof Grottenhof beginnende Führung dauert etwa 1/2 Stunde (geöffnet von Ostern bis Oktober außer montags).

In der Nähe finden sich in den Hochwäldern noch weitere Felsbildungen wie die *Vogelherdgrotte*, das *Gunzenloch* mit 25 m langer Durchgangshöhle und die *Mysteriengrotte*.

Auerbach: Das ehemalige Benediktinerkloster Michelfeld beherbergt heute ein Pflegeheim mit Werkstätten der Regens-Wagner-Stiftung

Über den früheren, schon 1391 gegründeten Hammerort *Ranna* mit der St.-Magdalena-Kapelle von 1743 auf einer Wiesenhöhe erreichen Sie **Auerbach***. Das alte Bergwerkstädtchen war früher eng mit dem benachbarten ehemaligen Benediktinerkloster Michelfeld verbunden, das von 1119 bis 1803 bestand.

Südöstlich führt die B 85 nach **Edelsfeld**. Die evangelische Kirche St. Stephan aus dem 12. Jh. besitzt noch einen romanischen Chor; der gotische Turm wurde im 19. und 20. Jh. aufgestockt. Die neubarocke katholische Kirche St. Stephan mit Zwiebelturm entstand erst 1910.

Über *Weißenberg* mit evangelischer Kirche St. Vitus aus dem 17. Jh. (Chor noch gotisch) auf einer Anhöhe, *Schönlind* mit Bienenlehrpfad und *Schlicht* mit romanisch-gotischer Pfarrkirche geht es nach **Vilseck***, tausendjähriges Städtchen an der oberen Vils.

➜ Abstecher

Südlich gelangt man über *Schlicht* zum Weiler **Kreuzberg** mit der Heilig-Kreuz-Kirche von 1725, die zahlreiche Votivbilder bewahrt. Auf dem *Kreuzberg* (519 m) liegt der Teufelsstein, ein mächtiger Quarzblock.

Es folgt der alte Markt **Hahnbach**. Von den drei Toren ist nur noch das Amberger Tor aus dem 16. Jh. erhalten. Die dreischiffige spätgotische Pfarrkirche St. Jakob besitzt eine reiche Barockausstattung. Berühmter Sohn ist der Liederdichter, Komponist und Heidelberger Hofkapellmeister Andreas Raselius (1562–1602). Nördlich liegt der Ortsteil *Irlbach* mit der gotischen doppelgeschossigen Hammerhauskapelle. Südlich erhebt sich der Frohnberg (425 m) mit barocker Wallfahrtskirche von 1725, Mitte August Schauplatz des Frohnbergfestes.

Östlich folgt an der B 14 Richtung Hirschau die bis ins 9. Jh. zurückgehende kleine Gemeinde **Gebenbach**. Mittelpunkt ist die Pfarrkirche St. Martin, ein moderner Sechseckbau von 1975–76 mit erhaltenem spätgotischen Chor. Auf dem Mausberg steht am Waldrand die Wallfahrtskirche Mariahilf von 1753, zu der ein Kreuzweg empor führt. Eine ganze Woche dauert das große Mausbergfest zur Kirchweih Anfang September.

Die Hauptroute führt von Vilseck östlich nach **Freihung**. Der kleine Marktflecken wurde 1427 in Verbindung mit einem Bleibergwerk erstmals erwähnt. Der Name weist auf die Bergfreiheit hin, die einst von den Landesherren mit Wappen und Siegel verliehen wurde. Noch bis 1945 war der Bergbau in Betrieb. Mehrere Brände haben das alte Ortsbild mit dem Schloss zerstört. Die Pfarrkirche Hl. Dreifaltigkeit von 1764/65 (erweitert 1922) beherbergt Altäre und Kanzel des späten Rokoko.

Südlich liegt der Ortsteil *Großschönbrunn* mit romanisch-barocker Kirche St. Johannes, benachbart *Kleinschönbrunn* mit der Vilsquelle.

Hirschau: Der Monte Kaolino ist ein Dorado für Funsportler

Über Massenricht mit Aussichtsturm auf dem Rödlas (579 m) und der bewirtschafteten Rödlaser Berghütte des Oberpfälzer Waldvereins geht es nach **Hirschau***. Attraktion ist der 120 m hohe „Monte Kaolino", Abraumhalde der heimischen Kaolinwerke, mit Sommerskipiste (Lift) auf weißem Quarzsand. Kaolin wird für die Porzellanherstellung benötigt.

→ Abstecher

Nordöstlich führt eine Straße nach **Kohlberg**. Der Markt am Fuß des Kohlbühls (588 m) hat seinen Namen von der Zunft der Köhler und zeigt im Ortswappen von 1442 einen verkohlten Ast auf weißem Grund. Die evangelische Pfarrkirche St. Nikolaus mit Bering ist eine alte Wehrkirche, die 1642 wieder aufgebaut wurde und einen Rokokoaltar von 1791 besitzt. Im Ortsteil *Röthenbach* steht ein ehemaliges Hammerschloss von 1678.

Etzenricht liegt an der Haidenaab. Auf dem unter Naturschutz stehenden Kirchberg mit Ringwall erhebt sich die ursprünglich gotische evangelische Kirche St. Nikolaus.

Weiden* (→ Route 4) erreichen Sie von hier aus nach 4 km.

Schnaittenbach ist – ebenso wie Hirschau – Sitz der Kaolinindustrie. Hier wurde 1833 das erste Kaolin- und Quarzsandwerk der Region gegründet. Die Pfarrkirche St. Vitus entstand um 1712 auf gotischen Fundamenten. Im Hinterhof des alten Rathauses befindet sich der interessante Kräutergarten mit rund 350 Kräutern, Heilpflanzen und Gewürzen.

Die B 14 führt vorbei an *Holzhammer* mit Schlosskirche aus dem 14. Jh. (Akanthusaltar) durch ausgedehnte Kieferwaldungen nach **Wernberg-Köblitz**. Die St. Annakirche in Wernberg wurde im 16. Jh. errichtet und im 18. Jh. stark verändert. Auf einer hohen Granitkuppe über dem Naabtal thront die umfassend sanierte *Burg Wernberg*, eine Gründung der Landgrafen von Leuchtenberg, jetzt ein komfortables Burghotel. Der Bergfried und Teile der Wohnbauten stammen aus dem 13. Jh., die Burgkapelle aus dem 15. Jh.

★ Hotel Burg Wernberg

Das 4-Sterne-Superior **Hotel Burg Wernberg** mit 1-Stern-Gourmetrestaurant, Standesamt, Burgkapelle, historischen Festsälen und eigenem Golfplatz ist eine besonders noble Adresse.

➜ Abstecher

Nördlich geht es über *Oberköblitz* mit der barocken St. Emmeramskirche aus dem 18. Jh. (Turm aus dem 13. Jh.) innerhalb eines befestigten Friedhofs nach **Luhe-Wildenau**. Der Ortsteil Luhe an der Einmündung des gleichnamigen Flusses in die Naab wurde schon um 905 genannt und erhielt 1270 Marktrecht. Von der früheren Befestigung ist noch der Hussitenturm mit Pranger erhalten. Die Pfarrkirche St. Martin von ca. 1700 mit älterem Turm besitzt eine prächtige Barockausstattung. Auf dem *Koppelberg* (491 m) steht die St. Nikolauskirche von 1696.
In *Unterwildenau* an der Vereinigung von Wald- und Haidenaab zur Naab beherbergt die Schlosskapelle St. Laurentius einen Akanthusaltar von 1705.
Nördlich folgt **Rothenstadt**. Das mittelalterliche Schloss und die Gruftkapelle von 1863 auf dem Turmhügel der lange zerstörten „Keckenburg" erinnern an die jahrhunderte alte Herrschaft derer von Sazenhofen. Die jetzt evangelische Kirche aus dem 13. Jh. liegt in einem befestigten Friedhof. Die katholische Pfarrkirche ist ein Bau der Neugotik von 1894.
Weiden* (→ Route 4) erreichen Sie von hier aus nach 5 km.

Die Hauptroute verläuft nun südlich durch das Tal der Naab, die hier die Oberpfälzer Alb vom Oberpfälzer Wald trennt, nach **Pfreimd***. Die einstige Residenzstadt der Landgrafen von Leuchtenberg liegt am Zusammenfluss von Naab und Pfreimd. Die barocke Pfarrkirche Mariae Himmelfahrt bewahrt zwei prächtige Grabplatten, die Leopold und Heinrich von Leuchtenberg in voller Rüstung darstellen.

Perschen: Die romanische Pfeilerbasilika St. Peter und Paul ist mit dem noch älteren Karner und seinen Wandfresken eine besondere Sehenswürdigkeit

Perschen, jetzt Ortsteil von Nabburg, wurde als älteste Urpfarrei des Nordgaus bereits im 8. Jh. gegründet. Die doppeltürmige Kirche St. Peter und Paul aus dem frühen 13. Jh. ist eine romanische Pfeilerbasilika. Den Innenraum prägen trotz späterer Barockisierung immer noch Fresken aus der Zeit um 1410 und Säulen mit figürlichen Darstellungen. Daneben steht der noch ältere Karner, ein Rundbau mit spitzem Kegeldach, erbaut um 1150: Unterirdisch das Beinhaus, ebenerdig die Kapelle mit romanischen Fresken um 1170, die noch im Original ohne Restaurierung erhalten und kunsthistorisch einzigartig sind. Nebenan befindet sich das *Bauernmuseum* im Edelmannshof von 1605, ein ehemaliger Pfarrhof mit Kornhaus, Backofen und Brotzeitstüberl. Etwas außerhalb von Perschen liegt das *Freilandmuseum Neusath-Perschen,* in dem rund 50 wieder errichtete Gebäude auf einer Fläche von 33 ha ländlich-bäuerliches Leben früherer Zeiten veranschaulichen. Das Museumsgelände mit alten Haustierrassen wird nach traditionellen Methoden bewirtschaftet. In der Nähe befindet sich das *Freizeit- und Erholungszentrum Perschen* mit großer Freibadanlage.

Nabburg* liegt wie eine Festung auf einem schmalen Bergrücken über dem rechten Ufer der Naab. Einst stand hier die karolingische Naab-Burg. Die mittelalterliche Stadt war als Münzstätte und Sitz eines Vizedomamtes lange Zeit Mittelpunkt der gleichnamigen Mark. Noch heute beeindruckt das alte Ortsbild mit zwei mächtigen Toren und den beiden wehrhaften Türmen.

Nabburg: Die mittelalterliche Stadt liegt auf einem Bergrücken über der Naab

Über *Stulln* mit der alten Wehrkirche St. Stephan und dem Flussspat-Besucherbergwerk in *Freiung* kommt man nach **Schwarzenfeld*** am Einfluss der Schwarzach in die Naab. Weithin sichtbar ist die Wallfahrtskirche auf dem Miesberg.

Schwandorf* ist Große Kreisstadt am linken Ufer der Naab. Schon von Weitem grüßen die Türme der Wallfahrtskirche Unsere Liebe Frau vom Kreuzberg, deren spitze Dachpyramiden mit Aluminium abgedeckt sind. Die Stadtpfarrkirche St. Jakob steht auf dem Platz einer mittelalterlichen Burg der Nordgaugrafen.

Die Route führt westlich ins Vilstal nach **Ensdorf**. Die ehemalige Benediktinerklosterkirche St. Jakob, eine barocke Wandpfeilerkirche, wurde im frühen 18. Jh. anstelle einer 1121 von Pfalzgraf Otto von Scheyern-Wittelsbach gestifteten romanischen Anlage gebaut. 1714 schmückte sie Cosmas Damian Asam mit einem Freskenzyklus über Leben und Sterben des Kirchenpatrons aus. In der Stifterkapelle nördlich des Chores befindet sich die Grablege des Wittelsbacher Pfalzgrafenpaares Otto und Heilica sowie des Sohnes Friedrich und des Enkels Otto. Das 1803 säkularisierte Benediktinerkloster ist seit 1920 im Besitz der Don-Bosco-Salesianer, heute genutzt als Haus der Begegnung, Umweltstation und Umwelt-Musik-Werkstatt. Auf dem aufgelassenen Friedhof steht der um 1075 errichtete, jüngst sanierte 21 m hohe Stephansturm als Rest der 1805 abgebrochenen Pfarrkirche St. Stephan.

Vilsaufwärts, westlich begleitet vom Naturpark Hirschwald, geht es nach **Theuern**. Die Kirche St. Nikolaus entstand 1739 unter Beibehaltung eines romanischen Westturms. Das stattliche Hammerherrenschloss von 1781, jetzt Kultur-Schloss Theuern, beherbergt das „Bergbau- und Industriemuseum Ostbayern“. In den Außenanlagen steht der Förderturm der ehemaligen Grube „Bayerland“ bei Waldsassen. Im Gebäude der Spiegelglasschleife befindet sich das Strommuseum über die Elektrifizierung Ostbayerns.

➜ Abstecher

Nahe östlich liegt **Ebermannsdorf**, bereits im frühen 12. Jh. als Sitz des gleichnamigen Adelsgeschlechts genannt. Von der einstigen Stammburg oberhalb des Ortes zeugt noch der gut erhaltene achteckige Bergfried aus dem 12. Jh. Die Kirche St. Johannes Baptist von 1721/22 mit reicher Ausstattung ist durch einen Quertrakt mit dem um 1723 erbauten Hofmarkschloss verbunden. Im südöstlich gelegenen Ortsteil *Pittersberg* steht die ursprünglich romanische Pfarrkirche St. Nikolaus aus dem 15./18.Jh. mit sehenswerter Barockausstattung.

Über die Autobahnbrücke geht es geht es nach *Lengenfeld* mit der barocken Kirche St. Wendelin und Sebastian von 1726. Der Hochaltar beherbergt das Maria-Hilf-Bild nach der Passauer Kopie des Originals von Lukas Cranach, flankiert von den Figuren der Heiligen Wendelin und Sebastian.

Bald erscheint *Haselmühl* mit einem ehemaligen Hammerschloss aus dem 14. Jh.

Amberg* erreichen Sie wieder nach wenigen Kilometern.

Theuern: Das barocke Hammerherrenschloss dient heute als Kultur-Schloss

Weißdorf
Selb
Sparneck
Kirchenlamitz
Stammbach
Hazlov
Großwendern
Zell
Marktleuthen
Friedmannsdorf
Františkovy Lázn
Großer Waldstein 879
Höchstädt
Thierstein
Gefrees
Weißenstadt
Hohenberg
Thiersheim
Röslau
Schneeberg 1051
Bernstein
Arzberg
Weißer Main
Bischofsgrün
Wunsiedel
Seußen
Ochsenkopf 1024
Münchenreuth
Konnersreuth
Goldkronach
Tröstau
Bad Alexandersbad
Waldsass
Fichtelberg
Marktredwitz
Warmensteinach
Kösseine 939
Kondrau
Nagel
Waldershof
Pfaffenr
Untersteinach
Pechbrunn
Brand
Ebnath
Leonberg
Poppenreuth
Weidenberg
Witzlasreuth
Neusorg
Mitterteich
Pullenreuth
Kirchenpingarten
Fuchsmühl
Riglasreuth
Platte 946
Wiesau
Immenreuth
Seybothenreuth
Trevesen
Tirschenreu
Kulmain
Pfaben
Friedenfels
Speichersdorf
Kemnath
Fichtelnaab
Grötschenreuth
Waldnaab
Thumsenreuth
Unterschwarzach
Waldeck
Falkenberg
Erbendorf
Premenreuth
Neustadt a. Kulm
Liebe
Kastl
Reuth bei Erbendorf
Vorbach
Krummennaab
Schönficht
Preißach
Windisch-eschenbach
Hessenreuth
Schlammersdorf
Wildenreuth
Trabitz
Plößberg
Speinshart
Pfaffenreuth
Wurz
Eschenbach i.d. Opf.
Pressath
Kirchendemenreuth
Wildenau
Püchersreuth
Eichelberg
Kirchenthumbach
Dießfurt
Neustadt a.d. Waldnaab
Flossen
Parkstein
Haidenaab
Schwarzenbach
Floß
Grafenwöhr
Altenstadt a.d. Waldnaab
Tr.Üb.Pl.
Theisseil
Oberbern
Weiden i.d. Opf.
Hütten
Wald
Mantel
Kaltenbrunn
Bechtsrieth
Etzenricht
Pirk
Thansüß
Weiherhammer
Rothenstadt
Waldau
Freihung
Vohenstra
Vilseck
Oberwildenau
Schlicht
Leuchtenberg
Edelsfeld
Kohlberg
Neudorf
Luhe - Wildenau
Böhmisch
Kreuzberg
Großschönbrunn
Schönlind
Schnaittenbach
Hahnbach
Gebenbach
Großensch
Hirschau
Wernberg-Köblitz
Unterköblitz
Sulzbach-Rosenberg
Trausnitz
Stein
Kemnath
Gleiritsc
Ursulapoppenricht
Pfreimd
Freudenberg
Neusath
Unterammersricht
0
5 km
Amberg
Nabburg
Guteneck
9
93
303
299
15
22
85
14

Route 5

Von Weiden in den Steinwald

Weiden – Grafenwöhr – Kemnath – Erbendorf – Waldershof – Friedenfels – Windischeschenbach – Neustadt/W. – Weiden

Weiden* ist wirtschaftlicher Mittelpunkt der nördlichen Oberpfalz und Haupteingangspforte sowohl zum Oberpfälzer Wald als auch zum Steinwald, dessen Kern zum Naturpark erklärt wurde.

Sie verlassen Weiden nordwestlich auf der B 470 Richtung Pressath und biegen nach 8 km rechts ab nach **Parkstein**. Der Markt am Fuße des gleichnamigen Bergkegels ist Geburtsort des Hofmusikers Franz Joseph Strauss (1822–1905), Vater des Komponisten Richard Strauss (1864–1949, „Rosenkavalier"). Eine Gedenktafel befindet sich am Haus Nr. 82. Die Pfarrkirche St. Pankratius mit kunstvoller Rokokokanzel wurde 1788/89 anstelle einer im Dreißigjährigen Krieg zerstörten Vorgängerin errichtet. Auf dem Parkstein steht die spitztürmige Bergkirche, erbaut 1851 in byzantinischen Stil. Attraktion ist das Vulkanmuseum (Schlossgasse 5) mit Inszenierung stündlicher Vulkanausbrüche über drei Etagen.

Der Parkstein gilt als schönster Basaltkegel Europas

Der *Parkstein* (596 m) überragt seine flache Umgebung um fast 150 m und bietet grandiose Rundsicht. Er ist das einzige „Nationale Geotop" der Oberpfalz. Alexander von Humboldt hat ihn als „schönsten Basaltkegel Europas" bezeichnet. Der an seiner Südostflanke aufgebrochene Basaltschlot in Form von gleichmäßig fünfeckigen Steinsäulen von bis zu 1 m Länge ist eine ganz besondere geologische Sehenswürdigkeit: Wie in feuerflüssigem Zustand plötzlich erstarrt erscheinen diese Basaltspeere, die gleich einer gewaltigen Garbe aus dem Berginneren hervorbrechen und bis zu 30 m tief in den Erdboden hinabreichen. Um das Jahr 1600 erhob sich auf dem Parkstein noch eine mächtige Burg mit Bergfried, Palas und Ringmauer; Matthäus Merian hat sie in einem Kupferstich von 1644 eindrucksvoll überliefert. Schon 1052 urkundlich genannt, war sie im frühen 12. Jh. im Besitz der Grafen von Sulzbach unter Verwaltung ihrer Ministerialen von Parkstein, kam als Hohenstaufenburg 1251 an Herzog Otto II. von Bayern, wurde später als Reichsgut Bestandteil der Reichsvogtei Nürnberg und schließlich Sitz des Gemeinschaftsamtes Parkstein-Weiden und ab 1747 des Landesrichteramtes. Nach Verfall im 19. Jh. wurden die Steine für den Wiederaufbau des durch Brand geschädigten Ortes Parkstein verwendet. Heute sind die sanierten Burgreste gesichert.

Der Weg nach Pressath führt entweder über *Eichelberg* mit frühgeschichtlichem Gräberfeld am Marterrangen oder wieder zurück auf die B 470 mit Abzweigung nach **Dießfurt**. Imposant ist das malerische, von Wasser umspülte Hammerherrenschloss an der Haidenaab. Es besteht aus dem spätgotischen quadratischen Wohnturm von 1526, dem neuen Schloss von 1544 und einem kleinen in die Hofmauer integrierten Rundbau, der früher als Hauskapelle diente. Der bereits 1387 erwähnte Hammer hatte im 15. und 16. Jh. unter dem Nürnberger Patriziergeschlecht der Kreß von Kressenstein seine höchste Blüte. Nordwestlich liegt an der Haidenaab *Troschelhammer* mit einem zweigeschossigen Renaissance-Hammerschloss der Zeit um 1600.

Pressath am linken Ufer der Haidenaab wurde von König Ludwig I. 1845 zur Stadt erhoben. Zu den Sehenswürdigkeiten zählen die nach einem Brand 1761–65 wieder errichtete Pfarrkirche St. Georg mit spätgotischen Grabsteinen der Dießfurter Hammerherren Kreß von Kressenstein, die Friedhofskirche St. Sebastianus aus dem 15./17. Jh. und die Altötting-Kapelle um 1754. Im Haus der Heimat (Kemnather Str. 2) befindet sich das heimatkundliche Museum. Attraktionen sind die Freizeitanlage „Kiesi-Beach" und die Walderlebniswelt „Winterleite".

→ Abstecher

Nördlich an der Straße nach Kemnath liegt **Weihersberg**, Ortsteil der Gemeinde Trabitz. Das vor wenigen Jahren sanierte dreigeschossige Renaissanceschloss mit achteckigem Turm aus dem 16. Jh. ist Sitz der seit 1635 ansässigen Herren von Hirschberg. Ein Rundweg führt durch den großen Schlosspark. Die runde Schlosskapelle an der Straße mit wappengeschmücktem Rokokoaltar ließ 1752 Veit Christoph Freiherr von Hirschberg als Familiengrabstätte erbauen; der quadratische Vorbau mit Türmchen entstand erst in der zweiten Hälfte des 19. Jh.

Es folgt das Dorf **Kastl**. Sehenswert ist die spätgotische dreischiffige Hallenkirche St. Margaretha aus dem 14./15. Jh. Eine hervorragende Aussicht bietet der *Kastler Berg* (544 m).

Kemnath erreichen Sie von hier aus nach 5 km.

Grafenwöhr* ist bekannt durch den mit 226 qkm zweitgrößten Truppenübungsplatz der Bundesrepublik. Seit seinem Entstehen 1908 mussten viele Orte umgesiedelt werden.

Eschenbach* liegt in schöner Wald- und Weiherlandschaft. Während der Kleine Rußweiher zum Baden genutzt wird, steht der Große Rußweiher als Reservat für Wasservögel unter Naturschutz.

→ Abstecher

An der B 470 Richtung Auerbach liegt **Kirchenthumbach** mit der Wallfahrtskirche Maria Zell von 1756 mit prächtigem Rokoko-Hochaltar auf einem Hügel oberhalb des alten Marktes, zu erreichen auf einer Lindenallee mit Kreuzweg. Die ursprüngliche Wallfahrtskapelle von 1714 dient seit 1778 als Sakristei.

Im Ortsteil *Thurndorf* befindet sich im Turm der Pfarrkirche St. Jakobus die Theophilusglocke aus dem frühen 11. Jh., gegossen nach Anweisungen des Benediktinermönchs Theophilus. Sie gilt als älteste Glocke der Oberpfalz und wird nur bei Sterbefällen geläutet. In der Nähe der Kirche erinnert der freigelegte Turmstumpf eines Bergfrieds an die Burg der Herren von Thurndorf.

Südlich von Thurndorf liegt im Tal des Goldbrunnenbaches einsam im Wald bei Putzmühle die Wallfahrtskirche *St. Laurentius am Weißen Brunnen* aus dem 18. Jh.

Von Eschenbach führt die Hauptroute über *Tremmersdorf* am Ufer der Creußen mit mittelalterlicher Chorturmkirche, Resten der Friedhofsbefestigung und sehenswertem Wurzelmuseum

Speinshart: Das 1145 gegründete Prämonstratenserkloster war Ausgangspunkt für Rodung und Urbarmachung der Region

nach **Speinshart** mit prunkvoller Klosterkirche des Prämonstratenserklosters. Es wurde 1145 durch den fränkischen Edlen Adelvolk von Reifenberg gegründet und verfiel nach Einführung der Reformation 1556. 1669 wurde es wieder von Mönchen besiedelt und 1691 zur Abtei erhoben. Es folgte eine Zeit großer Blüte bis zur Säkularisation 1803, wobei unersetzliche Werte besonders an altem Schrifttum verloren gingen. Erst 1921 kaufte das Prämonstratenserstift Tepl (heute Tschechien) das Kloster vom Staat zurück, das seit 1923 wieder eine Abtei bildet. Das doppeltürmige Nordtor (Foto S. 153) war früher einziger Zugang zum barocken Klosterdorf, dessen Gebäude in den letzten Jahren renoviert wurden.

Die Kloster- und Pfarrkirche Unbefleckte Empfängnis Mariä entstand nach Abbruch einer romanischen Kirche. Wolfgang Dientzenhofer errichtete den Neubau 1692–95 als Wandpfeilerkirche mit seitlichen Emporen über dem Hauptsims und einbezogenem Chor. Carlo Domenico Lucchese aus Tessin schuf 1695–1700 die Stukkaturen, sein Bruder Bartolomeo die Malereien. Der Raumeindruck überrascht durch die füllige Üppigkeit des Dekors in Weiß und Rosa mit Blüten-, Muschel-, Engels- und Puttenstukkaturen. Die in Ovalfelder eingelassenen Deckenbilder zeigen Szenen aus dem Leben des Ordensheiligen Norbert und aus dem Marienleben. Besondere Beachtung verdient das kunstvoll geschnitzte Laub- und Bandwerk der Kirchenstuhlwangen. 1996 wurde die neue Steinmeyer-Orgel eingeweiht, und seit 2011 zeigt sich der prächtige Innenraum wieder in Rot, der ursprünglichen barocken Farbfassung.

Auf dem *Barbaraberg* 2 km östlich hatten die Speinsharter Äbte ihren Sommersitz. Von der seit 1803 zum Abbruch freigegebenen und 1914 durch Blitzschlag zerstörten Wallfahrtskirche von 1756 ist nur noch die imposante Westfassade erhalten, hinter der sich jetzt eine kleine Kapelle verbirgt. Die auf dem Barbaraberg stehende Sandsteinfigur der hl. Maria Magdalena gehört zu jenen 13 Rokokostatuen, die um 1770 an Feldwegen rund um das Kloster aufgestellt wurden. Alljährlich an Christi Himmelfahrt ist die Kirchenruine Ziel einer Pferdewallfahrt.

Auf direktem Weg oder im westlichen Bogen über *Oberbibrach* an der Creußen mit schöner barocker Dorfkirche von 1761–65 geht es nach **Neustadt am Kulm***. Die zwischen Rauhem und Kleinem Kulm gelegene Stadt mit nur 1300 Einwohnern verdankt ihre Entstehung den Burgen, die einst beide Basaltberge krönten. Die Pfarrkirche, eine ehemalige Karmelitenkirche, zählt zu den schönsten evangelischen Barockkirchen Bayerns.

Kemnath* wurde als „Keminata“ schon 1008 erstmals urkundlich erwähnt und 1250 mit Stadtrechten ausgestattet. Der langgestreckte Marktplatz ist von alten Giebelhäusern umsäumt. Den östlichen Abschluss des Platzes bildet die spätgotische Stadtpfarrkirche Mariae Himmelfahrt, deren Untergeschoss originellerweise zugleich als Stadttor dient. Beliebt sind der 2,8 km lange, barrierefreie „Phantastische Karpfenweg“ rund um die historische Stadt mit Karpfenskulpturen heimischer Künstler und der 2010 neu gestaltete Stadtweiher mit Seebühne und angrenzendem Seeleitenpark.

➔ Abstecher

Kulmain ist ein altes nördlich gelegenes Pfarrdorf. Die Pfarrkirche Mariä Himmelfahrt wurde auf den Mauern der 1834 ausgebrannten Vorgängerin errichtet und besitzt einen klassizistischen Hochaltar aus dem Bamberger Dom. Eine seltene Scheinarchitektur ist die Umrahmung der Pietà in einer Nische der Nordwand.

Östlich liegt der *Armesberg* (731 m), dessen Basaltkuppe den Rundbau einer Wallfahrtskirche von 1836 trägt.

Brand: Im ehemaligen Schulhaus wurde der Komponist Max Reger am 19. März 1873 geboren

Brand ist anerkannter Erholungsort mit Geburtshaus des Komponisten Max Reger (1873–1916) im ehemaligen Schulhaus und Gedenkzimmer im gegenüberliegenden Rathaus.

Südöstlich folgt **Ebnath** am Zusammenfluss von Gregnitz und Fichtelnaab. Die Pfarrkirche St. Ägidius von 1741–43 (Zwiebelturm von 1800) hat eine reiche Barockausstattung.

Neusorg im Fichtelnaabtal ist eine späte Gründung von 1535 durch Ludwig von Hirschberg zu Ebnath. Die Pfarrkirche Patrona Bavariae wurde von 1946–49 aus heimischem Bruchstein errichtet.

Kemnath erreichen Sie wieder über Kulmain.

Von Kemnath kommen Sie auf der B 22 nach **Waldeck**, Ortsteil der Stadt Kemnath. Schon von Weitem sichtbar ist der herausgewitterte Basaltkegel des Waldecker Schlossberges (641 m), auf dem bis zu ihrer Zerstörung im Jahr 1704 die bereits 1124 genannte Burg der Landgrafen von Leuchtenberg thronte, deren Ruine jüngst restauriert wurde. Die Häuser des kleinen Orts sind um die 1731 erbaute Rokoko-Pfarrkirche St. Johannes von Nepomuk gruppiert. Deckenmalereien des Asam-Schülers Otto Gebhard zeigen Nepomuk vor dem böhmischen König. Bemerkenswert ist auch der Nepomukaltar mit reichen Akanthusschnitzereien.

Erbendorf* liegt auf einem Serpentinhügel im Tal der Fichtelnaab und war im Mittelalter berühmt für seinen Erzbergbau. Heute ist das Städtchen anerkannter Erholungsort und mit dem hochgelegenen Ortsteil *Pfaben* (716 m) ein guter Ausgangspunkt für Wanderungen in den Naturpark Steinwald.

Naturpark Steinwald

Auf der Platte (946 m) im Steinwald erhebt sich der 35 m hohe Oberpfalzturm

Der mächtige Granitrücken des Steinwaldes bildet mit dem Fichtelgebirge eine geologische Einheit. Die vielen Felsbildungen in oft wunderlichsten Formen mit seltsamen Namen entstanden durch die grobe Beschaffenheit des Granits. Das Kerngebiet wurde 1970 zum Naturpark erklärt. Ziel des Naturparks Steinwald e. V. mit Sitz in Fuchsmühl ist die Bewahrung und Pflege der Landschaft.

Südwestlich von Pfaben befinden sich die Granitbastionen Räuberfelsen, Ratfelsen, Dachsfelsen und Vogelfelsen. Nördlich geht es vorbei am eigenartig geformten Zipfeltannenfelsen (756 m), auch „Steinwald-Sphinx" genannt, über den Hohen Saubadfelsen (858 m, mit Besteigungsanlage) in ¾ Std. zum bewirtschafteten *Waldhaus* (822 m) mit Infostelle Naturpark Steinwald e.V.; in der Nähe ein großes Rotwildgehege. Nordwestlich (Wegweiser) der imposante Reiseneggerfelsen (846 m) mit Besteigungsanlage, benachbart die Felspartien Palmlohfelsen, Huberfelsen, Dachsfelsen, Grandfelsen und Knockfelsen.

Etwa ½ Std. nordöstlich vom Waldhaus befindet sich die Platte (946 m), höchster Punkt des Steinwaldes mit dem 35 m hohen Oberpfalzturm. In der Nähe erhebt sich der Katzentrögelfelsen (941 m), ein besonders geschütztes Biotop. Weiter nordöstlich geht es in ¾ Std. über die 1974 errichtete ökumenische Dreifaltigkeitskapelle zur 1996–2000 restaurierten Burgruine Weißenstein (863 m) auf hölzernen Stiegen zum Bergfried aus dem 13. Jh. auf mächtigem Granitfelsen. Die seit dem 16. Jh. verfallene Burg war einst Sitz der Ritter Notthafft von Weißenstein. Beliebter Wanderstützpunkt ist das bewirtschaftete Marktredwitzer Haus (760 m) in Hohenhard, ein Unterkunftshaus des Fichtelgebirgsvereins, in dem auch Nichtmitglieder willkommen sind.

→ Abstecher

Von Erbendorf geht es durch das Fichtelnaabtal aufwärts zum Ortsteil **Grötschenreuth** mit Schloss aus dem 17. Jh.; ehemaligem Hammerhaus und Drahthammerkapelle von 1857. Aus dem benachbarten *Drahthammer* stammt die Mutter des Komponisten Max Reger. Über *Hopfau* mit ehemaligem Hammerhaus gelangt man nach **Trevesenhammer**. Das stattliche Hammerschloss aus dem 17./18. Jh. beherbergt jetzt ein Restaurant; gegenüber die Marienkapelle von 1735. Von *Trevesen* führt ein Wanderweg in ¾ Std. auf den Armesberg (731 m) mit Wallfahrtskirche von 1836.

Riglasreuth, Ortsteil von Neusorg, entwickelte sich aus einem Eisenhammer. Die Kapelle St. Wolfgang besitzt einen barocken Hochaltar mit spätgotischen Heiligenfiguren um 1520. Das ehemalige klassizistische Schloss befindet sich in Privatbesitz.

Die Route führt nun am Westrand des Naturparks Steinwald nach **Pullenreuth**. Die weitläufige Streusiedlung liegt am alten Handelsweg Nürnberg–Eger. Die barocke Pfarrkirche St. Martin von 1752 birgt eine gotische Madonna von etwa 1500. Im Ortsteil *Dechantsees*, einst Wirtschaftsgut des Klosters Waldsassen, steht die Klausenkapelle Hl. Kreuz von ca. 1720. Südöstlich befindet sich in einem renovierten Schleifwerk das Naturpark-Infozentrum Glasschleif mit Brotzeitstube.

Waldershof* geht auf das noch erhaltene ehemalige Wasserschloss aus der Zeit um 1100 zurück.

Südöstlich liegt *Poppenreuth*, Ortsteil von Waldershof. Die Pfarrkirche Maria Heimsuchung von 1935 birgt den Akanthus-Nothelferaltar aus der ehemaligen Schlosskapelle, die inzwischen als Jugendheim dient.

Waldershof geht auf das noch erhaltene ehemalige Wasserschloss aus der Zeit um 1100 zurück

Südlich das **Marktredwitzer Haus** (760 m), bewirtschaftetes Unterkunftshaus des Fichtelgebirgsvereins (Wanderparkplatz) und guter Stützpunkt für Wanderungen zur Burgruine Weißenstein. Westlich liegt die Streusiedlung *Hohenhard* mit der Antoniuskapelle von 1776.

Friedenfels* ist anerkannter Erholungsort. Für eine Einkehr empfiehlt sich die vielgelobte Brauerei-Schlossschenke mit süffigem Friedenfelser Bier. Lohnend sind Abstecher nordöstlich nach **Fuchsmühl*** mit doppeltürmiger Wallfahrtskirche Mariahilf und **Wiesau*** am Rande einer ausgedehnten Teichlandschaft.

Friedenfels liegt im Naturpark Steinwald

Thumsenreuth beeindruckt durch das dreigeschossige Schloss von 1586 mit hohen Giebeln und malerischem Erker, seit 1661 im Besitz der Freiherrn von Lindenfels, ursprünglich eine Wasserburg aus dem 13. Jh.

Die evangelische Ägidienkirche aus dem 16./18. Jh. besitzt eine schöne Kassettendecke, deren zwölf Felder mit biblischen Szenenbildern bemalt sind. Die katholische Pfarrkirche St. Veit wurde nach Aufhebung des Simultaneums 1935 neu errichtet und besitzt einen Akanthus-Hochaltar (um 1750) mit geschnitzten 14 Nothelfern aus der profanierten St. Veitskirche in Altenstadt bei Erbendorf.

Erbendorf erreichen Sie wieder nach wenigen Kilometern.

Von Erbendorf führt die Hauptroute über *Krummennaab* mit gotisch-barocker Pfarrkirche St. Leonhard (ehem. Simultankirche, seit 1931 evangelisch) nach **Reuth**. Die barocke Schlosskapelle St. Katharina von 1717 zeigt reiches Akanthus-Schnitzwerk am Hochaltar und vier Büstenreliefs der vier Evangelisten in den Akanthusrahmen an der Kanzel. Das schon 1337 genannte Schloss wurde um 1800 umgebaut und seitdem mehrfach verändert.

Die Burg Falkenberg thront auf einem Granithügel über der Waldnaab

Über *Premenreuth* mit der Pfarr- und Wallfahrtskirche Unsere Liebe Frau von 1799/1800 und vorbei an der *Jugendherberge Tannenlohe* kommen Sie nach **Falkenberg** mit neuromanischer Pankratiuskirche von 1905/06 (anstelle der barocken Vorgängerin), denkmalgeschütztem Gasthof „Zum Roten Ochsen“ und historischem Zoiglbrauhaus. Über der Waldnaab thront die schon im 9. Jh. errichtete Burg, im 12./13. Jh. Sitz der Herren von Falkenberg, dann über die Landgrafen von Leuchtenberg Eigentum des Klosters Waldsassen. Nach Beschießung im Dreißigjährigen Krieg verfallen, wurde sie 1933 von Friedrich Werner Graf von der Schulenburg erworben und bis 1939 auf altem Mauerwerk wieder originalgetreu aufgebaut. Der Graf, bis 1941 Botschafter in Moskau, wurde 1944 als Gegner Hitlers hingerichtet. Lange Zeit von der Familie bewohnt und 2009 von der Marktgemeinde Falkenberg erworben, beherbergt die aufwendig sanierte Burg seit 2015 Veranstaltungs-, Ausstellungs- und Museumsräume sowie komfortable Gästezimmer mit einer Hochzeitssuite. Am Fuße des Burgfelsens entstand ein Tagungszentrum. Rund um die Burg führt ein Felsensteig, vorbei am mächtigen Wackelstein.

★ Waldnaabtal

Zwischen Falkenberg und Windischeschenbach erstreckt sich das unter Naturschutz stehende 12 km lange **Waldnaabtal**. Sein vielfach gewundenes Flussbett ist von gewaltigen Steinriesen durchsetzt. Die dreistündige Wanderung durch das von bewaldeten Steilhängen umsäumte enge Tal mit bis zu 40 m hohen Granitriesen ist ein ganz besonderes Erlebnis.

Flussabwärts geht es über den Sauerbrunnen (gefasste, kohlensäure- und eisenhaltige Quelle am Weg) und vorbei am Butterfass (Felstrümmer im Flussbett, Überquerung möglich bei normalem Wasserstand) zur bewirtschafteten Blockhütte mit großem Biergarten (montags Ruhetag) an der Waldnaabbrücke (1 ½ Std.). Zurück geht es in gut 1 Std. vorbei am *Mühlnickelweiher* oder in 1 ½ Std. weiter nach *Windischeschenbach*, entweder über die Brücke auf der östlichen Talseite oder lohnender auf der westlichen Talseite flussabwärts. Talab folgen die Burgställe *Schwarzenschwal* und *Altneuhaus*, die Felsengruppe *Tischstein*, das Gasthaus *Waldfriedenhütte* und das Exerzitienhaus *Johannisthal*.

Windischeschenbach* liegt am Zusammenfluss von Wald- und Fichtelnaab. In vielen Zoiglstuben wird das beliebte Zoiglbier ausgeschenkt. Im Ortsteil *Neuhaus* steht über der Waldnaab die Burg Neuhaus mit ihrem runden Bergfried. Der Ortsteil *Naabdemenreuth* beherbergt das Geo-Zentrum an der Kontinentalen Tiefbohrung mit Informationsstätte und Cafeteria. Wis-

Attraktion ist das GEO-Zentrum mit dem 83 m hohen Landbohrturm

senschaftler erbohrten das tiefste Loch der Welt (9101 m), um das Erdinnere zu erforschen. Der weithin sichtbare Bohrturm ragt 83 m empor.

Über *Pfaffenreuth* mit der imposanten Felsgruppe Hohler Stein gelangt man nach *Wurz* mit der Pfarrkirche St. Matthäus von 1689/1787/1934, die eine reiche Rokokoausstattung bewahrt. Weithin bekannt sind die Sommerkonzerte im barocken Pfarrhof.

Neustadt a. d. Waldnaab*, heute Kreisstadt, war bis 1806 unter den Lobkowitzern Residenzstadt der reichsunmittelbar gefürsteten Grafschaft von Störnstein. Am Stadtplatz beeindrucken die beiden ehemaligen Residenzen Altes und Neues Schloss, jetzt Sitz der Landkreisverwaltung. Das Neue Schloss präsentiert Dauerausstellungen über den Naturpark Nördlicher Oberpfälzer Wald im 1. Stock und die Herrschaft Lobkowitz im 2. Stock, wo sich auch die ehemalige Schlosskapelle mit prächtigen Deckengemälden befindet. Sehenswert ist auch das umfangreiche Stadtmuseum neben der barocken Stadtpfarrkirche St. Georg mit den Themen Stadtgeschichte, Glas, Klöster, Kirchen, Brauchtum, Handel und

Gewerbe. Von einer Anhöhe grüßt die spätbarocke Wallfahrtskirche St. Felix

Altenstadt a.d. Waldnaab wurde ursprünglich „Traindorf" genannt. Erst im 14. Jh. entstand die Bezeichnung „Alte Stätte" für den heutigen Ort. Dominierend ist die alte Pfarrkirche Mariä Himmelfahrt mit ihrem wuchtigen Turm, gekrönt von einem niedrigen Pyramidendach. Das Langhaus stammt noch aus romanischer Zeit um 1150. Zwischen 1750 und 1782 erfolgte die Umgestaltung im Rokokostil. Erhalten ist noch ein romanischer Taufstein mit Szenen aus dem neuen Testament. Bemerkenswert sind mehrere Grabsteine, darunter das Renaissance-Grabmal des geharnischten Ritters Georg Freiherr zu Heideck von 1551. Das Altenstädter Museum (Pfarrplatz 12) mit frühgeschichtlichen Exponaten und mittelalterlichen Funden erinnert auch an den Mundartdichter Anton Wurzer (1893–1955) aus Altenstadt. Westlich liegt der 35 ha große *Süßenloher Weiher*, nordwestlich das idyllische *Sauerbachtal*.

Weiden* erreichen Sie auf der B 15 wieder nach 5 km.

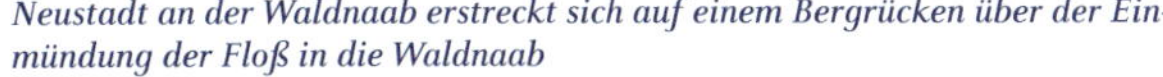

Neustadt an der Waldnaab erstreckt sich auf einem Bergrücken über der Einmündung der Floß in die Waldnaab

Selb
Skalná
Vojtanov
Hazlov
Sokolo
Milhostov
Kaceřov
Březe
Marktleuthen
Libá
Třebeň
Hartbušov
Kynšperk n. Ohří
Höchstädt
Hohenberg
Františkovy Lázně
Koste
Bříza
Odrava
Thiersheim
Pomezí n. Ohří
Cheb
Bernstein
Okrouhlá
Arzberg
Milíkov
Wunsiedel
Seußen
Kappel
Münchenreuth
Svatý Kříž
Lipová
Brand
Konnersreuth
Waldsassen
Dolní Žandov
Bad Alexandersbad
Lázně Kynžva
Marktredwitz
Kondrau
Neualbenreuth
Sibyllenbad
Vysoká
Waldershof
Pechbrunn
Wondreb
Pfaffenreuth
Wernersreuth
Poppenreuth
Leonberg
Tři Sek
Mitterteich
Pullenreuth
Platte 946
Wiesau
Wondreb
Mähring
Broumov
Schönhaid
Tirschenreuth
Großkonreuth
Friedenfels
Waldnaab
Grötschenreuth
Griesbach
Chodsk
Újez
Falkenberg
Marchaney
Erbendorf
Premenreuth
Schwarzenbach
Halže
Krummennaab
Liebenstein
Schönficht
Stein
Bärnau
Windisch-eschenbach
Dolni Výšina
Wildenreuth
Thanhausen
Hohenthan
Tacho
Plößberg
Wurz
Wildenau
Altglashütte
Dlouhý Úje
Silberhütte
Entenbühl 901
Eichelberg
Püchersreuth
Lesná
Flossenbürg
Parkstein
Waldkirch
Schwarzenbach
Floß
Neustadt a.d. Waldnaab
Georgenberg
Hošťka
Weiden i.d. Opf.
Theisseil
Neuhammer
Waldthurn
Oberbernrieth
Fahrenberg 801
Hagendorf
Rozvadov
Mantel
Bechtsrieth
Pleystein
Waldhaus
Nová
Etzenricht
Altenstadt
Irchenrieth
Vohenstrauß
Rothenstadt
Pfrentsch
Lohma
Pfreimd
Oberwildenau
Leuchtenberg
Kohlberg
Moosbach
Eslarn
Železná
Luhe - Wildenau
Böhmischbruck
Tröbes
Schnaittenbach
Dietersdorf
Unterköblitz
Wernberg-Köblitz
Tännesberg
Trausnitz
Pullenried
Stadler
Stein
Kemnath
Schönsee
Gleiritsch
Pfreimd
Schwarzach
Teunz
Freudenberg
Schönau
Neusath
Oberviechtach
Niedermurach
Trisching
Nabburg
Guteneck
Schneeberg
93
21
6
303
299
15
22
14
0
5 k

Route 6

Von Weiden in den Nördlichen Oberpfälzer Wald

Weiden – Tirschenreuth – Waldsassen – Bärnau – Flossenbürg – Pleystein – Waidhaus – Vohenstrauß – Weiden

Weiden* ist wieder Ausgangspunkt. Sie überqueren östlich die B 22 und kommen nach **Floss***. Der Markt an der Floß, dem „fließenden Wasser", war bis 1790 sulzbachischer Pflegamtssitz. Ein alter jüdischer Friedhof und eine restaurierte Synagoge erinnern an die jüdische Gemeinde von 1684 bis 1938.

Am *Nikolausberg* (520 m) mit barocker Wallfahrtskirche vorbei fahren Sie nach **Plößberg***. Der anerkannte Erholungsort liegt in schöner Waldlandschaft. Attraktion ist der Große Weiher mit Waldstrandbad. Nordöstlich liegt der von der Waldnaab gebildete 80 ha große und bis zu 15 m tiefe Liebensteinstausee.

Über *Stein* mit barocker Pfarrkirche von 1763, errichtet von dem Waldsassener Laienbruder Philipp Muttone (darin modernes Weltgerichtsgemälde u. a. mit Hitler und Stalin), und *Liebenstein* mit Mauerresten einer Burg der Herren von Liebenstein aus dem 12. Jh. stoßen Sie auf die B 15 und erreichen **Tirschenreuth***.

Die „Tirschenreuther Teichpfanne" wird von über viertausend Teichen geprägt

Die Kreisstadt ist wirtschaftliches Zentrum des nach dem Kloster Waldsassen benannten Stiftlandes. „Das Tuchmacherstädtchen Tirschenreuth liegt sehr schön", vermerkte Goethe 1786 in seinem Tagebuch, als er auf dem Weg nach Italien mit der Postkutsche durch den Ort fuhr. Die Umgebung wird von der fischreichen „Tirschenreuther Teichpfanne" mit über viertausend Teichen geprägt.

Mitterteich* liegt in einem weiten Talkessel. Gegenüber der Stadtpfarrkirche St. Jakob steht das historische Rathaus aus dem 18. Jh. mit der imposanten Mariensäule. Im Kommunbrauhaus wird Zoiglbier gebraut. Das Porzellanmuseum erinnert an die vergangene Porzellantradition.

Nordöstlich geht es vorbei am vierflügeligen *Schloss Fockenfeld,* errichtet zwischen 1750 und 1770 von Klosterbaumeister Philipp Muttone als Sommerresidenz der Waldsassener Äbte, heute Schule und Seminar für spätberufene Priester, bekannt durch die monatlichen Schlosskonzerte, nach **Konnersreuth**. Der Marktflecken mit Rokokopfarrkirche von 1777–82 wurde bekannt durch die angeblich stigmatisierte Therese Neumann (1898–1962), die seit 1926 in Visionen das Leiden Christi erlebt haben soll. Über ihr Leben erschienen zahlreiche, auch kritische Veröffentlichungen. Das Geburtshaus befindet sich am Marktplatz, die Grabstätte auf dem Konnersreuther Friedhof. 1963 wurde das Anbetungskloster Theresianum mit Altenheim und Gästehaus, betreut von Karmelitinnen, errichtet.

Waldsassen* ist berühmt durch die großartige barocke Basilika und den Bibliothekssaal im anschließenden Klostergebäude. Beim Ortsteil *Münchenreuth* steht auf dem Glasberg die barocke *Dreifaltigkeitskirche Kappl,* errichtet 1685–89 von Georg Dientzenhofer, deren origineller Rundbau die Dreieinigkeit Gottes symbolisiert. Von Waldsassen führt der Rosenkranzweg mit 15 Stationen hinauf.

Neualbenreuth* liegt an der böhmischen Grenze. Der 1985 errichtete Mittelpunktsstein markiert den angeblichen geografischen Mittelpunkt Europas – dessen Lokalisierung anhand von verschiedenen Methoden bereits zu den unterschiedlichsten Ergebnissen führte. Der anerkannte Heilquellenkurbetrieb *Sibyllenbad* mit Kohlensäure- und Radonanwendungen verfügt über eine attraktive Badelandschaft. Kinder unter 10 Jahren dürfen nicht ins Bad.

Waldsassen: Die Dreifaltigkeitskirche Kappl symbolisiert in architektonischer Vollendung die Dreieinigkeit Gottes

➜ Abstecher

Wondreb mit seiner Barockpfarrkirche von 1730 liegt südwestlich als kleines Pfarrdorf im gleichnamigen Tal. Den Pfarrhof errichtete Barockbaumeister Philipp Muttone aus Waldsassen. Besonders sehenswert ist die Friedhofskapelle St. Michael von 1669, deren grau in grau gemalte Holzdecke in 28 Bildern einen Totentanzzyklus mit lateinischen Bibelzitaten und deutschen Merkversen zeigt, der von einem unbekannten Künstler aus der Mitte des 18. Jh. stammt.

Von Neualbenreuth verläuft die Straße durch die einsamen Grenzwälder vorbei an der kleinen *St. Nikolauskirche*, die im 12. Jh. erbaut, im 17. Jh. erneuert und nach einem Brand 1897 wieder errichtet wurde – einziger Überrest der im Hussitenkrieg untergegangenen Propstei Höglstein.

Die nächste Station ist **Mähring** mit Straßengrenzübergang nach Broumov (Promenhof). Der kleine Ort am Lohbach mit Fachwerkhäusern im Egerländer Stil war früher durch seinen Erzbergbau bekannt. Mittelpunkt ist die Barockpfarrkirche von 1771 mit Chor und Turm aus dem 17. Jh. Auf dem Pfaffenbühl steht die St. Annakirche, alljährlich Ziel einer Wallfahrt aus St. Anna bei Plan im Egerland. Südwestlich gelangt man über den *Poppenreuther Berg* (761 m) nach *Großkonreuth* mit Barockpfarrkirche von 1776, die noch einen wuchtigen mittelalterlichen Turm besitzt.

→ Abstecher

Marchaney, westlich der Hauptroute zwischen Mähring und Bärnau, besitzt ein Kleinod barocker Kirchenbaukunst: Der Waldsassener Frater Philipp Muttone errichtete 1733 das Kirchlein St. Jakobus maior, ein Zentralbau mit niederer Kuppel. Die Originalfresken wurden leider 1915 bei einem Brand vernichtet.

Über *Griesbach* mit barocker Martinskirche geht es nach **Bärnau***. Die kleine Stadt liegt reizvoll an der Oberen Waldnaab. Über den Grenzübergang kommt man nach Pavlův Studenec

Das bewirtschaftete Schutzhaus Silberhütte bietet gastlichen Aufenthalt

(Paulusbrunn) und weiter auf der historischen „Goldenen Straße" nach Tachov (Tachau). Das Deutsche Knopfmuseum erinnert an die früher heimische Knopfindustrie.

Über *Thanhausen* mit Josephskirche von 1791 und *Hohenthan* mit barocker Bartholomäuskirche windet sich die Straße hinauf nach **Altglashütte** (730 m). Die Höhensiedlung am Fuß des Kutscherberges (809 m, Skigelände) entwickelte sich aus einer Glashütte, die von 1614 bis 1799 Fenster- und Gebrauchsglas erzeugte.

Die Straße führt weiter empor zum bewirtschafteten **Schutzhaus Silberhütte** (834 m) des Oberpfälzer Waldvereins. Die hochgelegene Region ist im Winter ein beliebtes Skilanglaufzentrum. Vermutlich wurde hier früher kein Silber geschürft, jedoch Glimmerschiefer, im Volksmund „Katzensilber" genannt.

Nordöstlich liegt unmittelbar an der Landesgrenze die gefasste *Waldnaabquelle* (Kreuzbrunnen). Vier Steintafeln an der Ruhebank tragen die Wappen jener Städte, die von der Waldnaab bei ihrem Lauf durch die nördliche Oberpfalz berührt werden: Bärnau, Tirschenreuth, Neustadt und Weiden.

Östlich der Silberhütte liegt der *Entenbühl* (901 m) mit der jüngst auf dem Gipfel errichteten Hubertuskapelle, südöstlich der *Kreuzstein* (866 m), ein alter Grenzstein (gekennzeichnet mit „Bayern", „Böhmen", einem Kreuz und der Jahreszahl 1843). Heute befindet sich hier ein Grenzübergang für Wanderer.

Die Straße windet sich durch den Flossenbürger Wald hinunter nach **Flossenbürg***. Der anerkannte Erholungsort wird von der Ruine der weithin sichtbaren Hohenstaufenfeste überragt.

Über *Waldkirch* am Fuß des *Schellenbergs* (826 m) mit Burgruine (14. Jh.) und Aussichtspunkt „Schellenbergturm", *Gehenhammer* mit Alter Mühle von 1835 (Brotzeitstüberl), vorbei an *Neukirchen zu Christoph* mit Pfarrkirche (18. Jh.), geht es nach **Georgenberg**, schön gelegen im tief eingeschnittenen *Zottbachtal*. Früher gab es hier viele Schleif- und Polierwerke für die Glasveredelung, die vom wasserreichen Zottbach betrieben wurden. Im Ortsteil *Neuenhammer* beherbergt das Hammerschloss von 1808 das Gasthaus Hammerwirt, zu dem eine Privatkirche mit Barockaltar aus dem Regensburger Dom gehört.

Über Oberbernrieth führt die Straße auf den **Fahrenberg** (801 m), im Volksmund „Voanberg" (vorderer Berg zum Böhmerwald) genannt. Er wird gekrönt von der spätbarocken Wallfahrtskirche Mariae Heimsuchung (1775–79), deren holzgeschnitzte spätgotische Marienfigur auf dem Hochaltar besonders am 15. August (Mariae Himmelfahrt) das Ziel zahlreicher Wallfahrer ist. Die am Hals der Madonna sichtbare Einschussstelle wird der Kugel eines Schweden im Dreißigjährigen Krieg zugeschrieben. Seit 1956 grüßt vom Dachfirst eine 3,5 m hohe Marienfigur mit Blick nach Böhmen. Neben der Kirche befindet sich die Dreifaltigkeitskapelle von 1706.

Im 12. Jh. thronte auf dem Gipfel die Veste Varnperc der Herren von Waldau und Waldthurn, der ein Kloster des Zisterzienserstifts Waldsassen folgte, das 1425 von Hussiten zerstört wurde. Die hölzerne Madonna in der Wallfahrtskirche soll noch aus der alten Burgkapelle stammen.

→ Abstecher

Waldthurn liegt westlich am Fuß des Fahrenbergs. Der 1223 erstmals genannte und 1384 zum Markt erhobene Ort gehörte von 1666 bis 1806 zur Grafschaft Störnstein der Fürsten von Lobkowitz. Das ehemalige Schloss von 1670, erneuert 1865, dient heute als Pfarrheim. Die Pfarrkirche St. Sebastian wurde im 19. Jh. auf den Mauern der abgebrannten Vorgängerin errichtet und erhielt 1983 einen modernen Anbau. Am Westende der breiten Marktstraße steht die imposante Dreifaltigkeitssäule von 1724. Eine Sammlung im Obergeschoss des Rathauses zeigt u.a. Flachs- und Webereigeräte sowie zahlreiche Hinterglasbilder. Interessant ist auch das Kartoffel-Technik-Museum (Vohenstraußer Str. 26). Am Naturbadesee mit großer Liegewiese befindet sich auch ein Kneipp-Wassertretbecken. Im Ortsteil *Lennesrieth* beeindruckt die alte Wehrkirche St. Jakob mit kunstvollem Akanthusaltar und strahlender Maria im Rosenkranz.

Pleystein* präsentiert sich als anerkannter Erholungsort reizvoll über dem Zottbachtal. Wahrzeichen ist der mächtige Rosenquarzfelsen (Kreuzberg), der das Städtchen um 38 m überragt

Pleystein mit der Kreuzbergkirche (rechts) und der Pfarrkirche St. Sigismund

Leuchtenberg: Imposant ist die Ruine der ehemaligen Landgrafenburg

und neben dem Kloster eine Wallfahrtskirche trägt. Unten steht die neugotische Stadtpfarrkirche St. Sigismund.

Über *Miesbrunn* mit neubarocker Pfarrkirche von 1912 und *Hagendorf* mit Naturschutzgebiet auf dem Gelände der ehemaligen Feldspatgrube (berühmte Mineralienfundstätte) erreichen Sie **Waidhaus***. Der alte Ort an der tschechischen Grenze ist ein wichtiger Grenzübergang (Landstraße und Autobahn). Attraktion ist die Freizeitanlage Bäckeröd mit beheiztem Erlebnisbad.

Vohenstrauß* beeindruckt durch seine Friedrichsburg mit fünf Rundtürmen, die Pfalzgraf Friedrich 1586–93 erbauen ließ.

Über Lerau am Leraubach kommen Sie nach **Leuchtenberg**. Die mächtige Burgruine auf einer Granitkuppe gehört zu den großartigsten Burganlagen der Oberpfalz. Sie war Stammsitz der schon 1124 genannten Herren von Leuchtenberg. Seit 1158 Grafen und 1196 Landgrafen, im 15. Jh. Reichsfürsten, entwickelten sie sich zu einem mächtigen Herrschergeschlecht. 1132 verlegten die Leuchtenberger ihren Wohn- und Regierungssitz nach Pfreimd, die Burg blieb Sitz leuchtenbergischer Pfleger. Nach dem Erlöschen des Stammes 1646 gelangte die gefürstete Grafschaft an Bayern. In der Folgezeit wurde die Burg mehrfach geplündert und beschädigt. Nach dem Brand von 1842 verfiel sie endgültig zur Ruine. Vom Ende des 19. Jh. an erfolgte die Sicherung der Anlage. Heute bestens gepflegt, ist der ehemalige Bestand mit Burgkapelle und Rittersaal deutlich zu erkennen.

Die Burgruine erhebt sich weithin sichtbar 170 m hoch über dem Tal und bietet besonders von dem 24 m hohen Bergfried umfassende Rundsicht. Die 1124 erstmalig erwähnte Burg wurde um 1300 erneuert. Aus dieser Zeit stammen Bergfried, Palas, Dürnitz und der innere Mauerring. Reste aus dem 12. Jh. befinden sich im vorspringenden Unterbau des Bergfrieds. Die Burgkapelle wurde im 15. Jh. verändert. Eine Vorburg und eine Abfolge von vier Toranlagen schützten die innere Burg. Heute befindet sich die Burgruine im bayerischen Staatsbesitz. Der Burghof ist von Juni bis August Schauplatz der Burgfestspiele.

Die Pfarrkirche St. Margareta wurde 1124 von Bischof Otto I. von Bamberg geweiht und nach einem Marktbrand 1844 unter Einbezug der Chorumfassungsmauern wieder errichtet.

Die Friedhofskapelle St. Sebastian von 1740/41 erhebt sich im vermutlich gegen Ende des 16. Jh. angelegten Friedhof.

★ Lerautal

Nördlich erstreckt sich das unter Naturschutz stehende **Lerautal** zwischen Burgmühle (Zusammenfluss mit der Luhe) und Sargmühle, durchsetzt von mächtigen Granitblöcken, begleitet von schmalen Steigen entlang des Bachlaufs. Es wurde 2010 von der renommierten Heinz-Sielmann-Stiftung zum zweitschönsten Waldgebiet Deutschlands gekürt. Von der Burgruine gelangt man zuerst zum Teufelsbutterfass, einer sagenumwobenen Felsformation, die einst der Landgraf von Leuchtenberg mit dem Teufel „ausgebuttert" haben soll. Dann geht es nach Überquerung der B 22 auf einem Steg über die Lerau in die wildromantische Wolfslohklamm mit dem imposanten Wolfslohfelsen, benannt nach dem Wölfen, die früher im Lerautal heimisch waren.

Auf der B 22 erreichen Sie **Michldorf**. Der kleine Ort am Fuß des Hermannsbergs (522 m) war im Mittelalter die ausgedehnteste Pfarrei in der Landgrafschaft Leuchtenberg. Die ursprünglich gotische Pfarrkirche St. Ulrich wurde 1952 erweitert. Kurz danach folgt *Irchenrieth* mit der barocken Dorfkirche von 1725. Ihr Patronat St. Barbara, Schutzheilige der Bergleute, erinnert an früheren Bergbau auf Feldspat. Nicht weit entfernt steht das Johannesbrünnerl, um das sich viele Legenden ranken.

Weiden* erreichen Sie wieder nach 5 km.

Route 7

Von Cham in den Südlichen Oberpfälzer Wald

Cham – Rötz – Neunburg vorm Wald – Oberviechtach – Tännesberg – Eslarn – Schönsee – Waldmünchen – Cham

Cham*, Kreisstadt im Talbecken des Regen an der Einmündung des Chamb, liegt verkehrsgünstig am Kreuzungspunkt der Bundesstraßen 20, 22 und 85. Der Zwiebelturm der Pfarrkirche St. Jakob weist den Weg zum Zentrum am Marktplatz mit dem spätgotischen Rathaus. Wahrzeichen ist das alte Burgtor, im Volksmund „Biertor" genannt.

Cham: Das mächtige Burgtor ist Wahrzeichen der Stadt

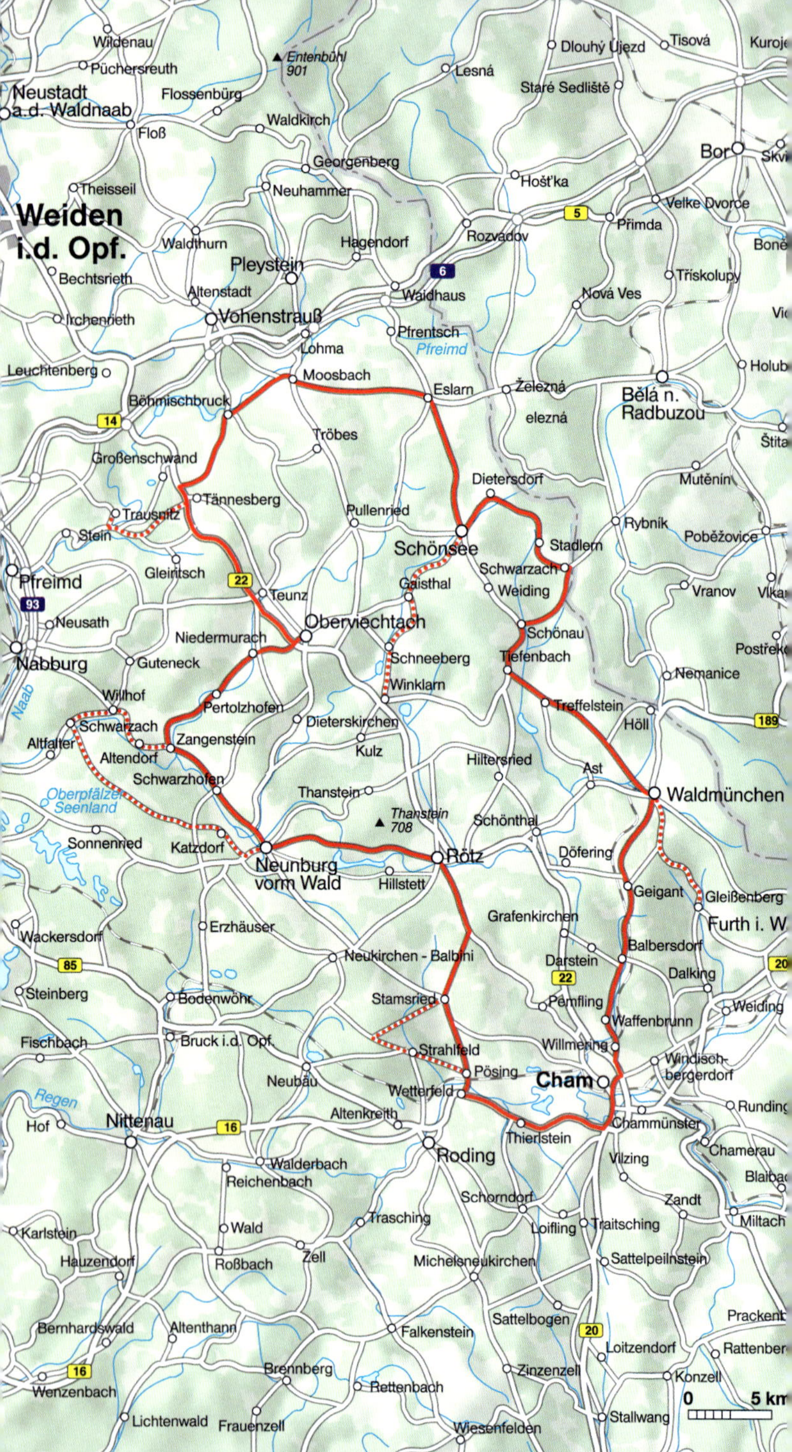
Wildenau
Püchersreuth
Entenbühl
901
Neustadt
a.d. Waldnaab
Flossenbürg
Floß
Waldkirch
Georgenberg
Theisseil
Neuhammer
Weiden
i.d. Opf.
Waldthurn
Pleystein
Hagendorf
Bechtsrieth
Altenstadt
Vohenstrauß
Irchenrieth
Lohma
Leuchtenberg
Moosbach
Böhmischbruck
14
Tröbes
Großenschwand
Tännesberg
Trausnitz
Stein
Gleiritsch
Pfreimd
93
Neusath
Nabburg
Naab
Teunz
22
Oberviechtach
Niedermurach
Guteneck
Willhof
Pertolzhofen
Schwarzach
Altfalter
Altendorf
Zangenstein
Schwarzhofen
Oberpfälzer
Seenland
Sonnenried
Katzdorf
Neunburg
vorm Wald
Wackersdorf
85
Erzhäuser
Steinberg
Bodenwöhr
Fischbach
Bruck i.d. Opf.
Neubäu
Regen
Hof
Nittenau
16
Walderbach
Reichenbach
Wald
Karlstein
Hauzendorf
Roßbach
Zell
Bernhardswald
Altenthann
16
Wenzenbach
Brennberg
Lichtenwald
Frauenzell
Dlouhý Újezd
Tisová
Kuroje
Lesná
Staré Sedliště
Bor
Skvi
Hošťka
5
Přimda
Velke Dvorce
Rozvadov
Boně
6
Waldhaus
Třiskolupy
Nová Ves
Pfrentsch
Pfreimd
Vi
Holub
Eslarn
Železná
elezná
Bělá n.
Radbuzou
Štita
Dietersdorf
Mutěnín
Pullenried
Rybník
Schönsee
Stadlern
Poběžovice
Schwarzach
Gaisthal
Weiding
Vranov
Vlkar
Schönau
Schneeberg
Tiefenbach
Postřeko
Winklarn
Nemanice
Treffelstein
Dieterskirchen
Höll
189
Kulz
Hiltersried
Ast
Thanstein
Waldmünchen
Thanstein
708
Schönthal
Rötz
Döfering
Hillstett
Geigant
Gleißenberg
Grafenkirchen
Furth i. W
Neukirchen - Balbini
Balbersdorf
Darstein
22
Dalking
20
Stamsried
Pemfling
Weiding
Waffenbrunn
Willmering
Strahlfeld
Windisch-
bergerdorf
Pösing
Cham
Wetterfeld
Runding
Altenkreith
Chammünster
Thierlstein
Chamerau
Roding
Vilzing
Blaibac
Schorndorf
Zandt
Trasching
Loifling
Traitsching
Miltach
Michelsneukirchen
Sattelpeilnstein
Prackenb
Sattelbogen
Falkenstein
20
Loitzendorf
Rattenber
Zinzenzell
Rettenbach
Konzell
0
5 km
Stallwang
Wiesenfelden

Sie verlassen Cham südlich über die Regenbrücke und fahren bald westlich auf der B 85 vorbei an *Schloss Thierlstein* über dem Regental mit zinnbekröntem Rundturm, gegründet als Grenzburg im 9. Jh. und seitdem mehrfach erneuert, bis *Wetterfeld* mit Ruine einer im Dreißigjährigen Krieg zerstörten Wasserburg. Nördlich folgt *Pösing* am rechten Regenufer, bereits 896 urkundlich erwähnt und Fundort des altsteinzeitlichen „Pösinger Faustkeils", mit gotisch-barocker St. Vituskirche. Nun geht es entweder direkt oder auf einem Schlenker über *Strahlfeld* mit Dominikanerinnenkloster im ehemaligen Schloss nach **Stamsried***. Der Markt und anerkannte Erholungsort in reizvoller Hanglage wurde 1140 erstmals genannt. Nahe in Richtung Nordosten liegt die mächtige Burgruine Kürnburg aus dem 14. Jh. mit Aussichtsturm.

Rötz*, eine kleine Stadt im Schwarzachtal, liegt am Fuße des Schwarzwihrberges (706 m) mit der Burgruine Schwarzenburg. Das Oberpfälzer Handwerksmuseum im Ortsteil Hillstett informiert über alte Handwerksberufe.

Entlang dem von der Schwarzach aufgestauten 6,2 km langen und bis zu 15 m tiefen *Eixendorfer See* mit 28 m hoher Staumauer und 360 m langer Stahlbetonbrücke, errichtet 1972–76, kommen Sie nach **Neunburg vorm Wald***. Die ehemals Wittelsbachische Pfalzgrafenresidenz an der Schwarzach konnte ihre historische Altstadt bewahren, die als Ensemble unter Denkmalschutz steht. Durch das von Ludwig Uhland neu gestaltete Todeslied vom Peter Unverdorben, der im „Schiltenhilm" (Bleihofturm) auf seine Hinrichtung wartete, gelangte sie sogar zu literarischen Ehren.

Neunburg vorm Wald: Im Verlies des früher mehrgeschossigen „Schiltenhilm" schrieb Peter Unverdorben sein ergreifendes Todeslied

→ Abstecher

Katzdorf liegt westlich am südlichen Schwarzachufer. Über dem Tal auf einem Geländesporn steht die Wallfahrtskirche St. Maria Dolorosa, ein barocker Zentralbau aus dem 18. Jh. anstelle eines romanischen Vorgängers mit einer spätgotischen bemalten Pietà aus Lindenholz (um 1500). Auf dem Kirchenvorplatz finden sich 15 Bildstöcke mit Darstellungen des Rosenkranzgeheimnisses.

Vorbei an den Schlössern von *Pettendorf* (15. Jh.) und Schwarzeneck (1735) geht es ins Auerbachtal nach **Mitterauerbach** mit gotisch-barocker Kirche, in deren Chor spätgotische Wandmalereien freigelegt wurden. Es folgt **Schwarzach** über der Mündung des Auerbachs in die Schwarzach mit hoch gelegener barocker Pfarrkirche St. Ulrich von 1725 und der barocken Kapelle St. Laurentius, die zahlreiche Votivtafeln bewahrt.
Der Schwarzach aufwärts folgend, erreichen Sie über *Willhof* mit ursprünglich romanischer Chorturmkirche St. Jakob von 1150 und *Altendorf* mit gotisch-barocker Andreaskirche in *Zangenstein* wieder die Hauptroute.

Über *Schwarzhofen*, Geburtsort von Johan Nepomuk Ringseis (1785–1810, Leibarzt König Ludwigs I.) mit gotisch-barocker Kirche geht es nach **Zangenstein** am Einfluss der Murach in die Schwarzach. Auf einem steilen Granitfelsen befindet sich die Ruine einer Burg aus der Zeit um 1360, einst Stammsitz des oberpfälzischen Adelsgeschlechts von Zenger, mit erhaltener Burgkapelle von 1686.

Die Schwarzach fließt in vielen Windungen talwärts und mündet bei Schwarzenfeld in die Naab. Die Route führt im Murachtal aufwärts über *Frohnhof* mit Burgruine nach **Pertolzhofen**. Die barocke Wallfahrtskirche St. Maria von 1697–99 mit romanischem Turm bewahrt ein seltenes Kümmernisbild mit bekleideter Figur am Kreuz. Ein weiteres befindet sich in der Jakobskirche von Neunburg vorm Wald und in der Pfarrkirche von Oberviechtach.

Niedermurach war Sitz der Freiherrn von Murach, deren Schloss neben der gotisch-barocken Pfarrkirche St. Martin stand, die ihre zahlreichen Grabdenkmäler beherbergt.

Vorbei an der Walburgakapelle von 1724 gelangt man nach **Obermurach**. Auf einem 160 m hohen Granitfels thront die gut erhaltene Burgruine „Haus Murach“ mit 20 m hohem viereckigem Bergfried, schon 1110 mit Gerunch de Mourach, Ministerialer der Grafen von Sulzbach, erstmals genannt. Eine starke Ringmauer, von der noch Reste erhalten sind, umschloss die ganze Anlage, die aus einer Vor- und einer Hauptburg bestand. Sie war so wehrhaft, dass sie auch im Hussitenkrieg allen Belagerungen standhielt, wie ein zeitgenössisches Lied aus dem Jahr 1433 bekundet: „Sie zogen gen Murach für das Haus, man schoss und wurff zu ihnen herauss mit Büchsen und mit Pfeilen, so das die bösen Husceren von dann mußten eilen.“ Bis 1803 war die Burg noch Sitz eines Pfleggerichts; erst seitdem wurde sie zur Ruine.

Oberviechtach* ist anerkannter Erholungsort und Geburtsort des berühmten Wanderarztes Doktor Andreas Eisenbarth (1663–1727), an den das Doktor-Eisenbarth-Museum in der sanierten Marktmühle erinnert. Eine Zierde ist der prächtige Maibaum auf dem Marktplatz, dessen 55 Figuren die Bedeutung Oberviechtachs an der historischen Prager Handelsstraße darstellen.

Parallel zur B 22 führt die alte Landstraße über *Hof* mit romantischer Dorfkapelle aus Granitquadern, die der Sage nach von Riesen erbaut sein soll, nach **Teunz** im Murachtal. Die barocke Pfarrkirche St. Lambert aus der Zeit um 1750 besitzt einen schönen Rokokoaltar und einen klassizistischen Turm von 1834, ausgeführt nach einem Entwurf des Königlichen Baumeisters Leo von Klenze.

Vorbei an der barocken Wallfahrtskirche St. Jodok von 1689 geht es nach **Tännesberg***. Der anerkannte Erholungsort erstreckt sich am Hang des Schlossberges (692 m) mit Grundmauern einer früheren Burganlage und herrlichem Rundblick.

Obermurach: Die imposante Burgruine „Haus Murach“ ist mit ihrem Bergfried weithin sichtbar

Wasserspeicher im Pfreimdtal

Bei Großenschwand an der B 22 nahe Tännesberg befindet sich auf 586 m Höhe der Hochspeicher Rabenleite, genannt „Waschschüssel der Oberpfalz", mit Parkplatz und Aussichtsturm. Von hier aus wird das Wasser aus dem 180 m tiefer gelegenen Trausnitzspeicher empor gepumpt.

Die 1951–58 errichteten Pumpspeicheranlagen im Pfreimdtal für die Stromerzeugung sind ein Meisterwerk der Technik. Der gesamte Komplex besteht aus den drei Kraftwerken Reisach, Tanzmühle und Trausnitz sowie aus dem Hochspeicher Rabenleite und den beiden von der Pfreimd gebildeten Talsperren Kainzmühlspeicher und Trausnitzspeicher.

Der nierenförmige See des Hochspeichers ist 400 m lang, 280 m breit und 15 m tief. Das vormittags voll gefüllte Becken umfasst 1,5 Mio. m^3 Wasser. Durch Stollen ist es sowohl mit dem Kainzmühlspeicher (Oberspeicher) als auch mit dem Trausnitzspeicher (Unterspeicher) verbunden. Nachts wird mit nicht ausgelasteten Stromkapazitäten Wasser in den Hochspeicher gepumpt, das tagsüber wieder abgelassen wird, um auf diese Weise den täglichen Spitzenbedarf zu decken. Hauptkraftwerk ist das Kraftwerk Reisach, während das zuletzt entstandene Kraftwerk Tanzmühle dem Hochpumpen des im Kainzmühlspeicher gesammelten Wassers in den Hochspeicher dient.

Die Druckrohrleitungen sind bis zu den Kraftwerken unsichtbar in den Berg gebaut. Dadurch erscheint der Hochspeicher Rabenleite wie ein natürlicher See in der reizvollen Landschaft, der so zu einem beliebten Ausflugsziel wurde.

→ Abstecher

Trausnitz liegt südwestlich an dem von der Pfreimd aufgestauten Trausnitzsee mit Badestrand, ursprünglich „Sachsenkirchen" genannt, weil Karl der Große in dieser Gegend Sachsen angesiedelt haben soll. Der kleine Ferienort wird von der renovierten Burg Trausnitz aus dem 12. Jh. überragt, die zur Unterscheidung mit der gleichnamigen Veste bei Landshut den Zusatz „im Tal" trägt und seit Langem als Jugendherberge dient. „Trau-es-net", soll ihr unfreiwilliger Bewohner Herzog Friedrich der Schöne von Österreich gerufen haben, als er nach der verlorenen Schlacht bei Ampfing 1322 über die schmale Brücke ging, die noch heute vom Ballettsaal zum Turmgemach führt.

28 Monate lang war er dort Gefangener Kaiser Ludwigs des Bayern, bis sich die beiden verfeindeten Vettern am 13. März 1325 durch Vermittlung des Papstes versöhnten. Daran erinnert neben der Burg die aus diesem Anlass errichtete Versöhnungskapelle von 1325, angelehnt an den um 794 errichteten Sachsenturm, Rest der ursprünglichen Sachsenkirche.
Nordwestlich liegt das kleine Dorf **Söllitz** mit barocker Wallfahrtskirche der 14 Nothelfer von 1723/1877.

Von Tännesberg führt die Hauptroute nordöstlich über *Böhmischbruck* mit Pfarrkirche aus dem 13./18. Jh. nach **Moosbach***. Der anerkannte Erholungsort mit Kurpark und Hallenbad liegt in einer Talsenke der Pfreimd. Besonders sehenswert ist die Rokoko-Wallfahrtskirche Wies. Schloss Burgtreswitz aus dem 13./17. Jh. beherbergt das Heimat- und Jagdmuseum.

Eslarn* ist anerkannter Erholungsort in einer Talmulde des Loisbachs mit Grenzübergang nach Tschechien. Zoigl-Wirtschaften verkaufen nach alter Tradition ein speziell gebrautes Bier.

Vorbei am *Wildpark* und *Stückstein* (808 m) mit Aussichtsturm gelangt man nach **Schönsee***. Der anerkannte Erholungsort mit Kurpark und See liegt schön im Tal der Ascha. Eine alte Tradition im Schönseer Land ist die Kunst des Spitzenklöppelns.

★ Doppelter Nepomuk

An der Straße nach Gaisthal erinnert die 1799 errichtete **Doppelstatue des hl. Johannes von Nepomuk** an die Zeit, als die Herrschaft Schönsee noch zum böhmischen Kronlehen gehörte: Das eine Gesicht schaut nach Böhmen, das andere nach Bayern. Der böhmische Schutzheilige aus Pomuk bei Pilsen wurde als verschwiegener Beichtvater der böhmischen Königin durch König Wenzel gefoltert und 1393 gefesselt von der Prager Karlsbrücke in die Moldau gestürzt.

Der „Doppelte Nepomuk" an der Straße nach Gaisthal ist ein altes Grenzzeichen

→ Abstecher
Südlich führt das Aschatal, genannt Rosental, über *Gaisthal* mit barocker Dorfkirche nach *Winklarn* an der B 22. Die Pfarrkirche St. Andreas, nach einem Brand 1826 wieder aufgebaut, besitzt eine schöne Ausstattung mit barockem Hochaltar, Rokoko-Nebenaltar und 14 Zunftstangen. Das Schloss mit den drei Ecktürmen stammt aus dem 16./19. Jh. Seit 1635 besteht die Sebastiani-Prozession am 20. Januar zu Ehren des Pestheiligen.

Stadlern liegt östlich von Schönsee am Fuß des Reichensteins (874 m) mit Ruine einer Burg aus dem 14. Jh., im Winter ein beliebtes Skizentrum. Vom Böhmerwald-Aussichtsturm an der Grenze geht der Blick weit ins Land.

Die Wallfahrtskirche Unsere Liebe Frau aus Erden gebrannt mit Spitzturm hat eine lange Tradition und stammt ursprünglich aus dem 14. Jh. Der barocke Hochaltar umschließt eine sagenumwobene spätgotische Madonna mit Kind, deren Oberteil aus gebranntem Ton angefertigt ist. Auf einem Nebenaltar steht die Holzfigur des hl. Michael mit Drachen. Die 3,5 m hohe Granitsäule an der äußeren Südseite, deren Inschrift nicht mehr zu entziffern ist, gilt als besondere ikonographische Seltenheit in der Oberpfalz. Sie stammt vermutlich aus dem 17. Jh. und zeigt in eigenartiger Reliefdarstellung „Christus in der Kelter“. Alljährlich am 15. August findet der „Große Frauentag“ mit Marienwallfahrt und Jahrmarkt statt.

★ Das verlassene Dorf Bügellohe

Nördlich vom Böhmerwald-Aussichtsturm liegt diesseits der Grenze das verlassene Dorf *Bügellohe* (850 m). Es entstand 1946, als die deutschen Bewohner aus dem böhmischen Nachbardorf Wenzelsdorf (Václav) vertrieben wurden und sich im Flurstück Bügellohe niederließen. Das letzte noch verbliebene Haus beherbergt seit 2011 eine zweisprachige Dokumentation über dieses besondere Kapitel deutsch-tschechischer Geschichte. Vom Wanderparkplatz zwischen Dietersdorf und Stadlern führt ein markierter vier Kilometer langer Wanderweg direkt nach Bügellohe.

Von Stadlern geht es über das Grenzdorf *Schwarzach* mit St. Annakapelle und jährlicher Fußwallfahrt über die Grenze zum Annafest nach Horšovský Týn (Bischofteinitz) im Juli nach **Tiefenbach**. Der kleine Ferienort mit Barockpfarrkirche von 1719–21 liegt reizvoll über dem Tal der Bayerischen Schwarzach. Das Klöppelmuseum im Rathaus erinnert an ein altes Handwerk. Gute Einkehr bietet der Brauerei-Gasthof Russenbräu. Vom Nachbardorf *Altenschneeberg* mit Gipfelkreuz auf dem Schlosshügel anstelle der einstigen Burg führt ein Wanderweg über den Signalberg (890 m, früherer Signalturm nicht mehr vorhanden) zur Burgruine Frauenstein (13. Jh.) mit Mauerresten und erhaltenem Steintor.

Über *Hammertiefenbach* mit ehemaligem Hammerschloss erreichen Sie **Treffelstein**. In der Pfarrkirche von 1720 befindet sich ein bemerkenswertes spätgotisches Holzrelief. Hoch auf einer Granitkuppe thront die Ruine einer schon 1333 genannten Burg mit 15 m hohem Rundturm, dem „Drachenturm". Südwestlich lädt der von der Bayerischen Schwarzach aufgestaute *Silbersee* zum Baden und Segeln ein.

Waldmünchen* ist ein anerkannter Luftkurort über dem Tal der Böhmischen Schwarzach mit Grenzübergang nach Tschechien. Das nächtliche Freilichtspiel „Trenck der Pandur" schildert alljährlich im Juli und August eine Episode aus der über tausendjährigen Stadtgeschichte.

→ Abstecher

Gleißenberg, 8 km südöstlich, ist anerkannter Erholungsort mit beheiztem Freibad. Es liegt in einem gegen Süden offenen waldumsäumten Talkessel und wird wegen seines milden Klimas gerühmt. Die Pfarrkirche St. Bartholomäus aus dem 13./16. Jh. mit altem Portal ist reich ausgestattet und bewahrt zahlreiche Heiligenfiguren. Wanderungen führen nordwestlich zum Hinteren Hiener (768 m), nördlich auf den Klammerfels (848 m) mit Resten einer mittelalterlichen Burg und Althütte zum bewirtschafteten Berghof Gibacht (847 m → Seite 271).

Von Waldmünchen führt die Hauptroute weiter nach **Geigant**. Der kleine Ferienort ist ein guter Stützpunkt für Wanderungen zum Hinteren Hiener (768 m) östlich und zum Zwirenzel (701 m) nördlich mit Aussichtsfelsen und Gipfelkreuz.

Über *Balbersdorf* am Fuße des Kirchenbühls (651 m) mit ehemaliger *Burgkapelle Darstein* geht es nach **Waffenbrunn**. Der Ortskern ist geprägt vom malerisch gelegenen Schloss, im 13./14. Jh. Sitz der Herren von Waffenbrunn, seitdem mehrfach umgebaut und erneuert, mit Schlosskapelle von 1756, heute in Privatbesitz. Neben der Pfarrkirche von 1922/23 befinden sich interessante Erdställe (= Schrazllöcher → Arnschwang, S. 110).

Cham* erreichen Sie wieder nach wenigen Kilometern.

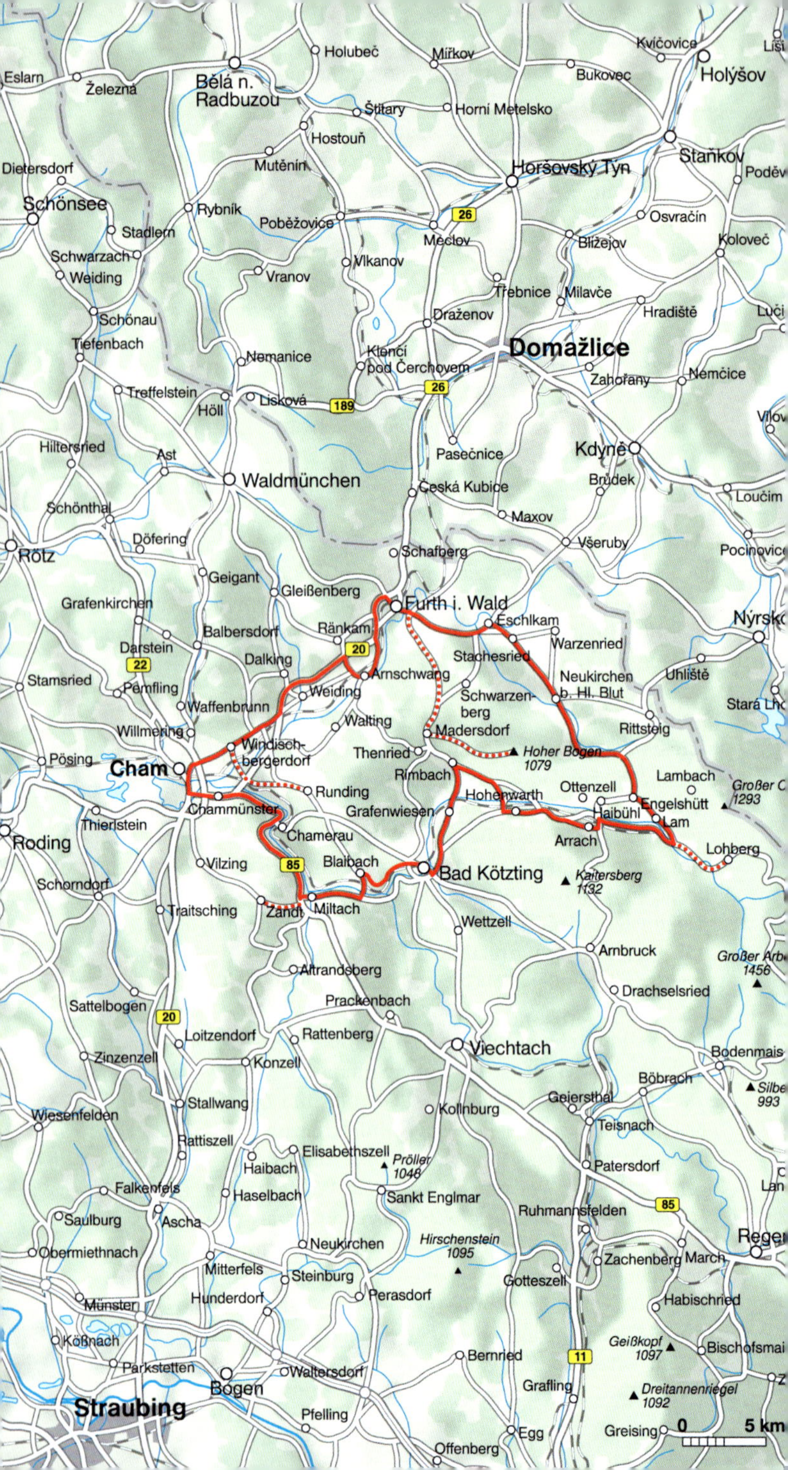
Eslarn
Železná
Bělá n. Radbuzou
Holubeč
Mířkov
Kvíčovice
Holýšov
Bukovec
Štítary
Horní Metelsko
Hostouň
Dietersdorf
Mutěnín
Horšovský Týn
Staňkov
Poděv
Schönsee
Rybník
Stadlern
Poběžovice
26
Meclov
Osvračín
Bližejov
Koloveč
Schwarzach
Weiding
Vlkanov
Vranov
Třebnice
Milavče
Hradiště
Luči
Schönau
Draženov
Tiefenbach
Nemanice
Kleneč pod Čerchovem
Domažlice
Zahořany
Němčice
Treffelstein
Lisková
189
Höll
Vilov
Hiltersried
Ast
Pasečnice
Kdyně
Waldmünchen
Česká Kubice
Brůdek
Loučim
Schönthal
Maxov
Döfering
Rötz
Všeruby
Schafberg
Pocinovice
Geigant
Grafenkirchen
Gleißenberg
Furth i. Wald
Eschlkam
Nýrsko
Balbersdorf
Ränkam
Darstein
20
Warzenried
22
Dalking
Stachesried
Stamsried
Arnschwang
Neukirchen b. Hl. Blut
Uhliště
Pemfling
Weiding
Waffenbrunn
Schwarzen-berg
Stará Lho
Willmering
Walting
Madersdorf
Rittsteig
Windisch-bergerdorf
Pösing
Thenried
Hoher Bogen 1079
Cham
Rimbach
Lambach
Runding
Ottenzell
Großer C 1293
Hohenwarth
Engelshütt
Chammünster
Thierlstein
Grafenwiesen
Haibühl
Lam
Chamerau
Arrach
Roding
Lohberg
Vilzing
Blaibach
Bad Kötzting
85
Kaitersberg 1132
Schorndorf
Traitsching
Zandt
Miltach
Wettzell
Ambruck
Altrandsberg
Großer Arbe 1456
Drachselsried
Prackenbach
Sattelbogen
20
Loitzendorf
Rattenberg
Viechtach
Bodenmais
Zinzenzell
Konzell
Böbrach
Silbe 993
Geiersthal
Stallwang
Kollnburg
Teisnach
Wiesenfelden
Rattiszell
Elisabethszell
Pröller 1048
Haibach
Patersdorf
Falkenfels
Haselbach
Sankt Englmar
Ruhmannsfelden
85
Saulburg
Ascha
Hirschenstein 1095
Regen
Obermiethnach
Neukirchen
Zachenberg
March
Mitterfels
Steinburg
Gotteszell
Hunderdorf
Perasdorf
Habischried
Münster
Geißkopf 1097
Bischofsmai
Kößnach
Bernried
11
Parkstetten
Waltersdorf
Grafling
Dreitannenriegel 1092
Bogen
Straubing
Pfelling
Egg
Greising
Offenberg
0
5 km

Route 8

Von Cham in den Oberen Bayerischen Wald

Cham – Furth im Wald – Neukirchen beim Heiligen Blut – Lam – Arrach – Bad Kötzting – Blaibach – Cham

Die Cham-Further Senke war schon in vorgeschichtlicher Zeit besiedelt. Seit Jahrhunderten dient sie dem Durchgangsverkehr zwischen Bayern und Böhmen. Durchflossen von der jenseits der Grenze entspringenden Chamb, trennt sie den Oberpfälzer Wald vom Bayerischen Wald.

Cham* ist wieder Ausgangspunkt dieser Route. Nordöstlich kommen Sie durch die Cham-Further Senke zu dem am Fuß des Buchbergs (563 m) gelegenen Stadtteil *Windischbergerdorf*. Der anerkannte Erholungsort ist bekannt durch das Bayerwaldsanatorium für Galle-, Leber-, Herz- und Kreislauf-Rehakuren.

→ Abstecher

Runding liegt 4 km südöstlich am Fuß des Schlossberges (545 m), auf dem einst eine bedeutende, nie bezwungene Burg thronte. Sie stand in enger Beziehung zur Reichsburg Cham. Gründer waren die 1118 erstmals genannten Herren von Runding, Ministeriale der Markgrafen von Cham-Vohburg. 1415 gelangte die Burg in den Besitz der Freiherrn Nothafft von Weißenstein, die sie zu einer großen Burganlage ausbauten. Sie widerstand den Hussiten, trotzte den Schweden im Dreißigjährigen Krieg und kam 1829 an den bayerischen Staat, der sie auf Abbruch verkaufte. Durch umfangreiche Ausgrabungen 1991–2011 wurde auch die imposante Hauptburg wieder komplett freigelegt und 2012 als archäologisches Freilichtmuseum eröffnet. Der in der Nähe liegende *Blauberger See* entstand in einem aufgelassenen Granitsteinbruch.

Eine Wanderstunde östlich erhebt sich der *Haidstein* (743 m) mit Wallfahrtskirche St. Ulrich von 1656/57 und bewirtschafteter Berghütte. Einst stand hier eine 1468 zerstörte Burg, auf der um 1200 oftmals der Minnesänger Wolfram von Eschenbach weilte. In seinem „Parzival“ setzte er der schönen Burgherrin

Elisabeth von Cham-Vohburg ein literarisches Denkmal. Südöstlich steht in Ried die tausendjährige Wolframslinde, deren hohler Stamm 20 Menschen Platz bietet.

Auf der B 20 geht es weiter nach **Arnschwang**. Der 1173 erstmals genannte Ort war Stammsitz der Herren von Arnschwang. Das ehemalige Wasserschloss aus dem 12. Jh. befindet sich seit Langem in Privatbesitz. Die barocke Pfarrkirche St. Martin mit gotischem Chor bewahrt eine reich verzierte Rokokokanzel aus der Stadtpfarrkirche Roding. Eine Besonderheit sind die rätselhaften Schrazllöcher, unterirdische Gänge, die der Sage nach von „Schrazln" (Zwergen) bewohnt werden. Bis zu 1,75 m hoch und 50 cm reit, beginnen sie meistens an der Kellermauer und laufen dann unter oder neben dem Haus weiter. Vermutlich bestehen die Gänge schon seit vorgeschichtlicher Zeit und dienten den Hausbewohnern als Fluchtweg oder Versteck. Beliebt ist der Arnschwanger Jubiläumspark mit Fischlehrpfad und Obst-Presshaus. Im Ortsteil *Nößwartling* befindet sich das großflächige Umweltzentrum „Mensch und Natur" mit Info-Laden und imposantem Eisvogelsteig (Klettersteig im Fluss).

Furth im Wald: Wahrzeichen ist der Stadtturm anstelle des mittelalterlichen Bergfrieds

Furth im Wald* ist anerkannter Erholungsort und wichtige Grenzstadt zur Tschechischen Republik. Im August kann man das berühmte Freilichtspiel „Further Drachenstich" erleben. Östlich erstreckt sich der 2009 geflutete 175 ha große Drachensee (Stausee des Flusses Chamb), südöstlich der Hohe Bogen, ein 7 km langer Gebirgszug mit mehr als zehn Gipfeln.

Auf dem Hohen Bogen

Südöstlich von Furth im Wald erstreckt sich der Hohe Bogen als sieben Kilometer langer markanter Gebirgszug. Wie in einem Bogen verlaufen seine Erhebungen Burgstall (976 m), Kohlriegel (957 m), Bärenriegel (1017 m), Eckstein (1073 m), Schwarzriegel (1079 m) und Ahornriegel (1050 m). Besonders der mit Felsbrocken übersäte und mit einem 18 m hohen Gipfelkreuz geschmückte Burgstall, bekannt durch den Sendeturm des Bayerischen Rundfunks, gewährt eine großartige Aussicht. Von der unvollendeten Burg des Grafen Albert III. von Bogen sind noch Reste der Wallanlage zu erkennen.
Von Neukirchen b. Hl. Blut führt eine Doppelsesselbahn auf den Ahornriegel. Mit dem Wagen können Sie von der Straße Furth-Eschlkam nach Rimbach abzweigen und kurz zuvor bei Madersdorf über Hinterlichteneck auf der steilen Diensthüttenstraße empor zur bewirtschafteten Forstdiensthütte Hohenbogen (901 m) unterhalb des Kohlriegels fahren. Von dort gelangt man in jeweils ½ Std. zum Burgstall und zum Eckstein. Etwa ½ Std. nordwestlich von Rimbach thront auf einem Bergkegel die sagenumwobene Burgruine Lichtenegg (701 m) aus dem 13. Jh., Schauplatz der Erzählung „Das Fräulein von Lichtenegg“ von Maximilian Schmidt genannt Waldschmidt. Nach ihrer Zerstörung im Dreißigjährigen Krieg blieb nur noch der 20 m hohe Wartturm erhalten.

Eschlkam am Zusammenfluss von Chamb und Freybach wurde bereits 1228 erstmals genannt und im 14. Jh. zum Markt erhoben. Der Ort liegt reizvoll in der Nähe des vom Chamb aufgestauten 175 ha großen Drachensees. Das Waldschmidtmuseum im Gasthof zur Post ist dem in Eschlkam geborenen Heimatdichter Maximilian Schmidt genannt Waldschmidt (1832–1919) gewidmet. Auf einer Anhöhe befindet sich die Pfarrkirche St. Jakobus, errichtet im 17. Jh. mit dem gotischen Chor der Vorgängerin und 1868 erweitert, einst Mittelpunkt einer mittelalterlichen Befestigungsanlage mit dem 1633 zerstörten Pflegschloss. Erhalten ist noch das alte Torhaus mit rundbogiger Durchfahrt. Ein ursprünglich runder Turm wurde jetzt zur Lourdeskapelle ausgebaut. Über die Leminger Höhe führt ein Kunstwanderweg zum Ortsteil *Stachesried* mit imposantem Kunstpavillon und Schloss aus dem 17. Jh., zeitweilig im Besitz des Philosophen Johann Gottfried von Herder (1744–1803), der hier eine Landwirtschaftsakademie plante. Im Ortsteil *Neuaign* erinnert das Schwirzer-Denkmal an einstige Schmuggler von hüben und drüben. Am Grenzübergang Eschlkam–Neuaign / Všeruby (Neumarkt) beginnt der Ostbayerische Jakobsweg.

Neukirchen beim Heiligen Blut* ist ein vielbesuchter Wallfahrtsort am Nordhang des Hohen Bogen. Die Pfarr- und Wallfahrtskirche Mariä Himmelfahrt beherbergt zur angebauten Franziskaner-Klosterkirche einen prachtvollen Doppelaltar, eine Goldschmiedearbeit aus der Zeit um 1750 mit dem verehrten Gnadenbild in einer Glaskuppel. Eine Doppelsesselbahn führt empor zum Ahornriegel (1050 m). Vom Grenzübergang beim Ortsteil Rittsteig geht es nach Svatá Kateřina (St. Katharina).

Über *Kolmstein* mit Wallfahrtskapelle von 1926 und *Engelshütt* mit Barockkirchlein des 18. Jh. kommen Sie in den *Lamer Winkel,* der wie ein Hufeisen von den höchsten Bergen des Bayerischen Waldes umschlossen wird.

Lam* ist anerkannter Luftkurort im Tal des Weißen Regen. Beliebt ist das Osserbad, ein kombiniertes Frei- und Hallenbad. Vom 5 km nordöstlich gelegenen Parkplatz „Auf'm Sattel" beginnt der kürzeste Aufstieg in gut 1 Std. zum Großen (1293 m) und Kleinen Osser (1266 m).

Neukirchen beim Heiligen Blut: Pfarr- und Wallfahrtskirche

Der Große Osser bietet einen traumhaften Ausblick

Im Bann des Osser

Der Osser gehört zum Künischen Gebirge, einem dicht bewaldeten Bergkamm aus Glimmerschiefer, der sich südöstlich entlang der Landesgrenze bis zum Zwercheck (1333 m) erstreckt und die Wasserscheide zwischen Donau und Elbe bildet. Der Name stammt von den künischen (königlichen) Freibauern, die das unwegsame Gelände im 11. Jh. besiedelten. Diese deutschstämmigen Freibauern besaßen besondere Rechte wie Steuerfreiheit und eigene Gerichtsbarkeit. Außerdem wurde die Leibeigenschaft aufgehoben. Bis Mitte des 19. Jh. waren sie unmittelbar dem König unterstellt: „Niemands Herr und niemands Knecht, das ist Künisch Bauernrecht."

Charakteristisch ist der eigenartig geformte Doppelgipfel des Osser. Östlich erhebt sich der Große Osser (1293 m) mit Gipfelkreuz und bewirtschaftetem Osserschutzhaus des Bayerischen Waldvereins. Über seinen Gipfel verläuft die Landesgrenze zur Tschechischen Republik. Westlich, getrennt durch den Ossersattel mit der 1985/86 errichteten Künischen Grenzkapelle, der Kleine Osser (1266 m), ebenfalls mit Gipfelkreuz. Von beiden Gipfeln hat man eine prächtige Fernsicht.

Für Wanderer ist direkt am Osserschutzhaus ein formloser Grenzübertritt möglich (mit Personalausweis oder Reisepass). Auf tschechischer Seite führt der Künische Grenzweg (Královská Hraniční Cesta) in etwa 2 Std. abwärts nach Hamry (Hammern).

Der Böhmerwalddichter Hans Watzlik (1879–1948), der viele Jahre in Neuern jenseits der Grenze lebte, hat das Gebirgsmassiv in seinem Roman „Im Ring des Osser" (1913) eindrucksvoll geschildert. Kurz vor dem Aufstieg zum Großen Ossergipfel wurde ihm zu Ehren eine Bronzetafel in den Fels gesetzt.

➜ Abstecher

Von Lam windet sich die Straße hinauf nach **Lohberg**. Der anerkannte Erholungsort gehört seit 1975 zur Oberpfalz. Die neuromanische St. Walburgakirche von 1880 wurde nach einem Brand 1961 wieder errichtet. Die profanierte Rokokokirche von 1698 beherbergt jetzt die Glashütte „Alte Kirche". Ein besonderes Baudenkmal ist das Schwarzauer Waldlerhaus von 1827 mit Glas- und Kunstgalerie. Empfehlenswert ist ein Besuch des Bayerwald-Tierparks mit rund 400 Tieren in 100 Arten. Durch den Lohberger Wald gelangt man in knapp 2 Std. nördlich auf den doppelgipfligen Osser.

Ein besonderes Naturerlebnis ist auch der *Kleine Arbersee* mit seinen schwimmenden Inseln, zu Fuß in knapp 2 Std. über *Sommerau* oder *Schneiderberg* zu erreichen. Von Mai bis Oktober verkehrt die Kleine Arberseebahn vom Bayerwald-Tierpark zum Kleinen Arbersee. Die anschließende Region mit dem Großen und Kleinen Arber gehört zu Niederbayern.

Oberhalb von Lohberg steht zwischen Scheibensattel und Brennessattel neben der Straße die *Hindenburgkanzel* (1043 m, Parkplatz), ein 15 m hoher Felsblock mit Aussicht in den Lamer Winkel.

Die Hauptroute führt über Lam nach **Arrach***, einem anerkannten Luftkurort, reizvoll gelegen im Tal des Weißen Regen. Der Seepark bietet zahlreiche Freizeiteinrichtungen.

Hohenwarth, anerkannter Erholungsort, hat seinen Namen von der „Hohen Warte", einem ehemaligen Spähturm, an den noch der Wachtstein erinnert. Daneben die spätgotische Alte Kirche (Schlosskapelle) aus der Zeit um 1589, von der nur noch der Chor erhalten ist. Die neugotische Pfarrkirche St. Johannes Baptist wurde 1860–62 erbaut. Bemerkenswert sind die spätgotische Figur des Kirchenpatrons auf der Kanzel und die vom Chorbogen hängende barocke Rosenkranzmadonna. Das Schlossgebäude von 1605–55 diente lange Zeit als Brauerei. Südlich führt ein Wanderweg in 1½ Std. zur bewirtschafteten *Kötztinger Hütte* (1040 m) auf dem Höhenrücken des Kaitersbergs.

Rimbach lohnt einen kleinen Umweg. Der anerkannte Erholungsort im gleichnamigen Tal mit beheiztem Freibad liegt unterhalb der Burgruine Lichtenegg, im Juli Schauplatz der Burgfestspiele. Die alte Siedlung wurde bereits 1326 als „Rindbach" erwähnt. Die barocke Pfarrkirche St. Michael entstand 1719 anstelle der 1438 beurkundeten Vorgängerin mit gemaltem Kirchen-

Der Luftkurort Arrach liegt im Tal des Weißen Regen

patron am Hochaltar und geschnitztem Antependium (Altarbehang). Daneben die Seelenkapelle von 1735. Das Holmaierhaus, ein restauriertes Waldlerhaus, zeigt wechselnde Ausstellungen. Wanderwege führen in 1 ½ Std. nordöstlich zur bewirtschafteten *Forstdiensthütte Hohenbogen* (901 m).

Grafenwiesen ist ein anerkannter Erholungsort am Weißen Regen mit Kurpark und beheiztem Freibad. Die neubarocke Pfarrkirche Hl. Dreifaltigkeit entstand 1920–23 als Ersatz für die abgerissene Schlosskapelle, die sich früher im Hof des ehemaligen Schlosses aus der Zeit von 1612–20 befand. Das Zündholzmuseum (Schönbuchener Str. 35) erinnert an die frühere Zündholzfabrik. Südöstlich liegt *Schönbuchen* mit der kleinen Wallfahrtskirche St. Anna von 1692/93, Ausgangspunkt für Wanderungen auf den Kaitersberg.

Bad Kötzting* ist anerkanntes Kneippheilbad und bekannt durch den historischen „Kötztinger Pfingstritt“ am Pfingstmontag. Von der Brücke über den Weißen Regen geht die klassische zweitägige Höhenwanderung über den Rücken des Kaitersbergs in das Arbergebiet. Über dem Zusammenfluss von Schwarzem und Weißem Regen thront die hoch gelegene Wallfahrtskirche Mariae Himmelfahrt von Weißenregen.

Kötztinger Pfingstritt

Bis 1412 lässt sich diese Reiterprozession zurückverfolgen und gehört damit zum ältesten religiösen Brauchtum in Bayern. Damals wurde der Kötztinger Pfarrer mitten in der Nacht zu einem Todkranken in das 7 km entfernte Dörfchen Steinbühl gerufen. Ein Geleit tapferer Burschen schützte ihn vor wilden Tieren und räuberischem Gesindel. Die glückliche Heimkehr wurde Anlass zur Wiederholung bis in die heutige Zeit. Seit 2004 ist die Männerwallfahrt zu Pferde wieder eine eucharistische Prozession.

Alljährlich am Pfingstmontag treffen sich frühmorgens über 900 Reiter in überlieferten Trachten auf prächtig geschmückten Pferden. Um 8 Uhr setzt sich der Zug von der St. Veitkirche aus in Bewegung: „Aufs Ross, trabt an! Pfingstgaul, hühott! Es zieht mit uns der liebe Gott!" An der Spitze reitet der Kreuzträger; ihm folgen zwei Laternenträger, zwei Fanfarenbläser, ein geistlicher Offiziator, der Mesner und die Messdiener. Nach 1 ½ Stunden erreicht die Prozession die St. Nikolauskirche in Steinbühl. Dort findet die Pfingstreitermesse statt. Gegen 13 Uhr werden die Teilnehmer wieder in Bad Kötzting zurückerwartet. Auf dem Platz vor der Kirche St. Veit beginnt nun ein Festakt, der religiöses und weltliches Handeln miteinander verbindet: Der geistliche Offiziator überreicht von Pferd zu Pferd einem vom Stadtrat vorgeschlagenen Bürgersohn das Pfingstkranzl, ein goldenes Tugendkränzchen, und kürt ihn damit zum Pfingstbräutigam. Diese Auszeichnung gilt als Stolz eines jeden Bürgerhauses. Der Pfingstbräutigam erwählt sich eine Pfingstbraut, die gegen 16 Uhr zum Burschen- und Brautzug abgeholt wird, der durch die festlich geschmückte Stadt zum Haus des Gastes zieht, wo die symbolische Pfingsthochzeit gefeiert wird. Dieses Szenarium wiederholt sich am Pfingstdienstag.

Der Kötztinger Pfingstritt zählt zum ältesten religiösen Brauchtum in Bayern

Die Festtage werden von einem vielseitigen Kultur- und Volksfestprogramm umrahmt.

Über *Pulling* am Blaibacher See, zu dem der Schwarze Regen mit dem anschließenden Höllensteinsee aufgestaut ist, erreichen Sie **Blaibach***. Der anerkannte Erholungsort am Regen mit ehemaligem Hofmarkschloss von 1604/05 (heute Schlossgasthof) wurde vermutlich schon im 9. Jh. durch das Kloster Chammünster gegründet.

Miltach liegt malerisch an der Einmündung des Perlbaches in den Regen, der hier eine Schleife bildet. Der 1070 erstmals als „Miltaha" genannte Ort entwickelte sich aus einer herzoglichen Hofmark. Sehenswert ist das zweigeschossige Hofmarkschloss aus dem 16. Jh. Es war 1872–75 im Besitz des Volksschriftstellers Maximilian Schmidt genannt Waldschmidt, wurde 1979 von der Familie Schleyerbach erworben und 1980–82 beispielhaft restauriert. Heute beinhaltet es einen Schlossladen (u. a. handbedruckte Leinenerzeugnisse) und eine Töpferei (immer werktags geöffnet).

Schloss Miltach war einst Mittelpunkt einer Hofmark

Die Pfarrkirche St. Martin besitzt einen spätgotischen Chor und ein modernes Langhaus von 1974/76. Das Untergeschoss des 34 m hohen Turms reicht noch in romanische Zeit zurück. Südöstlich die Friedhofskapelle (Seelen-Kapelle), errichtet 1716–21 unter Verwendung mittelalterlicher Mauern. An der Straße nach Bad Kötzting steht die Mariahilf-Kapelle von 1780/1831.

Im Ortsteil *Altrandsberg* beherbergt das sanierte vierflüglige Schloss aus dem 16. Jh. über dem Perlbachtal mit Rokoko-Schlosskapelle jetzt das interessante Weltkunst-Replikate-Museum.

Die westlich von Miltach gelegene Gemeinde **Zandt*** mit Schloss des 16./18. Jh. war einst Sitz der Edlen von Zandt. In der Nähe liegt *Schönferchen*, heute Ortsteil von Cham, mit der kleinen Wallfahrtskirche Maria Schnee von 1749 anstelle einer hölzernen Kapelle aus der Mitte des 17. Jh., gekrönt von einer Zwiebelhaube; die wertvolle Holzplastik der Anna selbdritt um 1480 befindet sich jetzt in sicherer Verwahrung außerhalb der Kirche.

Chamerau beiderseits des Regen war Standort einer Burg der schon im 11. Jh. genannten Ritter von Chamerau, die bis zum 15. Jh. zu den bedeutendsten Adelsgeschlechtern des Bayerischen Waldes gehörten. Die ursprünglich gotische, 1669 barock erneuerte und 1959 durch einen Oktogonanbau erweiterte Pfarrkirche St. Peter und Paul bewahrt einen romanischen Taufstein mit den Reliefs der stehenden Apostel. Westlich lohnt der gut halbstündige Aufstieg zum *Lamberg* (601 m), gekrönt von der Wallfahrtskirche St. Walburga mit rund 200 Votivtafeln, erbaut 1628–30, 1806 säkularisiert, 1832 restauriert und wieder als Gotteshaus genutzt. Der 22-jährige Friedrich Nietzsche und sein Freund Erwin Rohde weilten am 10. August 1867 hier oben und rühmten die herrliche Aussicht, als beide nach ihrem Studium in Leipzig eine Reise in den Bayerischen Wald unternahmen. Der beschilderte Lamberger „Friedrich-Nietzsche-Weg" (Rundweg) erinnert an den berühmten Philosophen.

Chammünster: Das gotische Marienmünster zählt zu den bedeutendsten Kirchenbauten der Region

Chameregg beeindruckt durch den sagenumwobenen 22 m hohen Ödenturm mit seinem mächtigen Buckelquaderwerk – Überbleibsel der Burg Chameregg aus dem 12. Jh. Graben und Wall der früheren Burg sind noch zu erkennen.

Chammünster wurde 739 durch Benediktinermönche des Regensburger Klosters St. Emmeram als Stützpunkt für die Kolonisierung weiter Teile des Grenzgebirges gegründet. Als die Mönche 975 wieder nach Regensburg zurückkehrten, wurde „cella apud Chambe" Urpfarrei der Region. Das heutige spätgotische Marienmünster, eigentlich „Pfarrkirche Mariä Himmelfahrt", ist vermutlich das vierte Gotteshaus an dieser Stelle. Es wurde im 15. Jh. auf Fundamenten der frühgotischen, im Hussitenkrieg zerstörten Vorgängerin errichtet. (→ auch Seite 143). Ältestes Requisit ist der romantische Taufstein unter der Empore; ein zweiter frühgotischer Taufstein steht im östlichen Seitenschiff. Im Kirchhof befindet sich die St.-Anna-Kapelle von 1393, jetzt Museum mit religiöser Kunst. In der Nähe das Untergeschoss eines romanischen Karners (Beinhauses) aus dem 12. Jh. mit etwa 5000 Totenschädeln; darüber das 1965 erbaute Leichenhaus.

Cham* erreichen Sie wieder nach wenigen Kilometern über die B 85.

Orte und Städte von A–Z

AMBERG → Route 4

Amberg ist eine historisch bedeutende und industriell rege Stadt im Herzen der Oberpfalz. Der mittelalterliche Stadtkern, von der Vils in etwa gleich große Hälften geteilt, ist von schönen Alleen und einer wohlerhaltenen Ringmauer mit Wehrgang, Wall und Graben umgeben, die nur zwischen Kurfürstenschloss und St.-Georgs-Kirche abgetragen wurde. Von den ehemals fünf Toren sind noch vier mächtige Torbauten erhalten: Ziegeltor, Vilstor, Wingershofer Tor und Nabburger Tor. Nicht weniger als 97 Türme sollen einst die Wehrmauer besetzt haben.

Blick in die Geschichte

Ambergs Ursprung liegt vermutlich in der Karolingerzeit des 9. Jh. Durch seine günstige Lage an der damals schiffbaren Vils entwickelte sich der Ort schon bald zu einem wichtigen Handelsplatz, der als „villa ammenberg" 1034 erstmals in einer Kaiserurkunde genannt wurde und möglicherweise 1242 schon Stadt im Rechtssinn war.

Besonders die ergiebigen Erzgruben ließen den blühenden Handel mit Erz und Eisen wachsen. 1387 erfolgte der Zusammenschluss von 66 oberpfälzischen Hammerwerken zu einem großen Eisenkartell. Durch das Monopol im Bereich der Vilsschifffahrt eroberte sich die Stadt eine alles überragende Schlüsselposition im süddeutschen Eisenhandel.

Starke Befestigungsanlagen schützten Amberg schon im 14. Jh. Der Amberger Bürgermeister Michael Schwaiger rühmte in seiner 1564 zu Wittenberg gedruckten Stadtchronik: „München ist die schönst', Leipzig die reichst' und Amberg die festest' Fürstenstadt."

Als Lehen des Hochstifts Bamberg kam Amberg nach dem Tode Konradins 1268 an das Haus Wittelsbach. Im Hausvertrag von Pavia trat 1329 Kaiser Ludwig der Bayer seinen drei Neffen die Rheinpfalz und große Teile des bayerischen Nordgaus ab. Amberg wurde Hauptstadt mit der Residenz des Kurprinzen als Statthalter der „Oberen Pfalz". Ein glanzvolles Ereignis war die „Amberger Hochzeit" von 1474, an die der Hochzeitsbrunnen auf dem Marktplatz erinnert: Kurfürst Philipp heiratete die bayerische Prinzessin Margarete. 1538 bekannte sich Amberg unter Pfalzgraf Friedrich als erste Stadt der Oberpfalz zur Reformation Luthers.

Als aber 1628 Amberg an Kurfürst Maximilian I. von Bayern fiel, rekatholisierte er die Stadt, unterstützt durch die einsetzende Tätig-

Das mächtige Vilstor wird vom viergeschossigen Torturm überragt

keit der Jesuiten. 1634 wurde die Bevölkerung durch eine verheerende Pest stark dezimiert. Der Dreißigjährige Krieg, der Spanische Erbfolgekrieg, der Österreichische Erbfolgekrieg und der Einzug der Franzosen 1796 lähmten die Wirtschaftskraft. 1810 wurde der Sitz der Oberpfälzer Regierung nach Regensburg verlegt.

Eine neue wirtschaftliche Blüte begann sich im 19. Jh. abzuzeichnen: Aus dem 1883 errichteten ersten Hochofen entstand die Luitpoldhütte, die zwar 1964 den Erzbergbau einstellte, aber mit der Gießerei einer der größten Industriebetriebe Ambergs geblieben ist. Weitere Industriezweige siedelten sich in den letzten Jahrzehnten an. Firmen wie Siemens Gerätewerk, Siemens Elektronikwerk, Automobilzulieferer Grammer AG, Pressluftmaschinenbau DEPRAG, Kristallglasfabrik Amberg und Handglasmanufaktur Evelyn-Glashütte beleben die wirtschaftliche Struktur. 1995 wurde die Hochschule Amberg-Weiden (HAW) gegründet mit den Studiengängen Elektro- und Informationstechnik, Angewandte Informatik, Medienproduktion und Medientechnik, Maschinenbau, Kunststofftechnik, Umwelttechnik und Patentingenieurwesen.

Stadtrundgang

Vom Bahnhof führt die Bahnhofstraße in die Altstadt. Rechts die **Spitalkirche** mit dem Bürgerspital, gestiftet 1317 von Kaiser Ludwig dem Bayern. Gegenüber die **Alte Münze**, ein früheres Münzgebäude. Durch die Rathausstraße geht es zum **Marktplatz**, der mit seinen malerischen Bürgerhäusern aus vier Jahrhunderten den Mittelpunkt der Stadt bildet und einst Teil eines Friedhofs war. An der Ostseite das imposante **Rathaus**, ein Bau des 14.–16. Jh. mit reich verblendeter, schlanker gotischer Giebelfront und Renaissance-Balustrade mit vorgeschobener Wendeltreppe von 1552. Die Arkadengänge unter der Südfront wurden 1761 geschlossen. Im Obergeschoss befinden sich der große Ratssaal mit kassettierter Holzdecke des 15. Jh. und das so genannte gotische Zimmer mit Kreuzgewölbe. Östlich anschließend der kleine Ratssaal von 1573, der ebenfalls eine kassettierte Holzdecke sowie eine schöne Wandvertäfelung enthält.

Gegenüber dem Rathaus befindet sich die ehem. *Ratstrinkstube* von 1728, erweitert 1756–64, ein stattliches Gebäude. An der Südseite des Platzes die spätgotische **St. Martinskirche**, nach dem Regensburger Dom die größte Hallenkirche der Oberpfalz. Der Kirchenpatron St. Martin deutet vermutlich auf eine fränkische Gründung in karolingischer Zeit. 1421 begann der Neubau, 1483 schlossen sich die Gewölbe, 1584 wurde der 91,5 m hohe Turm vollendet, der um 1720 sein heutiges Aussehen erhielt. An der südlichen Außenwand befindet sich eine Rotmarmorplatte für Martin Merz († 1501), dem berühmten pfälzischen Büchsen- und Kanonenmeister, mit Reliefbildnis und Kanonenrohr.

Im Inneren beeindruckt die dreischiffige Hallenkirche durch großzügige Weiträumigkeit. Schlanke Rundpfeiler tragen das Rippengewölbe. Über den Seitenkapellen zieht sich eine Empore zwischen den Wandpfeilern rings herum, Vorbild der um rund 100 Jahre jüngeren „obersächsischen Bergmannsgotik“. Eine barocke Ausstattung musste 1869–74 der Neugotik weichen. Aus dem Jahre 1417 blieb das bronzene Taufbecken erhalten. Einige Gemälde stammen von dem niederländischen Rubens-Schüler Caspar de Crayer (1584–1669).

Nördlich vom Hochaltar ein schöner Flügelaltar mit geschnitzter Madonna um 1520 und Seitentafeln um 1480. Hinter dem Hochaltar die Sandsteintumba mit Relieffigur des Pfalzgrafen Ruprecht Pipan († 1397), in einer Kapelle nahe dem Nordportal Grabdenkmäler für Prinz Philipp (1575) mit Relief der Kreuztragung und Prinz Friedrich Philipp (1562) mit Relief des Kinder segnenden Christus.

Nach Überquerung der Vils auf der alten **Krambrücke**, die früher zu beiden Seiten von Läden umsäumt war, folgt die Georgenstraße – neben der Bahnhofstraße die Hauptgeschäftsstraße der Stadt.

Rechts führt die Obere Apothekergasse zur **Deutschen Schulkirche**, einer ehemaligen Salesianerinnenkirche, erbaut von 1697 bis 1699 von Wolfgang Dientzenhofer und 1738 erweitert. Das 1692 gegründete Salesianerinnenkloster wurde 1802 säkularisiert und 1847 in ein Kloster der Armen Schulschwestern umgewandelt.

Ein prächtiges Portal mit Giebelfiguren der Heiligen Augustinus und Franz von Sales führt in das Innere der Kirche, deren Raumbild von heiterem Rokoko geprägt ist. Die Fresken von Gottfried Bernhard Götz (1758) am Langhausgewölbe zeigen Szenen aus der Gründungsgeschichte des Salesianerinnenordens. Besonders sehenswert ist die als Muschel geformte Orgelempore.

Mittelpunkt von Amberg ist das Rathaus mit gotischer Giebelfront

Am Schrannenplatz das **Stadttheater**, hervorgegangen aus der 1803 säkularisierten Franziskanerkirche St. Bernhard. Seit der kompletten Renovierung 1978 erstrahlt der Zuschauerraum wieder in klassizistischer Pracht. Nördlich steht das *Vilstor* mit mächtigem Viereckturm aus dem 15. Jh.; östlich jenseits der Vils das *Ziegeltor* mit zwei flankierenden Batterietürmen.

Durch die parallel zur Georgenstraße verlaufende Seminargasse kommen Sie zum Malteserplatz mit dem langgestreckten **Maltesergebäude** (ehem. Jesuitenkolleg) aus dem 17. Jh. Beeindruckend sind der Kongregationssaal mit schöner Holzdecke von Frater Josef Hörmann (1678) und prächtigem Rokokoaltar (1764) sowie die Staatliche Provinzbibliothek mit barockem Saal der früheren Klosterbibliothek.

Ein Tor im Maltesergebäude führt zur **St. Georgskirche**. Schon 1094 genannt, ist sie die älteste Pfarrkirche Ambergs. Die Bauinschrift am Chor verweist auf den 1359 begonnenen Neubau, der aber erst 1407 vollendet wurde (Turm Anfang 16. Jh.). Sie war abwechselnd katholisch, lutherisch und calvinistisch, bis sie 1621 unter Maximilian I. von Bayern wieder katholisch wurde. Jesuiten zogen ein und sorgten für eine strahlende Barockausstattung. 1668 wurden Altäre in den Seitenschiffen aufgestellt und 1672 mit Gemälden von Caspar de Crayer geschmückt. Der 20 m hohe Hochaltar entstand 1694 nach Plänen des Jesuitenbruders Josef Hörmann; das Altarbild von Johann Nepomuk Schöpf (1766) zeigt die Verherrlichung des hl. Georg. Üppiger Akanthusschmuck ziert die prunkvolle Kanzel von 1702. Die prächtigen Stukkaturen schuf 1718 Johann Baptist Zimmermann, die Fresken mit Szenen aus der St.-Georg-Legende 1722 der Asamschüler Josef Adam Müller. Von 1782 bis 1808 war die Kirche im Besitz des Malteserordens.

Neustift und Badgasse bringen Sie zum Frauenplatz mit der **Frauenkirche**, einer kleinen dreischiffigen Hallenkirche auf Rundpfeilern, die um 1390 als Hofkapelle anstelle einer Synagoge erbaut wurde. Das Südportal ziert eine Verkündigungsgruppe von 1440/50; die Figuren sind Kopien der von Luftverschmutzung bedrohten Originale, die sich jetzt in der Martinskirche befinden. Wenige Schritte entfernt steht an der Ecke Rossmarkt / Georgenstraße das Fenzl-Haus, ein stattliches Bürgerhaus mit schönem Rokoko-Erker.

Das Kanzleigässchen führt zur Regierungsstraße mit der ehemaligen **Regierungskanzlei**, heute Landgericht, errichtet 1544–45 unter Kurfürst Friedrich II. Der malerische Renaissancebau zeigt

Die Vils mit Stadtpfarrkirche St. Martin und überdachter Schiffbrücke

sich mit auffallend hohem Giebel und dem 1601 entstandenen polygonen Treppenturm. Das von Säulen flankierte Portal trägt einen eleganten Erker mit Reliefbildnissen der pfalzgräflichen Familie: Frontal Pfalzgraf Friedrich II. und seiner Gemahlin Dorothea von Dänemark; an der Schmalseite die beiden Väter Kurfürst Philipp von der Pfalz und König Christian II. von Dänemark. Auch an der Hofseite befindet sich ein Renaissanceerker, dessen allegorische Reliefs vier Laster symbolisieren.

Am Vilsufer nahe St. Martin steht die **Alte Veste** aus dem frühen 14. Jh. Ein gotischer Bauteil wird auch „Klösterl" genannt; eine Zeitlang diente es einem katholischen Schwesternkonvent. Dieses Haus besitzt noch eine gotische Hauskapelle.

Vilsabwärts das ehem. **Kurfürstliche Schloss**, heute Landratsamt, errichtet ab 1417 mit Volutengiebel und Balustrade (1603). Nahe des wehrhaften *Wingershofer Tors* (1579/80) ragt am Schlosseingang der *Fuchssteiner Eckturm* empor, der einst die Schlossbefestigung flankierte und als Gefängnis diente.

Nun am Wingershofer Tor vorbei und nach links über die Vilsbrücke mit Blick auf die **Stadtbrille**, eine mehrbogige Anlage des ehem. Wehrganges, durch die das Kurfürstliche Schloss mit dem ehem. Kurfürstlichen Zeughaus am anderen Ufer verbunden ist. Weil von hier aus nur zwei Bögen über dem spiegelnden Wasser sichtbar sind, entsteht der Eindruck einer Brille.

Sie steigen hinab in den Stadtgraben und gelangen unter dem Bogen des Wehrgangs zwischen Vils und dem ehem. **Kurfürstlichen Zeughaus** (jetzt auch Landratsamt) aus dem 16./17. Jh. mit stattlichen Giebeln und schönem Innenhof zur überdachten *Schiffbrücke*, unter der bis 1826 die Vilsschiffe nach Regensburg hindurchschwammen.

Das Nabburger Tor mit spitzbogiger Durchfahrt wird von Halbrundtürmen flankiert

Die Zeughausstraße führt zur **Paulanerkirche** von 1717–19 des 1802 aufgehobenen Paulanerklosters. Die seit 1862 evangelische Kirche ist ein einschiffiger Bau mit schönen Stukkaturen und umlaufenden Emporen. In der Nähe das *Nabburger Tor*, flankiert von zwei kräftigen Halbrundtürmen mit polygonalen Obergeschossen (1587).

Zwischen Bahnhof und Nabburger Tor führt ostwärts der Mariahilfbergweg vorbei am Klinikum St. Marien auf dem Kreuzweg in 1/2 Std. auf den **Mariahilfberg** (529 m). Einst befand sich hier eine mittelalterliche Burg. Das verheerende Pestjahr 1634 gab den Anlass zum Bau einer Votivkapelle, einem kleinen Rundbau mit Laterne, der 1643 vollendet wurde. Die rasch wachsende Wallfahrt machte jedoch den Bau einer größeren Kirche erforderlich, der heutigen barocken **Wallfahrtskirche Mariahilf**, die 1697/1700 nach Plänen Wolfgang Dientzenhofers entstand. Der Turm folgte 1726, die gewaltige Treppenanlage 1856. Die Stukkateure Giovanni Battista Carlone (1702) und sein Schüler Paul d'Aglio (1717) schufen die reichverzierten Ornamente und Figuren, Cosmas Damian Asam malte 1717 die herrlichen Fresken und schildert damit die Geschichte der Wallfahrt. Der prächtige

Hochaltar (1703) ist ein Gemeinschaftswerk von Carlone und d'Aglio; 1760 wurde der silberne Rahmen für das Gnadenbild eingesetzt, eine Kopie des Mariengemäldes von Lukas Cranach. Zu gleicher Zeit entstand der Tabernakel. Neben der Kirche befindet sich ein Franziskanerkloster. Nördlich erstreckt sich der Wagrainwald.

Amberg: Kreisfreie Stadt und Sitz des Landkreises Amberg-Sulzbach, 373 m, 44 000 Einw.

Auskunft: Tourist-Information, Hallplatz 2, 92224 Amberg
Tel. 09621/10239, www.amberg.de

Verkehr: Anschluss zur A 6 Nürnberg–Waidhaus; Bahnstation; Busverbindungen nach allen Richtungen

Hobby und Sport: Kurfürstenbad mit großzügiger Badelandschaft, Kurfürstenring 2 (www.kurfuerstenbad-amberg.de), Hockermühlbad (Freibad), Hockermühlstraße; Skulpturen-Rundweg (Infotafel bei der Stadtbrille); Kunsteisstadion beim Sportzentrum Wernher-von-Siemens-Straße, Reithalle bei Neumühle, Segelflugplatz Rammertshof (www.lsg-amberg.de); Fünf-Flüsse-Radweg an Vils, Naab, Donau, Pegnitz und Altmühl

Sammlungen: Stadtmuseum mit Prechtl-Kabinett, das Werke des Amberger Grafikers und Malers Michael Matthias Prechtl (1926–2008) beherbergt, Zeughausstr. 18; Luftmuseum im historischen Klösterl auf drei Stockwerken mit Exponaten zum Thema Luft und Wechselausstellungen im Erdgeschoss (Design, Architektur, Kunst, Technik), begründet von dem Künstler Wilhelm Koch, Eichenforstgässchen 12 (www.luftmuseum.de); Staatliche Provinzialbibliothek (über 100 000 Bände) mit Schwerpunkt Geisteswissenschaften, Malteserplatz 24

Veranstaltungen: Krüglmarkt um den 23. April am Malteserplatz, Altstadtfest Mitte Juni, Frühjahrsdult an Pfingsten und Herbstdult im Oktober, Bergfest auf dem Mariahilfberg während der Wallfahrtswoche um den 2. Juli; Tagungen im Amberger Congress Centrum

Außerdem interessant:

> Naturpark Hirschwald südlich von Amberg mit artenreicher Tier- und Pflanzenwelt, einst Jagdrevier der Kurfürsten, in dem noch heute der Rothirsch beheimatet ist. Das 28 000 ha große Gebiet zwischen Vils und Lauterach mit Nadel- und Laubwäldern, Dolomitkuppen und Trockentälern, Wacholderheiden und Magerrasen ist durch viele Wanderwege erschlossen (www.naturparkhirschwald.de)

> Glyptothek in Etsdorf (12 km östlich Nähe Autobahn). Geplante Säulenhalle nach griechischem Vorbild aus Betonfertigteilen mit Betonabgüssen antiker Skulpturen. Träger des von dem Etsdorfer Künstler Wilhelm Koch initiierten Bauwerks ist die „Stiftung Glyptothek Etsdorf Oberpfalz", unterstützt von einem Freundeskreis. Bis zur Fertigstellung dient das 2010 gegründete Tempel Museum als Schaulager der Glyptothek. Am Waldrand von Etsdorf steht die 2003 von Wilhelm Koch geschaffene Asphaltkapelle aus gegossenen Asphaltelementen mit fluoreszierendem, wie eine Ampel wirkendem Kreuz (www.glyptothek-etsdorf.de; www.tempel-museum.de)

Einkehrtipps:

- Bruckmüller Brauwirtshaus, Vilsstr. 2. Alte Traditionsgaststätte
- Zum Kummert Bräu, Raigeringerstr. 11. Regionale Küche
- Schloderer Bräu, Rathausstr. 4. Regionale Küche
- Winkler BräuWirt, Untere Nabburger Str. 34. Mit Biergarten
- Casino Wirtshaus, Schrannenplatz 8. Teil der ehem. Franziskanerkirche
- Schießl-Wirtshaus, Untere Nabburger Str. 8, Traditionsgaststätte
- Hotel Eh'häusl, Seminargasse 8. Kleinstes Hotel der Welt mit 2 Betten (www.ehehaeusl.de)
- Hotel Fronfeste, Fronfestgasse 8. Erstes Gefängnishotel Süddeutschlands. Über 300 Jahre altes Gefängnis inmitten der Stadtmauer (www.hotel-fronfeste.de)

Wanderungen

1. Vorbei am **Segelflugplatz Rammertshof** nach **Ammerthal** am Ammerbach, im 10. Jh. Sitz der Schweinfurter Markgrafen auf dem Nordgau mit romanisch-gotischer Frauenkirche (einst Burgkirche), romanischer Pfarrkirche St. Nikolaus (1971 erweitert) und ehemaligem Hofmarkschlösschen aus dem 16. Jh. 2 Std. westlich.
2. Über **Poppenricht** mit evangelischer Kirche St. Michael aus dem 14. Jh. und moderner katholischer Kirche von 1964 (Ostflügel aus Glas) nach **Sulzbach-Rosenberg**, 2 ½ Std. nordwestlich.
3. Im Vilstal aufwärts über **Altmannshof** (gute Einkehr im Gasthof Kopf) nach **Hahnbach** mit spätgotischer Pfarrkirche, 2 ½ Std. nordwestlich.
4. Im Vilstal abwärts über Haselmühl mit ehemaligem Hammerschloss nach **Theuern** mit Bergbau- und Industriemuseum, 2 Std. südöstlich. Zurück im westlichen Bogen durch den **Naturpark Hirschwald** über Waldhaus (Einkehr, Wildgehege).
5. Über **Lintach** mit Rokokopfarrkirche von 1735 (Turm um 1500), Altem Schloss (14./16. Jh., Turm) und Neuem Schloss (17. Jh.) nach **Freudenberg** mit barocker Wallfahrtskirche aus dem 17. Jh. auf dem Johannisberg (605 m), 2 ½ Std. nordöstlich.

ARRACH → Route 8

Arrach, anerkannter Luftkurort am Weißen Regen, erstreckt sich mit den Ortsteilen *Haibühl* und *Ottenzell* im Lamer Winkel.

Die moderne **Dorfkapelle St. Leonhard** von 1988 beeindruckt durch die Glaswand des Künstlers Hubert Distler im Eingangsbereich. Im Ortsteil *Haibühl* steht die *Pfarrkirche St. Wolfgang,*

Attraktion ist der Seepark mit großem Badesee

errichtet 1977/78 mit Turm und barocker Ausstattung der Vorgängerin. Sie besitzt ebenfalls eine Glaswand von Hubert Distler.

Arrach: Kreis Cham, 520 m, 2700 Einw.

Auskunft: Tourist-Information, Lamer Str. 78, 93474 Arrach
Tel. 09943/1035, www.arrach.de

Verkehr: Busverbindung mit Lam und Bad Kötzting; Bahnstation

Hobby und Sport: Naturbadesee im Seepark, Badesee im Feriendorf am Hohen Bogen in Kummersdorf, Angeln, Reiten, Wintersportzentrum Eck-Riedelstein

Sammlungen: Handwerks-, Mineralien- und Destillenmuseum im Drexler-Hof mit Bärwurzbrennerei und Café, Lamer Str. 94

Außerdem interessant: Seepark mit Freizeiteinrichtungen (u.a. Kunstfelsen Rauchröhren), Moorpark mit Info-Pavillon und Moorlehrpfad, Energiepark Gut Kless mit regenerativen Technologien, Arracher Glastor mit Info-Tafel (am Beginn der Eckstraße)

Wanderungen

1. Über Simmereinöde zum **Steinbühler Gesenke** (1044 m), 1 ½ Std. südwestlich. Nun entweder auf dem Kamm des Kaitersberges westlich zur bewirtschafteten *Kötztinger Hütte* (1040 m) und über Hudlach zurück oder südöstlich über die *Rauchröhren* (zwei imposante Felstürme) zum **Großen Riedelstein** (1133 m) mit Waldschmidt-Denkmal und über **Eschlsaign** mit Gasthof zurück.
2. Über Thenhof nach **Hohenwarth**, 1 Std. westlich. Zurück in östlichem Bogen über Kummersdorf und Ottenzell.
3. Über Frahelsbruck nach **Lam**, 1 Std. östlich. Zurück im nördlichen Bogen über Engelshütt und Haibühl.
4. Über Ottenzell nach **Kolmstein** mit Wallfahrtskirchl von 1926, 1 ¼ Std. nördlich. Zurück über Hinterhaibühl oder weiter westlich ½ Std. nach **Höllhöhe** mit Hotel-Gasthof Waldschlössl und Wanderparkplatz, Ausgangspunkt von Wanderungen zum **Hohen Bogen**.

AUERBACH → Route 4

Auerbach ist eine kleine Stadt mit langer Bergbautradition östlich vom Veldensteiner Forst. Eingemeindet wurden *Degelsdorf, Gunzendorf, Michelfeld, Nasnitz, Nitzlbuch, Ranna* und *Ranzenthal.*

Blick in die Geschichte

Auerbach wurde 1008 erstmals urkundlich erwähnt und kam 1119 in den Besitz des Klosters Michelfeld, das 1144 seinen Markt hierher verlegte. Nach Erhebung zur Stadt 1314 entwickelte sich Auerbach durch seine Lage an der alten Handelsstraße Nürnberg–Eger zu einem wichtigen Handelsplatz und durch seine Erzgruben zu einem Zentrum der Eisenindustrie. Uner Kaiser Karl IV. war es von 1373 bis 1400 Hauptstadt von Neuböhmen. Der Auerbacher Lehrer Josef Köstler hat die Geschichte der Stadt in nicht weniger als 27 Bänden dargestellt.

Berühmter Sohn war der Arzt Dr. Heinrich Stromer (1476–1542). Mit 26 Jahren Universitätsprofessor in Leipzig, errichtete er dort nach seiner Heirat mit einer reichen Leipziger Bürgerstochter um 1530 ein großes Messehaus mit geräumigen Kellern, die er Kaufleuten als Warenlager zur Verfügung stellte, wodurch er zum Wegbereiter der Leipziger Messe wurde. Neben einer Weingroßhandlung gliederte Dr. Stromer dem Messehaus eine Weinwirtschaft an, die er nach seiner Heimatstadt „Auerbachskeller" nannte und bald zu einem beliebten Treffpunkt von Kaufleuten, Künstlern, Gelehrten und Fürsten wurde. In seinem „Faust" verhalf Goethe dieser gastlichen Stätte durch den „Spuk im Auerbachskeller" zu literarischem Ruhm. Sie besteht noch heute.

Sehenswürdigkeiten

In der Mitte des langgezogenen Straßenmarktes erhebt sich freistehend das gotische **Rathaus** von 1418, umgestaltet im 16. Jh., im 19. Jh. und 1927–29, mit Wappenrelief (1552) des „Auerbacher Ochsen" an der Fassade.

Oberhalb die **Pfarrkirche St. Johannes der Täufer** aus der Mitte des 15. Jh. Sie wurde 1687 durch Georg Dientzenhofer unter Einbeziehung gotischer Mauerteile erweitert und barockisiert. Der prächtige Hochaltar (1785) ist ein Werk des späten Rokoko. Davor steht der 1993 errichtete Erzaltar (Tischaltar) aus Eisenerz der stillgelegten Grube Leonie. Eine besondere Zierde sind die vier Seitenaltäre in geschnitzten Akanthusrahmungen von Johann Michael Doser. Am Oberen Markt erinnert die **Stromer-Gedenktafel** an einem Geschäftshaus daran, dass hier das „Patrizierhaus der Stromer“ stand. In der Unteren Vorstadt die **Spitalkirche St. Katharina** (14. Jh.) mit Statue der Namenspatronin auf dem Hochaltar und drei schönen Rokokoaltären; an der Empore 13 bemalte Felder mit Szenen aus dem Leben der hl. Katharina. Die **Friedhofskirche St. Helena** (1595–99) besitzt eine bemalte Bretterdecke von 1611, die u. a. neben Bildern der Apostel auch Wappen des Landesfürsten und vieler Auerbacher Bürger zeigt.

Freistehend erhebt sich das ursprünglich gotische Rathaus mit krönendem Dachreiter

Das ehem. **Benediktinerkloster Michelfeld** (4 km westlich), gegründet 1119 durch Bischof Otto I. von Bamberg und umgeben von einer sechstürmigen Ringmauer aus dem 15. Jh., wurde 1803 säkularisiert und beherbergt heute ein Pflegeheim mit Werkstätten der Regens-Wagner-Stiftung.

Die ehem. Kloster- und jetzige **Pfarrkirche St. Johannes**, eine Wandpfeilerkirche mit Emporen, entstand 1690–1695 nach Plänen von Wolfgang Dientzenhofer. Die Ausstattung übernahmen 1716–21 die Brüder Asam: Stukkaturen und plastischen Schmuck schuf Egid Quirin (Statuen des Gründers Bischof Otto von Bamberg und des hl. Wolfgang zu Seiten des Hochaltars, die 14 Nothelfer in den Kapellen), die Gemälde Cosmas Damian (im Hochaltar das Abendmahl, im Gewölbe die Hl. Dreifaltigkeit). Im Friedhof die Kirche **St. Leonhard** von 1725 auf den Fundamenten der Vorgängerin mit reichem Rokokostuck und die **Ölbergkapelle** von 1745 mit spätgotischen Steinfiguren.

Auerbach: Kreis Amberg-Sulzbach, 435 m, 8900 Einw.

Auskunft: Tourist-Info, Oberer Marktplatz 1, 91275 Auerbach
Tel. 09643/2017, www.auerbach.de

Verkehr: Anschluss Pegnitz zur A 93 (Berlin–Nürnberg–München); Busverbindungen nach allen Richtungen; Bahnstation Pegnitz 13 km und Neuhaus / P. 7 km

Hobby und Sport: Freizeitbad Schwimm-sa-la-bim mit Schwimmkanal ins Freie (50 m-Becken); Angeln, Minigolf, Reiten, Klettern; Fischerlehrpfad um die drei Stadtweiher; Naturschutzgebiet Leonie mit Auerochsen

Sammlungen: Bergbaumuseum Maffeischächte, Grube Auerbach-Nitzlbuch an der Bayerischen Eisenstraße; Lodes Museum mit Werken des heimischen Künstlers und Mediziners Rudolf Lodes, Schlosshof 1; Museum 34 (Auerbach im Wandel der Zeit), Unterer Markt 34

Veranstaltungen: Maffeispiele im Juli; Bergwerksweihnacht im Dezember

Wanderungen

1. Zum **Gottvaterberg** (550 m) mit Gottvaterbergkapelle von 1682, erneuert 1805/06, ½ Std. südöstlich.
2. Zum **Pinzigberg** (541 m) mit Maria-Hilf-Kapelle von 1818/20 anstelle einer Vorgängerin von 1708, ¾ Std. nördlich. Weiter 1 Std. nordwestlich über Ohrenbach zum Felsendorf **Steinamwasser** mit Burgruine. Zurück über Staubershammer und Michelfeld.
3. Über Sand zum **Forsthaus Sackdilling**, 1 ½ Std. südlich. Weiter zur **Maximiliansgrotte** mit Gasthof Grottenhof, 1 Std. südwestlich. Zurück über Gasthaus Hohe Tanne.

BÄRNAU → Route 6

Bärnau, eine kleine Stadt an der Oberen Waldnaab, ist eine Gründung des Zisterzienserstifts Waldsassen, 1296 urkundlich genannt und 1343 zur Stadt erhoben. Durch den einst von Mauern umgebenen Ort führte die historische „Goldene Straße“ von Nürnberg nach Prag. Ein bedeutender Wirtschaftszweig war früher die Knopfindustrie. Eingemeindet wurden die Orte *Altglashütte, Hohenthan, Kaltenmühle, Naab, Schwarzenbach, Silberhütte, Thanhausen, Wendern* und *Ziegelhütte.*

Die **Stadtpfarrkirche St. Nikolaus** von 1733, nach Stadtbränden im 19. Jh. erneuert und 1977/78 erweitert, gilt als Juwel des „Bauernbarock“. Das repräsentative **Rathaus** mit den drei hohen Rundbogenfenstern wurde 1898/99 erbaut. Imposant ist die 4 m hohe barocke **Nepomukstatue** von 1722 aus Granit. Die **Fried-**

hofskapelle St. Michael wurde um 1700 in dem seit 1590 außerhalb der Stadtmauer liegenden Friedhof errichtet. Südwestlich auf einer Anhöhe die **Elisabethkapelle** von 1656 mit gotischer Holzfigur der hl. Elisabeth von Thüringen um 1500 (durch Kopie ersetzt).

Der schon 1913 errichtete Grenzlandturm ist auch im Winter ein beliebtes Ausflugsziel

Bärnau: Kreis Tirschenreuth, 614 m, 4000 Einw.

Auskunft: Tourist-Info, Marktplatz 1, 95671 Bärnau; Tel. 09635/920319, www.baernau.de

Verkehr: Busverbindung nach Tirschenreuth, Thanhausen, Hohenthan; Grenzübergang Bärnau–Pavlův Studenec (Paulusbrunn)

Hobby und Sport: Badesee Moorweiher, beheiztes Waldfreibad Altglashütte, Hallenbad, Minigolf, Angeln, Erholungsgelände Moorweiher; Ski-Langlaufzentrum Silberhütte

Sammlungen: Deutsches Knopfmuseum auf zwei Etagen in den historischen Räumen des ehemaligen Kommunbrauhauses, Tachauer Str. 2

Außerdem interessant: Geschichtspark Bärnau-Tachov, Naaber Str. 5b, erlebtes Mittelalter im archäologischen Freilandmuseum

Wanderungen

1. Über die **Wallfahrtskirche Zum Gegeißelten Heiland**, errichtet 1765–68 mit Chorerweiterung 1818/19 (erreichbar über eine Baumallee mit Kreuzweg), und vorbei an der **Tillyschanze** (kleiner Abstecher rechts, Viereckschanze aus dem Dreißigjährigen Krieg) zum **Grenzlandturm** von 1913 am Steinberg mit Blick nach Böhmen, ¾ Std. östlich. Zurück im südlichen Bogen über die Hansnigl-Kapelle.
2. Über Naab, **Waldnaabquelle** (Kreuzbrunnen) an der Landesgrenze zum bewirtschafteten **Schutzhaus Silberhütte** (834 m) des Oberpfälzer Waldvereins, 2 Std. südlich. Evtl. Abstecher zum **Entenbühl** (901 m) mit Hubertuskapelle und zum **Kreuzstein** (866 m, alter Grenzstein am Grenzübergang für Wanderer). Zurück über Altglashütte und **Thanhausen** mit Schloss (nach Brand 1787 erneuert) und Josephskirche von 1791 (ehem. Schlosskapelle).
3. Zum Grenzdorf **Hermannsreuth** mit Fußgängerübergang nach Hraničná (Hermannsreith), 1 Std. nordöstlich.
4. Über Ödwaldhausen nach **Schwarzenbach** im gleichnamigen Tal mit barocker Michaelskirche von 1723 und barockem Pfarrhof, 1 ½ Std. nordwestlich.

BERCHING → Route 3

Berching gilt als „Kleinod des Mittelalters" mit 13 Türmen und vier Toren

Berching ist ein ehemals Fürstbischöflich-Eichstättisches Städtchen und anerkannter Erholungsort im Tal der Sulz am alten Ludwig-Donau-Main-Kanal und seit 1992 auch am neuen Main-Donau-Kanal. Bereits 883 urkundlich genannt, gilt Berching noch heute als „Kleinod des Mittelalters". Vollständig erhalten ist die Stadtmauer aus dem 15. Jh. mit 13 Türmen und 4 Toren. Zwei große Marktplätze sind von stattlichen Giebelhäusern umgeben, teils geschmückt mit Erkern, Figuren und Wappen. Das Mittlere Tor, einst Wohnstätte des Türmers, führt von der älteren Vorstadt in die mauerumkränzte Innenstadt, durch die der Stadtbach fließt. Im Ortsteil Erasbach wurde 1714 der Komponist Christoph Willibald Gluck geboren.

Die **Stadtpfarrkirche Mariä Himmelfahrt** wurde 1756–60 unter Einbeziehung frühgotischer Ostteile von dem Eichstätter Hofbildhauer Matthias Seybold errichtet. Im Inneren feine Rocaille-Stukkaturen und Deckengemälde von Johann Michael Baader aus Eichstätt (König David und Marienkrönung). In der nördlichen Seitenkapelle befindet sich ein Doppelepitaph für Georg Keller († 1542) und seine Frau aus der Werkstatt des Eichstätters Loy Hering.

Die **Kirche St. Lorenz** in der Vorstadt, deren Turm noch aus dem 13. Jh. stammt, wurde im 17. Jh. umgestaltet. Sie diente früher als Pfarrkirche. Bemerkenswert der gotische Schnitzaltar um 1520 (Marienkrönung, Flügelreliefs mit Laurentiuslegende), die acht farbigen Tafelgemälde in den Seitenaltären mit Szenen aus dem Leben des hl. Laurentius um 1515 und ein gotisches Holzrelief der Kreuztragung um 1420.

Die **Friedhofskapelle St. Michael**, 1706 anstelle eines mittelalterlichen Karners erbaut, steht neben der Lorenzkirche im 1890 aufgelassenen Friedhof und ist heute eine Kriegergedenkstätte.

Die **Wallfahrtskirche Mariahilf** an der Straße nach Beilngries entstand 1796; auf dem rechten Seitenaltar eine geschnitzte Schmerzensmanngruppe um 1480.

Berching: Kreis Neumarkt, 380 m, 9100 Einw.

Auskunft: Tourismusbüro, Pettenkoferplatz 12, 92334 Berching
Tel. 08462/20513, www.berching.de

Verkehr: Anschluss Hilpoltstein oder Greding zur A 9 (Nürnberg–München) und Neumarkt zur A 3 (Nürnberg–Regensburg), Busverbindung nach Neumarkt und Beilngries

Hobby und Sport: Erlebnisbad „Berle", Angeln, Reiten; Treidelfahrten auf dem Ludwigskanal; Ausflüge mit dem Schiff auf dem Main-Donau-Kanal über Beilngries nach Dietfurt und weiter bis Kelheim

Veranstaltungen: Rossmarkt seit 1722 am ersten Mittwoch nach Lichtmess im Februar; Pfingstvolksfest (Freitag bis Dienstag); Berchinale (Lichterfest mit Feuerwerk am Main-Donau-Kanal, www.berchinale.com) im Juni; Weihnachtsmarkt mit Krippenausstellung am 3. Adventswochenende

Sammlungen: Heimatmuseum mit alten Bauernmöbeln und Christoph Willibald Gluck-Ausstellung, Johannesbrücke 2

Einkehrtipps:

> Brauereigasthof Zur Krone, St. Lorenz-Str. 14. Traditionshaus mit Regional-/Diätküche und Brauereiführungen für Gruppen

> Brauereigasthof Winkler, Reichenauplatz 21–23. Privatbrauerei seit 1886 mit bayerischen Spezialitäten

Wanderungen

1. Über Eglasmühle zum Ortsteil **Plankstetten** mit doppeltürmiger romanischer Klosterkirche des Benediktinerklosters und Einkehr in der Klosterschenke, 1 Std. südlich.
2. Über Sollngriesbach, **Erasbach** (Geburtsort von Christoph Willibald Gluck mit Obelisk für den Komponisten), Bachhausen und den Schlüpfelberg (573 m) nach **Mühlhausen** mit ursprünglich gotischer, im 18. Jh. barockisierter evangelischer St.-Martinskirche, 2 Std. nördlich. Zurück über Wegscheid und Rappersdorf.
3. Über Wackersberg nach **Holnstein** mit ursprünglich romanischer Pfarrkirche und mehrfach verändertem Schloss aus dem 18. Jh., Heimat der Regens-Wagner-Stiftung für Behinderte, 1 ½ Std. östlich. Von dort durch das reizvolle Tal der Weißen Laber aufwärts über **Simbach** mit Rokokokirche von 1765 nach **Waltersberg**, Ortsteil von Deining, mit Barockkirche St. Leonhard von 1717–69, 2 Std. nördlich.

BLAIBACH → Route 8

Die Pfarrkirche St. Elisabeth mit Zwiebelturm entstand im Stil des Spätrokoko

Blaibach liegt als anerkannter Erholungsort reizvoll im Tal des Regen. Vermutlich durch das Kloster Chammünster im 9. Jh. gegründet, wurde „Plaipach" 1182 erstmals urkundlich erwähnt. Ortsteile sind u. a. *Hetzenberg, Kolmberg, Lernbechermühle, Kreuzbach, Pulling, Reckendorf, Untergschaidt* und *Wimbach.*

Mittelpunkt ist die **Pfarrkirche St. Elisabeth** mit laternengeschmücktem Zwiebelturm, erbaut 1779 im Spätrokokostil als Nachfolgerin einer älteren Kirche. Benachbart das ehemalige **Hofmarkschloss** von 1604/05 mit steilem Treppengiebel, heute Schlossgasthof. Südöstlich der **Blaibacher See** mit anschließendem *Höllensteinsee,* aufgestaut vom Schwarzen Regen.

Blaibach: Kreis Cham, 380 m, 2000 Einw.

Auskunft: Tourist-Info, Kirchplatz 6, 93476 Blaibach
Tel. 09941/945013, www.blaibach.de

Verkehr: Busverbindung mit Cham und Passau; Bahnstation

Hobby und Sport: Angeln, Minigolf, Modellflugplatz, Tennis, Baden mit Liegewiese am Blaibacher See, Kanuverleih, Floßfahrten, Bootswanderstrecke nach Regensburg (107 km); Kultur- und Konzerthaus, Kirchplatz 4a

Sammlungen: Museum und Café Frauenfleiß, Kammleiten 6b (historische Textilien in nostalgischem Ambiente)

Einkehrtipp: Schlossgasthof Rösch, Kirchplatz 8–10. Gute Küche in historischen Gewölben

Wanderungen

1. Über Lernbechermühle nach Weißenregen mit Wallfahrtskirche Mariä Himmelfahrt (→ Seite 183), 1 Std. östlich. Zurück über Pulling.
2. Über Kreuzbach und **Kraftwerk Pulling** mit Fischtreppe über die 6 m hohe Staumauer zum **Blaibacher See** (Parkplatz), ½ Std. südöstlich. Weiter am Ufer entlang zum **Kraftwerk Höllenstein** mit Staumauer, 1 ¼ Std. südöstlich. Zurück über Lehen, Wimbach, Untergschaidt, Hetzenbergkapelle und Kreuzbach.
3. Über **Predigtstuhl** (562 m; Gipfelkreuz), Weißer Felsen und Jägerkreuz (Ausblick ins Regental) zum **Roßberg** (667 m), 1 ½ Std. nordwestlich. Zurück im nordöstlichen Bogen durch das Pinselbachtal.
4. Über Plarnhof und Lederdorn auf den **Haidstein** (743 m) mit Wallfahrtskirche St. Ulrich (17./18. Jh.), 2 ½ Std. nördlich. Zurück über **Ried** mit 1000-jähriger Wolframslinde und Reckendorf.
5. Über Kreuzbach, Höhenried, Anzenberg, **Heitzelsberg** mit Nepomuk-Kapelle (1636 m) auf den **Hirschpert** (647 m), 2 Std. südlich. Zurück über Ober- und Untergschaidt.
6. Am nördlichen Regen-Ufer entlang nach **Miltach** mit restauriertem Schloss aus der Zeit um 1600 (Töpferei und Schlossladen), 1 Std. westlich. Zurück am Südufer über Kreuzbach.

BODENWÖHR → Route 1

Bodenwöhr ist ein anerkannter Erholungsort am 64 ha großen Hammersee. Erzvorkommen führten schon früh zur Gründung von Eisenhämmern, aus denen sich eines der größten Hüttenwerke Bayerns entwickelte, das 1971 nach über 500-jähriger Geschichte schließen musste. Heute ist Bodenwöhr mit vier Campingplätzen direkt am See besonders bei Wassersportlern beliebt. Eingemeindet wurden die Orte *Altenschwand, Neuenschwand, Erzhäuser, Kaltenbrunn, Pingarten, Taxöldern* und *Windmais.*

Die moderne **Pfarrkirche St. Laurentius und Barbara** wurde als neuromanische Basilika 1950 aus heimischem Sandstein errichtet.

Bodenwöhr: Kreis Schwandorf, 380 m, 4000 Einw.

Auskunft: Tourist-Info, Hauptstr. 5, 92439 Bodenwöhr
Tel. 09434/902273, www.bodenwoehr.de

Verkehr: Busverbindung nach Schwandorf und Neunburg v. W.; Bahnstation

Hobby und Sport: Zwei große Sandbadestrände und mehrere kleine Badebuchten sowie Ruder- und Tretbootverleih am 8 km langen Hammersee, auch Anglerparadies mit zahlreichen Fischarten, umgeben vom Kunst- und Wasserweg; Kneippanlage im Ortsteil Kaltenbrunn

Sammlungen: Bulldogmuseum im Ortsteil Windmais (Landwirtschaftliches Oldtimermuseum), Heimat- und Bauernmuseum in Bruck-Nappach

Einkehrtipp: Brauereigasthof Jacob, Ludwigsheide 2. Traditionsreiche Familienbrauerei direkt am See mit regionaler Küche

Wanderungen

1. Nach **Bruck**, alter Markt im Sulzbachtal mit Badeweiher Sandoase und Sportflugplatz (Rundflüge), ½ Std. südlich.
2. Nach **Schöngras** mit Rokokokirchlein von 1758, ¾ Std. südwestlich.
3. Über **Taxöldern** mit mittelalterlicher Schlosskapelle auf den **Hirschberg** (571 m) mit Aussichtsturm, Ausgangspunkt des 150 km langen Quarzgangs Großer Pfahl bis weit in den Bayerischen Wald, 2 Std. nordwestlich. Abstieg ¼ Std. nördlich nach **Fuhrn** mit gotischer Kirche (Barockausstattung) und historischem Gasthaus Schießl-Tafferne. Weiter ¾ Std. nordwestlich über die **Wallfahrtskirche Büchlberg** von 1748–55 nach **Kemnath bei Fuhrn.**

BURGLENGENFELD → Route 2

Burglengenfeld, ehemalige Residenzstadt an der Naab, wurde schon in karolingischer Zeit beurkundet.

Das imposante Rathaus mit Renaissancefassade wird von zwei Sechsecktürmen flankiert

Die Grafen von Lengenfeld erbauten im 11. Jh. die schon von Weitem sichtbare Burg, die 1119 an die Pfalzgrafen von Wittelsbach fiel. Nach 1255 wurde sie Verwaltungsmittelpunkt der wittelsbachischen Besitzungen nördlich der Donau. Von 1505 bis 1777 gehörte Burglengenfeld, das 1542 Stadtrecht erhielt, zum Fürstentum Pfalz-Neuburg. Bedeutendster Sohn der Stadt ist Johann Michael Fischer (1692–1766), Kurfürstlicher Hofbaumeister des Spätbarock, an den die Bronzestatue beim Rathaus erinnert. Von 1720 an lebte er in München und schuf zahlreiche Kirchen.

Die **Stadtpfarrkirche St. Vitus** mit spätgotischen Umfassungsmauern im Langhaus wurde im 18. Jh. erneuert, 1891 verlängert und der gotische Chor 1938 durch eine Rotunde ersetzt. Beeindruckend ist das Epitaph von Loy Hering für den Hofmeister Bernhard von Hyrnheim und seine Frau Margarethe († 1541), beide kniend unter dem Kreuz. In der Nähe befinden sich der Historische **Almenhof** („Altmann'sches Schlösschen"), ein malerischer Fachwerkbau, und die jetzt evangelische **Christuskirche**, erbaut im frühen 18. Jh. als Kapuzinerkloster.

Das **Rathaus**, ein repräsentativer Bau aus dem 16. Jh. mit historischem Saal, wird von zwei markanten Sechsecktürmen flankiert. Auf dem Kreuzberg die **Kreuzbergkirche**, 1622 erbaut als Pestkirche am damaligen Gaisberg.

Die **Burg Lengenfeld** thront 85 m hoch über der Talsohle auf einem breiten Bergkegel, umgeben von einer 800 m langen Ringmauer – selbst als Ruine ein imponierendes Bauwerk, das als Bayerns besterhaltene Burganlage der Salierzeit gilt. König Ludwig I. gebot 1814 noch als Kronprinz dem rücksichtlosen Abbruch Einhalt; inzwischen wurde die Anlage sorgfältig restauriert. Erhalten sind neben Grundmauern und Kellerräumen der quadratische Sinzenhofer Turm um 1100, der Pulverturm um 1150, der 28 m hohe runde Bergfried um 1200, das spätgotische Torhaus sowie Zehntstadel, Kastenamtsgebäude und Reste des „Tiefen Brunnens". Heute beherbergt die Burg ein Pflegeheim.

In der Vorstadt die **St. Anna-Kapelle**, um 800 von Regensburger Mönchen aus St. Emmeram errichtet, und die **St. Sebastianskapelle**, 1717 wegen der damals herrschenden Pest erbaut.

Burglengenfeld: Kreis Schwandorf, 345 m, 12 500 Einw.

Auskunft: Tourist-Info, Marktplatz 2–6, 93133 Burglengenfeld
Tel. 09471/701820, www.burglengenfeld.de

Verkehr: Anschluss zur A 93 (Regensburg–Hof); Busverbindungen nach Regensburg, Schwandorf, Amberg; nächste Bahnstation Maxhütte-Haidhof 5 km

Hobby und Sport: Ganzjahres-Erlebnisbad Bulmare mit Saunalandschaft und Wellnessbereich (www.bulmare.de), Flussbad in der Naab, Naturbad Saltendorf; Angeln, Reiten, Bootswandern auf der Naab; Wild- und Freizeitpark Höllohe in Teublitz mit zahlreichen Tierarten und nahem Naturbad Höllohe

Außerdem interessant: Historisches Bier- und Eiskellerensemble an der Naab

Sammlungen: Oberpfälzer Volkskundemuseum (Alltags- und Kulturgeschichte in 36 Abteilungen), Berggasse 3 (ehem. Große Kanzlei)

Wanderungen

1. Naababwärts über Greinhof und Schirndorf nach **Kallmünz** mit Burgruine, 2 Std. südwestlich. Zurück über Fischbach und **Jägerhaus** mit Kunstwaldgarten.
2. Naabaufwärts nach **Premberg**, in karolingischer Zeit bedeutender Grenzort gegen die Slawen (Limes Sorabicus, 805) mit ursprünglich romanischer Kirche, 1 ½ Std. nordöstlich. Weiter ½ Std. naabaufwärts nach **Münchshofen** mit Renaissanceschloss (16. Jh.) und Schlosskapelle (18. Jh.). Nun über die Naabbrücke nach **Teublitz** (1953 zur Stadt erhoben) mit Rokokoschloss (18. Jh.) am Marktplatz, Ruine eines mittelalterlichen Schlosses im angrenzenden Park und Freizeitpark Höllohe. Zurück über **Saltendorf** mit ehem., ursprünglich gotischer Wallfahrtskirche Mariä Heimsuchung.
3. Durch den Forst Raffa nach **Pirkensee** mit viertürmigem Barockschloss von 1734 und Fresken von Cosmas Damian Asam in der Schlosskapelle, 2 Std. südöstlich.

CHAM → Route 8

Cham liegt in einer Schleife des Regen an der Mündung des Chamb und wird daher auch „Stadt am Regenbogen" genannt. Der Name stammt vom keltischen Wort „Kambos" (= Kurve). Die Kreisstadt ist wirtschaftlicher Mittelpunkt eines weiten Umlandes mit vielfältiger Industrie. Eingemeindet wurden *Altenmarkt-Michelsdorf, Chammünster, Haderstadl, Loibling-Katzbach, Schachendorf, Thierlstein-Untertraubenbach, Vilzing* und *Windischbergerdorf-Kothmaißling*. Die *Cham-Further-Senke* trennt geografisch den Bayerischen Wald vom Oberpfälzer Wald.

Blick in die Geschichte

Die Ursprünge Chams gehen auf mehrere Wurzeln zurück. Bereits 739 wurde die klösterliche Urpfarrei Chammünster gegründet. Vom 10.–12. Jh. bestand auf dem Galgenberg östlich von

Cham eine starke Reichsburg, deren Wall- und Grabenring noch heute sichtbar sind. Sie war Mittelpunkt des „Chambriche“ genannten Königslandes und wurde Sitz der bedeutenden Markgrafen von Cham-Vohburg. Unterhalb entwickelte sich die Siedlung Altenstadt. Mit dem Erlöschen des Geschlechts der Diepolder von Cham-Vohburg 1204 ergriffen die Wittelsbacher Besitz. Herzog Ludwig der Kelheimer verlegte 1210 „novum Chambe“, das neue Cham, an seinen heutigen Standort. Schon 1135 bezeugt wurde der südwestlich gelegene heutige Stadtteil Altenmarkt. Im Böckleraufstand 1466 versuchten die Ritter vergeblich, sich gegen Herzog Albrecht IV. aufzulehnen. Durch rege Holzflößerei war Cham bis zum 19. Jh. ein bedeutender Stapelplatz. Bei den großen Bränden 1873 und 1877 wurde viele historische Bauten vernichtet.

Durch eine Gebietsreform wurden 1972 der oberpfälzische Landkreis Waldmünchen und der niederbayerische Landkreis Kötzting zu einem großen oberpfälzischen Landkreis Cham zusammengefasst.

Prominentester Sohn der Stadt ist *Graf Nikolaus von Luckner* (Gedenktafel am Haus Straubinger Str. 2). Geboren 1722 als Gasthofsbesitzersohn, 1784 in den dänischen Grafenstand erhoben, 1791 zum Marschall von Frankreich ernannt, widmete ihm Rouget de Lisle die Marseillaise. Als Opfer der Französischen Revolution starb er 1794 unter der Guillotine. Nicht weniger berühmt ist ein Nachkomme *Graf Felix von Luckner* (1881–1966), bekannt durch seine Kaperfahrten auf den Weltmeeren im Ersten Weltkrieg.

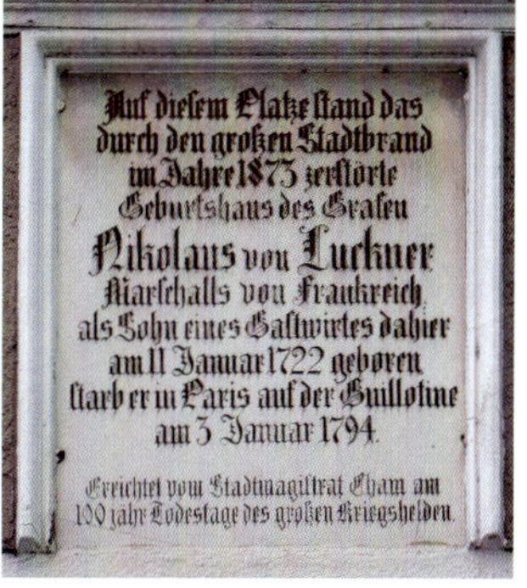

Gedenktafel für Graf Nikolaus von Luckner

Sehenswürdigkeiten

Am Marktplatz die zwiebelgekrönte gotisch-barocke **Stadtpfarrkirche St. Jakob** (13./18. Jh., 1894 erweitert und 2000–05 umfassend renoviert) mit Deckenfresken von Johann und Otto Gebhard aus Prüfening zur Jakobslegende (1750) und feinem Rokokostuck. Von der barocken Einrichtung ist ein geschnitztes Tabernakel (um 1760, jetzt Aloisiusaltar) an der Nordwand erhalten. Die übrige Ausstattung ist neubarock.

Angebaut ist das spätgotische **Rathaus** aus dem 15. Jh. mit Stufengiebel, Erker und Tierkreiszeichenuhr, oft verändert und 1875

Der Marktplatz von Cham mit Stadtpfarrkirche St. Jakob

erweitert. Täglich um 12.05 Uhr erklingt das Glockenspiel mit der Marsaillaise. Außerdem ist täglich um 17.55 Uhr die Bayernhymne zu hören. Davor der wasserspeiende *Figurenbrunnen* von 1995 des Künstlers Joseph Michael Neustifter.

Etwas südlich das spätgotische **Haus zur Krone** aus dem 15. Jh., eine ehemalige Fürstenherberge, mit Zinnenkrone und schlichtem Erker. 1489 schlossen hier Adlige den Löwlerbund gegen den bayerischen Herzog, und 1615 logierte Kurfürst Friedrich V., bekannt als Winterkönig, auf dem Weg nach Prag.

Westlich vom Marktplatz befindet sich die **Franziskanerkirche** des ehemaligen Franziskanerklosters (1631–1802) mit Turm von 1879. Sie wird heute von den Armen Schulschwestern genutzt.

In der Nähe am Regen das **Biertor** aus dem 14. Jh. mit zwei gedrungenen Rundtürmen. Es ist als einziges von vier Stadttoren erhalten und hieß ursprünglich Burgtor nach der ehemaligen Burg, die zuletzt als Brauerei diente. Die benachbarte, inzwischen erneuerte *Florian-Geyer-Brücke* über einen Nebenarm des Regen war 1959 Kulisse für den berühmten Antikriegsfilm „Die Brücke" von Bernhard Wicki.

Südlich vom Marktplatz das **Cordonhaus** (Propsteistr. 46), ein Renaissance-Bau des 16. Jh., Rest einer Benediktinerpropstei, benannt nach den Cordonisten (Militärposten), mit Tourist-Info und Städtischer Galerie. In der Nähe befand sich das *Luckner-Geburtshaus* (Straubinger Str. 2, Gedenktafel). Etwas weiter der viereckige *Straubinger Turm* aus dem 13. Jh., einst Teil der inneren Stadtmauer.

Nördlich vom Marktplatz der **Steinmarkt**, einst Handelsplatz für Mühl- und Schleifsteine. Erhalten ist noch ein *Rundturm* aus dem 16. Jh. als Rest des kurfürstlichen Salz- und Getreidespeichers. Gegenüber ein traditionsreiches *Bürgerhaus* (16. Jh.) mit gotischem Eckerker. Östlich vom Steinmarkt die spätgotische **Spitalkirche** von 1514 mit Ausstattung des 18. Jh. Das ehemalige Spitalgebäude gegenüber beherbergt heute die Stadtbibliothek. Oberhalb der wehrhafte *Grasslturm* aus dem 15. Jahrhundert.

Auf einer Anhöhe im Nordwesten die **Klosterkirche Maria Hilf**, ein dreischiffiger, neuromanischer Backsteinbau mit zwei spitzen Türmen, errichtet 1900–09 vom Orden der Redemptoristen. Das Innere beeindruckt durch goldglitzernde Fresken im Nazarenerstil, die Ordensbruder Max Schmalzl schuf. Neben der Kirche befindet sich ein Exerzitienhaus.

Sehenswert in der Umgebung (→ auch Seite 118)

Chammünster, 3 km südöstlich: Mönche des Regensburger Klosters St. Emmeram gründeten 739 ein Benediktinerkloster für die Kolonisation des Umlandes, das bis zum 10. Jh. bestand. Das heutige *Marienmünster* besitzt Chorteile vom Vorgängerbau aus dem 13. Jh. und ein dreischiffiges Langhaus aus dem 15. Jh. Von den beiden Chortürmen aus der Zeit um 1300 wurde der Südturm 1877 erneuert. Im Inneren ein romanischer und ein frühgotischer Taufstein, eine imposante Sandsteinkanzel, spätgotische Fresken sowie zahlreiche Grabdenkmäler des 15. bis 17. Jh. Auf dem Kirchhof die gotische St. Anna-Kapelle (1393), ursprünglich Grabkapelle der Ritter von Chamerau (jetzt Museum mit religiöser Kunst) sowie ein Karner aus dem 12. Jh. unter dem 1965 erbauten Leichenhaus.

Cham: Kreis Cham, 450 m, 17 400 Einw.

Auskunft: Tourist-Information, Propsteistr. 46, 93413 Cham
Tel. 09971/803493, www.cham.de

Verkehr: Busverbindung nach allen Richtungen; Bahnstation

Hobby und Sport: Beheiztes Freibad, Hallenbad, Minigolf, Angeln, Reiten, Wildgehege, Tennis, Segelflugplatz; Stadtpark mit altem Baumbestand, Freizeitpark an der Quadfeldmühle; Freizeitzentrum Satzdorfer See bei Altenstadt; Kletterzentrum Bayerwald; Naturschutzgebiet Regentalaue zwischen Cham und Roding

Spezialitäten: Chamer Kampl (Honiglebkuchen als fünfeckiger Kamm)

Veranstaltungen: Chamer Volksfest Ende Juli/Anfang August

Sammlungen: Städtische Galerie mit wechselnden Ausstellungen im Cordonhaus, Propsteistr. 46; Museum SPUR, im ehemaligen Armenhaus, Schützenstr. 7 (Arbeiten der Künstlergruppe SPUR); Büchsenmachermuseum im Geschäftshaus Kuchenreuter, Fuhrmannstr. 4 (Feuerwaffen)

Kureinrichtungen: Bayerwald-Sanatorium in Windischbergerdorf; Rehakuren bei Galle-, Leber-, Herz- und Kreislauferkrankungen

Außerdem interessant: Churpfalzpark in Loifling (Richtung Straubing), Ostbayerns größter Freizeit- und Erlebnispark für Kinder und Erwachsene. Sehenswert auch das mittelalterliche Wasserschloss, heute kommunales Kulturzentrum

Einkehrtipp: Rhaner Bräustüberl, Ludwigstr. 5. Gute regionale Küche

Wanderungen

1. Über den **Kalvarienberg** (464 m) mit neugotischer Kirche von 1886 auf die **Luitpoldhöhe** (494 m), Aussichtsturm, ½ Std. nördlich. Unterhalb westlich in **Katzberg** die romanische Dorfkirche St. Ägidius, eine ehemalige Schlosskapelle mit barocker Ausstattung; die legendäre „Trenck-Orgel" soll eine Stiftung des berüchtigten Pandurengenerals als Buße für grausame Brandschatzungen sein. Vom eigentlichen Schloss existieren nur noch wenige Reste, darunter Schrazllöcher – unterirdische Gänge, die den Bewohnern früher als Versteck oder Fluchtweg dienten.
2. Über **Altenstadt** auf den **Galgenberg** (451 m), ½ Std. östlich. An seinem Südhang zeugen noch Wälle an der alten „Böhmstraße" von der einstigen Reichsburg Cham.
3. Über **Altenstadt** vorbei am **Satzdorfer See** zum Stadtteil **Windischbergerdorf**, anerkannter Erholungsort am rechten Chambufer; 1 Std. nordöstl. Von dort ½ Std. westlich auf den **Buchberg** (530 m) mit Resten der ehemaligen Puchberger Burg. Zurück nach Cham über Zifling.
4. Über Altenstadt und Satzdorf nach **Runding** mit Burgruine (siehe Seite 109), 2 ½ Std. östlich.
5. Über Quadfeldmühle, **Chammünster** mit doppeltürmigem Marienmünster und auf dem Friedrich-Nietzsche-Wanderwege (zur Erinnerung an den Philosophen, der hier als 22-Jähriger am 10. August 1867 mit seinem Studienfreund wanderte) zum **Lamberg** (601 m) mit Wallfahrtskirche St. Walburga von 1630/1832, 1 ½ Std. südöstlich. Abstieg über den 22 m hohen **Ödenturm** (Reste der Burg Chameregg mit Gasthof) nach Chameregg und über Chammünster zurück.
6. Über Michelsdorf vorbei am **Rötelseeweiher** (Wasservögel, Naturschutzgebiet) zum **Schloss Thierlstein** hoch über dem Regental auf einem mächtigen Quarzfelsen des Pfahls, als Grenzburg im 9. Jh. gegründet, nach Zerstörungen im 15. und 16. Jh. mehrfach erneuert, mit rundem Bergfried, heute in Privatbesitz, 1 ½ Std. westlich.
7. Über Loibling nach **Pemfling** mit sehenswerter Dorfkirche von 1736 in prunkvoller Frührokokoausstattung, 1 ½ Std. nordwestlich.

DIETFURT → Route 3

Dietfurt, bereits 1109 als Markt und 1416 als Stadt bezeichnet, trägt den Beinamen „Siebentälerstadt", da hier sieben Täler zusammenlaufen. Der anerkannte Erholungsort liegt am Einfluss der Weißen Laber in die Altmühl, die zum Main-Donau-Kanal mit mehreren Schleusen ausgebaut wurde.

Erhalten sind noch Befestigungsanlagen mit Wehrtürmen aus dem 15. Jh. Zu den zahlreichen Ortsteilen gehören auch *Griesstetten, Mühlbach, Töging und Zell.*

Mittelpunkt ist der Marktplatz mit dem freistehenden Rathaus

Auf dem breit ausladenden Marktplatz das freistehende **Rathaus** aus dem 15. Jh. mit Treppengiebel und Glockentürmchen. Davor der originelle **Chinesenbrunnen** mit Chinesengesicht, Tellerhut und Nackenzopf, an dem nach altem Brauch zur Fastnacht der „Empfang des Kaisers von China" gefeiert wird.

Die barocke **Stadtpfarrkirche St. Aegidius** wurde 1734–36 auf gotischen Mauern errichtet. Ihr 65 m hoher Spitzturm stammt noch aus dem 15. Jh., 1590 um die Glockenstube erhöht. Der prächtige Hochaltar von 1737 nimmt die gesamte Ostwand ein. Der Eichstätter Bildhauer Loy Hering schuf das auf 1537 datierte steinerne Renaissancerelief (Schmerzensmann und kniender Mönch) beim rechten Seitenaltar, das sich früher an der Außenwand der Frauenkirche befand. Die gotische **Frauenkirche**, errichtet im 15. Jh. und barockisiert im 18. Jh., beherbergt am Hochaltar das Gnadenbild der auf Wolken thronenden Maria mit Kind, das mit dem Kreuz auf einer Weltkugel steht.

Die **Friedhofskirche St. Sebald** aus dem 18. Jh. ist eine Stiftung des Pfarrherrn Sebald Forchhammer aus dem benachbarten Eutenhofen. Am Chorbogen befindet sich das Kalksteinepitaph des Stifters († 1736).

Die **Franziskanerklosterkirche St. Johannes Ev.** wurde nach einer Stiftung des Dietfurter Bürgermeisters Johann Huebmer zusammen mit dem Kloster 1660–67 errichtet und 1715–17 durch den Anbau der Antoniuskapelle mit Gruft erweitert. 1766/67 wurde die Kirche nach Westen verlängert. Das Franziskanerkloster unterhält heute ein weit bekanntes Meditationshaus.

Dietfurt: Kreis Neumarkt, 360 m, 6100 Einw.

Auskunft: Tourist-Info, Hauptstr. 26, 92345 Dietfurt
Tel. 08464/640019, www.dietfurt.de

Verkehr: Busverbindung nach Beilngries, Berching, Riedenburg, Kelheim

Hobby und Sport: Beheiztes Freibad, Sportboothafen, Bootsverleih, Angeln, Reiten, Gleitschirmfliegen; Ausflüge mit dem Schiff auf dem Main-Donau-Kanal zwischen Berching und Kelheim; Archäologiepark Altmühltal zwischen Dietfurt und Kelheim (www.archaeologiepark-altmuehltal.de)

Veranstaltungen: Chinesenfasching mit Faschingszug am „Unsinnigen Donnerstag" vor dem Faschingswochenende, der viele Tausend Besucher anlockt (www.chinesenfasching.info); Brunnenfest Mitte Juli

Sammlungen: Ganzjährige Ausstellung zum Chinesenfasching im Rathaus; Museum im Hollerhaus mit Gesteins-, Mineralien- und Fossiliensammlung sowie Infos über Ausgrabungen im unteren Altmühltal und den Main-Donau-Kanal, Pfarrgasse 6; Altmühltaler Mühlenmuseum mit letzter laufender Mühle im Altmühltal, Hauptstraße 51

Einkehrtipp: Historischer Gasthof Stirzer, Hauptstr. 45, musikantenfreundliches Wirtshaus mit regionaler Küche

Wanderungen

1. Nach **Griesstetten** mit der barocken Wallfahrtskirche St. Martin und zu den drei elenden Heiligen von 1747, entstanden 1154 aus der Einsiedelei drei irischer Pilgermönche, ½ Std. südlich. In einem Schrein sind die umkleideten Gebeine der drei Mönche sichtbar. Der gotische Taufstein und die Sakramentsnische stammen noch aus der Kirchenvorgängerin.
2. Auf die Waldkuppe des „Wilden Steins" zum **Schlossgut Wildenstein**, einst Burgbesitz der Ritter von Wildenstein, deren Grabplatten die Pfarrkirche von Breitenbrunn beherbergt, 1 Std. östlich. Zurück im südlichen Bogen über **Mühlbach** mit Mühlbachquelle und Hungerbrunnen (Quellen mit und ohne Wasserführung).
3. Über die Ruine **Ödenburg** mit vorgeschichtlicher Wallanlage und Premerzhofen nach **Breitenbunn** mit Burgruine und Wallfahrtskirche, 1 ½ Std. nordöstlich. Zurück im Tal der Wissinger Laber über Sankt Bartlmä und Haas.

DONAUSTAUF → Route 1

Donaustauf am linken Donauufer mit Marktrecht seit 1494 wird überragt von der mächtigen **Burgruine Donaustauf** (422 m). Die einstige Burg der Regensburger Bischöfe, 914 als Castellum Stufo erwähnt und 1634 von den Schweden zerstört, beeindruckt noch heute mit sieben Toren, romanischem Palas und Resten der Burgkapelle um 1050.

Zwischen Markt und Ruine die **Pfarrkirche St. Michael**. Nach Zerstörung der Vorgängerin 1634 erfolgte bis 1657 der Wiederaufbau und 1724 die Erneuerung des Langhauses. Die Ausstattung aus dem 19. Jh. ist neuromanisch.

An der Walhalla-Auffahrt steht die ursprünglich gotische **Wallfahrtskirche St. Salvator**. Sie wurde im 18. Jh. barockisiert und 1843 durch Leo von Klenze dem klassizistischen Baustil der Walhalla angepasst. Acht Holztafelgemälde um 1600 zeigen die Entstehung der Wallfahrt nach einem Hostienfrevel durch Kriegsknechte 1388. Freigelegt wurden spätgotische Wandmalereien mit Szenen aus dem Neuen Testament.

Auf dem Breuberg (409 m) thront die **Walhalla**, klassizistischer Ruhmestempel nach griechischem Vorbild mit Marmorbüsten bedeutender Persönlichkeiten (→ Seite 148). Sie wurde jüngst umfassend restauriert (Fußweg 20 Minuten, zur Freitreppe mit 358 Stufen 10 Minuten, Auffahrt 1 1/2 km).

Donaustauf mit Pfarrkirche St. Michael und der Burgruine Donaustauf

Donaustauf: Kreis Regensburg, 324 m, 4000 Einw.

Auskunft: Verwaltungsgemeinschaft, Wörther Str. 5, 93093 Donaustauf, Tel. 09403/95020, www.donaustauf.de

Verkehr: Anschluss Neutraubling 6 km zur A 3 (Regensburg–Passau); Busverbindung mit Regensburg und Wörth a. d. Donau; Schiffsanleger

Hobby und Sport: Angeln, Golfplatz, Wassersport, Donau-Radweg

Außerdem interessant: Chinesischer Turm von 1842 im ehemaligen Schlossgarten des 1880 beim Marktbrand vernichteten Schlosses von Thurn und Taxis

Wanderungen

1. Über Tannerlkapelle zum **Hohen Markstein** (510 m), ¾ Std. nördlich. Weiter auf dem Wanderweg „Hohe Linie“ ¾ Std. westlich zum **Keilberg** mit Sendeturm. Zurück ¾ Std. östlich.
2. Über den **Hohen Markstein** durch den Donaustaufer Forst nach **Wenzenbach** im Wenzenbachtal (→ Seite 46), 1 ½ Std. nördlich. Weiter 1 Std. nordöstlich nach **Bernhardswald** mit ehem. Schloss des 18. Jh., profanierter Schlosskapelle (Jugendheim) und Kirche St. Bernhard von 1950/51. Zurück 2 Std. südwestlich über Silberweiher und Reiflding.
3. Über **Salvatorkirche, Walhalla** und Dachsberg zum Gasthaus **Hammermühle** im Otterbachtal, 1 Std. nordöstlich, beliebter Ausgangspunkt für Wanderungen in den 26 km² großen **Fürstlichen Thiergarten**. Zurück über Sulzbach a. d. Donau.

Walhalla als Tempel der Deutschen

Möchten alle Deutschen, welchen Stammes sie seien, immer fühlen, dass sie ein gemeinsames Vaterland haben, auf das sie stolz sein können.

Das sagte Bayernkönig Ludwig I. bei der Einweihung am 18. Oktober 1842, „und jeder trage bei, so viel er vermag, zu dessen Verherrlichung". Es war der 29. Jahrestag der Völkerschlacht von Leipzig und genau 12 Jahre nach der Grundsteinlegung zur Walhalla. Was heute so pathetisch klingt, muss aus damaliger Sicht betrachtet werden: Die Idee wurde schon 1807 in napoleonischer Zeit geboren, als Preußen unter der Besetzung litt und das Heilige Römische Reich Deutscher Nation gerade auseinander gefallen war. Ein Ruhmestempel berühmter Deutscher sollte es werden, eine Wiedergeburt der Nation aus dem Geist der Vergangenheit.

Nach langer Standortsuche fiel die Entscheidung zugunsten des 409 m hohen Breubergs bei Donaustauf, von dem die Türme des Regensburger Domes sichtbar sind. Den Bauplatz spendete das Fürstenhaus Thurn und Taxis, das Bauwerk selbst bestritt Ludwig I. aus der königlichen Schatulle, und Baumeister wurde Leo von Klenze, Schöpfer der Münchener Alten Pinakothek und Glyptothek. Vorbild war der Parthenon auf der Akropolis in Athen. Es wurden fast die gleichen Maße: 67 m lang, 32 m breit, 20 m hoch, umgeben von 52 dorischen Marmorsäulen. Der gewaltige Unterbau ist 37 m hoch. Vom Donau-Ufer führt eine Freitreppe mit 358 Marmorstufen empor.

Der Innenraum ist in ionischem Stil mit Mosaikfußboden, Kassettendecke und 14 gebälktragenden Karyatiden gehalten; von oben dringt gedämpftes Licht. An den Wänden reihen sich die Porträtbüsten bedeutender Persönlichkeiten, „die durch ihr Wirken zum Ruhme Deutschlands beigetragen haben“.
Im oberen Bereich sind Gedenktafeln von historischen Personen, über deren Aussehen nichts mehr bekannt ist. Ludwig I. nahm die Erstauswahl vor und bestimmte, dass ein „Genosse Walhalls“ nur werden kann, „wer teutscher Zunge sey“. Sein imposantes Standbild (1890) steht zwischen zwei ionischen Säulen. Heute wird über die Neuaufnahmen vom bayerischen Ministerrat entschieden, jedoch müssen mindestens 20 Jahre seit dem Tod vergangen sein.
Unter den zahlreichen Marmorbüsten befinden sich Friedrich der Große, Maria Theresia, Katharina die Große und Bismarck ebenso wie die Komponisten Bach, Bruckner, Gluck, Haydn, Mozart und Wagner, die Dichter Goethe, Herder, Klopstock, Lessing, Schiller und Wieland. Auch die Philosophen Kant und Leibniz sowie der Reformator Luther sind dabei. Nach 1945 kamen u. a. Adalbert Stifter, Max Reger, Albert Einstein, Konrad Adenauer und Johannes Brahms, 2009 Edith Stein hinzu.
Am 28. Juli 2010 folgte Heinrich Heine 154 Jahre nach seinem Tod als 130. Genosse, allerdings gegen seinen Willen, hatte er doch zu Lebzeiten nur Hohn und Spott für die Walhalla übrig. In den „Lobgesängen auf König Ludwig“ bezeichnet er die Ruhmeshalle 1844 als „marmorne Schädelstätte“ und den König, der ihm eine Professur verweigert hatte, gar als „Kunst-Eunuch“: *„Bei Regensburg lässt er erbau'n / Eine marmorne Schädelstätte, / Und er selbst für jeden Kopf / Verfertigt die Etikette.“*

ERBENDORF

➜ Route 5

Erbendorf ist eine ehemalige Bergbaustadt und anerkannter Erholungsort über dem Fichtelnaabtal am Südrand des Naturparks Steinwald. Zur Stadtgemeinde gehören auch die Orte *Altenstadt, Boxdorf, Grötschenreuth, Hauxdorf, Napfberg, Pfaben, Schadenreuth, Siegritz, Wäldern, Wetzldorf* und *Wildenreuth.*

Die Pfarrkirche Mariä Himmelfahrt entstand auf den Fundamenten der gotischen Vorgängerin

Blick in die Geschichte

Erbendorf entstand im 10. Jh.; der Name stammt von dem bayerischen Grafengeschlecht der Aribonen, die im 11. Jh. neben dem heutigen Ortsteil Altenstadt die Siedlung Arbendorf gründeten. Bereits 1352 mit Stadtrechten ausgestattet, wurde Erbendorf 1842 erneut zur Stadt erhoben. Von besonderer Bedeutung war der mittelalterliche Bergbau auf Blei, Zink, Kupfer, Silber und Steinkohle, so dass Erbendorf 1419 „Gefreite Bergstatt" wurde. Die letzte Grube wurde 1929 stillgelegt. Noch immer ist die Gegend um Erbendorf für Mineralogen und Geologen sehr reizvoll. Heute gibt es in Erbendorf eine rege Industrie. Größter Arbeitgeber der Region ist die Porzellanfabrik Seltmann (Stammwerk in Weiden) mit den beiden Produktionsstätten in Erbendorf und Krummennaab, die zu den modernsten Anlagen Europas zählen.

In Erbendorf waren jahrhundertelang die mütterlichen Vorfahren des Dichters Friedrich Schiller ansässig. Max Reger komponierte als junger Student während eines Ferienaufenthaltes bei seinem Onkel Oberlehrer Roll im katholischen Schulhaus seine Choralphantasie „Ein' feste Burg"; die Mutter Max Regers stammt aus Drahthammer bei Grötschenreuth.

Sehenswürdigkeiten

Die katholische **Pfarrkirche Mariä Himmelfahrt** wurde 1796 nach einem Brand unter Einbeziehung der Umfassungsmauern des spätgotischen Chores neu errichtet (der 64 m hohe Turm 1866) und 1925 erweitert. Bemerkenswert der von vier Säulen getragene Rokoko-Hochaltar und die beiden Rokoko-Seitenaltäre mit schönen Antependien (Altarverkleidungen).

Dahinter befindet sich die **Loretokapelle Unserer Lieben Frau** von 1848–57, erbaut auf den Mauern der Vorgängerin aus dem 18. Jh. Das Altarbild zeigt eine thronende Maria mit Engeln, die das Hl. Haus nach Loreto tragen. Die evangelische **Martin-Luther-Kirche** entstand 1921–23, ein Sandsteinbau mit Glockenturm und Walmdach als Versinnbildlichung der „festen Burg".

Auf dem Marktplatz steht eine granitene **Mariensäule** von 1710. An der Straße nach Reuth die unter Denkmalschutz stehende **Windischkapelle** von 1537/1679, eine besonders schöne Feldkapelle.

Im Ortsteil *Altenstadt* erinnert vor dem Gebäude der 1950 profanierten **St. Veitskirche** (heute Wohnhaus) ein großes Holzkreuz an die älteste Kirche Erbendorfs. Das nach einem Brand 1933 neu errichtete **Altenstädter Schloss** war im 15./16. Jh. ein Landsassengut und befindet sich heute in Privatbesitz.

Im Ortsteil *Wäldern* erhebt sich die **Steinwaldkirche St. Peter** von 1947–50 mit Malereien aus dem Leben des hl. Petrus im Altarraum.

Erbendorf: Kreis Tirschenreuth, 509 m, 5400 Einwohner

Auskunft: Tourist-Info, Bräugasse 2, 92681 Erbendorf
Tel. 09682/921022, www.erbendorf.de

Verkehr: Anschlüsse Windischeschenbach und Falkenberg 10 km zur A 93 (Regensburg–Hof); nächste Bahnstation Reuth bei Erbendorf 5 km; Busverbindung mit Friedenfels, Kemnath, Weiden, Neustadt/Waldnaab

Hobby und Sport: Beheiztes Freibad, Minigolf, Angeln, Reiten, Skaterpark, Sportflugplatz Schweißlohe (Rundflüge); Skigelände (Lift) in Pfaben

Sammlungen: Heimat- und Bergbaumuseum mit Gesteins- und Mineraliensammlung im Alten Kloster, Kirchgasse 4

Veranstaltungen: St. Annafest im August, Andörfer Kirwa im September

Einkehrtipps:

> Steinhauser Gasthof Rotes Roß, Unterer Markt 3. Traditionsgasthaus mit regionaler Küche

> Café-Konditorei Kohr (seit 1883), Kaiserberg 20. Exquisite Torten und Pralinen aus eigener Herstellung

Außerdem interessant: Naturschutzgebiet Föhrenbühl (34 ha) bei Grötschenreuth mit geologisch interessantem Serpentinit-Härtling

Wanderungen

1. Über Wetzldorf nach **Pfaben** (716 m), 1 Std. nördlich. Zurück im westlichen Bogen über **Räuberfelsen, Vogelfelsen, Dachsfelsen** und **Grötschenreuth** mit Schloss aus dem 17. Jh., ehem. Hammerhaus und nebenstehender Drahthammer-Kapelle von 1857.

2. Von **Pfaben** (Wanderparkplatz) 1 Std. nordwestlich über **Zipfeltannenfelsen** (756 m) und **Hoher Saubadfelsen** (858 m) zum bewirtschafteten **Waldhaus** (822 m; mit Infostelle Naturpark Steinwald e. V. und Rotwildgehege) und weiter nordöstlich zur **Platte** (946 m), höchster Punkt des Steinwaldes, mit dem **Oberpfalzturm**. Weiter auf dem Kammweg östlich ½ Std. über die ökumenische **Dreifaltigkeitskapelle** (Unterstellhütte) zur **Burgruine Weißenstein** (836 m). Zurück nach Pfaben auf dem Gustavweg, Waldhausweg und über das Waldhaus.
3. Über **Siegritz** (Burgstall), Steinmühle und Oed nach **Friedenfels**, 1 ½ Std. nordöstlich.
4. Vorbei am Sportflugplatz auf dem Main-Mies-Weg nach **Thumsenreuth** (Schloss, evang. Ägidienkirche mit Kassettendecke, kath. St.-Veith-Kirche mit den 14 Nothelfern in Akanthus), 1 ¼ Std. nordöstlich. Weiter ½ Std. südöstlich nach **Reuth** (Schlosskapelle mit Akanthusaltar). Zurück 1 ½ Std. westlich über **Krummennaab** mit barocker evangelischer Leonhardikirche auf dem Kurweg (Trasse der ehemaligen Bahnlinie).
5. Über Schadenreuth zur **Schadenreuther Platte** (615 m) ¾ Std. westlich. Zurück im südlichen Bogen über den **Kornberg** (619 m) und Altenstadt.
6. Über Neuenreuth nach **Wildenreuth** mit Simultankirche von 1810/1851 und Schloss von 1854/1911, 1 ½ Std. südöstlich. Zurück im westlichen Bogen über Birkenreuth.

ESCHENBACH → Route 5

Eschenbach ist ein kleines Städtchen in schöner Wald- und Weiherlandschaft. Der in Nähe des Kleinen und Großen Rußweihers gelegene Ort erhielt schon 1358 Stadtrechte durch Kaiser Karl IV. Die vielen Teiche der Umgebung wurden im 15./16. Jh. von Mönchen des Prämonstratenserklosters Speinshart angelegt. Das jüngst restaurierte Malzhaus von 1606 dient jetzt als Kulturzentrum.

In der Mitte des ansteigenden Stadtplatzes befinden sich das spätgotische **Rathaus** von 1570 und die **Mariensäule** von 1720.

Unterhalb die **Stadtpfarrkirche St. Laurentius** aus der Zeit um 1440 mit markantem Turm: Aus dem gotischen quadratischen Unterbau mit fünf Geschossen wächst ein runder Renaissance-Oberbau mit vier Ecktürmchen und Spitzhelm aus dem Jahre 1541. An der Westseite befindet sich unter dem Gesims des fünften Obergeschosses in steinernem Rahmen das pfalz-bayerische Wappen mit dem Stadtwappen von Eschenbach, einem waagerechten Fisch. Im Inneren geschnitztes barockes Chorgestühl, im Chor links ein Steinepitaph für den kaiserlichen Küchenmeisteramtsverwalter Caspar Köferl (1585) aus Eschenbach.

Oberhalb die **Bergkirche Mariahilf**, erbaut 1771–74 vom Amberger Hofmaurermeister Wolfgang Diller mit zarten Stukkaturen und drei stilvollen Rokokoaltären.

Eingangstor zum Klosterdorf Speinshart

Eschenbach: Kreis Neustadt/ Waldnaab, 462 m, 4000 Einw.

Auskunft: Tourist-Info, Karlsplatz 3, 92676 Eschenbach
Tel. 09645/920016
www.eschenbach-opf.de

Verkehr: Busverbindung nach Grafenwöhr, Pressath, Auerbach, Nürnberg; Bahnstation Pressath

Hobby und Sport: Hallenbad; Freibad am Kleinen Rußweiher (26 ha) mit sandigem Naturstrand (größtes Moorbad Nordbayerns, Prädikat „Europäischer Badesee"), Infozentrum „Hexenhäusl" und Freizeitanlage (Minigolf, Angeln, Tretboot- und Kahnverleih); Naturschutzgebiet „Vogelfreistätte" Großer Rußweiher (140 ha) mit Vogelkolonien und seltener Pflanzenwelt; Wipfelgarten im Stadtwald mit Hochseilgarten-Stationen

Sammlungen: Tauberschusterhaus, Wassergasse 21

Wanderungen

1. Zum **Kleinen Rußweiher**, ¼ Std. westlich. Anschließend **Großer Rußweiher, Paulusweiher, Rußlohweiher** und **Häuselweiher**.
2. Über **Tremmersdorf** mit Wurzelmuseum nach **Speinshart** mit prunkvoller Klosterkirche der Prämonstratenserabtei im historischen Klosterdorf, 1 Std. nordwestlich.
3. Über Größenreuth nach **Grafenwöhr**, 2 Std. südöstlich.
4. Über Bärnwinkel nach **Pressath**, über 1000-jähriges Städtchen im Heidernaabtal, 2 Std. nordöstlich.

ESLARN → Route 7

Eslarn ist anerkannter Erholungsort. Urkundlich 1240 erstmals erwähnt und 1613 durch Pfalzgraf Johann zum Markt erhoben, war es im Dreißigjährigen Krieg Standquartier von Graf Tilly mit noch heute sichtbaren Schanzenanlagen. Der Name bedeutet „Bei den Leuten am Es (= am Weideplatz)“.

Blick vom Kurpark auf den eleganten Kirchturm mit doppelter Zwiebel und Laterne

Die **Pfarrkirche Mariä Himmelfahrt** mit 48 m hohem Turm wurde 1682–85 nach Abbruch der Vorgängerin errichtet und 1909/10 erweitert. Die barocke Inneneinrichtung beeindruckt durch kunstvolle Akanthusaltäre und eine prächtig geschnitzte Kanzel. Bemerkenswert auch die von Engeln getragenen vierzehn Zunftstangen aus der Zeit um 1720.

Das **Rathaus** zeigt über dem Eingang das in Granit gemeißelte Wappen von Eslarn mit der Jahreszahl 1607, das dem Markt aber bereits 1598 verliehen wurde.

Eslarn: Kreis Neustadt an der Waldnaab, 520 m, 2800 Einw.

Auskunft: Tourismusbüro, Marktplatz 1, 92963 Eslarn
Tel. 09653/920735, www.eslarn.de

Verkehr: Busverbindung nach Weiden, Stadlern, Tiefenbach; Grenzübergang Eslarn – Železná (Eisendorf)

Hobby und Sport: Kurpark mit Vogelzoo; Freizeitanlage Atzmannsee (Naturbadeweiher); Angeln, Minigolf, Wildpark 4 km Richtung Schönsee, Bockl-Radweg (50 km) auf ehemaliger Bahntrasse nach Neustadt an der Waldnaab

Sammlungen: Puppenmuseum, Sportplatzstr. 10; Kommunbrauhaus-Museum mit Zoiglstube, Brennerstr. 30

Wanderungen

1. Über Ödmeiersrieth und Premhof zum **Stückstein** (809 m, auch Stückberg) mit 32 m hohem Aussichtsturm und Naturwaldreservat in der Gipfelzone, 1 ½ Std. südlich. Zurück im östlichen Bogen über den Wildpark.
2. Über Torfhäusl zum Naturschutzgebiet **Pfrentschweiher-Wiesen**, bis zur Trockenlegung 1842 ein riesiger Stausee, den die Landgrafen von Leuchtenberg im 14. Jh. zur Wasserregulierung der Pfreimd und für die Fischzucht anlegen ließen, 1 Std. nördlich.
3. Über Goldberg zur **Tillyschanz** (historische Schanzanlage aus dem Dreißigjährigen Krieg) direkt an der Landesgrenze links vom Grenzübergang, 1 Std. östlich.
4. Über Kreuth und Friedrichshäng auf den **Eulenberg** (818 m) an der Landesgrenze, 2 Std. südöstlich.
5. Über Gmeinsrieth auf den **Stangenberg** (750 m), 1 ½ Std. südwestlich.

FALKENSTEIN → Route 1

Der Markt Falkenstein liegt als anerkannter Luftkurort im Vorwald, überragt von der gleichnamigen Burg. Zur Gemeinde gehören auch die Orte *Arrach, Marienstein* und *Völling*.

Die **Burg Falkenstein** thront 60 m hoch über dem Ort auf einem Granitkegel. Sie wurde im 11. Jh. von dem Regensburger Bischof Tuto gegründet. 1332 gelangte sie in den Besitz der Wittelsbacher, behauptete sich 1429 gegen die Hussiten („Weiberwehr"), 1641 gegen die Schweden und befindet sich heute in Gemeindebesitz. Die Halbruine gehört mit ihrem quadratischen, aussichtsreichen Bergfried, der von einer Barockkugel gekrönten Schlosskapelle aus dem 17. Jh. (renoviert 1988 und beliebt für Hochzeiten), dem malerischen Arkadenhof und den Resten des Wehrgangs zu den reizvollsten Burganlagen der Region. Sie ist umgeben von einem 12 ha großen Naturfelsenpark mit urwaldartigem Baumbestand.

Die **Pfarrkirche St. Sebastian** ist im Kern gotisch. Sie wurde im 17. Jh. umgebaut, 1934 erweitert sowie 1994 umfassend renoviert und im neuromanischen Stil ausgestattet.

Der Luftkurort Falkenstein liegt am Fuße der gleichnamigen Burg

Falkenstein: Kreis Cham, 628 m, 3200 Einw.

Auskunft: Tourismusbüro, Marktplatz 1, 93167 Falkenstein
Tel. 09462/942220, www.markt-falkenstein.eu

Verkehr: Busverbindung nach Straubing, Roding, Regensburg, Cham

Hobby und Sport: Erlebnis-Freibad, Kneippanlage, Minigolf, Angeln; Skilift, Skilanglauf, Rodeln; Radweg nach Regensburg auf ehemaliger Bahntrasse; Festspielradweg nach Cham (27 km); Haus des Gastes auf der Burg (www.burg-falkenstein.info)

Veranstaltungen: Burghofspiele von Ende Juni bis Ende Juli (www.burghofspiele-falkenstein.eu)

Sammlungen: Museum Jagd und Wild auf der Burg

Wanderungen

1. Über Mühltal, Schweinsberg und Hagenau zur **Burgruine Sengersberg** (615 m) auf bewaldeter Granitkuppe, im 13. Jh. Sitz der Herren von Segensperch und im 16. Jh. zerstört, 1 ½ Std. nördlich. Zurück über **Marienstein** mit Rokokokirche des 18. Jh. und den **Lauberberg** (594 m) mit vorgeschichtlichen Schalensteinen.
2. Über den Lauberberg, Birkenau und **Zell** (einst dem Kloster Frauenzell inkorporiert) mit neugotischer Pfarrkirche von 1878–86 zur **Burgruine Lobenstein** (564 m) aus dem 14. Jh. mit Resten eines

mächtigen Wohnturms, 2 ¼ Std. nordwestlich. Zurück im westlichen Bogen über **Hetzenbach** mit barocker Wallfahrtskirche St. Leonhard von 1764, Kragenried und Birkenau.

3. Zur **Tannerlkapelle** (1727, Neubau 1950) ½ Std. südwestlich. Von dort 1 Std. südwestlich, vorbei am **Stausee Postfelden** zur **Hölle**, eine unter Naturschutz stehende Felswirrnis, durch die tosend der Höllbach stürzt. Evtl. weiter ½ Std. südwestlich über Dosmühle zum hochgelegenen Pfarrdorf **Brennberg** mit aussichtsreicher Burgruine.
4. Über **Tannerlkapelle** nach **Rettenbach** mit Stausee, 1 Std. südwestlich. Evtl. weiter 2 ¼ Std. südwestlich über die **Käsplatte** (672 m) und Aumbach nach **Wörth/Donau** mit ausgedehnter Schlossanlage.
5. Über die **Ölbergkapelle** von 1913 nach **Arrach** mit Rokokokirche von 1750 (Chor noch gotisch) ½ Std. südlich. Zurück im westlichen Bogen über Holzmühle und **Tannerlkapelle**.
6. Auf dem Festspielradweg über Völling und **St. Quirin** mit gotischem Querkirchlein und ehemaligem Mauthäusl aus dem 18. Jh. nach **Michelsneukirchen** mit reich ausgestatteter Barockpfarrkirche St. Michael von 1707–11, 1 ½ Std. nordöstlich (auch Busverbindung). Weiter 1 Stunde nordöstlich nach **Neuhaus** mit Burgruine (Museum, Theaterspiele) und **Wallfahrtskirche Maria Rosenöd** von 1950 auf einer Anhöhe gegenüber.

FLOSS → Route 6

Floß, Marktgemeinde im Tal des gleichnamigen Flusses, entstand im 10. Jh., erhielt im 13. Jh. Marktrecht und war bis 1790 sulzbachischer Pflegamtssitz.

Die evang. **Pfarrkirche St. Johannes Baptista** ist als im Kern gotische Wehrkirche (13./14. Jh.) mit erhaltener Wehrmauer wohl das älteste Gebäude von Floß. Chor und Turm entstanden um 1500, das Langhaus wurde 1781–83 erneuert. Von 1652 bis 1912 wurde die Kirche simultan genutzt. Die katholische **Pfarrkirche St. Johannes der Täufer** mit 54 m hohem Turm wurde 1910–12 von dem Regensburger Baumeister Heinrich Hauberrisser im neubarocken Stil errichtet. Der historische **Marktbrunnen** aus dem 17. Jh. zeigt auf seiner Granitsäule den brandenburgischen Adler. Auf einer Anhöhe steht das **Alte Pflegschloss** von 1671–73, einst Sitz des Pflegamtes und von 1922 bis 1974 Rathaus des Marktes Floß. Auf dem Nikolausberg (529 m) nördlich erhebt sich die barocke **Wallfahrtskirche St. Nikolaus** von 1722/23 anstelle der abgebrannten Vorgängerin mit schönem Akanthus-Schnitzwerk am Hochaltar.

Der Marktbrunnen mit dem brandenburgischen Adler erinnert an das alte „Flosser Ampt"

Die Synagoge (Am Berg 1) ist ein klassizistisches Bauwerk von 1815–17. Seit der letzten Sanierung 2005 dient sie auch als Museum zur Geschichte der jüdischen Gemeinde in Floß, die von 1634 bis 1938 bestand. Oberhalb der Flossenbürger Straße befindet sich der 1692 angelegte **Jüdische Friedhof** mit 450 Grabstellen.

Floss: Kreis Neustadt/Waldnaab, 501 m, 3600 Einw.

Auskunft: Tourismusbüro, Rathausplatz 3, 92685 Floß
Tel. 09603/921120, www.floss.de

Verkehr: Anschluss Neustadt a. d. Waldnaab zur A 93 (Nürnberg–Hof), Busverbindung mit Weiden, Neustadt a. d. Waldnaab, Flossenbürg, Silberhütte

Hobby und Sport: Angeln, Sommerstockbahn, Reiten; Kreislehrgarten; Gollwitzer-Weiher 3 km südlich

Wanderungen

1. Über Ritzlersreuth nach **Wilchenreuth** mit evangelischer Kirche St. Ulrich aus dem 12. Jh. (ehem. Simultankirche), in der romanische Wandmalereien aufgedeckt wurden (Jesus als Weltenrichter), 1 ¼ Std. südwestl. Weiter 1 Std. südwestlich über Edeldorf nach **Weiden**. Zurück über Theisseil und Rauschendorf.
2. Über Ritzlersreuth erst südlich, dann nordwestlich durch das unter Naturschutz stehende **Felsenlabyrinth Doost** mit riesigen Granitblöcken (Teufelsbutterfass u. a.) über dem in der Tiefe „tosenden" Bächlein Girnitz. Zurück über Schnepfenhof und den **Galgenberg** (545 m), einst Richtplatz von Floß, insgesamt etwa 2 Std.
3. Über Gösen zum **Kleinen** und **Großen Gaisweiher**, 1 ¼ Std. nordöstlich. Weiter nordöstlich 1 Std. über Rumpelbach zum bewirtschafteten **Schutzhaus Silberhütte** (834 m). Zurück im westlichen Bogen über **Hildweinsreuth** mit dem 1985 markierten angeblichen Mittelpunkt Europas (715 m; gewölbte Erdscheibe aus Granit und Infotafeln in einer kleinen Parkanlage), **Hohenstein** (774 m), **Haselstein** (705 m mit freigelegten Turmresten einer Höhenburg aus dem 14. Jh.) und Konradsreuth.

FLOSSENBÜRG → Route 6

Die imposante Ruine Flossenbürg thront weithin sichtbar auf den Granitklippen des Schlossberges

Flossenbürg, anerkannter Erholungsort in waldreicher Umgebung, ist geprägt durch die weithin sichtbare **Burgruine** auf dem granitenen, kahlen Schlossberg (732 m). Zur Gemeinde gehören auch die Orte *Gösen, Hildweinsreuth, Rumpelbach* und *St. Ötzen.* Erbaut um 1100 durch die Grafen von Sulzbach, gelangte „castrum Flozze" 1188 an Kaiser Friedrich Barbarossa. Nach mehrmaligem Besitzerwechsel wurde die Burg 1634 durch Dragoner des Herzogs von Weimar zerstört. Der kühn über dem aufgetürmten Gipfelfelsen emporragende blockige Wohnturm gehört noch zum ältesten Bestand des 12. Jh. Die Reste des Palas und des vorgeschobenen Turmklotzes stammen aus dem 13., die übrigen Bauten aus dem 16. Jh. Die Aussichtsplattform bietet einen grandiosen Rundblick. An der Westseite des Schlossberges tritt als geologische Seltenheit bläulich-grobkörniger Zweiglimmergranit in Zwiebelschalenbildung zu Tage.

Oberhalb des Ortes befindet sich die KZ-Gedenkstätte: Ein Friedhof mit Ehrenmal und Gedächtniskapelle erinnert an das ehemalige Konzentrationslager.

Flossenbürg: Kreis Neustadt/Waldnaab, 572–732 m, 1700 Einw.

Auskunft: Tourismusbüro, Hohenstaufenstr. 24, 92696 Flossenbürg
Tel. 09603/92060, www.flossenbuerg.de

Verkehr: Anschluss Neustadt a. d. Waldnaab zur A 93 (Regensburg–Hof); Busverbindung nach Weiden, Floß, Silberhütte

Hobby und Sport: Freibad und Campingplatz am 11 ha großen Gaisweiher, Rudern, Angeln, Reiten, Minigolf; Skigelände am Wurmstein mit Lift

Sammlungen: Burg- und Steinhauermuseum, Silberhüttenstr. 4

KZ-Gedenkstätte Flossenbürg, Gedächtnisallee 5–7
(www.gedenkstaette-flossenbuerg.de)

Wanderungen

1. Vorbei am **Kleinen Gaisweiher** auf den **Haselstein** (705 m) mit sanierten Resten des Turmsockels einer Höhenburg aus dem 14. Jh., 1 ½ Std. nordwestlich. Weiter ¾ Std. östlich über den **Hohenstein** (774 m) nach **Hildweinsreuth** mit dem 1985 markierten angeblichen Mittelpunkt Europas (715 m; gewölbte Erdscheibe aus Granit und Infotafel in einer kleinen Parkanlage). Zurück südlich über St. Ötzen und den **Großen Gaisweiher**, insgesamt gut 3 Std.
2. Über **Rumpelbachsäge** zum bewirtschafteten **Schutzhaus Silberhütte** (834 m), 1 ½ Std. nordöstl.
3. Über den **Kopfstein** (739 m) zur **Burgruine Schellenberg** (826 m) aus dem 14. Jh. mit Aussichtspunkt „Schellenbergturm", 1 ½ Std. östlich. Zurück über Waldkirch.
4. Vorbei am **Stieberweiher** und am Osthang des Sterzenberges durch Hochwald über Oberbernrieth zum **Fahrenberg** (801 m) mit Wallfahrtskirche, 2 ½ Std. südlich.

FREYSTADT → Route 3

Freystadt, eine kleine Stadt in einer Talmulde an der Schwarzach, wurde im 13. Jh. durch die Herren von Stein gegründet. Seit der Gebietsreform 1972 besteht die Großgemeinde aus 33 Ortsteilen, darunter auch *Möning, Mörsdorf* und *Sondersfeld.*

Im Jahr 1332 zur Stadt erhoben, beeindruckt noch heute das mittelalterliche Stadtbild mit breitem Straßenmarkt zwischen wehrhaften Tortürmen. Neubürger erhielten bei Zuzug besondere Freiheiten. Freystadt ist Geburtsort von Prof. Dr. Ernst Schweninger (1850–1924), einst Leibarzt des Fürsten Otto von Bismarck.

Das **Rathaus** von 1665 mit hohem Giebel und Dachreiter steht in der Mitte des weitläufigen Marktplatzes, der vom Oberen und Unteren Tor (jeweils 13. Jh.) abgeschlossen wird.

Die **Pfarrkirche St. Peter und Paul** entstand um 1730 unter Einbezug des gotischen Ostturmes der älteren Kirche mit Stukkaturen und Fresken um 1740. Die **Spitalkirche Hl. Dreifaltigkeit** um 1730 ist mit feinen Stukkaturen, Lambrequins und Kartuschen geschmückt.

Vor der Stadt nördlich die **Wallfahrtskirche Mariahilf** von 1708–10 des berühmten Barockbaumeisters Giovanni Antonio Viscardi, ein mächtiger Zentralbau, der von einer Kuppel mit Laterne überwölbt und von vier kleinen Ecktürmen eingefasst ist.

Den üppigen Stuckdekor schuf Francesco Appiani, die Fresken aus dem Marienleben Hans Georg Asam unter Mitwirkung seiner Söhne Cosmas Damian und Egid Quirin. Neben der Kirche befindet sich ein *Franziskanerkloster* aus dem 18. Jh., das noch eine eigene Kirche beherbergt.

Das Obere Tor stammt wie das Untere Tor aus dem 13. Jh.

Freystadt: Kreis Neumarkt, 406 m, 8800 Einw.

Auskunft: Tourist-Info, Marktplatz 1, 92342 Freystadt
Tel. 09179/94900, www.freystadt.de

Verkehr: Anschlüsse Hilpoltstein und Allersberg zur A 3 (München–Nürnberg) und Neumarkt zur A 3 (Nürnberg–Regensburg); Busverbindungen nach allen Richtungen

Hobby und Sport: Naturbad, Freibad in Mörsdorf, Angeln, Reiten, Sportflugplatz Sondersfeld

Veranstaltungen: Volksfest im Mai, Stadttorfest im Juli, Bergfest am Möninger Berg im August; Aufführungen im Spitalstadl, Kirchengasse 15

Wanderungen

1. Zum **Möninger Berg** (550 m) mit Nothelferkapelle von 1884, die auf eine Franziskanerklostergründung um 1456 zurückgeht. 1 Std. nördlich. Abstieg nach **Möning** mit romanischer Pfarrkirche St. Willibald (Turm 1791).
2. Über Kiesenhof und Kruppach nach **Sulzbürg**, geschichtsträchtiger Ort mit drei Kirchen und Jüdischem Friedhof, 2 Std. südöstlich.
3. Über Rohr, Reckenstetten nach **Seligenporten** mit ehem. Zisterzienserinnen-Klosterkirche, 2 ½ Std. nordwestl. Zurück über Kesselweiher und Möning.

FRIEDENFELS → Route 5

Die Burgruine Weißenstein thront auf möchtigen Granitfelsen

Friedenfels liegt als anerkannter Erholungsort in klimatisch günstiger Lage im Naturpark Steinwald. In einem gepflegten Park liegt das Renaissance-Schloss der Freiherren von Gemmingen-Hornberg mit geschmücktem Erker, erbaut 1586 von Friedrich Sittig von Notthafft, nach einem Brand 1816 erneuert.

Die **Pfarrkirche Maria Immaculata** von 1937 besitzt noch den Turm der Vorgängerkirche von 1872. Imposant ist die sechs Meter hohe Darstellung der Maria Immaculata aus dem 18. Jh. Die elektronische Kirchenorgel von 1955 verfügt über 44 Register. An der Außenmauer befindet sich ein eingelassener Grabstein für den ehem. Schlossherrn Georg Rudolf von Notthafft (1660–1714) und seine Gemahlin.

Nordöstlich der kleine **Waldfriedhof**, Begräbnisstätte der Familien Notthafft und Gemmingen-Hornberg.

Friedenfels: Kreis Tirschenreuth, 537 m, 1300 Einw.

Auskunft: Tourist-Info, Gemmingenstr. 23, 95688 Friedenfels
Tel. 09683/923115, www.friedenfels.de

Verkehr: Anschluss Wiesau zur A 93 (Regensburg–Hof); Busverbindung nach Wiesau, Reuth, Tirschenreuth, Weiden, Marktredwitz; Bahnstation Wiesau 7 km

Hobby und Sport: Beheiztes Freibad, Badeweiher, Nordic Walking Area, Minigolf, Kletterwand in der Steinwaldhalle, Reiten, Skilanglaufzentrum Steinwald; jeden Donnerstag Besichtigung der Friedenfelser Brauerei (www.friedenfelser.de)

Einkehrtipp: Schlossschänke, Gemmingerstr. 31, Oberpfälzer Spezialitäten und Friedenfelser Bier

Wanderungen

1. Auf dem Goldsteig über den **Kiebitzstein** (originelles Felsentor) zur jüngst restaurierten **Burgruine Weißenstein** (863 m), 1 ½ Std. nordwestlich. Die bis 1559 bewohnte und seitdem verfallene Burg aus dem 13. Jh. war Sitz des Reichsministerialengeschlechts Notthafft. Weiter entweder westlich ½ Std. über die **Dreifaltigkeitskapelle** zur

Platte (946 m) mit dem **Oberpfalzturm** oder nördlich ½ Std. zum **Marktredwitzer Haus** (760 m), bewirtschaftetes Unterkunftshaus des Fichtelgebirgsvereins. Von dort zurück nach Friedenfels im östlichen Bogen über den **Plößberg** (820 m; Basaltkuppe) und die **Riesenschüssel** (Felsbildung).

2. Über Schönfuß, **Grenzmühle** mit Naturpark-Infostelle / Brotzeitstube und **Steinwaldkirche St. Peter** (erbaut 1947–50) nach **Pfaben** (716 m), 1 ½ Std. westlich. Weiter ½ Std. nordwestlich über **Zipfeltannenfelsen** (756 m), **Hoher Saubadfelsen** (858 m) zum bewirtschafteten **Waldhaus** (822 m) mit Infostelle über den Naturpark Steinwald und nahegelegenem Rotwildgehege. Zurück 1 ½ Std. über Bärnhöhe und Frauenreuth.
3. Auf markiertem Waldweg nach **Fuchsmühl** mit Wallfahrtskirche, 1 ½ Std. nordöstlich.
4. Über Haferdeckmühle, Voitenthan, Muckenthal, Kornthan (Kornthaner Weiher) nach **Wiesau**, 2 Std. nordöstlich. Zurück über **Fuchsmühl**.
5. Über Unterneumühle und Kohlbühl nach **Thumsenreuth** mit Schloss, evang. Pfarrkirche (Kassettendecke) und kath. Pfarrkirche (Vierzehn-Nothelfer-Altar) 1 Std. südlich. Zurück durch das Heinbachtal über Zainhammer.
6. Über Oed, Steinmühle und Siegritz nach **Erbendorf**, 1 ½ Std. südwestlich.

FUCHSMÜHL → Route 5

Fuchsmühl ist Marktgemeinde und anerkannter Erholungsort am Südosthang des Naturparks Steinwald. Der ursprüngliche Name lautete Vossenmühle (Voss = Fuchs).

Am 30. Oktober 1894 war Fuchsmühl Schauplatz der erbitterten „Fuchsmühler Holzschlacht“, bei der durch Militäreinsatz drei Bauern den Tod fanden. Anlass war die Ablösung uralter Holzrechte aus den Fuchsmühler Waldgütern durch den Bayerischen Staat. Durch diese Rebellion sah sich die Regierung gezwungen, die noch heute bestehenden Holzrechte zugunsten der Bauern abzuändern. Alte „Fuchsmühler Trutzgsangl“ erinnern an jene blutigen Ereignisse: „Wo i geh' und wo i bin, kummt mir dös Bloutbad nöt aussn Sinn ...“

Die doppeltürmige **Wallfahrtskirche Maria Hilf**, ein äußerlich schlichter Barockbau, wurde 1712–25 errichtet. Am vorletzten nördlichen Joch befindet sich die wohl noch auf 1688 zurückgehende Gnadenkapelle, gestiftet vom Fuchsmühler Hofmarksinhaber Franz Dionysius Freiherr von Froschheim, die zur Aufstellung einer Kopie des Passauer Mariahilf-Bildes im Strahlenglanz um 1725 neu ausgestattet wurde. Der sechssäulige Hochaltar (ca. 1700) stammt aus der Regensburger Deutschherrenkirche St. Ägidius. Die ursprünglich höheren Türme wurden nach Sturmschäden auf heutige Höhe abgetragen.

Schloss Fuchsmühl, ehemaliges Barockschloss der Freiherren von Froschheim und von Zoller mit zwei Türmen ging aus einem mittelalterlichen Rittergut hervor und beherbergt heute ein komfortables Hotel mit Restaurant.

Fuchsmühl: Kreis Tirschenreuth, 550–751 m, 1900 Einw.

Auskunft: Tourist-Info, Rathausstr. 14, 95689 Fuchsmühl
Tel. 09634/920910, www.fuchsmuehl.de

Verkehr: Anschluss Wiesau zur A 93 (Regensburg–Hof); Busverbindung mit Wiesau, Friedenfels, Marktredwitz, Tirschenreuth; nächste Bahnstation Wiesau 4 km

Hobby und Sport: Waldbadeweiher, Angeln, Walderlebnispfad; Steinernes Brünnerl mit Kneipptretbecken; Historischer Pechofen bei Güttern; Infostelle Naturpark Steinwald im Markthaus, Marienstr. 41

Veranstaltungen: Hacklsteinfest Ende Juli

Wanderungen

1. Auf markiertem Waldweg nach **Friedenfels**, 1 ½ Std. südwestlich.
2. Zum **Hackelstein** (723 m, Naturdenkmal), eine etwa 15 m hohe Granitblock-Auftürmung, ½ Std. westlich. In der Nähe **Augsburger Felsen** (Gipfelkreuz) und **Steinernes Pferd** (flaches Felsgebilde). Weiter ¾ Std. nordwestlich über den Basaltkegel **Plößberg** (820 m) zum bewirtschafteten **Marktredwitzer Haus** (760 m).
3. Über den **Sauerbrunnen** (blutbildende und verdauungsfördernde Mineralquelle mit Eisen-, Natrium-, Calcium-, Magnesium-, Kohlensäure- und Kaliumgehalt) und Hurtingöd auf den **Großen Teichelberg** (685 m) mit artenreicher Pflanzenwelt (Buchenmischwald) und zahlreichen Basaltsteinbrocken auf der 5 km² großen Bergkuppe (Basaltsteinbruch am Nordabhang), 1 ¼ Std. nordöstlich. Zurück über den sagenumwobenen **Hankelbrunnen** (einst hüteten „Hankerln", freundliche Zwerge, hier ihre Goldschätze, bis sie von den Menschen vertrieben wurden) über Ziegelhütte.
4. Nach **Herzogöd** (751 m), eine der ältesten Siedlungen des Steinwaldgebietes (soll um das Jahr 800 von Friesen gegründet worden sein) mit St. Antonius-Kapelle, ¾ Std. nordwestlich.

FURTH IM WALD → Route 8

Die Stadt Furth im Wald im Chambtal nahe der böhmischen Grenze ist ein anerkannter Erholungsort mit Straßen- und Bahnübergang in die Tschechische Republik.

Die Cham-Further Senke, der tiefste Einschnitt im ostbayerischen Grenzgebirge, war schon in vorgeschichtlicher Zeit besiedelt und trennt geografisch den Bayerischen Wald vom Oberpfälzer Wald. Im Jahr 1086 unterstellte Kaiser Heinrich IV. den Ort „Vurte" als strategisch wichtigen Grenzort den Grafen von Bogen, die hier eine Burg als Bollwerk gegen Böhmen errichteten. Durch Krieg und Brände wurde Furth, das schon 1332 Stadtrecht erhielt, im Laufe seiner Geschichte immer wieder zerstört.

Der Stadtturm anstelle des mittelalterlichen Bergfrieds kann bestiegen werden

Die **Pfarrkirche Mariä Himmelfahrt** wurde 1725–27 unter Einbeziehung des Turmunterbaus der gotischen Vorgängerin im Barockstil errichtet und 1890–93 durch eine Krypta erweitert. Imposant ist der barocke Hochaltar mit den Seitenfiguren der Stadtpatrone St. Florian und St. Sebastian. Reich verzierte Grabsteine erinnern an fürstliche Burgpfleger.

Der **Stadtturm** entstand 1864–66 als Ersatz für den Bergfried des 1863 beim Stadtbrand zerstörten Pflegerschlosses. Am Schlossplatz erklingt täglich vom Erker des ehemaligen Amtsgerichts um 11 Uhr und 18 Uhr das schmiedeeiserne Glockenspiel mit 23 Glocken.

Auf dem **Stadtplatz** mit Statue des Brückenheiligen St. Nepomuk wird alljährlich der berühmte Drachenstich aufgeführt.

Nördlich beim Friedhof steht die **Hl. Kreuzkirche** von 1668–69, zu der bis weit ins 19. Jh. eine Wallfahrt zu Ehren des „göttlichen Heilands auf der Rast" führte. Nach einem Blitzschlag 1795 wurde sie renoviert und 1797 erweitert. Am modernen Hochaltar von 1969 befindet sich die Figur des Christus auf der Rast aus dem 18. Jh. (übertragen aus einer Feldkapelle).

Eine besondere Attraktion ist der 175 ha große aufgestaute Drachensee des Flusses Chamb mit der Aussichtsplattform „Mythos Drache"

Die **Leonhardikapelle** aus dem 18. Jh. an der Eschlkamer Straße ist am Ostermontag Ziel des Leonhardi-Ritts, einer Reiterprozession aus der ganzen Umgebung.

Zwischen Furth und Eschlkam erstreckt sich der 175 ha große **Drachensee**. Der vom Fluss Chamb aufgestaute Hochwasserspeicher wurde 2009 nach achtjähriger Bauzeit geflutet. Im westlichen Teil (Tiefenwasser) befindet sich der Freizeitbereich mit Info-Pavillon, Aussichtsplattform „Mythos Drache", Seebühne und Café Mühle. Getrennt durch eine begehbare Inselkette mit Schwimmsteg liegt im östlichen Teil die Ökozone (Flachwasser) als Rückzugsgebiet für Wiesenbrüter. Um den See führt ein 5 km langer Wanderweg (mit Ökozone: 10 km) sowie ein Radweg.

Furth im Wald: Kreis Cham, 410 m, 9600 Einw.

Auskunft: Tourist-Info, Schlossplatz 1, 93437 Furth i. Wald
Tel. 09973/50980, www.furth-im-wald.de

Verkehr: Busverbindung mit Neukirchen b. Hl. Blut, Bayerisch Eisenstein, Waldmünchen; Bahnstation; Grenzübergang in die Tschechische Republik

Hobby und Sport: Beheiztes Freibad, Hallenbad, Minigolf, Reiten, Gleitschirmfliegen (Kurse), Golfplatz in Voithenberg (www.gc-furth.de), Wassersport auf dem Drachensee (www.furth-drachensee.de), Skizentrum Bibacht-Voithenberg

Veranstaltungen: Leonhardi-Ritt am Ostermontagmorgen zur Leonhardikapelle, eine Reiterprozession mit zahlreichen geschmückten Pferden nach einem Gelübde von 1750; Drachenstich mit mehreren Aufführungen im August (www.drachenstich.net); Aufführungen auf der Waldbühne von Juni bis August (www.waldbuehne-furth.de)

Sammlungen: Deutsches Drachenmuseum (www.drachenmuseum. de) mit Landestormuseum im Stadtturm, Schlossplatz 1

Außerdem interessant: Drachenhöhle mit dem Hightech-Drachen am Festplatz, Eschlkamer Str. 3a; Wildgarten mit Unterwasser-Beobachtungsstation beim Freibad Daberger Straße; Japanischer ZEN-Garten (zu erreichen über den Parkplatz des Hallenbades); Further Felsengänge (unterirdisch), Kramerstr. Nähe Stadtplatz; Erlebniswelt Flederwisch mit Handwerksstadl, Am Lagerplatz 5; Ausflugspark am Steinbruchsee mit Uhrenmuseum, Wald- und Tiermuseum, Schauaquarium und Wildgehege Steinbruchweg 10; historische Hammerschmiede am Schafberg

Einkehrtipp: Gasthof-Café Mühlberger, Lorenz-Zierl-Straße 8, ältestes Café der Stadt (seit 1894 in Familienbesitz) mit hausgemachten Kuchen und Torten. Auszeichnung des Bayerischen Ernährungsministeriums für die Erhaltung der bayerischen Wirtshaustradition

Wanderungen

1. Zum **Drachensee** und am Nord- oder Südufer entlang nach **Eschlkam** (Seite 111), 1 ½ Std. östlich.
2. Auf den **Dieberg** (639 m) mit Aussichtsturm, ¾ Std. nordöstlich.
3. Auf den **Dachsriegel** mit Berghütte (826 m), 1 ¾ Std. westlich.
4. Über **Deschlberg** (450 m, Blick auf die Stadt vom „Göttersitz"), Grub und **Trettinger Kapelle** nach **Arnschwang**, 1 Std. südlich. Zurück am Chambufer.
5. Auf der Hochstraße zwischen den Tälern der Warmen und Kalten Pastriz auf den **Schafberg** (557 m) mit Blick auf Folmava (Vollmau) jenseits der Grenze (Grenzübergang für Wanderer), ¾ Std. nördlich.
6. Zum **Bergmassiv Gibacht**: Über **Voithenberg** (Schloss des 19. Jh.), **Steinernes Brünnel**, **Kreuzfelsen** (938 m) mit Gipfelkreuz zum **Dreiwappenfelsen** (917 m) mit eingemeißeltem Hoheitswappen, Grenzpunkt von 1766 zwischen Bayern, Böhmen und Kurpfalz, 2 ½ Std. nordwestlich (Grenzübergang für Wanderer). Abstieg südlich über den **Pfennigfelsen** (895 m, mit schwenkbarer Klappe für Pfennig- und Centmünzen) zum **Berghof Gibacht** mit Glasgalerie. Zurück östlich über **Tannenriegel** (910 m) vorbei am „Leuchtturm der Menschlichkeit" (Friedensmahnmal des Glaskünstlers und Berghofwirts Ralph Wenzel), **Reiseck** (902 m) mit Glaskreuz (von Ralph Wenzel), **Steinernes Brünnel** und **Voithenberg**.
7. Auf den **Hohen Bogen**, 3 Std. südöstlich: Über Oberrappendorf und Oberdörfl steil aufwärts zum **Burgstall** (976 m) und ½ Std. weiter zur bewirtschafteten **Forstdiensthütte Hohenbogen** (901 m). Zurück über Hinterlichteneck und Grub.

Mittelpunkt ist der feuerspeiende Drache, seit 2010 ein 4,5 m hoher und 15,5 m langer vierbeiniger Hightech-Schreitroboter

Further Drachenstich

Ganz Furth ist auf den Beinen, wenn alljährlich im ältesten Volksschauspiel Deutschlands der „Drach g'stocha" wird. Hintergrund ist die Schlacht von Taus am 2. Augustsonntag 1431, als das kaiserliche Heer von den abtrünnigen Böhmen, die den Reformator Jan Hus verehrten, besiegt wurde. In den Notzeiten der Hussitenkriege empfanden die Grenzlandbewohner das schlimme Elend wie einen furchtbaren Drachen. In ihrer Bedrängnis erflehten sie Hilfe vom Nothelfer St. Georg und verwoben dessen Legende zu einem heiligen Spiel.

Bis 1878 wurde das böse Drachentier in der Fronleichnamsprozession mitgeführt und im anschließenden Spiel von dem guten Ritter erstochen. Zuletzt war die Kirche mit der engen Verflechtung zur Prozession nicht mehr einverstanden. Seitdem wird der Drachenstich als weltliches Festspiel im Freien veranstaltet, immer im August mit heute mehreren Aufführungen.

Höhepunkt ist der Augenblick, wenn der tapfere Ritter Udo hoch zu Ross auf den furchterregenden Drachen – von modernster Technik gesteuert – zusprengt und ihm mit kühnem Wurf den tödlichen Lanzenstich versetzt, so dass er röchelnd verblutet. Dann ertönt das tausendfache Triumphgeschrei: Wieder einmal hat das Gute über das Böse gesiegt.

Außerdem gibt es noch ein großes Beiprogramm mit historischem Festumzug, mittelalterlichen Konzerten, Ritterturnieren, Markttreiben, Vergnügungspark, Bierfest sowie Kinderdrachenstich und Kinderumzug.

GRAFENWÖHR → Route 5

Grafenwöhr erstreckt sich am Zusammenfluss von Creußen und Thumbach in schöner Heidelandschaft. Der 1361 durch Kaiser Karl IV. zur Stadt erhobene Ort gehörte im Mittelalter dreihundert Jahre lang zur Herrschaft der Landgrafen von Leuchtenberg und kam dann in den Besitz der wittelsbachischen Pfalzgrafen. Der riesige Truppenübungsplatz Grafenwöhr, entstanden 1908–1910 nach Umsiedlung vieler Orte, wurde 1937 erweitert und dient heute der US-Armee sowie NATO-Verbänden. Er ist größter Arbeitgeber der Region.

Das spätgotische **Rathaus** von 1462, ein dreigeschossiger hochgiebeliger Bau mit noch erhaltenem Pranger an der westlichen Schmalseite, erhebt sich freistehend in der Mitte des langgestreckten, breiten Marktplatzes. Unterhalb die **Pestsäule** von 1496.

Die **Kirche Mariä Himmelfahrt** (ehem. Stadtpfarrkirche) mit gotischem Chor und Unterbau des Turmes wurde nach einem Blitzschlag 1839/40 neu errichtet. Sie besitzt drei Altäre und eine kunstvolle Kanzel (alle gefertigt von Johann Michael Doser aus Auerbach) sowie einen gotischen, achtseitigen Taufstein. Heute dient die moderne **Kirche Hl. Dreifaltigkeit** von 1961/62 als Stadtpfarrkirche. Die **Friedhofskirche St. Ursula** von 1595 wurde 1723 erweitert und beherbergt eine hölzerne Marienfigur mit Kind aus der Zeit um 1640. Auf dem Annaberg steht die **Mariahilfkirche** von 1753/1849 mit drei Rokoko-Altären. In der Nähe befindet sich die Lourdes-Grotte von 1894.

Das spätgotische Rathaus steht frei in der Mitte des rechteckigen Marktplatzes

Grafenwöhr: Kreis Neustadt/Waldnaab, 410 m, 7000 Einw.

Auskunft: Tourist-Info, Marktplatz 1, 92655 Grafenwöhr
Tel. 09641/92200, www.grafenwoehr.de

Verkehr: Busverbindung nach Eschenbach und Pressath

Hobby und Sport: Beheiztes Waldfreibad, Angeln, Megafun Indoor-Kinderspielparadies (rund 2000 qkm)

Sammlungen: Erstes Oberpfälzer Kultur- und Militärmuseum im ehemaligen Zehentkasten von 1532, Martin-Posser-Str. 14 (Stadtmitte), www.museum-grafenwoehr.de

Veranstaltungen: Deutsch-Amerikanisches Volksfest am ersten Wochenende im August; Naturbühne „Schönberg“ Juli/August

Wanderungen

1. Über Größenreuth nach **Eschenbach** mit Strandmoorbad Kleiner Rußweiher, 2 Std. nordwestlich.
2. Über Grüne Marter nach **Dießfurt** an der Haidenaab mit Hammerschloss, 1 Std. östlich.
3. Über Kahrmühle nach **Pressath**, über 1000-jähriges Städtchen im Haidenaabtal, 2 Std. nordöstlich.

HIRSCHAU → Route 4

Hirschau, die „Stadt der weißen Erde“ mit den größten Kaolinwerken der Bundesrepublik, liegt an der traditionsreichen Handelsstraße von Nürnberg nach Prag (B 14). In der Umgebung gibt es zahlreiche Weiher. Als „Hierzowe“ 1296 erstmals genannt, war der Ort im Laufe seiner bewegten Geschichte abwechselnd bayerisch, kurpfälzisch, böhmisch und wieder wittelsbachisch. König Wenzel, Sohn Kaiser Karls IV., gilt als Urheber der „Hirschauer Stückln“, die neben den „Schildbürgerstreichen“ zu den berühmtesten deutschen Possengeschichten zählen.

Hirschau ist mit der benachbarten Stadt Schnaittenbach Zentrum der deutschen Kaolingewinnung. Kaolin ist ein wichtiger Rohstoff für die Porzellanherstellung. Der Abbau der Roherde erfolgt in ausgedehnten Tagebaubetrieben. Neben Kaolin wird auch Quarzsand und Feldspat gewonnen.

Auf dem langgestreckten Marktplatz das **Rathaus**, ein stattlicher Renaissancebau aus der Mitte des 16. Jh. mit Treppengiebeln, Prangerplatte und dem springenden Hirschen als Stadtwappen.

Die Pfarrkirche Mariä Himmelfahrt prägt das Ortsbild von Hirschau

Dahinter in reizvoller Baugruppe die barock veränderte **Pfarrkirche Mariä Himmelfahrt** aus dem 15. Jh. mit Turm von 1753, deren Hochaltar in einem Schrein drei um 1520 enstandene, fast lebensgroße Schnitzfiguren beherbergt (Mondsichelmadonna, hl. Wolfgang, hl. Johannes). Das ehemalige **Pflegschloss** aus dem 15. Jh., ein dreigeschossiger Bau mit abgetrepptem Satteldach, wurde 1981–88 saniert. Die einstige Wallfahrtskirche **Vierzehn Nothelfer** aus dem 15./17. Jh. besitzt einen prachtvollen Akanthusaltar (um 1710) des Ambergers Johann Hirschl, dessen Rankwerk die Ostwand vollständig verdeckt.

Besondere Attraktion ist der 120 m hohe **Monte Kaolino**. Die aus Nebenprodukten der Kaolinwerke künstlich mit weißem Quarzsand aufgeschüttete Abraumhalde gilt als „schneeähnlichste Unterlage der Welt". Die zur Slalomstrecke ausgebaute Abfahrtpiste ist 200 m lang (Lift).

Der mit Quarzsand aufgeschüttete Monte Kaolino ist 120 m hoch

Hirschau: Kreis Amberg-Sulzbach, 430 m, 6200 Einw.

Auskunft: Tourist-Info, Am Rathausplatz 1, 92242 Hirschau
Tel. 09622/810, www.hirschau.de

Verkehr: Anschluss Wernberg-Köblitz zur A 93 (Regensburg–Hof); Busverbindung nach Weiden, Amberg

Hobby und Sport: Beheiztes Dünenfreibad, Angeln, Minigolf, Reiten, Hochseilgarten, Sommerskipiste und Sommerrodelbahn auf Quarzsand, Geo Park Kaolinrevier Hirschau-Schnaittenbach (Lehrpfad mit Info-Stationen über den Kaolinabbau seit 1833), www.montekaolino.eu

Einkehrtipp: Gasthaus Zur Linde im Ortsteil Krickelsdorf 5 km nordwestlich. Traditionelles Dorfwirtshaus mit Biergarten und bodenständiger Küche

Wanderungen

1. Vorbei am Moosweiher mach **Atzmannsricht** mit ursprünglich spätgotischer Chorturmkirche (1719–22 umgebaut und erweitert), 1 ¼ Std. westlich. Weiter ½ Std. südlich nach **Gebenbach** mit Pfarrkirche St. Martin (Sechseckbau 1975-76 mit spätgotischem Chor). Zurück mit dem Bus.
2. Über **Ehenfeld** mit Michaelskirche im ehemals befestigten Friedhof (romanische Fresken im Turm) zum **Rödlas** (579 m) mit **Aussichtsturm** und bewirtschafteter Rödlaser Berghütte des Oberpfälzer Waldvereins 1 ½ Std. nördlich.
3. Über den Hinteren Wenzelberg (581 m) auf den aussichtsreichen **Rotbühl** (669 m) mit Fernseh-Sendeturm, 1 ¼ Std. südöstlich. Weiter entweder 1 Std. südwestlich zum **Johannisberg** (605 m) mit barocker Wallfahrtskirche (Wallfahrt auf den Berg am „Kannestag“, 24. Juni) oder ½ Std. östlich auf den **Buchberg** (667 m) mit Burgstall und 1 Std. nördlich nach **Schnaittenbach** mit barocker Pfarrkirche von 1713. Zurück mit dem Bus.

KALLMÜNZ → Route 2

Kallmünz, ein malerisch gelegener historischer Markt an der Einmündung der Vils in die Naab mit engen Straßen, winkeligen Gassen und alten Bürgerhäusern, wird überragt von der Ruine einer Wittelsbacherburg. Seit 1558 überspannt die Steinerne Brücke anstelle einer hölzernen Vorgängerin die Naab.

Schon 983 erstmals erwähnt, war „Calminz“ seit 1188 Vogtei der Wittelsbacher Herzöge, die hier eine Reichszollstätte errichteten. Der 1283 zum Markt erhobene Ort wurde im Schutz der Burg ein wichtiger Stützpunkt der Wittelsbacher auf dem Nordgau.

Die Pfarrkirche St. Michael und das Alte Rathaus mit dem schiefen Türmchen an der Steinernen Brücke bilden ein malerisches Ensemble

Im 17. Jh. prägte Münzmeister Thomas Paur den begehrten „Kallmünzer Hochzeitstaler", um 1800 gingen die Darmsaiten von Georg Braunsperger in alle Lande, und um 1900 entdeckte Kunstmaler Professor Charles Palmié die „Perle des Naabtales" als romantisches Malerparadies, das seitdem zahlreiche Künstler anlockte. Im Sommer 1903 kam der Maler Wassily Kandinsky mit seinen Schülern nach Kallmünz, darunter Gabriele Münter, mit der er sich hier verlobte. Seit 1907 erscheint im Kallmünzer Verlag Michael Laßleben die von Johannes Baptist Laßleben (1864–1928) begründete Monatszeitschrift „Die Oberpfalz", eine der ältesten Heimatzeitschriften Bayerns.

Die **Pfarrkirche St. Michael** von 1751–58 mit laternengekröntem Turm beeindruckt durch die prächtige Rokokoausstattung mit mehreren Altären und großem Deckenfresko des Kallmünzer Künstlers Matthias Zintl („Der Höllensturz der abtrünnigen Engel"). Ein besonderes Juwel ist die kunstvolle, mit Engeln geschmückte Kanzel. Bemerkenswert sind auch die vielen alten verzierten Grabplatten. Bei Renovierungsarbeiten wurde in der Nordwand ein romanisches Portal aus der Vorgängerkirche um 1250 freigelegt. An der alten Naabbrücke das **Alte Rathaus** von 1603 im Renaissancestil mit Glockentürmchen. Die Glocke rief einst die Bürger zur Steuerabgabe. Im ersten Stock befindet sich das Oskar-Koller-Museum, im zweiten Stock eine Gemälde- und Zunftstangensammlung. Auf dem Auberg liegt die **Pestkapelle St. Sebastian**, errichtet 1713 zu Ehren des Pestpatrons, weil Kallmünz von der damaligen Seuche verschont blieb. Ein Kreuzweg, modern gestaltet von dem ansässigen Künstler Ludwig „Wigg" Bäuml, führt hinauf zum „Sebastiberg" am östlichen Ortsrand.

Auf dem schon in vorgeschichtlicher Zeit besiedelten Schlossberg thront die **Burgruine**, noch heute umgeben von dem größten Ringwall der Oberpfalz aus der Bronzezeit um 1900 v. Chr. und einem hoch aufragenden inneren Wall aus der Urnengräberzeit um 1200 v. Chr. Ludwig der Kelheimer, Herzog von Bayern, erbaute um 1230 die Burg als Wehranlage zur Überwachung der alten Erz- und Salzstraße Amberg–Regensburg. Im Landshuter Erbfolgekrieg wurde sie 1504 von Böhmen schwer beschädigt. Nach Instandsetzung 1607 trotzte sie 1633 den Schweden, konnte aber einem erneuten Angriff 1641 nicht widerstehen und ist seitdem Ruine. Erhalten blieben Reste des 20 m hohen runden Bergfrieds, eines spätgotischen Torbaues und des Palas mit vier dreiteiligen frühgotischen Spitzbogenfenstern.

Kallmünz: Kreis Regensburg, 360 m, 3100 Einw.

Auskunft: Tourist-Info, Keltenweg 1, 93183 Kallmünz
Tel. 09473/94010, www.kallmuenz.de

Verkehr: Anschluss zur A 3 (Nürnberg–Regensburg) und A 93 (Regensburg–Hof); Busverbindung nach Regensburg, Beratzhausen, Burglengenfeld

Hobby und Sport: Bootsverleih an der Naab, Angeln; Drachenfliegen im Naturschutzgebiet Eicher Berg; Erlebnisbad in Burglengenfeld (www.bulmare.de); Radroute Obsterlebnisweg (34 km) Kallmünz–Dinau–Oberpfraundorf–Beratzhausen–Hemau

Veranstaltungen: Brückenfest im Juli, Michaelikirchweih Anfang September

Sammlungen: Museum im Alten Rathaus mit Werken des Malers Oskar Koller (†2004) im ersten Stock sowie Gemälde- und Zunftstangensammlung im zweiten Stock; Galerie am Fels mit Ausstellungen der aktuellen Kallmünzer Künstlerszene, Vilsgasse 21; Fischereimuseum, Lange Gasse 7

Einkehrtipps:

> Gasthof Goldener Löwe, Alte Regensburger Straße 18, oberpfälzer Küche, Hausbrauerei, Kunstausstellungen

> Münter-Stuben, Vilsgasse 36, elsässische Küche, Galerie, literarische Veranstaltungen

> Galeriecafé Blaue Lilie, Vilsgasse 34, hausgemachte Kuchen, kleine Gerichte, Kunstausstellungen

Wanderungen

1. Auf den **Schlossberg** zur Burgruine, ½ Std. westlich. Weiter 2 Std. nordöstlich über **Eich** an der Naab mit romanischer Kirche St. Jakob (12. Jh.) auf steilem Fels und See nach Burglengenfeld.
2. Am östlichen Naabufer aufwärts über Schirndorf und Greinhof nach **Burglengenfeld**, 2 Std. nordöstlich. Zurück über **Jägerhaus** mit Kunstwaldgarten und Fischbach.
3. Am östlichen Naabufer abwärts über **Heitzenhofen** mit ehemaligen Hofmarkschloss aus dem 12. Jh. und Schlosskapelle um 1735 nach **Pielenhofen** mit zweitürmiger ehemaliger Klosterkirche aus dem 18. Jh., 3 Std. südlich. Zurück mit dem Bus.
4. Am westlichen Vilsufer aufwärts nach **Rohrbach** mit ehemaligem Hammerschloss (jetzt Hotel) und barocker Dreifaltigkeitskirche, 1 Std. nordwestlich. Weiter nordwestlich durch das Forellenbachtal nach Hohenfels mit Burgruine und barocker Pfarrkirche (Deckengemälde von Cosmas Damian Asam), 1 ¾ Std. Zurück mit dem Bus.
5. Auf den **Blümelberg** (382 m) mit Wallfahrtskapelle, 1 Std. östlich.
6. Über Krachenhausen zur gut erhaltenen mittelalterlichen **Burg Wolfsegg** aus dem 14. Jh. mit Burgmuseum, 1 ¾ Std. südöstlich.

KASTL → Route 2

Kastl, anerkannter Erholungsort im Tal der Lauterach, wurde 1102 unkundlich erstmals genannt und 1323 zum Markt erhoben. Dominierend ist die mittelalterliche Klosterburg mit kunsthistorisch bedeutsamer Kirche.

Die weitläufige **Klosterburg** erhebt sich auf schmalem Bergrücken über dem Lauterachtal. Graf Berengar I. von Sulzbach, Graf Friedrich von Kastl-Habsberg mit seinem Sohn Otto und die Markgräfin Luitgard, Gemahlin des Markgrafen Diepold von Vohburg, ließen 1098 ihre Gauerbenburg Kastl in ein Benediktinerkloster umwandeln, das der Sage nach aus drei getrennten Burgen entstanden sein soll. Es wurde zu einem führenden Kulturzentrum im ganzen oberpfälzischen Raum. Ottheinrich von der Pfalz verfügte 1556 die Auflösung. Während der Gegenreformation wurde das Kloster 1636 wichtiger Stützpunkt der Amberger Jesuiten. Von 1782–1808 ließ sich der Malteserorden nieder. Anschließend wurden die Gebäude vom Staat übernommen. Von der mittelalterlichen Anlage sind noch ein Torturm des 13. Jh. und ein Torbau mit Dachpyramide des 16. Jh. erhalten.

Über den Arkadenbögen des Mittelschiffs befinden sich 69 farbige Wappen von Stiftern und Wohltätern des Klosters

Die ehem. **Benediktinerklosterkirche St. Peter**, 1129 geweiht, ist eine im Chor fünfschiffige und im Langhaus dreischiffige romanische Pfeilerbasilika. Der langgestreckte Bau wurde mehrfach umgestaltet und dient heute als Pfarrkirche.

Die gotische Vorhalle, auch Paradies genannt, birgt zahlreiche Grabstätten des nordgauischen Adels.

An der Nordwand die Epitaphien des Diepold von Hohenburg († 1266) und des Abtes Johann Winter († 1539). Daneben die wappengeschmückte Platte des kaiserlichen Feldhauptmanns Seyfried Schweppermann († 1337), davor der freistehende Sarkophag mit seinen Gebeinen. Es folgen die Epitaphien der Äbte Georg Kemnater († 1434) und Leonhard († 1490). In der Nordostecke steht ein barocker Schrank mit der Mumie des „Kastler Kindes“, Prinzessin Anna, einer Tochter König Ludwig des Bayern, die 1319 im Alter von drei Jahren starb. Dem Mumienschrank gegenüber ein barockes Holzgehäuse (1715) mit den Gebeinen der Stifter. Es folgen weitere Epitaphien, bemerkenswert die aus der Werkstatt des Eichstätter Bildhauers Loy Hering für die Äbte Johann Lang († 1524), Ulrich Prethaler († 1495) und Johannes Menger († 1554). Das Fragment eines Kreuzigungsreliefs stammt ebenfalls von Hering.

Imposant ist das mächtige vierjochige Tonnengewölbe des Mittelschiffs. Über den Arkadenbögen verläuft ein gemalter Fries mit 69 farbigen Wappen und Namen von Gönnern des Klosters, die bis ins 14. Jh. zurückreichen. Bemerkenswert sind auch die gotischen Stifterfiguren mit Wappen unter der Orgelempore.

Das **Rathaus** aus dem 16. Jh. erhielt 1890 ein zweites Stockwerk und später einen Treppengiebel mit zierlichem Türmchen. Über dem Haupteingang ein Sandsteinrelief mit den Wappen der Kurpfalz und der Abtei Kastl.

Kastl: Kreis Amberg-Sulzbach, 430 m, 2400 Einw.

Auskunft: Tourist-Info, Marktplatz 1, 92280 Kastl
Tel. 09625/92040, www.kastl.de

Verkehr: Anschluss zur A 6 (Nürnberg–Waidhaus); Busverbindung nach Amberg und Neumarkt; Bahnstation Amberg und Neumarkt

Hobby und Sport: Solarbeheiztes Freibad, Minigolf, Angeln, Reiten

Sammlungen: Heimatmuseum mit bäuerlichem und handwerklichem Kulturgut aus drei Jahrhunderten, Hohenburger Str. 44

Wanderungen

1. Auf den aussichtsreichen **Kalvarienberg** (581 m), ½ Std. südlich.
2. Zur **Ruine Schweppermannsburg**, ½ Std. westlich. Zurück über **Pfaffenhofen** mit romanischer Kirche und am linken Ufer der Lauterach.
3. Über Gaishof und Attmanshof nach **Zant** mit romanischer Burgruine und Kirchlein St. Joseph in Rokokopracht, 2 Std. östlich.
4. Über Reusch nach **Hausen** mit neubarocker Pfarrkirche St. Georg von 1913/14 und am Hausener Bach entlang nach **Heimhof**, 2 Std. südöstlich. Auf einem Felssporn liegt die ehemalige Burg Heimhof (im 16. Jh. zum Schloss umgebaut) mit erhaltenem Palas aus dem 14. Jh. (Privatbesitz). Zurück über Flügelsbuch und Lauterach.
5. Durch das idyllische **Lauterachtal** über Sternfall, Ransbach und **Allersburg** am Einfluss des Hausener Baches mit gotischer Pfarrkirche und ehem. Karner nach **Hohenburg** mit historischem Marktplatz, 3 ½ Std. südöstlich. Evtl. weiter 2 ½ Std. über **Stettkirchen** mit Wallfahrtskirche nach **Schmidmühlen** am Zusammenfluss von Vils und Lauterach.
6. Über Bärnhof, Brünnthal, Ödhaag und Gronatshof zum **Poppberg** (657 m) mit Burgruine, höchste Erhebung der Oberpfälzer Alb, 2 ½ Std. nordwestlich. Zurück im östlichen Bogen über Schwend und Betzenberg.
7. Über Mühlhausen und Utzenhofen nach **Habsberg** mit Wallfahrtskirche von 1761–63 auf einer Anhöhe, 2 ½ Std. südwestlich. Zurück über Holzheim und Elsbether Wart.

KEMNATH → Route 5

Kemnath ist eine alte Stadt zwischen Fichtelgebirge und Steinwald am Flötz- und Schirnitzbach. Eingemeindet wurden u. a. die Ortschaften *Atzmannsberg, Guttenberg, Oberndorf, Reuth, Röflag, Schönreuth, Waldeck* und *Zwergau.*

Blick in die Geschichte

Die erste urkundliche Erwähnung erfolgte schon 1008, als Kaiser Heinrich II. „Loca keminata in pago Nortgowe" (im Nordgau) seinem neu gegründeten Bistum Bamberg schenkte. Unter den Landgrafen von Leuchtenberg erhielt der Ort 1250 Marktrecht durch Bayernherzog Otto den Erlauchten. Kaiser Karl IV. verlieh um 1360 die Stadtrechte. 1430 wurde Matthias von Kemnath (eigentlich Matthias Widmann) geboren, Humanist und erster Beschreiber des Fichtelgebirges; er starb 1476 in Heidelberg als Kurfürstlicher Hofkaplan. Die 1547 eingeführte Reformation wurde Anfang des 17. Jh. durch die Gegenreformation wieder abgelöst. Das 1657 gegründete Franziskanerkloster wurde 1802 säkularisiert. Ein Kupferstich des Topographen Merian von 1657 zeigt „Kemnat" mit Türmen, Gräben und doppelter Ringmauer. Von der Stadtbefestigung des 14. Jh. sind noch Teile erhalten. Mehrere Stadtbrände, zuletzt 1812 und 1848, richteten große Schäden an.

Sehenswürdigkeiten

Der langgestreckte **Stadtplatz** ist von malerischen alten Giebelhäusern umsäumt. Das **Amtsgericht** (1859) mit schöner Fassade in italienischem Stil wurde 1857–58 als Ersatz für das 1848 abgebrannte Rathaus inmitten des Stadtplatzes errichtet. Die steinerne **Sebastianssäule** erinnert an den Pestpatron. Am westlichen Stadtausgang ragt die hohe **St.-Primianssäule** von 1695 empor.

Die **Stadtpfarrkirche Mariä Himmelfahrt** aus der Mitte des 15. Jhs. bildet den östlichen Abschluss des Marktplatzes, ein spätgotischer dreischiffiger Hallenbau mit Kreuzrippengewölbe auf hohen Rundpfeilern und kunstvoller Maßwerkbrüstung an der Westempore. Der schlanke Spitzturm wurde 1854 neu aufgemauert und dient im Untergeschoss zugleich als Stadttor. Im Inneren ein prunkvoller sechssäuliger Hochaltar von 1644, der 1739 im Stil des Rokoko umgestaltet wurde, sowie mehrere Seitenaltäre aus dem 17. Jh. Ein Glasschrein beherbergt die Reliquien des Stadtheiligen St. Primian. Südlich vom Hochaltar beeindruckt

Das Untergeschoss des spitzen Kirchturms dient zugleich als Stadttor und wird auch „Tor zur Oberpfalz" genannt

das prächtige Sandstein-Epitaph mit Wappen und Inschrift für Christoph von Trautenberg († 1575): Es zeigt den Ritter in voller Rüstung betend vor dem Kreuz.

Die **Friedhofskapelle St. Maria Magdalena** von 1604 bewahrt zahlreiche Grabsteine des 16.–18. Jh. Die **Kalvarienbergkirche** am Stadtweiher entstand 1736/37.

Kemnath: Kreis Tirschenreuth, 462 m, 5400 Einw.

Auskunft: Tourist-Info, Stadtplatz 38, 95478 Kemnath
Tel. 09642/7070, www.kemnath.de

Verkehr: B 22 Bayreuth–Weiden; Bahnstation Kemnath-Neustadt 4 km; Busverbindung mit Neustadt/Kulm, Weiden, Bayreuth, Marktredwitz

Hobby und Sport: Beheiztes Freibad, Hallenbad, Angeln, Minigolf, Reiten; phantastischer Karpfenweg um die historische Stadt mit Skulpturen heimischer Künstler, Stadtweiher mit Seepromenade und Seebühne, Seeleitenpark

Sammlungen: Heimat- und Handfeuerwaffenmuseum mit Stadtgeschichte und deutschen Handfeuerwaffen vom 16. bis 20. Jh., Trautenbergstr. 36

Veranstaltungen: Wiesenfest Mitte August; Passionsspiele alle 5 Jahre

Einkehrtipps:

› Konditorei-Café Lehner, Stadtplatz 10. Goldprämierte Torten und hauseigene Pralinen

› Gasthof Zur Goldenen Krone und Weißes Roß, Stadtplatz 26. Doppelwirtshaus mit regionaler Küche

Wanderungen

1. Vorbei am Luderweiher auf den Basaltkegel **Anzenberg** (593 m), ¾ Std. östlich. Zurück im südlichen Bogen über Kuchenreuth.
2. Über Neusteinreuth auf den Basaltkegel **Armesberg** (731 m) mit dem klassizistischen Rundbau einer Wallfahrtskirche von 1836, 1 ½ Std. nordöstlich. Weiter 1 Std. südlich über Godas nach **Waldeck** mit Rokokokirche von 1731. Auf dem Basaltkegel des **Waldecker Schlossberges** (641 m) steht die Ruine der schon 1124 genannten und 1704 zerstörten Burg der Landgrafen von Leuchtenberg. Zurück mit dem Bus.
3. Über Kaibitz mit imposantem Dreiflügel-Schloss aus dem 18. Jh. in einem großen Park und Bahnhof Neustadt-Kemnath zum **Rauhen Kulm** (683 m), Basaltkegel mit Aussichtsturm, 2 Std. südwestlich. Abstieg westlich nach **Neustadt am Kulm** (→ Seite 202) oder östlich nach **Kastl** (→ Seite 79) (Busverbindung).
4. Über Berndorf durch das Teichgebiet Gabellohe nach **Immenreuth** im Flötzbachtal mit Naturerlebnisbad, SOS Kinderdorf Oberpfalz und Kolping-Familienferienstätte, 1 ½ Std. nordwestlich. Zurück mit dem Bus.

KÖNIGSTEIN → Route 4

Die Pfarrkirche St. Georg besitzt einen gotischen Turm mit barocker Zwiebelhaube

Königstein, anerkannter Erholungsort, liegt im Randgebiet der Oberpfälzer und Fränkischen Alb mit bizarren Felsbildungen, imposanten Höhlen und artenreicher Karstflora. Der 1130 als Chungestein bezeugte Ort wurde 1357 zum Markt erhoben. Eingemeindet wurden die Orte *Gaißach, Hannesreuth, Kürmreuth* und *Namsreuth.*

Die evangelische **Pfarrkirche St. Georg** mit Zwiebelhaube und Tambour wurde 1783–86 anstelle der gotischen Vorgängerin erbaut. Im Untergeschoss des erhaltenen Turmes aus dem 15. Jh. befand sich der ursprüngliche Chor, der jetzt die Sakristei beherbergt. Lange Zeit war St. Georg eine Simultankirche, bis 1965 die neue katholische **Pfarrkirche**

St. Michael fertiggestellt war. Westlich über der Georgskirche befindet sich das ehemalige **Schloss** aus dem 16. Jh. (Schlossgasse 12–13), im 12. Jh. diente es den Rittern von Chungestein als Burg (Zugang durch zwei steil aufragende Felsen). Auf dem Kühberg im Südosten steht die gotische **Johanniskapelle**, die zugleich als Gefallenengedächtnisstätte dient.

Königstein: Landkreis Amberg-Sulzbach, 500 m, 1800 Einw.

Auskunft: Tourismusbüro, Oberer Markt 20, 92281 Königstein
Tel. 09665/913150, www.markt-koenigstein.de

Verkehr: B 85 (Auerbach–Sulzbach-Rosenberg); Nächste Bahnstation Neuhaus a. d. Pegnitz 9 km (Busverbindung)

Hobby und Sport: Naturbad (im Winter Eisbahn), Angeln, Kletten, Reiten; 18-Loch-Golfplatz in Namsreuth (www.golf-koenigstein.de)

Außerdem interessant: Botanischer Lehrpfad am Sutzerberg vorbei an seltenen Orchideen (3 km langer Rundweg mit zahlreichen Infotafeln)

Wanderungen

1. Zum **Ossinger** (651 m) mit Aussichtsturm und Berghütte (bewirtschaftet an Wochenenden und Feiertagen), ¾ Std. südwestlich.
2. Auf den **Breitenstein** (612 m) mit zweigeschossiger romanischer Doppelkapelle (12. Jh.) der einstigen Burg, 1 Std. südöstlich.
3. Über den Steinberg (606 m) mit romantischen Felsbildungen zum **Kühloch** (prähistorische Wohnhöhle), 1 Std. östlich.
4. Über Wildenhof und Riglashof auf den **Zantberg** (622 m) mit bewirtschafteter Berghütte, 1 ½ Std. südlich. Zurück über Eschenfelden und Ossinger oder von Riglashof über Pruppach.
5. Über die **Hohe Würze** (595 m) zur **Maximiliansgrotte** (→ Seite 69) mit Gasthof Grottenhof, 1 ½ Std. nordwestlich. Von dort auf dem karstkundlichen Wanderpfad nordöstlich zur Steinernen Stadt (bizarres Felsengewirr) und Vogelherdgrotte, südwestlich zur Mysteriengrotte und Distlergrotte.
6. Über **Rehberg** (591 m), **Brändelberg** (587 m), **Schelmbachstein** (515 m) mit Grotte, Rinnenbrunn (Forsthaus abgebrochen, nahebei die Bismarckgrotte) und Bärnhof zum jetzt fränkischen Markt **Neuhaus a. d. Pegnitz** (gehörte bis 1972 zur Oberpfalz) mit Rokoko-Pfarrkirche und Burg Veldenstein, 3 Std. nordwestlich. Zurück (kürzer) über **Krottensee** und **Schlieraukapelle**.
7. Über Funkenreuth zum **Forsthaus Sackdilling**, 1 ½ Std. nördlich. Im Sackdillinger Forst zahlreiche Karsterscheinungen wie Karstquellen, Hungerbrunnen, Dolinen und Halbhöhlen. Zurück über Döttenreuth.
8. Über Pruihausen nach **Niederärndt** mit romanischem Simultankirchlein (12. Jh.) auf einem Bergplateau, 2 Std. südöstlich. Zurück im nördlichen Bogen über **Schmalnohe** mit St. Ottokirche aus dem 13./18. Jh. und den Ortsteil **Kürmreuth** mit spätgotischer Simultankirche.

KÖTZTING, BAD ➜ Route 8

Bad Kötzting liegt als anerkanntes Kneipp-Heilbad im Tal des Weißen Regen am Fuße des Kaitersbergs. Eingemeindet wurden u. a. die Orte *Arndorf, Gehstorf, Haus, Liebenstein, Traidersdorf, Weißenregen* und *Wettzell.*

Blick in die Geschichte

Bereits 1085 erstmals als „Chostingen" genannt und im Besitz des Benediktinerklosters Rott am Inn, wurde die Kirchenburg im 12. Jh. Stammsitz der Chostinger, Dienstmannen der Markgrafschaft Cham. Durch seine Lage am historischen Baierweg nach Böhmen entwickelte sich der Ort zu einem regen Handelsplatz. Um 1260 erfolgte die Verleihung der ersten Marktrechte, die 1344 durch Kaiser Ludwig den Bayern bestätigt wurden. 1614 konnten die Kötztinger Bürger die ungeliebte Grundherrschaft des Klosters Rott abschütteln. Kriege und Brände vernichteten viele mittelalterliche Gebäude. 1953 wurde der Markt zur Stadt erhoben. Durch die bayerische Gebietsreform wurde der Landkreis Kötzting 1972 aufgelöst und dem Großlandkreis Cham und damit dem Regierungsbezirk Oberpfalz zugeschlagen. Mit der staatlichen Anerkennung als Luftkurort 1986, als Kneipp-Kurort 1995 und als Kneipp-Heilbad 2005 mit Änderung des Ortsnamens in „Bad Kötzting" begann ein neuer Abschnitt im Tourismus.

Sehenswürdigkeiten

Imposant ist die historische Baugruppe der **Kirchenburg** über dem Ufer des Weißen Regen, eine Wehranlage mit Ringmauer und quadratischem Turm (eingelassene Schießscharten), der im 12. Jh. gegründeten, im 18. Jh. erweiterten und barockisierten *Pfarrkirche Mariä Himmelfahrt* (im Inneren romanischer Taufstein, schöner Rokoko-Hochaltar, wappengezierte Grabsteine), dem dreigeschossigen ehemaligen *Pflegeamtsschloss* aus dem 15. Jh. (heute Pfarramt und Pfarrheim) und der *ehemaligen Friedhofskapelle St. Anna* um 1686 auf älteren Mauern (Hochaltar mit spätgotischer Figur der Anna Selbdritt).

In der Stadtmitte das barocke **Alte Rathaus** mit Schopfwalmdach und zweigeschossigem Kuppelturm. Die Schriftzüge am Gesims verweisen auf die Marktrechte und die Stadterhebung. Täglich um 11 Uhr erklingt das Glockenspiel mit Figurenumlauf. Davor steht der 1985 geschaffene *Pfingstreiterbrunnen.*

In der Oberstadt die **Kirche St. Veit**, errichtet im 17. Jh. auf den Mauern der mittelalterlichen, im Dreißigjährigen Krieg abgebrannten Vorgängerin. Der ursprüngliche Kuppelturm wurde nach dem Marktbrand 1867 durch einen Spitzhelm ersetzt. Von hier beginnt alljährlich am Pfingstmontag der Pfingstritt ins Zellertal nach Steinbühl. Südwestlich 2 km im Ortsteil *Weißenregen* die hochgelegene **Wallfahrtskirche Mariä Himmelfahrt** aus der Mitte des 18. Jh. mit reicher Rokokoausstattung und der originellen Fischerkanzel des Kötztinger Bildhauers Johann Paulus Hager von 1758: Vom Boot (Kanzel) bergen Petrus und zwei Apostel den Fischfang, darüber prächtiges Schnitzwerk mit Engeln und Madonna, am Aufgang der vom Walfisch verschlungene Jona. Der Hochaltar von 1755 bewahrt ein Gnadenbild aus dem 14. Jh.

Die Kirchenburg mit Pfarrkirche und ehemaliger Friedhofskapelle

Bad Kötzting: Kreis Cham, 440 m, 7500 Einw.

Auskunft: Kurverwaltung/Touristinfo, Bahnhofstr. 15, 93444 Bad Kötzting Tel. 09941/602150, www.bad-koetzting.de

Verkehr: Busverbindung mit Bodenmais, Viechtach, Cham, Neukirchen b. Hl. Blut, Lam; Bahnstation

Hobby und Sport: AQACUR-Badewelt mit Wellenfreibad, Hallenbad und Saunabereich (www.aqacur.de); Wassersport am Blaibacher See, Minigolf, Angeln, Tennis, Eisstockschießen; Haus des Gastes, Bayerische Spielbank (www.spielbanken-bayern.de); Großer Erholungs- und Kurpark in den Auwiesen des Weißen Regen am Rande der Altstadt mit Rosen- und Staudengärten, Weiher, Wassertretbecken und Veranstaltungspavillon; Naherholungsgebiet Ludwigsberg mit dem Ludwigsturm (erbaut 1850); Zellertalradweg über Arnbruck nach Bodenmais

Veranstaltungen: Kötztinger Pfingstritt am Pfingstmontag (→ S. 116), am Pfingstsamstag der traditionelle Pferdemarkt; ab Pfingstsamstag Festwoche mit Volksfest und kulturellen Veranstaltungen; Waldfestspiele am Ludwigsberg Juli/August (www.waldfestspiele.de); Rosstag mit Festzug am letzten Augustsonntag

Sammlungen: Pfingstritt-Museum, Herrenstr. 11 (Kirchenburg); Schnapsmuseum in der Brennerei Drexler, Pfingstreiterstr. 44

Außerdem interessant: Geodätisches Observatorium des Bundesamtes für Kartographie und Geodäsie in Wettzell (www.wettzell.ifag.de); Planetenweg mit Darstellung des Sonnensystems vom Kurpark nach Wettzell 3,5 km

Das Glockenspiel am Turm des Alten Rathauses

Kureinrichtungen: Erste Deutsche Klinik für Traditionelle Chinesische Medizin; Reha-Klinik für Orthopädie und Neurologie, Kneippkurbetriebe, Einrichtungen für Wellness, Beauty und Gesundheit

Einkehrtipps:

- Gasthof zur Post, Herrenstraße 10, Traditionshaus mit regionalen Spezialitäten (musikantenfreundliches Wirtshaus)
- Wirtshaus Osl, Marktstraße 32, gehobene bayerische Küche
- Lindner Bräu, Weißenregener Straße 4, Gaststätte der heimischen Brauerei Lindner mit Biergarten (musikantenfreundliches Wirtshaus)

Wanderungen

1. Über den **Ludwigsberg** (505 m) mit **Ludwigsturm** und **Schwedenstein** (erinnert an den Schwedeneinfall 1633 während des Dreißigjährigen Krieges) entweder auf direktem Weg über den Rieder Berg oder über **Sackenried** mit gotisch-barocker Wallfahrtskirche und **Wettzell** mit Pfarrkirche des 15./19. Jh. (vor der Kirchhofmauer ein Granitfindling mit Gedenktafel für Juliane Schikaneder geb. Schiessl, Mutter des Textdichters der Mozartoper „Die Zauberflöte") in 2 Std. südlich zum **Höllensteinsee**. Zurück am **Blaibacher See** entlang und über **Weißenregen** mit Wallfahrtskirche.
2. Auf dem Hufeisenweg über Grub, Maiberg und Himmelreich nach **Steinbühl** im Zellertal mit gotisch-barocker Wallfahrtskirche St. Nikolaus (Ziel des Kötztinger Pfingstritts), 2 Std. südöstlich. Die Kirchentür mit den handgeschmiedeten Hufeisen, jetzt in einer Seitenkapelle, soll noch aus dem 14. Jh. stammen. Zurück im südwestlichen Bogen über Weidenhof, Leckern, Kaitersbach, Weißenholz und den Ludwigsberg.
3. Über **Ried** mit 1000-jähriger Wolframslinde zum **Haidstein** (743 m) mit St. Ulrichskapelle des 17./18. Jh., 2 Std. nordwestlich. Abstieg nach **Runding**, 1 Std. westlich. Zurück mit dem Bus.
4. Über Reitenstein nach **Grafenwiesen**, 1 ½ Std. nordöstlich.
5. Zum **Kaitersberg**: Von der Kirchenburg auf den Damm der Hochwasserfreilegung über die Auwiesen zum Gut Sperlhammer und über den Weiler Waid nach **Reitenberg** (750 m, Wanderparkplatz, 1 Std.). Weiter über **Heiglhöhle** (um 1850 Schlupfwinkel des Räubers Michael Heigl), **Kreuzfelsen** (999 m), **Mittagstein** (1034 m) mit Friedensmahnmal zur bewirtschafteten **Kötztinger Hütte** (1040 m), insgesamt 2 ½ Std. östlich. Weiter entweder 2 Std. östlich über **Steinbühler Gesenke** (1044 m, Felslandschaft), **Rauchröhren** (zwei großartige Felstürme), **Großer Riedelstein** (1133 m) mit Waldschmidtdenkmal von 1909 zum **Ecker Sattel** (844 m) mit Berggasthof oder Abstieg nördlich nach Hudlach und westlich über Reitenberg zurück.

LAM → Route 8

Lam erstreckt sich als Luftkurort und Wintersportplatz im Tal des Weißen Regen inmitten des „Lamer Winkels" zwischen Arber und Osser. Zur Gemeinde gehören u. a. auch *Engelshütt* und *Lambach*.

Lam wurde 1279 erstmals urkundlich erwähnt, als Bischof Heinrich von Regensburg das Waldgebiet zwischen Arber und Osser dem Benediktinerkloster Rott am Inn übereignete. Die ersten Siedler kamen vermutlich aus St. Ulrich in Tirol, wo sich eine Niederlassung des Klosters befand. Schon 1322 wurde Lam selbstständige Pfarrei und damit Hauptort des Rodungslandes.

Mittelpunkt Lams ist die Pfarrkirche St. Ulrich mit ihrem Zwiebelturm

Um 1300 entstanden die ersten Glashütten im Lamer Winkel. Von 1805 bis 1904 war Lambach ein bedeutendes Zentrum der Waldglasherstellung.

1463 begann die Bergbautradition mit Ernennung zur „vollkommen gefreiten Bergstatt" im Jahre 1522. Die bis 1962 betriebene Fürstenzeche dient heute als Besucherbergwerk mit Heil- und Therapiestollen gegen Haut- und Atemerkrankungen.

Um 1900 kamen die ersten Touristen in die Region. Mit der staatlichen Anerkennung als Luftkurort 1966 begann der Aufstieg zu einem der meist besuchten Ferienorte im Bayerischen Wald.

Mittelpunkt des Ortes ist die zwiebelgekrönte barocke **Pfarrkirche St. Ulrich**, die nach einem Brand 1699 unter Einbeziehung des gotischen Turms wieder errichtet und 1905 nach Westen erweitert wurde. Im Turm hängt noch die Glocke von 1522 aus der früheren Kirche. Unversehrt blieb auch das Pestbild aus dem 17. Jh. an der linken Seite des Altarraums.

Lam: Kreis Cham, 520 m, 2900 Einw.

Auskunft: Tourist-Info, Marktplatz 1, 93462 Lam
Tel. 09943/777, www.lam.de

Verkehr: Busverbindung mit Bayerisch Eisenstein, Furth im Wald; Bahnstation

Hobby und Sport: Osserbad (Erlebnisbad mit kombiniertem Frei- und Hallenbad sowie Dampfbad und Sauna), Hochseilpark mit Kletterwand, 9-Loch-Golfanlage, Minigolf; Skizentrum mit Loipen und alpinen Abfahrten; Haus des Gastes, Kurpark

Außerdem interessant: Historisches Bergwerk Fürstenzeche mit Führungen (www.fuerstenzeche.de); Märchen- u. Gespensterschloss in Lambach (ehem. Glasherrenvilla, www.maerchenschloss-lambach.de); Bayerwald-Tierpark in Lohberg (www.lohberg.de/tierpark)

Wanderungen

1. Zum aussichtsreichen **Bergkircherl Mariahilf** (814 m), das 1752 anstelle einer älteren Kapelle erbaut wurde (erweitert 1907), mit alten Kirchenfenstern aus der Glasmacherzeit, ½ Std. nordöstlich. Von dort entweder nordöstlich in ¼ Std. nach **Lambach** (686 m) oder östlich ½ Std. zum Waldplatz „Auf'm Sattel" (929 m) und weiter gut 1 Std. zum Ossersattel mit der Künischen Grenzkapelle von 1985/86. Nun in jeweils 10 Min. zum **Großen Osser** (1293 m) mit Gipfelkreuz und bewirtschaftetem Osserschutzhaus oder zum **Kleinen Osser** (1266 m) mit Gipfelkreuz, von Lam 2 ¼ Std. Abstieg über **Himmelreich**.
2. Mit dem Wagen zum Parkplatz „Auf'm Sattel", 5 km nordöstl. Von dort kürzester Aufstieg zum **Großen** oder **Kleinen Osser** in 1 ¼ Std.
3. Über Frahelsbruck und Ottmannszell zum **Ecker Sattel** (844 m) mit Berggasthof 1 ½ Std. südwestlich. Weiter entweder 2 Std. westlich über **Gr. Riedelstein** (1133 m) mit Waldschmidtdenkmal, **Rauchröhren** (Felstürme), **Steinbühler Gesenke** (Felslandschaft) zur bewirtschafteten **Kötztinger Hütte** (1040 m) oder über Vorderöd zurück.
4. Über Hinterwaldeck aufwärts zum **Waldwiesmarterl**, 1 ½ Std. südlich. Zurück im östlichen Bogen über Schwarzenbach.
5. Über **Thürnstein** mit St. Annakirchel, Silbersbach und Eggersberg nach **Lohberg**, 1 ¼ Std. südöstlich.
6. Über Frahelsbruck nach **Arrach** mit Seepark, 1 Std. westlich. Zurück im nördlichen Bogen über Haibühl und Engelshütt.

MITTERTEICH → Route 6

Die Stadtpfarrkirche St. Jakob mit mächtigem Turm aus dem 17. Jh., benachbart das historische Rathaus

Mitterteich liegt im Herzen des Stiftlandes mit traditionsreicher Glasindustrie. Die langjährige Porzellanherstellung wurde inzwischen eingestellt. Erstmals 1135 urkundlich erwähnt, war es lange Zeit im Besitz des Klosters Waldsassen. Der Stadtname verweist auf die in den Teichen der Umgebung betriebene Fischzucht. Der an der alten Handelsstraße Nürnberg–Eger gelegene Ort wurde 1501 zum Markt, aber erst 1932 zur Stadt erhoben.

Mittelpunkt ist die neuromanische **Stadtpfarrkirche St. Jakob**, errichtet 1890 anstelle der beiden abgebrannten Vorgänger mit noch erhaltenem Turm von 1606, in dem sich früher die Wohnung des Türmers befand. Gegenüber das **Historische Rathaus** von 1731 mit offenem Türmchen, in dem einst die Steuerglocke vierteljährlich bei Fälligkeit der Bürger- und Wassersteuer läutete. Im Erdgeschoss befindet sich die Tourist-Information. In der Nähe die *Mariensäule* von 1896 sowie der *Hankerlbrunnen* und der Sagenbrunnen *Schmied von Mitterteich*, beide geschaffen von dem heimischen Künstler Engelbert Süß. Etwas außerhalb an der Waldsassener Straße die barocke **Friedhofskapelle Maria Hilf** von 1780 mit vier Totentanzgemälden eines unbekannten böhmischen Künstlers. Altar und Tabernakel stammen noch aus der alten Pfarrkirche.

Mitterteich: Kreis Neustadt an der Waldnaab, 583 m, 7500 Einw.

Auskunft: Tourist-Info, Kirchplatz 12, 95666 Mitterteich
Tel. 09633/89123, www.mitterteich.de

Verkehr: Anschluss A 93 (Regensburg–Hof); Busverbindung nach Weiden, Waldsassen, Marktredwitz

Hobby und Sport: Beheiztes Freibad, Hallenbad, Angeln, Reiten, Kreislehrgarten; Eissporthalle; Freizeithugl in Großbüchlberg mit Minigolf-Sportanlage und Sommerrodelbahn; Musiksommerveranstaltungen

Einkehrtipp: Mehrere Zoiglstuben mit Zoiglbier-Ausschank aus dem Kommunbrauhaus

Sammlungen: Museum Mitterteich – Porzellan/Glas/Handwerk in der ehemaligen Porzellanfabrik, Tirschenreuther Straße 10

Wanderungen

1. Über Oberteich auf den aussichtsreichen **Großen Teichelberg** (685 m) mit Basaltbruch, 2 Std. westlich. Abstieg nach **Pechbrunn** nördl. ¾ Std. Zurück mit dem Bus oder über Rote Marter und Kleinbüchlberg 1 ½ Std.
2. Über Großensterz und Gumpen vorbei an vielen Weihern nach **Falkenberg** mit gut erhaltener Burg, 3 Std. südlich.
3. Über (¾ Std.) **Leonberg** (Barockkirche mit Akanthusaltar von 1726 des Waldsasseners Karl Stilp) nach **Wonreb** (Friedhofkapelle mit Totentanzmalereien), 3 Std. östlich. Von dort südöstl. 1 ½ Std. nach **Tirschenreuth**. Zurück mit dem Bus.

MOOSBACH → Route 7

Die barocke Wieskirche liegt idyllisch im Wiesengrund

Moosbach ist ein anerkannter Erholungsort in einer Talsenke der Pfreimd. Zur Marktgemeinde gehören auch *Burgtreswitz, Etzgersrieth, Gröbenstädt, Heumaden* und *Tröbes*. Die **Pfarrkirche St. Peter und Paul** wurde nach einem Brand 1853 anstelle der Vorgängerin neu errichtet. Etwas außerhalb nordöstlich steht die idyllisch gelegene **Wieskirche**, erbaut als Wallfahrtskirche 1747–52 mit Turm von 1766-69. Der Innenraum überrascht durch seine vielfältige Barock- und Rokokoausstattung. Bemerkenswert sind die zahlreichen Votivbilder und Wachskunstwerke.

Im Ortsteil Burgtreswitz steht das **Schloss Burgtreswitz**, als Burg Treswitz im späten 12. Jh. von den Grafen von Sulzbach errichtet. Mehr als 500 Jahre war es Sitz des landesfürstlichen Pflegers. Heute dient es als Kulturstätte mit Theateraufführungen und Konzerten.

Moosbach: Kreis Neustadt a.d. Waldnaab, 492 m, 2600 Einw.

Auskunft: Gästeinformation im Rathaus, Brunnenstr. 1, 92709 Moosbach Tel. 09656/920217, www.moosbach.de

Verkehr: Anschluss zur A 6 (Nürnberg–Waidhaus), Busverbindung mit Vohenstrauß, Pleystein, Tännesberg

Hobby und Sport: Ozon-Hallenbad, Naturbad Sperlweiher bei Gröbenstädt, Kneippanlage, Angeln, Minigolf; Haus des Gastes mit medizinischer Bäderabteilung, Kurpark im Gruberbachtal

Sammlungen: Fannys Puppenstubensammlung, Asternweg 5; Schloss Burgtreswitz (www.schloss-burgtreswitz.de) mit Heimatmuseum in der ehem. Amtsstube des Pflegers sowie Jagd- und Fischereimuseum; außerdem Naturpark-Infostelle mit Dauerausstellung

Wanderungen

1. Über **Burgtreswitz** mit Schloss, **Altentreswitz** mit barock veränderter romanischer Turmkapelle nach **Böhmischbruck** im Pfreimdtal mit Pfarrkirche aus dem 13./17. Jh., 1 ½ Std. südwestlich. Zurück über Ödpielmannsberg.
2. Über Etzgersrieth nach **Tännesberg**, 2 ½ Std. südwestlich.
3. Durch das Tröbesbachtal zum Ortsteil **Tröbes**, 1 ½ Std. südöstlich. Zurück im nördlichen Bogen.
4. Über **Burkhardsrieth** in aussichtsreicher Höhenlage mit Pfarrkirche von 1880 auf den **Ulrichsberg** (591 m) mit Wallfahrtskirche von 1689, 2 Std. nordöstlich.
5. Über Braunetsrieth nach **Pleystein** mit berühmtem Rosenquarzfelsen, 2 Std. nördlich. Zurück über Lohma.

NABBURG → Route 4

Nabburg ist eine mittelalterliche Stadt auf schmalem Bergrücken über dem rechten Ufer der Naab.

Blick in die Geschichte

Nabburg verdankt seinen Ursprung als eine der ältesten Nordgausiedlungen einer karolingischen Burg. Schon 929 erstmals erwähnt und 1271 als Civitas (Stadt) bezeichnet, wurde Nabburg Münzstätte der gleichnamigen Mark. Nach starken Zerstörungen durch Hussiten 1420 entstand die Stadtbefestigung mit doppeltem Mauerring; im 16. Jh. wurden die Befestigungsanlagen weiter verstärkt. Neue Brandschatzungen brachte der Dreißigjährige Krieg, doch ist das mittelalterliche Stadtbild, das der berühmte Topograph Matthäus Merian 1644 auf einem prächtigen Kupferstich darstellte, noch gut erhalten. Auf diesem originalgetreuen Kupferstich sind selbst die beiden Storchennester auf dem Turm der Friedhofskirche und dem Dach des Pulverturmes zu sehen; die Stadtpfarrkirche trägt noch einen Kuppelturm, die St.-Nikolaus-Kirche in der Vorstadt Venedig zwei Spitztürme.

Sehenswürdigkeiten

In der Unterstadt die barocke **Friedhofkirche St. Georg** aus dem 18. Jh. mit romanischem Turm und traditionellem Storchennest. Das mächtige **Mähntor** von 1532 mit rechteckigem Turm und wehrhaftem Vorbau vermittelt den Zugang in die Oberstadt. Am langgezogenen Oberen Markt, umsäumt von hochgiebeligen Bürgerhäusern, das **Rathaus** aus der Zeit um 1417 mit Arkadenvorbau und Treppenturm im Renaissancestil um 1550.

Das mächtige Obertor mit gotischem Achteckturm ist ein Teil der alten Stadtbefestigung

Die **Pfarrkirche St. Johannes der Täufer** aus der 1. Hälfte des 14. Jh. gehört zu den bedeutendsten gotischen Kirchenbauten der Oberpfalz. Sie besitzt einen ungewöhnlichen Doppelchor, der auf Regensburger Kunsteinflüsse zurückgeht. Das Innere der dreischiffigen Basilika beeindruckt durch die Weiträumigkeit mit vielfach profilierten Pfeilern, die das hohe Kreuzrippengewölbe tragen. Bemerkenswert die drei Glasgemälde in den Fenstern des nördlichen Seitenschiffes aus dem 14. Jh. und die geschnitzte „Nabburger Madonna" um 1470 über dem linken Seitenaltar. Angebaut im Norden die Annakapelle (15. Jh.), im Süden die Sebastianskapelle (1700).

Benachbart liegen die seit 1911 evangelische **Kirche St. Laurentius** aus dem 15. Jh. (hervorgegangen aus der Schlosskapelle), das 1412 erstmals genannte **Bürgerspital** (jetzt Sozialwohnungen) mit der profanierten Spitalkirche und der historische **Zehentstadel** (heute Stadtmuseum). Das mächtige **Obertor** aus dem 15. Jh. mit achteckigem Turm bildet den Ausgang nach Nordwesten. In der Nähe das **Pflegschloss** aus dem späten 16. Jh., im 18. Jh. stark verändert, früher Amtssitz des Pflegers, jetzt Vermessungsamt. Auf dem Gelände stand einst die karolingische Naab-Burg.

Im Norden der **Pulverturm** mit Pyramidendach und Storchennest, im Südosten der **Dechanthofturm** mit Treppe zur Unterstadt, zwei Wehrtürme der alten Stadtbefestigung.

In der Vorstadt *Venedig*, am linken Ufer der Naab die profanierte romanische Kirche St. Nikolaus, benannt nach dem Patron der Schiffer, eine Hallenkirche aus der Mitte des 12. Jh., deren Türme abgetragen wurden (heute Gefallenengedenkstätte).

Der bisher ungeklärte Name „Venedig“ deutet auf eine Siedlung slawischer Wenden oder auf den althochdeutschen Begriff „venne“ (= moorige Stelle). Weniger wahrscheinlich ist eine Niederlassung venezianischer Kaufleute oder eine Handelsbeziehung zu ihnen.

Nabburg: Kreis Schwandorf, 400 m, 6100 Einw.

Auskunft: Gästeinformation, Oberer Markt 16, 92507 Nabburg Tel. 09433/1826; Tourismuszentrum Landkreis Schwandorf, Obertor 14, 92507 Nabburg; Tel. 09433/20380, www.vg-nabburg.de

Verkehr: Anschluss zur A 93 Regensburg–Hof, Busverbindung nach Amberg, Schwandorf, Weiden, Trausnitz; Bahnstation

Hobby und Sport: Freizeitzentrum mit beheiztem Freibad und Minigolfplatz in Perschen 2 km; Angeln; Sportflugplatz in Schmidgaden

Sammlungen: Stadtmuseum Zehentstadel, Obertor 3a; Museum im Schmidt-Haus (Wohnhaus des 1971 gestorbenen Künstlers Karl Schmidt), Oberer Markt 4; Bauernmuseum in Perschen im Edelmannshof mit Brotzeitstübchen (Keimzelle des 3 km entfernten Oberpfälzer Freilandmuseums Neusath-Perschen mit rund 50 wiedererrichteten Gebäuden, www.freilandmuseum.org); Flussspat-Besucherbergwerk „Reichhart-Schacht“ in Stulln-Freiung, 6 km südwestlich (www.reichhart-schacht.de); Flussspat-Besucherbergwerk „Heinrich-Kocher-Stollen“ in Wölsendorf, 10 km südlich

Einkehrtipp: Gasthof zum Stern, Oberer Markt 6. Regionale Küche mit Biergarten (Aussicht über das Naabtal)

Wanderungen

1. Zur **Wallfahrtskapelle Maria Brünnl** aus dem 18. Jh., ¾ Std. südlich.
2. Nach **Perschen** mit romanischer Pfarrkirche und romanischem Karner (→ Seite 73), ½ Std. nördlich.
3. Über Josephikapelle und Untersteinbach zum **Eixlberg** (517 m) mit Wallfahrtskirche, 1 ½ Std. nordwestlich. Abstieg ½ Std. östlich nach **Pfreimd**. Zurück mit Bus oder Bahn.
4. Über den **Keilhauerberg** (524 m) zum **Kulm** (626 m) mit Aussichtsturm (Schlüssel im Gasthaus „Zum Kulm“), 1 ¾ Std. nordwestlich.
5. Über Etzelhof nach **Brudersdorf** mit romanischer Chorturmkirche (13. Jh.), 1 ½ Std. westlich. Weiter ¾ Std. westlich nach **Rottendorf** mit gotisch-barocker Andreaskirche und romanischer zweigeschossiger Friedhofskapelle (Karner).
6. Auf dem Venezianersteig nach **Guteneck** im Katzbachtal mit imposantem Schloss (Dreiseitenanlage auf gotischen Grundmauern mit Schlosskapelle St. Katharina und zweigeschossigem Arkadenhof), 2 Std. östlich.

NEUALBENREUTH → Route 6

Um die barocke Pfarrkirche St. Laurentius scharen sich Fachwerkhäuser im Egerländer Stil

Der Markt Neualbenreuth ist ein anerkannter Erholungsort über dem Muglbachtal direkt an der böhmischen Grenze am Fuß des Tillenberges. Der 1284 erstmals erwähnte Ort im historischen Fraisch-Gebiet hatte jahrhundertelang enge Beziehungen zum benachbarten Egerland und besitzt noch schöne alte Fachwerkhäuser im Egerländer Stil. Eine neue Entwicklung begann durch das 1989 eröffnete Sibyllenbad mit Nutzung der natürlichen Kohlensäure- und Radonquellen.

In leicht erhöhter Lage die barocke **Pfarrkirche St. Laurentius** von 1730–33 mit gemaltem Blendaltar. Sie wurde anstelle der im Dreißigjährigen Krieg zerstörten Vorgängerin aus dem 13. Jh. errichtet, die ursprünglich zum Dekanat Eger gehörte. Über dem Chorbogen befindet sich das Wappen der Stadt Eger (datiert 1733). Deckengemälde im Chor zeigen das Martyrium des hl. Laurentius.

Neualbenreuth: Kreis Tirschenreuth, 560 m, 1400 Einw.

Auskunft: Gästeinformation, Marktplatz 10, 95698 Neualbenreuth
Tel. 09638/933250, www.neualbenreuth.de

Verkehr: Busverbindung nach Waldsassen und Tirschenreuth; Grenzübergang für Wanderer

Hobby und Sport: Minigolfanlage am Sibyllenbad. Golfplatz beim Schlosshotel; Frei- und Hallenbäder in Waldsassen

Sammlungen: Grenzlandheimatstuben des Heimatkreises Marienbad in der „Alten Posthalterei" mit Exponaten aus dem Egerland, Marktplatz 10

Kureinrichtungen: Kurmittelhaus Sibyllenbad mit Kohlensäure- und Radonanwendungen; weitläufige Bade- und Wellnesslandschaft (Kinder unter 10 Jahren dürfen leider nicht ins Bad!), www.sibyllenbad.de

Einkehrtipps:

- Wirtshaus und Genießer-Restaurant Sonne in Altmugl mit gehobener bayerischer Küche
- Gasthof Kleine Kappl in Ostengrün mit regionaler Küche und selbst gebackenem Roggenbrot

Wanderungen

1. Zum **Grenzlandturm** auf dem Lerchenbühl (682 m) mit Blick ins Egerland, ½ Std. nordöstlich.
2. Zum **Königstein** an der Landesgrenze (auch Napoleonstein, da der Franzosenkaiser auf seinem Rückzug aus Russland 1813 hier vorbeigekommen sein soll), 1 Std. östlich. Nun ¼ Std. südlich über den **Granatbrunnen** (Fundstelle von Granaten = Schmuckgestein) zum **Mittelpunktstein**, 1985 neu errichtet mit den Wappen von Neualbenreuth und Eger (1865 von österreichischen Vermessern als angeblicher geografischer Mittelpunkt Europas festgelegt → siehe Hildweinsreuth bei Flossenbürg). Vom Wanderer-Grenzübergang beim Mittelpunktstein lohnt sich ein Abstecher ½ Std. nordöstlich zum Tillenberg (Dyleň, 939m).
3. Über die barocke **Wallfahrtskirche St. Sebastian** von 1727 („Kleine Kappl“) und **Ottengrün** zum bewirtschafteten **Egerer Waldhäusl**, 1 ½ Std. südwestlich. Zurück im östlichen Bogen über die **Wegkapelle Alter Herrgott** (1676) mit Kopie der barocken Holzfigur „Gott Vater auf dem Altärchen“.
4. Über **Hardeck** mit ehem. Abteischloss von etwa 1708 zum **Rehberg** (612 m), auf dem Goethe 1823 weilte, 1 ¼ Std. nordwestlich.

NEUKIRCHEN BEIM HEILIGEN BLUT → Route 8

Neukirchen b. Hl. Blut, anerkannter Erholungsort am Nordhang des Hohen Bogen im Freibachtal, ist bekannt durch seine traditionsreiche Marienwallfahrt. Zu seinen 20 Ortsteilen gehören auch *Hinterbuchberg, Jägershof, Kolmstein, Mais, Rittsteig* und *Vorderbuchberg*.

„Neukirchen vor dem Böhmerwald“ hieß der Ort ursprünglich, dem Herzog Albrecht von Bayern 1377 Marktrecht verlieh. Der heutige Ortsname geht auf eine Legende aus dem Hussitenkrieg zurück. Danach soll ein Hussit im Jahre 1450 Krone und Haupt eines holz-

Pfarr- und Wallfahrtskirche mit Klostergarten

geschnitzten böhmischen Marienbildes aus der Zeit um 1400 mit dem Säbel gespalten haben, worauf aus der Wunde Blut strömte. Schon bald setzten die ersten Wallfahrten ein, aus denen sich der bekannteste Marien-Wallfahrtsort Ostbayerns entwickelte.

In der Ortsmitte steht das ehemalige, stark veränderte **Pflegschloss**. Das ursprünglich aus dem 14. Jh. stammende, mehrfach veränderte Gebäude beherbergt seit 1992 das umfangreiche *Wallfahrtsmuseum*. Ein von außen zugängliches Gewölbe zeigt die Nachbildung eines *Karners* (= Beinhaus). Während der Umbauarbeiten 1989/90 wurden im Schlosshof bei Ausgrabungen Fundamente der früheren Kirchenburg freigelegt. An der Nordseite befindet sich der quadratische **Marktturm**, errichtet 1614 anstelle der eingestürzten alten Pfarrkirche. Seitdem dient die Wallfahrtskirche auch als Pfarrkirche. Im Schlosshof steht die **Marktkirche St. Nikolaus** (ehemalige Schlosskapelle), die schon 1379 erwähnt und 1890/91 erneuert wurde. Auf dem Hochaltar die spätgotische Figur des heiligen Nikolaus.

Am Ortsrand erhebt sich die **Pfarr- und Wallfahrtskirche Mariä Geburt** aus dem 15. Jh., 1693 und 1720 barock verändert; angebaut die **Franziskaner-Klosterkirche** von 1660/1751. Einzigartig ist der gemeinsame Doppelaltar, eine prächtige Goldschmiedearbeit aus der Zeit um 1750 mit dem Gnadenbild der Madonna in einer Glaskuppel.

Auf einer Anhöhe steht die barocke **St. Annakapelle**, ein achteckiger Bau von 1770 über einer legendären heilkräftigen Quelle mit Stationenweg zur Wallfahrtskirche.

Neukirchen b. Hl. Blut: Kreis Cham, 500 m, 3900 Einw.

Auskunft: Tourist-Info, Marktplatz 10, 93453 Neukirchen b. Hl. Blut
Tel. 09947/940821, www.neukirchen-online.de

Bergbahn: Doppelsesselbahn (Länge 1358 m) zum Hohen Bogen, Talstation westlich von Vordermais (657 m), Bergstation am Ahornriegel (1050 m) mit bewirtschaftetem Berghaus Hohenbogen (www.hohenbogen.de)

Verkehr: Busverbindung mit Furth im Wald, Bayerisch Eisenstein, Lam, Bad Kötzting, Bahnstation Furth im Wald; Grenzübergang nach Tschechien

Hobby und Sport: Naturbad, Hallenbad im Ferienpark Mais-Kühberg, Minigolf, Angeln, Reiten, Gleitschirmfliegen (Kurse), Sport- und Freizeitzentrum Hohenbogen mit Skater-Paradies, Großspielgeräten und Sommer-Rodelbahn (750 m lang) von der Mittel- zur Talstation der Doppelsesselbahn, Skischule, Wintersportzentrum Hohenbogen (www.hohenbogen.de)

Sammlungen: Wallfahrtsmuseum im ehemaligen Pflegschloss, Marktplatz 10, mit über tausend Exponaten auf drei Stockwerken; Wachskunstgalerie im Kloster der Franziskaner, Klosterplatz 1

Außerdem interessant: Klostergarten der Franziskaner (mit Führung zugänglich). Meditativer Klangweg auf 700 m Länge mit Klangstationen und Infotafeln

Kureinrichtungen: Spezialklinik für Haut- und Umwelterkrankungen mit Filial-Klinik in Rötz (www.spezialklinik-neukirchen.de)

Veranstaltungen: Leonhardi-Ritt am Samstag nach Fronleichnam vom Ortsteil Rittsteig über die Landesgrenze nach Uhliste (Kohlheim) zur dortigen Leonhardi-Kirche

Wanderungen

1. Über den **Kagerstein** (793 m) nach **Höllhöhe** mit Hotel-Gasthof Waldschlössl, 1 ½ Std. südlich. Weiter östlich ½ Std. nach Kolmstein mit Wallfahrtskirche von 1926. Zurück über Mais.
2. Über Tradt, Sautrift (Lichtung, 750 m), Lange Höhe (878 m) Berggasthaus Schönblick zum **Ahornriegel** (1050 m) mit Berghaus Hohenbogen und Bergstation der Doppelsesselbahn, 1 ½ Std. südwestlich. In der Nähe erhebt sich der Schwarzriegel (1079 m) mit neuer Aussichtsplattform an einem der beiden ehemaligen NATO-Türme. Weiter ¾ Std. nordwestlich über **Eckstein** (1073 m) und **Bärenriegel** (1017 m) zur bewirtschafteten **Diensthütte Hohenbogen** (901 m). Zurück nordöstlich auf dem ostbayerischen Jakobsweg.
3. Auf dem ostbayerischen Jakobsweg über Leming nach **Eschlkam**, 2 Std. nordwestlich. Zurück über Stachesried.
4. Über Schicherhof nach **Rittsteig** mit Barockkirche von 1723 (Turm 1808), erweitert 1965, 1 ½ Std. östlich. Zurück im südlichen Bogen über Oberkaltenhof und Lamberg.
5. Über Vorderbuchberg und Hofberg zum **Grenzübergang** (nur Fußgänger und Radfahrer), 1 ½ Std. nordöstlich. Eventuell weiter nach Předni Fleky (Vorderflecken) und über Svatá Kateřina (St. Katharina) und Rittsteig zurück.

Neukirchen b. Hl. Blut: St. Annakapelle mit der Wallfahrtskirche im Hintergrund

NEUMARKT IN DER OBERPFALZ

→ Route 3

Neumarkt ist eine Große Kreisstadt in der westlichen Oberpfalz und das Eingangstor zu den Tälern der Weißen Laber, Schwarzen Laber, Sulz, Altmühl, Lauterach und Schwarzach.

Blick in die Geschichte

Um 1130 als „Neuer Markt" zwischen Regensburg und Nürnberg gegründet und 1235 in einer Urkunde Kaiser Friedrichs II. erstmalig als Stadt (civitas) bezeichnet, wurde Neumarkt 1410 Residenz des Pfalzgrafen Johann, Sohn des Kaisers Ruprecht von der Pfalz, als er Teile der Oberen Pfalz erhielt. Nachfolger wurde 1443 sein Sohn Christoph, der zugleich die dänische Königskrone trug. Nach dem Tode von Pfalzgraf Otto II. 1499, des letzten der Mosbacher Linie des Hauses Wittelsbach, residierte Pfalzgraf Friedrich II. der Weise als Statthalter, bis er seine Residenz 1543 nach Amberg verlegte. Mitte des 19. Jh. machte König Ludwig I. Neumarkt durch den Bau des Ludwig-Donau-Main-Kanals zur Hafenstadt.

Nach starken Zerstörungen durch Luftangriffe in den letzten Kriegstagen 1945 (fast unversehrt blieben nur die Kirchen) erfolgte rasch der Wiederaufbau. Von der mittelalterlichen Stadtbefestigung sind noch Mauerteile sowie vier Türme (Schuld-, Pulver-, Gimpl- und Bertleinturm) erhalten. Heute ist Neumarkt eine wirtschaftlich bedeutende Kreisstadt mit reger Industrie. Für größere Veranstaltungen dient die Jurahalle mit 4000 Plätzen.

Die Neumarkter Altstadt mit St. Johannes, Rathaus und Schlossviertel

Sehenswürdigkeiten

Das spätgotische **Rathaus** mit Zinnengiebel und Spitztürmchen teilt den langgestreckten Straßenmarkt in die Obere und Untere Marktstraße. Um 1430 erbaut und 1945 zerstört, wurde es 1956–57 wieder aufgebaut und 1999 grundlegend saniert. Der **St.-Georgs-Brunnen** erinnert an die Friedhofskirche St. Georg aus dem 15. Jh., die 1852 abgebrochen wurde.

Benachbart steht die spätgotische **Stadtpfarrkirche St. Johannes** mit 72 m hohem Turm. Drei reich gegliederte Portale führen in die dreischiffige Hallenkirche (1404–34) mit romanischem Taufstein, spätgotischer Madonna im Strahlenglanz, barockem Christuscorpus sowie gotischen Bildtafeln (1478) in der Marienkapelle. In der Immanuelkapelle gegenüber befindet sich eine genaue Kopie des Isenheimer Altars von Matthias Grünewald, 1975–85 gefertigt von den Brüdern Steff und Cornelius Menzel aus Göppingen. Die 1945 zerstörten Fensterbilder wurden 1994 neu gestaltet.

Die spätgotische **Hofkirche „Zu Unserer Lieben Frau“** im Schlossviertel ließ Pfalzgraf Johann um 1418 errichten. Das Langhaus erfuhr 1701–04 eine Umgestaltung. Der 54 m hohe Turm wurde 1535 ausgebaut, der Nordturm blieb als Stumpf unvollendet. Unter den spätgotischen Kunstschätzen beeindrucken die farbig gefasste Steinmadonna (um 1480) nördlich des Chorbogens, die Statue des hl. Sebastian (um 1490) an der Chorsüdwand und im südlichen Seitenschiff die Rotmarmortumba des Pfalzgrafen Otto II. von Mosbach († 1499), deren Deckplatte seine Gestalt in voller Rüstung mit pfalz-bayerischem Banner auf einem Löwen stehend wiedergibt; in den Seitenwänden tragen Engel die Wappen des pfalzgräflichen Stammbaumes. Bei einer Öffnung des Zinksarges 1953 war das Skelett des Toten noch gut erhalten.

Das ehemalige **Pfalzgrafenschloss** (jetzt Amtsgericht), ursprünglich als Residenz für Pfalzgraf Johann 1410–43 erbaut, wurde 1520–39 unter Pfalzgraf Friedrich II. nach einem Brand im Renaissancestil völlig neu errichtet. Von dieser Anlage sind noch die beiden hohen Giebelflügel erhalten, zu denen ein Treppenturm mit prächtigem, von zwei Löwen flankiertem Portal emporführt. Der einstige *Festsaal der Residenz*, zeitweilig als Pferdestallung genutzt, beherbergt heute Ausstellungs- und Veranstaltungsräume. Der historische *Reitstadel*, ein ehemaliges Zeughaus aus dem 15. Jh., 1520 abgebrannt und 1531–39 aufgebaut, 1850–1909 Reithalle der Garnison, 1945 zerstört, wurde von 1980/81 als Kulturzentrum der Stadt wieder errichtet mit Ausstellungshalle und viel gerühmtem Konzertsaal. Der *Schlosshof* ist im Juli Kulisse für die Schlossspiele.

In der Kapuzinerstraße steht die evangelische **Christuskirche** aus dem 17. Jh., eine ehemalige Kirche des 1803 säkularisierten Kapuzinerklosters, seit 1855 evangelische Stadtkirche. Beim Krankenhaus in der Nürnberger Straße die **Kirche St. Anna**, als ehemalige Spitalkirche 1708 errichtet und 1746 erweitert, mit Stukkaturen und Deckengemälden.

Auf dem *Mariahilfberg* (586 m) erhebt sich die **Wallfahrtskirche Mariahilf** von 1718–27 (Turm nach Blitzschlag 1841 mit Spitzhelm erneuert), erreichbar auf einem Kreuzweg mit 365 Stufen. Sie enthält üppige Stukkaturen und vier Tafelgemälde (1478) fränkischer Schule mit Szenen aus dem Marienleben. Daneben ein Redemptoristenkloster; in der Nähe die *Hl.-Grab-Kapelle* von 1684. Am Fuß des Berges befindet sich das Kloster St. Josef der Niederbronner Schwestern mit Exerzitienhaus.

Auf dem steilen *Wolfstein* (580 m) thront weithin sichtbar die **Burgruine Wolfstein** mit ihrem 40 m hohen runden Bergfried. Erstmals 1120 urkundlich erwähnt, war sie Stammsitz der mächtigen Reichsministerialen von Wolfstein und verfiel seit dem 17. Jh. 1997 begannen die Wolfsteinfreunde Neumarkt e.V. mit archäologische Ausgrabungen. Inzwischen wurden Burggraben, Zwinger, Kemenate, Kapelle und Kastenhaus freigelegt.

Neumarkt: Große Kreisstadt, 425 m, 41 000 Einw.

Auskunft: Tourist-Info, Rathausplatz 1, 92318 Neumarkt i. d. OPf.
Tel. 09181/255125, www.neumarkt.de

Verkehr: Anschluss zur A 3 (Nürnberg–Regensburg); Busverbindungen nach allen Richtungen; Bahnstation

Hobby und Sport: Beheiztes Freibad, Hallenbad, Minigolf, 5 Golfplätze im Umkreis, Sportflugplatz mit Rundflügen (www.flugsport-neumarkt.de), Jura Zoo (www.jura-zoo.de), Sternwarte (www.sternwarte-neumarkt.de); Landesgartenschau-Park, Schlosspark (Stadtpark), Schlossweiher, Ludwigshain

Veranstaltungen: Altstadtfest im Juni; Schloss-Spiele im Hof des Pfalzgrafenschloss im Juli; Juravolksfest Anfang bis Mitte August mit historischem Festzug

Sammlungen: Stadtmuseum mit Stadt- und Industriegeschichte, Adolf-Kolping-Str. 4; Museum Lothar Fischer mit Werken des in Neumarkt aufgewachsenen Bildhauers (1933–2004); Brauereimuseum mit Bräustüberl im Glossner Bräu, Schwesterhausgasse 9 (www.glossner.de); Museum für historische Maybach-Fahrzeuge auf 2500 m², Holzgartenstr. 8 (www.automuseum-maybach.de): Bayerisches Metzgerei- und Weißwurstmuseum mit uriger Wirtsstube, Bahnhofstr. 21 (Metzgerei-Hotel-Gasthof Wittmann)

Einkehrtipp: Berggasthof Sammüller, Schafhofstraße 25, biozertifizierter, für gute Küche prämierter Gasthof am Fuße der Burgruine Wolfstein

Wanderungen

1. Zum **Mariahilfberg** (586 m) mit Wallfahrtskirche, ½ Std. östlich.
2. Über Schafhof zur **Burgruine Wolfstein**, ¾ Std. nordöstlich.
3. Über Schafhof und Labersricht nach **Pilsach** mit ehem. Hofmarkschloss aus dem 16. Jh., (angeblich Verlies des Findlings Kaspar Hauser, der 1833 in Ansbach ermordet wurde), 1 ½ Std. nordöstlich (auch Busverbindung). Weiter 1 ½ Std. östllich nach **Laaber** mit Quelle der Schwarzen Laber. Weiter südöstlich liegt **Dietkirchen** mit dem Rosenfriedhof, bekannt durch seine schmiedeeisernen Grabkreuze.

Die Burgruine Wolfstein ist ein weithin sichtbares historisches Wahrzeichen

4. Zu den Inselbergen (Zeugenbergen) der Umgebung, jeweils 1–2 Std. (erreichbar auch auf dem Qualitätsweg „Zeugenbergrunde"): **Heinzberg** (549 m), **Dillberg** (595 m), **Grünberg** (534 m), **Tyrolsberg** (574 m), **Hohe Acht** (526 m), **Stauferberg** (504 m) und **Buchberg** (584 m).
5. Über Höhenberg nach **Voggenthal** im Quellgebiet der Weißen Laber, 1 ½ Std. östlich. Nun talabwärts 1 ½ Std. über **Lengenbach** im Lengenbachtal mit Rokoko-Wallfahrtskirche von 1765 nach **Deining** (→ Seite 59). Zurück im westlichen Bogen über **Leutenbach** mit frühgotischer Kirche St. Martin (spätgotische Fresken über den Passionszyklus), Sengenthal und entlang dem Ludwig-Donau-Main-Kanal.
6. Entlang am Ludwig-Donau-Main-Kanal über Unterölsbach nach **Gnadenberg** mit Ruine der Birgittenklosterkirche, 3 Std. nordwestlich. Das Birgittenkloster wurde 1420 durch Pfalzgraf Johann I. von Neumarkt und seine Frau Katharina gegründet, die ihre Jugend im schwedischen Mutterkloster Vadstena verbracht hatte. Das Doppelkloster für Mönche (ab 1426) und Nonnen (1435) wurde nach der Reformation ab 1556 aufgelöst und 1635 im Dreißigjährigen Krieg zerstört. Von der Klosterkirche sind drei gewaltige Umfassungsmauern aus roten Sandsteinquadern mit gotischen Spitzbogenfenstern verblieben. An der Südostwand befindet sich ein eingelassenes lebensgroßes Epitaph des Ritters Martin von Wildenstein (†1466) aus Burg Wildenstein bei Dietfurth (Statthalter des Herzogtums Pfalz-Neumarkt-Neuenburg). Im verbliebenen Refektoriumsflügel entstand 1655, zunächst als Provisorium, die heutige Pfarrkirche St. Birgitta. Der Saalbau mit Giebelreitern und Zwiebelhaube besitzt an den Längswänden lebensgroße Figuren der zwölf Aposteln aus dem 18. Jh. Die renovierte Klostermühle, ein Fachwerkbau aus dem 17. Jh., beherbergt ein Mühlen- und Heimatmuseum mit Einkehrstüberl. Zurück über Oberölsbach, **Burgruine Haimburg** auf hohem Felssporn mit geringen Mauerresten aus dem 15./17. Jh. und Berg.
7. Entlang am Ludwig-Donau-Main-Kanal und vorbei an Stadlhof nach **Sulzburg** mit Judenfriedhof auf dem Schlossberg (→ Seite 63), 3 Std. südwestlich.

NEUNBURG VORM WALD

→ Route 7

Neunburg vorm Wald liegt reizvoll im Tal der Schwarzach

Das alte Städtchen im Schwarzachtal mit Überresten ehemaliger Befestigungsanlagen ist anerkannter Erholungsort. Schon 1017 erstmals erwähnt, kam „Niwnburg“ 1261 an die bayerischen Wittelsbacher und erhielt 1289 das Marktrecht. Um 1300 zur Stadt erhoben, war es von 1354 bis 1580 Residenz der pfälzischen Wittelsbacher.

Das überbaute **Burgtor** war früher einziger Zugang zur Burg auf dem steilen Felsplateau gegenüber der Schwarzach. Erhalten ist das **Alte Schloss**, ein dreigeschossiger Langflügel aus dem 14./15. Jh., heute Musikschule mit historischen Schlosssaal (19. Jh.) und Heimatmuseum. Rechtwinklig angebaut unter Pfalzgraf Friedrich das **Neue Schloss**, ein zweigeschossiger Langflügel aus dem 16. Jh. Imposant ist der spätgotische **Wartturm**, ein Quaderbau des 14./15. Jh. Nahebei erinnert an der Burgmauer ein **Monument** (Steinfigur mit Schwert) von 1959 an den Pfalzgrafen Johann (1383–1443).

Die spätgotische **Pfarrkirche St. Josef** (vor 1967 St. Georg), entstanden aus der alten Burgkapelle, wurde 1433 von Pfalzgraf Johann nach dem Sieg über die Hussiten bei Hiltersried gestiftet. Der Ostteil wurde 1965–67 durch eine modernen Neubau mit farbigen Glasfenstern ersetzt und als Doppelkirche erweitert.

Das spätgotische **Rathaus**, 1410 über dem Burggraben errichtet (verändert 1746 und 1976), überspannt mit einem mächtigen Bogen die heutige Hauptstraße.

Der viereckige **Schiltenhilm** im Nordosten der Altstadt, ein ursprünglich mehrgeschossiger Befestigungsturm, erinnert an einen Gefangenen, der hier im 15. Jh. auf seine Hinrichtung wartete und das von Ludwig Uhland neu verfasste Todeslied von Peter Unverdorben „zu Neunburg in dem Turme" dichtete. (Foto S. 101)

Die einschiffige spätgotische **Spitalkirche zum Heiligen Geist** wurde 1398 von Kurfürst Ruprecht III. von der Pfalz gestiftet. Die **Jakobskirche** (auch „Alte Kirche") in der Vorstadt Aign ist das älteste Bauwerk der Stadt, ein kleiner frühromanischer Bau aus der Zeit um 1100 mit alten Grabsteinen und seltener Holzfigur der hl. Kümmernis (17. Jh.), einer bärtigen Frauenheiligen am Kreuz.

Neunburg vom Wald: Kreis Schwandorf, 398 m, 8700 Einw.

Auskunft: Tourist-Info, Schrannenplatz 3, 92431 Neunburg vom Wald
Tel. 09672/9208421, www.ti-neunburg.de

Verkehr: Busverbindung nach allen Richtungen; Bahnstation Bodenwöhr

Hobby und Sport: Stadtpark mit aufgestautem See (Tretboote); Minigolf (18 Bahnen) und Routengängerlehrpfad, Erlebnisbad, Hallenbad, mehrere Reiterhöfe; Eixendorfer See (Segeln, Surfen, Bootsverleih, Angeln); Biotop Taubenwiesbachtal nordöstlich mit Waldlehrpfad

Sammlungen: Schwarzachtaler Heimatmuseum im Alten Schloss mit sakraler Kunst und historischer Militaria, Im Berg 12; Bäuerliches Heimatmuseum Oberpfälzer Wald in Seebarn im ehem. Pfarrhaus und Pfarrstall

Veranstaltungen: Historisches Freilichtspiel „Vom Hussenkrieg" im Burghof Juli/August (www.hussiten.de/festspiel)

Einkehrtipp: Gourmetrestaurant Eisvogel im Landhotel Birkenhof, Hofenstetten 55

Wanderungen

1. Auf den **Kalvarienberg** mit Dreifaltigkeitskapelle von 1699 und lebensgroßen spätgotischen Ölbergfiguren, ¼ Std. nordwestlich.
2. Über Gütenland zum 110 ha großen **Eixendorfer See** (Stausee der Schwarzach mit 15 km langem Rundweg) 1 Std. südöstlich. Weiter ¼ Std. südöstlich nach **Seebarn** mit gotischen Deckenmalereien in der von einem befestigten Friedhof umgebenen Pfarrkirche (um 1400) und spätgotischer Leonhardskirche an der Straße nach Hillstett.
3. Über **Kröblitz** mit ehemaligem Schloss (in der Nähe die keltische Kultstätte Druidenstein), **Wallfahrtskapelle Schönbuche**, **Dautersdorf** mit romanisch-gotischer Kirche am Fuß des **Alten Thansteins** (635 m) mit Burgstall nach **Thanstein** mit Burgruine des 14. Jh. und Pfarrkirche aus dem 16./18. Jh., 2 ½ Std. nordöstlich. Nördlich erstreckt sich das 80 ha große Naturschutzgebiet **Prackendorfer und Kulzer Moos.** Zurück über **Dautersdorf, Warberg** mit Burgstall und Mitteraschau oder weiter 1 Std. südwestlich zum **Schwarzwihrberg** (706 m) mit der Burgruine Schwarzenburg. Abstieg ¾ Std. nach Rötz. Zurück mit dem Bus oder auf der zu einem Wanderweg ausgebauten ehemaligen Bahntrasse.

NEUSTADT AM KULM → Route 5

Neustadt am Kulm, eine kleine Stadt auf einem Rücken zwischen dem Rauhen und dem Kleinen Kulm, verdankt seine Entstehung den Burgen der Landgrafen von Leuchtenberg, die einst beide Berge krönten und 1554 im Krieg gegen den Markgrafen Albrecht von den Nürnbergern zerstört wurden. Kaiser Karl IV. verlieh 1370 das Stadtrecht. Von der mittelalterlichen Stadtbefestigung sind nur noch wenige Reste erhalten.

Die evangelische **Stadtkirche**, ehemals Karmeliterkirche, gilt als eine der schönsten evangelischen Barockkirchen Bayerns. Sie entstand aus dem Karmeliterkloster zur Hl. Dreifaltigkeit, das Burggraf Johann II. 1413 stiftete und das 1527 der Reformation weichen musste. Chor, Sakristei und Turmuntergeschosse der nun evangelischen Pfarrkirche stammen noch aus der Entstehungszeit. Der Klosterbau wurde 1633 im Dreißigjährigen Krieg zerstört. Die Bayreuther Markgrafen, deren Wappen sich über dem Chorbogen befinden, veranlassten im frühen 18. Jh. eine umfassende Erneuerung der Kirche im Barockstil unter Einzug neuer Gewölbe. Bernardo Quadro aus Bayreuth schuf 1708 die prächtigen Stukkaturen mit Akanthuslaub und Kartuschenwerk. Die Deckengemälde entstanden erst 1786, vermutlich von Johann Martin Wild aus Kemnath. Unter den Grabdenkmälern befinden sich der Grabstein des tapferen Verteidigers der Burg Parkstein, Georg Peter von Sazenhofen (1634), und ein rührendes Epitaph mit lebensgroßem Relief eines Kindes im Todesschlaf, das Pfarrer Adam Rösler 1683 seinen drei verstorbenen Kindern widmete.

Der **Rauhe Kulm** (683 m) oder Große Kulm ragt steil als bewaldeter Basaltkegel empor. Seine Gipfelhänge sind mit wirr durcheinandergewürfelten Basaltbrocken bedeckt, die einstmals als feuerflüssige Basaltmassen die Keuperschicht durchbrachen. Außerordentlich reichhaltig ist die Flora: Vom Bergfuß bis zum Gipfel wurden 140 Pflanzenarten ermittelt. Reste eines weiten Ringwalles zeugen von einer Kultstätte in frühgeschichtlicher Zeit; die Burg der Landgrafen von Leuchtenberg wurde 1554 zerstört. Der 27 m hohe Aussichtsturm bietet umfassende Rundsicht.

Der **Kleine Kulm** (586 m) oder Schlechte Kulm erhebt sich westlich vom Rauhen Kulm; seine einstige Burg wurde ebenfalls 1554 zerstört.

Neustadt am Kulm: Kreis Neustadt/Waldnaab, 570 m, 1300 Einw.

Auskunft: Stadtverwaltung, Marktplatz 39, 95514 Neustadt am Kulm
Tel. 09648/273, www.neustadt-am-kulm.de

Verkehr: Bahnstation Neustadt-Kemnath

Hobby und Sport: Frei- und Hallenbad in Kemnath, Moorbad am Kleinen Rußweiher in Eschenbach

Veranstaltungen: Kulmfest im Juni, Kirchweihfest im November

Wanderungen

1. Über **Sandberg** (Gasthaus, Sandsteinformation) durch das Basaltgeröll steil aufwärts zum **Rauhen Kulm** (683 m), ½ Std. östlich.
2. Über den **Kühhübel** (511 m) mit unter Naturschutz stehendem Basaltsteinbruch nach **Kastl** mit spätgotischer Hallenkirche, 1 ¾ Std. östlich.
3. Nach **Mockersdorf**, alter Pfarrort mit kath. Pfarrkirche St. Michael (spätmittelalterliche Chorturmanlage, Langhaus von 1738–46, Rokokoausstattung), ½ Std. nordwestlich.

NEUSTADT AN DER WALDNAAB → Route 5

Neustadt a. d. Waldnaab ist eine Kreisstadt in schöner Lage auf einem Gneisrücken an der Einmündung der Floß in die Waldnaab.

1218 erstmals genannt, gelangte „nova civitas" nach Besitzwechseln zwischen Bayern und Leuchtenberg 1353 an Böhmen und erfuhr besondere Förderung durch Kaiser Karl IV. Unter dem böhmischen Adelsgeschlecht der Lobkowitzer war Neustadt ab 1562 Residenzstadt der reichsunmittelbar gefürsteten Grafschaft Störnstein, die 1806 zum Königreich Bayern kam.

Der langgestreckte Stadtplatz wird von alten Bürgerhäusern mit hohen Giebeldächern umsäumt. Am oberen Ende stehen die beiden ehemaligen Residenzen der Fürsten von Lobkowitz: Das spätgotische **Alte Schloss**, im 16. Jh. erweitert (die überdachte Freitreppe entstand erst 1818) und das dreigeschossige **Neue Schloss** von 1698–1720. Es wurde als Teil einer ursprünglich auf drei Flügel geplanten Anlage von Antonio della Porta im italienischen Barockstil erbaut und nach seinem Tod 1702 vom fürstlichen Baumeister Anton Ritz weitergeführt. Prächtige Stukkaturen und

Die Kreisstadt liegt auf einem Bergrücken an der Einmündung der Floß in die Waldnaab

Deckengemälde schmücken die Räume im 2. Stock. Besonders sehenswert ist die ehemalige Schlosskapelle (um 1710) mit 17 Deckenbildern zum Apostolischen Glaubensbekenntnis. Hinter dem Schloss befindet sich ein Barockgarten. Beide Schlösser dienen heute als Sitz der Landkreisverwaltung.

Am unteren Ende des Stadtplatzes steht das **Rathaus** von 1824, etwas seitlich die kuppelgekrönte **Stadtpfarrkirche St. Georg**, in deren Neubau von 1735 der Turm der erstmals 1340 erwähnten Kirche einbezogen wurde. Sie besitzt eine reiche Rokokoausstattung. Die **Friedhofskapelle Hl. Dreifaltigkeit** von 1662 bewahrt Grabsteine fürstlich-lobkowitzscher Beamter. Vor dem Friedhof die **Dreifaltigkeitssäule** (sog. „Gnadenstuhl") aus dem 17. Jh.

Neustadt a.d. Waldnaab: Kreis Neustadt a.d. Waldnaab, 420 m, 6000 Einw.

Auskunft: Tourist-Info, Stadtplatz 2, 92660 Neustadt a. d. Waldnaab
Tel. 09602/943427, www.neustadt-waldnaab.de

Verkehr: Anschluss zur A 93, Regensburg–Hof); Busverbindung nach allen Richtungen; Bahnstation

Hobby und Sport: Freizeitanlage an der Waldnaab, Hallenbad, Angeln, Bockl-Radweg (50 km) auf ehemaliger Bahntrasse nach Eslarn; Konzerte und Veranstaltungen in der Stadthalle; Blütenzaubergarten in Störnstein

Sammlungen: Stadtmuseum (Exponate zur Stadtgeschichte, Handwerk und Technik, Kirche und Kloster, Kunst der Glasmacher), Stadtplatz 10; Neues Schloss mit Dauerausstellungen über den Naturpark Nördlicher Oberpfälzer Wald (1. Stock) und die Herrschaft Lobkowitz (2. Stock)

Wanderungen

1. Zur spätbarocken **Wallfahrtskirche St. Felix** auf einer Anhöhe, 20 Min. südöstlich. Errichtet im 18. Jh. mit kleeblattförmigem Chor, zeigen Deckengemälde Szenen aus der Felixlegende. Angebaut ist ein Kloster der Franziskaner-Minoriten von 1925.
2. Nach **Störnstein** mit St.-Salvator-Kirche von 1934 auf dem Schlossberg, ½ Std. östlich. Die um 1600 verfallene Burg der Störe (Mauerreste hinter der Kirche) war Ausgangspunkt der gefürsteten Grafschaft von Störnstein.
3. Über **Rastenhof** (Turmhügel) zur barocken **Wallfahrtskirche St. Quirin**, 1 Std. nordöstlich. Fürst Ferdinand von Lobkowitz ließ sie um 1680 auf dem Botzerberg errichten; im Inneren Altäre mit Akanthusrahmen und Votivbilder sowie eine der ältesten Orgeln der Oberpfalz. Zurück über **Ilsenbach** mit romanischer Kirche und **Püchersreuth** mit evang. Pfarrkirche von 1715–24 auf Mauern einer Vorgängerin, kath. Pfarrkirche (1910/11) und ehem. Schloss (1721).
4. Nach **Mühlberg** mit Wallfahrtskirche Mutter Anna, ½ Std. nordwestlich. Bereits 1380 als Nikolauskapelle erwähnt, nach Vergrößerung 1522 St. Anna genannt, um 1700 barock erneuert und 1996–99 umfassend renoviert, birgt ein Glasschrein am Hochaltar die gotische Figur der Anna selbdritt. Weiter 2 Std. nördlich über Denkenreuth, Barbarakapelle und **Burg Neuhaus** nach **Windischeschenbach**.
5. Über Wöllershof durch das idyllische **Schlatteintal** nach **Wildenau** mit jüngst renovierter mittelalterlicher Burg, 2 ¼ Std. nordöstlich.
6. Durch das Floß- und Girnitztal zum unter Naturschutz stehenden **Felsenlabyrinth Doost** mit riesigen Granitblöcken über dem in der Tiefe tosenden Bach Girnitz, 1 ½ Std. östlich. Weiter nach Floß ¾ Std.
7. Über **Süßenloher Weiher** und Meerbodenreuth nach **Parkstein** mit gleichnamigem Basaltkegel, 2 Std. westlich.

NITTENAU → Route 8

Nittenau liegt in einer breiten Mulde des Regentals. Bereits 1007 urkundlich erwähnt, wurde „Nittenouua" 1468 zum Markt und 1953 zur Stadt erhoben. 1812 übernachtete hier Napoleon beim Rückzug aus Russland. Aus dem benachbarten Dorf Neuhaus stammt *Frater Eustachius Kugler* (1867–1946), der als Provinzial des Hospitalordens der Barmherzigen Brüder besonders in Regensburg wirkte und 2009 seliggesprochen wurde.

Eingemeindet sind u. a. die Orte *Bleich, Bodenstein, Fischbach, Kaspeltshub, Stefling* und *Untermainsbach*.

Blick über den Regen auf die Stadtpfarrkirche von Nittenau

Die **Stadtpfarrkirche Mariä Geburt** von 1779/1978 verbindet Spätbarock mit moderner Architektur. Das ehemalige **Burggut** am Kirchplatz, von 1373 bis 1816 Sitz Nittenauer Adelsgeschlechter, beherbergt jetzt das Haus des Gastes. Am gotischen **Storchenturm** mit Tordurchgang erinnern vier eingemauerte Kanonenkugeln an ein Gefecht von 1809 zwischen Österreichern und Franzosen (Gedenktafel).

Nittenau: Kreis Schwandorf, 350 m, 9000 Einw.

Auskunft: Touristikbüro, Hauptstr. 14, 93149 Nittenau
Tel. 09436/902733, www.nittenau.de

Verkehr: Busverbindung mit Regensburg, Cham und Schwandorf

Hobby und Sport: Beheiztes Freibad, Bootsverleih, Angeln, Reiten; Sportflugplatz Nittenau/Bruck mit Rundflügen

Sammlungen: Stadtmuseum (mit Fischereiabteilung, Mineraliensammlung, Reichenbacher Steingut), Kirchplatz 2

Veranstaltungen: Maibaumfest mit Hexentanz in der Walpurgisnacht im Ortsteil Bergham

Wanderungen

1. Über Kaaghof auf den **Jugenberg** (613 m), einst Standort der Burg Zangenfels, 1 ½ Std. südwestlich. Zurück über Knollenhof.
2. Über Annaheid im Sulzbachtal und den **Sportflugplatz** nach **Bruck** mit Heimat- und Bauernmuseum Mappach, 2 Std. nordöstlich.
3. Über Muckenbach durch den Einsiedler Forst zum **Waldhaus Einsiedel** mit Wildgehege, 2 Std. nordöstlich. Etwas weiter nordwestlich die schon 1358 beurkundete, 1845 erneuerte Kapelle St. Magdalena. Zurück auf dem Goldsteig-Zubringerweg.
4. Nach **Bodenstein** mit mittelalterlichem Schloss und gotischem Kirchlein auf dem Michelsberg, 1 Std. südöstlich. Weiter 1 ½ Std. östlich über **Reichenbach** nach **Walderbach** (→ Seite 44).
5. Über Entermainsbach, **Neuhaus** mit 2001 geweihter Eustachiuskapelle und Zell zum **Naturdenkmal Wasserstein** (keltische Opferstätte), 2 ½ Std. nordwestlich. Zurück über Hengersbach.

OBERVIECHTACH

→ Route 7

Oberviechtach mit Maibaum, dahinter der Zwiebelturm der Stadtpfarrkirche

Oberviechtach liegt als anerkannter Erholungsort in einer breiten Talmulde am Steinbach. Schon im 9. Jh. gegründet, kam der Ort 1272 an Bayern, gehörte bis 1803 zum Pflegamt Murach, erhielt aber erst 1952 die Anerkennung als Stadt. Vom 14. bis 18. Jh. wurde in der Umgebung Goldbergbau betrieben. Wiederholte Brände haben das historische Ortsbild vernichtet. Auf einem Kupferstich von Matthäus Merian aus dem Jahr 1644 mit Schloss Murach im Hintergrund ist Oberviechtach von einer hohen Ringmauer mit sieben Türmen und drei Toren umgeben. Heute ist von der mittelalterlichen Marktbefestigung kaum noch etwas zu erkennen. Berühmt ist der Wanderarzt Doktor Andreas Eisenbarth, geboren 1663 in Oberviechtach und gestorben am 1726 in Hann. Münden.

Die **Stadtpfarrkirche St. Johannes der Täufer** mit zwiebelgekröntem Turm wurde nach einem Brand 1775–76 auf gotischen Fundamenten wieder errichtet und in prächtigem Rokokostil ausgestattet. Deckenfresken zeigen Szenen aus dem Leben des Täufers. Bemerkenswert ist das geschnitzte Kümmernisbild „Die Göttliche Hilf“ mit bekleideter Figur am Kreuz. 1963/64 wurde die Kirche durch einen modernen Anbau nach Westen erweitert.

In der Nähe die **Bleichangerkapelle zu Unserer Lieben Frau**, Wallfahrtsstätte seit 1727 mit stilvollem Rokokoaltar. Neben der Kapelle das „Frauenbrünnl“, eine nach altem Volksglauben heilkräftige Quelle.

Oberviechtach: Kreis Schwandorf, 506 m, 5000 Einw.

Auskunft: Tourist-Info, Nabburger Str. 2, 92526 Oberviechtach
Tel. 09671/30716, www.oberviechtach.de

Verkehr: B22 Weiden–Cham; Busverbindungen nach Weiden, Waldmünchen, Vohenstrauß, Eslarn

Hobby und Sport: Beheiztes Freibad, Kneippanlage, Angeln, Reiten; Goldlehrpfad durch mittelalterliche Goldabbaugebiete mit Info-Pavillon (www.wanderfreunde-oberviechtach.de)

Sammlungen: Doktor Eisenbarth- und Stadtmuseum mit Abteilung Goldbergbau im sanierten Gebäude der ehemaligen Marktmühle, Mühlweg 7

Veranstaltungen: Barockes Freilichtspiel „Doktor Eisenbarth" ab Fronleichnam auf dem Marktplatz mit über 100 Akteuren

Außerdem interessant: Weltgrößter Bierkrug mit 4 m Höhe, 2 Durchmesser und 4718 Litern Fassungsvermögen. Besichtigung nur mit Führung über Tourist-Info

Wanderungen

1. Auf dem Johannesweg zum **Johannesberg** (621 m) mit barocker Wallfahrtskirche St. Johannes Nepomuk von 1734 an der historischen Prager Handelsstraße (beliebte Hochzeitskirche), ½ Std. südöstlich.
2. Zur **Burgruine Obermurach** (auch Haus Murach) mit 20 m hohem Bergfried, ¾ Std. südwestl. Abstieg ¼ Std. nach **Niedermurach** mit gotisch-barocker Pfarrkirche (Grabdenkmäler der mit gotisch-barocker Pfarrkirche (Grabdenkmäler der Freiherrn von Murach) und Badesee. Zurück über die **Walburgakapelle** von 1724.
3. Über Hof mit romanischer Kapelle des 12. Jh. nach **Teunz** im Murachtal mit Pfarrkirche St. Lambert von 1723 (schöner Rokokoaltar aus der Klosterkirche Neukirchen b. Hl. Blut), 1 Std. nordwestlich. Weiter ½ Std. nördlich nach **Fuchsberg** mit Schloss. Zurück über St. Jakob (Wallfahrtskirche) und Hebermühle (Sägewerk).
4. Auf dem Goldsteig über **St. Jakob** und Kühried zum zerklüfteten **Wildenstein** (736 m) mit freigelegten Resten der spätmittelalterlichen Burg, 2 ¼ Std. nördlich. Weiter auf dem Goldsteig 1 ½ Std. westlich nach **Tännesberg**. Zurück mit dem Bus.
5. Über Schneeberg, Pondorf und **Ruine Frauenstein** auf den **Signalberg** (890 m), 2 ½ Std. östlich. Abstieg 1 ½ Std. nach Schönsee.

PARSBERG → Route 2

Parsberg liegt reizvoll an einem Berghang über dem Tal der Schwarzen Laber, wurde 1205 erstmals urkundlich erwähnt und war über viele Jahrhunderte bis 1730 Stammsitz des weitverzweigten Geschlechts der Ritter von Parsberg. Anschließend ging die Herrschaft an die Grafen von Schönborn über, bis 1810 der bayerische Staat die Nachfolge antrat. 1952 wurde Parsberg zur Stadt erhoben. Mit dem benachbarten Markt Lupburg besteht heute eine Verwaltungsgemeinschaft.

Burganlage und Pfarrkirche bestimmen das Bild der Stadt

Wahrzeichen ist die ausgedehnte **Burganlage**. Nachdem die romanische Burg 1314 erobert und niedergerissen wurde, ließ Ritter Hans von Parsberg um 1450 eine neue Burg errichten, die im Dreißigjährigen Krieg zerstört wurde. Reste dieser Anlage befinden sich noch auf dem Gipfel des Berges. Südlich angrenzend entstand die Mitte des 15. Jh. begonnene *Obere Burg* mit den beiden fotogenen, im 16. Jh. vollendeten Rundtürmen, im Juli Schauplatz der Burgfestspiele. Anschließend die *Untere Burg* aus der Mitte des 17. Jh. Sie beherbergt jetzt auf 700 m² das umfangreiche Burgmuseum mit überregionaler Bedeutung.

Die **Pfarrkirche St. Andreas** am Berghang wurde im 15. Jh. gegründet und nach Abriss der Vorgängerin 1923–24 im Stil des Neubarock wieder errichtet. Erhalten blieb der imposante Barockturm von 1738 mit geschweifter Haube. Bemerkenswert sind die Grabdenkmäler derer von Parsberg, darunter die rotmarmorne Grabplatte des Kirchenstifters Hans von Parsberg († 1469), dargestellt in voller Rüstung.

Parsberg: Kreis Neumarkt, 600 m, 6500 Einw.

Auskunft: Touristikbüro, Alte-Seerstr. 2, 92331 Parsberg
Tel. 09492/94180, www.parsberg.de

Verkehr: Anschluss zur A 3 (Nürnberg–Regensburg); Busverbindung nach Dietfurt, Hohenfels, Velburg und Kelheim; Bahnstation

Hobby und Sport: Beheiztes Wellen-Freibad im Freizeitzentrum Jura-Mare, Hallenbad; thematische Rundwanderwege mit Infotafeln (Malerweg, Labertalweg, G'schichtenweg und Schlachtschüsselweg)

Sammlungen: Burgmuseum mit zeitgeschichtlicher Abteilung von Bismarck bis zum Dritten Reich, Burgstr. 24

Veranstaltungen: Burgfestspiele im Juli

Wanderungen

1. Auf den **Kalvarienberg** (589 m), ¼ Std. südwestlich.
2. Auf den **Buchenberg** (579 m) mit Resten eines keltischen Ringwalls, ½ Std. nordwestlich.
3. Nach **Lupburg** mit Burgruine aus dem 12. Jh. und Pfarrkirche St. Barbara mit Rotmarmorplatte für Ritter Christoph von Parsberg († 1462; lebensgroße Figur im Plattenharnisch) an der Langhausinnenwand, ¾ Std. östlich. Weiter 2 Std. südöstlich im Tal der Schwarzen Laber abwärts nach **Beratzhausen**.
4. Über **Darshofen** mit Pfarrkirche Allerheiligen von 1716–19 im Schwarzen Labertal aufwärts über **Klapfenberg** mit Pfarrkirche St. Martin aus dem 14. Jh. zur **Burgruine Adelburg** (611 m, 12. Jh., nur noch Mauergürtel sichtbar), 1 ½ Std. nordwestlich. Weiter nach **Oberweiling** mit spätromanischer Pfarrkirche St. Maria und wehrhafter Friedhofsbefestigung im Schwarzen Labertal oder ½ Std. südwestlich nach **Eichenhofen** mit ursprünglich romanischer Kirche St. Nikolaus von 1716/17.

PFREIMD → Route 4

Pfreimd ist eine ehemalige Residenzstadt der Landgrafschaft Leuchtenberg am Einfluss der Pfreimd in die Naab. Zu den 25 eingemeindeten Ortschaften gehören auch *Döllnitz, Untersteinbach, Stein, Hohentreswitz, Iffelsdorf* und *Weihern.*

Blick in die Geschichte

Erstmals 1118 urkundlich genannt, bestand Pfreimd nach jüngsten archäologischen Forschungen bereits im 7. Jh. als slawische Siedlung. 1156 als Burgort bezeichnet, kam die Herrschaft Pfreimd über die Grafen von Rotteneck und die Herzöge von Niederbayern 1322 an die Landgrafen von Leuchtenberg, die hier von 1332 bis 1646 residierten. Durch Kaiser Karl IV. erhielten die Landgrafen Münzrechte; Pfennige, Schillinge, Batzen und Taler wurden im Pfreimder Hüttenwerk geprägt. 1372 wurde der Markt von Landgraf Ulrich II. zur Stadt erhoben. Nach dem Erlöschen der Leuchtenberger 1646 kam Pfreimd an Bayern.

Sehenswürdigkeiten

Kultureller Mittelpunkt ist das **Bürgerhaus Schloss Pfreimd**, Rest des ehemaligen Schlosses der Landgrafen von Leuchtenberg mit zwei wappengeschmückten Renaissanceportalen. An die alte Stadtbefestigung erinnert der sanierte **Turmmaurerturm** aus dem 14. Jh.

Rotmarmorepitaph des Landgrafen Leopold von Leuchtenberg in voller Turnierrüstung

Pfreimd liegt am Einfluss des gleichnamigen Flusses in die Naab

Die **Pfarrkirche Mariä Himmelfahrt** wurde 1681–88 anstelle einer im 11. Jh. bestätigten Filialkirche von Perschen durch den Wessobrunner Baumeister Johann Schmuzer errichtet, eine emporenbesetzte Wandpfeilerkirche mit weißer Stuckdekoration. Der auf vier gedehnten Säulen stehende Baldachin-Hochaltar umrahmt das Altarblatt „Mariä Himmelfahrt". Aus dem Vorgängerbau stammt die spätgotische Rotmarmor-Grabplatte mit Relieffigur des Landgrafen Leopold von Leuchtenberg († 1463) in voller Turnierrüstung. Eine weitere Grabplatte aus der Renaissance zeigt Heinrich von Leuchtenberg († 1567) in Rüstung mit eingerollter Fahne. Bemerkenswert ist auch die spätgotische Anna-Selbdritt-Gruppe in der ersten südlichen Seitenkapelle.

Die **Franziskanerkirche St. Johann Baptist** wurde 1593 mit einem Franziskanerkloster von Landgraf Georg Ludwig von Leuchtenberg gestiftet. Das sanierte Kloster beherbergt heute die indische Vinzenz-Kongregation. Südlich die **Friedhofskirche St.-Sigmund**, etwas außerhalb am Ufer der Pfreimd, 1616 anstelle der Vorgängerin geweiht, mit Gemälde des hl. Sigmund am Rokoko-Altar.

Pfreimd: Kreis Schwandorf, 571 m, 5600 Einw.

Auskunft: Tourist-Info, Marienplatz 2, 92536 Pfreimd
Tel. 09606/8890, www.pfreimd.de

Verkehr: Autobahnkreuz „Oberpfälzer Wald" mit Anschluss zur A 6 (Nürnberg–Waidhaus) und A 93 (Regensburg–Hof), Busverbindung nach Weiden, Schwandorf, Trausnitz; Bahnstation

Hobby und Sport: Angeln in den Flüssen Naab und Pfreimd; Reiten; Freizeitzentrum mit beheiztem Freibad in Perschen 3 km; Oberpfälzer Freilandmuseum in Neusath-Perschen (www.freilandmuseum.org)

Veranstaltungen: Eixlbergfest am Pfingstmontag, Volksfest Mitte August

Außerdem interessant: Document Schloss Pfreimd mit Zeugnissen archäologischer Ausgrabungen, Schlosshof 1

Wanderungen

1. Über **Oberpfreimd** am Ausgang des Stelzlmühlbachtales mit Barockkirche von 1769 und **Stein** mit ehemaliger Burg und doppelgeschossiger Burgkapelle nach **Trausnitz** mit Burg und Stausee, 2 ½ Std. nordöstlich. Zurück über Köttlitz.
2. Auf den bewaldeten **Eixlberg** (517 m) mit **Wallfahrtskirche St. Barbara** (1702) und **Loretokapelle** (1671), ½ Std. nordwestlich. Weiter entweder 1 ½ Std. nördlich nach **Wernberg-Köblitz** mit imposanter Burg oder nordwestlich 1 ¾ Std. über Döllnitz, Oberndorf und Maierhof nach **Kemnath am Buchberg** mit Rokokopfarrkirche des 18. Jh. (um 1970 erweitert).
3. Über Iffelsdorf nach **Saltendorf** mit gotischer Kirche (darin barocker 14-Nothelferaltar), 1 Std. nordwestlich.
4. Über Untersteinbach zum **Kulm** (626 m) mit Aussichtsturm, 1 ½ Std. westlich.

PLEYSTEIN → Route 6

Pleystein, anerkannter Erholungsort auf einem Höhenrücken über dem Zottbachtal, ist seit 1331 Stadt und wurde nach einem Totalbrand 1901 unter Berücksichtigung des mittelalterlichen Stadtgrundrisses wieder völlig neu aufgebaut. Das althochdeutsche Wort „pleyen" (= glänzen) verweist auf den berühmten Rosenquarzfelsen.

Am Marktplatz Ecke Neuenhammer Straße befindet sich das **Historische Rathaus** von 1852 mit dem Tourismusbüro. Auf dem Marktplatz die *Nepomuksäule* von 1731 und das *Kriegerdenkmal* mit dem 1923 errichteten *Marienbrunnen*. Das *Stadtmuseum* (Marktplatz 25) beherbergt eine umfangreichere Mineraliensammlung; in dem Haus wurde der Philosoph und Theologe Karl Anton Hortig (1774–1847, Pseudonym Johannes Nariscus) geboren.

Imposant ist die neugotische **Stadtpfarrkirche St. Sigismund**, errichtet 1902–04 anstelle der abgebrannten Vorgängerin. Sie bewahrt wappenverzierte Grabsteine adeliger Pfleger. Am Ostportal erinnern zwei Gedenkplatten an die Pleysteiner Bischöfe Georg Michael Wittmann (1760–1833) und Johannes Baptist Anzer (1851–1903). In der Nähe am Zimmerplatz die *Friedhofskapelle* von 1750.

Über der Stadt erhebt sich der **Kreuzberg**, ein 38 m hoher, steil abfallender Rosenquarzfelsen, der als geologische Attraktion unter Naturschutz steht. Früher diente er als Rohstoff für die Porzellan- und Glasherstellung. Auf dem Gipfel thront anstelle einer Burg der Landgrafen von Leuchtenberg die heutige neubarocke **Kreuzbergkirche** von 1902, nachdem die Vorgängerin 1814

Auf einem mächtigen Rosenquarzfelsen steht die Kreuzbergkirche anstelle einer Burg der Landgrafen von Leuchtenberg

durch Brand zerstört wurde. Alljährlich im Mai und September ist sie Ziel Tausender Wallfahrer. Daneben befindet sich ein *Salesianerkloster*. Am Fuße des Kreuzberges der *Schlossweiher*, einst von Bedeutung für die mittelalterliche Wasserversorgung.

Pleystein: Kreis Neustadt/Waldnaab, 576 m, 2700 Einw.

Auskunft: Tourismusbüro, Neuenhammerstr. 1, 92714 Pleystein
Tel. 09654/922233, www.pleystein.de

Verkehr: Anschluss zur A 6 (Nürnberg–Waidhaus), Busverbindung nach Vohenstrauß, Moosbach und Weiden

Hobby und Sport: Beheiztes Terrassenfreibad mit großer Wasserrutsche; Angeln, Minigolf, Reiten; Skigelände am Fahrenberg; Geotop PleySteinpfad in Gsteinach

Sammlungen: Stadtmuseum mit Stein- und Mineraliensammlung im „Haus der Heimat", Marktplatz 25; Puppenmuseum in Hagemühle

Veranstaltungen: Kreuzbergfest im Mai und September mit Jahrmarktbuden

Einkehrtipp: Gasthaus Zum Böllert, Marktplatz 19. Oberpfälzer Wirtshaustradition mit regionaler Küche

Wanderungen

1. Über Bibershof auf den **Fahrenberg** (801 m) mit Wallfahrtskirche, 1 ½ Std. nordwestlich. Zurück im südlichen Bogen über Schwarzenbach-Kapelle.
2. Über die **Platte** (672 m) nach **Vohenstrauß**, 1 ½ Std. südwestlich. Zurück im nördlichen Bogen über Fiedlbühl.
3. Auf dem Glasschleifererweg durch das Zottbachtal über Peugenhammer, **Hagenmühle** (Puppenmuseum, historisches Schleif- und Polierwerk, Kaffeestube), **Neuenhammer** (Ausflugslokal Hammerschloss aus dem 18. Jh. mit nebenstehender Privatkirche von 1837) nach **Georgenberg,** 3 Std. nördlich. Evtl. Abstecher ½ Std. nördlich über **Neukirchen zu St. Christoph** mit Pfarrkirche St. Christophorus von 1702 nach **Gehenhammer** mit Alter Mühle von 1835 (Brotzeitstüberl). Markierter Rückweg nach Pleystein (kürzer) über Zenkersberg (710 m) und Rammelsleuten.
4. Über Finkenhammer zum hochgelegenen **Miesbrunn** (594 m) mit neubarocker Pfarrkirche von 1912, ½ Std. nordöstlich. Zurück im südlichen Bogen über Bartlmühle.
5. Über Lohma und Hammermühle nach **Moosbach** mit barocker Wieskirche, 2 Std. südlich.
6. Über Burkhardsrieth auf den **Ulrichsberg** (591 m) mit Wallfahrtskirche von 1669, 2 Std. östlich.

PLÖSSBERG

➔ Route 6

Plößberg ist ein anerkannter Erholungsort in schöner Höhenlage im östlichen Oberpfälzer Wald. Erstmals 1121 erwähnt, wurde „Plezberg" später Mittelpunkt einer Hofmark. Eine alte Tradition ist das Glasofenbaugewerbe. Zur Gemeinde gehören auch die Orte *Beidl, Liebenstein, Schönkirch, Stein* und *Wildenau.*

Die **evangelische Pfarrkirche St. Georg**, ehemalige Simultankirche, wurde 1854 aus Bruchsteinen errichtet. Die **katholische Pfarrkirche St. Georg** ist ein neubarocker Bau von 1916–18. Im Ortsteil *Stein* steht die barocke **St. Laurentiuskirche**, errichtet 1762/63 von dem Waldsassener Frater Philipp Muttone mit prächtigem Hochaltar und geschnitztem Orgelgehäuse. Ein Glasschrein beherbergt die Statue des hl. Laurentius. Ungewöhnlich ist das 1947 geschaffene Weltgerichtsgemälde des ostpreußischen Malers Ossy Tytlik (1909–1994) an der Wand links vom Altar, das den Satan u. a. mit Hitler und Stalin zeigt.

Plößberg: Kreis Tirschenreuth, 620 m, 3500 Einw.

Auskunft: Gäste-Information, Jahnstraße 1, 95703 Plößberg
Tel. 09636/921110, www.ploessberg.de

Verkehr: Busverbindung nach Weiden, Neustadt/W., Tirschenreuth

Hobby und Sport: Waldstrandbad Großer Weiher (14 ha) mit Bootsverleih, Angeln, Minigolf, Reiten

Sammlungen: Glasschmelzofenbau-Hütte mit Glasausstellung sowie Krippen- und Heimatstube, Jahnstr. 1

Wanderungen

1. Zum 80 ha großen **Liebensteinspeicher** (beliebter Angelsee), ¾ Std. nordöstlich.
2. Nach **Wildenau** im Schlatteintal mit renovierter Burg, deren Bergfried aus dem 12./15. Jh. als Glockenturm der angebauten evangelischen Pfarrkirche von 1911/12 dient, und katholischer Kirche St. Erhard von 1906 mit gotischer Erhardsfigur um 1500 aus der ehemaligen Burgkapelle, 1 Std. südwestlich. Die ehemalige evangelische Burgkapelle wird heute wieder als katholische Kapelle genutzt. Evtl. Abstecher ¼ Std. westlich nach **Waffenhammer** mit einer alten Hammerschmiede.
3. Über **Großer Weiher** und Altglashütte zum bewirtschafteten **Schutzhaus Silberhütte** (834 m), 2 ½ Std. östlich.
4. Über Dreihöf und **Hildweinsreuth** mit dem 1985 markierten angeblichen Mittelpunkt Europas (715 m; gewölbte Erdscheibe und Infotafeln in einer kleinen Parkanlage) nach **Flossenbürg**, 2 ½ Std. südöstlich. Zurück über den **Haselstein** (705 m) mit Resten einer Höhenburg.

5. Über **Schönkirch** mit romanisch-gotischer ehemaliger Burgkirche (heute evangelische Pfarrkirche) nach **Beidl**, 1 ¼ Std. nordwestlich. Die barocke Pfarrkirche Mariä Himmelfahrt wurde 1729–32 vom Klosterbaumeister Philipp Muttone aus Waldsassen auf den Mauern der Vorgängerin errichtet. Die um 1750 angebaute kreuzgratgewölbte Kapelle St. Leonhard besitzt Deckenmalereien aus dem Leben des Heiligen. Auf einem Granitfelsen im sagenumwobenen Dorfweiher Sulzteich steht eine bemerkenswerte Kreuzigungsgruppe. In der Umgebung befinden sich vier barocke steinerne Feldaltäre für Flurprozessionen. Zurück über Schleif.

REGENSBURG → Route 1

Regensburg, die Hauptstadt der Oberpfalz, liegt am nördlichsten Punkt der Donau, die hier zwei Arme bildet mit den Inseln Oberer und Unterer Wöhrd. Nördlich davon verläuft seit 1973 der Main-Donau-Kanal (heute Europakanal). Regensburg ist auch ein bedeutender Handels- und Industriestandort sowie Sitz zahlreicher Behörden. Außerdem besitzt es die besterhaltene mittelalterliche Großstadt Deutschlands: Aus dem Zweiten Weltkrieg fast unversehrt hervorgegangen, verfügt sie über Bau- und Kunstdenkmäler aller Stilepochen vom 2. bis 21. Jh. Die UNESCO hat 2006 die gesamte Altstadt mit dem Stadtteil Stadtamhof ins Welterbe der Menschheit aufgenommen.

Steinerne Brücke und Dom – die Wahrzeichen Regensburgs

Das *geistig-kulturelle Leben* der alten Bischofsstadt wird heute besonders durch die drei Hochschulen (Universität, Fachhochschule, Hochschule für Katholische Kirchenmusik) mit über 23 000 Studenten geprägt. Berühmt sind die Regensburger Domspatzen (ältester Knabenchor der Welt seit 975), die in einem Musikgymnasium ausgebildet werden und jeden Sonntag das Hochamt im Dom mit liturgischen Gesängen gestalten. Eine lange Tradition hat das 1804 gegründete Stadttheater.

Zu den *kulinarischen* Spezialitäten zählen die Regensburger Bratwürstl vom Holzkohlengrill, traditionell zubereitet mit Kraut in der über 500-jährigen „Historischen Wurstkuchl" an der Steinernen Brücke. Beliebt ist der seit 1920 fabrizierte süße Händlmaiersenf in den bekannten Gläsern mit rotem Deckel, meist erhältlich beim Metzger. Seit Generationen gibt es im Wiener Backhaus Schwarzer (Obere Bachgasse 7) die „Schwarzer Kipferl", ein ovales Roggen-Kümmelgebäck, nach altem Hausrezept mehrmals täglich frisch gebacken.

In der Prinzess-Konditorei (Rathausplatz 2) locken die selbst erzeugten feinen Pralinen, die einst sogar den Fürsten des Immerwährenden Reichstags im Rathaus gegenüber auf einem Konfekttischchen serviert wurden.

Eine Besonderheit sind die von einst 40 Brauereien verbliebenen drei Stiftungs-Bauereien Bischofshof, Kneitinger und Spital mit ihren vielfältigen Bierspezialitäten: Ihr Erlös fließt gemeinnützigen Zwecken zu, und der für jedermann erschwingliche Bierpreis ist in den Stiftungsstatuen festgeschrieben. Gegen alle Krankheiten soll der Regensburger Karmelitengeist helfen, ein Kräuterlikör, der von den Mönchen im Kloster nach geheimer Rezeptur hergestellt und gleich neben der Karmelitenkirche verkauft wird.

Blick in die Geschichte

Regensburg gehört zu den ältesten Städten Deutschlands. Ausgrabungen lassen eine Besiedlung bis in die Steinzeit erkennen. Im 1. Jh. n. Chr. errichteten die Römer auf dem Königsberg im Stadtteil Kumpfmühl ein Kastell, das im Markomannenkrieg unterging. Unter Kaiser Marc Aurel entstand 179 im heutigen Altstadtkern die römische Festung *Castra Regina* – Lager am Fluss Regen, der hier in die Donau mündet; als Nordtor diente die noch erhaltene Porta Praetoria.

Mit dem Zerfall ihres Reiches zogen sich die Römer um 500 aus dem Donaugebiet zurück. Im 6. Jh. bildete sich zwischen Lech, Alpen und Donau der Volksstamm der Baiern, deren Herkunft

Das Regensburger Rathaus (1657) auf einem Kupferstich von Matthäus Merian

noch nicht eindeutig geklärt ist. Unter dem Herzogsgeschlecht der Agilolfinger machten sie *Reganespurc* zur ersten baierischen Hauptstadt. Nach Gründung des Bischofssitzes 739 durch Bonifatius wurde sie wichtiger Ausgangspunkt für die Kolonisation Ostbayerns und Böhmens. Karl der Große verdrängte 788 den Agilolfingerherzog Tassilo III.: Bis 911 wurde Regensburg *karolingische Königspfalz* und unter Ludwig dem Deutschen *Mittelpunkt des Ostfrankenreiches,* um nach dem Aussterben der Karolinger wieder baierische Hauptstadt zu werden.

Vom 11. bis 14. Jh. entwickelte sich Regensburg zur bedeutendsten *Handelsmetropole* des deutschen Südostens. Vor allem der Handel mit Italien, Frankreich, Russland und den Mittelmeerländern brachte Reichtum und Wohlstand in die Stadt; besonders ergiebig waren die Handelsbeziehungen zu Venedig. In dieser Zeit bauten sich die wohlhabenden Kaufleute ihre Patrizier-Hausburgen nach italienischem Vorbild, die noch heute an ihren Türmen zu erkennen sind. Man bemühte sich um die Reichsfreiheit, die der Stadt 1245 zufiel und sie zu einem weit ausstrahlenden Kulturzentrum werden ließ.

Gegen Ende des 14. Jh. setzte der wirtschaftliche Verfall ein, bedingt durch die Handelspolitik der Wittelsbacher und das Aufstreben der Städte Nürnberg, Augsburg und Wien. 1486 musste sich die verarmte Reichsstadt sogar dem Bayernherzog Albrecht IV. unterwerfen, wurde jedoch nach dem Eingreifen Kaiser Friedrich III. 1492 wieder reichsunmittelbar. Es kam zu

Streitigkeiten zwischen Bürgerschaft und Bischof sowie zu Bürgeraufständen gegen den Kaiser, in deren Verlauf der Dombaumeister Wolfgang Roritzer 1514 zusammen mit anderen Rebellen hingerichtet wurde. 1519 wurden die Juden von den Bürgern vertrieben, und anstelle der zerstörten Synagoge auf dem Neupfarrplatz entstand die Wallfahrtskirche Zur schönen Maria, die noch vor ihrer Vollendung protestantische Stadtpfarrkirche wurde. Im Zuge der Reformation wurden 1542 Reichsstadt, Rat und Bürger evangelisch; da jedoch der Bischof sowie die großen Klöster und Stifte in Regensburg verblieben, hielt der überwiegende Teil der Bevölkerung am alten Glauben fest.

Nach dem Dreißigjährigen Krieg erfolgte durch die Konstitution des *Immerwährenden Reichstags* 1663 wieder eine wirtschaftliche Belebung. Schon seit dem frühen Mittelalter fanden in Regensburg zahlreiche Reichstage statt, seit 1597 nur noch in Regensburg, da die Reichsstadt der kaiserlichen Residenz zu Wien am nächsten lag. Nun aber ließen sich zum ständigen *Parlament der Reichsstände* die Gesandten fast aller Länder Europas in Regensburg nieder. Als Reichstagspräsident und Stellvertreter des Kaisers fungierte der Prinzipalkommissar, ab 1748 übernahmen die gefürsteten Reichspostmeister Thurn und Taxis dieses Amt. Durch den Reichsdeputationshauptschluss von 1803 wurde die Freie Reichsstadt mediatisiert und fiel als geistliches Fürstentum an den Fürstprimas Karl Theodor von Dalberg. 1810 kam Regensburg an das Königreich Bayern und wurde 1837 Hauptstadt der Oberpfalz. Als Eisenbahnknotenpunkt und Kopfstation der Donauschifffahrt begann allmählich die Entwicklung zur Großstadt, die nach Abtragung der Stadtmauern über die Grenzen der Altstadt hinauswuchs.

Heute ist Regensburg nicht nur eine bedeutende Behörden-, Schul- und Universitätsstadt, sondern auch ein wichtiger Industriestandort mit Elektrotechnik, Maschinenbau, Autofabrikation und Biotechnologie.

Stadtrundgang

Die vorbildlich sanierte historische Altstadt wurde von der UNESCO in die Welterbeliste aufgenommen. Zu den Besonderheiten zählen die in Deutschland einmaligen Geschlechtertürme nach dem Vorbild italienischer Patrizierburgen, die sich die im 13./14. Jh. durch Handel wohlhabend gewordenen Kaufleute oft mit eigener Hauskapelle errichten ließen. Von den einst 60 Hausburgen sind noch rund 20 erhalten oder zu erkennen.

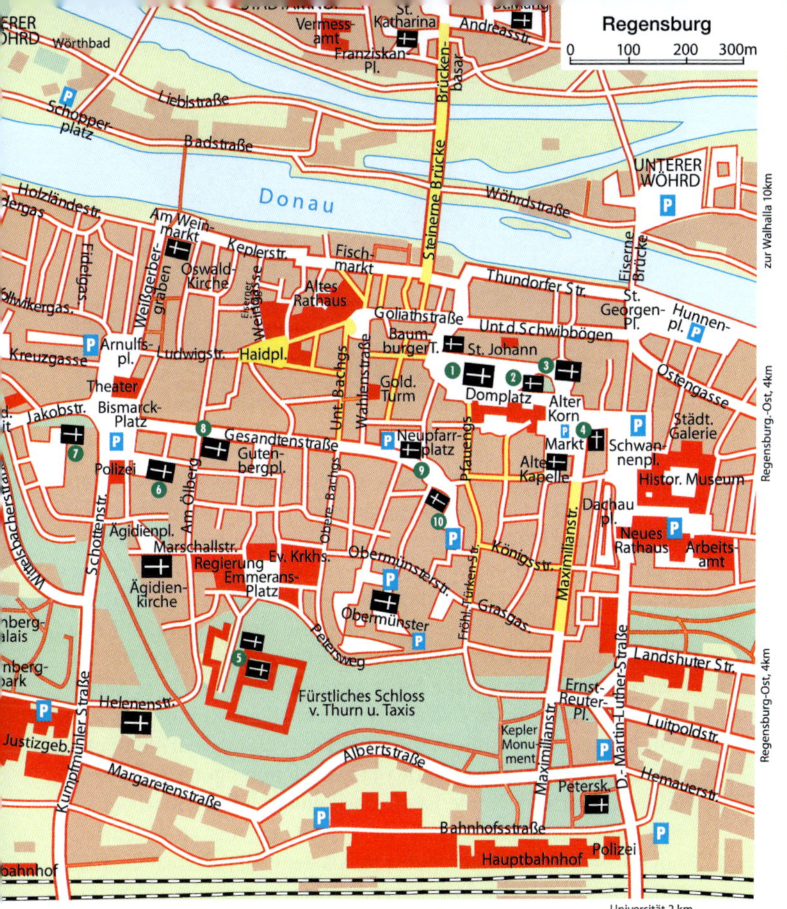

Regensburg: 1 Dom St. Peter, 2 Ulrichskirche, 3 Niedermünster, 4 Karmelitenkirche, 5 St. Emmeram, 6 Dominikanerkirche, 7 Schottenkirche St. Jakob, 8 Dreieinigkeitskirche, 9 Neupfarrkirche, 10 Pfarrkirche St. Kassian

Guter Ausgangspunkt für einen Stadtrundgang, nachdem der Wagen auf dem Unteren Wöhrd oder in Stadtamhof „Am Protzenweiher" beim Bus-Terminal geparkt wurde, ist die **Steinerne Brücke**. Von ihrer Mitte, noch besser vom nördlichen Ufer, hat man den schönsten Blick auf die Altstadt.

Als sie 1146 nach elfjähriger Bauzeit vollendet war, galt sie als größte Steinbrücke nördlich der Alpen und wurde als 8. Weltwunder bestaunt. Achthundert Jahre lang war sie der einzige steinerne Verkehrsweg der Stadt über die Donau. Auf etwa 330 m Länge und 7 m Breite überspannen 15 (ursprünglich 16) Brückenbögen die hier zweiarmige Donau. Auf dem höchsten Punkt ihres

Die Steinerne Brücke führt seit 1146 über die Donau

Buckels postiert sich seit dem Mittelalter das legendäre, 1854 erneuerte Bruckmandl (Brückenmännchen). Der Sage nach wollte der Teufel die Brücke an dieser Stelle wieder auseinanderreißen, weil ihn ihr Baumeister um die versprochenen drei Seelen geprellt hatte. Das monumentale Bauwerk überdauerte alle Kriege, allerdings auch mit einigen Blessuren: Im Dreißigjährigen Krieg ließ der bayerische Kommandant von Regensburg das dritte Bogenjoch sprengen, um die Stadt gegen die Schweden zu verteidigen; Franzosen und Österreicher beschädigten 1809 durch Geschützfeuer den nördlichen Brückenkopf; und den dritten Schaden erlitt die Brücke im April 1945 durch Sprengung, so dass sie unpassierbar war. Heute ist sie nach einem Bürgerentscheid für den motorisierten Verkehr gesperrt. Von den einst drei wehrhaften Türmen ist noch der Südturm aus dem 13. Jh. erhalten; 1648 wurde er erneuert und 1903 zum Brücktor umgestaltet. An seiner Nordseite Kopien Kaiser Friedrich II. (um 1290), darunter sitzend König Philipp von Schwaben und seine Gemahlin Irene von Griechenland (1207). Der reichsstädtische *Salzstadel* von 1616–20 beherbergt heute das Besucherzentrum Welterbe Regensburg (auf der anderen Donauseite der bayerische Andreasstadel um 1597).

Daneben befindet sich die aus einer Bauhütte entstandene über 500-jährige **Historische Wurstküche**, angelehnt an einen Stadtmauerrest von 1320. An schönen Sommertagen sitzt man davor mit Blick auf die Steinerne Brücke, den Stadtteil Stadtamhof jenseits der Donau und die Donauinsel Unterer Wöhrd. Gegenüber der ehemalige Gasthof **Weißes Lamm** mit Inschrift an der klassizistischen Stuckfassade, das Haus sei „wirklich zu beneiden, hier wohnten Goethe, Mozart, Haydn.“ An der Rückseite erinnert eine Tafel an August Bebel, der hier 1858/59 als Schreinergeselle arbeitete. Durch die Weiße-Hahnen-Gasse und die Straße Unter den Schwibbögen gelangen Sie zur 1885 wieder aufgedeckten

Porta Praetoria, dem Nordtor des Römerkastells Castra Regina (179 n. Chr.). Erhalten sind der östliche Flankenturm mit zwei Geschossen, der westliche Durchfahrtsbogen und ein Rest der an den Westturm anschließenden Mauer. Durch das Tor der Porta Praetoria kommen Sie in den Innenhof des *Bischofshofs*, einst bischöfliche Residenz und Absteigequartier der deutschen Kaiser, heute komfortables Hotel mit Restaurant. Durch die Toreinfahrt gelangt man zum *Krauterermarkt* und links zur **Stiftskirche St. Johann**, früher Taufkirche des Domes. Sie stammt aus dem 14. Jh. und wurde 1760–69 sowie 1880–90 umgestaltet.

Gegenüber das weitläufige **Haus Heuport** (1330–50), ein vierflügeliger gotischer Patrizierhof mit überwölbtem offenem Treppenhaus und schönem Festsaal im Obergeschoss. Davor der barocke *Adlerbrunnen* von ca. 1650. Den südlichen Platzabschluss bildet die sogenannte *Residenz* des Kurerzkanzlers K. Th. von Dalberg von 1803–10; hier schlug Napoleon 1809 nach der Eroberung der Stadt sein Hauptquartier auf.

Der **Dom St. Peter** ist ein Hauptwerk der Gotik in Deutschland. Viele Generationen haben an ihm gebaut. Nach Beginn um 1274 waren bis 1325 die Ostteile einschließlich des Querhauses beendet. Die Westfassade aus dem 15. Jh. ist ein Werk von vier Baumeistern aus der Familie Roritzer. Um 1520 war der Dom bis zum Ansatz der Turmhelme vollendet, die erst 1859–69 aufgesetzt wurden (105 m hoch). Die dreischiffige Pfeilerbasilika ruht auf einem hohen Sockel. An den Außenfronten, besonders am Westportal, finden sich reicher Figurenschmuck und bemerkenswerte Reliefdarstellungen. Wegen Witterungs- und Emissionsschäden sind an dem empfindlichen Kalk- und Grünsandstein laufend Konservierungsarbeiten durch die Dombauhütte erforderlich.

Das *Dominnere* besticht durch seine schlichte, harmonische Bauweise, die wohltuende Weiträumigkeit (85 m lang, 34,8 m breit, 32 m hoch im Mittelschiff, 17 m hoch in den Seitenschiffen) und den Reichtum stimmungsvoller Durchblicke auf die farbigen Glasfenster, von denen die meisten dem Mittelalter angehören. Die 2009 neu erbaute Domorgel (Hauptorgel) gilt als größe frei hängende Orgel der Welt.

Zu den Kostbarkeiten zählen die *gotischen Baldachin-Altäre*, der *silberne Hochaltar* (1695–1785), das 15 m hohe *Sakramentshäuschen* (1493) und der 12 m tiefe Ziehbrunnen (1470/80 und 1500). Von künstlerischem Rang sind auch die Steinfiguren *Maria* und der gegenüberstehende *Verkündigungsengel* vom Erminoldmeister (um 1280) an den westlichen Vierungspfeilern und die

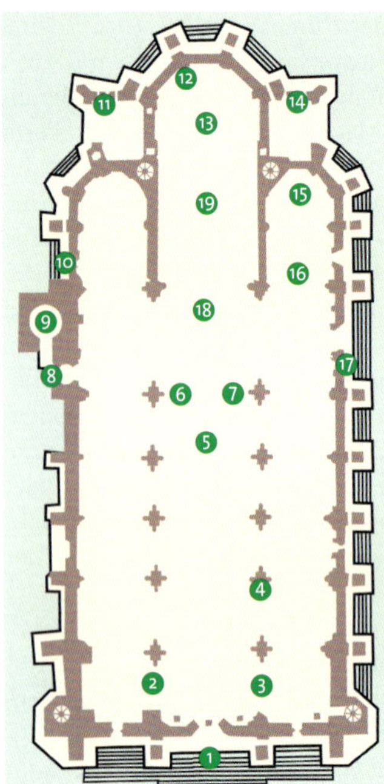

Dom St. Peter

1 Hauptportal
2 St. Martin
3 St. Georg
4 Treppe zur unterirdischen Bischofsgrablege
5 Kanzel
6 Steinplastik Maria
7 Verkündigungsengel
8 zum Domschatz
9 Eselsturm
10 Nordportal
11 Sakristei
12 Sakramentshäuschen
13 Hochalter
14 Winterchor
15 Geburt-Christi-Altar
16 Sailer-Kapelle
17 Ziehbrunnen
18 Hauptaltar
19 Kathedra des Bischofs

Reiterfiguren *St. Georg und Martin* an der Westwand (14. Jh.). Unter den vielen *Grabmälern* im nördlichen Nebenchor befindet sich das des Bischofs Heinrich von Absberg (1492), an der Westwand das Bronzeepitaph der Margarete Tucher (1521), im Mittelschiff das Hochgrab des Kardinals Philipp Wilhelm von Bayern (1598) und im Portalvorraum das Grabmal des Fürstprimas Karl Theodor von Dalberg (1817). Bei den 1984/85 durchgeführten Ausgrabungsarbeiten fand man weitere Gräber sowie die südliche Arkadenreihe eines Atriums, das zwischen dem ottonischem Westquerhaus des alten Doms und der Taufkirche St. Johann lag und drei Bauphasen vom 11.–13. Jh. umfasste. Ein freigelegter Arkadenpfeiler von etwa 1200 steht in der 1986 fertiggestellten Bischofsgrablege im Mittelschiff. Im Südchor wurde mit dem Geburt-Christi-Altar von um 1415/20 2004 die Sailer-Kapelle für persönliche Andachten geschaffen.

Durch den Nordausgang kommt man zum *Domschatzmuseum* mit wertvollen Sammlungen liturgischer Geräte und Gewänder aus zehn Jahrhunderten.

Der gotische Dom St. Peter beeindruckt durch seine prächtige Westfassade

Der *Domgarten* diente bis 1811 als Domfriedhof. Hier stand einst der frühromanische erste Dom; als Rest blieb der am Nordquerhaus stehende sogenannte *Eselsturm* erhalten. Durch das Kapitelhaus gelangt man zum *Domkreuzgang* mit Teilen der frühromanischen Basilika und zahlreichen alten Grabmälern. Ein breiter Mittelgang führt zur *Allerheiligenkapelle,* die Reste einer bedeutenden romanischen Ausmalung aus der Zeit um 1150 aufweist; Bischof Hartwich II. (1155–64) ließ sie sich als Begräbnisstätte erbauen. Durch ein romanisches Säulenportal gelangt man in die *Stephanskirche,* auch „alter Dom" genannt, vermutlich 11. Jh.; beeindruckend der mächtige Altar, ein im unteren Teil durchfensterter Kalksteinblock (vermutlich 10. Jh.). **Treffpunkt für Domführungen: Domplatz 5.**

Am Rand des Domgartens die profanierte **Ulrichskirche**, um 1225–40/50 entstanden. Die romanisch-gotische Basilika mit schöner Fensterrose an der Westfront und Emporenumgang im Inneren dient heute als Diözesanmuseum mit christlichen Kunstwerken und Gemälden (darunter die „Schöne Maria" von Albrecht Altdorfer um 1519) vom 11.–21. Jh. Daneben der mächtige 28 m hohe sogenannte *Römerturm* an der Nordwestecke des *Alten Kornmarktes.* Der aus 4 m dicken Granitgrundmauern bestehende Unterbau des ehemaligen Wohnturmes stammt noch aus karolingischer Zeit. Über die Straße hinweg ist er durch einen Schwibbogen verbunden mit dem ehemaligen **Herzogshof** der

Die Ulrichskirche beherbergt das Diözesanmuseum

Wittelsbacher, heute Hotel und Restaurant. Der oft veränderte Bau aus dem 12. und frühen 13. Jh. steht auf dem Platz, den zuvor schon die Pfalz der Agilolfinger innerhalb der römischen Mauern eingenommen hatte. Im Obergeschoss befindet sich der um 1213 errichtete romanische Herzogssaal mit bemalter gotischer Holzdecke, der für Veranstaltungen und Tagungen genutzt wird. Vor dem Herzogshof ein moderner Brunnen von Fritz Koenig von 1982 zur Erinnerung an den Maler und Regensburger Stadtbaumeister Albrecht Altdorfer (um 1480–1538).

Zum Herzogshof gehörte einst die **Stiftskirche Unserer Lieben Frau zur Alten Kapelle**. Schon vor 875 gegründet, gilt die ursprünglich agilolfingische Hof- und später karolingische Pfalz-

Die Stiftskirche Unserer Lieben Frau zur Alten Kapelle ist prachtvoll ausgestaltet

kapelle als „anvanck aller Gotshäuser in Bayern“. Nach einem Brand wurde sie unter Kaiser Heinrich II. 1002/04 wieder errichtet: Eine dreischiffige romanische Pfeilerbasilika mit Querschiff im Osten. Der spätgotische Langchor trat 1441–52 hinzu. Der freistehende romanisch-gotische Glockenturm besteht in seinem Untergeschoss (875) aus römischen Quadern.

Die beiden Steinfiguren (um 1200) am Rokokoportal sollen die Beichte eines Agilolfingers darstellen. Das Innere wurde 1747–65 in überreichem Rokoko ausgestattet. Die Stukkaturen stammen von Jakob Landes aus Wessobrunn, die Wandgemälde von den Augsburger Künstlern Gottfried Bernhard Götz (Chor) und Thomas Schäffler (Langhaus). Den prunkvollen Hochaltar stiftete Simon Sorg (1769–76). Südlich angebaut die 1481 gewölbte zweijochige Gnadenkapelle; auf dem Altar zwischen den Figuren des Kaiserpaares Heinrich und Kunigunde in einem Rokokorahmen ein einheimisches Madonnenbild um 1230/40.

Nördlich vom Alten Kornmarkt steht die doppeltürmige heutige **Dompfarrkirche Niedermünster** des ehemaligen reichsunmittelbaren adeligen Damenstifts Niedermünster. Sie wurde 1150 als romanische dreischiffige Pfeilerbasilika errichtet und im 17. Jh. barockisiert. Ausgrabungen haben Fundamente römischer und frühmittelalterlicher Vorgängerbauten vom 2. bis 10. Jh. sowie Gräber bedeutender Herzöge aufgedeckt. Die 1720 im Stile des Spätbarock umgebauten Stiftsgebäude beherbergen seit 1821 das bischöfliche Ordinariat.

Östlich die kleine **Erhardikapelle** (Erhardigasse 1), eine kryptenartige, frühromanische Hallenanlage des späten 10. Jh. Etwas weiter an der Ecke Kallmünzer-/Ostengasse ein 1905 freigelegtes Teilstück der **Römermauer**, einer Nordostecke der Castra Regina.

Die Ostengasse wird im Osten durch das fünfgeschossige **Ostentor** von 1285/86 mit zwei flankierenden Begleittürmen begrenzt. Im anschließenden Park am Donau-Ufer die **Königliche Villa**, 1854–56 in neugotischem Stil erbaut für König Maximilian II. (Sohn von König Ludwig I.), der sie aber nur bei seinen wenigen Besuchen in Regensburg nutzte.

An der Ostseite des Alten Kornmarktes die barocke **Karmelitenkirche St. Joseph** (1641–73) mit schön gegliederter Giebelfront und zierlichem Turm von 1681, ein einschiffiger Bau mit Querhaus und Seitenkapelle. Ebenso wie der prächtige Hochaltar (1701 geweiht) wurden die Nebenaltäre 1837 aus dem Dom überführt. Die Karmeliten zogen 1634 in Regensburg ein und erfreuten sich der besonderen Gunst des habsburgischen Kaiserhauses.

Am Dachauplatz mit einem 1972 freigelegten Teilstück der *Römermauer* im Parkhaus und dem *Neuen Rathaus* von 1938 befindet sich in den Gebäuden des ehemaligen *Minoritenklosters* (1226–1803), einst Wirkungsstätte des Volkspredigers Berthold von Regensburg († 1272), das **Historische Museum** mit kultur- und kunstgeschichtlichen Sammlungen aus dem ostbayerischen Raum von der Altsteinzeit bis zur Gegenwart in über 100 Räumen. Mit einbezogen in den Museumskomplex ist der *Kreuzgang* mit Steinbildwerken von der Römerzeit bis zur Gotik und die turmlose *Minoritenkirche*, eine dreischiffige Pfeilerbasilika aus dem 13./14. Jh. mit jüngst restaurierter Cuntz-Orgel von 1627, die als älteste Orgel der Oberpfalz gilt.

Durch die D.-Martin-Luther-Straße Richtung Hauptbahnhof oder besser durch die parallel verlaufende Maximilianstraße mit ihren vielen Geschäften kommen Sie zum **Ernst-Reuter-Platz**, einst Südostecke der Castra Regina. Neben der Römermauer das vorgebaute Mauerwerk der späteren mittelalterlichen Befestigung. Südlich Nähe Hauptbahnhof erinnert das *Peterskirchlein* an den ehemaligen, 1806 angelegten Friedhof vor den Toren der Stadt. In den Grünanlagen westlich der Maximilianstraße steht das **Keplermonument** (1808), ein klassizistischer Rundtempel mit Porträtbüste Johannes Keplers; benachbart der *Fürst-Anselm-Obelisk* (1806).

Der Petersweg führt vorbei an dem rechts aufragenden *Obermünster-Turm*, früher Glockenturm der 1944 durch Bomben zerstörten frühromanischen Stiftskirche Obermünster (9. Jh.) eines reichsunmittelbaren Damenstifts, dessen ehemalige Ökonomiegebäude heute u. a. für Sonderausstellungen des Diözesanmuseums genutzt werden, zur **Basilika St. Emmeram**, ehemalige Abteikirche des Benediktinerstifts. Kirchen- und Klostergründung erfolgten im 8. Jh. über dem Grab des Wanderbischofs und Märtyrers Emmeram. Das Kloster wurde eine bedeutende Kultstätte und wichtiger Ausgangspunkt für die Kolonisation Ostbayerns und Böhmens; von 1295 bis zur Säkularisation 1803 besaß es das Privileg eines Reichsstifts.

Durch ein frühgotisches Außenportal (um 1250) gelangt man zuerst in den *Vorhof*. Links der wuchtige, etwa 40 m von der Kirche entfernte freistehende Glockenturm (1575–79) mit spätbarockem Laternenhelm (1777); hier befindet sich auch der Pfarrhof. Rechts eine Kreuzigungsgruppe von 1513 (Teilkopie). An den Wänden zahlreiche Grabsteine des 15.–19. Jh.; in der Nordwestecke das Kalksteinepitaph des berühmten bayerischen Geschichtsschreibers Johann Turmair, genannt Aventinus, der 1534 auf dem Friedhof von St. Emmeram beigesetzt wurde. In der romanischen *Vorhalle* (um 1170) ein Doppelnischenportal mit Relieffiguren (um 1050) des thronenden Christus (Mitte) sowie der Heiligen Emmeram (links) und Dionysius (rechts), die zu den ältesten romanischen Steinplastiken Deutschlands gehören.

Die Basilika St. Emmeram war einst Benediktinerklosterkirche

Östlich lehnt sich die spätgotische *St. Rupertuskirche* mit romanischen Teilen, ehemals Pfarrkirche des Klosters, an; Sakramentshäuschen und Taufstein stammen aus dem 15. Jh. Von der Vorhalle führt der linke Eingang in das Langhaus, der rechte in das westliche Querhaus der *St. Emmerams-Kirche*. Die im Hauptteil dreischiffige Basilika aus dem 8. Jh. wurde im 11./12. Jh. umgebaut und 1731/33 von den Brüdern Asam barockisiert: Stuckdekoration und Plastiken stammen von Egid Quirin, die Fresken von seinem Bruder Cosmas Damian.

Am frühbarocken Hochaltar (1669) das Gemälde „Tod des hl. Emmeram“ (1666) von Joachim von Sandrart. Darunter ein silberner Reliquienschrein für den hl. Emmeram von 1423. Zahlreiche *Grabmäler* unterstreichen die große Bedeutung des ehemaligen Klosters. Rechts vom Hochaltar und davor kennzeichnen Inschriftplatten die Gräber der letzten deutschen Karolinger: Kaiser *Arnulf von Kärnten* († 899) und sein Sohn *Ludwig das Kind* († 911). Im nördlichen Seitenschiff beim Dreifaltigkeitsaltar (1713) das um 1280 geschaffene Grabmal der Königin Hemma († 876), Gemahlin Ludwigs des Deutschen, ein Werk von erhabener Schönheit. Um 1330 entstand das Hochgrab für Herzog Heinrich den Zänker († 995). Bemerkenswert auch die Grabplatte (um 1335) der heiligen *Aurelia* an der Nordwand des Nordchores, von der die Legende erzählt, sie sei vom Hofe ihres gräflichen Vaters in Paris entflohen, um einer Heirat zu entgehen, und als fromme Klausnerin 1027 zu St. Emmeram gestorben.

Unter der Hauptapsis befindet sich die *Emmeramskrypta* (nach 783). Durch einen Gang mit ihr verbunden ist die *Ramwoldkrypta*, ein um 980 geweihter, 1775 veränderter Hallenbau mit dem Steinsarkophag des Abtes Ramwold († 1001). Unter dem westlichen Querhaus mit Dionysius-Chor und bemalter Kassettendecke des 17. Jh. liegt die romanische fünfschiffige *Wolfgangskrypta* von 1052 mit dem vergoldeten Wolfgangsschrein.

An die Südseite der Emmeramskirche lehnt sich als besondere Sehenswürdigkeit der früher zum Kloster gehörende **Kreuzgang** an, heute Teil des Schlosses der Fürsten von Thurn und Taxis und nur im Rahmen der Schlossführung zu besichtigen. Er vereint Stilepochen vom 11. bis 14. Jh. Glanzpunkt ist der Nordflügel mit den frühgotischen Arkaden und das vielfach gestufte Säulenportal in der Nordwestecke. An der Westseite befindet sich die fürstliche Gruftkapelle. Die ehemaligen Klostergebäude bilden seit 1812 das **Schloss Thurn und Taxis**. Während der Ostflügel seinen barocken Charakter behielt, wurde der 150 m lange Südflügel 1883–88 als Neurenaissance-Bau errichtet. Der barocke zweigeschossige *Bibliothekssaal* birgt Deckenfresken von Cosmas Damian Asam (1737). Das *Marstallmuseum* in der klassizistischen Reitschule zeigt Kutschen, Schlitten und Prunkkarossen aus dem 18./19. Jh. Im Nordtrakt des Marstalls befindet sich die 1998 eröffnete *Fürstliche Schatzkammer* als Zweigmuseum des Bayerischen Nationalmuseums mit wertvollen Sammlungen aus ehemals Fürstlichem Besitz. In der Adventszeit ist der Schlosshof Schauplatz des „Romantischen Weihnachtsmarkts".

Vom Emmeramsplatz führt die Marschallstraße zur **St.-Ägidien-Kirche**, ehemals Deutschordenskirche St. Gilgen, ein kleiner gotischer Hallenbau aus dem 13./14. Jh. mit Grabsteinen und Totenschilden. Die Gebäude der ehemaligen Deutschordenskomturei dienen heute als Altersheim. Nördlich steht die ehemalige **Dominikanerkirche St. Blasius**. Die um 1245–1384 in gotischem Stil errichtete hochragende dreischiffige Pfeilerbasilika symbolisiert durch ihre strenge Architektonik und schlichte Ausstattung in überzeugender Weise die Ideale des Bettelordens der Dominikaner. An der Südseite die *Albertus-Magnus-Kapelle*, einst Hörsaal des Gelehrten, der 1236–40 im Dominikanerkloster wirkte und von 1260–62 Bischof von Regensburg war. Auf dem Albertus-Magnus-Platz steht eine *Bronzebüste* des Bischofs von 1910. Das 1803 säkularisierte Dominikanerkloster beherbergte einst die Philosophisch-Theologische Hochschule. Seit 1973 sind hier Dienststellen der Regierung der Oberpfalz untergebracht.

Am **Bismarckplatz** zwei bemerkenswerte klassizistische Gebäude des Dalberg'schen Hofbaumeisters Emanuel d'Herigoyen: das im venezianischen Stil eines Rang- und Logentheaters gehaltene *Stadttheater* von 1804 (nach einem Brand 1849 erneuert, 2001 umfassend saniert, jetzt Theater Regensburg) und gegenüber

Fürstenhaus Thurn und Taxis

Das alte Adelsgeschlecht mit Turm und Dachs im Hauswappen stammt ursprünglich aus Italien. Geheime Kuriere der Taxis aus Cornello waren schon im 15. Jh. unterwegs. Franz von Taxis begründete den Aufstieg des Hauses, als er 1516 für seinen Kaiser Maximilian im habsburgischen Reich eine Post organisierte. Mit Erfolg: 1595 erhielt die Familie Taxis das erbliche Generalpostmeisteramt im Deutschen Reich und in den südlichen Niederlanden. 1624 in den Grafenstand erhoben und 1650 unter dem Namen Thurn und Taxis erstmals bekundet, folgten 1695 der Reichsfürstenstand und 1748 das Prinzipalkommissariat beim „Immerwährenden Reichstag" in Regensburg: das Amt, den Kaiser auf dem Reichstag zu vertreten. Als Ausgleich für die Verstaatlichung der Post im 19. Jh. erhielten die Fürsten 1867 beträchtliche Entschädigungen. Der Erwerb umfangreicher Ländereien ließ sie zum größten Grundbesitzer der Bundesrepublik werden. Nach dem Ersten Weltkrieg errichtete Fürst Albert eine fürstliche Notstandsküche, die noch heute täglich rund 300 Mittagessen an Bedürftige ausgibt.

Seit dem Tod von Fürst Johannes († 1990) leitet seine Witwe Mariae Gloria (* 1960) den fürstlichen Betrieb. Von den drei Kindern wird Erbprinz Albert (* 1983) der 12. Fürst von Thurn und Taxis sein.

Um die Erbschaftssteuer in zweistelliger Millionenhöhe begleichen zu können, mussten zahlreiche Hausschätze, die sich in den 500 Räumen des Fürstenschlosses angesammelt hatten, verkauft und versteigert werden. Gegen Verrechnung von Steuerschulden tauschte der Freistaat Bayern rund 2200 Objekte aus dem Besitz der Fürstendynastie ein und übereigneten sie dem Bayerischen Nationalmuseum in München. Darunter befinden sich kostbare Werke der Goldschmiede-, Uhrmacher- und Büchsenmacherkunst sowie Möbel, Porzellane und Gläser vom 17. bis 19. Jh. Es war der größte Neuerwerb in der fast 150-jährigen Museumsgeschichte.

Ende 1998 kehrten die Kunstgegenstände wieder an ihren Stammsitz zurück: Das Bayerische Nationalmuseum eröffnete im Fürstenschloss St. Emmeram ein 800 m^2 großes Zweigmuseum im Nordtrakt des klassizistischen Marstalls. Zuvor hatte die Stadt Regensburg die ehemaligen Stallungen mit finanzieller Unterstützung des Freistaates umbauen lassen und sich für ein Vierteljahrhundert im Fürstenschloss eingemietet, um die Sammlung im historischen Umfeld präsentieren zu können.

Das Nordportal der Schottenkirche St. Jakob zeigt seltsame Steinbildnisse

das stattliche *Präsidialpalais* von 1805, unter Fürstprimas Karl von Dalberg französische Gesandtschaft, später Wohnung des Regierungspräsidenten, bis 2009 Polizeipräsidium und heute „Haus der Musik". Westlich am Beginn der Jakobstraße erhebt sich die zweitürmige **Schottenkirche St. Jakob**. Das gleichnamige Kloster wurde von irischen Benediktinermönchen um 1110 gegründet, die dreischiffige Säulenbasilika um 1180 vollendet, benannt nach der gemeinsamen mittelalterlichen Bezeichnung von Iren und Schotten als „scoti". Das berühmte Nordportal zeigt seltsame Steinbildnisse in eigenartiger Mischung keltisch-normannischer Schmuckelemente mit göttlichen, menschlichen, dämonischen und tierischen Gestalten, über deren Bedeutung schon viel gerätselt wurde. Im Inneren setzt sich der Figurenreichtum unter Einbeziehung auch pflanzlicher Motive an den Kapitellen der Säulen fort. Bemerkenswert ist die romanische Kreuzigungsgruppe mit Christus als Sieger aus der Zeit um 1180. Die Räume des 1862 aufgelösten Klosters beherbergen heute das Priesterseminar.

Am Ende der Jakobstraße das um 1300 erbaute **Jakobstor** der ehemaligen Stadtbefestigung mit zwei Flankentürmen. Im Süden (Haupteingang Kumpfmühler Straße) der **Dörnbergpark** mit klassizistischem Palais (1804/05); gegen Westen der **Stadtpark** mit dem Kunstforum Ostdeutsche Galerie; nordwestlich in Donaunähe der **Herzogspark** mit Prebrunntor von 1293 (jetzt Aussichtsturm) und Herzoglichem Palais von 1804, heute Naturkundemuseum; östlich vom Herzogspark die romanische Leonhardskirche des 12. Jh. mit spätgotischen Flügelaltären. Am Nonnenplatz 1 befindet sich das schon 1233 gegründete **Dominikanerinnenkloster** mit der 1751 im Rokokostil umgestalteten **Hl.-Kreuz-Kirche**.

Nun vom Bismarckplatz durch die Gesandtenstraße zur **Dreieinigkeitskirche**, ein Spätrenaissance-Hallenbau von 1627–31 mit hölzernen Emporen im Inneren – die erste evangelisch geplante Kirche Bayerns. Der Turm bietet einen schönen Blick auf Regensburg. Der *Gesandtenfriedhof* bewahrt prächtige barocke Grabdenkmäler aus der Reichstagszeit.

Auf dem Neupfarrplatz, Gemeinde der Juden bis zu ihrer gewaltsamen Vertreibung 1519, steht die doppeltürmige **Neupfarrkirche**. Als Wallfahrtskirche Zur schönen Maria wurde sie 1519–40 anstelle einer zerstörten Synagoge errichtet und 1542 in eine evangelische Kirche umgewandelt. Seit 2005 erinnert ein Bodenrelief des Künstlers Dani Karavan an die zerstörte Synagoge. An der Südseite des Platzes das *Palais Löschenkohl* des gleichnamigen Bankiers von 1733, schönstes Rokokohaus der Stadt.

Am benachbarten St. Kassiansplatz die **St. Kassianskirche**, Regensburgs älteste Bürgerpfarrkirche, schon 885 erwähnt. Die dreischiffige Basilika (ein Neubau von 1477) erhielt 1749–60 eine elegante Rokokoausstattung durch die ebenfalls an der Alten Kapelle beschäftigten Künstler Anton Landes (Stukkaturen) und Gotthold Bernhard Götz (Fresken). Bemerkenswert ist auch der dem hl. Kassian geweihte Schnitzaltar von 1498.

Die evangelische Neupfarrkirche steht auf dem Platz einer im Mittelalter zerstörten Synagoge

Von der östlichen Ausbuchtung des Neupfarrplatzes führt beim *Kastenmeyerturm* die Wahlenstraße zu einigen der für Regensburg typischen burgähnlichen **Geschlechtertürmen**, die seit dem 12. Jh. von wohlhabenden Patrizierfamilien errichtet wurden. Höchstes Bauwerk ist der 50 m hohe, neunstöckige *Goldene Turm* (um 1250, Wahlenstr. 16). Seinen schönen Arkadenhof erreicht man auch über das Haus Nr. 7 der parallelen Unteren Bachgasse. In der Gasse Hinter der Grieb (= Grube) das vierflügelige *Gravenreuther Haus* (1. Viertel des 14. Jh.) mit zwei Türmen an der Hofseite, restauriert als Haus der Begegnung für die Universität, und das *Löbl-Haus* mit mächtigem Turm. Am Watmarkt 4 steht der 28 m hohe, siebenstöckige *Baumburger Turm*, am Watmarkt 6 der *Bäumelturm*, beide 13. Jh. Benachbart das *Goliathhaus*, ein saniertes Patrizierhaus um 1260 mit gedrungenem Turm und vielfach erneuertem Monumentalfresko von Melchior Bocksberger (1573), das David im Kampf gegen Goliath zeigt. Seinen Namen hat es

Das Goliathhaus

Der Baumburger Turm (28 m hoch)

von den Goliarden, einst umherziehenden Theologiestudenten, denen die Kaufmannsfamilie Thundorfer eine Bleibe bot.

In der Nähe das **Alte Rathaus**, eine Baugruppe aus mehreren Jahrhunderten. Westlich das *Reichssaalgebäude*, um 1360 erbaut, mit Treppengiebel und kleinem Erker. Ein Werk der Spätgotik ist der angefügte Treppenhausbau mit Spitzbogenportal, von dem die originellen Halbfiguren „Schutz und Trutz" herunterschauen; an der linken Portalseite sind die alten Stadtmaße Schuch, Elle und Klafter aus dem 15. Jh. dargestellt. Hinter der langen Fensterreihe im 1. Stockwerk verbirgt sich der 15 m lange und 8 m hohe *Reichssaal* mit geschnitzter Holzdecke (1446), Wandmalereien von Melchior Bocksberger (1564) und kostbaren Wirkteppichen (1550), von 1663 bis 1806 Versammlungsraum des „Immerwährenden Reichstags". Der Podiumsaufbau mit dem kaiserlichen Thronbaldachin entspricht der Reichstagssitzordnung. Sehenswert sind auch die Beratungszimmer der Kurfürsten und des Fürstenkollegiums. Im Erdgeschoss ist noch die Fragstatt (Folterkammer) erhalten. Ältester Bauteil ist der frühgotische achtgeschossige *Rathausturm* aus der Zeit um 1260. Östlich anschließend die Bauten seit dem 17./18. Jh. mit dem Ratskeller und dem 1963 wieder aufgebauten *Dollingersaal* vom Ende des 13. Jh., der aus einem abgebrochenen Patrizierhaus übernommen wurde und in Stuckreliefs das Regensburger Dollingerlied nach einer alten Turniersage illustriert. Davor steht seit 1978 eine Bronzestatue des Don Juan de Austria.

Nahe westlich der mittelalterliche **Haidplatz**, mit dem *Justitiabrunnen* von 1656 in der Mitte. Im Osten das gotische Turmhaus *Neue Waag* aus der Zeit um 1300, zeitweilig Stadtwaage und Herrentrinkstube, mit Arkadenhof von 1572–87. Im Jahre 1541 fand hier das Religionsgespräch zwischen Philipp Melanchthon und Johannes Eck statt. An der Nordseite das Patrizier-Turmhaus *Goldenes Kreuz,* vom 16.–19. Jh. eine berühmte Fürstenherberge. Kaiser Karl V. begegnete hier 1546 der Bürgerstochter Barbara Blomberg; der aus dieser Verbindung stammende Sohn Juan de Austria (1547–78) wurde Sieger der Seeschlacht von Lepanto gegen die Türken. Daneben das ursprünglich gotische *Thon-Dittmer-Palais,* 1809 von Emanuel d'Herigoyen mit klassizistischer Fassade umgestaltet, heute Bildungs- und Begegnungszentrum.

Das Alte Rathaus ist eine Baugruppe aus mehreren Jahrhunderten

Durch die Weingasse kommen Sie nördlich zur ehemaligen Donau- und heutigen *Keplerstraße* mit stattlichen Patrizierhäusern. Haus Nr. 5 ist das spätgotische **Kepler-Gedächtnishaus**, in dem der berühmte Astronom und Mathematiker Johannes Kepler 1630 starb, nachdem es ihm nicht gelungen war, vom Reichstag als Gläubiger dreier Kaiser den Lohn seiner Lebensarbeit von 12 000 Gulden einzutreiben. Von 1626 bis 1628 bewohnte er das Haus Keplerstraße 2.

Beeindruckend auch der *Blaue Hecht* (Haus Nr. 7) mit zinnenbesetztem Turm und das mächtige *Runtingerhaus* (Nr. 1) der um 1400 ansässigen Kaufmannsfamilie mit restaurierter gotischer Fassade und schönem Saal, heute Stadtarchiv. Am Donau-Ufer Ecke Weißgerbergraben die **Oswaldkirche**, um 1280/90 erbaut als Spitalkirche, seit 1553 evangelische Kirche, 1708 von Wessobrunner Künstlern barock ausgeschmückt.

Inschrift am Kepler-Gedächtnishaus

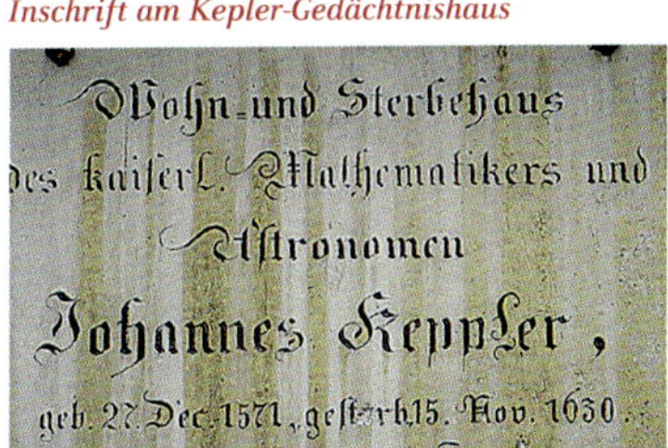

Entlang der Donau geht es zur *Steinernen Brücke* zurück.

Weiter donauabwärts befinden sich jenseits der 500 m langen Nibelungenbrücke die ausgedehnten **Hafenanlagen**. Der

Schiffsverkehr von der Nordsee bis zum Schwarzen Meer ist seit Eröffnung des Rhein-Main-Donau-Kanals von besonderer Bedeutung. An der Einfahrt zum Osthafen steht in *Kreuzhof* die romanische zweigeschossige **Kapelle St. Ägidius** aus der Zeit um 1150. Hier soll sich Kaiser Barbarossa zum Kreuzzug eingeschifft haben.

Regensburg: Kreisfreie Stadt, 337 m, 148 000 Einw.

Auskunft: Tourist-Information, Altes Rathaus, 93047 Regensburg
Tel. 0941/5074410, www.regensburg.de

Bahnlinien: Frankfurt–Nürnberg–Regensburg–Passau–Wien; München–Landshut–Regensburg–Weiden–Hof

Romanische Kapelle St. Ägidius in Kreuzhof

Busverbindungen: nach allen Richtungen

Straßen: A 3 Köln–Frankfurt/M.–Nürnberg–Regensburg–Passau–Wien; A 93 München–Regensburg–Weiden–Hof; B 8, B 15, B 16

Kostenlose Parkplätze: Am Unteren Wöhrd und in Stadtamhof „Am Protzenweiher“ beim Busterminal; von dort zu Fuß über die Steinerne Brücke

Donau-Personenschifffahrt:

Regensburg–Straubing–Bogen–Deggendorf–Niederalteich–Vilshofen–Passau; Fahrtstrecke 155 km in 8 ½ Std.; Abfahrt Eiserne Brücke Unterer Wöhrd

Walhalla-Schifffahrt Regensburg–Fuß des Walhallahügels; Fahrstrecke 12 km in 25 Min.; Abfahrt Steinerne Brücke

Strudelrundfahrten auf der Donau; Abfahrt Steinerne Brücke

Sport: Westbad, Messerschmidtstraße 4 (Thermal-, Mineralwasserbecken, Wellenbecken, Freibadebereich, www.westbad.de) Wöhrdbad, Lieblstr. 26, Hallenbad, Gabelsbergerstr. 14; Jahnstadion Prüfeninger Straße; Eishalle Donau-Arena mit multifunktionaler Nutzung (www.donau-arena.de), Walhalla-Allee 22; 18-Loch-Golfplätze in Sinzing (www.golfsinzing.de) und am Jagdschloss Thiergarten in Altenthann (www.golfclub-regensburg.de); Kaiser-Therme Bad Abbach 10 km (www.kaiser-therme.de)

Außerdem interessant: Naturschutzgebiet Max-Schultze-Steig an der Donau bei Großprüfening; Alpiner Steig mit Jurafelsen (Dorado für Kletterer) und artenreicher Pflanzenwelt westlich bei Eilsbrunn

Kultur: Theater Regensburg, Bismarckplatz 7; Theater im Velodrom, Arnulfsplatz 4b; Theater am Haidplatz (www.theaterregensburg.de); Turmtheater, Watmarkt 5 (www.regensburgerturmtheater.de); Kleinkunstbühne STATT-Theater (www.statt-theater.de), Winklergasse 16; Kulturzentrum Alte Mälzerei (Kabarett, Kleinkunst, www.alte-maelzerei.de), Galgenbergstr. 20; Figurentheater im Stadtpark, Dr.-Joh.-Maier-Str. 3 (Marionettenspiele, www.regensburgerfigurentheater.de); Theater an der Universität, Albertus-Magnus-Str. 4; Regensburger Bauerntheater in Kneitingers

Hubertushöhe, Wilhelm-Raabe-Str. 1 (www.regensburger-bauerntheater.de); Darbietungen der „Regensburger Domspatzen“ (www.domspatzen.de); Volkssternwarte, Ägidienplatz 2 (www.sternwarte-regensburg.de)

Veranstaltungen: Maidult und Herbstdult (Volksfest, www.dult-regensburg.de) auf dem Dultplatz am Europakanal; Altstadtfest am letzten Juni-Wochenende; Thurn und Taxis Schlossfestspiele im Juli; in der Adventszeit Christkindlmarkt am Neupfarrplatz (www.christkindlmarkt-regensburg.de) und Weihnachtsmarkt auf Schloss Thurn und Taxis (www.thurnundtaxis.de/events/weihnachtsmarkt)

Traditionsgaststätten:

> Alte Münz, Fischmarkt 7. Oberpfälzer Spezialitäten
> Bischofshof am Dom, Krauterermarkt 3. Gebäude aus dem 15. Jh.
> Dampfnudel-Uli, Watmarkt 4. Ehemalige Hauskapelle im Baumburger Turm
> Dicker Mann, Krebsgasse 6 (Haidplatz). Gasthof aus dem 14. Jh.
> Fürstliches Brauhaus am Schloss Thurn und Taxis, Waffnergasse 6–8
> Historische Wurstküche, An der Steinernen Brücke
> Hofbräuhaus, Waaggäßchen 1 (Rathausplatz). Alte Institution
> Kneitinger, Arnulfsplatz 3. Brauerei-Gaststätte seit 1862
> Prinzess Confiserie Café, Rathausplatz 2. Pralinen seit 1676
> Ratskeller, Rathausplatz 1. Gute Küche in historischen Räumen
> Spitalgarten, Katharinenplatz 1. Biergarten am nördlichen Donauarm

Museen und Sammlungen:

Welterbe Regensburg, Besucherzentrum, Weiße-Lamm-Gasse 1; Exponate und Objekte auf zwei Etagen (Eintritt frei)

Domschatzmuseum: Krauterermarkt 3 (Zugang über den Bischofshof oder durch den Dom); Exponate aus zehn Jahrhunderten in der ehemaligen Bischofsresidenz (www.bistumsmuseen-regensburg.de)

Museum St. Ulrich: Domplatz 2; Skulpturen, Gemälde, Goldschmiedekunst vom 11.–21. Jh. (www.bistumsmuseen-regensburg.de)

Museum Obermünster: Emmeramsplatz 1 (ehemaliges Damenstift); nur bei Sonderausstellungen geöffnet (www.bistumsmuseen-regensburg.de)

Thurn und Taxis Schlossmuseum: Emmeramsplatz 5; mit Kreuzgang St. Emmeram. Museums-Café (www.thurnundtaxis.de)

Thurn und Taxis Marstallmuseum: Emmeramsplatz 5; Kutschen, Schlitten, Sänften, 17.–20. Jh. (www.thurnundtaxis.de/museen/marstallmuseum)

Fürstliche Schatzkammer: Emmeramsplatz 6; Zweigmuseum des Bayerischen Nationalmuseums; (www.thurnundtaxis.de/museen/schatzkammer)

Historisches Museum: Dachauplatz 2–4; bedeutende kunst- und kulturgeschichtliche Sammlungen mit ehemaliger Minoritenkirche (www.regensburg.de/kultur)

Reichstagsmuseum: im Alten Rathaus mit Beratungszimmer der Reichsstände und Fragstatt; Karten in der Tourist-Information (www.regensburg.de/kultur)

Kepler-Gedächtnishaus: Keplerstraße 5; Wohn- und Sterbehaus des berühmten Astronomen

Städtische Galerie „Leerer Beutel“: Bertoldstr. 9; Ostbayerische Kunst des 20 Jhs. in einem siebengeschossigen Getreidekasten

Kunstforum Ostdeutsche Galerie: Dr.-Joh.-Maier-Straße 5 am Stadtpark; Malerei, Grafik, Plastik von 1800 bis heute (www.kunstforum.net)

Document Legionslagermauer: Parkhaus am Dachauplatz; freigelegtes Stück der Römermauer mit multimedialer Präsentation

Document Neupfarrplatz: Neupfarrplatz 3; unterirdische Schauräume (u. a. Römerzeit, mittelalterliches Judenviertel, www.regensburg.de/kultur)

Document Niedermünster: Niedermünstergasse 3; unterirdische Schauräume mit 3D-Animationen archäologischer Ausgrabungen

Document Schnupftabakfabrik: Gesandtenstr. 3; Museum in der ehemaligen Schmalzlerfabrik der Gebr. Bernard AG

Brückturm-Museum: Weiße-Lamm-Gasse 1; Geschichte der Steinernen Brücke und der Donau-Schifffahrt; schöner Dächerblick (www.schiffahrtsmuseum-regensburg.de)

Golfmuseum: Antikhaus Insam, Tändlergasse 3; bedeutendes europäisches Golfmuseum (www.golf-museum.com)

Naturkundemuseum Ostbayern: Am Prebrunntor 4 (Herzogspark); Landschaften, Erdgeschichte und Lebensräume Ostbayerns (www.nmo-regensburg.de)

Donau-Schifffahrts-Museum: Marc-Aurel-Ufer (Nähe Steinerne Brücke); zwei Museumsschiffe mit Ausstellungsräumen (www.schiffahrtsmuseum-regensburg.de)

Uhrenmuseum: Ludwigstr. 1; Taschenuhren, Armbanduhren, Uhrmacherwerkzeug, kleine Bibliothek, Videovorführungen

Museen des Bezirksklinikums: Karthaus-Prüll, Ludwig-Thoma-Str. 14; mit romanischer Hallenkirche St. Vitus (www.regensburg.de/kultur)

Ausflüge

1. Über die Steinerne Brücke nach **Stadtamhof**, 981 erstmals genannt und bis zur Eingemeindung 1924 eigene Kreisstadt. Gleich links die frühgotische **Spitalkirche** des 1226 gegründeten Katharinenspitals mit Spitalgarten (Biergarten) der stiftseigenen Brauerei. Östlich die barocke **Kirche St. Mang** des ehem. Augustinerchorherrenstifts (1138–1803), errichtet 1697–1711 anstelle der im Dreißigjährigen Krieg zerstörten Vorgängerin, mit Deckenfresken, Rocaillestuck und reich geschnitztem Chorgestühl. Nördlich erhebt sich auf dem Osterberg die **Dreifaltigkeitskirche** von 1715. Westlich anschließend die **Winzerer Höhen**, ein mittelalterliches Weinanbaugebiet, in dem die Stadt Regensburg noch heute einen eigenen Weinberg besitzt, dessen Rebensaft, der „Salutaris“, aber in der Regel nur honorigen Gästen kredenzt und nicht verkauft wird.

2. Nach **Prüfening**, 4 km südwestlich, mit **Kirche St. Georg** (Prüfeninger Schloßstr. 73) der ehem. Benediktinerabtei, ein romanischer Bau (1109–32) mit bedeutenden Wandmalereien aus derselben Epoche im Chor und Hochgrab des ersten Abts Erminold († 1121). Lohnende Wanderung ½ Std. westlich über die 500 m lange Donau-Eisenbahnbrücke zur **Wallfahrtskirche Mariaort** (1774–76) und **Kalvarienbergkirche** (1724) über der Naabmündung.
3. Südlich im Stadtteil **Neuprüll** die Universität mit **Botanischem Garten** (Eingang Joseph-Engert-Str.). In **Karthaus-Prüll** das ehemalige Benediktiner- (997–1483) und Kartäuserkloster (1484–1803), heute Bezirksklinikum, mit doppeltürmiger **Kirche St. Vitus**, einer romanischen Hallenkirche (1105–10) mit spätgotischem Chor, jetzt Teil des Klinikmuseums.
4. Über **Bad Abbach** mit Kaiser-Therme nach **Kelheim** (Niederbayern) mit **Befreiungshalle** von 1842–63 auf dem Michelsberg, 26 km südwestlich. Weiter 5 km zum **Benediktinerkloster Weltenburg** am Donaudurchbruch mit berühmter Asam-Klosterkirche und ältester Klosterbrauerei der Welt (Klosterschenke, Biergarten).

Rundfahrt durch die südliche Oberpfalz (Karte Seite 40):

Die B 15 Richtung Landshut führt über **Obertraubling** mit neubarocker Pfarrkirche nach **Köfering** mit ehemaligem Wasserschloss aus dem 18. Jh.; benachbart westlich in **Gebelkofen** ein Wasserschloss des 18. Jh. mit Arkadenhof und Schlosskapelle. Südlich folgt **Schloss Alteglofsheim**, das auf eine Burg des 14. Jh. zurückgeht (Bergfried) und im 17./18. Jh. zu einem Schloss umgebaut wurde. Berühmte Künstler des Spätbarock schufen prunkvolle Räume. Das Deckenfresko „Der Morgen" im Ovalsaal stammt von Cosmas Damian Asam. Das restaurierte Schloss beherbergt heute die Bayerische Musikakademie. Südwestlich **Schloss Neueglofsheim**, auch Schloss Haus genannt, aus dem 17. Jh. mit 22 m hohem Bergfried als Rest der mittelalterlichen Burg.

Über **Hagelstadt** mit barocker Kirche St. Vitus (1923 erweitert) geht es weiter nach **Eggmühl** mit einem Schloss des 12.–18. Jhs., das heute ein Altenheim beherbergt. Das Löwendenkmal mit dem mächtigen Bronzelöwen erinnert an die Schlacht Napoleons gegen die Österreicher von 1809. Westlich liegt **Schierling** mit ehemaligem Schloss und hochgelegener Pfarrkirche St. Petrus und Paulus, deren gotischer Turm eine barocke Zwiebelhaube besitzt. Nun östlich nach **Zaitzkofen** mit Schloss aus dem 18. Jh. (jetzt Priesterseminar der Piusbruderschaft) und nordöstlich nach **Aufhausen.** Auf einem Höhenrücken erhebt sich die Wallfahrtskirche Maria Schnee, ein barocker Zentralbau (1736–51) mit großartiger Raumwirkung von Barockbaumeister Johann Michael Fischer; daneben die mittelalterliche Pfarrkirche.

In **Sünching** an der Großen Laber steht das Schloss der Grafen von Seinsheim, erbaut im 17./18. Jh. anstelle einer früheren Wasserburg, das als Oktogonanlage einen Innenhof umschließt. Im Inneren befindet sich ein großartiger Rokokosaal mit Deckenfresken von Matthias Günther, in der Rokokoschlosskapelle ein Altarrelief der Himmelfahrt Mariens von Ignaz Günther. Im Sünchinger Wald Richtung Geiselhöring beherbergt ein ehemaliger Munitionsbunker das Heimatmuseum mit Möbeln, Hausrat und Geräten.

Nordöstlich folgt **Schönach** mit imposantem Schloss von 1702/03 anstelle einer älteren Anlage (Privatbesitz). Die Rückfahrt führt auf der B 8 durch die Oberpfälzer Donauebene.

Pfatter liegt an einem Donau-Altwasser bei der Mündung des gleichnamigen Flüsschens. Tradition haben die „Pfatterer Ruam" (Rüben), die sogar das Ortswappen zieren. Die Pfarrkirche stammt ursprünglich aus dem 15. Jh.; ein Abstecher lohnt zur Nikolauskirche um 1600 am Ortsende mit drei Renaissance-Altären aus der Erbauungszeit. Vorgei am Schloss Johannishof kommt man nach **Geisling**. Die gotische Pfarrkirche Mariä Geburt mit späterer Ausstattung besitzt einen barocken Zwiebelturm. Daneben steht die Kapelle St. Ursula mit spätgotischen Glasgemälden aus der Zeit um 1365. Über **Barbing** mit ehemaligem Schloss (jetzt Rathaus) und Pfarrkirche St. Martin von 1733 (Turm noch von der Vorgängerin aus dem 14. Jh.) geht es nach Regensburg zurück.

REGENSTAUF → Route 1

Regenstauf, ein alter Markt im Unteren Regental, wurde bereits 970 erstmals genannt. 1788 zerstörte eine Brandkatastrophe fast den ganzen Ort. Eingemeindet wurden die Orte *Heilinghausen, Hirschling, Karlstein, Marienthal* und *Ramspau.*

Die neuromanische **Pfarrkirche St. Jakob** wurde 1849/50 anstelle der abgebrannten Vorgängerin errichtet. Auf dem **Schlossberg** (436 m) mit romantischen Felspartien befand sich die im 16. Jh. zerstörte Burg der Grafen von Regenstauf. Erhalten blieb der 90 m tiefe *Burgbrunnen.* Vom 25 m hohen *Aussichtsturm* geht der Blick bis nach Regensburg. Die Schlossberg-Gaststätte beherbergt das Info-Center „Geschichte trifft Natur".

Regenstauf: Kreis Regensburg, 344 m, 16 600 Einw.

Auskunft: Marktgemeinde, Bahnhofstr. 15, 93128 Regenstauf
Tel. 09402/5090, www.regenstauf.de

Verkehr: Busverbindung mit Regensburg; Bahnstation

Hobby und Sport: Freizeitbad Eckert-Beach, Valentinsbad im Regen, Angeln, Paddeln; Sportflugplatz Oberhub mit Rundflügen (www.ednr.org)

Sammlungen: Rotkreuzmuseum, Schwandorfer Str. 2

Wanderungen

1. Über Maad nach **Kürn** mit Schloss des 12./19. Jh., 1 ½ Std. östlich. Ausgangspunkt von Wanderwegen in das südöstliche *Wenzenbachtal* nach Wenzenbach, Bernhardswald und Erlbach.
2. Östlich nach Maad und dann nördlich über **Karlstein** mit mittelalterlichem Schloss, Grafenwinn und den **Gailenberg** (570 m) nach **Marienthal** am Regenknie mit Ausflugsgasthof, 3 ½ Std. Zurück mit dem Bus.
3. Am westl. Ufer des Regen über **Schloss Spindlhof** (heute Bildungsstätte der Diözese Regensburg) mit barocker Schlosskapelle nach **Ramspau** mit Barockschloss des 18. Jh., 1 Std. nördl.; auf dem Schlossberg Reste des romanischen Bergfrieds der mittelalterlichen Burg.

RODING → Route 1

Das Alte Rathaus wird vom Turm der Stadtpfarrkirche überragt

Die kleine Stadt Roding liegt in reizvoller Flusslandschaft am Regen. Eingemeindet wurden die Orte *Altenkreith, Braunried, Fronau, Kalsing, Mitterdorf, Neubäu, Obertrübenbach, Regenpeilstein, Strahlfeld, Trasching, Wetterfeld, Wiesing* und *Zimmerling.*

Bereits 844 als karolingischer Königshof genannt, erhielt Roding 1364 das Marktrecht, wurde aber erst 1952 zur Stadt erhoben. Berühmt wurde der Barockkomponist *Marianus Königsperger* (1708–69) mit über 200 Werken (Gedenktafel am Geburtshaus, Chamer Str. 5).

Das **Alte Rathaus** von 1661 am Marktplatz mit Glockenturm und Pranger wurde nach dem Stadtbrand von 1755 barock aufgestockt. Das jetzige *Neue Rathaus* stammt von 1997.

Die **Stadtpfarrkirche St. Pankratius**, entstanden 1959–60 anstelle der barocken Vorgängerin, birgt einen romanischen Taufstein und eine frühgotische Marienstatue. Erhalten blieb der freistehende zwiebelgekrönte *Barockturm.*

Die benachbarte runde **Josefikapelle** war ursprünglich eingeschossig und Taufkapelle der Rodinger Urkirche des 7./8. Jh. Das später aufgesetzte Obergeschoss zeigt Fresken des 13./14. Jh. Die angebaute *Annakapelle* löste um 1650 ihre Vorgängerin ab und bewahrt das *Rodinger Totentanzfresko* aus der Erbauungszeit.

Die 1270 erstmals erwähnte **Burg Regenpeilstein** auf einem Felsen über dem Regen mit quadratischem Bergfried aus dem 14. Jh. und Schlosskapelle St. Jakobus von 1737 wurde im 18. Jh. zu einem Schloss umgebaut (Privatbesitz).

Roding: Kreis Cham, 370 m, 11 600 Einw.

Auskunft: Tourismusbüro, Schulstr. 15, 93426 Roding
Tel. 09461/941815, www.roding.de

Verkehr: Busverbindung mit Cham, Regensburg, Neubäu, Nittenau, Bruck, Falkenstein, Stamsried; Bahnstation

Hobby und Sport: Beheiztes Freibad, Hallenbad, Minigolf, Freizeitanlage am Esper, Angeln, Reiten; Neubäuer See (30 ha) 8 km nordwestlich (Wassersport); Naturschutzgebiet Regentalaue zwischen Roding und Cham mit Aussichtsturm (bedeutendes Wiesenbrütergebiet)

Sammlungen: Feuerwehr-Museum am Ziehringer Weg (Feuerwehrwache); Schulmuseum in Fronau (ehem. Schule in einem Waldlerhaus von 1797)

Außerdem interessant: Strahlfeld mit Dominikanerinnenkloster im ehemaligen Schloss; Wetterfeld mit Ruine einer ehemaligen Wasserburg

Wanderungen

1. Zur idyllisch im Wald gelegenen **Wallfahrtskirche Heilbrünnl** von 1732 mit marmornem Becken im Mittelschiff, in das Quellwasser fließt, ½ Std. westlich am jenseitigen Regenufer. Weiter über **Palmberg** (468 m) nach Dicherling und am Regen abwärts über **Kirchenrohrbach** mit Rokoko-Kirche von 1749 nach **Walderbach** (→ Seite 44), 2 ½ Std. westlich.
2. Über Grundbachhof und **Wallfahrtskapelle Sträucherröhren** (1715/1860) nach **Untertraubenbach** am Einfluss des Traubenbaches in den Regen mit Pfarrkirche St. Martin von 1719, 1 ½ Std. nordöstlich.
3. Über Mitterdorf durch den **Rodinger Forst** zum **Neubäuer See**, 2 Std. nordwestlich.

RÖTZ → Route 7

Rötz, eine kleine Stadt im Schwarzachtal am Fuße vom Schwarzwihrberg mit der Schwarzenburgruine, wurde als „Retsitz" 1017 erstmals urkundlich genannt und war im 12. Jh. Sitz der Edlen de Rehsce. Seit 1299 Markt, wurde Rötz 1495 zur Stadt erhoben. Das ehemalige kurfürstliche Pflegschloss beherbergt seit langem eine Brauerei. Kriege und Brände haben den Ort mehrmals vernichtet, besonders beim verheerenden Stadtbrand von 1840, dem auch das einstige Rathaus auf dem Marktplatz zum Opfer fiel.

Stadtpfarrkirche St. Martin mit dem Margaretenbrunnen

Die **Stadtpfarrkirche St. Martin** konnte nur ihren gotischen Chor und den Turm von 1745–52 bewahren, während das Langhaus um 1850 erneuert werden musste. Der **Margaretenbrunnen** am Marktplatz entstand erst 1981 zu Ehren der hl. Margareta als Stadtpatronin. Unversehrt blieb die barocke **Friedhofskirche St. Salvator,** erbaut als Votivkirche 1750–55 anstelle einer Vorgängerin aus dem 16. Jh. Sie besitzt Deckenbilder, drei Altäre, eine Kanzel um 1754, lebensgroße Figuren der Heiligen Rochus und Sebastian sowie gut erhaltene Grabdenkmäler.

Der bewaldete **Schwarzwihrberg** (706 m) ist ringsum von schönen Wanderwegen umgeben. Auf dem Gipfel erhebt sich die *Burgruine Schwarzenburg* mit Pulverturm und Schwanbergturm (Aussichtsturm). Gründer der Burg waren im 11. Jh. die Ritter des im 14. Jh. ausgestorbenen Geschlechts der Schwarzenburger. Friedrich der Schwarzenburger avancierte sogar zum Erzbischof von Köln. 1433 sammelte Herzog Johann von Neunburg auf Schwarzenburg seine Truppen, um die Hussiten in der historisch bedeutsamen Schlacht von Hiltersried 8 km nordöstlich vernichtend zu schlagen. 1506 gelangte die Burg in den Besitz des berüchtigten Raubritters Heinrich von Guttenstein, der besonders bei den nach Böhmen reisenden Kaufleuten aus Regensburg und Nürnberg gefürchtet war. Zur Erprobung ihrer Festigkeit ließ es sogar seine eigene Burg beschießen, und da sie nicht standhielt, verkaufte er sie 1509 an Kurfürst Ludwig V. von der Pfalz. Im Dreißigjährigen Krieg wurde sie 1634 von Schweden zerstört.

Rötz: Kreis Cham, 410 m, 3600 Einw.

Auskunft: Tourismusbüro, Böhmerstr. 18, 92444 Rötz
Tel. 09976/941160, www.roetz.de

Verkehr: Busverbindung nach Cham, Waldmünchen, Neunburg, Weiden, Regensburg, München; Bahnstation Waldmünchen und Cham

Hobby und Sport: Freizeitwelle Rötz (Frei- und Hallenbad); 18-Loch-Golfanlage in Hillstett; Eixendorfer See (Segeln, Surfen, Bootsverleih, Angeln, Rundweg), Nordic Walking-Park Schwarzwihrberg

Sammlungen: Oberpfälzer Handwerksmuseum Rötz-Hillstett mit Hammerwerk „Seebarnhammer", Handwerksberufen in nachgestellten Werkstätten, Dampflokomotive, Dampfsägewerk und Museumsschänke (www.roetz.de/handwerksmuseum)

Veranstaltungen: Historisches Freilichtspiel „Der Guttensteiner" im Juli und August auf der Naturbühne der Burgruine Schwarzenburg (www.schwarzenburg-festspiele.de); Bergfest auf dem Schwarzwihrberg am 15. August (Mariä Himmelfahrt)

Einkehrtipp: Gourmet-Restaurant „Gregors" im 4-Sterne-Hotel Wutzschleife Hillstett

Wanderungen

1. Über Bauhof durch das Naturwaldreservat zur **Burgruine Schwarzenburg** auf dem **Schwarzwihrberg** (706 m), 1 Std. nordwestlich. Weiter 1 Std. nordwestlich über Naturdenkmal **Steinerne Wand** nach **Thanstein** mit Burgruine des 14. Jh. (runder, 17 m hoher Bergfried als Aussichtsturm) und Pfarrkirche des 16./18. Jhs.
2. Über **Hillstett** mit Oberpfälzer Handwerksmuseum und Museumsschänke zum 7 km langen **Eixendorfer See**, 1 Std. südwestlich.
3. Auf der ehemaligen Bahntrasse nach **Neunburg vom Wald**, 2 ½ Std. westlich.

SCHMIDMÜHLEN → Route 2

Schmidmühlen liegt als anerkannter Erholungsort am Zusammenfluss von Vils und Lauterach. Schon 1005 erstmals genannt und 1270 als Markt nachweisbar, war „Smidimulni" früher ein bedeutender Hammerschmiedeort am Schnittpunkt alter Handelsstraßen mit der einst schiffbaren Vils. Berühmter Sohn ist der spätgotische Bildhauer Erasmus Grasser (* um 1450, † 1518 in München), an den der Brunnen vor dem Oberen Schloss mit dem gegossenen Abbild eines Moriskentänzers erinnert. Zur Marktgemeinde gehören auch *Emhof* und *Winbuch*.

Das **Obere Schloss**, Rathausstraße 1, ein dreigeschossiges Renaissancegebäude um 1600 mit achteckigem Treppenturm, war einst Hofmarkssitz auf dem Platz einer früheren Wasserburg und beherbergt heute das Rathaus. Als Rarität birgt es weltliche Renaissancefresken. Das **Untere Schloss** (Hammerstraße 30), ein ehemaliges Hammerherrenschloss, wurde 1700–05 unter Einbeziehung älterer Teile errichtet und dient jetzt als Kulturzentrum. Das **Zieglerschloss** (Kreuzbergstr. 4) mit zweigeschossigem Erker ließ 1757 ein

Tabakdosenfabrikant anstelle einer Ziegelei errichten.

Die **Pfarrkirche St. Ägidius** wurde Mitte des 19. Jh. auf den Mauern der spätgotischen Vorgängerin erneuert und 1972/73 erweitert. Die **Friedhofskirche St. Georg** aus der Zeit um 1550 birgt Renaissancefresken, die bei der Sanierung 2006–08 freigelegt wurden. Auf dem südlich gelegenen Kreuzberg steht die **Kreuzbergkirche zur Hl. Dreifaltigkeit** von 1697 (erweitert 1912), umgeben von einem vorgeschichtlichen Ringwall.

Das Obere Schloss mit achteckigem Treppenturm dient heute als Rathaus

Schmidmühlen: Kreis Amberg-Sulzbach, 355 m, 2400 Einw.

Auskunft: Tourist-Info, Rathausstr. 1, 92287 Schmidmühlen
Tel. 09624/934494, www.schmidmuehlen.de

Verkehr: Busverbindung nach Regensburg, Amberg und Burglengenfeld

Hobby und Sport: Angeln, Kanufahren, 18-Loch-Golfplatz (www.golfclubschmidmuehlen.de); Freibad in Rieden, 7 km nördlich

Sammlungen: Heimat- und Vereinsmuseum im Oberen Schloss

Veranstaltungen: Kreuzbergfest am Sonntag nach Pfingsten; Marktfest am ersten Wochenende im August

Einkehrtipp:

> Gasthof Zum Goldenen Lamm, Hauptstr. 10. Traditionsgasthaus mit Oberpfälzer Gastlichkeit

Wanderungen

1. Im Vilstal aufwärts nach **Vilshofen** mit drei sehenswerten Kirchen auf dem Kirchberg, 1 Std. nördlich.
2. Im Vilstal abwärts nach **Emhof** mit Dorfkirche (darin Erinnerungstafel an den Spanischen Erbfolgekrieg 1703), 1 Std. südlich.
3. Durch das Lauterachtal über **Adertshausen** (Pfarrkirche von 1889 mit mittelalterlichem Turm und Renaissancehaube) und **Stettkirchen** mit Wallfahrtskirche nach **Hohenburg** mit historischem Marktplatz, 2 ½ Std. nordwestlich. Weiter 3 ½ Std. durch das Lauterachtal nach **Kastl** mit romanischer Klosterburg.
4. Auf dem Jurasteig vorbei an **Winbuch** (evtl. Abstecher zur romanischen Bartholomäuskirche, früher Schlosskapelle) zur **Burgruine Roßstein** aus dem 14. Jh. mit Resten des turmartigen Wohnbaues über dem Taubenbach, 1 ½ Std. nordwestlich.

SCHÖNSEE → Route 7

Die ursprünglich gotische Stadtpfarrkirche wurde nach dem böhmischen Nationalheiligen Wenzeslaus benannt

Schönsee, ein anerkannter Erholungsort im Tal der Ascha unweit der böhmischen Grenze, erhielt im 14. Jh. durch Kaiser Karl IV. Stadtrecht und gehörte bis 1805 zum böhmischen Kronlehen mit den Herrschaften Frauenstein und Reichenstein. Eine alte Tradition im Schönseer Land ist die Kunst des Spitzenklöppelns.

Die spitztürmige **Stadtpfarrkirche St. Wenzeslaus** wurde im 19. Jh. nach mehrmaligen Bränden auf gotisch-barocken Mauern wieder errichtet. Die spätbarocke **Vierzehn-Nothelfer-Kapelle** von 1799 besitzt einen prächtigen Choraltar mit 14 holzgeschnitzten Figuren der Nothelfer. An der Straße nach Gaisthal erinnert im Aschatal die 1799 errichtete **Doppelstatue des hl. Johannes von Nepomuk** an die wechselvolle Geschichte des Schönseer Landes: Ein Gesicht schaut nach Böhmen, das andere nach Bayern.

Schönsee: Kreis Schwandorf, 658 m, 2800 Einw.

Auskunft: Tourist-Info, Freyung 1, 92539 Schönsee
Tel. 09674/317, www.schoenseer-land.de

Verkehr: Busverbindung nach Dietersdorf, Stadlern, Schwarzach

Hobby und Sport: Kurpark mit Moorbad und Kneippbecken, Angeln, Reiten; Langlaufzentrum Schönsee-Rosenhof und Schönseer Schwand

Sammlungen: Jagd- und Tiermuseum beim Hotel St. Hubertus

Veranstaltungen: Seefest mit Feuerwerk am letzten Sonntag im Juli; Freilichtspiele auf dem Freigelände am Eulenberg in Friedrichshäng

Außerdem interessant: Centrum Bavaria Bohemia in den historischen Räumen des ehemaligen Kommunbrauhauses (Freyung 1) mit Veranstaltungen und grenzüberschreitenden Ausstellungen (www.bbkult.net)

Wanderungen

1. Über die **St.-Magdalena-Kapelle** (1828) auf dem Venezianersteig nach **Stadlern** mit Marienwallfahrtskirche 1 ½ Std. östlich. Von dort 1 Std. nördlich über Hochfels (markante Gneiskuppe, Naturdenkmal), **Burgruine Reichenstein** (874 m) und **Weingartnerfels** (898 m) zum 30 m hohen **Böhmerwald-Aussichtsturm**. Weiter ¼ Std. zum verlassenen Dorf **Bügellohe** vor der Landesgrenze (→ Seite 107). Zurück nach Schönsee auf dem Bügelloh- und Sautreiberweg.
2. Über Laub zum **Stückstein** (809 m) mit Aussichtsturm und Naturwaldreservat in der Gipfelzone, 1 ¼ Std. nordwestlich. Zurück über die Glaserhanslkapelle.
3. Auf dem Schönseer Burgenweg zur sagenumwobenen **Burgruine Frauenstein** (13. Jh.) mit Felsentor, 1 ½ Std. südlich. Zurück über das Kirchdorf **Weiding**.
4. Über Dietersdorf und **Friedrichshäng** mit Grenzübergang für Wanderer und Radler auf den **Eulenberg** (818 m) diesseits der Grenze mit Blick nach Böhmen, 1 ½ Std. nordöstlich.
5. Über Muggenthal durch das idyllische Aschatal (genannt Rosental) nach **Gaisthal** mit barocker Laurentiuskirche aus dem 18. Jh., 1 ½ Std. südwestlich.

SCHWANDORF → Route 4

Schwandorf erstreckt sich als Große Kreisstadt an der Naab zwischen Oberpfälzer Alb und Oberpfälzer Wald.

Blick in die Geschichte

Um das Jahr 1006 in den Traditionsbüchern des Regensburger Klosters St. Emmeram als „Suanicondorf" erstmals genannt, erhielt die Ansiedlung 1285 das Marktrecht und wurde 1451 durch Pfalzgraf Otto I. zur Stadt erhoben. Um 1460 erfolgte die Befestigung, an die noch der Blasturm erinnert.

Von 1505 bis 1777 gehörte Schwandorf zum Fürstentum Pfalz-Neuburg und Sulzbach und wurde Pflegamtssitz. Durch den Bau der Eisenbahn 1859 entstand ein wichtiger Verkehrsknotenpunkt. Am 17. April 1945 wurde die Stadt bei einem Luftangriff zu 57 % zerstört. Seit der Gebietsreform 1972 ist Schwandorf Sitz des gleichnamigen Landkreises. Neue Industriebetriebe wuchsen am Rande des 1982 stillgelegten Wackersdorfer Braunkohlereviers. In den ehemaligen Tagebaugruben entstand eine große Seenlandschaft mit hohem Freizeitwert.

Die Stadtpfarrkirche St. Jakob erhebt sich anstelle einer mittelalterlichen Burg der Nordgaugrafen

Sehenswürdigkeiten

Der Marktplatz hat die Form eines Dreiecks. In der Mitte stand bis 1808 das gotische Rathaus. An der Spitze leicht ansteigend die kuppelgekrönte **Stadtpfarrkirche St. Jakob**, ein gotischer Hallenbau aus der Zeit um 1400, im 17., 18. und 19. Jh. umgestaltet, mit neugotischem Hochaltar und bedeutenden Grabdenkmälern der Renaissance. Einst befand sich hier die mittelalterliche Burg der Nordgaugrafen. Erhalten ist noch der benachbarte, jüngst sanierte ehemalige landesfürstliche *Pfleghof* von 1584.

Auf einer Anhöhe als Rest der Stadtbefestigung der **Blasturm** (15. Jh.), Geburtsstätte von Konrad Max Kunz (1812–75), Komponist der Bayernhymne „Gott mit dir, du Land der Bayern" (Glockenspiel auf dem Marktplatz). Carl Spitzweg malte den Blasturm 1860 auf einer Durchreise und nannte das Ölbild „Schwandorfer Stadtturm im Mondschein". Der 2006 renovierte Turm beherbergt jetzt ein Museum.

Auf dem Kreuzberg (408 m) die doppeltürmige **Wallfahrtskirche Unsere Liebe Frau vom Kreuzberg**, die 1949–52 von dem Regensburger Baumeister Franz Günthner aus den Trümmern der Vorgängerin wieder errichtet und von dem Münchner Maler Professor Blasius Spreng modern-barock ausgestattet wurde. Unversehrt erhalten blieb das Marien-Gnadenbild. Benachbart ein Karmelitenkloster.

Schwandorf: Große Kreisstadt, 365 m, 30 000 Einw.

Auskunft: Tourismusbüro, Kirchengasse 1, 92421 Schwandorf
Tel. 09431/45550, www.schwandorf.de

Verkehr: Autobahnanschluss zur A 93 (Regensburg–Hof), Busverbindung nach Burglengenfeld, Regensburg, Amberg, Schwarzenfeld, Weiden, Nittenau, Bodenwöhr, Furth im Wald, Neunburg vorm Wald, Wackersdorf, Rötz, Waldmünchen; Bahnstation

Hobby und Sport: Erlebnisbad auf 42 000 m^2, Naturbad Klausensee mit Sandstrand, Hallenbad, Angeln, Minigolfanlage, Reiten, Sportflugplatz Charlottenhof (Rundflüge)

Sammlungen: Stadtmuseum, Rathausstr. 1; Museum im Blasturm, Blasturmgasse 4

Außerdem interessant:

> *Spitalkirche*. Die ursprünglich gotische Kirche gehörte zu einem 1442 gegründeten Bürgerspital, auf dessen Gelände seit 2005 das neue Rathaus steht. Die profanierte Spitalkirche dient jetzt als Konzertraum.

> *Historische Felsenkeller*. Im Schwandorfer Holz- und Weinberg befinden sich über 130 in Sandstein gehauene Felsenkellerräume mit bis zu drei Etagen übereinander. Die teils über 500 Jahre alten Keller wurden für die Gärung und Lagerung von Bier errichtet und können besichtigt werden.

> *Oberpfälzer Künstlerhaus* (Fronberger Str. 31) im Stadtteil Fronberg in der denkmalgeschützten Kebbel-Villa mit regionaler Kunstgalerie (Grafik, Malerei, Plastik) und vielfältigen Veranstaltungen. Das angegliederte Oberpfälzer Künstlerhaus II fördert den internationalen Künstleraustausch.

> *Naturschutzgebiet Charlottenhofer Weihergebiet* (830 ha) nordöstlich von Schwandorf, bedeutende Brut-, Nahrungs-, Rast- und Überwinterungsstätte für über 100 Vogelarten.

> *Geotop Wackersdorfer Braunkohle* bei Wackersdorf mit Resten der Braunkohleflöze, erschlossen über einen hölzernen Steg und eine Aussichtsplattform.

Wanderungen

1. Naabtalaufwärts nach **Fronberg** mit Oberpfälzer Künstlerhaus und Renaissance-Schloss aus dem 16. Jh. (Privatbesitz), ½ Std. nordöstlich.
2. Naabtalabwärts über Ettmannsdorf und **Naabeck** mit altem Schloss nach **Wiefelsdorf** mit romanisch-gotisch-barocker Pfarrkirche St. Peter und Paul, 1 ¾ Std. südwestlich.
3. Über **Kronstetten** mit gotisch-barocker ehemaliger Wallfahrtskirche St. Johannes nach **Wackersdorf** mit Panoramabad, Heimat- und Industriemuseum sowie großer Kartbahnanlage „Prokart Raceland“, 1 Std. östlich. Weiter ½ Std. nordöstlich zum **Brückelsee** (140 ha) und **Murner See** (90 ha) mit Erlebnispark Wasser – Fisch – Natur, Oberpfälzer Märchenpark und anderen Freizeiteinrichtungen. Zurück auf dem Jakobsweg.
4. Zum 200 ha großen **Steinberger See** (Baden, Surfen, Segeln, Wasserskianlage, Bootsverleih, Tauchen, Erlebnispark Movin'Ground), 1 Std. südöstlich. Weiter nach **Steinberg** mit Pfarrkirche aus dem 18. Jh. sowie Heimat- und Braunkohlemuseum.

SCHWARZENFELD → Route 4

Schwarzenfeld, Marktflecken am rechten Ufer der Naab gegenüber der Schwarzach-Mündung, wurde 1015 in einer Urkunde Kaiser Heinrichs II. erstmals als „Suarzinvelt"erwähnt. Der Ort ist umgeben von einer Teichlandschaft mit intensiver Karpfenzucht.

Die **Alte Pfarrkirche St. Dionysius und Ägidius** aus dem 13. Jh., nach einem Brand 1757–60 unter Einbezug des gotischen Turmes wieder errichtet, besitzt eine stilvolle Rokokoausstattung mit Stukkaturen, Fresken und einem von vier Säulen getragenen Hochaltar. Als neues Pfarrzentrum dient die **Marienkirche** von 1954.

Das **Schloss Schwarzenfeld** an der Naab, im 14. Jh. Sitz der Schwarzenfelder, ließ Maximilian Karl Theodor Graf von Holnstein 1890–92 umbauen und vergrößern. 1982 teils abgebrannt und 1995 wieder aufgebaut, beherbergt es jetzt ein komfortables Hotel. Auf dem Friedhof die **Holnstein'sche Gruftkapelle** von 1883–84 mit Gruftraum im Untergeschoss und Kapelle im Obergeschoss.

Die barocke **Wallfahrtskirche zur Hl. Dreifaltigkeit** auf dem Miesberg entstand 1720/21 durch Erweiterung einer Kapelle von 1691. Seit 1934 wird sie von dem katholischen Orden der Passionisten im anschließenden Kloster betreut.

Schwarzenfeld: Kreis Schwandorf, 365 m, 6400 Einw.

Auskunft: Tourist-Info, Viktor-Koch-Str. 4, 92521 Schwarzenfeld
Tel. 09435/3090, www.schwarzenfeld.de

Verkehr: Anschluss zur A 93 (Regensburg–Hof), Busverbindung nach Schwandorf, Amberg, Weiden; Bahnstation

Hobby und Sport: Badesee Forstweiher, Hallenbad, Angeln, Reiten; Bootswandern; Lehrbienenheim des Imkervereins mit Beobachtung der Bienen

Sammlungen: Gesteinssammlung im Rathaus; Museum im Turm der alten Pfarrkirche mit sakralen Gegenständen; Schnupfermuseum, Fichtenstr. 1

Veranstaltungen: Miesbergkirchweih am Sonntag nach Pfingsten; Schwarzenfelder Musiksommer Juli/August; Dionyskirchweih Mitte Oktober

Wanderungen

1. Nach **Wölsendorf** mit Flussspat-Besucherbergwerk Heinrich-Kocher-Stollen, 1 Std. nordöstlich.
2. Durch das Schwarzachtal nach **Schwarzach** mit barocker Pfarrkirche, 2 Std. nordöstlich.

3. Über **Stulln** mit der wehrhaften Kirche St. Stephan aus dem 15. Jh. nach **Freiung** mit Flussspat-Besucherbergwerk „Reichart-Schacht", 1 ½ Std. nordwestlich.
4. Nach **Schmidgaden** mit gotischer ehem. Burgkirche und Flugplatz (Rundflüge), 1 ½ Std. nordwestlich.
5. Über Asbach zum **Murner See** mit vielen Freizeiteinrichtungen, 1 ½ Std. südostlich.

STAMSRIED → Route 7

Stamsried, Markt und anerkannter Erholungsort in reizvoller Hanglage, wurde 1140 erstmals genannt.

Die barocke **Pfarrkirche Johannes der Täufer** von 1719–25 besitzt 110 Wand- und Deckenfresken des Waldmünchener Malers Valentin Reischl. Am Marktplatz mit Granitbrunnen von 1723 steht die barocke **Mariensäule** von 1729, umgeben von den vier lebensgroßen Heiligenfiguren Johannes Baptist, Johannes Nepomuk, Sebastian und Florian. Das Ensemble gilt als eines der schönsten Barockdenkmäler dieser Art in der Oberpfalz. In der Nähe das **Barockschloss** aus dem 18. Jh., eine Vierflügelanlage mit Turm auf dem Platz einer früheren Burg aus dem 11. Jh., heute in Privatbesitz.

Stamsried: Kreis Cham, 450 m, 2200 Einw.

Auskunft: Tourismusbüro, Schlossstr. 10, 93491 Stamsried
Tel. 09466/940121, www.stamsried.de

Die Mariensäule auf dem Marktplatz ist von vier Heiligenfiguren umgeben

Verkehr: Busverbindung mit Roding, Cham, Regensburg; Bahnstation Roding

Hobby und Sport: Preisgekröntes vollbiologisches Naturfreibad, Kneippanlage, Minigolf; Kraftweg durch den barocken Schlosspark, Obstlehrpfad, Walderlebnispfad, botanischer Lehrpfad, Barfußpfad (→ Informationen unter: www.urlaub-in-stamsried.de)

Wanderungen

1. Zur ausgedehnten **Burgruine Kürnburg** (571 m) mit Aussichtsturm, errichtet um 1354 durch Dietrich II. von Kürn, 1634 im Dreißigjährigen Krieg zerstört, ½ Std. nordöstlich. Sie gilt als eine der größten Burganlagen der Oberpfalz.
2. Über Unterdeschenried nach **Pemfling** mit barocker Pfarrkirche St. Andreas von 1727–36 in prachtvoller Ausstattung, 1 ½ Std. östlich.
3. Über Bernmühle nach **Friedersried** mit romanisch-gotischer Kirche, 1 Std. westlich.
4. Über Hindelmühle und Kapelle Steinhäufl zur **Burgruine Schwärzenberg** (556 m) auf 30 m hohem Quarzriff mit Resten des Wohnturms (12. Jh., zerstört im Dreißigjährigen Krieg), 1 ½ Std. südwestlich.
5. Über Asbach nach **Strahlfeld** mit Dominikanerinnenkloster im ehemaligen Schloss, 1 ¼ Std. südwestlich.

SULZBACH-ROSENBERG

➜ Route 4

Sulzbach-Rosenberg ist eine 1200-jährige Herzogstadt in der Oberpfälzer Alb an der historischen Goldenen Straße zwischen Nürnberg und Prag. Ausgrabungen belegen die Besiedlung des Sulzbacher Schlossbergs seit dem 8. Jh. Erhalten sind noch Reste der Stadtbefestigung aus dem 14. Jh. Seit 1934 ist Sulzbach mit dem benachbarten Rosenberg vereinigt.

Blick in die Geschichte

Seinen Namen verdankt Sulzbach den mächtigen Grafen von Sulzbach, die den Ort im frühen 11. Jh. gründeten, 1099 die Vogtei über alle bayerischen Güter bis Bistums Bamberg erhielten und so zu einem führenden nordgauischen Adelsgeschlecht aufstiegen. Um 1050 erbaute Graf Gebhard I. von Sulzbach die Burg. 1188 fiel das Sulzbacher Erbe an die verwandten Grafen von Hirsch-

Mittelpunkt des historischen Stadtzentrums von Sulzbach ist die Stadtpfarrkirche St. Marien

berg, 1305 an die bayerischen Herzöge und 1329 an die wittelsbachischen Pfalzgrafen. Durch die Heirat der Tochter Anna des Pfalzgrafen Rudolf mit Kaiser Karl IV., König von Böhmen, wurde Sulzbach von 1353 bis 1373 Hauptstadt von „Neuböhmen". 1354 erteilte Kaiser Karl IV. das Bergbau-Privileg für das Sulzbacher Gebiet und begründete damit den auf Eisen beruhenden Wohlstand. Ende des 14. Jh. fiel Sulzbach wieder an Bayern zurück und kam 1505 an das Haus Pfalz-Neuburg, von dem sich 1604 eine eigene Linie Sulzbach abspaltete; mit dem Tod ihres letzten Nachkommen Karl Theodor 1799 erlosch das wittelsbachische Herzogtum Sulzbach. Vom 17.–19. Jh. hatte Sulzbach auch Bedeutung als Druck- und Verlagsort. Die 1863 gegründete Maximilianshütte im Stadtteil Rosenberg wurde 2002 stillgelegt.

Sehenswürdigkeiten

Mittelpunkt von Sulzbach ist die **Stadtpfarrkirche St. Marien**. Kaiser Karl IV. ließ die romanische Vorgängerin durch einen gotischen Bau ersetzen. Um 1360 wurde der Chor errichtet, an den sich 1412–31 das Langhaus fügte, 1488 nach Norden und Süden durch doppelstöckige Kapellen erweitert. Erst 1526 wurde die Westempore eingezogen. Der Kirchturm entstand 1692–96. An der Außenwand des Chores steht die lebensgroße Steinfigur des böhmischen Nationalheiligen Wenzel mit den Porträtzügen Karls IV. Unter dem Chor befindet sich die Fürstengruft. Am Hochaltar ein Altarblatt mit der Himmelfahrt Mariens von Hans Georg

Das gotische Rathaus erstrahlt wieder in der ursprünglichen Farbfassung

Asam, dem Vater der berühmten Künstlerbrüder, der 1711 in Sulzbach starb. Von 1652 bis 1958 diente die Kirche sowohl dem katholischen als auch dem evangelischen Gottesdienst. Nach Auflösung des Simultaneums entstand in der Nähe die evangelische **Christuskirche**. Der rechteckige Saalbau mit Emporenanlage und quadratischem Turm wurde 1958 eingeweiht.

Die jetzt simultane **Spitalkirche St. Elisabeth** von 1733–38 in der Spitalgasse besitzt ein Altarbild der hl. Elisabeth, das von Hans Georg und Cosmas Damian Asam gemeinsam geschaffen wurde.

In der Klostergasse die **Klosterkirche St. Hedwig** von 1762–65 des ehem. Salesianerinnenklosters mit Doppelwappen Pfalz-Sulzbach und Hessen-Rheinfels-Rothenburg über dem Barockportal. Das Bild der hl. Hedwig am Hochaltar schuf 1766 Otto Gebhard von Prüfening.

Das spätgotische **Rathaus** mit Saal- und Querbau entstand 1456–66 anstelle des Vorgängers. Über dem Rundfenster der reichgegliederten Hauptfassade mit Erker prangt das pfalz-bayerische Wappen. Im Untergeschoss befand sich früher die Brot- und Fleischbank. Im Obergeschoss präsentiert sich der große Rathaussaal. Seit 2004 erstrahlen die Fassaden wieder in der ursprünglichen Farbfassung. Das Gebäude beherbergt heute auch die Tourist-Info.

Das **Sulzbacher Schloss** geht auf die mittelalterliche Gebhardsburg zurück, von der jedoch nichts mehr erhalten ist. Herzog Ottheinrich II. betrieb im 16. Jh. den Neubau. Tore führen in den Innenhof mit dem Löwenbrunnen von 1701. Dominant der mächtige Palas mit polygonalem Treppenturm von 1582. Anschließend der Fürst- und Gästetrakt aus dem 17./19. Jh. und das Kanzleigebäude, ebenfalls mit Treppentürmchen aus dem 16. Jh. Von 1768–94 diente das Schloss als Witwensitz der Pfalzgräfin

Franziska Dorothea von Zweibrücken-Birkenfeld, der Mutter des ersten bayerischen Königs. Ein zweiter Löwenbrunnen von 1755 befindet sich vor der Schlossauffahrt am Luitpoldplatz.

Die barocke **Wallfahrtskirche St. Anna** thront auf dem Annaberg zwischen den Stadtteilen Sulzbach und Rosenberg. Der einschiffige Bau mit halbrundem Chor wurde 1676 anstelle einer Holzkapelle erbaut. Im Untergeschoss des erst 1827 errichteten Turmes befindet sich die Lourdesgrotte mit zahlreichen Votivbildern. 1904 wurde die Kirche nach Westen verlängert. In der Nähe befindet sich die *Loretokapelle* von 1753.

Im Stadtteil Rosenberg erhebt sich aussichtsreich der **Schlossberg** (444 m). Auf dem Gipfel thront das 1929 errichtete *Ehrenmal* mit eingemauertem Turmstumpf der im 16. Jh. verfallenen Rosenburg. Am Westhang das *Schlösschen Franziskaruh* von 1785/86, einst Sommersitz der Pfalzgräfin Franziska Dorothea († 1794).

Auf schmalem Plateau steht die evangelische **Kirche St. Johannis**. Der einschiffige gotische Bau aus dem 15. Jh. mit wuchtigem Turm wurde um 1700 nach Westen verlängert und noch einmal um 1910 erweitert. Von 1653 bis 1899 diente er als Simultankirche. Bemerkenswert sind die Grabplatten der Familie Stibar († 1504) sowie der Hammerherren Sebastian († 1506) und Wolf († 1544) Erlbeck im Inneren.

In der Nähe die katholische **Pfarrkirche Herz Jesu**, eine neugotische dreischiffige Basilika von 1898/99, die um 1960 eine moderne Innenausstattung erhielt. Sehenswert sind zwei spätgotische Figuren (Ende 15. Jh.), die aus der Kirche St. Johannis stammen: Johannes der Täufer mit härenem Gewand und Johannes der Evangelist mit Kelch in der Linken.

Sulzbach-Rosenberg: Kreis Amberg-Sulzbach, 428 m, 19 500 Einw.

Auskunft: Tourist-Info, Luitpoldplatz 25, 92237 Sulzbach-Rosenberg
Tel. 09661/510110, www.sulzbach-rosenberg.de

Verkehr: Anschluss zur A 6 Sulzbach-Rosenberg (Nürnberg–Waidhaus); Busverbindung nach Amberg, Auerbach, Schwend; Bahnstation

Auf dem schmalen Plateau des Rosenberger Schlossberges steht die spätgotische Kirche St. Johannis, darüber das Kriegerdenkmal

Hobby und Sport: Beheiztes Waldbad im Stadtteil Rosenberg; Bürgerpark; Naherholungsgebiet Weigensass am westlichen Stadtrand; Sportflugplatz Fichtelbrunn 7 km westlich (Rundflüge, www.fichtelbrunn.de)

Veranstaltungen: Frühlingsvolksfest im Mai, Altstadtfest im Juni, Knorr-von-Rosenholz-Festspiele Mitte Juli im Sulzbacher Schlosshof (benannt nach dem Sulzbacher Hofkanzler 1636–1689) mit barockem Musiktheater; Annabergfest Ende Juli auf dem Annaberg mit Wallfahrt zu Ehren der Bergpatronin St. Anna (www.st-marien-sulzbach.de); Sulzbacher Woizkirwa (Kirchweih zur Weizenernte) mit Volksmusikgruppen der Trachtenvereine im August; Rosenberger Kirwa im September (www.rosenberger-kirwa.de)

Sammlungen: Stadtmuseum mit Bergbau- und Stadtgeschichte, Neustadt 14–16 und Filialmuseum „Alte Hof-Apotheke" am Marktplatz; Literaturhaus Oberpfalz/Literaturarchiv im ehem. Königlichen Amtsgericht (Rosenberger Str. 9) mit ständiger Ausstellung und regelmäßigen Autorenlesungen (www.literaturarchiv.de); Erstes Bayerisches Schulmuseum (Rosenberg, Schlossbergweg 10a) mit Dokumentation über die Entwicklung der Schule und des Schullebens; Bergbau-Schaustollen „Max" und Dokumentationszentrum Maxhütte in Rosenberg

Außerdem interessant: Ehemalige Synagoge, Synagogenstraße 9 (2013 von der Stadt saniert). Dokumentationszentrum jüdischer Geschichte und Haus interkultureller Begegnung; Kulturraum Historische Druckerei J. E. v. Seidel mit Kleinkunstbühne, Luitpoldplatz 4

Einkehrtipps:

> Brauereigasthof Sperber-Bäu, Rosenberger Str. 14. Traditionsreiches Haus mit Oberpfälzer Küche und hausgebrautem Bier

> Zu den sieben Quellen, Rieglesbrunnenstr. 31 (im südlichen Stadtteil Breitenbrunn). Landgasthof mit idyllischem Biergarten.

Wanderungen

1. Zum **Frohnberg** (425 m) mit barocker Wallfahrskirche von 1725 (Mitte August Frohnbergfest), 1 Std. nordöstlich. Abstieg ½ Std. nördlich zum alten Markt **Hahnbach**.
2. Über Frankenhof, den Kuh- und Rumpelfels zur aussichtsreichen **Burgruine Lichtenegg** aus dem 10. Jh. mit Gastwirtschaft Alter Schloss-Wirt, 3 Std. westlich.
3. Über **Sternstein** (Felsenmassiv mit Höhle und Wallanlagen) und Obermainshof zur **Osterhöhle** (185 m lange Tropfsteinhöhle mit Waldschänke, Führungen von Karfreitag bis Oktober an Wochenenden und Feiertagen), 1 ½ Std. nordwestlich.
4. Über Turnerfelsen, Prohof, Pfaffenhof zum Berg **Hainsburg** (554 m) mit keltischen Wallanlagen und dem Osterloch (30 m lange, 18 m breite, bis zu 6 m hohe Höhle), 1 ½ Std. südwestlich.
5. Durch das **Breitenbrunner Tal** mit den glasklaren „Sieben Quellen" und über Stifterslohe und Dietersberg ins **Pürschläger Tal** nach **Ammerthal** mit romanisch-gotischer Frauenkirche und romanischer Pfarrkirche St. Nikolaus (→ Seite 128), 2 Std. südlich.

TÄNNESBERG → Route 7

Die Wallfahrtskirche St. Jodok ist Schauplatz des traditionellen St. Jodokritts

Der Markt Tännesberg liegt als anerkannter Erholungsort im Oberpfälzer Wald am Südhang des aussichtsreichen *Schlossberges* (692 m), zu dem ein Kreuzweg mit 14 Stationen hinaufführt. Auf dem Gipfel thronte die im Dreißigjährigen Krieg zerstörte Burg der bereits 936 genannten Edlen von Paulsdorf mit einem oberen und einem unteren Haus. Die Ruinen wurden 1817 bis auf die Grundmauern abgetragen. Gräben und Wälle sind noch zu erkennen. Der 1412 durch Pfalzgraf Johann von Neunburg zum Markt erhobene Ort war früher von einer Mauer umgeben.

Die barocke **Pfarrkirche St. Michael** aus dem 18. Jh. wurde nach dem großen Ortsbrand von 1828 erneuert.

Am südöstlichen Ortsrand steht die barocke **Wallfahrtskirche St. Jodok** von 1689 (im Volksmund „die Gost"), geziert von einem schmucken Dachreiter. Das Altarblatt des linken Seitenaltars zeigt die Burgruine mit dem Markt Tännesberg um 1680. Das Pestkreuz wurde 1690 von Wien in einer Dankprozession überbracht.

Tännesberg: Kreis Neustadt/Waldnaab, 580 m, 1700 Einw.

Auskunft: Tourismusbüro, Pfreimder Str. 1, 92723 Tännesberg
Tel. 09655/92000, www.taennesberg.de

Verkehr: Busverkehr nach Weiden, Vohenstrauß und Waldmünchen

Hobby und Sport: Naturfreibad Bursweiher, Hallenbad mit Wellnessbereich im Hotel Zur Post, Angeln, Reiten, Geologischer Lehrpfad, Obstlehrpfad, Biotop Kainzbachtal, Hochseil-Klettergarten bei Großenschwand

Veranstaltungen: Pferdewallfahrt St. Jodokritt seit 1796 am 4. Julisonntag

Wanderungen

1. Über Kleinenschwand nach **Böhmischbruck** im Pfreimdtal mit Pfarrkirche des 13./18. Jh., 1 ½ Std. nördlich. Weiter 1 Std. westlich zum Pfreimdstausee (Rundweg → S. 265).
2. Über Kaufnitz zum **Hochspeicher Rabenleite** mit Aussichtsturm (→ S. 104), 1 ¾ Std. nordwestlich. Rundweg um den Hochspeicher.
3. Über Kaufnitz zum **Trausnitzsee** (Trausnitzspeicher der Pfreimd) und am Ufer entlang nach **Trausnitz** mit Burg, 1 ½ Std. südwestlich.
4. Vorbei am **Naturbad Bursweiher** (½ Std.) über **Etzgersrieth** mit Kirche von 1836 nach **Moosbach** mit barocker Wieskirche, 2 ½ Std. nordöstlich.
5. Über **St. Jokok** auf dem Goldsteig zum aussichtsreichen zerklüfteten **Wildenstein** (736 m) mit **Burgstall Wildstein** (freigelegte, restaurierte Ringmauer und Schalenturm der Burganlage aus dem 15. Jh.), 1 ½ Std. östlich. Zurück im nordwestlichen Bogen über die **Waldkapelle Rotes Kreuz**.

TIRSCHENREUTH → Route 6

Tirschenreuth, Kreisstadt am Oberlauf der Waldnaab, ist wirtschaftlicher und kultureller Mittelpunkt des Stiftlandes, dessen historische Bezeichnung nach dem Zisterzienserstift Waldsassen noch heute gebräuchlich ist. Der Landkreis Tirschenreuth gehört mit seinen über 4000 Teichen zu den größten Karpfenzuchtgebieten Deutschlands. Eingemeindet wurden die Orte *Großklenau, Hohenwald, Lengenfeld, Marchaney, Matzersreuth* und *Wondreb*.

Blick in die Geschichte

Urkundlich 1134 erstmals als „Dursinruit“ erwähnt, erfolgte die Gründung schon im 10. Jh. durch einen Roder namens Turso, der im Stadtwappen verewigt ist. Die Ansiedlung entstand auf einer Insel zwischen zwei großen Teichen, die 1808 abgelassen wurden. Bereits 1306 mit Marktrecht ausgestattet, erhielt der Ort 1364 auch das Stadtrecht. Der verheerende Brand von 1814 vernichtete viele mittelalterliche Bauten. Die verbliebenen historischen Gebäude im Zentrum der Altstadt erstrahlen heute wieder in neuem Glanz.

Sehenswürdigkeiten

Mittelpunkt ist der weiträumige Marktplatz mit der imposanten barocken **Dreifaltigkeitsgruppe** aus Granit und dem **Schmeller-**

Imposant ist die barocke Dreifaltigkeitsgruppe aus Granit

denkmal zur Erinnerung an den berühmten Sohn der Stadt, den Sprach- und Mundartforscher Prof. Dr. Johann Andreas Schmeller (1785–1852), Schöpfer des „Bayerischen Wörterbuchs“, geboren im Haus Nr. 5 der nach ihm benannten Schmellerstraße.

In der westlichen Häuserzeile das **Rathaus**. Der große Stadtbrand ließ nur die Fassade mit dem Renaissance-Erker von 1582/83 übrig, der die Wappen der Kurpfalz und des Stiftes Waldsassen trägt. Der mittelalterliche Vorgänger stand einst inmitten des Platzes.

Die **Stadtpfarrkirche Mariä Himmelfahrt** stammt ursprünglich aus der Zeit um 1300. Nach mehreren Bränden musste sie in den folgenden Jahrhunderten verschiedentlich erneuert werden. Heute zeigt nur noch der Chor gotischen Stil, während das Langhaus barocken Charakter hat. Eine besondere Rarität ist der reich geschnitzte spätgotische Flügelaltar von 1510. An der Südseite wurde 1722/23 die *Wallfahrtskapelle zur Schmerzhaften Muttergottes* mit dem Gnaden-

Das Schmellerdenkmal erinnert an den berühmten Sohn der Stadt

bild Unsere Liebe Frau von Tirschenreuth angebaut. Am Luitpoldplatz die **Fatimakirche** von 1855–63 mit Glockenspiel, ehemalige Klosterkirche St. Kunigund der Armen Schulschwestern. Das Wohngebäude daneben beherbergte früher ein Benefizium.

Nördlich der Friedhof mit der **Friedhofskirche St. Johannis** von 1783. An der Empore ein modernes Totentanzfresko („Tirschenreuther Tod") von Gotthard Bauer (1938). Weiter nördlich die kleine **St. Peterskirche**. Erbaut um 1720, geht ihr Ursprung bis ins 10. Jh. zurück. Bis um 1300 war sie Pfarrkirche von Tirschenreuth und des Gebietes bis Eger. An der Wand beeindruckt die seltene Darstellung der hl. Kümmernis, einer bekleideten Figur am Kreuz (17. Jh.). In der Nähe das Missionshaus St. Peter mit der modernen **Dreifaltigkeits-Kirche** von 1961–63, ein sechseckiger Zentralbau des Regensburger Architekten Hans Becker mit farbigen Betonglaswänden. Im Süden der Altstadt der **Klettnersturm** von 1330, ein mächtiger Wachturm mit dicken Viereckmauern als Rest der alten Stadtbefestigung, 1579 um zwei Stockwerke erhöht. Im Osten der **Fischhof**, ein ehemaliger Zehenthof des Klosters Waldsassen aus dem 13. Jh., der den Äbten häufig als Sommerresidenz diente. Zu dem heutigen Bau aus der Zeit um 1680 (jetzt Amtsgericht) führt eine zehnjochige, figurengeschmückte Steinbrücke, erbaut 1748–50 von dem Waldsassener Frater Philipp Muttone nach dem Vorbild der Steinernen Brücke in Regensburg. Sie überquert den 1808 trockengelegten, zur Gartenschau 2013 wieder entstandenen oberen Stadtteich, gespeist von Mühl- und Netzbach. Außerdem wurde zwischen Altstadt und Fischhof eine neue Rad- und Fußgängerbrücke errichtet.

Tirschenreuth: Kreis Tirschenreuth, 503 m, 9500 Einw.

Auskunft: Tourist-Info, Regensburger Str. 6, 95643 Tirschenreuth
Tel. 09631/600248, www.stadt-tirschenreuth.de

Verkehr: Busverbindung nach allen Richtungen; Anschluss Falkenberg zur A 93 (Regensburg–Hof)

Hobby und Sport: Beheiztes Freibad, Waldstrandbad Rothenbürger Weiher; Hallenbad, Minigolf, Angeln, Reiten, Stadtteich mit Uferrundweg, Fischlehrpfad und Parkanlagen, Segelflugplatz (www.sfc-stiftland.de); Tirschenreuther Planetenweg (www.sternwarte-tirschenreuth.de)

Veranstaltungen: Schützen- und Volksfest alljährlich im Juni; Passionsspiele alle 5 Jahre (2015, 2020)

Sammlungen: Museums-Quartier (Regensburger Str. 6; teils im sanierten alten Kloster) mit Stadtgeschichte, Tirschenreuther Porzellan, Krippen-Bereich, Schmeller-Abteilung, Museum des Heimatkreises Plan-Weseritz sowie umfangreichem Fischereimuseum. Gegenüber dem Haupteingang befindet sich das Haus am Teich mit imposanten Großaquarien

Außerdem interessant: Naturschutzgebiet Waldnaabaue mit 20 m hoher „Tirschenreuther Himmelsleiter" (Aussichtsturm) über den darunter führenden Vizinalbahn-Radweg

Wanderungen

1. Über die **Sägmühlkapelle** (barocke Feldkapelle von 1739/1904) zum 16 ha großen **Rothenbürger Weiher** (angelegt im 15. Jh. durch das Kloster Waldsassen), ¾ Std. südwestlich. Weiter südwestlich Richtung Lengenfeld und kurz vor dem Ort im östlichen Bogen zu der etwas abseits vom Weg liegenden, beschilderten **Großen Teufelsküche** (Gewirr aus Granitblöcken). Nun wieder auf den Weg zurück und über die **Kleine Teufelsküche** (Felsenlabyrinth mit Wackelstein) nach Tirschenreuth, Rundweg insgesamt gut 2 Std.
2. Über die **Sägmühlkapelle** zum **Wolfenstein** (535 m), ½ Std. südwestlich. Zurück über Hohenwald oder weiter auf dem Goldsteig-Zubringerweg nach **Falkenberg** mit gleichnamiger Burg, 2 Std. südwestlich. Zurück über Rothenbürg.
3. Über **Liebenstein** mit Burgruine und **Stein** mit Barockkirche (→ Seite 214) zum Liebensteinstausee, 2 ½ Std. südlich.
4. Über Kleinklenau nach **Wondreb**, 1 ½ Std. nordöstlich; in der Friedhofskapelle von 1639 eine getafelte Holzdecke mit 28 Totentanzdarstellungen. Weiter nordöstlich 1 ½ Std. zur **Wegkapelle Alter Herrgott** (1686) mit Kopie der barocken Holzfigur „Gott Vater auf dem Altärchen". Von dort westlich ¾ Std. zum bewirtschafteten **Egerer Waldhäusl** (Bushaltestelle). Zurück knapp 3 Std. über Rosall und Großklenau.
5. Über Großensees nach **Leonberg** mit Barockkirche (Akanthusaltar von 1726) 2 Std. nordwestlich. Weiter ¾ Std. westlich nach **Mitterteich**. Zurück mit dem Bus.
6. Über Lohnsitz, Matzersreuth und **Marchaney** mit Barockkirchlein St. Jakobus (1733 erbaut von Phillip Muttone) zum **Ahornberg** (793 m), 2 Std. südöstlich.

VELBURG → Route 2

Das Rathaus beeindruckt durch den reich verzierten Staffelgiebel

Velburg ist ein historisches Städtchen auf einem Plateau der Oberpfälzer Alb. In der näheren Umgebung lohnen die romantischen Schwemmhöhlen, bizarre Dolomitfelspartien sowie die berühmte König-Otto-Höhle bei Sankt Colomann einen Besuch. Der 1410 zur Stadt erhobene Ort schmiegt sich an den Westhang des aussichtsreichen Burgberges (621 m) mit Resten der im 17. Jh. verfallenen Burg aus dem 12. Jh., die auf den Kreuzfahrer Otto II. von Velburg zurückgeht. Von den Befestigungsanlagen mit ursprünglich 13 Türmen aus dem 14. Jh. sind noch das Nordtor und der Kaspenturm erhalten.

Das **Rathaus** von 1863–65 am Stadtplatz mit reichem Staffelgiebel dient erst seit 1975 als Sitz der Stadtverwaltung. Das ursprüngliche Rathaus von 1541 wurde 1861 abgerissen. Die barocke **Stadtpfarrkirche St. Johannes** stammt in ihren Fundamenten aus dem 13. Jh. Im Inneren ein stattlicher Barockhochaltar um 1710 sowie eine kunstvolle Kanzel aus gleicher Zeit, eine geschnitzte Anna-Selbdritt-Gruppe um 1510 und an der Nordwand das marmorne Epitaph des Burgherren Georg von Wispeck († 1518) in voller Rüstung. Die **Friedhofskirche St. Anna**, im frühen 17. Jh. unter Einbeziehung gotischer Chormauern errichtet, besitzt drei ausgezeichnete gotische Flügelaltäre. Die **Wallfahrtskirche Herz Jesu** (einzige in Bayern) westlich auf dem Kreuzberg entstand aus einer um 1740 erbauten kleinen Rundkapelle zum Hl. Grab, die 1770 durch einen einschiffigen Anbau und 1791/92 gegen Westen durch einen Zentralbau erweitert wurde. Sie birgt eine Anzahl interessanter Votivtafeln. Die Spitalkirche **St. Leonhard** aus dem frühen 17. Jh. (seit 1964 evangelisch) gehört mit den anderen Kirchen zu dem Kapellenkranz rings um den früheren Wallfahrtsmittelpunkt Velburg.

Die **König-Otto-Höhle** nordöstlich beim Weiler Sankt Colomann ist vom 1. April bis 31. Oktober täglich von 9–17 Uhr geöffnet, mit dem Wagen erreichbar über Richterhof und Sankt Colomann bis zum Parkplatz der Höhle. Von dort geht es über Stufen durch den Wald in wenigen Minuten zum Höhleneingang. Die elektrisch beleuchtete Höhle gehört mit ihren vielen tausend Tropfsteingebilden zu den schönsten Höhlen der Oberpfalz. 1895 wurde sie von dem Schäfer Peter Federl am Namenstag des Bayernkönigs Otto I. entdeckt. Erst im Dezember 1972 fanden Höhlenforscher einen weiteren Teil, die imposante „Adventhalle“, benannt nach der jahreszeitlichen Entdeckung.

Die gesamte Wegstrecke durch die Höhle beträgt 270 Meter, die Temperatur liegt bei ca. 8° Celsius. Eine Schauvitrine im vorderen Teil zeigt interessante Funde aus dieser und anderen Höhlen der Umgebung (Besichtigung ca. ½ Std.).

Velburg: Kreis Neumarkt, 500 m, 5200 Einw.

Auskunft: Tourist-Info, Hinterer Markt 1, 92355 Velburg
Tel. 09182/93020, www.velburg.de

Verkehr: Anschluss zur A 3 (Nürnberg–Regensburg); Busverbindung nach Parsberg und Neumarkt

Hobby und Sport: Badesee Altenveldorf, Minigolf, Golfplatz Unterwiesenacker (www.juragolf.de), Wellen-Freibad und Hallenbad in Parsberg 10 km; Umweltstation „Haus am Habsberg“ mit Naturerkundungen (www.hausamhabsberg.de)

Wanderungen

1. Zur **König-Otto-Höhle** ¾ Std. nördlich (Einkehr bietet eine Gaststätte). Zurück über **St. Wolfgang** mit ehemaliger Wallfahrtskirche von 1467. Im Inneren drei spätgotische Schnitzaltäre und originelle Flügelbilder am Hochaltar mit detailgetreuer Darstellung der vier Evangelisten in ihren Schreibstuben.
2. Über **Eichelberg** (592 m) und Schwaighof auf den **Helfenberg** (613 m) mit der **Schlossruine Helfenberg,** ¾ Std. nordwestl. Die Burg Helfenberg wurde im 12. Jh. von den Velburger Grafen gegründet und um 1700 im Besitz der Familie von Tilly durch einen großen Schlossbau abgelöst, der 1807 auf Abbruch verkauft wurde. Weiter ¼ Std. westlich nach **Lengenfeld** jenseits der Autobahn mit romanisch-barocker Kirche St. Martin (Asam-Gemälde am Hochaltar) und traditionsreichem Brauerei-Gasthof Winkler (Oberpfälzer Spezialitäten).
3. Über **Altenveldorf** mit Kirche aus dem 18. Jh. zur Burgruine **Adelburg** (611 m, 12. Jh., nur noch Mauergürtel sichtbar), 1 ½ Std. südlich.
4. Über Unterwiesenacker nach **Habsberg** mit Wallfahrtskirche, 2 ½ Std. nordwestlich.

VILSECK → Route 4

Wahrzeichen der Stadt ist der imposante Vogelturm

Vilseck, ein historisches ehemals fürstbischöflich-bambergisches Städtchen mit über 1000-jähriger Vergangenheit, liegt am Oberlauf der Vils in schöner Weiherlandschaft und am Südrand des Truppenübungsplatzes Grafenwöhr. Der Ort entwickelte sich im Schatten der um 930 errichteten Burg Dagestein und wurde 1185 erstmals als „Vilsekke" urkundlich genannt. Mit der Erhebung zur Stadt 1331 durch den Bischof von Bamberg erfolgte die Anlage eines fünfeckigen Berings, von dem noch weite Teile mit Türmen und Toren erhalten sind.

Die **Burg Dagestein** gilt als ältestes Bauwerk der Stadt. Im Bergfried mit Aussichtskanzel sind Bauteile aus der Zeit um 1200 und Wandmalereien aus dem 14. Jh. erhalten. Der jüngst sanierte Zehentkasten (um 1700) wird jetzt für Veranstaltungen genutzt.

Wahrzeichen ist der **Vogelturm** von 1466 am Marktplatz mit Halbwalmdach und Zwiebeldachreiter (eigentlich Obertor als Pendant zum 1905 abgerissenen Untertor), benannt nach dem Nachtwächter Bartholomäus Vogel, der hier seine Dienstwohnung hatte. Er beherbergt heute das Erste Deutsche Türmermuseum.

Die **Stadtpfarrkirche St. Ägidius** mit gotischem Turm und Chor sowie barockem Langhaus von 1751–53 geht auf eine romanische Vorgängerin aus dem 11. Jh. zurück. Sie besitzt eine reiche Ausstattung mit prunkvollem Hochaltar, mehreren Seitenaltären und dekorativem Orgelgehäuse, dessen Arkanthusschnitzwerk eine besondere Zierde ist. An den Chorwänden beeindrucken sechs Relieftafeln des früheren Hochaltars von 1520 aus der Dürerschule mit Darstellungen aus dem Marienleben.

An der Straße nach Schlicht steht die **Kirche St. Maria Hilf** aus dem frühen 16. Jh., früher St. Leonhard. Sie beherbergt die Statuetten der 14 Nothelfer und ein Anna-Selbdritt-Relief. Bei der Sanierung 1995/96 wurden spätgotische Wandmalereien aus der Gründungszeit freigelegt.

Vilseck: Kreis Amberg-Sulzbach, 400 m, 6000 Einw.

Auskunft: Tourist-Info, Marktplatz 13, 92249 Vilseck
Tel. 09662/990, www.vilseck.de

Verkehr: Busverbindung nach allen Richtungen; Bahnstation

Hobby und Sport: Höhenschwimmbad, Angeln, Moorlehrpfad, Skilauf

Sammlungen: Erstes Deutsches Türmermuseum im Vogelturm, Marktplatz 23 (Geschichte und Kultur der Türmer in der Oberpfalz, www.tuermer-museum.de)

Veranstaltungen: Neuntägiges Bergfest im Ortsteil Axtheid-Berg Mitte September bei der Kreuzerhöhungskirche aus dem 19. Jh. mit Verehrung des Kreuzes am Hauptaltar

Außerdem interessant: Bienenlehrpfad von Schönlind im Vilstal nach Eberhardsbühl (3 km) mit privatem Freilandmuseum Goglhof

Wanderungen

1. Auf dem Vilstalwanderweg über **Schlicht** mit romanisch-gotischer Pfarrkirche St. Georg (Barockausstattung), Irlbach und Süß nach **Hahnbach**, alter Markt mit spätgotischer Pfarrkirche (→ Seite 70), 2 ½ Std. erst südwestlich, dann südöstlich.
2. Zum **Kreuzberg** (519 m) mit dem sagenumwobenen Teufelsstein (Quarzblock), 1 Std. südwestlich. Am Fuß der gleichnamige Weiler mit der Heilig-Kreuz-Kirche von 1725 (Votivbilder). Zurück im westlichen Bogen vorbei an **Schönlind** und auf dem Vilstalwanderweg über **Schlicht**.
3. Auf dem Vilstalwanderweg nach **Freihung**, ehemaliger Bleibergwerksort mit spätbarocker Pfarrkirche (→ Seite 70), 2 ½ Std. nordöstlich. Weiter 1 Std. südlich über Sengast nach **Kleinschönbrunn** mit der **Vilsquelle**.

VOHENSTRAUSS → Route 6

Vohenstrauß, historische Pfalzgrafenstadt im nördlichen Oberpfälzer Wald, entwickelte sich an der alten Handelsstraße „Via Carolina" von Nürnberg nach Prag. Im Jahre 1124 weihte Fürstbischof Otto von Bamberg in „Altenvohendrezze" eine Kirche im heute eingemeindeten *Altenstadt*. Vohenstrauß erhielt 1378 Stadtrecht, verlor dieses Privileg jedoch wieder in späteren Kriegswirren, bis es ihm 1912 durch Prinzregent Luitpold endgültig erteilt wurde. Originell ist das seit dem 14. Jh. bekannte Stadtwappen mit dem Vogel Strauß, dessen Herkunft nicht geklärt ist. Ortsteile sind auch *Braunetsried, Böhmischbruck, Kaimling, Kößing, Roggenstein, Oberlind* und *Waldau*.

Wahrzeichen von Vohenstrauß ist die fünftürmige Friedrichsburg

Am Marktplatz das stattliche **Rathaus** von 1909–11 im Neorenaissance-Stil mit Stadtwappen (Vogel Strauß mit Fuchs) am Erker. Die evang. **Stadtkirche** mit spitzem Turm wurde 1842–45 auf den Fundamenten der abgebrannten Vorgängerin errichtet. Die kath. **Stadtpfarrkirche Mariä Unbefleckte Empfängnis** entstand 1927–29 im neubarocken Stil nach Plänen des Regensburger Architekten Heinrich Hauberrisser. Im Ortsteil *Altenstadt* steht die Simultankirche **St. Johannes der Täufer**, ursprünglich romanisch und dem hl. Ägidius geweiht, die durch spätere Umbauten aber völlig verändert ist.

Das Wahrzeichen der Stadt ist die **Friedrichsburg**. Das von fünf Rundtürmen flankierte rechteckige dreigeschossige Renaissance-Schloss mit Satteldach, hohem Staffelgiebel, wappengeschmücktem Hauptportal und ummauertem Schlosshof wurde 1586–93 von Leonhard Greineisen aus Burglengenfeld erbaut. Es diente als Residenz des wittelsbachischen Pfalzgrafen Friedrich von Zweibrücken-Veldenz, der 1597 mit 40 Jahren starb. Seine beiden Zwillingssöhne waren bereits 1590 im Alter von vier Monaten verstorben (Renaissance-Epitaph in der Sebastianskirche zu Weiden). Nach dem Tod seiner Gemahlin, der Herzogin Katharina Sophia von Liegnitz, Brieg und Goldberg 1608 diente das Schloss zeitweise als Landpflegersitz. Seit 2011 im Besitz der Stadt Vohenstrauß, wird die Anlage jetzt für kulturelle Veranstaltungen genutzt.

Vohenstrauß: Kreis Neustadt/Waldnaab, 581 m, 7700 Einw.

Auskunft: Tourist Info im Rathaus, Marktplatz 9, 92648 Vohenstrauß, im Sommer befindet sich die Tourist Info im Schloss Friedrichsburg (Friedrichstr. 27); Tel. 09651/922230, www.vohenstrauss.de

Verkehr: Anschluss zur A 6 (Nürnberg–Waidhaus), Busverbindung nach Weiden, Wernberg, Georgenberg, Tännesberg, Moosbach; nächste Bahnstation Weiden 14 km

Hobby und Sport: Freibad, Hallenbad, Angeln, Reiten

Sammlungen: Heimatmuseum, Sophienstr. 9–11; Mineralienmuseum, Amselweg 10; Blaufärbermuseum, Pleysteiner Str. 5

Veranstaltungen: Festspiele im Schloss Friedrichsburg Juni bis August (www.friedrichsburg.de)

Wanderungen

1. Über die **Platte** (672 m) nach **Pleystein** mit berühmtem Rosenquarzfelsen, 1 ½ Std. nordöstlich. Zurück im westlichen Bogen.
2. Über Fiedlbühl zum **Fahrenberg** mit Rokoko Wallfahrtskirche (801 m), 1 ½ Std. nördlich.
3. Über den **Kalvarienberg** mit Kapelle von 1755 und **Oberlind** mit ursprünglich gotischer Chorturmkirche zur Felsgruppe **Heller Stein** (Naturdenkmal) bei Steinach, 1 ¼ Std. südwestlich. Evtl. Abstecher ¼ Std. südöstlich zum **Kalten Baum**, (Naturdenkmal, 600-jährige Linde mit hohlem Stamm). Weiter 1 Std. erst nördlich nach Lerau, dann westlich durch das romantische **Lerautal** (Granitfelsenmeer) zur **Burgruine Leuchtenberg**, 1 ¾ Std. südwestlich.
4. Über Neuwirtshaus durch das Goldbachtal zur **Linglmühle** im Pfreimdtal, 1 ½ Std. südlich. Weiter ¾ Std. am **Pfreimdstausee** entlang vorbei an der *Räuberhöhle* und dem Aussichtspunkt Riesensessel zur **Kainzmühlsperre** (Staumauer). Zurück am Südufer über Goldbachschleife und **Kößing** mit gotisch barocker Kirche oder über **Böhmischbruck** mit Kirche aus dem 13./18. Jh., **Altentreswitz** mit romanischer doppelgeschossiger Kapelle und durch das Michelbachtal.
5. Nach **Waldau** mit beherrschender Burg der einst mächtigen Herren von Waldau und neubarocker St.-Nepomuk-Kirche von 1912 (Barockausstattung aus der alten Burgkirche mit zwei Akanthusaltären), ¾ Std. nordwestlich. Weiter ¾ Std. nordwestlich nach **Roggenstein** über dem Luhetal mit neubarocker Kirche von 1911. Zurück im südlichen Bogen über **Kaimling** mit ehem. Schloss aus dem 13. Jh. (war einst von Kaiser Ferdinand II. dem Wallenstein-Mörder Walter Butler zugesprochen worden) und Neumühle.

Das stattliche Rathaus zeigt sich im Neorenaissance-Stil

WAIDHAUS → Route 6

Die alte Pfarrkirche St. Emmeram wurde immer wieder neu errichtet

Der Markt Waidhaus liegt an der Landesgrenze zu Tschechien und ist wichtigster Grenzübergang Bayerns in den Osten. Zur Marktgemeinde gehören auch die Orte *Frankenreuth, Hagendorf, Pfrentsch, Reichenau* und *Reinhardsrieth*.

Der waldreiche Urlaubsort mit Waidmannshaus und Hirschgeweih im Wappen wurde 1138 erstmals urkundlich erwähnt, vermutlich aber viel früher von Mönchen des Regensburger Klosters St. Emmeram gegründet. Bereits 1283 als Zollstelle benannt, erfolgte erst 1877 die Erhebung zum Markt. Durch die Grenzlage hatte Waidhaus im 15. Jh. unter den Hussitenstürmen und im Dreißigjährigen Krieg 1621 besonders bei den Kämpfen der Heere von Mansfeld und Tilly sehr zu leiden.

Ein bedeutender Tag war der 23. Dezember 1989, als die damaligen Außenminister Hans Dietrich Genscher und Jiri Dienstbier gemeinsam den „Eisernen Vorhang“ durchtrennten (Denkmal an der Grenze). Das neue Zollhaus Waidhaus auf tschechischem Hoheitsgebiet an der Autobahn A6/D5 „Via Carolina“ Nürnberg–Prag gilt als größte Gemeinschafts-Zollanlage an der deutsch-tschechischen Grenze.

Mittelpunkt ist die **Pfarrkirche St. Emmeram**. Sie befindet sich seit Jahrhunderten an dieser Stelle. Nach Brandzerstörung wurde sie 1592, 1668, 1782 und 1868 immer wieder aufgebaut und schließlich 1952–56 erweitert. Der Friedhof um die Kirche wurde 1952 eingeebnet. An der Wand hinter der Kirche sind noch einige Grabsteine erhalten.

Bemerkenswert ist die lebensgroße **Nepomuk-Statue** von 1754 in der Schulstraße. Auch in der Umgebung gibt es noch mehrere Darstellungen des böhmischen Brückenheiligen. Imposant ebenfalls der **Floriansbrunnen** in der Hagendorfer Straße mit eingravierter Jahreszahl 1822, im Volksmund Röhrenkasten genannt.

An der Vohenstraußer Straße die **Dreifaltigkeitskirche** von 1814, entstanden aus einer 1760 bezeugten Holzkapelle, jetzt ökumenische Autobahnkirche.

Waidhaus: Kreis Neustadt/Waldnaab, 525 m, 2500 Einw.

Auskunft: Tourismusbüro im Rathaus, Schulstr. 4, 92726 Waidhaus
Tel. 09652/82200, www.waidhaus.de

Verkehr: Anschluss zur A 6 (Nürnberg–Waidhaus) mit Weiterführung nach Plzen (Pilsen; Vignettenpflicht), Landstraße über den alten Grenzübergang (nur PKW), Busverbindung nach Weiden und Eslarn

Hobby und Sport: Freizeitanlage „Bäckeröd" mit beheiztem Erlebnisbad (2000 m^2); Reiten, Ballonfahrten, historischer Güterwaggon am Bahnhof, Naturerlebnis und Lehrpfad „Lust" mit zahlreichen Infotafeln, Wildgehege Pfrentschweiher, Skilanglauf auf gespurten Loipen

Wanderungen

1. Zum **Pleysteiner Sulzberg** (755 m) mit Naturwaldreservat „Burgstall – Altes Schloss", 1 Std. nördlich.
2. Über **Frankenreuth** (schon 1487 als erste Glashütte der Oberpfalz bezeugt) mit Schloss des 17. Jh. und Johann-Nepomuk-Kapelle zum Grenzdorf **Reichenau** mit Filialkirche Johannes der Täufer, 1 Std. nordöstlich.
3. Über Kühmühle nach **Hagendorf** mit Naturschutzgebiet auf dem Gelände des ehemaligen Feldspatwerks, ¾ Std. nordwestlich.
4. Über Pfrentsch auf den **Ulrichsberg** (591 m) mit Wallfahrtskirche von 1689. 1 Std. südwestlich.
5. Auf dem Nurtschweg zum Naturschutzgebiet **Pfrentschweiher Wiesen**, bis zur Trockenlegung 1842 ein riesiger Stausee der Pfreimd, den die Landgrafen von Leuchtenberg im 14. Jh. zur Wasserregulierung und für die Fischzucht anlegen ließen, ¾ Std. südöstlich.

WALDERSHOF → Route 5

Die Alte Pfarrkirche war früher eine viel besuchte Wallfahrtsstätte zum Pestheiligen St. Sebastian

Die kleine Stadt Waldershof liegt zwischen Fichtelgebirge und Steinwald im Talgrund der Kössein. Zur Gemeinde gehören u. a. auch die Orte *Hohenhard, Kössain, Poppenreuth, Rodenzenreuth, Schurbach* und *Walbenreuth.*

Der Sage nach soll der Ort von dem Rodungsführer Walthari gegründet worden sein, der mit seiner Sippe im Südwesten auf der „Hofstatt" die Siedlung „Waltershove" anlegte. Um 1100 entstand die Wasserburg, deren Eigentümer sich Ritter von Waltershof nannten. 1145 wurde die Burg erstmals als befestigter Sitz beurkundet. In der ersten Hälfte des 13. Jh. kam sie an die Landgrafen von Leuchtenberg und schon 1263 an das Kloster Waldsassen. Bis zur Säkularisation 1803 war sie Amtssitz der Klosterrichter. 1463 wurde Waldershof vom Waldsassener Abt Nikolaus IV. zum Markt erhoben. Mehrere Brände zerstörten den Ort fast vollständig. Auch von der Marktbefestigung mit den vier Toren ist nichts mehr erhalten. Seit 1963 ist Waldershof Stadt.

Das ehemalige **Schloss** liegt auf einer leichten Anhöhe am westlichen Ortsrand. Der Rundbau mit Fachwerkteilen und kleinem Innenhof geht auf die im frühen 12. Jh. gegründete Wasserburg zurück. Die heutige Form erhielt das Schloss unter dem Klosterrichter Arnold von Hirschberg; eine Kalksteinplatte mit Wappen trägt die Inschrift „Arnold Vohirspg 1471". Der Turm wurde 1823 abgetragen

Die katholische **Alte Pfarrkirche St. Sebastian** reicht geschichtlich bis ins 13. Jh. zurück. Früher war sie eine vielbesuchte Wallfahrtsstätte zum Pestheiligen St. Sebastian. Nach einem Brand wurde sie 1818–21 auf den Mauern der Vorgängerin wieder errichtet.

In der Nähe entstand 1967/68 die Neue **Pfarrkirche St. Sebastian**, ein zeltförmiger Klinker- und Betonbau mit Farbfenstern.

Waldershof: Kreis Tirschenreuth, 551 m, 4500 Einw.

Auskunft: Verkehrsamt, Markt 1, 95679 Waldershof
Tel. 09231/979921, www.waldershof.de

Verkehr: Anschluss Marktredwitz Nord und Süd zur A 93 (Regensburg–Hof), Bahnstation; Busverbindung mit Marktredwitz, Kemnath, Wiesau, Tirschenreuth

Hobby und Sport: Kösseinebad am westlichen Stadtrand, ein 27 000 m² großes Naturfreibad mit Ruderbooten

Spezialitäten: Zoiglbierausschank mehrmals jährlich in der Zoiglstube Dameradl, Markt 66 und in der Zoiglwirtschaft, Walbenreuther Str. 4

Wanderungen

1. Über Neumühle oder über Wolfersreuth nach **Walbenreuth** und weiter zum bewirtschafteten **Marktredwitzer Haus** (760 m) des Fichtelgebirgsvereins, 1 ½ Std. südlich, Ausgangspunkt für Wanderungen in den Hohen Steinwald.
2. Vorbei am Kösseinebad über **Rodenzenreuth** mit privater Dorfkapelle von 1908, Weiler Kossain und den 1907 gefassten **Pfalzbrunnen** (Grenze Oberpfalz/Oberfranken) auf die **Große Kösseine** (939 m) mit bewirtschaftetem Unterkunftshaus des Fichtelgebirgsvereins, 2 Std. westlich.
3. Über Rosenhammer entlang der Kössein 1 Std. nördlich nach **Marktredwitz**, oberfränkische Große Kreisstadt mit historischem Rathaus von 1384 (einst Teil des Schlosses der Herren von Redwitz), der benachbarten evangelischen St. Bartholomäus-Kirche (entstanden aus der alten Schlosskapelle), der katholischen St. Theresienkirche (Kleinod des Rokoko) und dem Goethezimmer im Neuen Rathaus.

WALDMÜNCHEN → Route 7

Waldmünchen, anerkannter Luftkurort in schöner Hanglage über dem Tal der Böhmischen Schwarzach, verdankt seine Entstehung im 10. Jh. Benediktinermönchen des Klosters Chammünster. Schon 1256 zur Stadt erhoben, wurde Waldmünchen 1261 Sitz eines bayerischen Pflegamts. Kriege und Brände ließen von den mittelalterlichen Bauten nur wenig bestehen. Eingemeindet sind die Orte *Ast, Geigant, Herzogau, Katzbach, Perlhütte, Spielberg* und *Untergrafenried.*

Einladend wirkt der große **Marktplatz** mit *barocker Nepomuk-Statue* von 1769, zwei Steinbrunnen von 1776 und 1790 und dem *Rathaus mit Glockenspiel.* Am Marktplatz 11 (ehem. Gasthof zur Post) erinnert eine Gedenktafel an den französischen

Am Marktplatz präsentiert sich das Rathaus mit Glockenspiel

Schriftsteller und Politiker François-René de Chateaubriand, der hier während einer Reise nach Prag wegen eines fehlenden Einreisevisums unfreiwillig einige Ruhetage einlegen musste. In seinen Memoiren schilderte er diese Ereignisse auf nicht weniger als 18 Seiten.

Die **Stadtpfarrkirche St. Stephan** wurde schon 1351 als Stephanskapelle erwähnt. In der Folgezeit wurde sie nach Stadtbränden immer wieder aufgebaut, aber auch erweitert. Imposant ist der 44 m hohe Turm von 1553–58 auf neun Etagen, mit Türmerstube und Uhrenmuseum. Turmbesteigungen bis in die barocke Zwiebelkuppe ermöglichen einen prächtigen Rundblick.

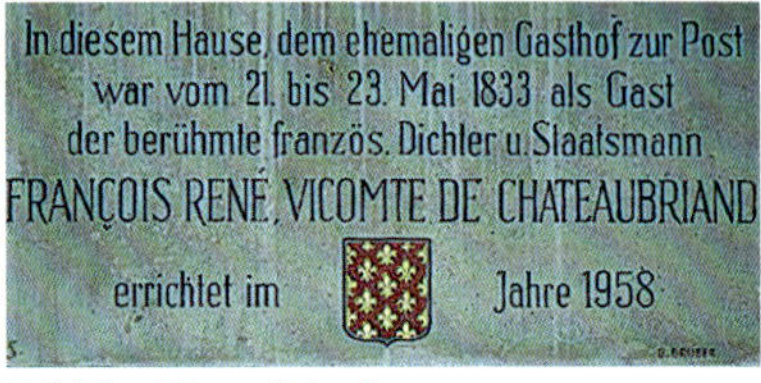

Tafel für Chateaubriand

Das ehemalige **Pflegerschloss** steht auf dem Schlossberg. Die renovierte und durch neue Gebäude ergänzte Anlage beherbergt jetzt die Jugendbildungsstätte Waldmünchen mit Jugendherberge. Erhalten ist noch der Pulverturm, ein Wehrturm aus dem 11. Jh.

Waldmünchen: Kreis Cham, 512 m, 7000 Einw.

Auskunft: Tourismusbüro, Marktplatz 16, 93449 Waldmünchen
Tel. 09972/30725, www.waldmuenchen.de

Verkehr: Busverbindung mit Regensburg, Cham, Rötz, Furth i. W. und Tiefenbach; Bahnstation; Grenzübergang nach Tschechien. Von Juli bis September an Wochenenden Linienbus zum Čerchov

Hobby und Sport: Erlebnisbad „Aquafit" mit beheizten Innen- und Außenbecken, 50 m langer Wasserrutsche, Wildwasserkanal, Solebecken, Dampfbad, Saunarium, Solarien und medizinischem Kneipp-Badebereich (www.erlebnisbad-aquafit.de); Minigolf, Golfplatz in Voithenberg (www.gc-furth.de), Angeln, Reitschule, Naturhochseilpark und Bootsverleih am Perlsee, Skilanglaufgebiet Gibacht-Čerchov (grenzüberschreitend)

Veranstaltungen: Im Juli/August auf dem Festspielplatz jeweils samstags nächtliches Freilichtspiel „Trenck der Pandur vor Waldmünchen 1742" (www.trenckfestspiele.de); Heimatfest in der 2. Juliwoche mit Volksfest

Sammlungen: Grenzland und Trenckmuseum, Schlosshof 4; Uhrenmuseum im Turm der Stadtpfarrkirche; Glasgalerie mit Ausstellungen beim Berghof Gibacht, Gibacht 31

Wanderungen

1. Zum aussichtsreichen **Ölberg** (529 m) mit Kapelle von 1830, ¼ Std. nordwestlich.
2. Zum 80 ha großen **Perlsee**, aufgestaut von der Schwarzach mit Badestrand und Bootsverleih, ½ Std. nördlich.
3. Zum **Galgenberg** (742 m), ¾ Std. nordöstlich.
4. Über **Herzogau** mit Spätrokokokirche von 1787 zum **Klammerfels** (848 m) mit Gipfelkreuz und Aussichtsturm, 1 ¼ Std. südöstlich.
5. Über **Herzogau** und Lengau zum **Hinteren Hiener** (768 m), 2 Std. südlich. Zurück über Machtesberg und Prosdorf.
6. Über **Herzogau** und Althütte zum bewirtschafteten **Berghof Gibacht** 2 Std. südöstlich (→ auch S. 167). Aufstieg ¾ Std. nördlich durch das **Bergmassiv Gibacht** über den **Pfennigfelsen** (895 m) mit schwenkbarer Klappe für Pfennig- und Centmünzen zum Grenzübergang **Dreiwappenfelsen** (917 m); Grenzpunkt von 1766 zwischen Bayern, Böhmen und Kurpfalz. Zurück auf markiertem Weg jenseits der Grenze und über den Grenzübergang Lehmgrubenweg.
7. Auf dem Lehmgrubenweg über den Grenzübergang zum **Čerchov** (Schwarzkopf, 1042 m) mit Aussichtsturm, 2 Std. östlich.
8. Über Neue Ziegelhütte und Frauenbrünnlkapelle nach **Ast** mit dreischiffiger gotisch-barocker Wallfahrtskirche (aus dem Schalldeckel der Kanzel wächst ein „Ast" mit Madonnenfigur), 1 Std. westlich. Weiter entweder 1 Std. südwestlich nach **Schönthal** mit ehem. Augustinerkloster (1255–1803) und ehem. Klosterkirche (jetzt Pfarrkirche) oder zurück über Hirschhöf und Hocha.

Trenck der Pandur vor Waldmünchen

Immer wieder ein Erlebnis ist das nächtliche Freilichtspiel, das seit 1950 in den Monaten Juli und August auf dem Festspielplatz beim Pflegerschloss vor der alten Stadtmauer mit überdachter Zuschauertribüne aufgeführt wird.

Im Mittelpunkt steht der berühmte Pandurenoberst Franz Freiherr von der Trenck (1711–1749), der mit seinen wilden Horden 1742 vor den Toren Waldmünchens stand. Mit einer Kontributionszahlung von 50 Dukaten konnten sich damals die Waldmünchner die Schonung ihrer kleinen Stadt an der böhmischen Grenze erkaufen und so das Schlimmste verhindern.

Rund 350 Laiendarsteller lassen in drei großen Akten die wechselvolle Geschichte Waldmünchens während des österreicherischen Erbfolgekrieges wieder lebendig werden. Verwegene Reiterszenen im gespenstischen Widerschein lodernder Lagerfeuer begleiten eindrucksvoll das spannende Spielgeschehen.
Vor allem beeindruckt die Darstellung des Pandurenführers Trenck. In bedingungsloser Treue und glühender Verehrung zu seiner Kaiserin Maria Theresia führt er einen vergeblichen Kampf gegen die Intrigen seiner Neider.

WALDSASSEN → Route 6

Waldsassen ist eine Stadt im Tal der Wondreb mit ehemals bedeutendem Zisterzienserstift und historisches Zentrum des nach diesem benannten Stiftlandes. Zur Gemeinde gehören u. a. auch *Kondrau, Münchenreuth* und *Schloppach.*

Blick in die Geschichte

Das Zisterzienserkloster wurde 1133 durch Markgraf Diepold III. von Vohburg gegründet und erlangte 1147 die Reichsfreiheit; jahrhundertelang gehörten die Waldsassener Äbte zum deutschen Fürstenkollegium. Weite Gebiete des bis nach Böhmen reichenden Nordgaues wurden von hier aus kolonisiert. Während der Hussitenkriege erlitt das Kloster 1430 und 1433 schwere Zerstörungen, ebenso im Landshuter Erbfolgekrieg 1504. Im Zuge der Reformation unter den pfälzischen Kurfürsten musste das Kloster 1562 aufgelöst werden. Nach der Schlacht am Weißen Berg 1620 erfolgte die Gegenreformation unter Kurfürst Maximilian I. Ein Jahr zuvor war der böhmische „Winterkönig" Friedrich V. von der Pfalz in Waldsassen gekrönt worden. Daran erinnert eine Gedenktafel an dem Haus gegenüber der Stiftskirche. 1669 zogen wieder Zisterziensermönche in das Kloster ein, das nun eine neue Blütezeit erlebte, die im Bau der barocken Stiftskirche ihren Ausdruck fand. 1803 verfiel das Stift der Säkularisation; unschätzbare Werte an Kunstgegenständen und Büchern gingen verloren. 1864 wurde es von Zisterzienserinnen neu besetzt. Sie betreiben heute u.a. eine Mädchenrealschule, das Gästehaus St. Joseph, ein Kultur- und Begegnungszentrum sowie eine staatlich anerkannte Umweltstation.

Die Stiftsbasilika von Waldsassen gilt mit ihren Doppeltürmen als bedeutendster Barockbau der Oberpfalz

Mit der Niederlassung von Tuchmachern im Jahre 1614 begann die Anlage einer größeren Siedlung, die 1683 Markt- und 1896 Stadtrecht erhielt. Durch die drei großen Brände 1870, 1871 und 1880 wurden fast alle alten Bürgerbauten vernichtet. Der seit 1972 eingemeindete Ort *Kondrau* ist bekannt durch seine Mineralbrunnen-Getränke. Das kohlensäurereiche Wasser der einst schon vom Kloster Waldsassen genutzten Heilquelle wird aus 250 m Tiefe gewonnen und in modernen Anlagen vollautomatisch abgefüllt.

Sehenswürdigkeiten

Die **Stiftsbasilika Mariä Himmelfahrt und St. Johannes** gilt mit ihren beiden 60 m hohen Türmen als bedeutendster Barockbau der Oberpfalz. Sie wurde anstelle des 1179 geweihten Marienmünsters nach 20-jähriger Bauzeit 1704 vollendet. Baumeister war Abraham Leuthner aus Prag unter Mitwirkung von Georg und Christoph Dientzenhofer; die abschließenden Arbeiten und die Fassade wurden von den Brüdern Jakob und Bernhard Schiesser vollendet. 1969 wurde die Kirche zur päpstlichen Basilika erhoben.

Der Innenraum ist 82 m lang bei nur 13,5 m Breite, die Höhe des Hauptgesimses unter den Flachkuppeln beträgt 24 m. Giovanni Baptista Carlone schuf die prunkvollen Stukkaturen, Martin Hirsch aus Waldsassen das reichgeschnitzte Chorgestühl. Die farbenfrohen Fresken stammen von Jakob Steinfels aus Prag: Im Chorgewölbe ist die Legende des Einsiedlers Gerwig dargestellt, dessen Begegnung mit Diepold von Vohburg die Klostergründung veranlasst haben soll. Beeindruckend der mächtige Hochaltar (1696) von Carlone mit der Verkündigungsgruppe aus weißem Marmor und dem vergoldeten Kugeltabernakel (1690) von Karl Stilp. Die große Barockorgel von 1738, 1983–89 umfassend saniert und ergänzt, spendet eine gewaltige Klangfülle. Eindrucksvoll sind auch die Glassärge an den Seiten des Langschiffes mit den „Heiligen Leibern" in reichbestickten Gewändern. Diese Reliquien stammen aus den Katakomben in Rom. Unter der gesamten Basilika befindet sich als ältester Kirchenteil die größte Gruft Deutschlands mit Grabmälern der Äbte, darunter eine Rotmarmorplatte mit einer Figur aus dem 14. Jh.

Der berühmte **Bibliothekssaal** im Flügel des Konventgebäudes wurde 1724/25 unter Leitung des Abtes Eugen Schmid im Übergangsstil vom Hochbarock zum Rokoko geschaffen. Die eindrucksvollen Schnitzarbeiten des Waldsasseners Karl Stilp, die Stukkaturen des Italieners Peter Appiani und Fresken von Karl Hofreiter aus Eger befassen sich in vollendeter Weise mit dem Thema Buch. Zehn kunstvoll geschnitzte lebensgroße Holzfiguren von Karl Stilp tragen die schmale, den größten Teil des Saales umlaufende Galerie: Lumpensammler, Getreidemeister, Papiermüller, Schweineschlachter, Schweinehirt, Buchdrucker, Dichter, Buchhändler, Kritiker und Leser (Selbstbildnis Stilps) symbolisieren nicht ohne Humor den Werdegang des Buches. Die dargestellten Motive sind Sebastian Brants Satire „Das Narrenschiff" entnommen.

Das ehemalige **Abteischloss** (heute Finanzamt) am Basilikaplatz mit Resten der Ummauerung und Mauertürmen stammt von 1574. Der Gartenpavillon wurde um 1730 errichtet.

Bei *Münchenreuth* 4 km nordwestlich erhebt sich auf dem 628 m hohen Glasberg inmitten von Äckern und Wiesen die barocke **Wallfahrtskirche Hl. Dreifaltigkeit**, kurz Kappl genannt. Ihr origineller Rundbau symbolisiert in architektonischer Vollendung die göttliche Dreifaltigkeit. Erbaut 1682–89 von Georg Dientzenhofer anstelle einer älteren Wallfahrtskapelle, beeindruckt sie durch den harmonischen Dreiklang ihrer Bauteile: Drei Rundchöre, drei Seitenkapellen, drei Altäre sowie drei große und kleine Zwiebeltürme versinnbildlichen die Dreieinigkeit. Selbst bei den drei Säulen in den drei Ecken des Grundrisses und bei den Fensteröffnungen ist der Gedanke der Trinität zum Ausdruck gebracht. Dazu thront die Kirche noch über drei Gebirgen (Oberpfälzer Wald, Böhmerwald, Fichtelgebirge) und ist nach drei Ländern ausgerichtet (Bayern, Böhmen, Sachsen). Der als vollkommene Einheit wirkende Rundbau ist von einem gedeckten Prozessionsweg umgeben. Von Waldsassen führt der Rosenkranzweg mit 15 Stationen hinauf.

Waldsassen: Kreis Tirschenreuth, 491 m, 8000 Einw.

Auskunft: Tourist-Info, Johannisplatz 11, 95652 Waldsassen
Tel. 09632/88160, www.waldsassen.de

Verkehr: Anschluss Mitterteich West und Süd zur A 93 (Regensburg–Hof); Busverbindung nach Konnersreuth, Neualbenreuth, Tirschenreuth; Straßenübergang zur Tschechischen Republik

Hobby und Sport: Beheiztes Freibad, Hallenbad, Angeln, Reiten, Grasskipiste; Obstlehrpfad; Freizeitpark Mitterteicher Straße (B 299) u. a. mit großer Skateanlage; Skianlage Schloppach

Veranstaltungen: Orgel- und Kirchenkonzerte in der Basilika; kleines Kapplfest Christi Himmelfahrt; großes Kapplfest 1. Sonntag nach Pfingsten

Sammlungen: Stiftlandmuseum im Alten Rathaus, Museumstr. 1

Spezialitäten: Rosners Gläserne Lebkuchen-Manufaktur mit Lebkuchen aus eigener Herstellung, Egerer Str. 9 (www.lebkuchenrosner.de)

Außerdem interessant: Klostergarten (Brauhausstr. 22), Kultur- und Begegnungszentrum der Abtei Waldsassen mit Umweltstation und Heilkräutergarten nach Hildegard von Bingen, Pfarrer Kneipp, Traditioneller chinesischer Medizin sowie Wetter- und Klimaerlebnispark (www.kubz.de)

Einkehrtipp: Restaurant-Gasthof Prinzregent Luitpold, Prinz-Luitpold-Str. 4; mehrfach ausgezeichnet beim „Wettbewerb Bayerische Küche“

Wanderungen

1. Über das Klostergut **Mitterhof** zur **Lourdesgrotte** (erbaut 1905, Nachbildung der Wallfahrtsgrotte in Lourdes), ½ Std. nordöstlich.
2. Über **Kondrau** zum **Gommelberg** (567 m), einem Basaltkegel mit Kratersee und Pestkapelle von 1938, 1 Std. südwestlich.
3. Über **Köllergrün** (Gründungsstätte des Klosters Waldsassen mit Gedenkstein) und **Münchenreuth** mit gotisch-barocker Pfarrkirche zur **Wallfahrtskirche Hl. Dreifaltigkeit** („Kappl“) auf dem Glasberg (628 m), 1 ½ Std. nordwestlich. Zurück (kürzer) auf dem Rosenkranzweg mit 15 barocken Stationssäulen.
4. Auf dem Nurtschweg über Poxdorf, Maiersreuth und **Hardeck** mit ehemaligem Abteischloss von etwa 1708 nach **Neualbenreuth** mit Fachwerkhäusern im Egerländer Stil und Kurmittelhaus **Sibyllenbad** (→ Seite 192), 3 Std. südöstlich. Zurück mit dem Bus.
5. Auf dem Nurtschweg bis Poxdorf und bald abzweigend nach **Wernersreuth** mit Chorturmkirche aus dem 17./18. Jh., 2 Std. südöstlich. Evtl. Abstecher ¼ Std. südwestlich zu der in einer Waldlichtung stehenden kleinen **Wallfahrtskirche Allerheiligen** von 1732 auf dem Platz der mittelalterlichen Vorgängerin St. Isidori Einsiedl. Weiter 1 Std. südöstlich über den **Heidelberg** (730 m) mit Felsformationen oder auf dem Parallelweg über den **Ringelstein** zum bewirtschafteten **Egerer Waldhäusl** (Bushaltestelle).
6. Über Mammersreuth und den Grenzübergang für Wanderer nach Starý Hrozňatov (Altkinsberg) zur **Wallfahrtskirche Maria Loreto** auf einer Bergkuppe mit 29 Kreuzwegstationen, erbaut im 17. Jh. von Jesuiten aus Eger und nach der Wende restauriert, 2 Std. nordöstlich.

WEIDEN IN DER OBERPFALZ → Route 5

Weiden im Tal der Waldnaab ist wirtschaftlicher und kultureller Mittelpunkt der nördlichen Oberpfalz sowie Eingangstor zum Oberpfälzer Wald und Steinwald. Die 1995 gegründete Hochschule Amberg-Weiden (HAW) verfügt über zukunftsweisende Studiengänge.

Blick in die Geschichte

Weiden entstand vor dem 10. Jh. Unter der Herrschaft der Sulzbacher und Hohenstaufen wurde die Siedlung durch eine Burg geschützt. Die erste urkundliche Nennung erfolgte 1241 durch den Stauferkönig Konrad IV. (Mosaik am Rathausgiebel). Das ganze Umland war bis ins 15. Jh. Reichsland; Weiden selbst wurde im 14. Jh. als Reichsstadt bezeichnet.

Von 1421/27 bis 1714 war es innerhalb des Gemeinschaftsamtes Parkstein-Weiden gleichzeitiger Besitz von mehreren Landesfürsten. 1714 fiel der Ort an den Sulzbacher Pfalzgrafen Karl IV. Theodor. Unter ihm kam das Amt Parkstein-Weiden schließlich 1777 an Bayern.

Unter dem in Prag residierenden König Johann und seinem Sohn Kaiser Karl IV. entwickelte sich Weiden im 14. Jh. zu einem blühenden Wirtschaftszentrum an der von Regensburg über Leipzig nach Magdeburg führenden alten Handelsstraße. Durch ein Gebot Karls IV. wurde auch der Handelsverkehr der „Goldenen Straße" zwischen Nürnberg und Prag über Weiden (–Bärnau–Tachau) geleitet. Außerdem führte durch Weiden die „Eisenstraße" nach Amberg. Im 15./16. Jh. erlebten die Gewerbezweige der Lederer, Tuchmacher, Färber und Weber einen großen Aufschwung.

Die Zerstörungen im Dreißigjährigen Krieg und die verheerende Pest führten zu einem totalen wirtschaftlichen Niedergang. Erst die durch den Eisenbahnanschluss 1863 einsetzende Industrialisierung bewirkte eine neue Aufwärtsentwicklung mit hohem Bevölkerungszuwachs. Heute sind in Weiden traditionelle Firmen wie Bauscher, Seltmann, Nachtmann und Witt mit den regionalen Produkten Porzellan, Glas und Textil heimisch.

Als „Max-Reger-Stadt" pflegt Weiden das Andenken an den bedeutenden Komponisten Max Reger. Als Sohn eines Lehrers

Inmitten des Marktplatzes steht das Alte Rathaus im Renaissance-Stil mit Uhrenturm und Storchennest

wurde er am 19. März 1873 im oberpfälzischen Dorf Brand geboren, verbrachte aber seine Jugend vom 2. bis 16. Lebensjahr in Weiden, gefördert durch seinen Musiklehrer Adalbert Lindner. Nach weiterer Ausbildung bei Hugo Riemann in Sondershausen und Wiesbaden kehrte er 1898 nach Weiden zurück, um in einer dreijährigen Schaffensperiode seine stilistische Vollendung zu finden. In dieser Zeit entstand auch seine Orgelphantasie op. 27 „Ein feste Burg". Sein weiterer Weg führte ihn nach München, Meiningen, Jena und Leipzig, wo er am 11. Mai 1916 starb.

Sehenswürdigkeiten

Inmitten des langgestreckten Marktplatzes erhebt sich freistehend das **Alte Rathaus**, errichtet 1539–48 im Renaissance-Stil auf den Resten des abgebrannten Vorgängers, mit achteckigem Uhrenturm und zwei tunnelartigen Durchgängen im Erdgeschoss (Umbau 1914–17 und 1981). Früher wurde wegen ständiger Brandgefahr der Stadtbach durch den Rathaustunnel geleitet. Der Pranger an der Ostseite mit Standplatte und Halseisen war noch bis 1805 in Funktion. Am Hauptgiebel über der Freitreppe erinnert ein Mosaik (1937) an die Beurkundung König Konrads IV. in Weiden im Jahre 1241. Darunter befindet sich ein 1983 geschaffenes Glockenspiel. Der historische Sitzungssaal im ersten

In der evangelischen Kirche St. Michael spielte schon der Komponist Max Reger an der Orgel

Obergeschoss besitzt eine Balkendecke aus dem 16. Jh. Eine lange Tradition hat das Storchennest. Heute dient das in der Nähe gelegene moderne *Neue Rathaus* als Verwaltungsgebäude der Stadt.

Beim *Oberen Tor* (Umbau 1911) steht das **Veste Haus**, früher altes Schloss (heute u. a. Apotheke). Der gegenwärtige Bau wurde nach einem Brand 1543 wieder errichtet und mehrmals verändert. Von 1585 bis 1593 residierte hier Pfalzgraf Friedrich von Parkstein-Vohenstrauß.

Benachbart die evangelische **Kirche St. Michael**, ein ursprünglich gotischer Hallenbau mit Rundpfeilern aus dem 15. Jh. anstelle von zwei Vorgängerinnen, im 18. Jh. barock verändert mit fünfgeschossigem Zwiebelturm. Sie wurde von 1663 bis 1899 simultan für Katholiken und Protestanten genutzt und beherbergt einen prächtigen spätbarocken Hochaltar (1791), eine kunstvolle Kanzel (1787) mit dem hl. Michael auf dem Schalldeckel sowie viele Grabdenkmäler. Die Orgel wurde 2006 mit 3659 Pfeifen erneuert und speziell auf die Werke Max Regers abgestimmt. Dahinter das **Alte Schulhaus**, ein mächtiger siebengeschossiger Bau von 1566. Die vier Geschosse des Dachstuhls dienten einst als Kornspeicher. Jetzt beherbergt es das Kulturzentrum Hans Bauer mit seinen Sammlungen.

In der Nähe steht die katholische **Kirche St. Josef** mit ihren beiden 64 m hohen Spitztürmen, errichtet 1899/1900 nach Auflösung des Simultaneums in nur 18 Monaten. Das dreischiffige Gotteshaus zählt zu den wenigen neuromanischen Kirchenschöpfungen mit harmonischer, sehr seltener Innenausstattung im reinen Jugendstil.

Im **Max-Reger-Haus** (Bgm.-Prechtl-Str. 31) verlebte Max Reger seine Jugendjahre und schuf 1898–1901 seine berühmtesten Orgelwerke (Gedenktafel). In der Adenauer-Anlage nahe der Kirche St. Josef befindet sich der schlichte Original-Grabstein, der 1930 aus Weimar nach Weiden verbracht wurde.

Die katholische Kirche St. Josef besitzt eine Ausstattung im reinen Jugendstil

In der parallelen Luitpoldstr. 25 der repräsentative **Waldsassener Kasten**, 1739–42 errichtet vom Waldsassener Laienbruder Philipp Muttone. Der einstige Getreidespeicher beherbergt jetzt das internationale Keramikmuseum und die Regionalbibliothek mit Lesecafé. Anschließend in der Scheibenstraße der runde **Flurerturm** von 1575 mit Kegeldach als Rest der Vorstadtbefestigung.

Der **Untere Markt** beeindruckt mit schönen *Renaissance-Bürgerhäusern*, die nach den Stadtbränden 1536 und 1540 entstanden und mit ihren Treppengiebeln ein Bild seltener Geschlossenheit zeigen wie kaum sonst in der Oberpfalz. Den Abschluss bildet das *Untere Tor* aus dem 15./17. Jh., Teil der alten *Stadtbefestigung*, nach Zerstörung im 17. Jh. mit einem Barockdach erneuert. Reste des einst doppelten Mauerringes mit Innenmauer, Vormauer und Zwinger befinden sich noch in dem Gässchen „Hinterm Zwinger".

Jenseits des Unteren Tores der **Schlörplatz** mit dem *Denkmal* (1885) für den ehemaligen bayerischen Handelsminister Gustav von Schlör, der Weiden 1863 an das Eisenbahnnetz anschließen ließ. Daneben die *Jubiläumseiche* (1824) zur Erinnerung an das 25-jährige Regierungsjubiläum König Max I. und die *Friedenseiche* (1871).

Der barocke Waldsassener Kasten beherbergt jetzt das internationale Keramikmuseum und die Regionalbibliothek; rechts der Flurerturm

In der nahen Sebastianstraße befindet sich die katholische **Kirche St. Sebastian** aus dem 15. Jh., nach Blitzschlag 1692–97 erneuert. Im Chorbogen links das Renaissanceepitaph für die 1590 im Alter von nur vier Monaten verstorbenen Prinzenzwillinge des Pfalzgrafen Friedrich von Vohenstrauß. Neben weiteren Grabsteinen verdient ein barockes Gnadenbild „Maria Hilf" Beachtung.

Südlich vom Schlörplatz an der Waldnaab liegt der **Max-Reger-Park** mit *Max-Reger-Denkmal* in Form einer stilisierten Orgel (geschaffen 1957 von dem Weidener Bildhauer Josef Gollwitzer) und *Triton-Springbrunnen* (im Blickpunkt die Bronzefigur der griechischen Meergottheit).

Das Stadtmuseum beherbergt auch das Max-Reger-Zimmer

Weiden: Kreisfreie Stadt, 396 m, 42 000 Einw.

Auskunft: Tourist-Info im Alten Rathaus, Oberer Markt 1, 92637 Weiden Tel. 0961/814131, www.weiden.de

Verkehr: Anschluss zur A 93 (Regensburg–Hof); Busverbindungen nach allen Richtungen; Bahnstation der Strecke München–Regensburg–Hof; Bahnverbindungen nach Nürnberg und Bayreuth; Verkehrsflugplatz Weiden–Latsch mit Landebahn (600 m)

Hobby und Sport: Weidener Thermenwelt und Eisstadion, Raiffeisenstr. 5–7 (www.freizeitzentrum-weiden.de); Freizeitanlagen Stadtbad (Friedrich-Ebert-Str. 7) und Schätzlerbad (Merklmooslohe 30, www.schaetzlerbad.de); Angeln, Minigolf, Reiten, Sportflugplatz Latsch (Rundflüge, www.aero-club-weiden.de), Golfplatz in Schwanhof bei Luhe-Wildenau (www.golfclub-schwanhof.de)

Sammlungen: Kulturzentrum Hans Bauer mit Stadtmuseum einschließlich Max-Reger-Zimmer und Tachauer Heimatmuseum, Schulgasse 3a; Internationales Keramikmuseum im Waldsassener Kasten, Luitpoldstr. 25 (www.die-neue-sammlung.de/weiden); Eisenbahnmuseum mit großer Modellbahnanlage, Bahnhofstr. 28 (www.eisenbahnmuseum-weiden.de); Geo World Mineralien & Fossilien, Georg-Stöckl-Str. 8

Veranstaltungen: Weidener Literaturtage im April (www.weidener-literaturtage.de); Bürgerfest im Juni; Sommer-Serenaden im Max-Reger-Park Juni–August; Max-Reger-Tage im September (www.maxregertage.de); Weidener Musiktage alle 3 Jahre (www.maxreger-weidenermusiktage.de); Veranstaltungen in der 1992 eröffneten Max-Reger-Halle mit Konzertsaal (www.max-reger-halle.de)

Einkehrtipps:

> BräuWirt, Unterer Markt 9. Oberpfälzer Küche mit Zoiglbier in historischen Räumen auf vier Stockwerken

> Hennerloch, Türlgasse 7. Historisches Gasthaus mit bodenständiger Küche und Zutaten aus der Region

Das Untere Tor ist Teil der alten Stadtbefestigung

Wanderungen

1. Über **Trögersricht** (Burgstall) auf den **Fischerberg** (633 m) mit Vierlingsturm und Strobelhütte, 1 ½ Std. östlich. Zurück entweder über Zollhaus oder über Oberhöll durch das reizvolle **Hölltal** zur Kapelle **Heilige Staude** und den **Postkellerberg** (großartiger Rundblick).
2. Über Edeldorf, **Felsenlabyrinth Doost** und Schnepfenhof nach **Floß**, 2 ½ Std. nordöstlich. Zurück über Thesseil und Almesbach.
3. Über Edelhof, **Wilchenreuth** mit romanischen Wandmalereien (Jesus als Weltenrichter) in der evangelischen **Kirche St. Ulrich** aus dem 12. Jh. (ehem. Simultankirche) und **Wallfahrtskirche St. Felix** nach **Neustadt a. d. Waldnaab**, 2 ½ Std. nördlich. Zurück (kürzer) über **Altenstadt** mit romanisch-gotischer Kirche.
4. Über Moosöd zum **Süßenloher Weiher**, 2 Std. nordwestlich. Zurück über **Altenstadt**.
5. Durch den Stadtteil Rehbühl entlang der Schweinenaab über Schwedeneiche und Scharlmühle nach **Parkstein** mit berühmtem Basaltkegel, 2 ¾ Std. nordwestlich. Zurück über Meerbodenreuth.
6. Über Frauenricht, **Neunkirchen** (romanische, jetzt evangelische Kirche innerhalb eines früher befestigten Friedhofs und neubarocke katholische Kirche von 1923), **Rupprechtsreuth** (ehem. Schloss von 1723 mit Kapelle) nach **Mantel** im Haidenaabtal mit Renaissancekirche von 1614 und Moritzkirche von 1734, 2 ½ Std. südwestlich. Zurück über **Weiherhammer** mit Beckenweiher (Naturschutzgebiet), Trippach und Konradshöhe.
7. Über Neubau und Pirkmühle nach **Pirk** (romanische Kirche mit schöner Barockausstattung), 2 ¼ Std. südlich. Zurück über **Schirmitz** (ehem. Schloss und Kirche von 1753 mit mittelalterlichem Turm) und **Postkellerberg** (Rundblick!).

WIESAU → Route 5

Wiesau, Marktgemeinde am Ostrand des Naturparks Steinwald, wurde erstmals 1245 als „Alten Wysa“ urkundlich erwähnt. Südlich befindet sich eine ausgedehnte Teichlandschaft.

Der Ortsteil *Ottobad* ist seit 1836 nach König Otto von Griechenland benannt, dem 2. Sohn des Bayernkönigs Ludwig I., der im 19. Jh. die Region zur Kur bereiste. Die starke Mineralquelle war schon seit 1542 bekannt und zeitweilig im Besitz des Klosters Waldsassen. Seine Blütezeit erlebte das Stahl- und Moorbad nach dem Ersten Weltkrieg. Im Zweiten Weltkrieg wurde der Badebetrieb eingestellt. Heute werden zwei kohlensäurehaltige Quellen für Getränke mit natürlichem Mineralwasser in vielen Variationen genutzt (u. a. König-Otto-Sprudel).

Die **Pfarrkirche St. Michael** wurde nach Zerstörungen im Dreißigjährigen Krieg 1631–63 neu errichtet und 1935 erweitert. Neben dem Eingang steht eine granitene Mariensäule von 1697. Im Inneren befinden sich zahlreiche Grabdenkmäler und Epitaphien.

Die barocke **Kreuzbergkirche** von 1657–61 anstelle einer bereits 1508 genannten Kapelle besitzt ein Deckenfresko von 1740 und mehrere Altäre mit Akanthusschnitzereien. Am Kalvarienberg beeindrucken die sechs lebensgroßen Granitfiguren.

Auf einer Anhöhe über dem Markt erhebt sich die barocke Kreuzbergkirche

Wiesau: Kreis Tirschenreuth, 506 m, 4400 Einw.

Auskunft: Tourist-Info, Marktplatz 1, 95676 Wiesau
Tel. 09634/92000, www.wiesau.de

Verkehr: Anschluss zur A 93 (Regensburg–Hof); Bahnstation der Hauptstrecke München–Berlin; Busverbindung mit Marktredwitz, Fuchsmühl, Friedenfels, Falkenberg, Waldsassen

Hobby und Sport: Naturfreibad „Wiesauer Waldseen" mit Badesteg und Liegewiese; Angler-Paradies (80 000 m²) mit gut begehbaren Ufern; Pechofenmodell im „Pechofenhölzl" bei Leugas

Veranstaltungen: Karpfenkirchweih im Fischbauerndorf Kornthan mit zahlreichen Attraktionen rund um Fisch & Teich Mitte Oktober

Einkehrtipp: Stefflwirt (Weißes Ross), Kirchplatz 7. Regionale Küche mit Zoigl aus der Hausbrauerei

Wanderungen

1. Über Fürstenhof nach **Fuchsmühl** mit Wallfahrtskirche, ¾ Std. nordwestlich. Zurück im nördlichen Bogen über Triebendorf.
2. Über **Triebendorf** (Steinbruch mit Basaltsäulen) zum **Großen Teichlberg** (685 m), 1 ½ Std. nördlich. Zurück über Fuchsmühl.
3. Auf dem Südweg über **Kornthan** (Kornthaner Weiher), Muckenthal, Voitenthan nach **Friedenfels**, 2 Std. südwestlich. Zurück über **Güttern** mit historischem Pechofen und Kornthan.
4. Über Schönhaid und **Seidlersreuth** (Badeweiher) nach **Falkenberg** mit gleichnamiger Burg, 2 Std. südöstlich. Zurück mit dem Bus.
5. Durch die Schönhaider Teichlandschaft zur **Jugendherberge Tannenlohe**, 1 ¾ Std. südlich. Von dort in das romantische **Waldnaabtal** (unter Naturschutz). Zurück nordöstlich nach **Falkenberg**. Von dort mit dem Bus zurück.
6. Über **Leugas** mit Pechofenmodell durch schöne Wald- und Weiherlandschaft nach **Tirschenreuth**, 3 Std. südöstlich. Zurück mit dem Bus über Falkenberg.

WINDISCHESCHENBACH

➜ Route 5

Die Burg Neuhaus beherbergt das Waldnaabtalmuseum

Windischeschenbach ist eine kleine Stadt am Zusammenfluss von Waldnaab und Fichtelnaab am Eingang zum Naturschutzgebiet Waldnaabtal. Sie wird auch „Hauptstadt des Zoiglbieres" genannt. Eingemeindet sind die Orte *Bernstein, Naabdemenreuth* und *Neuhaus*.

Schon um 975 vom Regensburger Benediktinerkloster St. Emmeram gegründet, erhielt der ursprünglich Eschenbach, ab 1424 Windischeschenbach genannte Ort 1605 die Marktrechte. 1952 erfolgte die Erhebung zur Stadt. Das Kommunbrauwesen und die Kommunbrauhäuser (in Windischeschenbach und Neuhaus) gehen auf das 15. Jh. zurück. Der Ausschank des untergärigen, ungefilterten Zoiglbieres findet in den zahlreichen Zoiglstuben (gekennzeichnet durch einen sechseckigen Stern) statt. Im „Zoiglkalender" erfährt man, in welcher „Stub'n" das Bier gerade ausgeschenkt wird.

Die **Pfarrkirche St. Emmeram** wurde nach dem verheerenden Stadtbrand von 1848 auf den Mauerresten der gotischen Vorgängerin neu errichtet. In *Neuhaus* steht die barocke **Kirche St. Agatha** von 1750–52 anstelle der durch Blitzschlag zerstörten Vorgängerin; nach einem weiteren Brand 1887 wurde sie eingewölbt mit einem zentralen Pfeiler. Über der Waldnaab thront die **Burg Neuhaus**, gegründet im 14. Jh. durch die Landgrafen von Leuchtenberg, mit viergeschossigem Wohnbau aus dem 17. Jh. und 23 m hohem rundem Bergfried, wegen seiner originellen Form „Butterfass" genannt. Im Ortsteil *Bernstein* befindet sich die romanische **Kirche St. Nikolaus** aus dem späten 12. Jh.

Windischeschenbach: Kreis Neustadt/Waldnaab, 428 m, 5000 Einw.

Auskunft: Tourist-Info, Hauptstr. 34, 92670 Windischeschenbach
Tel. 09681/401240, www.windischeschenbach.de

Verkehr: Anschluss zur A 93 (Regensburg–Hof); Busverbindung nach Weiden, Friedenfels, Neustadt/W.; Bahnstation

Hobby und Sport: Beheiztes Freibad, Angeln; Theateraufführungen auf der Freilichtbühne Burg Neuhaus (www.fbsn.de). – Mehrere Zoiglstuben

Sammlungen: Waldnaabtalmuseum in den historischen Räumen der Burg Neuhaus mit wechselnden Sonderausstellungen

Außerdem interessant: Geo-Zentrum KTB (kontinentale Tiefbohrung) bei Naabdemenreuth: Geologen erbohrten von 1987–94 von einem 83 m hohen Bohrturm aus ein 9101 m tiefes Loch bis zum Erdschmelzpunkt (300 Grad Hitze), um die Strukturen der Erdkruste zu erforschen (KTB-Infostelle mit Geo-Shop und Cafeteria, www.geozentrum-ktb.de)

Wanderungen

1. Über Oberbaumühle und durch das Heiligenholz zur zeitweise bewirtschafteten **Blockhütte** im Waldnaabtal, 1 ½ Std. nördlich. Zurück durch das wildromantische **Waldnaabtal** (→ S. 87) über **Exerzitienhaus Johannistal** und **Burg Neuhaus**.
2. Über Berg und **Naabdemenreuth** mit Geo-Zentrum KTB zur schön gelegenen **Burgruine Trautenberg** (13. Jh.) mit nur noch geringen Mauerresten, 1 ½ Std. nordwestlich. Zurück im Fichtelnaabtal über Schweinmühle und Oberbaumühle.
3. Über **Burg Neuhaus**, Barbarakapelle, Denkenreuth, **Mühlberg** mit Wallfahrtskirche Mutter Anna nach **Neustadt an der Waldnaab**, 2 ½ Std. südlich.
4. Über **Gleißenthal** mit Rokokokirche von 1747/70, **Püllersreuth** mit Kirche aus dem 17. Jh. und Lenkermühle im Sauerbachtal nach **Kirchendemenreuth** mit barocker **Chorturmkirche St. Johannes**, errichtet 1709 unter Einbeziehung des romanischen Turmuntergeschosses (bemalte Holzfelderdecke und Empore von 1717), 2 Std. südwestlich.

Zoiglbier mit Kultstatus

Eine besondere Spezialität der nördlichen Oberpfalz ist das Zoiglbier, ein untergäriges, ungefiltertes Traditionsbier. Nach einem Privileg aus dem 15. Jh. wird es in Kommunbrauhäusern von brauberechtigten Bürgern hergestellt, deren Schank- und Braurecht sogar im Grundbuch eingetragen ist.

Nach dem Bayerischen Reinheitsgebot finden nur Hopfen, Malz, Wasser und Hefe Verwendung. Die Maische, ein Gemisch aus Wasser und Gerstenmalz, wird in einer Sudpfanne über dem Holzfeuer erst gekocht, dann gehopft und so als Würze noch einmal erhitzt. Anschließend wird der Sud abgekühlt und zum Gären in das Haus des jeweiligen Zoiglbrauers in Gärbottiche gebracht. Hier verwandelt Hefe den Zucker zu Alkohol. Nach etwa zehn Tagen Gärungszeit wird das Zoiglbier

Der sechseckige Zoiglstern über der Haustür zeigt den Ausschank des beliebten Traditionsbiers an

in Tanks gefüllt, um noch mehrere Wochen auszureifen. Der Ausschank erfolgt dann ungefiltert direkt vom Lagertank. Weil jeder Brauer das Verhältnis der Zutaten nach eigener Rezeptur bestimmt, schmeckt auch jeder Zoigl von Sud zu Sud immer etwas anders.

Da es früher keine ganzjährige Kühlmöglichkeit gab, war das Bierbrauen nur in der kalten Jahreszeit zwischen Michaeli (29. September) und Georgi (23. April) erlaubt. Gab es einst in der Oberpfalz viele Kommunbrauereien, sind es heute nur noch fünf „echte" in Eslarn, Falkenberg, Mitterteich, Neuhaus und Windischeschenbach. Inzwischen kann man zwar auch wieder in anderen Orten Zoiglbier genießen, aber eben nicht das „echte". Selbst einige Privatbrauereien haben das Zoiglbier jetzt in ihr Sortiment aufgenommen. Sogenannter „Echter Zoigl" darf nur in Kommunbrauhäusern von brauberechtigten Bürgern hergestellt werden.

Hauptstadt des Zoiglbieres ist Windischeschenbach mit dem Stadtteil Neuhaus. In den beiden Kommunbrauhäusern wird Zoigl als privater Haustrunk gebraut und in einem besonderen Rhythmus in 16 Zoiglstuben ausgeschenkt. Wenn der Bierzeiger (der „Zoigl") vor dem Haus baumelt, ein sechseckiger Stern (Zunftzeichen der Brauer) oder mitunter nur ein Fichtenbusch, sind die Zoiglstuben geöffnet, oft nur für jeweils vier Tage im Monat über ein verlängertes Wochenende. Früher wurden dazu noch die eigenen Wohnstuben ausgeräumt. Ein Zoiglkalender regelt die Termine. Und mit etwas Glück spielt sogar die Zoiglmusik.

„In koan Haus san sua vül Leit wöi am Zoigl", heißt es nicht ohne Grund. Oft sind die Zoiglstuben brechend voll; die Preise sind sehr günstig, dazu gibt es eine deftige Brotzeit. Zoigl ist nicht nur ein Getränk, sondern auch eine Art Lebensphilosophie: Urige Gemütlichkeit trifft bei obligatorischem „Du" auf heimische Gastfreundschaft.

WÖRTH AN DER DONAU

→ Route 1

Wörth liegt am Nordufer der Donau mit ausgedehnter Schlossanlage auf beherrschender Anhöhe. Eingemeindet sind *Hofdorf, Kiefenholz, Oberachdorf, Tiefenthal, Weihern* und *Zinzendorf.*

Wörth wurde bereits im 8. Jh. urkundlich erwähnt und gehörte bis 1803 zum Hochstift Regensburg. Am 26. Juli 1806 unterzeichnete Kurfürst-Erzkanzler Karl Theodor von Dalberg im Rondellzimmer des Schlosses Wörth auf Druck Napoleons die Rheinbundakte. Mit diesem Bündnisvertrag endete das Heilige Römische Reich Deutscher Nation. Aus dem Dalbergschen Fürstentum Regensburg fiel Wörth 1810 an Bayern und ist seit 1954 Stadt.

Das weithin sichtbare **Schloss Wörth** mit acht Türmen wurde 1522–25 im Stil der Renaissance auf den Grundmauern einer um 1200 vom Hochstift Regensburg erbauten mächtigen Burganlage errichtet. Der sechsgeschossige Bergfried, einstmals Wohnturm, stammt noch aus dem 13. Jh. Von den späteren An- und Umbauten imponiert besonders das 1676 in italienischem Barock ausgestattete fürstliche Rondellzimmer mit Gewölbemalereien von Jakob Heubel und üppigen Stukkaturen. Die Schlosskapelle St. Martin von 1616 beherbergt die Figur des Namenpatrons aus dem 17. Jh. Im Hof befindet sich der Schlossbrunnen von 1636.

Schloss Wörth wurde auf den Mauern einer Burg errichtet

Nach umfassender Sanierung dient ein großer Teil der Anlage seit 1988 als Seniorenstift. Berühmt ist das Gemälde von Albrecht Altdorfer († 1538) mit Schloss Wörth und der Donaulandschaft, das sich in der Münchner Alten Pinakothek befindet und als früheste Landschaftsdarstellung in der europäischen Malerei gilt.

Die **Pfarrkirche St. Petrus**, eine dreischiffige gotische Basilika mit Chor um 1600, geht in ihren Fundamenten auf das 13. Jh. zurück. Sie wurde im frühen 18. Jh. barockisiert und im 19. Jh. neugotisch umgestaltet. Deckengemälde von 1717 im Langhaus zeigen Petri Befreiung aus dem Gefängnis, Schlüsselübergabe und Kreuzigung. Der Hochaltar stammt von 1868. Außen am Chor befinden sich zahlreiche Grabplatten und Epitaphien.

Wörth a. d. Donau: Kreis Regensburg, 360 m, 4700 Einw.

Auskunft: Tourist-Info, Rathausplatz 1, 93086 Wörth a. d. Donau
Tel. 09482/94030, www.stadt-woerth.de

Verkehr: Anschluss zur A3 (Regensburg–Passau); Busverbindung mit Regensburg, Straubing und Falkenstein

Hobby und Sport: Waldbad im Gschwelltal, Hallenbad, Angeln; Flugzentrum Bayerwald mit Ballon- und Gleitschirmflügen (www.flugzentrum-bayerwald.de)

Sammlungen: Nostalgiemuseum in Hofdorf mit zahlreichen Exponaten von 1800 bis 1950 und Nostalgie-Café (www.nostalgie-museum.de)

Außerdem interessant: Schlossgalerie Wörth im alten Bergfried des Schlosses Wörth mit jährlich mehreren Ausstellungen von Werken heimischer Künstler

Wanderungen

1. Am Wellerbach aufwärts und dann östlich zum **Bankelberg** (547 m), 1 Std. Zurück über **Tiefenthal** mit ursprünglich romanischer, barock umgestalteter Kirche auf einem Berg hoch über dem Ort.
2. Über Oberachdorf nach **Kiefenholz** mit Kirche aus dem 17./18. Jh., 1 Std. westlich. Zurück im südlichen Bogen entlang der Donau.
3. Nach **Wiesent** mit Schloss und Nepal-Himalaya-Pavillon ½ Std. westlich. Von dort nördlich im Wildbachtal aufwärts nach **Frauenzell** mit reich ausgestatteter Rokokokirche des ehemaligen Benediktinerklosters (1 ½ Std.) oder vorbei an der **Burgruine Heilsberg** aus dem 12. Jh. nach **Brennberg** mit aussichtsreicher Burgruine (2 Std.).
4. Durch das **Perlbachtal** (Gschwelltal) über **Bierschneider Mühle** nach **Aumbach**, 1 ¾ Std. nördlich. Weiter 1 ½ Std. nordöstlich über die aussichtsreiche **Käsplatte** (672 m) nach **Rettenbach** mit Stausee und über die **Tannerlkapelle** nach **Falkenstein** mit imposanter Burg und großem Naturfelsenpark. Zurück mit dem Bus.

ZANDT → Route 8

Zandt, ein kleiner Ferienort zwischen Cham und Miltach, war schon im 12. Jh. Sitz der Edlen von Zandt. Das **Schloss** aus dem 16. Jh. wurde mehrfach umgebaut und beherbergt seit 1949 ein Alten- und Pflegeheim des Bayerischen Roten Kreuzes.

Die neugotische **Kirche St. Mariä Himmelfahrt** wurde 1880 errichtet. Eingemeindet sind die Orte *Harrling* und *Wolfersdorf.*

Zandt: Kreis Cham, 483 m, 1800 Einw.

Auskunft: Tourist-Info, Rathausplatz 1, 93499 Zandt
Tel. 09944/3030015, www.gemeinde-zandt.de

Verkehr: Busverbindung nach Cham und Bad Kötzting; Bahnstation Cham und Miltach

Hobby und Sport: Hotel-Hallenbad, Angeln, Naturlehr- und Erlebnispfad am Kellerberg

Außerdem interessant: Bienenmuseum mit Werksverkauf der Imkerei Weiss, Wolfersdorfer Str. 30 (www.weiss-natur-idee.de/bienenmuseum)

Wanderungen

1. Nach **Schönferchen** mit Wallfahrtskirche Maria Schnee von 1749 anstelle einer hölzernen Kapelle aus dem 17. Jh., ¾ Std. nordöstlich.
2. Über Hinterstocka und Haderstadl zum **Lamberg** (601 m) mit Wallfahrtskirche St. Walburga (→ Seite 118), 1 ½ Std. nördlich.
3. Über Eichelhof und Oberndorf nach **Miltach** mit sehenswertem Schloss (→ Seite 117), 1 Std. östlich. Zurück im nördlichen Bogen über Berghäusl, Flammried und Ammerhof.
4. Über Pfahl und Kagerhof zum **Schloss Altrandsberg** über dem Perlbachtal mit Weltkunst-Replikate Museum und Rokoko-Schlosskapelle, 1 ½ Std. südöstlich. Zurück über Kothrettenbach, Harrling und Riesl.
5. Über Bierwinkl, Dietersdorf und Sitzenberg nach **Sattelpeilnstein**, 2 Std. südwestlich. Die Pfarrkirche St. Peter und Paul von 1728/29 beherbergt schöne Rokokoaltäre des späten 18. Jh. sowie viele Grabdenkmäler des Ortsadels. Das imposante dreigeschossige Schloss mit vier Ecktürmen (Privatbesitz) wurde im 16. Jh. unterhalb der im 15. Jh. verfallenen Burg der schon Mitte des 12. Jh. nachweisbaren Peilnsteiner errichtet. Am Schlossberg (unter Naturschutz) schöner Buchenbestand. Der weiter südwestlich gelegene Ort **Sattelbogen** mit Barockkirche von 1718 war Stammsitz der seit 1130 bezeugten Sattelboger, von deren vermutlich im Dreißigjährigen Krieg zerstörter Ministerialenburg nichts mehr erhalten ist.

Praktische Hinweise

Auskunft

Informationen und Prospekte
Tourismusverband Ostbayern
Im Gewerbepark D 04
93059 Regensburg
Tel. 0941/585390
www.ostbayern-tourismus.de
Außerdem Informationen und Prospekte über die örtlichen Verkehrsämter!

Auskünfte über Wandern
Oberpfälzer Waldverein
Rotkreuzplatz 10
92637 Weiden i. d. Opf.
Tel. 0961/36451
www.oberpfaelzer-waldverein.de

Unterkunft

Das vielfältige Angebot reicht vom einfachen Gasthof bis zum Komforthotel. Außerdem gibt es noch zahlreiche Pensionen, Privatzimmer, Ferienwohnungen, Ferienhäuser und Quartiere auf Bauernhöfen. Jugendherbergen, Unterkunftshäuser und Campingplätze ergänzen das Angebot.

Hotels mit Wellnessbereich

92224 **Amberg**, Pfalzgrafenring 1
4-Sterne Allee Parkhotel Maximilian
Tel. 09621/3300
www.allee-parkhotel-maximilian.de

93473 **Arnschwang**, Kirchgasse 13
3-Sterne-Superior-Natur-Wohlfühl-Hotel Brunner Hof
Tel. 09977/257
www.brunner-hof.de

93474 **Arrach**, Eckstr. 5
4-Sterne-Hotel Herzog Heinrich
(mit Hallenbad)
Tel. 09943/9540
www.hotel-herzog-heinrich.de

93476 **Blaibach**, Kirchplatz 8–10
Hotel Schlossgasthof Rösch
Tel. 09941/94670
www.schlossgasthof-roesch.de

93413 **Cham**, Randsbergerhofstr. 15
4-Sterne-Hotel Randsberger Hof
(mit Hallenbad)
Tel. 09971/85770
www.randsbergerhof.de

93458 **Eschlkam-Warzenried**
3-Sterne-Superior-Parkhotel
Böhmerwald (mit Hallenbad)
Tel. 09947/2000
www.hotel-boehmerwald.de

93477 **Gleißenberg**, Berghangstr. 9
3-Sterne-Hotel Waldhaus
(mit Hallenbad)
Tel. 09975/300
www.hotel-waldhaus.info

93479 **Grafenwiesen**, Auf der Rast 7
4-Sterne-Wellnesshotel Birkenhof
(großer Spa-Bereich, Dachpool)
Tel. 09941/40040
www.hotel-birkenhof.de

93479 **Grafenwiesen**, Berghäuserstr. 31
Jagdhotel Christopherhof
(mit Schwimmteich)
Tel. 09941/4090
www.jagdhotel-christopherhof.de

93479 **Grafenwiesen-Thürnhofen**,
Thenrieder Weg 25
Landhotel Buchbergerhof
Tel. 09941/8140
www.stoiber-buchbergerhof.de

92278 **Illschwang**, Am Kirchberg 1
Landhotel Weißes Roß
Tel. 09666/1334
www.weisses-ross.de

93444 **Bad Kötzting**, Liebenstein 25
Wellness-Hotel Bayerwaldhof
(mit Hallenbad)
Tel. 09941/94800
www.bayerwaldhof.de

93462 **Lam**, Himmelreich 13
Best Western Premier Hotel Sonnenhof (mit Hallenbad)
Tel. 09943/370
www.hotel-sonnenhof-lam.de

93462 **Lam**, Arberstr. 73
3-Sterne-Superior-Hotel Bayerwald
(mit Schrothkuren und Hallenbad)
Tel. 09943/9530
www.das-bayerwald.de

93462 **Lam**, Lambacher Str. 31
Hotel Sonn Bichl
Tel. 09943/733
www.sonnbichl.de

93462 **Lam-Frahels**, Postwirtweg 10
Landgasthof Postwirt (mit Hallenbad)
Tel. 09943/902140
www.postwirt-lam.de

93470 **Lohberg**, Sommerauerstr. 10
Landhotel „GrünWies“ (mit Hallenbad)
Tel. 09943/1208
www.landhotel-gruenwies.de

93470 **Lohberg**, Weidenweg 10
Landhotel Arber Wellness
(mit Hallenbad)
Tel. 09943/903700
www.landhotel-arber-wellness.de

93470 **Lohberg**, Zum Regen 11
Schwarzeck Ferienpark
Tel. 09943/9520
www.schwarzeck-apartmenthotel.de

95698 **Neualbenreuth**,
Rothmühle 15
3-Sterne-Superior-Hotel am Schloss
Ernestgrün
Tel. 09638/9300
www.schlosshotel-ernestgruen.de

93453 **Neukirchen b. Hl. Blut-Mais**,
Kühberg 31
3-Sterne-Superior-Burghotel am
Hohen Bogen mit Beauty-Farm
www.donna-hotels.de

93453 **Neukirchen b. Hl. Blut-Höllhöhe**, Waldschlösslstr. 12
3-Sterne-Hotel Waldschlössl
(mit Fitnessstudio)
Tel. 09947/904190
www.hotel-waldschloessl.de

92431 **Neunburg v. Wald**,
Hofenstetten 55
4-Sterne-Superior-Landhotel Birkenhof
(mit Hallenbad)
Tel. 09439/9500
www.landhotel-birkenhof.de

92431 **Neunburg v. Wald**, Gütenland 22
Panorama Hotel am See
Tel. 09672/92190
www.panorama-hotel-am-see.de

92331 **Parsberg**, Dr.-Boecale-Str. 2
Romantik Hotel Hirschen (m. Hallenbad)
Tel. 09492/6060
www.hirschenhotels.com/romantikhotel

93047 **Regensburg**, Goliathstraße 10
4-Sterne-Superior-Hotel Goliath am Dom
Tel. 0941/2000900
www.hotel-goliath.de

93485 **Rimbach**, Dorfstr. 32
Wellness und Golf Resort Bayerischer Hof (mit Hallenbad)
Tel. 09941/7700082
www.bayerischerhof-rimbach.de

92444 **Rötz**, Hillstett 40
4-Sterne-Superior-Hotel-Resort Wutzschleife (mit Pool und Golfplatz)
Tel. 09976/180
www.wutzschleife.de

92539 **Schönsee**, St. Hubertus 1
4-Sterne-Sport-Wellnesshotel St. Hubertus (mit Hallenbad)
Tel. 09674/92290
www.hotel-st-hubertus.de

92421 **Schwandorf**, An der Schwefelquelle 12
3-Sterne-Superior-Waldhotel Schwefelquelle
Tel. 09431/71470
www.schwefelquelle.de

93491 **Stamsried**, Marktplatz 6
3-Sterne-Superior Gesundheits- und Wellnesshotel Pusl (mit Hallenbad)
Tel. 09466/326
www.hotel-pusl.de

92723 **Tännesberg**, Marktplatz 25
3-Sterne-Superior-Sporthotel Zur Post (mit Hallenbad)
Tel. 09655/9300
www.sporthotel-zur-post.de

92648 **Vohenstrauß**, Braunetsrieth 12
Landhotel Lindenhof
Tel. 09651/2220
www.landhotel-lindenhof-voh.de

92637 **Weiden**, Türlgasse 10
4-Sterne-Altstadt-Hotel Bräuwirt
Tel. 0961/3881800
www.altstadthotel-braeuwirt.de

Qualitätsgastgeber Wanderbares Deutschland

Ausgezeichnet vom Deutschen Wanderverband

93474 **Arrach**, Lamer Str. 70
Hotel-Gasthof Arracher Hof
Tel. 09943/1895
www.arracher-hof.de

93413 **Cham**, Schützenstr. 14
Hotel am Regenbogen
Tel. 09971/8493
www.hotel-am-regenbogen.de

92345 **Dietfurt**, Hauptstr. 4
Gasthof Zum Bräu-Toni
Tel. 08464/6095100
www.zum-braeu-toni.de

92345 **Dietfurt**, Hauptstr. 45
Historischer Gasthof Stirzer
Tel. 08464/8658
www.stirzer.de

95688 **Friedenfels**, Otto-Freund-Str. 11–13
Gästehaus Weißenstein
Tel. 09683/556
www.friedenfelser.de

93437 **Furth i. W.**, Glaserstr. 8
Hotel-Gasthof Fellner
Tel. 09973/802825
www.gasthof-metzgerei-fellner.de

93437 **Furth i. W.-Ränkam**, Kühberg 14
Landhotel Waldesruh
Tel. 09973/1083
www.landhotel-waldesruh.com

93437 **Furth-Sengenbühl**, Steinbruchweg 10
Hotel am Steinbruchsee
Tel. 09973/801334
www.steinbruchsee.de

92280 **Kastl**, Amberger Str. 2
Land-gut-Hotel Forsthof
Tel. 09625/92030
www.hotel-forsthof.de

95478 **Kemnath-Waldeck**, Unterer Markt 35a
Wellvital Landhaus Zum Hirschen
Tel. 09642/704310
www.wellvital-landhaus.de

95478 **Kemnath-Waldeck**, Oberer Markt 4
Landgasthof Goldener Engel
Tel. 09642/914138
www.goldener-engel.de

95962 **Konnersreuth**, Therese-Neumann-Platz 4–6
Gasthof Weißes Ross
Tel. 09642/4114
www.gasthof-schiml.de

93462 **Lam**, Englshütter Str. 1
Gasthof Rösslwirt
Tel. 09943/1275
www.roesslwirt.de

92709 **Moosbach**, Marktplatz 28
Landgasthof Zum Goldenen Löwen
Tel. 09656/247
www.loewe-moosbach.de

93453 **Neukirchen b. Hl. Blut**, Marktplatz 9
Hotel-Gasthof Zur Linde
Tel. 09947/902485
www.gasthof-linde-neukirchen.de

92318 **Neumarkt**, Obere Markstr. 12
3-Sterne-Superior-Hotel Lehmeier
Tel. 09181/25730
www.hotel-lehmeier.de

92318 **Neumarkt**, Schafhofstr. 25
3-Sterne-Superior-Berghotel Sammüller
Tel. 09181/40570
www.sammueller.de

92318 **Neumarkt**, Bühlerstr. 26
3-Sterne-Hotel am Weiher garni
Tel. 09181/26360
www.hp-aw.de

92431 **Neunburg v. W.**, Jobplatz 9
Gasthof Sporrer
Tel. 09672/816
www.gasthof-sporrer.de

95700 **Neusorg**, Kösseinestr. 5
Hotel Sonnental
Tel. 09234/204
www.pension-sonnental.de

92660 **Neustadt a. d. W.**, Freyung 39
FLAIR-Hotel Grader
Tel. 09602/94180
www.hotel-grader.de

93149 **Nittenau**, Hauptstr. 10
Brauereigasthof Jakob
Tel. 09436/8224
www.nittenauer-bier.de

92526 **Oberviechtach**, Lind 12
Landgasthof Zur Taverne
Tel. 09671/2532
www.landgasthof-zur-taverne.de

92709 **Pleystein**, Miesbrunn 58
Landhaus Zur Sonnenleite
Tel. 09654/913196
www.landhaus-zur-sonnenleite.de

92287 **Schmidmühlen**, Hauptstr. 10
Gasthof Zum Goldenen Lamm
Tel. 09474/540
www.gasthof-pension-goldenes-lamm.de

92593 **Schönsee**, Dietersdorfer Hauptstr. 4
Gästehaus Grosser
Tel. 09674/427

92593 **Schönsee**, Dietersdorfer Hauptstr. 70
Landhaus-Pension Sperl
Tel. 09674/347
www.landhaus-kaes-sperl.de

92593 **Schönsee**, Lindau 3
Landgasthof Lindauer Wirt
Tel. 09674/524
www.lindauerwirt.de

92449 **Steinberg a. See**, Nittenauer Str. 7
Hotel-Gasthof Fenzl
Tel. 09431/50326
www.hotelgasthof-fenzl.de

92723 **Tännesberg**, Marktplatz 12
Hotel Wurzer
Tel. 09655/92270
www.hotel-wurzer.de

92554 **Thanstein-Kulz**, Neunburger Str. 1
Gasthof-Pension Krämerhof
Tel. 09676/325
www.kraemerhof.de

92648 **Vohenstrauß**, Braunethsrieth 12
Landhotel Lindenhof
Tel. 09651/2220
www.landhotel-lindenhof-voh.de

92648 **Vohenstrauß-Oberlind**, Dorfstr. 8
Hotel Zum Schwarzen Bären
Tel. 09651/813
www.zum-schwarzen-baeren.com

92442 **Wackersdorf**, Marktplatz 4
Hotel-Pension Rathausstuben
Tel. 09431/51682
www.rathausstube.de

93449 **Waldmünchen-Herzogau**,
Von-Voithenberg-Str. 7
Landhotel Gruber
Tel. 09972/1439
www.landhotel-gruber.de

95652 **Waldsassen**, Bahnhofstr. 15
Hotel-Gasthof Bayerischer Hof
Tel. 09632/923130
www.bayerischerhof-waldsassen.de

95652 **Waldsassen**, Prinz-Luitpold-Str. 4
Gasthof Prinzregent Luitpold
Tel. 09632/2886
www.gasthof-prinzregent-luitpold.de

95676 **Wiesau**, Bahnhofstr. 44
Hotel Bayerischer Hof
Tel. 09634/1236
www.hotel-bayerischer-hof-wiesau.de

92670 **Windischeschenbach**,
Pfarrplatz 1
Gasthof Weißer Schwan
Tel. 09681/1230
www.schwanerer.de

92670 **Windischeschenbach**,
Hauptstr. 1
Hotel Oberpfälzer Hof
Tel. 09681/788
www.oberpfaelzer-hof-windischeschenbach.de

92670 **Windischeschenbach-Neuhaus**,
Markplatz 1
Hotel-Gasthof Zum Waldnaabtal
Tel. 09681/3711
www.waldnaabtal-hotel.de

Jugendherbergen

Erforderlich ist die Mitgliedschaft im Deutschen Jugendherbergswerk mit gültiger Mitgliedskarte. Ein Verzeichnis der bayerischen Jugendherbergen kann beim DJH-Landesverband Bayern, Mauerkircherstr. 5, 81679 München, oder im Internet unter www.jugendherberge.de angefordert werden. In der Region befinden sich folgende Jugendherbergen:

95685 **Falkenberg**
Tannenlohe 1, Tel. 09637/267

93437 **Furth im Wald**
Daberger Str. 50, Tel. 09973/9254

93462 **Lam**
Jugendherbergsweg 1, Tel. 09943/1068

93059 **Regensburg**
Wöhrdstr. 60, Tel. 0941/4662830

92555 **Trausnitz**
Burggasse 2, Tel. 09655/92150

93449 **Waldmünchen**
Schlosshof 1, Tel. 09972/94140

Unterkunftshäuser

Schutzhaus Silberhütte (834 m)
des Oberpfälzer Waldvereins
95671 Bärnau-Silberhütte
Tel. 09635/924782

Marktredwitzer Haus (760 m)
des Fichtelgebirgsvereins
95679 Waldershof-Hohenhard
Tel. 09231/71383

Osserschutzhaus (1293 m) des
Bayerischen Wald-Vereins
93462 Lam
Tel. 09943/1351

Naturfreundehaus Grenzlandhütte
95652 Waldsassen-Münchenreuth
Tel. 09233/1357

Naturfreundehaus Trauschendorf
92637 Weiden (10 km südöstlich am
Goldsteig)
Tel. 09659/840

Herbert-Kießling-Wanderheim
92709 Moosbach-Ödpielmannsberg
Tel. 0961/28799

Campingplätze

Schön gelegene Campingplätze mit allem Komfort befinden sich vor allem an den vielen Flüssen und Seen. Einen bebilderten Prospekt mit detaillierten Beschreibungen und auch über Wohnmobilstellplätze außerhalb von Campingplätzen gibt es kostenlos beim Tourismusverband Ostbayern in Regensburg (www.ostbayern-tourismus.de).

Anreise und Verkehrswege

Nach Regensburg von

Berlin	510 km
Bielefeld	522 km
Dortmund	536 km
Dresden	343 km
Frankfurt/M.	334 km
Freiburg i. Br.	463 km
Hamburg	721 km
Hannover	569 km
Kassel	401 km
Kiel	796 km
Köln	518 km
Leipzig	322 km
München	126 km
Nürnberg	101 km
Saarbrücken	453 km
Stuttgart	300 km

Autobahnen

A 9 Berlin–Leipzig–Hof
A 4 Dresden–Chemnitz–A 72 Hof
A 93 Hof–Weiden–Regensburg
A 6 Nürnberg–Amberg–Waidhaus
A 3 Nürnberg–Regensburg–Passau

Bahnlinien

- Regensburg–Schwandorf–Weiden–Wiesau–Marktredwitz–Hof–Leipzig–Berlin
- Regensburg–Laaber–Parsberg–Deining–Neumarkt–Nürnberg
- Cham–Geigant–Waldmünchen (Oberpfalzbahn)
- Cham–Blaibach–Bad Kötzting–Arrach–Lam (Oberpfalzbahn)
- Schwandorf–Roding–Cham–Furth (Oberpfalzbahn)
- Schwandorf–Amberg–Sulzbach-Rosenberg–Neukirchen (b. S.-R.)
- Weiden–Freihung–Vilseck–Neukirchen (b. S.-R.)
- Weiden–Pressath–Kemnath–Kirchenlaibach–Bayreuth

Grenzverkehr

Die Oberpfalz grenzt im Osten an die Tschechische Republik, die bis Ende des Ersten Weltkrieges 1918 zur Donaumonarchie Österreich-Ungarn gehörte und seit 2004 Mitglied der Europäischen Union ist. Auch nach Aufhebung der Grenzkontrollen Ende 2007 sind gültige Reisedokumente erforderlich: Personalausweis oder Reisepass, für Kinder ein Kinderausweis oder Eintrag im Reisepass der Eltern. Autobahnen sind gebührenpflichtig. Auch am Tage muss mit Licht gefahren werden. Vorschrift ist die Mitnahme von Ersatzglühlampen. Es besteht absolutes Alkoholverbot am Steuer.

Grenzübergänge

Für Bahnreisende
Furth im Wald – Česká Kubice (Böhmisch Kubitzen)

Straßenübergänge

Waldsassen–Cheb (Eger)

Mähring–Broumov (Promenhof)

Bärnau–Pavlův Studenec (Paulusbrunn)

Waidhaus (Landstraße)–Rozvadov (Roßhaupt), nur PKW

Waidhaus (Autobahn)–Rozvadov (Roßhaupt), Vignette!

Eslarn–Železná (Eisendorf)

Waldmünchen/Höll–Lísková (Haselbach)

Furth im Wald/Schafberg–Folmava (Vollmau)

Eschlkam–Všeruby (Neumark)

Neukirchen b. Hl. Blut/Rittsteig–Svatá Kateřina (St. Katharina)

Für Fußgänger und Radfahrer

Waldsassen/Egerteich–Krásná Lípa (Schönlind)

Waldsassen/Mammersreuth–Starý Hrozňatov (Altkinsberg)

Neualbenreuth–Mýtina (Altalbenreuth)

Neualbenreuth–Dylen (Tillenberg)

Mähring/Griesbach–Žd'ár (Brand)

Hermannsreuth–Branka (Galtenhof)

Silberhütte – Zlatý Potok (Goldbach)

Kreuzstein/Silberhütte Křižovy Kámen

Georgenberg/Waldheim–Přední Zahájí (Vorderwaldheim)

Schönsee/Friedrichshäng–Pleš (Plöß)

Stadlern/Schwarzach–Rybník (Waier)

Waldmünchen/Untergrafenried – Lučina (Grafenried)

Waldmünchen/Lehmgrubenweg– Čerchov (Schwarzkopf)

Dreiwappen–Tři znaky

Brombeerriegel–Pot Třemi znaky

Furth im Wald/Hochstraße–Ovčí vrch (Schafberg)

Prennetriegelweg (Prennet)–Starý Spálenec (Alt-Prennet)

Gaishof–Všeruby (Neumark)

Hofberg–Fleky (Vorderflecken)

Helmhof–Zadní Chalupy (Hinterhäuser)

Großer Osser–Ostrý

Ferienorte mit Prädikat

Der „Bayerische Fachausschuss für Kurorte, Erholungsorte und Heilbrunnen" hat in Zusammenhang mit Ärzten und Meteorologen klimatische Begriffsbestimmungen für Luftkur- und Erholungsorte entwickelt. Dabei wird das Zusammenwirken von Sonnenstrahlen, Luftfeuchtigkeit, Niederschlägen, Wind, Luftdruck und Luftreinheit in Verbindung mit geographischer Lage, Vegetation und umgebender Landschaft berücksichtigt. Nach eingehender Prüfung aller Klimafaktoren werden die jeweiligen Orte dann mit dem entsprechenden Prädikat ausgezeichnet.

Staatlich anerkanntes Kneippheilbad
Bad Kötzting

Staatlich anerkannte Luftkurorte
Arrach, Falkenstein, Lam, Waldmünchen

Staatlich anerkannte Erholungsorte
Beratzhausen
Berching
Bodenwöhr
Brand
Breitenbrunn
Dietfurt
Erbendorf
Eslarn
Flossenbürg
Friedenfels
Fuchsmühl
Furth im Wald
Gleißenberg
Kastl
Königstein
Lohberg
Moosbach
Neualbenreuth-Sibyllenbad
Neunburg vorm Wald
Oberviechtach
Pleystein
Plößberg
Rimbach
Schmidmühlen
Schönsee
Stamsried
Tännesberg
Windischbergerdorf

Naturparke

Naturpark Oberer Bayerischer Wald (179.600ha)
Landkreis Cham mit Furth im Wald, Bad Kötzting und Lam
Tel. 09971-78394
www.naturpark-obw.de

Naturpark Nördlicher Oberpfälzer Wald (138.000 ha)
Landkreis Neustadt an der Waldnaab, Teile des Landkreises Tirschenreuth sowie die kreisfreie Stadt Weiden
Tel. 09602-799040
www.naturpark-now.de

Naturpark Oberpfälzer Wald (81.700ha)
Nordöstlicher Teil des Landkreises Schwandorf mit Oberviechtach und Schönsee, Tel. 09433/1826
www.naturpark-oberpfaelzer-wald.de

Naturpark Hirschwald (28.000 ha)
Südlich von Amberg zwischen Vils und Lauterach, einst kurfürstliches Jagdgebiet
Tel. 09621-10239
www.naturparkhirschwald.de

Naturpark Steinwald (23.330 ha)
Teile des Landkreises Tirschenreuth mit Erbendorf und Friedenfels
Tel. 09634-920912
www.naturpark-steinwald.de

Museen und Sammlungen

Altenstadt/Waldnaab: Altenstädter Museum

Altenthann: Heimatmuseum des Landkreises Regensburg

Amberg: Stadtmuseum, Luftmuseum

Arrach: Handwerks- und Mineralienmuseum

Auerbach: Bergbaumuseum Grube Nitzlbuch (weitere Museen →dort)

Bach a. d. Donau: Baierweinmuseum

Bärnau: Deutsches Knopfmuseum

Berching: Heimatmuseum

Blaibach: Museum Frauenfleiß

Bodenwöhr: Bulldogmuseum

Brand: Max-Reger-Gedächtniszimmer

Bruck: Mappach: Heimat- und Bauernmuseum

Burglengenfeld: Oberpfälzer Volkskundemuseum

Cham: SPUR-Museum, Büchsenmachermuseum

Chammünster: St. Anna-Kapelle

Dietfurt: Mühlenmuseum, Museum im Hollerhaus

Eberhardsbühl: Freilandmuseum Goglhof

Erbendorf: Heimat- und Bergbaumuseum

Eschenbach: Taubenschusterhaus

Eslarn: Puppenmuseum, Zoiglmuseum

Etsdorf: Tempel Museum

Falkenberg: Museum in der Burg

Falkenstein: Museum Jagd und Wild

Flossenbürg: Burg- und Steinhauermuseum, KZ-Gedenkstätte Flossenbürg

Furth: Drachenmuseum (weitere Museen →dort)

Grafenwiesen: Zündholzmuseum, Bierkrugmuseum

Grafenwöhr: Kultur- und Militärmuseum

Hagenmühle im Zottbachtal: Puppenmuseum

Hemau: Spielzeugmuseum

Hohenberg: Fledermaushaus

Kallmünz: Museum im Alten Rathaus, Galerie am Fels, Fischereimuseum

Kastl: Heimatmuseum

Kemnath: Heimat- u. Handfeuerwaffenmuseum

Kötzting, Bad: Pfingstrittmuseum, Schnapsmuseum

Lam: Bergwerk Fürstenzeche

Mähring: Heimatstube im alten Rathaus

Mitterteich: Porzellanmuseum

Moosbach: Puppenstubensammlung, Heimat- und Jagdmuseum im Schloss Burgtreswitz

Nabburg: Stadtmuseum, Museum im Schmidt-Haus

Neualbenreuth: Grenzlandheimatstuben

Neukirchen b. Hl. Blut: Wallfahrtsmuseum, Wachskunstgalerie

Neumarkt: Museum Lothar Fischer (weitere Museen →dort)

Neunburg v. W.: Schwarzachtaler Heimatmuseum

Neusath-Perschen: Oberpfälzer Freilandmuseum

Neustadt a. d. W.: Stadtmuseum (u. a. Glas)

Nittenau: Stadtmuseum mit Fischereiabteilung

Oberviechtach: Doktor-Eisenbarth- u. Stadtmuseum

Parkstein: Vulkanmuseum

Parsberg: Burgmuseum mit Zeitgeschichte

Perschen: Bauernmuseum im Edelmannshof

Pleystein: Stadtmuseum mit Stein- und Mineraliensammlung

Plößberg: Glasschmelzofenbau-Hütte mit Glasausstellung; Krippen- und Heimatstube

Postbauer-Heng: Dorfmuseum

Pressath: Haus der Heimat

Regensburg: Zahlreiche Museen (→dort)

Regenstauf: Rotkreuzmuseum

Roding: Feuerwehrmuseum, Schulmuseum

Rötz-Hillstett: Oberpfälzer Handwerksmuseum

Runding: Archäologisches Freilichtmuseum

Schmidmühlen: Heimat- und Vereinsmuseum

Schönsee: Tier- und Jagdmuseum

Schwandorf: Stadtmuseum, Museum im Blasturm

Schwarzach: Flussspat-Besucherbergwerk Wölsendorf

Schwarzenfeld: Mineral.-Geologische Sammlung, sakrale Sammlung, Schnupfermuseum

Seebarn: Bäuerliches Heimatmuseum Opf. Wald

Speinshart: Wurzelmuseum in Tremmersdorf

Steinberg: Heimat und Braunkohlemuseum

Stulln: Flussspat-Besucherbergwerk Freiung

Sünching: Heimatmuseum

Sulzbach-Rosenberg: Schulmuseum (weitere Museen →dort)

Sulzbürg: Landl-Museum

Theuern: Bergbau- und Industriemuseum

Tiefenbach: Klöppelmuseum, Ludwig-Gebhard-Museum

Tirschenreuth: Museums-Quartier (weitere Museen →dort)

Vilseck: 1. Deutsches Türmermuseum

Vohenstrauß: Heimatmuseum, Mineralienmuseum, Blaufärbermuseum

Wackersdorf: Heimat- und Industriemuseum

Waffenhammer: Hammerschmiede

Waldmünchen: Grenzland- und Trenckmuseum, Uhrenmuseum

Waldsassen: Stiftlandmuseum

Waldthurn: Flachs- und Webereigerätesammlung, Kartoffel-Technik-Museum

Weiden: Keramikmuseum (weitere Museen →dort)

Wiesent: Hudetz-Museum im Schlossturm

Windischeschenbach: Waldnaabtalmuseum

Wörth a. d. Donau: Nostalgiemuseum in Hofdorf

Wolfsegg: Burgmuseum

Zandt: Bienenmuseum

Wandern in der Region

Der 1916 aus dem Zusammenschluss örtlicher Verschönerungsvereine entstandene Oberpfälzer Waldverein mit Hauptsitz in Weiden hat im gesamten Oberpfälzer Wald zusammen mit seinen 56 örtlichen Zweigvereinen ein engmaschiges Netz markierter Wanderwege angelegt, das sich in Hauptlinien, Nebenlinien und örtliche Wege gliedert. Eine Auswahl der schönsten Wanderwege finden Sie bei den Ortsbeschreibungen. Auf weitere Wege verweisen die in vielen Orten aufgestellten Informationstafeln sowie die örtlichen Verkehrsämter.

Empfehlenswerte Wanderkarten

- Fritsch Wanderkarten 1:50 000
  Steinwald-Stiftland
  Nördlicher Oberpfälzer Wald
  Oberer Bayerischer Wald
- Fritsch Umgebungskarten 1:35 000 von mehreren Orten der Region
- Kompass-Wanderkarten 1:50 000, Nördlicher-, Mittlerer- und Südlicher Oberpfälzer Wald mit Oberem Bayerischem Wald
- Landesamt für Vermessung und Geoinformation Bayern mit Umgebungskarten (Wander- und Radwege) 1: 50 000

Fernwanderwege

Goldsteig
Markierung langgezogenes gelbes S; Zubringerwege mit blauem S
Prädikatsweg Marktredwitz–Passau
Teilstrecke durch die Oberpfalz (bis Waldmünchen auch Burgenweg) Marktredwitz–Waldershof–Ruine Weißenstein–Friedenfels–Muggenthal–Seidlersreuth–Falkenberg–Waldnaabtal–Burg Neuhaus–Wurz–Neustadt a. d. Waldnaab–Wilchenreuth–Theisseil–Oberhöll–Oberschleif–Lerautal–Leuchtenberg–Burg Trausnitz–Tännesberg–Wildenstein–Oberviechtach–Obermurach–Kulz–Prackendorfer Moos–Thanstein (142 km)
Variante A (Nordroute; 90 km)
Thanstein–Rötz–Waldmünchen–Furth i. W.– Hoher Bogen–Grafenwiesen–Kötztinger Hütte–Eck
Weiterführung durch den Bayerischen Wald über Arber, Falkenstein, Rachel, Lusen und Dreisessel nach Passau.
Variante B (Südroute; 64 km)
Thanstein–Neunburg v. Wald–Poggersdorf–Mappach–Zell–Falkenstein
Weiterführung durch den Bayerischen Wald über Wiesenfelden–Kreuzhaus–Grandsberg–Landshuter Haus–Lalling–Zenting nach Passau

Nurtschweg (130 km)
Markierung gelb-rot-gelb
Teil des E 6 Ostsee-Wachau-Adria
Entlang der bayerisch-böhmischen Grenze: Waldsassen–Hardeck–Neualbenreuth/Sibyllenbad–Muglmühle–Altherrgottskapelle–St. Nikolaus–Mähring–Treppenstein–Griesbach–Ahornberg–Bärnau–Silberhütte–Ruine Schellenberg–Hist. Mühle Gehenhammer–Neukirchen zu St. Christoph–Hinterbrünst–Waidhaus–St. Ulrichkirchlein–Eslarn–Stadlern–Waldmünchen

Oberpfalzweg (230 km)
Markierung gelb-weiß-gelb
Von Nord nach Süd durch die Oberpfalz: Dreifaltigkeitskirche Kappl–Waldsassen–Kondrau–Königshütte–Leonberg–Waldnaabaue–Tirschenreuth–Schmelitz–Liebenstein–Stein–Hochwasserspeicher Liebenstein–Winkelmühle–Plößberg–Löchelfelsen–Hildweinsreuth–Flossenbürg–Fahrenberg–Pleystein–Braunetsried–Moosbach–Ödpielmannsberg–Gaisheim–Schönsee–Gaisthal–Kulz–Thanstein–Neunburg vorm Wald–Bodenwöhr–Bruck–Reichenbach–Falkenstein–Brennberg–Bach–Donaustauf–Regensburg

Steinwaldweg (38 km)
Markierung weiß-rot
Vom Steinwald zum Stiftland: Große Kösseine (Fichtelgebirge)–Schurbach–Platte mit Oberpfalzturm–Ruine Weißenstein–Plößberg (Basaltkegel)–Großer Teichelberg–Großbüchlberg–Kondrau–Waldsassen

Grün-Weiß-Weg (135 km)
Markierung weiß-grün-weiß
Teil des östlichen Main-Donau-Weges Ochsenkopf-Passau
Quer durch den Oberpfälzer Wald: Armesberg bei Kemnath–Waldeck–Kuschberg–Hessenreuth–Glashütte–Parkstein–Steinfels–Massenricht–Schnaittenbach–Kulm mit Aussichtsturm–Nabburg–Neunburg vorm Wald–Kröblitz–Thanstein–Schwarzwihrberg–Rötz

Wallenstein-Tilly-Weg (95 km)
Markierung rotes Schrägkreuz auf weißem Feld
Von der Oberpfälzer Alb in den Oberpfälzer Wald: Königstein–Pruihausen–Schlicht–Vilseck–Rödlas–Kohlberg–Neudorf–Luhe–Leuchtenberg–Linglmühle–Böhmischbruck–Etzgersrieth–Tröbes–Eslarn–Tillyschanz (Grenzübergang nach Tschechien)

Goldene Straße (Nürnberg–Prag)
Teilstrecke Oberpfalz (90 km)
Markierung rotes Wappenschild
Auf den Spuren Kaiser Karls IV.: Sulzbach-Rosenberg–Hahnbach–Gebenbach–Hirschau–Höllberg–Kohlberg–Hannersgrün–Etzenricht–Neunkirchen–Weiden–Altenstadt–Neustadt a. d. Waldnaab–Rastenberg–Püchersreuth–Wildenau–Plößberg–Hohenthan–Thanhausen–Bärnau–Grenzübergang nach Tschechien

Jurasteig (Rundweg 230 km)
Markierung mit stilisiertem „J"
Qualitätsweg durch die Oberpfälzer Alb: Kelheim–Bad Abbach–Schönhofen–Pielenhofen–Kallmünz–Schmidmühlen–Hohenburg–Habsberg–Deining–Holnstein–Dietfurt–Riedenburg–Kelheim

Erzweg (200 km)
Markierung rotes Kreuz auf weißem Feld
Qualitätsweg durch alte Bergbauregionen: Pegnitz–Auerbach–Etzelwang–Sulzbach-Rosenberg–Amberg–Theuern–Kastl; mehrere ergänzende Schlaufenwege

Vilstalwanderweg (90 km)
Markierung blaues Schrägkreuz auf weißem Feld
Von der Quelle bis zur Mündung: Kleinschönbrunn (Vilsquelle)–Freihung–Axtheid–Berg–Vilseck–Schlicht–Schönlind–Hahnbach–Traßlberg–Amberg–Haselmühl–Theuern–Ensdorf–Rieden–Vilshofen–Schmidmühlen–Emhof–Dietldorf–Kallmünz

Naab-Vilsweg (49 km)
Markierung grünes Kreuz auf weißem Feld
Zwischen Naab und Vils: Weiden–Ermersricht–Weihenhammer–Rödlaser Berghütte–Krickelsdorf–Amberg

Karl-Krampol-Weg (81 km)
Markierung gelb-rot-gelb, vertikal
Von Amberg zur böhmischen Grenze: Amberg–Raigering–Nabburg–Neusath–Guteneck–Obermurach–Oberviechtach–Schönsee–Stadlern–Schwarzach–Landesgrenze

Venezianersteig (46 km)
Markierung langgezogenes blaues S
Auf den Spuren mittelalterlicher Goldsucher: Nabburg–Guteneck–Obermurach–Lind–Schönsee–Stadlern

Glasschleiferer-Rundweg 80 km)
Markierung roter Glaskelch
Durch den Naturpark nördlicher Oberpfälzer Wald entlang der Flüsschen Pfreimd, Goldbach, Tröbesbach und Zottbach mit ehemaligen Glasschleif- und Polierorten. Beliebte Einstiegsorte sind Vohenstrauß, Pleystein, Georgenberg und Waidhaus.

Jakobsweg (Teilstrecke 145 km)
Markierung weiße Muschel auf blauem Feld
Auf den Spuren des alten Pilgerweges: Landesgrenze–Tillyschanz–Eslarn–St. Jakob bei Fuchsberg–Willhof–Murner See–Schwandorf–Ensdorf–Hohenburg–Kastl–Trautmannshofen–Gnadenberg

Ostbayerischer Jakobsweg (Teilstrecke 100 km)
Markierung gelbe Muschel auf blauem Feld
Pilgern auf historischen Wegen: Landesgrenze–Eschlkam–Neukirchenb. Hl. Blut–Bad Kötzting–Stallwang–Wörth/Donau–Regensburg–Kelheim

Hobby und Sport

Badeseen

Arrach: Naturbadesee
Bärnau: Moorweiher
Blaibach: Blaibacher See
Bodenwöhr: Hammersee
Bruck: Sandoase mit Sulzbach
Cham: Satzdorfer See
Eschenbach: Kleiner Rußweiher
Eslarn: Freizeitanlage Atzmannsee
Floß: Gollwitzerweiher
Flossenbürg: Gaisweiher
Fuchsmühl: Waldbadeweiher
Furth im Wald: Drachensee
Georgenberg: Naturbadeweiher
Hemau: Naturwaldbad
Konnersreuth: Naturbadeweiher
Mähring: Naturbadeweiher
Mantel: Naturbadeweiher
Maxhütte-Haidhof: Tegelgrube
Moosbach: Sperlweiher
Neubäu: Neubäuer See
Neukirchen b. Hl. Blut: Naturbad
Niedermurach: Badeweiher
Plößberg: Großer Weiher
Pressat: Kiesi-Beach
Rötz: Eixendorfer Stausee
Schönsee: Moorbad
Schwandorf: Klausensee
Schwarzenfeld: Forstweiher
Stadlern: Badeweiher
Steinberg: Steinberger See
Störnstein: Badeweiher
Tännesberg: Bursweiher
Teublitz: Naturbad Höhllohe
Thumsenreuth: Erlenweiher
Tirschenreuth: Rothenbürger Weiher
Trausnitz: Trausnitz-Stausee
Treffelstein: Silbersee
Tröbes/Moosbach: Waldbad
Wackersdorf: Murner See, Brückelsee
Waidhaus: Badesee „Bäckeröd"
Waldershof: Kösseinebad (Naturbad)
Waldmünchen: Perlsee
Waldthurn: Naturbadeweiher
Weiherhammer: Naturbadeweiher
Wiesau: Wiesauer Waldseen

Schwimmbäder

Besonders schöne Erlebnisbäder mit großzügigen Badelandschaften befinden sich in Amberg, Auerbach, Berching, Cham, Burglengenfeld, Bad Kötzting, Falkenstein, Hirschau, Lam, Neunburg vorm Wald, Parsberg, Regensburg, Roding, Schwandorf und Weiden.

Boot und Kanu

Attraktion für Kanuwanderer ist die 107 km lange Strecke auf dem Regen von Blaibach bis zur Mündung der Donau in Regensburg. Beliebt sind auch die Unterläufe von Naab und Vils.

Bootsstrecke Blaibach – Regensburg
Prospekt durch Tourismusverband Ostbayern, Regensburg

1. Etappe (22 km)
Pullach am Blaibacher See–Blaibach–Miltach–Chamerau – Chammünster–Cham

2. Etappe (22,5 km)
Grabenmühle–Regentalaue–Schloss Thierlstein–Pösing–Roding

3. Etappe (23,5 km)
Heilbrünnl–Imhof–Walderbach–Reichenbach–Nittenau

4. Etappe (19 km)
Stefling–Mariental–Hinterberg–Heilinghausen–Ramspau

5. Etappe (20 km)
Regenstauf–Laub–Pielmühle–Regensburg (Nibelungenbrücke)

Erlebnisparks

Churpfalzpark in Loifling südlich von Cham. Freizeit- und Erlebnispark für Kinder und Erwachsene mit vielen Attraktionen.
Movin'Ground am Steinberger See südöstlich von Schwandorf. Jugend- und Familienfreizeitpark.
Pro Kart Raceland bei Wackersdorf, Kartbahnen mit Indoor- (610 m lang) und Outdoorbahn (1275 m lang).
Wasser-Fisch-Natur bei Wackersdorf am Murner See Nähe Rauberweiherhaus mit fünf Karpfengewässern.
Wild- und Freizeitpark Höllohe in Teublitz mit vorwiegend heimischen Tierarten: Rotwild, Damwild, Rehe, Schafe, Ziegen, Klein- und Wasserwild, außerdem Seerundweg und Waldspielplatz (Eintritt frei).
Bayerwald-Tierpark in Lohberg: über 400 Tiere mit ca. 100 Arten: Wolf-, Elch-, Rentier- und Wisentgehege, Urwald- und Bergwaldvolieren, Aquarien.
Geschichtspark Bärnau-Tachov: Erlebtes Mittelalter im archäologischen Freilichtmuseum.

Angeln

Die vielen Bäche, Flüsse und Seen sind ein Paradies für Angler. Auskünfte durch die örtlichen Verkehrsämter. Auch Ferienangler benötigen einen Angelschein.

Minigolf

Anlagen befinden sich in vielen Orten; *Tennisplätze* ebenso. Eine bayerische Besonderheit ist *Sommer-Eisstockschießen* auf Asphaltbahnen, dessen Regeln dem Bocciaspiel ähneln.

Klettern

Kletterfreunde schätzen das Hirschbachtal bei Hirschbach ganz im Westen an der Grenze zur Frankenalb mit zahlreichen Kletterfelsen; darunter Mittelbergwand, Norissteig und Höhenglückssteig, die auch hochalpinem Training dienen können.
Beliebte Kletterfelsen im Steinwald sind Vogel-, Rat- und Räuberfelsen. Attraktion sind auch die Rauchröhren auf dem Kaitersberg mit ihren beiden Felstürmen. Hochseilparks befinden sich in Eschenbach-Hirschau, Lam, Riegling/Sinzing, Tännesberg und Waldmünchen; in Cham das Kletterzentrum Bayerwald.

Golfplätze

Auf den Plätzen in Donaustauf, Furth im Wald, Habsberg, Königstein, Lam, Lauterhofen, Luhe-Wildenau, Neualbenreuth, Neumarkt, Pilsach-Hitzhofen, Rötz-Hillstett, Schmidmühlen, Velburg-Unterwiesenacker und Sinzing sind auch Feriengolfer willkommen.

Flugsport

Sportflugplätze befinden sich in Amberg, Bruck, Cham, Erbendorf, Fichtelbrunn bei Sulzbach-Rosenberg, Freystadt, Neumarkt, Regenstauf, Schmidgaden, Schwandorf, Tirschenreuth und Weiden-Latsch. Häufig werden Rundflüge veranstaltet.

Reitsport

Der Verein „Pferdefreizeit Oberpfalz e.V." unterhält über seine Mitgliedsbetriebe rund 70 Wanderstationen und somit ein dichtes Übernachtungsnetz für Ross und Reiter. Ein Sonderprospekt ist beim Tourismusverband Ostbayern Regensburg erhältlich. Weitere Informationen gibt es unter www.pferdefreizeit-oberpfalz.de.
Europas größtes und modernstes Reitsportzentrum, Gut Matheshof, befindet sich in Rieden-Kreuth (zwischen Amberg und Schmidmühlen) mit zahlreichen Großveranstaltungen.

Sommerrodelbahnen

befinden sich in Hirschau, Mitterteich und Neukirchen b. Hl. Blut.

Sommerski

„Monte Kaolino" in Hirschau. Weltweit einziger Sommersandskiberg mit Liftanlage.

Fernradwege

Fünf-Flüsse-Radweg (310 km)
Donau–Altmühl–Schwarzach–Pegnitz–Vils
Regensburg–Kelheim–Riedenburg–Berching–Neumarkt–Altdorf–Nürnberg–Hersbruck–Sulzbach–Rosenberg–Schmidmühlen–Regensburg

Juradistl-Tour (152 km)
Regensburg–Etterzhausen–Kallmünz–Schmidmühlen–Hohenburg–Kastl–Lauterhofen–Habsberg–Unterwiesenacker–Lengenfeld–Parsberg–Beratzhausen–Laaber–Regensburg

Tour de Baroque (85 km)
Neumarkt–Berching–Beilngries–Dietfurt–Riedenburg–Essing–Kelheim–Regensburg

Schwarze-Laber-Radweg (100 km)
Pilsach–Parsberg–Beratzhausen–Deuerling–Sinzing

Schweppermann-Radweg (75 km)
Schwarzenfeld–Amberg–Kastl–Lauterhofen–Berg–Neumarkt

Naab-Altmühl-Radweg (50 km)
Kallmünz (Naab)–Rohrbach–Hohenfels–Lupburg–Parsberg–Breitenbrunn–Dietfurt (Altmühl)

Waldnaabtal-Radweg (75 km)
Silberhütte–Bärnau–Tirschenreuth–Falkenberg–Neuhaus–Neustadt–Weiden–Luhe-Wildenau

Fichtelnaab-Radweg (45 km)
Fichtelberg–Ebnath–Neusorg–Erbendorf–Krummennaab–Windischeschenbach (Zusammenfluss von Fichtel- und Waldnaab)

Haidenaab-Radweg (90 km)
Bayreuth–Haidenaab (Oberfranken)–Kastl–Pressath–Schwarzenbach–Mantel–Etzenricht–Luhe-Wildenau

Naabtal-Radweg (90 km)
Luhe-Wildenau–Nabburg–Schwandorf–Burglengenfeld–Kallmünz–Mariaort/Regensburg

Pfreimdtal-Radweg (60 km)
Tillyschanz (Grenzübergang)–Eslarn–Waidhaus–Moosbach–Burgtreswitz–Trausnitz–Pfreimd

Schwarzachtal-Radweg (60 km)
Waldmünchen–Rötz–Neunburg v. Wald–Schwarzhofen–Schwarzach–Wölsendorf–Schwarzenfeld

Regental-Radweg (165 km)
Regensburg–Nittenau–Roding–Cham–Miltach (Weiterführung über Regen nach Bayerisch Eisenstein)

Vier-Seen-Radweg (32 km)
Von Wackersdorf vorbei an Knappensee–Steinberger See–Brückelsee und Murner See

Bockl-Radweg auf ehemaliger Bahntrasse (50 km)
Neustadt a. d. Waldnaab–Floß–Vohenstrauß–Pleystein–Waidhaus–Eslarn

Vizinalbahn-Radweg auf ehemaliger Bahntrasse (25 km)
Wiesau–Leugas–Tirschenreuth–Liebenstein–Bärnau

Steinwald-Radweg (45 km)
Krummennaab–Reuth–Zainhammer–vorbei an Friedenfels–Muckenthal–Kornthan–Wiesau–Fuchsmühl–Waldershof–Pullenreuth–Lochau. Anschluss an den Fichtelnaab-Radweg über Erbendorf nach Krummennaab (18 km)

Bayerisch-Böhmischer Freundschaftsweg (95 km)
Nabburg–Oberviechtach–Schönsee–Stadlern–Landesgrenze–Vlkanov–Horšovsky Týn (Bischofsteinitz)

Zoigl-Radweg (115 km)
Mitterteich–Falkenberg–Windischeschenbach–Neustadt/W.–Weiden–Pirk–Irchenried–Leuchtenberg–Vohenstrauß–Pleystein–Moosbach–Eslarn

Wintersportgebiete

Altglashütte-Silberhütte-Fahrenberg mit den Orten Hohenthan, Altglashütte, Flossenbürg, Waldthurn, Pleystein, Vohenstrauß. Eingangstor ist Weiden mit Skigelände am Fischerberg und im Hölltal.

Schönseer Ländchen mit den Orten Eslarn, Schönsee, Stadlern. Gute Wintersportmöglichkeiten finden sich am Lindauer Berg.

Gibacht-Voithenberg mit den Orten Waldmünchen, Gleissenberg, Furth im Wald. Grenzübergänge Lehmkuhlenweg und Dreiwappen mit Skigelände am Čerchov (Schwarzkopf).

Hoher Bogen. Hauptort ist Neukirchen b. Hl. Blut, in dessen Nähe eine Doppelsesselbahn zum Ahornriegel führt.

Steinwald mit Skigelände in Pfaben bei Erbendorf. Das bizarre Felsengebiet am Südrand des Fichtelgebirges verlockt vor allem zu Skiwanderungen.

Souvenirs

Als Souvenirs empfehlen sich **Glas**- und **Porzellanerzeugnisse** aus Neustadt a.d. Waldnaab und Weiden. Hoch im Kurs stehen auch **Holzschnitzereien** aller Art. **Oberpfälzer Spitzen** aus dem Schönseer Ländchen sind wegen ihrer vorzüglichen Qualität geschätzt. Beliebt sind auch **handgewebte Fleckerlteppiche** und **Läufer**. Selbst erzeugte **Katharieder Bauernhanddrucke** aus Reinleinen vom Ballen oder als Tischdecken, Läufer, Kissen und Servietten vom Gutshof Katharieder bei Beratzhausen gibt es dort und in Regensburg, Kramgasse 6 sowie im Schlossladen von Miltach. Eine besondere Spezialität ist der süße **Händlmeiersenf** aus Regensburg, originell ein **Regensburger Gewürzsträußchen**. Vielleicht freunden Sie sich auch mit einem **Schnupftabakfläschchen**, wohlgefüllt mit bayerischem Schnupftabak an? Im Buchhandel sind schöne **Bildbände** über die Region erhältlich. Auch zu Hause werden Sie sich noch über eine Flasche **Oberpfälzer Schwoazbeer-Bitter** aus Heidelbeeren und Kräutern freuen. Ebenso über den **Regensburger Karmelitengeist**, der als Kräuterlikör nach alter Rezeptur im Kloster hergestellt und von den Mönchen neben der Regensburger Karmelitenkirche verkauft wird. Er soll sogar gegen allerlei Krankheiten nützlich sein.

Bücher zum Thema

Franz X. Bogner, Die Oberpfalz aus der Luft. Ein großformatiger Bildband mit Panoramen und Stadtansichten des bekannten Luftbildfotografen. Verlag Friedrich Pustet, Regensburg.

Harald G. Dill/Berthold Weber, Die Oberpfälzer Flussspat-Anthologie. Ein reich bebildertes Werk über den einst in vielen Gruben abgebauten Flussspat mit Kristallstrukturen unterschiedlicher Färbungen. Verlag Heinz Späthling, Weißenstadt.

Erika und Adolf Eichenseer, Oberpfälzer Leben. Ein reich bebildertes Hausbuch von Fronleichnam bis Martini. Altes und neues Oberpfälzer Brauchtum mit volkskundlichen und kulturgeschichtlichen Beiträgen. Morsak Verlag, Grafenau.

Gernot Messarius, Bayerischer Wald und Donautal von Regensburg bis Passau. Reiseführer über die benachbarten Regionen mit Teilen der Oberpfalz. Verlag Friedrich Pustet, Regensburg.

Gernot Messarius, Fichtelgebirge. Ein informativer Reiseführer mit dem oberpfälzischen Steinwald. Verlag Heinz Späthling, Weißenstadt.

Gernot Messarius, Fränkische Schweiz und Frankenalb. Reiseführer über den Naturpark Fränkische Schweiz – Veldensteiner Forst mit Bamberg, Bayreuth und Nürnberg sowie Teilen der Oberpfalz. Verlag Heinz Späthling, Weißenstadt.

Uwe Moosburger/Angelika Saurerer, Regensburg. Lebenslinien einer Stadt. Ein faszinierender Bildband über die Donaustadt. Verlag Friedrich Pustet, Regensburg.

Günter Moser/Bernhard Setzwein, Die Oberpfalz. Weites Land, weite Blicke. Ein imposanter Bild-Text-Band mit exzellenten Farbfotos über die Schönheiten der Region. Buch und Kunstverlag Oberpfalz, Amberg.

Günter Moser/Bernhard Setzwein, Heilige Berge – Heilige Quellen. Ein beeindruckender Bild-Text-Band über 57 Gnadenstätten zwischen Aufhausen und Waldsassen. Buch und Kunstverlag Oberpfalz, Amberg.

Oberpfälzer Burgen. Eine Reise zu den Zeugen der Vergangenheit. Imposanter Bild-/Textband mit Darstellung von 52 Burgen und Ruinen der Oberpfalz. Buch und Kunstverlag Oberpfalz, Amberg.

Oberpfälzer Kulturbund (Hg.), 50 Historische Wirtshäuser in der Oberpfalz. Ein reich bebilderter Führer zu traditionsreichen Gaststätten mit regionalen Besonderheiten. Verlag Friedrich Pustet, Regensburg.

Josef Paukner, Fischköpfe und Wasserratzen. Von Fischen und Menschen in der Oberpfalz. Ein aufwendiger Farbband über die Faszination von Fischen und Wasser. Verlag Eckard Bodner, Pressath.

Fritz Pfaffl/Thomas Hirsche, Die Geologie und Mineralogie des Oberpfälzer Waldes. Mit wasserfestem Einband. Ohetaler-Verlag, Riedlhütte.

Ursula Pfistermeister, Himmlische Ansichten. Die Oberpfalz im Luftbild. Ein Bildband mit spektakulären Farbfotos. Buch und Kunstverlag Oberpfalz, Amberg.

Werner Pohl, Doktor Johann Andreas Eisenbarth. Ein Werk über den berühmten oberpfälzischen Wanderarzt aus Oberviechtach. Morsak Verlag, Grafenau.

Franz Xaver von Schönwerth, Sitten und Sagen aus der Oberpfalz. Ein Prachtband mit Mythen, Märchen und Brauchtum aus der Sammlung des bedeutenden Volkstumforschers (1810–1886). Verlag Eckard Bodner, Pressath.

Martin Stangl, Das Buch vom Zoigl. Über eine besondere Bierkultur der nördlichen Oberpfalz mit Zoigl-Stuben der Kommunbrauer, erkenntlich am Zoiglstern. Verlag Stangl & Taubald, Weiden.

Anton Wurzer, Steinpfälzer Schelmenspiegel. Kurzweiliges und Ergötzliches des Mundartdichters aus Altenstadt a. d. Waldnaab mit Holzschnitten von Michael Prechtl. Verlag Michael Laßleben, Kallmünz.

Ortsregister

Die angegebenen Seitenzahlen beziehen sich jeweils auf das Hauptstichwort

Bildnachweis

Arrach, Tourist-Info: 115, 129
Bad Kötzting, Kurverwaltung: 116, 183, 184
Bärnau, Tourist-Info: 133
Berching, Tourismusbüro: 29, 62, 134
Brand, Gemeinde: 82
Breitenbrunn, Markt: 60
Burglengenfeld, Stadt: 55, 138
Deining, Gemeinde: 6, 59 (Gunter Moser)
Dietfurt, Tourist-Info: 145
Dobmeier, Reinhold, Weiden: 159, 264, 277, 278, 279, 280 beide, 281
Eslarn, Tourismusbüro: 154
Falkenstein, Tourismusbüro: 156
Flos, Markt: 158
Fotolia.de: 112 (fotoman1962), 126 (fotolyse), 215 (fabiomax), 232 r. (hwtravel)
Freystadt, Stadtverwaltung: 63, 161
Friedenfels, Tourist-Info: 85
Furth im Wald, Tourist-Info: 166, 168
Grafenwöhr, Stadt: 169
Hirschau, Tourist-Info / Freizeitpark Monte Kaolino: 71, 171 o. und u.
Hohenburg, Markt: 53
Zierer: 94
http://commons.wikimedia.org: 22, 50, 103 (Alois Klöppl; CC-by-sa 3.0/de), 110, 119, 147, 148 (Gliwi), 165, 196, 215, 224 u., 228, 232 l. (Kocurik)
Kemnath, Stadt: 179
Kloster Speinshart: 80
Königstein, Tourismusverein: 68, 180
Krönauer, Helmut, Kallmünz: 39, 56, 173
Kulturschloss Theuern: 75
Lam, Tourist-Info: 185
Messarius, Gernot: 26, 82, 117, 118, 141, 195, 217, 233 u., 234, 270 u.
Mitterteich, Tourist-Info: 187
Moosbach, Gästeinformation: 188
Müller, Horst, Stadt Auerbach: 69, 131
Nabburg, Verwaltungsgemeinschaft: 73, 74, 190
Neualbenreuth-Sibyllenbad, Gästeinformation: 192
Neukirchen b. Hl. Blut, Tourist-Info:193
Neunburg v. Wald, Tourist-Info: 101, 200
Neustadt a. d. Waldnaab, Fotoclub Blende: 204
Nittenau, Stadt: 206
Oberviechtach, Stadt: 103, 207
Parkstein, Markt: 77
Parsberg, Touristikbüro: 209
Pfreimd, Stadt: 211 beide
Pickl, Georg, Kastl: 52, 176
pixelio.de: 15 (wdheeren), 21 (Michael Hansel), 41 (Rainer Wittmann), 99 (Rotus), 113 (110stefan), 142 (TomTom), 148 (Rainer Wittmann), 287 (Jürgen Grüneisl)
Pleystein, Tourismusbüro: 96, 213
Postbauer-Heng, Markt: 64
Rank, Karl-Heinz, Tourist-Info Blaibach: 136
Regensburg, Stadt: 233 o. (Peter Ferstl)
Regensburg Tourismus GmbH: 223, 227
Roding, Tourismusbüro: 43, 239
Rötz, Tourismusbüro: 241
Scharf, Heinrich, Stadt Amberg: 65, 121, 123, 125, 126
Schmidmühlen, Markt: 243
Schönseer Land, Tourist-Info: 105, 244
Schwandorf, Stadt: 246
Stamsried, Tourist-Info: 249
Steinwald-Allianz, Erbendorf: 83, 150
Sulzbach-Rosenberg, Kulturwerkstatt: 251, 252, 253
Tännesberg, Verwaltungsgemeinschaft: 97, 255
Tirschenreuth, Stadt: 91, 257, 258
Tourismusverband Ostbayern: 12, 36, 153 (Stefan Gruber)
Velburg, Stadt: 260
Verlagsarchiv: 220, 224 o., 231
Vilseck, Stadt: 262
Vohenstrauß, Tourist-Info: 265
Waidhaus, Markt: 266
Walderbach, Verwaltungsgemeinschaft: 44
Waldsassen, Tourist-Info: 39, 93
Waldershof, Stadt: 84, 268
Waldmünchen, Stadt: 270 o.
Waldsassen, Stadt: 273
Wiesau, Tourist-Info: 86, 283
Windischeschenbach, Stadt: 89, 284, 286
Wolfsteinfreunde e. V.: 199

Routenkarten: © Stefan Krabichler, Schernfeld
Covermotiv: Dreifaltigkeitskirche Kappl bei Waldsassen (Foto: Alfred Schaffer)

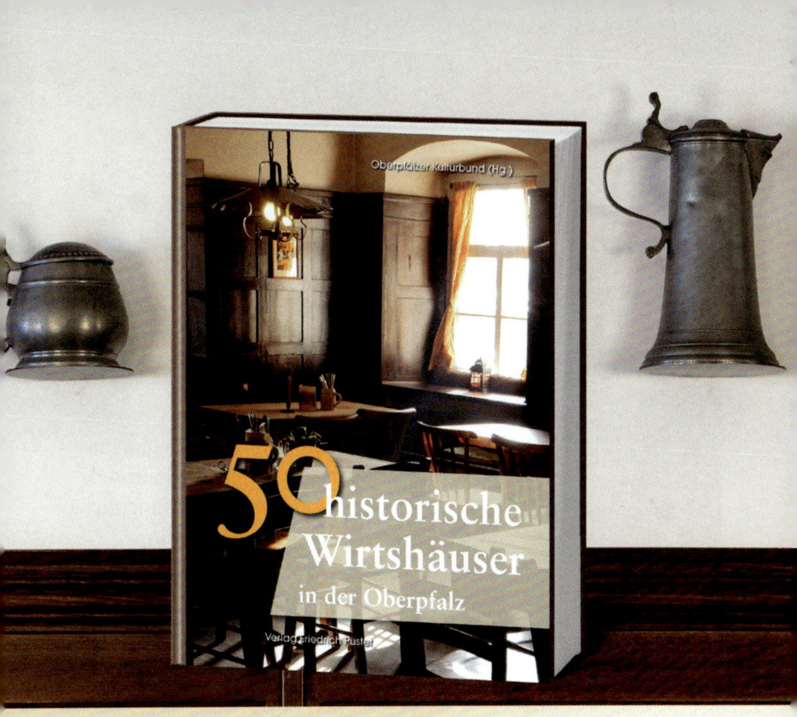
Oberpfälzer Kulturbund (Hg.)
50 historische Wirtshäuser
in der Oberpfalz
Verlag Friedrich Pustet